中国改革开放史料丛书

教育体制改革

于发友　主编

中国工人出版社

总序

铭记改革开放历史
奋进新时代新征程

历史是一面镜子，也是一部教科书。重视历史，研究历史，借鉴历史，是中华几千年文明的一个优良传统。当代中国是历史中国的延续和发展，书写着中国人民和中华民族不懈奋斗的宏伟篇章。历史的无穷魅力在于包含了大量丰富的史料。史料是保存历史、记述历史、再现历史的基本素材和重要依据。重视历史的学习、研究和传承，必须重视史料的收集、整理、汇辑。

改革开放是中国人民和中华民族发展史上一次伟大革命，正是这场伟大革命推动了中国特色社会主义事业的伟大飞跃。1978 年底，中国共产党召开具有重大历史意义的十一届三中全会，开启了改革开放历史新时期。从那时以来，中国共产党带领全国人民以一往无前的进取精神和波澜壮阔的创新实践，谱写了壮丽史诗。改革开放 40 多年来，从农村到城市，从生产到投资、流通、分配、消费，从所有制结构到企业形式，从经济领域到生产关系和上层建筑的某些环节，都进行了系统和全面改革，成功实现了从高度集中的计划经济体制到充满活力的社会主义市场经济体制的伟大历史性转变；对外开放从建立经济特区到沿海、沿江、沿边，从东部到中西部地区，再到加入世界贸易组织，从大规模"引进来"到大踏步"走出去"，成功实现了从封闭半封闭到全方位开放的伟大历史性转变。我们在深化经济体制改革的同时，不断深化政治体制、文化体制、社会体制、生态文明体制改革和其他领域改革，不断推进国家治理体系和治理能力现代化。在改革开放推动下，我国经济和社会发展取得了举世瞩目的辉煌成就，实现了人民生活由温饱不足到小康宽裕的伟大历史性转变。事实雄辩地证明，改革开放是决定当代中国前途命运的关键一招，是当代中国发展进步的动力之源，是大踏步赶上时代前进步伐的重要法宝，为实现中华民族伟大复兴提供了充满新活力的体制保障和快速发展的物质条件，中华民族迎来了从站起来、富起来到强起来的伟大飞跃。

现在，我国在广袤大地上全面建成小康社会，正阔步迈向全面建设社会主义现代化国家的新征程。在庆祝中国共产党成立100周年大会上，习近平总书记强调，"以史为鉴，可以知兴替。我们要用历史映照现实、远观未来，从中国共产党的百年奋斗中看清楚过去我们为什么能够成功、弄明白未来我们怎样才能继续成功，从而在新的征程上更加坚定、更加自觉地牢记初心使命、开创美好未来"。改革开放以来的岁月将彪炳于中华民族发展的壮丽史册。40多年来，中国共产党从理论到实践的伟大创造，探索和积累的宝贵经验是党和人民弥足珍贵的精神财富，对于新时代坚持和发展中国特色社会主义有着极为重要的指导意义，应当倍加珍惜。

2022年，党的二十大召开。“中国改革开放史料丛书”的出版，为了铭记改革开放以来的光辉历史过程，收集、保存、传承40多年的宝贵历史资料，也为了以实际行动落实党中央关于加强改革开放史教育的部署要求，展示改革开放历史的史料价值。

这套丛书共有20卷。分别是:《中国特色社会主义市场经济体制形成与发展》《计划投资体制改革》《农业农村改革》《对外开放》《行政体制改革》《财政税收体制改革》《价格体制改革》《经济特区发展》《城市改革与发展》《国有企业改革》《金融体制改革》《教育体制改革》《收入分配改革》《科技体制改革》《外贸体制改革》《商品与要素市场改革》《就业体制改革》《社会保障体制改革》《民营经济发展》《改革开放大事记》，力求从不同领域、不同角度，全面、系统、客观记录我国改革开放40多年的历史进程，重点收录具有重要价值的史料，特别是历史文献、重要人物和事件、实物和口述史料，以期在服务全面深化改革开放事业、加强改革开放史研究和教育中提供参考、发挥作用。

这套丛书的各卷主编和参与者大多是相关领域知名的专家学者，也是我国改革开放的亲历者、见证者。丛书集结了他们长期亲历和研究我国改革开放的重要成果，凝聚了他们对改革开放伟大事业的深厚情怀和责任担当。中国工人出版社对这套丛书的出版给予了大力支持，集全社之力，不舍昼夜，为本书如期付梓出版不辞辛劳；中国（海南）改革发展研究院作为30多年如一日勇立改革开放潮头、以建言改革为己任的改革智库，为此书的策划、组织和出版作出了重要贡献，彰显出改革智库记录好、传播好改革开放历史的初心使命。我作为这套丛书的编委会主任，在此向为本套丛书付出艰辛努力的各位编委会成员、作者，对中国工人出版社的领导、编辑表示由衷的敬意和感谢！

这套丛书内容时间跨度大，涉及领域多，涵盖方面广，力图史料全面、翔实、准确，任务艰巨。由于时间较紧，难免有不足之处，恳请读者批评指正。

魏礼群

2024 年 3 月

前言

《教育体制改革》一书，主要梳理了从1978年改革开放至2022年40多年间中国教育体制改革的历史脉络和相关资料。按照丛书统一要求，结合中国教育体制改革的特点，书稿框架主要由“历程篇”和“史料篇”两大部分构成。

历程篇将40多年的教育体制改革按照党和国家领导人主政时间分为四个阶段，分别是：1978年—1989年，教育体制改革起步；1989—2002年，探索建立适应社会主义市场经济的教育体制；2002—2012年，教育体制改革整体推进；2012—2022年，新时代教育体制改革全面深化。关于各阶段的内容，我们努力做到既突出强调该阶段教育改革的特色，又充分体现改革发展的一贯性和延续性，以史为主，以论为辅，以时间为轴叙述改革的演进，行文中适当穿插改革主要内容和历史资料。同时，各阶段基本遵循“先总后分再综”的写作思路，在充分把握该阶段的时代背景和国家发展战略的基础上，将宏大的教育体制改革具体化为各级各类教育体制改革和教育重点领域改革，并综述该阶段教育体制改革的主要成就和重要经验。通过对教育体制改革背景、内容、举措、成就和经验的描述，知微见著，尽可能充分地展现该阶段教育体制改革的历程全貌。

在史料篇中，我们重点收集对教育实践的发展和变迁产生直接影响或重大间接影响的改革史料。其中包括教育体制改革重大标志性文件、理论史料、大事记等。编者选取了 1978 年改革开放至 2022 年以来反映教育体制改革重大标志性文件、教育体制改革重要理论史料，则从浩如烟海的教育体制改革理论研究文献中，选取权威专家发表的重要代表性学术著作，有学术影响力的理论文章，以及重要亲历者口述，尽可能呈现著述中的观点精华；选取重要的法律规章 8 部，以呈现我国改革开放后教育法治建设不断完善丰富的发展轨迹。中国教育体制改革大事记，以纪实编年体、本末体相结合的方式，选录大事。另外，编者还对重要文献做了索引，以方便读者查阅。

参加本书编写的人员及具体分工为：于发友，负责前言、总论；王敬杰、鲁幽、吴景松、李红恩，分别负责历程篇的第一、二、三、四章；万作芳，负责史料篇中教育体制改革重大政策法规和教育体制改革大事记；李洋，负责史料篇中教育体制改革标志性文件和教育体制改革重要理论史料；高正亮，负责重要史料目录索引。于发友、万作芳、吴景松，负责全书总体策划、框架设计和统稿工作。

特别感谢时任中国教育科学研究院院长崔保师在书稿撰写框架、重点内容等方面给予的精心指导；特别感谢国家教育咨询委员会秘书长、教育部原教育发展研究中心主任张力研究员；中国教育发展战略学会执行会长、教育部政策法规司原司长孙霄兵研究员；清华大学原副校长谢维和教授的审稿把关。

特别感谢国务院研究室原主任魏礼群教授、中国（海南）改革发展研究院院长迟福林教授、副院长杨睿同志给予的指导帮助；特别感谢中国工人出版社对本书出版给予的大力支持。

改革开放以来教育体制改革涉及的领域比较广泛，由于编者水平所限，疏漏和不妥之处敬请批评指正。

于发友

2024 年 3 月 26 日

目录

第一部分
历程篇

第二部分

史料篇

CHINA'S REFORM AND OPENING UP

第一部分

历程篇

总　论

建立完善中国特色的社会主义教育制度

▼

教育是国之大计、党之大计。教育对提高人民综合素质、促进人的全面发展、增强中华民族创新创造活力、实现中华民族伟大复兴具有决定性意义。改革开放以来，在党和政府的高度重视和积极推动下，我国在推进社会主义教育现代化进程中经历了稳中求变的发展历程，实施了系列重大改革举措，取得了举世瞩目的成就，积累了许多宝贵的经验，探索出一条中国特色社会主义教育发展道路。这是中国教育发生翻天覆地变化的改革史，是中国教育不断变革和发展的奋进史，铸就了新中国教育事业的壮丽篇章。

一、中国教育体制改革主要经历四个阶段

改革开放以来，随着党的工作重心的转移和拨乱反正的推动，我国教育事业逐渐得到恢复和发展，着力在实践中不断完善中国特色社会主义教育制度和加快建设高质量教育体系，办好人民满意的教育。总体来看，中国教育体制改革与政治、经济、文化和社会的

发展紧密相连并相互制约。从1978年到2022年，中国教育体制改革大体可划分为以下四个阶段。

（一）第一阶段：教育体制改革起步（1978—1989年）

自1977年7月党的十届三中全会恢复邓小平的职务后，拨乱反正工作在教育等领域陆续开启，我国教育事业逐渐得到恢复和发展。1977年10月，在邓小平的倡导和支持下，国家做出恢复高等教育招生考试制度的决定。

1978年12月，党的十一届三中全会顺利召开，标志着我国正式开启改革开放的历史大幕，也推动我国教育改革发展实现重大转折。党的十一届三中全会以后教育体制改革发展的十余年，是同我国整个社会政治、经济、科技的改革发展密切联系在一起的，特别是1985年5月中央召开改革开放以来第一次全国教育工作大会，印发《中共中央关于教育体制改革的决定》（以下简称《决定》），我国教育在管理体制、办学体制、招生就业制度、人才培养模式等方面进行了系统改革，促进了教育事业的迅速、健康发展。《决定》的颁布及实施，标志着教育体制改革的全面展开。在以邓小平同志建设有中国特色社会主义理论的指导下，我国教育体制改革系列工作稳步推进，尤其是在基础教育、高等教育、职业教育、教师教育等方面的改革力度很大。

（1）基础教育体制改革。把发展基础教育的责任交给地方，有力开展了恢复重点中小学制度；初步建立起“地方负责、分级管理”管理体制；适度完善中小学校校内管理体制；改革基础教育招生考试制度；有步骤实行九年制义务教育和征收教育附加费等。

（2）高等教育体制改革。以扩大高等学校办学自主权为核心，竭力扭转高等学校管理体制“条块分割”局面；加快建立“中央—省（自治区、直辖市）—中心城市”三级办学体制；进一步明确高等教育管理职责，持续深化高等学校内部管理体制；高校招生就业制度、教学管理制度和人才培养模式改革。

（3）职业教育体制改革。调整中等教育结构；将职业技术教育与经济社会发展需要密切结合；构建从初级到高级的职业教育体系；探索建立职业教育管理体系；积极借鉴国际职业教育发展经验等。

（4）教师教育体制改革。进一步明确教师的地位和作用；大力发展和办好师范教育；建立教师专业技术职务制度和考核合格证书制度；积极建立教师队伍培养、培训和管理体制。同时，还有序恢复和建立教育督导制度，为建立中国特色教育督导制度奠定坚实基础和促进教育事业科学发展提供了重要保障。此外，结合改革开放和经济建设需要，有针对性地开展农村教育、城市教育、企业教育和民办教育，充分发挥教育服务社会发展和人的发展的重要作用；稳步推进成人教育和扫盲教育；开启教育国际交流与合作。

教育体制改革正确处理了教育与政治、经济、文化和社会的关系，教育发展与满足人民群众需要的关系，政府办学和社会力量办学的关系，教育外部与教育内部的关系，教育继承、借鉴与创新的关系等。这一阶段我国教育体制改革成效显著，有力推动了教育事业健康协调发展。主要表现为：一是我国民众受教育人口数和年限均显著提高，文盲人口数和文盲率明显下降。二是教育发展加快，各种教育协调发展。如：学校数量整体呈现增长态势，教育结构不断优化；各级各类教育招生人数、毕业生数整体上不断扩大；民办教育、民族教育、妇女教育和留学生教育等得到较快发展。三是教师队伍规模不断扩大，师资水平持续提升。我国各级各类教育师生比整体呈现下降趋势，教师队伍整体素质持续提高。四是教育经费投入不断增加，教育办学条件持续得到改善。“黑屋子”、“土台子”、“泥孩子”的状况逐渐得到改善。五是教育质量显著提升，教育公平进一步彰显。教育体制改革，进一步理顺了中央和地方政府、政府和学校、学校和用人单位的关系。

（二）第二阶段：探索建立适应社会主义市场经济的教育体制（1989—2002 年）

党的十三届四中全会以来，国际政治格局剧变，世界经济、科技的迅速发展和综合国力的激烈竞争，我国社会主义市场经济体制初步建立，政治、科技体制改革持续深化，迫切要求加快教育体制改革，要求教育增强主动适应经济和社会发展的能力。从 1989 年 6 月党的十三届四中全会到 2002 年 11 月党的十六大，以江泽民同志为核心的党中央，准确把握时代发展的本质特征，落实教育优先发展战略地位，坚定实施科教兴国和人才强国战略，召开两次全国教育工作大会（1994 年和 1999 年），出台《中国教育改革和发展纲要》《中共中央关于深化教育改革 全面推进素质教育的决定》，推动了一系列重大体制机制改革。

基础教育阶段，以普及九年义务教育为重点深化基础教育改革，我国完善基础教育“地方负责、分级管理”体制。党的十四大以来，基础教育管理体制改革的重要任务就是解决政府缺位问题，在 1985 年开始实行的“地方负责、分级管理”体制的基础上，进一步提出“以县为主”的管理体制。到 21 世纪初，我国农村义务教育基本确立“地方政府负责、分级管理、以县为主”的管理体制。

建立适应社会主义市场经济的职业教育和成人教育体制。这一时期我国先后召开了三次全国职业教育工作会议，颁布和实施《中华人民共和国职业教育法》，建立并逐步完善了在国务院领导下，分级管理、地方为主、政府统筹、社会参与的职业教育管理体制。形成“政府主导、依靠企业、充分发挥行业作用、社会力量积极参与”的多元办学格局，高等职业教育得到迅速发展。

高等教育结构调整和规模扩张明显。按照“共建、调整、合作、合并”八字方针，以及《国务院关于调整撤并部门所属学校管理体制改革的决定》精神，我国全面推进高等教育宏观管理体制改革，主要解决中央与地方、教育部（国家教委）与中央各业务部门、政府与高等学校之间的关系。经过20世纪90年代，以及世纪之交的高等教育管理体制改革，中国高等教育基本形成“中央和省级政府两级管理、以省级政府管理为主”的管理体制，部门办学体制基本结束。

民办教育方面，我国逐步建立起政府办学为主体、社会各界参与办学的体制。1999年，第三次全国教育工作会议提出“公办学校和民办学校共同发展”，民办教育从“对公办教育的补充”转变为“与公办教育并重”。我国民办教育进入加速发展阶段。2002年，民办教育已经成为我国教育体系的重要组成部分。

缴费上学和自主择业的招生就业制度得以建立。从1989年开始到1994年，我国高等教育经历了从免费到收费的变革，逐步推行高校收费并轨，实行大学生收费上学制度。高校学费成为高等教育经费的重要部分，学费收入占当年高等教育经费的比例从1990

年的 1.7%上升到 2000 年的 22.09%。1989 年 6 月，党的十三届四中全会在北京召开，进一步强调改革高等学校招生和毕业生就业制度，将高校招生、毕业生就业纳入社会主义市场经济的轨道，改革招生计划体制，实行国家任务计划和调节性计划相结合，改革毕业生就业制度，把原来的“两包”改变为“两自”。1993 年《中国教育改革和发展纲要》要求“改革高等学校毕业生‘统包统分’和‘包当干部’的就业制度，实行少数毕业生由国家安排就业，多数由学生‘自主择业’的就业制度”，标志着高校毕业生“双向选择、自主择业”就业制度改革全面铺开。

国家启动新一轮考试招生制度改革。1998 年底，在坚持“有助于高等学校选拔人才、有助于中学实施素质教育、有助于高等学校扩大办学自主权”三项原则的基础上，教育部推行了“3+X”科目设置改革、考试内容改革、高考形式改革、录取手段改革四个改革，更好地体现高校办学自主权、增加高校选择权；更好地考察学生综合运用知识的能力、引导中学开展素质教育培养学生创新能力；更好地将中央政府的统一领导和省级政府的省域统筹权以及高校招生自主权相协调。

我国还进一步改革高等教育投资体制，探索建立以国家财政拨款为主、多种渠道筹措经费的教育投入体制。中央与地方财政逐步增加对高等教育的拨款，满足教育事业发展的基本需要；学校也随之改革单纯依赖财政拨款的观念。以政府投入为主、多渠道筹措基础教育经费的教育体制，在一定程度上缓解了高等教育资金短缺的问题。

这些改革措施对全面推进素质教育，持续探索教育体制改革，建立完善与社会主义市场经济相适应的教育体制，推动我国教育事业快速发展发挥了重大作用，取得了举世瞩目的历史成就。一是确立了教育优先发展的战略地位，明确教育必须为社会主义现代化服务，必须与生产劳动相结合，培养德智体美劳全面发展的社会主义新人。二是全面推进素质教育，颁布了《基础教育课程改革纲要》（试行）和新课程标准（实验稿），基础教育教材“繁、难、偏、旧”的问题逐步得到解决，教育教学改革得到进一步深化。三是如期实现了基本普及九年义务教育、基本扫除青壮年文盲的宏伟目标，全民受教育水平大幅度提高，基础教育特别是农村义务教育实现跨越式发展。四是基本建成结构较完整、专业门类齐全的职业、成人教育体系。2001 年，中等职业学校在校生达 1164 万人，独立设置的高等职业技术学院在校生 72 万人。成人教育进一步满足各种培训需求。民办教育快速发展，多形式的办学体制初步形成。五是高等教育大发展，高等教育体制改革取得突破性进展，学科专业结构调整力度加大，高校招生就业制度改革取得重大突破，高校毕业生就业逐步适应了市场经济体制的要求。六是建立完善以国家财政拨款为主、多种渠道筹措经费的教育投入体制，保证教育经费的稳定来源和增长。经济困难学生资助体系得到进一步完善。七是大力推进依法治教，教育法制建设不断加强，形成了比较完善的教育法律法规体系。教育事业步入了依法治教的健康发展轨道。八是教师的待遇和社会地位显著提高，教师队伍建设加强。教师的待遇得到法律保障，教师月平均工资显著提高。小学、初中、高中教师的学历合格率大幅度上升。高校通过各种形式，引进了大批优秀人才，提高了教师队伍的素质。

（三）第三阶段：教育体制改革整体推进（2002—2012 年）

党的十六大以来，我国坚持以毛泽东思想、邓小平理论、“三个代表”重要思想为指导，深入贯彻落实科学发展观，坚定不移实施科教兴国战略和人才强国战略，坚持落实教育优先发展，深化教育领域综合改革，加快推进教育现代化，着力办好人民满意的教育，取得历史性成就。

2010 年，新世纪第一次全国教育工作会议召开，中共中央印发《国家中长期教育改革和发展规划纲要（2010—2020 年）》，整体推动教育综合改革。具体来讲，一是系统设计教育领域的体制机制改革。把发展作为教育改革的第一要义，由政府主导体制改革的顶层设计和实施节奏。理顺政府与政府之间、政府与学校之间和政府与社会之间的关系，为市场经济背景下发展教育事业建立起根本保障。截至 2011 年，国家教育体制改革试点全面启动，从人民群众关心的热点难点问题入手，着力破除体制机制障碍，努力解决深层次矛盾，把办好人民满意的教育作为推进教育改革的出发点，把能否促进人的全面发展、适应经济社会需要作为检验教育改革的根本标准。二是落实优先发展教育的投入机制。党的十六大以来，我国充分发挥地方各级政府的能动性和积极性，通过责任分担机制，多渠道筹措经费，举办各级各类学校，不断扩大教育规模。国家教育事业发展“十一五”、“十二五”规划纲要和《国家中长期教育规划纲要》相继强调教育作为财政支出重点领域予以优先保障，强调落实“两个”比例和“三个”增长，不断扩大教育经费来源，科学合理分配教育资源。2012 年，我国财政性教育经费占GDP比例首次达到 4%，我国全部实现“两基”攻坚任务。高等教育大众化稳步推进，推进“211”、“985”高水平一流大学建设。扶持贫困地区、民族地区教育，健全国民教育体系的学生资助制度，真正把民生放在首位，让人民群众拥有更多的教育获得感。鼓励社会力量多种方式办学，形成公办民办之间的良性竞争，不断优化教育结构，提升教育质量。三是充分发挥省市两级政府教育统筹能力。基础教育“以县为主”与高等教育“两级管理、省级统筹”的管理体制日益健全，中央政府和地方政府进一步明确责任，把权力下放给学校，不断推进现代学校制度的建设。

这一时期教育各领域取得显著成就。一是全面深化素质教育改革，确立了素质教育要从幼儿阶段抓起，出台了学前教育“国十条”，提供“广覆盖、保基本”的学前教育公共服务。二是义务教育实现了从“人民教育人民办”向“人民教育政府办”的转变，西部“两基”攻坚计划全部落实，中华民族千百年来“学有所教”、“有教无类”的教育理想成为现实。三是全国所有省份都开启了普通高中新课程改革，形成了一系列政策举措，完善了课程体系，为学生提供多样化选择满足个性发展。四是形成了职业教育与普通教育并行的新格局，不断深化政府、学校、社会之间的紧密合作，改善了职业教育学校的办学基础能力，提升了职业教育学校毕业生的就业能力。五是我国高等教育大众化迈入较高水平，高校在校生数跃居世界各国首位，成功推动“211”、“985”计划，涌现出一批一流高校和重点研学基地，提升了高校服务国家战略需求的能力。六是完善了继续教育体制机制，搭建了终身学习“立交桥”，社区教育、老年大学、学分银行等多种形式推动全民终身学习。七是突破了招生体制改革的瓶颈，义务教育实现就近面试入学，高中阶段采取了以学业水平和综合素质评价相结合为主的招录制度，高等学校形成了分类考试、综合评价、多元录取的招生制度。八是教育管理体制进一步适应教育改革，“管办评”分离逐步完善，省级政府统筹权日益强化，义务教育“以县为主”和地方高校“以省为主”的管理体制更加健全，促使现代学校制度建设进入快车道。九是教育对外开放迈向新高度，有效地服务国际国内大局、促进文明交流互鉴、推动人类文明进步。十是以师德为抓手相继出台《教育部关于进一步加强和改进师德建设的意见》《高等学校教师职业道德规范》，打造了高素质专业化教师队伍。我国进一步完善了教师教育一体化体系，施行免费师范生制度等，从职称评聘、薪资、住房、医疗等方面提高教师待遇，不断提升各级各类学校教师的荣誉感和获得感。

（四）第四阶段：新时代教育体制改革全面深化（2012年迄今）

党的十八大以来，以习近平同志为核心的党中央，面对世界经济复苏乏力、局部冲突和动荡频发、全球性问题加剧的外部环境，面对我国经济发展进入新常态等一系列深刻变化，坚持以毛泽东思想、邓小平理论、“三个代表”重要思想、科学发展观和习近平新时代中国特色社会主义思想为指导，坚持新发展理念、构建新发展格局，坚持稳中求进工作总基调，迎难而上，开拓进取，取得了改革开放和社会主义现代化建设的历史性成就。

近十年来，党中央、国务院高度重视教育发展，坚持以人民为中心发展教育，坚持教育综合改革，召开了全国教育大会，形成了习近平总书记关于教育的重要论述，密集出台了一系列相关文件，对教育改革发展进行了系统的顶层设计，从基础教育到高等教育，从公办教育到民办教育，从简政放权到完善治理，我国教育体制改革实现了跨越式发展，建构了中国特色社会主义教育制度的四梁八柱，初步形成了比较完善的教育治理体系和良好教育生态。

这一阶段教育体制改革的重大举措主要包括：一是坚持把立德树人作为教育根本任务，把立德树人融入思想道德教育、文化知识教育、社会实践教育各环节，贯穿基础教育、职业教育、高等教育各领域，把社会主义核心价值观融入教育全过程，坚持素质教育，坚持加强美育、体育和劳动教育，培养学生综合能力，不断培养德智体美劳全面发展的社会主义建设者和接班人。二是加快构建德智体美劳全面培养的教育体系。党的教育方针明确提出要培养“德智体美劳”全面发展的社会主义建设者和接班人。践行党的教育方针，实现人才培养目标，必须构建相应的德智体美劳全面培养体系。三是构建基础教育基本公共服务体系。2018 年全国教育大会召开以后，党中央和国务院连续出台相关文件、召开基础教育工作会议，对我国基础教育进行系统的顶层设计，新时代基础教育的“四梁八柱”已基本确立，基础教育已经踏上更加注重内涵发展、全面提高育人质量的新征程。四是建设适应新发展格局的现代职业教育体系。进一步优化职业教育类型定位，深化产教融合、校企合作，深入推进育人方式、办学模式、管理体制、保障机制改革，稳步发展职业本科教育，建设一批高水平职业院校和专业，推动职普融通，增强职业教育适应性，加快构建现代职业教育体系。五是促进高等教育内涵发展，具体表现在“持续推进‘双一流’建设，建立高校分类体系”、“全面升级人才培养质量，创新人才培养体系”、全面提高高等教育社会服务能力等方面。六是建立服务全民学习的终身教育体系，如推进高等学历继续教育改革、不断提升非学历职业技能教育、积极推进社区教育和老年教育、积极开展学习型社会建设等。七是建立中国特色现代教育考试招生制度，主要体现在实施义务教育免试就近入学、推行初中学业水平考试、改革高中考试招生制度与规范高校招生录取方式、拓宽社会成员终身学习通道等。八是全面深化新时代教育评价综合改革，进一步完善政府履行教育职责评价、树立科学成才全面发展的评价观，全面启动全国义务教育质量监测，开展全国县域义务教育均衡发展督导评估等。九是构建统筹有力、权责明确的管理体制。明确中央和省级教育管理权责，扩大省级政府教育统筹；完善各类教育预算拨款制度和投入机制；深入推进政校分开管办分离，扩大学校办学自主权；逐步完善党组织领导的校长负责制；全面推进依法治教等。十是健全政府主导、社会参与的办学体制。进一步健全政府主导、社会参与、办学主体多元、办学形式多样、充满生机活力的办学体制，形成以政府办学为主体、全社会积极参与、公办和民办教育共同发展的办学格局。如：分类管理引导民办教育良性发展、规范民办教育有序发展、开展校外培训机构治理等。十一是"互利共赢，以我为主"扩大教育开放，主要有构建出国留学改革发展顶层设计、"持续推进'留学中国计划'，规范接收国际学生"、积极推动国际人文交流与合作办学等策略。十二是健全教育脱贫攻坚领导体制，主要表现为统筹部署教育扶贫攻坚任务、全面实施义务教育有保障、职业教育阻断贫困代际传递、持续提升高校精准扶贫治贫效能等。十三是全面深化新时代教师队伍建设改革。进一步完善教师队伍管理体制、健全中小学教师师德师风建设、关注乡村教师队伍建设、不断提高教师地位待遇等。总之，我国教育正从教育大国向教育强国迈进，更加公平更有质量的教育梦逐步成为现实。

在习近平新时代中国特色社会主义思想的引领下，广大教育战线全面贯彻党的教育方针，落实立德树人根本任务，发展素质教育，推进教育公平，努力培养德智体美劳全面发展的社会主义建设者和接班人。学前教育公益普惠、义务教育优质均衡、高中教育特色多样、特殊教育质量提升、职业教育新体系建设、高等教育内涵发展都取得了显著成效；“两基本一进入”战略目标总体实现、教育普及水平大幅提升、教育公平显著推进、教育质量整体提高、教育体系日趋完备、保障水平持续提高、教育体制更加灵活。十年来，从中央到地方，各级政府始终坚持改革创新，坚持体制机制改革，坚持简政放权，坚持激发教育活力，德智体美劳全面培养体系初步构建，中国特色现代教育考试招生制度得到建立，新时代教育评价综合改革全面深化，统筹有力、权责明确的管理体制得到建构，教育治理体系和治理能力现代化全面推进，政府主导、社会参与的办学体制不断健全，教育开放取得新进展，教育脱贫攻坚领导体制得到健全，新时代教师队伍建设改革全面深化，我国教育体制改革实现了跨越式发展，良好的教育生态初步显现。

二、中国教育体制改革的基本经验

改革开放以来，我国教育体制改革在取得辉煌成就的同时，也形成了具有普遍性和规律性的认识，为建设中国特色社会主义教育积累了宝贵的历史经验。

（一）坚持党的全面领导是深化教育改革的根本保障

中国共产党是中国特色社会主义事业的坚强领导核心，是最高政治领导力量。办好中国的事情，关键在党。从教育体制改革的历程看，历次全国教育大会召开和历次教育改革的重大决策出台，都是党中央在重要历史节点作出的重大战略选择，都对深化教育体制改革发挥了决定性作用。党的十一届三中全会以来，各级各类学校坚持党的全面领导，普遍重视党的建设，并在政治上、思想上和组织上加强了党的领导。无论是教育改革指导思想、教育战略地位、教育发展方向的确立，还是教育方针、政策的贯彻落实，都离不开党的全面领导。

（二）坚持党的科学理论指导是深化教育改革的方向引领

思想是行动的先导。党在指导思想上的与时俱进是党的事业开拓前进的先导。改革开放以来，历次重大教育体制改革都是在党的创新理论指导下进行的。因此，在积极探索中国特色社会主义事业发展道路的过程中，我们必须坚定不移地用党的科学理论武装头脑和指导工作，对教育事业既要“造型”，更要“铸魂”，把党的科学理论转化为推进中国特色社会主义教育事业的思想武器和实践力量，进而战胜教育发展道路上的各种风险和挑战。

（三）坚持与经济、社会和科技发展相适应是深化教育改革的基本取向

教育作为社会系统的一个子系统，与所处时代的经济、政治、科技等存在着千丝万缕的联系。换言之，教育改革的思想、内容、方式等会受到所处社会或时代的经济、政治、科技等因素的影响。从教育体制改革的历程看，每一次重大的教育改革无不是与当时的时代背景、经济社会制度和科技发展需要紧密联系的。比如，1985年的全国教育工作会议就是在我国经济体制改革大会和科技体制改

革大会召开后不久召开的，主要是适应和落实经济科技对人才培养的要求。1994 年的全国教育工作会议也是贯彻落实党的十四大提出的建设社会主义市场经济体制要求召开的。从宏观视角来看，我国教育经历了从“适应社会主义计划经济的教育体制”到“适应社会主义市场经济的教育体制”，由“百年大计 教育为本”，到“既是国家大计，也是党之大计”，由“两个服务”到“四个服务”，不断使教育同党和国家事业发展要求相适应、同经济社会和科技发展要求相适应的发展过程。可见，加强与经济、社会和科技发展相适应是深化教育改革的基本方向，也是我国教育事业繁荣发展的重要途径。

（四）坚持把落实立德树人、实施素质教育作为改革的战略主题

“培养什么人、怎样培养人、为谁培养人”是教育的根本性问题。改革开放以来我国一直把全面贯彻党的教育方针，培养社会主义合格建设者和可靠接班人为使命，不断深化教育体制机制改革。特别是党的十八大以来，以习近平同志为核心的党中央继承、丰富、发展党的教育方针，把立德树人作为教育的根本任务，为中国特色社会主义教育事业发展指明了方向。立德树人关系党的事业后继有人，关系国家前途命运，必须把立德树人成效作为检验学校一切工作的根本标准，努力培养担当民族复兴大任的时代新人，培养德智体美劳全面发展的社会主义建设者和接班人。20 世纪 80 年代以来，我国基于片面追求升学率、片面追求分数的突出问题，经过基层一线长期的实践探索和深入的理论研究，逐步提出素质教育的理念，并在 1999 年全国教育工作会议上正式进入国家政策文件，

成为我国教育改革发展的战略主题，并以新课程改革作为载体持续推进。党和国家积极倡导与实施素质教育，极大地提高了教育质量和国民素质，为现代化建设提供了重要的智力和人才支撑。全面落实立德树人根本任务和稳步实施素质教育，是改革开放后我国教育事业改革的突破口和着力点。

（五）坚持把顶层设计系统谋划作为深化教育改革的基本前提

加强顶层设计系统谋划是开创我国教育发展新局面、实现教育改革新突破的应有之义，是我国教育改革进入攻坚期和教育发展步入新阶段的必然要求。加强顶层设计系统谋划，实则是在教育改革中我们要做到全局设计、科学规划、系统架构和有序推进，注重教育改革的全局性、系统性、整体性、协同性、开放性和动态性，并实现顶层设计与基层探索的良性互动、有机结合。教育顶层设计系统谋划最终要着眼于整体利益，聚焦教育改革发展总目标，使得各项改革举措在政策取向上相互配合、在实施过程中相互促进、在实际成效上相得益彰。我国历史上的几次重大教育改革，都特别注重了顶层设计和系统谋划。如：1985 年《中共中央关于教育体制改革的决定》提出“有步骤地实行九年制义务教育”，“我们完全有必要也有可能把实行九年制义务教育当作关系民族素质提高和国家兴旺发达的一件大事，突出地提出来，动员全党、全社会和全国各族人民，用最大的努力，积极地、有步骤地予以实施”[①]。由此可

① 《中共中央关于教育体制改革的决定》，《人民日报》，1985 年 5 月 27 日。

见，做好顶层设计系统谋划，是我们深化教育改革、提高教育质量的前提和基础。

（六）坚持把完善法制制度建设作为教育体制改革的关键环节

法制制度建设既是教育治理能力的基本体现，更是教育治理效能的重要保障。完善制度机制和法制建设，是我国教育事业发展进步的前提，是完善和发展我国教育体系的基础，是促进教育高质量发展、建设教育强国的内在要求。改革开放以来，我国教育制度机制不断得以完善，教育法制建设不断得到加强。随着 1982 年第四版《中华人民共和国宪法》、1986 年《中华人民共和国义务教育法》、1993 年《中华人民共和国教师法》、1995 年《中华人民共和国教育法》、1996 年《中华人民共和国职业教育法》、1998 年《中华人民共和国高等教育法》以及国家或地方的其他教育法规的陆续发布，我国教育专项法律、法规和条例逐渐丰富和完善起来。这在一定程度上反映出，我国教育立法逐渐规范化、专业化、科学化和多元化，教育立法程序也逐渐合情、合理和合法，我国教育法制建设进程也不断加快。长远来看，完善制度机制和加强法制建设推动了教育改革发展的有序进行，保障了教育战略地位的全面落实，保证了教育方针、政策的贯彻实施，提高了教育发展质量和水平。

（七）坚持把提高质量促进公平作为教育改革的重点任务

教育是国计，更是民生。教育发展质量和水平寄托着亿万家庭对美好生活的殷切期盼。让所有孩子都能有学上、都能上好学，就是最大的民生。公平和质量犹如一个硬币的两面，没有公平的质量，也就没有高质量的公平。因此，教育公平是教育质量的前提和基础，而教育质量又是教育公平的重要保证，二者相互依存、相互协调和相互促进。由此，公平和质量是教育改革发展的永恒主题。改革开放以来，我国教育改革把提高质量和促进公平作为重点任务，积极探索提高质量、促进公平的可行路径，着力破解制约教育发展的体制性障碍。由此，我国义务教育开始从普及转向均衡，从低层次的教育公平转向有质量的教育公平。

（八）坚持把尊重群众首创精神、立足中国大地办教育作为深化教育改革的重要基础

中国的事情必须按照中国的特点和中国的实际办，这是解决中国所有问题的正确之道。习近平总书记在 2018 年全国教育大会上强调，“办好中国的教育，必须坚持中国特色社会主义教育发展道路，扎根中国、融通中外，立足时代、面向未来，发展具有中国特色、世界水平的现代教育”①。由此，独特的历史、文化和国情决定了我国教育必须走自己的发展道路。总体来看，我国教育改革坚持解放思想、实事求是，一切从实际出发，尊重群众首创精神，推动改革自上而下和自下而上相结合，竭力从生动鲜活的基层实践中汲取智慧和力量，让基层实践的涓涓细流汇聚成推动我国教育改革发展的强大势能和强劲动能。如：1985 年《中共中央关于教育体制改革的决定》提出“把发展基础教育的责任交给地方”，“除大政方针和宏观规划由中央决定外，具体政策、制度、计划的制定和实

---

① 本书编写组：《习近平总书记教育重要论述讲义》，北京：高等教育出版社，2020 年版，第 108 页。

施，以及对学校的领导、管理和检查，责任和权力都交给地方”[①]。再比如，《国家中长期教育改革和发展规划纲要（2010—2020年）》的贯彻实施特别强调推进教育改革试点，试点成功再逐步推行。为此，国家还专门成立了国家教育体制改革领导小组和办公室，教育部增设教育综合改革司，专门负责规划纲要落实和教育改革试点的组织推进工作。

（九）坚持把教师队伍建设作为教育改革的重要支撑

教师是立教之本、兴教之源，是国家富强、民族振兴、人民幸福的重要基石。努力造就一支师德高尚、业务精湛的高素质专业化教师队伍，是办好人民满意教育的关键。改革开放以来，党和国家始终高度重视教师队伍建设工作，每次重大教育改革，都把教师队伍作为重要支撑，围绕教师队伍建设改革实施一系列重大举措，如解决教师地位和待遇问题、加强师范教育、开展教师培训、建立教师专业技术职称制度和设立荣誉表彰奖励制度等，大力改善教师的工作、学习和生活条件，有力推动了我国教育事业繁荣发展。如：1985年《中共中央关于教育体制改革的决定》明确提出，“建立一支有足够数量的、合格而稳定的师资队伍，是实行义务教育、提高基础教育水平的根本大计”[②]。再比如，1993年《中华人民共和国教师法》规定了教师工作在我国社会主义建设事业中的性质、教师的社会地位和作用，规定了教师的权利义务、资格和任用、培养和培训、考核、待遇和奖励等，有力保障了教师的合法权益，反映了教

① 《中共中央关于教育体制改革的决定》，《人民日报》，1985年5月27日。
② 《中共中央关于教育体制改革的决定》，《人民日报》，1985年5月27日。

育改革和发展对教师队伍建设的客观要求，体现了党和国家对广大教师的关心和爱护，是维护教师权益、进行教师队伍建设的基本法律。2018 年,《中共中央、国务院关于全面深化新时代教师队伍建设改革的意见》，系统谋划了教师队伍建设改革的指导思想、目标任务、思路举措等。由此，持续加强教师队伍建设是我国教育改革发展的重要支持和坚强保障。

（十）坚持把扩大教育对外开放作为教育体制改革的关键一招

对外开放是中国特色社会主义教育的一项基本制度安排，是教育体制改革的重要内容。改革开放以来，我国始终坚持对外开放不动摇，坚持“走出去、请进来”，主动学习借鉴世界先进教育理念和经验做法，着力引进优质教育资源，不断加强同世界各国和联合国教科文组织等国际组织的交流与合作；坚持“支持留学、鼓励回国、来去自由、发挥作用”的原则，大力推进留学工作，持续加强对外汉语教学和中外合作办学，积极开展双边或多边教育交流与合作，全面打造“一带一路”教育共同体等。多年来，我国在优化教育开放体制机制、扩大教育合作空间、提升教育开放质量、培养国际化人才、参与全球教育治理等方面取得瞩目成就，为促进我国教育高质量发展、加快教育现代化、建设教育强国发挥了重要作用，为推动构建人类命运共同体提供了中国教育方案、贡献了中国教育力量。

（十一）坚持把动员全社会力量关心支持教育形成良好发展环境作为教育改革的重要内容

教育是一项复杂的系统工程。教育事业的综合性、复杂性和特殊性等决定了其改革过程是一场全面、系统、多维和开放的庞大改革实践。换言之，教育改革和发展是全社会共同的责任，需要全社会的共同努力和协同推进。因此，全社会要关心、关注和支持教育发展并为之共同奋斗，积极营造全社会关心支持教育发展的良好环境。党的十一届三中全会以来，党和政府历来高度重视教育，关心支持教育，为进一步动员社会力量关心和支持教育发展颁发了一系列重要文件和实施了一系列改革举措。1982 年《中华人民共和国宪法》明确规定，“国家鼓励集体经济组织，国家企业事业和其他社会力量依照法律规定举办各种教育事业”[①]。1985 年《中共中央关于教育体制改革的决定》更进一步指出，“地方要鼓励和指导国营企业、社会团体和个人办学，并在自愿的基础上鼓励单位集体和个人捐资助学”[②]。1987 年，国家教委颁布了《关于社会力量办学的若干暂行规定》。党的十三届四中全会以来，我国确立教育优先发展的战略地位，提出积极鼓励、大力支持发展社会力量办学，使得作为社会力量兴办教育主要形式的民办教育进入一个加快发展的新时期。

① 《中华人民共和国宪法》,《人民日报》，1982 年 12 月 5 日。

② 习近平:《决胜全面建成小康社会夺取新时代中国特色社会主义伟大胜利——在中国共产党第十九次全国代表大会上的报告》，北京：人民出版社，2017 年版，第 45 页。

三、中国教育体制改革的未来展望

党的二十大报告提出，“我们要坚持教育优先发展、科技自立自强、人才引领驱动，加快建设教育强国、科技强国、人才强国，坚持为党育人、为国育才，全面提高人才自主培养质量，着力造就拔尖创新人才，聚天下英才而用之”①。我国教育发展所处的总体格局是以优先发展为总定位，以教育现代化为发展方向，以建设教育强国为战略部署，以办人民满意的教育为价值归旨。在这样的发展格局中，我国教育改革发展应以更加全面、系统的体制改革为统领，实现从教育大国向教育强国的历史性跨越。

我国教育进入高质量发展阶段，教育改革发展的外部环境和宏观政策已发生深刻变化。立足新发展阶段，面对新形势新任务新要求，我国教育体制改革应做好以下几个方面：

一是进一步加强党对教育工作的全面领导和科学理论指导。党的领导是引领新时代中国特色社会主义教育事业不断前进的最大政治优势。党的百年发展历程充分证明了坚持党的全面领导的重要性，充分证明了坚持用党的科学理论武装头脑的必要性。教育发展从来就不是教育系统内部的事情，而是始终与各个时期的基本国情相适应，与党的各项事业紧密相连，党的正确领导为教育事业改革发展提供了助推力。因此，在加快发展中国特色社会主义教育事业的过程中，我们要始终进一步加强党的全面领导和科学理论

① 习近平：《高举中国特色社会主义伟大旗帜 为全面建设社会主义现代化国家而团结奋斗——在中国共产党第二十次全国代表大会上的报告》，北京：人民出版社，2022 年版，第 33–34 页。

指导，时刻牢记党的思想指导和方向引领，时刻保证教育的政治性、人民性和育人性，使教育方向、方针政策都在党的领导和科学理论指导下进行，确保新时代我国教育事业永续发展，真正培养出一代代具有社会责任感、创新精神和实践能力的能担当民族复兴大任的时代新人。

二是进一步完善“五育”融合的教育体系和家校社协同育人机制。培养什么人、如何培养人、为谁培养人一直是教育的根本问题，也是办好教育必须面对并要科学解决的基础性问题。习近平总书记在全国教育大会上明确提出要培养“德智体美劳全面发展的社会主义建设者和接班人”，特别指出“六个下功夫”的培养路径，强调“办好教育事业，家庭、学校、政府、社会都有责任”，“全社会要担负起青少年成长成才的责任”。完善“五育”融合的教育体系和健全家校社协同育人机制，是深入贯彻党的教育方针、全面落实立德树人根本任务、实现教育高质量发展的必由之路，也将是当前及未来一段时间我国教育尤其是基础教育改革发展的重点任务。

三是进一步提升教育服务经济社会发展和科技强国建设能力。增强教育服务经济社会发展和科技强国建设的能力和水平，既是教育高质量发展的内在要求，也是加快推进教育现代化、建设教育强国和人才强国的客观需要。当前，世界正处于百年未有之大变局，全球经济秩序和结构正在发生着极具革命性的变化。我国已进入高质量发展的新阶段，国内外环境正在发生深刻变化，国际竞争日趋激烈，新机遇新挑战并存。面对新形势新挑战，党中央提出在加快推动高质量发展的同时，要加快构建以国内大循环为主体、国内国际双循环相互促进的新发展格局。这既是我国经济中长期发展的战略方向，也是我国应对未来诸多不确定因素、保持发展定力的重大部署。因此，增强发展主动性适应性、实现高质量发展、提高服务能力和供给水平则是我国教育改革发展的逻辑主线和底线要求。由此，我国教育要树立更加长远的发展理念，更好发挥培养高素质创新型人才的重要作用，持续增强教育服务经济社会发展、科技创新和国家战略的能力和水平。

四是进一步加快教育数字化、构建服务全民终身学习的高质量教育体系和学习型社会。构建服务全民终身学习的教育体系和学习型社会，保障全民享有终身学习的机会，既是教育发展的重要内容，也是民生保障的题中之义，具有重大的战略意义。党的十九届五中全会明确提出“建设高质量教育体系”，党的二十大报告强调，要推进教育数字化，建设全民终身学习的学习型社会、学习型大国。建设高质量教育体系和学习型社会是坚持以人民为中心的必然要求，是构建新发展格局的基础环节，是锚定2035年远景目标的关键举措。“十四五”时期，我国将构建优质均衡的基本公共教育服务体系、构建支撑技能社会建设的职业技术教育体系、构建开放多元的高等教育体系、完善服务全民终身学习的教育体系。[①]因此，我国教育改革发展应以习近平新时代中国特色社会主义思想为指导，坚持把教育摆在更加突出的位置，加快推进教育数字化战略行动，切实解决好教育领域中的急难愁盼问题，加快构建涵盖基本公共教育服务、职业教育、高等教育等服务全民终身学习的高质量教育体系。

抚今追昔，放眼未来。纵观改革开放以来我国教育发展历程，

① 《提升全民受教育程度、规范校外培训、推进乡村教育振兴，教育部回应热点——高质量教育体系这样建》，《人民日报》，2021年4月1日。

教育体制改革是我国整个教育事业改革发展的重要内容和行动逻辑，将在新的发展起点和历史方位上推动新时代我国教育事业行稳致远，为建设社会主义现代化强国、实现中华民族伟大复兴的中国梦作出新的更大贡献。

第一章
教育体制改革起步
（1978—1989年）

▼

改革是开创性的事业，又是复杂而艰难的事业。伴随着改革开放的大幕开启和持续深入，我国有序走上了深化改革、创新发展的道路，开始了建设中国特色社会主义的伟大实践。党的十一届三中全会以来中国教育体制改革发展的十余年，是同我国整个社会政治、经济、科技的改革发展密切联系在一起的，特别是《中共中央关于教育体制改革的决定》颁布后，我国教育在管理体制、办学体制、招生就业制度、人才培养模式等方面进行了系统改革，使得教育事业得到了迅速、健康发展。在以邓小平为主要创立者的建设有中国特色社会主义理论的指导下，我国教育体制改革系列工作稳步推进。

第一节　拨乱反正，消除“错误”思想对教育的影响

“教育体制是一个国家在一定政治、经济制度和科技发展水平基础上建立起来的办学形式、层次结构、组织管理和相对稳定的教

育模式”[1]。教育体制是国家教育制度的主体部分，其改革的内容、方式等会受到所处社会或时代的经济、政治、科技等因素的影响。一方面，经济、政治、科技等因素为教育体制改革提供了基础和保障；另一方面，教育体制改革为经济、政治、科技发展提供了人力资本和创新动力。由此看来，二者是相互影响、相互渗透和相辅相成的。1976年10月，粉碎“四人帮”，我国的社会秩序得以恢复，党和国家的工作开始重新走上健康发展的轨道。随后，党中央采取坚决果断的措施，在政治、经济、科技和教育等方面作出重大决策部署，由此引发了教育体制全面改革并呈现出新的特点。

一、确立“解放思想、实事求是”的思想路线

1977年7月，党的十届三中全会恢复了邓小平职务。邓小平复出后，主动要求分管科学教育工作，以此作为推动拨乱反正的突破口。在之后的两年间，党和国家工作有所前进，一些领域的拨乱反正已经开始，经济建设、社会各项事业和外交工作也有所恢复和发展。

1978年12月，中国共产党第十一届中央委员会第三次全体会议成功召开，全会的中心议题是根据邓小平的指示讨论把全党的工作重点转移到社会主义现代化建设上来。本次大会重新确立了马克思主义的思想路线、政治路线、组织路线，是党的历史上、新中国发展史上特别重要的一次会议。正是通过这次会议，中国共产党实

① 吴德刚：《中国教育改革发展研究》，北京：教育科学出版社，2011年版，第23页。

现了伟大的历史转折，我国正式开启了改革开放的历史大幕，我国教育改革发展实现了重大转折。

党的十一届三中全会以来的政治环境及政治体制改革，为教育改革发展创造了良好的基础条件和政治环境，对教育体制改革产生了极其重要的积极影响。

二、发展科学技术基础在教育

党的十一届三中全会之后，经过拨乱反正、端正思想路线，党中央领导集体特别是邓小平深刻认识到发展科技和教育的重要性和迫切性。事实上，邓小平在较早时期就已经深刻意识到科学技术的重要性并作出重要论述。1977 年 5 月，即将复出的邓小平在和中央有关领导同志的谈话中强调，“实现现代化的关键是科学技术”[①]。同时，邓小平还敏锐地指出，“我们要实现现代化，关键是科学技术要能上去。发展科学技术，不抓教育不行。靠空讲不能实现现代化，必须有知识，有人才”[②]。1977 年 7 月，党的十届三中全会通过了恢复邓小平党、政、军领导职务的决议，邓小平主动向中央提出分管科技、教育工作的请求。1977 年 8 月，邓小平在科学和教育座谈会上明确指出，“我们国家要赶上世界先进水平，从

① 改革开放 30 年中国教育改革与发展课题组：《教育大国的崛起》，北京：教育科学出版社，2008 年版，第 4 页。

② 邓小平：《尊重知识，尊重人才》，《邓小平文选》（第二卷），北京：人民出版社，1994 年版，第 40 页。

何着手呢？我想，要从科学和教育着手"[①]。1978年3月，全国科学大会在北京隆重召开。此次大会的召开，是对"十年动乱"中遭到严重破坏的科技工作的全面拨乱反正，也为科技工作的开放和改革打开了大门。邓小平在开幕式上提出，"科学技术人才的培养，基础在教育。我们要全面地正确地执行党的教育方针，端正方向，真正搞好教育改革，使教育事业有一个大的发展，大的提高。教育事业决不只是教育部门的事，各级党委要认真地作为大事来抓。各行各业都要来支持教育事业，大力兴办教育事业"[②]。1982年9月，邓小平在论述20年内我国发展战略的重点时强调，"搞好教育和科学工作，我看这是关键。没有人才不行，没有知识不行"[③]。1988年9月，邓小平深刻指出，"从长远看，要注意教育和科学技术。否则，我们已经耽误了二十年，影响了发展，还要再耽误二十年，后果不堪设想"[④]。邓小平的一系列重要论述和重大判断为科技和教育改革发展奠定了思想基础和理论基础。

改革开放以来，科技工作的重要地位进一步提升并得到落实，党和国家颁布实施了一系列有利于科技事业发展的政策，使得我国科技发展迅速，并取得了显著成就。科学技术的飞速发展和急剧革新，为教育改革发展提供了丰富内容、技术手段和设备设施，更新

① 邓小平：《关于科学和教育工作的几点意见》，《邓小平文选》（第二卷），北京：人民出版社，1994年版，第48页。
② 邓小平：《在全国科学大会开幕式上的讲话》，《邓小平文选》（第二卷），北京：人民出版社，1994年版，第95页。
③ 邓小平：《一心一意搞建设》，《邓小平文选》（第三卷），北京：人民出版社，1994年版，第9页。
④ 邓小平：《科学技术是第一生产力》，《邓小平文选》（第三卷），北京：人民出版社，1994年版，第274–275页。

了办学思想、教育观念和教育管理方式，在为教育改革发展带来新机遇的同时，也提出更新更高的要求。

三、确立“全面发展、又红又专、两个‘相结合’”的教育方针

1976 年后，遭受严重破坏的教育开始复苏和恢复，尤其是经过拨乱反正和思想解放运动，教育事业全面恢复和积极重建及教育体制改革得到有序推进。

1977 年 5 月，邓小平强调，实现现代化的关键是科学技术，发展科技必须抓教育，一定要在党内营造尊重知识、尊重人才的氛围。[①] 同时，邓小平还敏锐地提出，“抓科技必须同时抓教育。从小学抓起，一直到中学、大学”[②]。1977 年 8 月，邓小平在科学和教育座谈会上强调，“对全国教育战线十七年的工作怎样估计？我看，主导方面是红线。应当肯定”[③]。1977 年 9 月，邓小平在与教育部主要负责同志谈话时再一次尖锐地批评道：“‘两个估计’是不符合实际的。怎么能把几百万、上千万知识分子一棍子打死呢？我们现在的人才，大部分还不是十七年培养出来的？[④]”“不抓科

① 改革开放 30 年中国教育改革与发展课题组：《教育大国的崛起》，北京：教育科学出版社，2008 年版，第 4 页。
② 邓小平：《尊重知识，尊重人才》，《邓小平文选》（第二卷），北京：人民出版社，1994 年版，第 40 页。
③ 邓小平：《关于科学和教育工作的几点意见》，《邓小平文选》（第二卷），北京：人民出版社，1994 年版，第 49 页。
④ 邓小平：《教育战线的拨乱反正问题》，《邓小平文选》（第二卷），北京：人民出版社，1994 年版，第 67 页。

学、教育，四个现代化就没有希望，就成为一句空话。抓，要有具体政策、具体措施，解决具体的思想问题和实际问题。你们要放手去抓，大胆去抓，要独立思考，不要东看看，西看看。要把问题弄清楚，该怎么办就怎么办。该自己解决的问题，自己解决；解决不了的，报告中央。[①]”1977年11月，教育部发表重要文章《教育战线的一场大论战——批判“四人帮”炮制的“两个估计”》，彻底推翻“两个估计”，对全国拨乱反正、端正思想路线、破除“左”的思想等起到了极其重要的作用。1978年4月，邓小平出席全国教育工作会议开幕式并讲话。1979年3月，中共中央批转教育部党组的报告，决定撤销1971年中共中央批转的《全国教育工作会议纪要》和1974年中共中央转发的《关于河南省唐河县马振扶公社中学的情况简报》两个文件。中央批示指出，这两个文件是错误的。由此造成的冤假错案，要抓紧予以解决。1979年3月23日至4月13日，教育部、中国社会科学院在北京联合召开全国教育科学规划会议。会议讨论了1978—1985年的《全国教育科学发展规划纲要（草案）》。1979年12月，教育部在北京召开教育事业计划座谈会，讨论贯彻“调整、改革、整顿、提高”八字方针的具体措施。随后，教育部在北京多次召开教育工作会议，确定继续贯彻“调整、改革、整顿、提高”八字方针，加快调整、改革步伐，继续进行整顿，努力提高教育质量。

1981年6月，党的十一届六中全会通过的《关于建国以来党的若干历史问题的决议》明确提出，“坚持德智体全面发展、又红又专、知识分子与工人农民相结合、脑力劳动与体力劳动相结合的

---

① 邓小平：《教育战线的拨乱反正问题》，《邓小平文选》（第二卷），北京：人民出版社，1994年版，第68页。

教育方针”[①]。“德智体全面发展”是对培养什么人这一根本问题的回答，也是改革开放后重新确立的马克思主义教育方针。邓小平曾多次强调，要全面正确地执行党的教育方针，把德智体等方面全面发展作为培养人才的质量标准。他指出，“我们的学校是为社会主义建设培养人才的地方。培养人才有没有质量标准呢？有的。这就是毛泽东同志说的，应该使受教育者在德育、智育、体育几方面都得到发展，成为有社会主义觉悟的有文化的劳动者”[②]。1982 年 9 月，党的十二大明确提出，“在今后二十年内，一定要牢牢抓住农业、能源和交通、教育和科学这些根本环节，把它们作为经济发展的战略重点”[③]。本次大会确立了教育在整个社会主义现代化建设中的战略地位。1982 年 12 月，《中华人民共和国宪法》明确规定：“中华人民共和国公民有受教育的权利和义务。国家培养青年、少年、儿童在品德、智力、体质等方面全面发展。[④]”从国家根本大法层面将教育方针加以明确和细化。

1983 年 9 月，邓小平作出“教育要面向现代化，面向世界，面向未来”的重大判断。邓小平始终把教育看作党和国家的大事，并从社会主义现代化建设全局的高度去定位教育。9 月 9 日，邓小平为景山学校题词“教育要面向现代化，面向世界，面向未来”[⑤]。由

---

① 《关于建国以来党的若干历史问题的决议》，《人民日报》，1981 年 7 月 1 日。
② 邓小平：《在全国教育工作会议上的讲话》，《邓小平文选》（第二卷），北京：人民出版社，1994 年版，第 103 页。
③ 胡耀邦：《全面开创社会主义现代化建设的新局面——在中国共产党第十二次全国代表大会上的报告》，北京：人民出版社，1982 年版，第 11 页。
④ 《中华人民共和国宪法》，《人民日报》，1982 年 12 月 5 日。
⑤ 邓小平：《为景山学校题词》，《邓小平文选》（第三卷），北京：人民出版社，1994 年版，第 35 页。

此，“三个面向”的内容迅速传遍全国。“三个面向”，集中地体现了建设有中国特色社会主义对教育的客观要求，科学地提出了对世界未来综合国力竞争的预测，高度地概括了国内外教育改革和发展的基本规律和经验，是对马列主义、毛泽东教育思想的继承和发展①。

邓小平提出的教育“三个面向”问题，不再是就教育谈教育，而是把教育定位为社会主义现代化建设重大战略的基本要素，把发展教育理解为建设社会主义现代化的重要内容和有力支撑。1985年5月，《中共中央关于教育体制改革的决定》提出，“教育体制改革的根本目的是提高民族素质，多出人才、出好人才”，“教育必须为社会主义建设服务，社会主义建设必须依靠教育”②。教育“三个面向”被纳入党和国家重大决策和重要文件之中，并成为长期指导我国教育改革发展的重要方针。

1986年4月12日，《中华人民共和国义务教育法》由第六届全国人民代表大会第四次会议通过，并于1986年7月1日起施行。该法明确提出，“义务教育必须贯彻国家的教育方针，努力提高教育质量，使儿童、少年在品德、智力、体质等方面全面发展，为提高全民族的素质，培养有理想、有道德、有文化、有纪律的社会主义建设人才奠定基础”③。

1987年10月，党的十三大明确提出，“百年大计，教育为本。必须坚持把发展教育事业放在突出的战略位置，加强智力开发”④。

---

① 方晓东：《中华人民共和国教育60年》，武汉：湖北教育出版社，2009年版，第24页。

② 《中共中央关于教育体制改革的决定》，《人民日报》，1985年5月27日。

③ 《中华人民共和国义务教育法》，《人民日报》，1986年4月18日。

④ 《沿着有中国特色的社会主义道路前进——在中国共产党第十三次全国代表大会上的报告》，《人民日报》，1987年11月4日。

无论是把教育纳入党和国家议事日程，还是着重强调教育首要的、突出的战略位置，明确和细化教育方针。这些都充分表明，随着国家政治环境优化、经济体制逐渐转轨和科学技术快速发展，党和政府对教育地位及教育对经济社会发展的重要作用的认识日益深刻，更加全面、清晰地认识到教育在国家经济乃至整个社会发展和变革中的基础性、全局性和先导性作用。高度重视教育发展、不断强化教育发展地位，逐渐成为我国教育改革发展的鲜明主线，成为我国教育改革发展长期坚持的重要方针和政策，推动着我国教育事业改革不断前进。

第二节 恢复高等学校招生制度和教育督导制度

在“文化大革命”的动荡岁月里，新中国成立以来逐步建立起来的全国普通高等学校统一招生制度被彻底否定，国家人才断档现象非常严重。改革全国普通高等学校招生制度成为当时加快人才培养的迫切需要，也成为广大人民群众的强烈愿望。[①]

一、恢复全国普通高等学校统一招生考试制度

1975 年，邓小平领导开展全面整顿时，在多次谈话中对改变当时大学生招生方法和提高教学质量问题发表过意见。他说：“大

① 改革开放 30 年中国教育改革与发展课题组：《教育大国的崛起》，北京：教育科学出版社，2008 年版，第 6 页。

学究竟起什么作用？培养什么人？有些大学只是中等技术学校水平，何必办成大学？[①]”“我们有个危机，可能发生在教育部门，把整个现代化水平拖住了。[②]”邓小平要求教育部制作教育工作汇报提纲，并主张搞一些试点，通过考试直接从高中生中选拔一批优秀学生到大学深造。但遗憾的是，邓小平当时的这些正确想法和主张未能得到实施。

1977 年后，中国的教育事业百废待兴，特别是高等教育事业，无论在规模上还是在质量上都处于极度落后的状态，迫切需要整顿和恢复。教育事业的落后局面，以及由此所引发的一系列社会问题，开始为各界所关注。1977 年高考制度的恢复和重建工作正是在这样的背景下开始启动的。

1977 年 6 月，教育部组织的全国高等学校招生工作座谈会在山西太原召开，会议基本维持了前几年的招生规定。1977 年 8 月 4 日，教育部向国务院报送了《关于全国高等学校招生工作座谈会的情况报告》。同一天，邓小平在北京主持召开科学和教育工作座谈会。本次座谈会历时 5 天，与会专家建议党中央、国务院下大决心，对现行招生制度进行一次大的改革。邓小平问坐在身边的时任教育部部长刘西尧：“今年就恢复高考还来得及吗？”刘西尧回答：“推迟招生，还来得及。”邓小平听后，当场作出决断：“既然今年

① 邓小平：《科研工作要走在前面》，《邓小平文选》（第二卷），北京：人民出版社，1994 年版，第 33–34 页。
② 邓小平：《科研工作要走在前面》，《邓小平文选》（第二卷），北京：人民出版社，1994 年版，第 33–34 页。

还有时间，那就坚决改嘛。[①]”8 月 8 日，邓小平在座谈会上又明确提出，“今年就要下决心恢复从高中毕业生中直接招考学生，不要再搞群众推荐。从高中直接招生，我看可能是早出人才、早出成果的一个好办法”[②]。中国教育具有深远意义的时代就这样确定了。8 月 13 日，根据邓小平关于改革高等学校招生制度的指示精神，教育部在北京再次召开高等学校招生工作会议，在邓小平的亲自指导下，加快恢复高等学校招生工作的进展并取得了重大成果。10 月 12 日，国务院批转了教育部《关于一九七七年高等学校招生工作的意见》，文件规定从 1977 年起，对高等学校招生制度进行改革，恢复统一考试制度。[③]

教育政策制定要有民主性、科学性、创新性。在设计教育政策方案过程中，一方面要高度重视和充分发挥教育领域专家、智囊团的作用，放手让专家提方案、发议论，开展不同意见的讨论、争论，另一方面要认真听取社会其他各界人士的意见，集思广益。在某种程度上来说，充分尊重民意是一个良好政策方案形成的必要前提和基础。[④]恢复高考的过程正是这样一个集思广益的过程，这个过程充分体现了邓小平在教育政策制定中科学务实的态度，并由此开启了思想领域拨乱反正的重要一步。

国家作出恢复高等学校招生统一考试制度后，面临着诸多现实

---

① 中共中央文献研究室：《邓小平决策恢复高考讲话谈话批示集》（一九七七年五月—十二月），北京：中央文献出版社，2007 年版，第 53 页。

② 邓小平：《关于科学和教育工作的几点意见》，《邓小平文选》（第二卷），北京：人民出版社，1994 年版，第 55 页。

③《1977 年 10 月 3 日：邓小平在教育部〈关于一九七七年高等学校招生工作的意见〉的请示报告上的批示》，中国共产党新闻网，2014 年 9 月 22 日。

④ 黄明东主编：《教育政策与法律》，武汉：武汉大学出版社，2007 年版，第 115 页。

困难。但在邓小平的亲自主持下，教育界冲破重重障碍，在1977年冬天恢复了中断10年之久的高考制度。这一年全国有570万人报考，当年全国高等学校录取新生27.3万人；半年后，1978年的夏天，610万人报考，录取了40.2万人，同时还有6.35万人报考研究生，1.07万人获得了深造机会。[①] 自此，中国教育和人才培养走上了健康发展的轨道。

高考制度的恢复与重建，是一场教育领域的“破冰之举”。在中国历史上，特别是在教育史上，是值得大书特书的重大事件。恢复高考是社会公平与公正的重建，使每一个人重新站在同样的起跑线上，为公民提供了相对公平的起点，它所改变的绝不仅是千百万青年学子个人的命运，也预示着整个民族的更生和复苏，重树了社会的学习风气，为高水平人才的培养奠定了基础。“很难想象，如果没有高考制度的恢复，我国综合国力怎样才能提高？整个国家国民综合素质的提高，带动了国家经济的发展，国家的经济发展促进了教育科技的发展，而教育科技的发展又进一步推动了国家综合国力的提高。这是一个良性的循环过程，这一过程的形成不能没有高考的功劳”[②]。

二、恢复高等学校招收研究生工作

1977年11月，教育部、中国科学院联合发出《关于1977年招收研究生的通知》，中断了12年的研究生教育开始得到恢复。

---

① 改革开放30年中国教育改革与发展课题组：《教育大国的崛起》，北京：教育科学出版社，2008年版，第10页。

② 莫忌华：《反思中国教育》，上海：上海三联书店，2006年版，第32页。

1978 年 5 月，高等学校招收研究生的工作正式开始。这一年有 210 所高等学校、162 所研究机构共招收研究生 10708 人。研究生教育的恢复充分表明我国高等教育形势得到全面好转。1978 年 12 月，经国务院批准，恢复和增设了普通高等学校 169 所，建立了我国学位制度。

1980 年，第五届全国人民代表大会常务委员会审议通过《中华人民共和国学位条例》，这对我国研究生教育的发展产生了极为重要的影响，也是我国研究生教育体制复建的重要标志。此后的五年间，我国于 1981 年先后颁布了《国务院学位委员会关于审定学位授予单位的原则和办法》《中华人民共和国学位条例暂行实施办法》和《国务院批转国务院学位委员会关于国务院学位委员会第一次（扩大）会议的报告的通知》三个与研究生教育关系密切的政策法规。又于 1985 年制定了《高等学校和科研机构授予博士、硕士学位的学科、专业目录（试行草案）》，对研究生教育的具体问题进行了比较系统的规定。这些政策法规的颁发，标志着我国高等教育步入正常的发展轨道，研究生教育向规范化、标准化、制度化的方向迈进。

同时，在政策实施与具体的研究生教育实践上也作了一定要求。实施《中华人民共和国学位条例》，“必须把保证质量放在首位。在学位授予工作的掌握和管理上，硕士学位的授予比学士学位要严格一些。博士学位的授予要更严格一些”[①]。研究生招生要严格掌握标准，坚持质量第一，根据德、智、体全面衡量，择优录取，确保质量，宁缺毋滥的原则。在研究生教育发展策略上，需在保证

① 《国务院批转国务院学位委员会关于国务院学位委员会第一次（扩大）会议的报告的通知》，《中华人民共和国国务院公报》，1981 年 13 期。

质量的前提下，稳步发展数量，尽力而为，量力而行。在学位授权审核上，要“综合考察，坚持条件，严格审核，保证质量”。这些具体要求为我国的研究生教育在复建初期快速、健康、稳健发展上提供了良好的保障，并且对后续的我国研究生教育发展产生深刻的影响。

随着研究生教育的复建，我国研究生学位授予单位和研究生招生的规模与数量不断扩大，发展迅速。在 1981 年，我国公布了首批研究生学位授予名单，首批博士学位授予单位 151 个，共有 318 个博士学位授予点和学科，首批硕士学位授予单位 358 个，共有 3185 个硕士学位授予点和学科；1984 年，我国又公布了第二批研究生学位授予名单，新增博士学位授予单位 45 个，新增硕士学位授予单位 67 个，新增博士学位授权学科点 316 个，新增硕士学位授权学科点 1052 个。[①] 研究生招生数量规模从 1981 年的 9363 人增至 1985 年 46871 人。[②]

自从研究生教育复建以后，我国研究生教育得到快速发展，原有的研究生教育体制已难以适应发展需要。在这种情况下，我国研究生主管部门于 1986 年 12 月印发《关于改进和加强研究生工作的通知》，明确我国研究生教育的指导思想，对发展速度、发展规模、培养层次、培养规格、招考制度、培养模式、毕业分配等问题做出了规定。[③] 从此，我国研究生教育体制正式进入改革期。

---

① 谢桂华：《学位与研究生教育工作实践及思考》，北京：高等教育出版社，2000 年版，第 69–71 页。

② 《中国教育事典》编委会编：《中国教育事典》（高等教育卷），石家庄：河北教育出版社，1994 年版，第 678 页。

③ 《关于改进和加强研究生工作的通知》，《学位与研究生教育》，1987 年 01 期。

1988 年 8 月，国家教委、国家计委、财政部、人事部联合发出《关于进一步改进研究生招生工作的几点意见》，强调在研究生招生工作中要坚持按需招生的原则，研究生教育主管部门通过发布编制研究生招生计划来控制研究生教育规模和调整研究生的培养结构。

截至 1989 年，我国研究生培养较 1978 年有了翻天覆地的变化。我国研究生毕业生人数较 1978 年增长了 37223 人，增长率为 4135.89%；研究生招生人数增长了 17861 人，增长率为 165.69%；研究生在校生数增长了 90405 人，增长率为 826.82%。

三、恢复和建立教育督导制度

我国的教育视学制度，即现在所称的教育督导制度，是在改革开放后逐渐恢复与发展起来的。

1．普教司下设视导室

1976 年后，在邓小平的倡导和领导下，教育督导制度逐渐得到恢复和重建。

1977 年 9 月，邓小平在同教育部主要负责同志谈话时明确指出，“要健全教育部的机构。要找一些四十岁左右的人，天天到学校里跑。搞四十个人，至少搞二十个人专门下去跑。要像下连队当兵一样，下去当‘学生’，到班里听听课，了解情况，监督计划、政策等的执行，然后回来报告。这样才能使情况反映得快，问题解决得快”[①]。这实际上提出了恢复我国教育督导机构和教育督导制度的设想。

① 邓小平：《教育战线的拨乱反正问题》，《邓小平文选》（第二卷），北京：人民出版社，1994 年版，第 68-69 页。

1978年初，根据邓小平的指示精神，教育部成立巡视室，并在中学司设视导室，由教育部部长直接领导。视导室的设立标志着我国教育督导职能正式恢复。但此时视导室仅是普教司的一个内设机构，并没有恢复“文化大革命”前教育督导所具有的与教育部其他下属司局级机构平等的行政地位与职能。[①]

1983年7月，在全国普通教育工作会议上，教育部提出《建立普通教育督导制度的意见》，县以上教育行政部门都要设立督导机构，并要求先试点，而后逐步推行。

2．独立设置督导机构

1984年8月，经国务院批准，教育部设独立的视导室（但仍由中学司代管），成为一个司局级机构，聘请第一批视导员，负责巡视、检查和指导帮助全国各地的普教工作，我国教育督导工作逐渐步入正轨。

1985年，教育部视导员的人数已由原来的4位增至12位。视导室的独立设置不仅使得教育督导的行政地位得到提升，同时也为今后承担更多的职能提供了可靠的制度基础与组织保障。[②]

1986年3月25日至4月12日，第六届全国人民代表大会第四次会议通过的《国务院关于第七个五年计划的报告》明确提出“加强教育事业的管理，逐步建立系统的教育评价和督导制度”[③]。

---

① 苏君阳：《重构与发展：我国教育督导体制建设40年——基于组织机构及其职能变迁的分析》，《中小学管理》，2018年12期。

② 苏君阳：《重构与发展：我国教育督导体制建设40年——基于组织机构及其职能变迁的分析》，《中小学管理》，2018年12期。

③《关于第七个五年计划的报告——一九八六年三月二十五日在第六届全国人民代表大会第四次会议上》，《人民日报》，1986年4月14日。

1986年9月，国务院办公厅转发国家教委、国家计委、财政部、劳动人事部《关于实施〈义务教育法〉若干问题意见的通知》，明确提出“逐步建立基础教育督学（视导）制度。国家和地方逐步建立基础教育督学（视导）机构，负责对全国或本地区范围内义务教育的实施进行全面的视察、督促和指导，并协同当地人民政府处理有关实施义务教育的各项问题”[①]。

1986年10月，国务院批准教育部视导室更名为国家教委督导司*。这种称谓上的变化不仅体现着名称的规范，更体现着教育督导机构行政地位的进一步巩固与提升。从严格意义上讲，我国教育督导制度的彻底恢复应是以此次机构更名为标志。[②]自此，我国教育督导制度得以正式恢复与重建。

1988年9月，国家教委、人事部联合发出《关于建立教育督导机构问题的通知》，要求“县以上人民政府应在其教育行政部门内建立教育督导机构或配备专职教育督导人员”。从此，我国在全国范围内普遍建立了督导机构，并逐步形成一支专职和兼职相结合的督学队伍。[③]

* 1985年，国家撤销教育部，国家教育委员会（简称“国家教委”）成为国家教育管理行政机构；直到1998年，新一届国务院机构改革方案将国家教委更名为教育部。

① 《国务院办公厅转发国家教育委员会等部门关于实施〈义务教育法〉若干问题意见的通知》，《中华人民共和国国务院公报》，1986年26期。

② 苏君阳：《重构与发展：我国教育督导体制建设40年——基于组织机构及其职能变迁的分析》，《中小学管理》，2018年12期。

③ 方晓东：《中华人民共和国教育60年》，武汉：湖北教育出版社，2009年版，第621页。

第三节　基础教育的现代化探索

基础教育是国民教育体系和人力资源开发的重要组成部分，是整个教育体系的基础阶段和关键部分。改革开放以来，我国基础教育进入一个新的发展时期。党和政府立足我国国情特色和基础教育发展实际，充分考虑到基础教育的事业公益性、育人本质性、对象全体性、内容基础性、过程循序性、制度规定性等特点或属性，以管理体制改革为主线，对基础教育领域进行了全面性、系统性改革。

一、基础教育课程的变革

早在1977年，邓小平就指出，“抓科技必须同时抓教育。从小学抓起，一直到中学、大学。我希望从现在开始做起，五年小见成效，十年中见成效，十五年二十年大见成效。办教育要两条腿走路，既注重普及，又注重提高。要办重点小学、重点中学、重点大学。要经过严格考试，把最优秀的人才集中在重点中学和重点大学”[①]。

根据邓小平的指示，“文革”结束之后，教育领域率先开展了拨乱反正，肃清极“左”路线的影响和落实知识分子政策的工作，并在这个基础上制定了《1978—1985年全国教育事业规划纲要（草案）》，整顿了学校领导管理体制，加强了教师队伍的建设，恢复和树立了良好的教学秩序和学习风气，并且从实际出发，建立了重点中学，狠抓了学校思想政治工作和基础知识的教学工作，为提高

① 邓小平：《尊重知识，尊重人才》，《邓小平文选》（第二卷），北京：人民出版社，1994年版，第40页。

教育质量作了不懈的努力。在这种情况下，基础教育课程发生了一系列广泛而深刻的变革。

（一）重新编写全国通用教材

在为恢复教学秩序、提高教育质量所作出的一切努力中，最为引人注目的是全国通用教材的重新编写和使用。1977 年 7—8 月，邓小平几次提出要编写全国通用的中小学教材，并要求在 1978 年秋季新生入学时能够使用新教材。1978 年 1 月，教育部颁发了《全日制十年制中小学教学计划（试行草案）》，统一规定全日制中小学学制为 10 年，中学 5 年，小学 5 年。中学 5 年按初中 3 年，高中 2 年分段，统一为秋季始业制度。与此同时，教育部又组织了各科专家、学者和有丰富教学经验的教师，集中编写全国通用的十年制中小学教材。这套教材于 1977 年开始编写，1980 年基本完成。这是新中国成立以来国家统一编写的第五套中小学教材。

这套中小学教材的编写和使用，对于迅速扭转十年动乱造成的中小学教育的混乱局面，对于恢复正常的教学秩序和提高教育质量起到了极其重要的作用。1981 年，教育部又颁发了《全日制五年制小学教学计划（修订草案）》《全日制五年制中学教学计划试行草案的修订意见》《全日制六年制重点中学教学计划（试行草案）》。根据新的教学计划的要求，人民教育出版社又组织力量，着手进行了教材的改革工作。新的中小学教材从 1981 年开始编写，1985 年基本编写完毕。这是新中国成立以来编写的第六套全国中小学通用教材。这套教材有以下几个突出特点：一是加强了思想性与科学性的有机结合；二是加强了基础知识，强调对学生能力的培养；三是比较妥善地处理了传统内容与现代科学知识的关系；四是注意了通过教材的学习指导学生掌握科学的学习方法。

与人民教育出版社统编教材遥相呼应的是各地自编教材的初步发展。在“一纲多本”和“多纲多本”的主张指导下，各地自编教材纷纷问世。在各地自编的这些教材中，不少地区和学校探索出了一些富有革新性和创建性的课程编制新方法，试编了各种不同编排体系的试验课本，丰富和发展了我国中小学课程的内容，使课程设置多样化和灵活化。

（二）中小学课程逐步恢复

为恢复教学秩序，提高教育质量，1978 年 1 月，教育部颁发了《全日制十年制中小学教学计划（试行草案）》，其中，规定小学开设 8 门课程，中学开设 14 门课程。这一教学计划有两个主要特点：一是小学开设外语课。规定小学三至五年级每周教授外语 4 课时。不设历史、地理课。二是“兼学”，即学军、学工、学农。

1981 年，教育部在试行全日制十年制中小学教学计划的基础上，又颁发了《全日制五年制小学教学计划（修订草案）》和两套《全日制六年制重点中学教学计划（试行草案）》《全日制五年制中学教学计划试行草案的修订意见》，并发出通知。通知指出，“中学学制定为六年，由五年制向六年制过渡，各省、市、自治区教育厅（局）应从各地实际条件出发，结合中等教育的调整和结构改革，作出具体规划，有计划、有准备、有步骤地进行，多数地区争取在 1985 年以前，把中学学制改为六年”[①]。两套《全日制六年制

① 刘英杰：《中国教育大事典》，杭州：浙江教育出版社，1993 年版，第 377 页。

重点中学教学计划（试行草案）》，一套侧重于文科的选修，一套侧重于理科的选修。主要适用于重点中学和条件（包括师资、设备和学生的学习基础等）较好的中学。而《全日制五年制中学教学计划试行草案的修订意见》主要适用于尚未过渡为六年制的重点中学和条件比较好的中学。

在 1981 年教育部颁发的全日制中小学教学计划中：小学规范为开设 11 门学科课程，即思想品德、语文、数学、外语、自然、地理、历史、体育、音乐、美术、劳动等；中学规范为 14 门学科课程，即政治、语文、数学、外语、物理、化学、历史、地理、生物、生理卫生、体育、音乐、美术、劳动技术等。

（三）建立起了文、理分科教学的分科选科制度

在 1981 年教育部颁发的两套《全日制重点中学教学计划（试行草案）》中，高中二、三年级以限定选修课形式，建立起了文理分科教学的分科选科制度。规定分科性选修，“侧重文科的学生，应是文科基础较好而且对文科有兴趣的学生；语文、历史、地理等学科适当提高程度，数学、物理、化学等学科在程度上要求浅一些，计算和实验等方面要求低一些。侧重理科的学生，应是理科基础较好而且对理科有兴趣的学生；数学适当加强基本技能的训练和能力的培养，物理、化学适当加强实验；语文、历史、地理的基础知识不削弱”。

（四）重新修改和审定了中小学各科教学大纲

重新修改和审定中小学教学大纲是这一阶段中小学课程改革的又一重要内容。1978—1982 年，教育部先后颁发了中小学各科教学大纲 25 册。其中 1978 年制定的各科教学大纲在 1980 年曾作

过修改，并印行了第二版。1983 年教育部又决定适当调整高中数学、物理、化学、生物等几门课程的教学要求，实行两种教学要求，并颁布了这几门课程的教学纲要草案。1985 年又进一步调整了初中数学、物理、化学、外语等四科的教学要求。

之后，国家教委组织人力对 1978 年制定的中小学各科教学大纲进行了认真的修订，并于 1986 年 12 月经中小学教材审定委员会审定通过，由教育部正式颁布。此次颁发的中小学各科教学大纲共 18 个。教育部在《关于颁发全日制中小学十八个学科教学大纲的通知》中指出，此套教学大纲作为九年制义务教育和新的高中教学计划、教学大纲全面实施前的过渡性教学大纲，自 1987 年春季开始执行。

同时，进一步明确教学要求。教学要求明确具体，是这次修订教学大纲的一条基本原则。修订前的教学大纲，教学要求一般都比较笼统和概括，教学大纲大多只规定了本学科要讲的知识、概念、定律及要培养的技能，但对它们的广度和深度没有作出较为具体的规定，教师只能按照自己的认识进行教学。由于教学要求和教学内容不够明确具体，也就难以起到指导教学的作用。

通过几方面的调整和改革，新教学大纲基本克服了 1978 年教学大纲中的一些主要缺点，更好地适应了新时期中小学教育的实际情况。根据这次审定的大纲，现行的中小学各科教材都作了适当的修订和调整，并于 1987 年秋季供应各地学校使用。

（五）恢复了课程理论研究

在教育界一些学者的努力下，课程理论研究开始恢复。课程理论研究的内容有三个方面，一是反思和总结新中国成立以来我国课程研究的一些经验教训，二是介绍引进国外急速发展中的课程理论知识，三是研究课程实践中存在和出现的理论问题。同时，创办了全国性的课程研究机构和学术刊物。

自学习苏联经验取消“课程”的提法以来，课程理论研究便为教学论所取代，我国的历次课程改革也就在毫无理论根基的状态下进行着，这样的课程改革，其结果是可想而知的。事实上，课程改革是一个涉及社会各方面的庞大的社会活动，左右它的力量和原因繁多而复杂，既有教育行政部门的行政参与，又有学校和教师、学生的自觉行动，还有全体社会成员对课程改革重要性的认识与支持配合。这些力量和原因是显而易见的。然而，正是由于这些显而易见的力量和原因，使人们忽视了另一个课程改革和发展必须具备的先决条件，那就是正确的课程改革和发展理论。

虽然新中国成立以来，中共中央、国务院、教育部等先后颁布了一系列有关课程改革的决定、规程、纲要等，以此作为课程改革的纲领性文件，但它们并不等于课程改革的理论，它们仅仅是国家行政部门决心对课程进行改革的文字表述而已，只是提出课程改革的大方向和总体目标，至于通过什么样的途径，采取什么样的方法进行改革，改革过程中可能出现什么样的问题以及如何解决这些问题，这些决定、规程、纲要等并没有提及或论证。这些问题的研究和解决应该由课程理论工作者去完成。而且论证这些决定、规程、纲要等是否正确，有哪些地方需要修改和完善，本身也是课程理论工作者义不容辞的责任和必须要做的一项工作。但是由于众所周知的力量和原因，我们的课程理论工作者并没有履行这样的职责，而是按照传统的经验主义方法汇入了课程改革的洪流中。当经过了像“文化大革命”这样痛苦的迷失和惨痛的失败之后，才在苦苦的思索中发现，课程理论对于课程改革的重要意义。

二、中小学教育制度的建立

（一）恢复重点中小学校制度

1976年后，为了迅速恢复、整顿教育，快速提高教育质量，决定办重点学校（重点中小学和重点大学）。1978年1月，经国务院批准，教育部颁发的《关于办好一批重点中小学试行方案》明确提出，切实办好一批重点中小学，以提高中小学的教育质量，总结经验，推动整个中小学教育革命的发展，具有重要意义。各省、市、自治区和国务院各部委的教育部门要对发展和办好本地区、本部门的重点中小学作出规划和部署。同时，该方案还对办好重点中小学的目的、任务、规划、招生办法、加强领导等问题作了具体规定。至1979年底，全国已有重点中学5200多所，在校学生520万人，占中学生总数的8.8%；重点小学7000多所，在校生510万人，占小学生总数的3.5%。[①]

1980年10月，经国务院批准，教育部颁发的《关于分期分批办好重点中学的决定》明确提出，必须首先集中力量办好一批条件较好的重点中学……把约700所首批重点中学办成全国、全省、全地区第一流的、高质量的、有特色的、有良好学风的学校。1980年12月，中共中央、国务院颁布的《关于普及小学教育若干问题的决定》明确提出，“坚持‘两条腿走路’的方针，还要解决好一个重要问题，就是必须正确处理普及与提高的关系，各地应当首先

① 中央教育科学研究所：《中华人民共和国教育大事记（1949—1982）》，北京：教育科学出版社，1984年版，第508、568页。

集中力量办好一批重点学校，创造经验，典型示范”[①]。

1983年，教育部在《关于进一步提高普通中学教育质量的几点意见》中，重申了办好重点中学的必要性。

恢复的重点中小学制度，对恢复教育元气、提高教育质量，为高一级学校输送质量较高的新生具有积极作用，有着重要的历史功绩。

（二）实行“地方负责、分级管理”

1980年12月，中共中央、国务院颁布《关于普及小学教育若干问题的决定》，明确提出20世纪80年代在全国基本实现普及小学教育的历史任务。[②]

1983年8月，教育部印发《关于普及初等教育基本要求的暂行规定》，要求“普及初等教育必须从我国实际出发，坚持统一性和多样性相结合的原则”，提出现阶段普及初等教育一般应该达到的基本要求：学龄儿童入学率达到75%以上，条件较好的农村地区达到90%左右，其他地区达到80%左右，在12—15周岁的少年儿童中，初等教育的普及率达到95%。[③]普及初等教育成为教育改革发展的重要任务目标。

1985年，《中共中央关于教育体制改革的决定》提出，“把发展基础教育的责任交给地方，有步骤地实行九年制义务教育”。“基

① 《中共中央、国务院关于普及小学教育若干问题的决定》，新华网，2007年6月13日。
② 《中共中央、国务院关于普及小学教育若干问题的决定》，新华网，2007年6月13日。
③ 《教育部关于普及初等教育基本要求的暂行规定》，《中华人民共和国国务院公报》，1983年19期。

础教育管理权属于地方。除大政方针和宏观规划由中央决定外，具体政策、制度、计划的制定和实施，以及对学校的领导、管理和检查，责任和权力都交给地方。省、市（地）、县、乡分级管理的职责如何划分，由省、自治区、直辖市决定”①。

1986年4月，第六届全国人民代表大会第四次会议通过《中华人民共和国义务教育法》（以下简称《义务教育法》），并于1986年7月1日起施行。

根据《中共中央关于教育体制改革的决定》和《义务教育法》相关规定和要求，中央将发展基础教育的责任和管理权限下放给地方，形成“地方负责、分级管理”的基础教育管理体制。基础教育领域除了重大方针政策和宏观发展规划由中央决定外，具体政策、制度、计划的制定和实施及对学校的领导、管理和检查等责任和权力均由地方政府负责。按照《义务教育法》有关规定，地方各级政府基础教育管理权限由省级政府决定，逐步形成了以县、乡为主的“三级办学、两级管理”的格局②。基础教育管理体制改革，进一步理顺了中央和地方政府的教育管理关系和权限，在有效减轻中央办学“负担”的同时，也充分调动了地方各级政府尤其是县、乡两级政府和广大人民群众办学的积极性，改善了办学条件，促进了基础教育健康发展。

---

① 《中共中央关于教育体制改革的决定》，《人民日报》，1985年5月27日。

② 方晓东：《中华人民共和国教育60年》，武汉：湖北教育出版社，2009年版，第27页。

（三）完善中小学校校内管理体制与基础教育招生考试制度

1. 完善中小学校校内管理体制

（1）积极建立中小学校长负责制

1978年9月，教育部修订和重新颁发《全日制中学暂行工作条例（试行草案）》和《全日制小学暂行工作条例（试行草案）》，恢复和重建中小学各项工作制度。中学条例依旧为50条，小学条例依旧为40条。修改内容包括：贯彻中小学教育要“为提高整个中华民族的科学文化水平，实现新时期的总任务而奋斗”的精神，突出德育内容，重视能力培养；强调教师是办好学校的主要依靠力量，要求各行各业积极支持教育事业发展等。并将原暂行工作条例中规定的校长“负责领导全校的工作”、“党支部对学校行政工作负有保证和监督的责任”的领导体制，改为“实行党支部领导下的校长分工负责制”。

1985年，《中共中央关于教育体制改革的决定》明确提出，“学校逐步实行校长负责制，有条件的学校要设立由校长主持的、人数不多的、有威信的校务委员会，作为审议机构”[①]。

中小学校长负责制从20世纪80年代中期开始成为国家教育政策，后来又以法律法规、规划的形式推行。其作为国家教育管理制度的一种价值选择，中小学校长负责制从普通教育政策上升为教育法律。这种权威性的提升显现了中小学校长负责制对于完善中小学校教学、管理、领导体系的重要作用，体现着国家意志对其在教育管理体制改革中所凸显价值的高度期盼。

① 《中共中央关于教育体制改革的决定》，《人民日报》，1985年5月27日。

（2）启动教师聘任制改革

1985年，《中共中央关于教育体制改革的决定》提出，“建立一支有足够数量的、合格而稳定的师资队伍，是实行义务教育、提高基础教育水平的根本大计。为此，要采取特定的措施提高中小学教师和幼儿教师的社会地位和生活待遇，鼓励他们终身从事教育事业”[①]。该阶段教师聘任制改革的特点是把经济体制改革中的相关竞争机制引入了学校内部管理，使长期以来被国家统得过死的管理体制开始被打破。当时的改革只限于计划体制内，对局部利益关系的调整、改革启动了内部办学活力，但是比较有限。

2．改革基础教育招生考试制度

改革开放后，党中央非常重视普及教育工作。1980年12月，中共中央、国务院发布《关于普及小学教育若干问题的规定》，明确要求“在80年代，全国应基本实现普及小学教育的历史任务，有条件的地区还可以进而普及初中教育”[②]。1983年8月，教育部发布《关于进一步提高普通中学教育质量的几点意见》，明确提出“毕业考试要和升学考试分开进行，有条件的地方可按基本教材命题，试行初、高中毕业会考”[③]。随后，1985—1988年，中央连续4次发文要求各地在已经普及初中教育的地方，试行小学毕业生就近直接升入中学，不再举行升学考试。关于高中教育阶段，1985年，在中央部门的领导和指导下，上海、浙江等地试行普通高中毕

---

① 《中共中央关于教育体制改革的决定》，《人民日报》，1985年5月27日。

② 《中共中央、国务院关于普及小学教育若干问题的决定》，新华网，2007年6月13日。

③ 《教育部关于进一步提高普通中学教育质量的几点意见》，《中华人民共和国国务院公报》，1983年18期。

业会考制度。

（四）有步骤地实行九年制义务教育

“学制问题是教育领域中的大问题，中小学学制的改革与形成主要考虑学制的长短、中小学的衔接和课程设置等问题”[①]。改革开放之后，我国中小学学制不断在调整和完善，也为我国全面普及九年义务教育提供了制度基础。

进入20世纪80年代，中央再次号召全国要实现普及小学教育的任务，进而普及初中阶段的教育。除此之外，还提出要搞好教育立法工作，为未来的《义务教育法》的出台打下良好基础。

1980年，中共中央、国务院发布《关于普及小学教育若干问题的规定》，明确提出“将中小学学制逐步改为十二年制”。

1985年，《中共中央关于教育体制改革的决定》提出“有步骤地实行九年制义务教育”，“我们完全有必要也有可能把实行九年制义务教育当作关系民族素质提高和国家兴旺发达的一件大事，突出地提出来，动员全党、全社会和全国各族人民，用最大的努力，积极地、有步骤地予以实施。为此，需要制订义务教育法，经全国人民代表大会审议通过后颁行”[②]。经过这一段时间的发展，截至1985年，全国有小学83.23万所，小学学龄儿童入学率达到了新中国成立以来的最高的95.9%，毕业率为94.3%。在这一时期，我国的教育事业从“文化大革命”的全面破坏到全面恢复进而迅速发展，取得了令人瞩目的成果。

---

① 徐卫红：《中小学学制沿革的回顾与反思》，《教育史研究》，2016年06期。

②《中共中央关于教育体制改革的决定》，《人民日报》，1985年5月27日。

1986 年，《义务教育法》规定了“我国义务教育的性质，义务教育的入学年龄和学习期限；适龄儿童、少年的权利和义务，适龄儿童、少年的父母（包括继父母）或监护人的义务；规定了国家和社会在义务教育中的义务；规定了义务教育的管理体制，规定了义务教育的实施步骤及有关法律规定等”[1]。《义务教育法》的颁布和实施，通过法律形式确定了我国的义务教育制度，这也标志着我国基础教育逐步走上依法治教的发展轨道。1989 年制订了《九年制义务教育小学、初中课程计划》和新的各科教学大纲。

九年制义务教育的实施，为所有适龄儿童、少年提供了学校教育，是提升国民素质的重要基础，是促进社会公平的关键起点，为让所有适龄儿童、少年“有学上”、“上好学”迈出了坚实的一步。

（五）征收教育附加费

随着经济社会不断发展和教育改革持续深入，教育单纯依靠国家投资办学的观念和体制显然已经不再适应社会发展和学校发展的实际了。党的十一届三中全会后，积极推进的农村经济体制改革和国家财政体制改革，为教育投资体制改革提供了可能和条件。

1980 年 12 月，中共中央、国务院颁布的《关于普及小学教育若干问题的决定》提出，“在我们这样一个人口众多、经济不发达的大国，普及小学教育，不可能完全由国家包下来，必须坚持‘两条腿走路’的方针，以国家办学为主体，充分调动社队集体、厂矿企业等各方面办学的积极性。还要鼓励群众自筹经费办学”[2]。

---

① 吴德刚：《中国教育改革发展研究》，北京：教育科学出版社，2011 年版，第 8 页。
②《中共中央、国务院关于普及小学教育若干问题的决定》，新华网，2007 年 6 月 13 日。

1984 年 12 月，国务院颁布的《关于筹措农村学校办学经费的通知》提出，“开辟多种渠道筹措农村学校办学经费。除国家拨给的教育事业费外，乡人民政府可以征收教育事业费附加，并鼓励社会各方面和个人自愿投资在农村办学。这些经费，要实行专款专用，任何部门和单位不得挪用和平调”①。

1986 年 4 月，全国人大常委会颁布的《义务教育法》指出，“国务院和地方各级人民政府用于实施义务教育财政拨款的增长比例应当高于财政经常性收入的增长比例，保证按照在校学生人数平均的义务教育费用逐步增长，保证教职工工资和学生人均公用经费逐步增长”②。

1986 年 4 月，国务院发布的《征收教育费附加的暂行规定》提出，“凡缴纳产品税、增值税、营业税的单位和个人，除按照《国务院关于筹措农村学校办学经费的通知》的规定，缴纳农村教育事业费附加的单位外，都应当依照本规定缴纳教育费附加。……教育费附加由税务机关负责征收。教育费附加纳入预算管理，作为教育专项资金，根据‘先收后支、列收列支、收支平衡’的原则使用和管理。地方各级人民政府应当依照国家有关规定，使预算内教育事业费逐步增长，不得因教育费附加纳入预算专项资金管理而抵顶教育事业费拨款”③。

---

① 《国务院关于筹措农村学校办学经费的通知》,《中华人民共和国国务院公报》，1984 年 31 期。

② 《中华人民共和国义务教育法》,《中华人民共和国全国人民代表大会常务委员会公报》，2015 年 03 期。

③ 《国务院关于修改〈征收教育费附加的暂行规定〉的决定》,《中华人民共和国国务院公报》，2005 年 31 期。

义务教育过程的均等是指无论区域、城乡，其所在的每一所义务教育学校都能够得到大致水平相当的经费、师资和教育教学设施的投入，以实现教育资源的均衡配置，使不同地区的儿童、少年在接受义务教育公共服务的过程中能够享受到同等的待遇，享有同等质量的教育，从而从根本上保证国民素质的整体提升。由此不难看出，义务教育过程均等的实质就是通过教育资源的均衡配置实现义务教育的均衡发展。这些政策和法律的颁布与实施，为基础教育经费体制改革提供了政策基础和政治保障。

受调整中等教育结构等国家教育政策的影响，该阶段的基础教育在发展规模上整体呈现缩减趋势。这与当时我国人口发展情况有着密切关系。从国家统计局公布的人口数据来看，1978 年末我国总人口为 96259 万人，1985 年末总人口为 105851 万人，1989 年末总人口为 112704 万人，三个时间节点的人口自然增长率也在持续升高，但每十万人口小学平均在校生数却在持续下降。

我国基础教育在一定程度上实现了由过去的规模化发展逐渐向规范化、法制化发展，基础教育质量显著提高。尤其是九年制义务教育政策的稳步推进，基础教育阶段学龄儿童入学率显著提高。

第四节　扩大高等学校办学自主权

为进一步适应经济和社会发展，更好满足改革开放新时期“四化”建设对人才的多元需求，切实提高高等教育的质量和水平，改革开放以来，特别是 1985 年《中共中央关于教育体制改革的决定》发布之后，高等教育领域进行了一系列改革，实现了诸多新的突破。

一、竭力扭转高等学校管理体制“条块分割”局面

改革开放后，我国高等教育基本沿用1963年颁布实施的“中央统一领导，中央和省、市、自治区两级管理的制度”。这种管理体制在彰显相应优点的同时，也暴露出诸多不足，如：主管部门管得过多、统得过死，学校缺乏办学自主权；部门、地区“条块分割”管理体制和模式*，造成高等学校布局和专业设置不合理、投资大但效益低等。

* 高等教育“条块分割”管理体制和模式，实质上反映出的是中央集权和地方分权之间的矛盾关系。此处的“条”主要指的是中央集权下的垂直的、自上而下的指挥管理体系；“块”主要指的是地方分权下的地方行政区划内的自我管理体系。

“条条”、“块块”的概念源于毛泽东1956年2月24日的一次谈话，他说：“我去年出去了一趟，跟地方同志谈话。他们流露不满，总觉得中央束缚了他们，地方同中央有些矛盾，若干事情不放手让他们管。他们是块块，你们是条条，你们无数条条往下达，而且规格不一。他们若干要求，你们也不批准，约束了他们。[①]”可见，“条条”、“块块”是“扎根于本土的鲜活的概念”[②]，是中国式政治智慧的体现。自此以后，条块就成了描述中央政府及其职能部门与（各级）地方政府及其职能部门、（各级）地方政府及其职能部门与所辖下级地方政府及其职能部门相互关系的“标准说法”。总体来看，当国家政治或行政管理采取集权模式时，“条条”的力量超过“块块”；反之，当国家政治或行政管理采取分权模式时，“块块”的力量超过“条条”。但是，在计划经济时代，无论是“条

① 中共中央文献研究室：《毛泽东传（1849—1949）》，北京：中央文献出版社，1996年版，第606页。

② 苏长和：《民主的希望和未来在中国——谈谈中国式民主与美国式民主》，《人民日报海外版》，2014年9月5日。

强块弱"，还是"块强条弱"，"条条"与"块块"之间总体上呈现出分割状态。1958—1984年，我国高等教育管理权限呈现出部门办学主导下的"条块拉锯"：1958—1963年，由"条条"到"块块"；1963—1966年，由"块块"到"条块"；1966—1978年，由"条块"到"块块"；1978—1984年，由"块块"恢复到"条块"。

1985年《中共中央关于教育体制改革的决定》颁布后，我国高等教育管理形成了"三级办学"体制下的"条块分割"。该决定提出，"政府有关部门对高校统得过死，管了很多不该管的事情，而应该管的事情又没有很好地管起来，结果使高校缺乏应有的活力。因此要求改变政府对高校统得过多的管理体制，扩大高校的办学自主权。同时，为调动各级政府举办高等教育的积极性，决定实行中央、省、中心城市三级办学的高等教育体制"[①]。

为了加强和改进对高等教育的宏观指导和管理，1986年3月，国务院发布《高等教育管理职责暂行规定》，明确全国高等教育工作由国务院领导，国家教育委员会具体负责主管全国高等教育工作；在国家教育委员会的指导下，国务院有关部门管理其直属高校，省级人民政府管理本地区内的高校。1988年，全国高等教育工作会议建议普遍成立省级政府教育委员会，以逐步增强地方教育主管部门管理普通高校的职能，统一管理包括高等教育在内的各级各类教育。为充分发挥高等教育在地区建设中的作用，会议还要求地方政府把人才培养与经济建设、科技开发有机结合起来。[②]

---

① 《中共中央关于教育体制改革的决定》，《人民日报》，1985年5月27日。

② 朱开轩：《贯彻党的十三大精神 深化和加快高等教育的改革——在全国高等教育工作会议上的报告（一九八八年一月二十七日）》，《中国电力教育》，1988年04期。

在“条块分割”的格局下，中央政府相关部委和地方政府各自管理着相应的高等学校。在这种复杂嬗变的管理体制下，我国高等教育在不断地发展和进步。

二、建立三级办学体制，明确高等教育管理职责

改革开放后，跨部门、跨地区的联合办学和高等学校之间协作等办学形式迅速发展起来。1985年，《中共中央关于教育体制改革的决定》明确提出“为了调动各级政府办学的积极性，实行中央、省（自治区、直辖市）、中心城市三级办学的体制。中央部门和地方办的高等学校，要优先满足主办部门和地方培养人才的需要，同时要发挥潜力，接受委托，为其他部门和单位培养学生，积极倡导部门、地方之间联合办学”①。1988年5月，国务院办公厅转发国家教委《关于推动联合办学和校际协作若干问题的意见》，进一步推动了跨部门、跨地区的联合办学和高等学校之间的协作，并逐渐形成纵横交错、条块结合的新的办学格局。

随后，高等学校联合办学体制进一步得到丰富和发展，形成了以共建、合作、合并、划转、协作五种形式为主的联合办学体制或模式②。

改革开放后，高校办学自主权问题受到高校和政府高度关注。1976年后，高校办学逐渐恢复正常，自主权问题成为影响办学的

① 《中共中央关于教育体制改革的决定》，《人民日报》，1985年5月27日。
② 吴德刚：《中国教育改革发展研究》，北京：教育科学出版社，2011年版，第159-161页。

主要障碍。1979 年 12 月，苏步青等几位高校校长呼吁给高等学校一点自主权，反映了高校对办学自主权的关切。此后，扩大高校办学自主权逐步成为国家高等教育政策法律的核心内容，在历次重要的教育政策和法律文件中，党和政府对高校办学自主权问题予以了高度重视，作出了明确的规定。[①]

1985 年，《中共中央关于教育体制改革的决定》明确提出“当前高等教育体制改革的关键，就是改变政府对高等学校统得过多的管理体制，在国家统一的教育方针和计划的指导下，扩大高等学校的办学自主权，加强高等学校同生产、科研和社会其他各方面的联系，使高等学校具有主动适应经济和社会发展需要的积极性和能力”[②]。这是第一次由中央明确提出高等学校办学自主权问题，明确规定了高等学校有教学、科研、招生、人事、财务与国际交流六个方面的自主权，诸如“要扩大高等学校的办学自主权。在执行国家的政策、法令、计划的前提下，高等学校有权在计划外接受委托培养学生和招收自费生；有权调整专业的服务方向，制订教学计划和教学大纲，编写和选用教材；有权接受委托或与外单位合作，进行科学研究和技术开发，建立教学、科研、生产联合体；有权提名任免副校长和任免其他各级干部；有权具体安排国家拨发的基建投资和经费；有权利用自筹资金，开展国际的教育和学术交流；等等。对不同的高等学校，国家还可以根据情况，赋予其他的权力”[③]。由

① 别敦荣：《必须进一步扩大高校办学自主权——我国高等教育发展 70 年的经验》，《教育发展研究》，2019 年 39 期。

② 《中共中央关于教育体制改革的决定》，《人民日报》，1985 年 5 月 27 日。

③ 《中共中央关于教育体制改革的决定》，《人民日报》，1985 年 5 月 27 日。

于该决定是一个纲领性文件，故关于大学办学自主权仅作了原则规定。为了贯彻落实这些原则，国务院于1986年颁布了《高等教育管理职责暂行规定》，把高校办学自主权扩充为八项，即招生、科研、教学、财务、人事、基建、职称评定和国际交流。高等教育领域这些改革淡化和改变了单一的隶属关系，扩大了省级政府统筹权，在一定程度上扩大了高等学校的办学自主权，初步建立了一个适应社会主义市场经济的高等教育宏观结构和新型管理体制框架。① 同时划分了中央各部之间、中央与地方之间在管理高等教育方面的权限、职责等。如："国家教育委员会在国务院的领导下，主管全国高等教育工作；国务院有关部门在国家教育委员会的指导下，管理其直属高等学校；省、自治区、直辖市人民政府管理本地区内的高等学校；扩大高等学校管理权限，增强高等学校适应经济和社会发展需要的能力。②"

这些举措对提高高等学校管理科学化和民主化、促进高等教育事业科学发展发挥着重要作用。

三、完善高等学校内部管理体制与人才培养模式

（一）实行校长负责制

1978年10月，教育部修订和重新颁发《全国重点高等学校暂行工作条例（试行草案）》。这一草案是在1961年颁发试行的《高

① 中国教育科学研究院：《中国共产党教育方针百年历史研究》，北京：教育科学出版社、中央党史出版社，2021年版，第240页。
②《高等教育管理职责暂行规定》，《中华人民共和国国务院公报》，1986年13期。

校60条》基础上修改而成的。草案内容共有10章60条。修改的依据是新时期的总任务和四个现代化的要求。修改的主要内容包括：把高等学校实行“党委领导下的以校长为首的校务委员会负责制”，系党总支对行政工作实行保证和监督的领导体制，改为“党委领导下的校长分工负责制”，系一级实行“系党总支委员会（或分党委）领导下的系主任分工负责制”；取消原来的校务委员会，设立学术委员会；强调要把高等学校建设成既是教育中心，又是科学研究中心；肯定绝大多数知识分子是脑力劳动者，是无产阶级的一部分，是党的一支依靠力量等。该条例的重新修订和颁布，为尽快恢复正常的教育教学秩序、端正教育方向、促进科学管理学校、提高教育教学质量等起到了重要作用。[①]

自1985年起，高等学校实行校长负责制。1985年，《中共中央关于教育体制改革的决定》明确规定了“学校逐步实行校长负责制，有条件的学校要设立由校长主持的、人数不多的、有威信的校务委员会，作为审议机构”[②]。

1989年，党中央确定高等学校全面实行党委领导下的校长负责制。这进一步加强了党对高等教育事业的领导。

（二）深化人才培养模式改革

高等学校的根本任务是培养合格人才，教学管理制度和人才培养模式改革是高等教育系统改革的核心。

---

① 中国教育科学研究院：《中国共产党教育方针百年历史研究》，北京：教育科学出版社、中央党史出版社，2021年版，第236页。

②《中共中央关于教育体制改革的决定》，《人民日报》，1985年5月27日。

改革教学管理制度，修订各类本科培养目标和培养规格；改变高等教育专科、本科科类比例不合理状况，加快专科教育；扩大财经、政法、管理等薄弱系科和专业发展，扶持新兴边缘学科成长和发展；学校根据实际可自行调整专业方向，制订教学计划和教学大纲，编写和选用教材等；试行学分制、主辅修制和双学位制、三学期制、导师制等；建立高等教育评估制度和试点工作；进一步完善学位制度，加强研究生教育的改革等。[①]

邓小平曾明确指出，“一个学校能不能为社会主义建设培养合格的人才，培养德智体全面发展、有社会主义觉悟的有文化的劳动者，关键在教师”[②]。换言之，教师的质量在很大程度上决定着教育的质量和水平。因此，加强教师队伍建设则成为教育改革发展的重中之重。1976 年后，在邓小平的倡导和领导下，党和政府在解决教师地位和待遇问题、加强师范教育工作、开展教师培训和建立教师专业技术职称制度等方面做出了一系列改革举措。

1．进一步明确教师的地位和作用

1975 年 9 月，邓小平在听取中国科学院负责同志汇报《关于科技工作的几个问题》（汇报提纲）时指出，“要解决教师地位问题。几百万教员，只是挨骂，怎么调动他们的积极性？毛主席讲消极因素还要转化为积极因素嘛！教育战线也要调动人的积极性”[③]。

---

① 方晓东：《中华人民共和国教育 60 年》，武汉：湖北教育出版社，2009 年版，第 28–29 页。

② 邓小平：《在全国教育工作会议上的讲话》，《邓小平文选》（第二卷），北京：人民出版社，1994 年版，第 103–110 页。

③ 邓小平：《科研工作要走在前面》，《邓小平文选》（第二卷），北京：人民出版社，1994 年版，第 34 页。

1977 年 8 月，邓小平在科学和教育工作座谈会上明确指出，“要特别注意调动教育工作者的积极性，要强调尊重教师。……一个小学教师，把全部精力放到教育事业上，就是很可贵的。要当好一个小学教师，付出的劳动并不比一个大学教师少，因此小学教师同大学教师一样光荣。对于终身为教育事业服务的人，应当鼓励”[①]。

1977 年 9 月，邓小平在同教育部主要负责同志谈话时指出，“要加强学校的教师队伍，科研系统有的人可以调出来搞教育，支援教育。搞教育是很光荣的，要鼓励大家热心教育事业。对科研系统抽出来支援教育的那些同志，教育部要在政治上、物质上安排好”[②]。

1978 年 4 月，邓小平在全国教育工作会议上的讲话指出，“要研究教师首先是中小学教师的工资制度。要采取适当的措施，鼓励人们终身从事教育事业。特别优秀的教师，可以定为特级教师。限于国家的经济力量，我们一时还难以较大地改善教职员工的物质生活待遇，但是必须为此积极创造条件”[③]。

1985 年 5 月，《中共中央关于教育体制改革的决定》提出，“建立一支有足够数量的、合格而稳定的师资队伍，是实行义务教育、提高基础教育水平的根本大计。为此，要采取特定的措施提高中小学教师和幼儿教师的社会地位和生活待遇，鼓励他们终身从事教育

---

① 邓小平：《关于科学和教育工作的几点意见》，《邓小平文选》（第二卷），北京：人民出版社，1994 年版，第 58 页。

② 邓小平：《教育战线的拨乱反正问题》，《邓小平文选》（第二卷），北京：人民出版社，1994 年版，第 70 页。

③ 邓小平：《在全国教育工作会议上的讲话》，《邓小平文选》（第二卷），北京：人民出版社，1994 年版，第 108–110 页。

事业”[①]。

1986年4月，《义务教育法》明确提出，“教师享有法律规定的权利，履行法律规定的义务，应当为人师表，忠诚于人民的教育事业。全社会应当尊重教师”[②]。“各级人民政府保障教师工资福利和社会保险待遇，改善教师工作和生活条件；完善农村教师工资经费保障机制。教师的平均工资水平应当不低于当地公务员的平均工资水平。特殊教育教师享有特殊岗位补助津贴。在民族地区和边远贫困地区工作的教师享有艰苦贫困地区补助津贴”[③]。

2．大力发展和办好师范教育

面对“文化大革命”给教育领域造成的严重摧残，党中央提出“教育方面要大干快上，加快各级各类学校发展速度，扩大发展规模，提高教育质量的要求”。[④] 1978年，教育部颁布的《关于加强和发展师范教育的意见》提出“大力发展和办好师范教育，建设一支又红又专的教师队伍，是发展教育事业、提高教育质量的基本建设，百年大计”。自此，我国师范教育工作拉开了恢复和调整的序幕。

1980年6月，第四次全国师范教育会议将师范教育定位为教育事业造就教师人才的基地，厘清了师范教育的地位、性质、任

① 《中共中央关于教育体制改革的决定》，《人民日报》，1985年5月27日。
② 《中华人民共和国义务教育法》，《中华人民共和国全国人民代表大会常务委员会公报》，2015年03期。
③ 《中华人民共和国义务教育法》，《中华人民共和国全国人民代表大会常务委员会公报》，2015年03期。
④ 中央教育科学研究所：《中华人民共和国教育大事记（1949—1982）》，北京：教育科学出版社，1984年版，第495页。

务，重申了师范教育分设三级体系培养不同学段的师资队伍。[①]这次会议作为改革开放后全国层面的首次师范教育会议，对恢复和强化改革开放初期师范教育职前培养功能，加大师范生培养力度起到了积极作用。1980年10月，教育部发布《关于加强高等师范学校教师队伍建设的意见》，提出“高等师范学校要制订师资队伍建设规划”。

1985年5月，《中共中央关于教育体制改革的决定》提出，“把发展师范教育和培训在职教师作为发展教育事业的战略措施”[②]。1986年3月，国家教委下发《关于基础教育师资和师范教育规划的意见》提出，“综合性大学和有条件的其他高等院校应把为中等教育培养师资作为一项重要任务”[③]。这是我国建立开放性教师教育体系的政策萌芽。

1989年，我国师范普通本科招生数为18.38万人、毕业生数为18.24万人、在校生数为53.23万人，较1978年分别增长了5.98万人（增长率为49.23%）、14.7万人（增长率为415.25%）、28.24万人（增长率为113.01%）。

3．加大教师培训工作力度

1977年8月，邓小平在科学和教育工作座谈会上明确指出，“要研究如何提高教师的水平。前几年教师不敢教，责任不在他们。现在要敢于教，还要善于教。要做到这一点，就要加强师资培

① 张斌贤、李子江：《改革开放30年来我国教师教育体制改革的进展》，《教师教育研究》，2008年06期。
② 《中共中央关于教育体制改革的决定》，《人民日报》，1985年5月27日。
③ 徐维忠：《改革开放30年来教师教育政策法规浅析》，《现代教育科学》，2010年03期。

训工作。要请一些好的教师当教师的教师，大学教师要帮助中学教师提高水平。……要把师资培训列入规划，列入任务。只有老师教得好，学生才能学得好。……要提高教师的水平，包括政治思想水平、业务功能能力以及改进作风”[①]。

1978 年 4 月，邓小平在全国教育工作会议上的讲话指出，“各级党委和学校的党组织，应该热情地关心和帮助教师思想政治上的进步，帮助他们认真学习马克思列宁主义、毛泽东思想，使更多的人牢固地树立起无产阶级的共产主义的世界观。……教育部和各地教育行政部门，要采取切实有效的措施，比如充分利用广播、电视，举办各种训练班、进修班，编印教学参考资料等，大力培训师资”[②]。

1980 年 8 月，教育部发布《关于进一步加强中小学在职教师培训工作的意见》。该意见从培训规划的制定、培训机构的建设、教学计划的统一、考核制度的建立、办学条件的改善、师训工作的领导等方面，对 1980—1985 年期间的中小学教师培训做了全面细致的规划和指导。[③] 1982 年 10 月教育部印发的《小学教师进修中等师范教学计划（试行草案）》、1983 年 1 月教育部印发的《关于加强小学在职教师进修工作的意见》等文件，均把教师培训改革重点放在初步形成在职教师进修制度、创建中小学教师在职进修体系、推进以“学历达标”为核心的学历补偿教育上。1985 年 5 月，《中

① 邓小平：《关于科学和教育工作的几点意见》，《邓小平文选》（第二卷），北京：人民出版社，1994 年版，第 58 页。

② 邓小平：《在全国教育工作会议上的讲话》，《邓小平文选》（第二卷），北京：人民出版社，1994 年版，第 110 页。

③ 王全乐：《我国中小学教师培训制度的历史研究》，《继续教育研究》，2005 年 05 期。

共中央关于教育体制改革的决定》提出，“必须对现有的教师进行认真的培训和考核，把发展师范教育和培训在职教师作为发展教育事业的战略措施。要大力提倡和鼓励教师密切结合教学进行自学和互教；要为在职教师举办函授和广播电视讲座；要切实办好教师进修院校，并且利用现有设施，分期分批轮训教师；还要有计划地动员、挑选和组织高等学校的一部分教员和高年级学生、研究机构的一部分研究人员和党政机关的一部分具备条件的干部，参加帮助培训中小学教师的工作。总之，要争取在5年或者更长一点的时间内使绝大多数教师能够胜任教学工作”①。

1986年2月，国家教委发布《关于加强在职中小学教师培训工作的意见》，对师资培训的任务和要求、渠道和形式、质量、办法条件和领导作出了具体要求。1986年4月，《义务教育法》明确提出，“县级以上人民政府应当加强教师培养工作，采取措施发展教师教育。县级人民政府教育行政部门应当均衡配置本行政区域内学校师资力量，组织校长、教师的培训和流动，加强对薄弱学校的建设”②。

4．建立教师专业技术职务制度和考核合格证书制度

1978年3月，国务院批转教育部恢复高等学校和提升教师职务的请示报告。至1981年，高等院校教授、副教授、讲师和助教全部恢复。1978年4月，邓小平在全国教育工作会议上的讲话指

① 《中共中央关于教育体制改革的决定》，《人民日报》，1985年5月27日。
② 《中华人民共和国义务教育法》，《中华人民共和国全国人民代表大会常务委员会公报》，2015年03期。

出，“特别优秀的教师，可以定为特级教师”[1]。1978 年 12 月，国务院下发《关于评选特级教师的暂行规定》。至 1982 年，评选特级教师 1113 人。[2]

1983 年 8 月，国家教委发布《关于中小学教师队伍调整整顿和加强管理的意见》，提出从政治思想表现和工作态度、教学业务能力和教学效果、文化程度三个方面，由县级教育行政部门对每个教师进行一次全面考核，作为培训提高和调整安排教师工作的依据。对教师的政治思想和工作态度的考察，应重在现实表现。对教师教学业务能力和专业知识的考核，应以实际教学业务能力和教学效果为主，并应根据其所教学科的内容和范围拟定合理的评定办法。对教师文化程度的评定，要根据其应具备的学历确定考试内容和范围，并要拟定科学的评定标准。在这次全面考核中应建立起经常的考核制度，考绩记入档案，并作为教师评定职称、晋升的重要依据。

1985 年 1 月，第六届全国人民代表大会第九次会议通过《关于教师节的决定》。决定每年 9 月 10 日为教师节。1985 年 5 月，《中共中央关于教育体制改革的决定》提出，“只有具备合格学历或有考核合格证书的，才能担任教师。从幼儿师范到高等师范的各级师范教育，都必须大力发展和加强。师范院校要坚持为初等和中等教育服务的办学思想，毕业生都要分配到学校任教，其他高等学校毕业生也应有一部分分配到学校任教。任何机关、单位不得抽调中

---

① 邓小平：《在全国教育工作会议上的讲话》，《邓小平文选》（第二卷），北京：人民出版社，1994 年版，第 110 页。

② 方晓东：《中华人民共和国教育 60 年》，武汉：湖北教育出版社，2009 年版，第 617 页。

小学合格教师改任其他工作”[①]。

1986年4月，《义务教育法》明确提出，“第三十条　教师应当取得国家规定的教师资格。国家建立统一的义务教育教师职务制度。教师职务分为初级职务、中级职务和高级职务。”[②]

1986年5月，中央职称改革工作领导小组下发《关于转发国家教育委员会中、小学教师职务试行条例等文件的通知》。在中学教师职务方面提出，“第三条　中学教师职务实行聘任或任命制。聘任或任命教师职务，必须经过教师职务评审委员会从政治思想、文化专业知识水平、教育教学能力、工作成绩和履行职责等方面进行评审，认定具备担任相应职务的条件，由学校或县以上教育行政部门领导进行聘任或任命。聘任或任命教师担任职务应有一定的任期，每一任期一般为三至五年，可以续聘或连任”[③]。在小学教师职务方面提出，“第三条　小学教师职务实行聘任或任命制。聘任或任命教师职务，必须经过教师职务评审委员会从政治思想、文化专业知识水平、教育教学能力、工作成绩和履行职责等方面进行评审，认定具备担任相应职务的条件，由学校或县以上教育行政部门领导进行聘任或任命。聘任或任命教师担任职务应有一定的任期，每一任期一般为三至五年，可以续聘或连任”[④]。

1986年9月，国家教委下发《中小学教师考核合格证书试行

---

① 《中共中央关于教育体制改革的决定》,《人民日报》，1985年5月27日。

② 《中华人民共和国义务教育法》,《中华人民共和国全国人民代表大会常务委员会公报》，2015年03期。

③ 《关于转发国家教育委员会中、小学教师职务试行条例等文件的通知》，教育部网站，2010年1月29日。

④ 《关于转发国家教育委员会中、小学教师职务试行条例等文件的通知》，教育部网站，2010年1月29日。

办法》，我国开始实行中小学教师考核合格证书制度。

总体而言，此阶段的教师队伍管理体制机制改革立足改革开放时代背景，以恢复巩固教师地位、持续加大教师培训、完善教师职务评定和重构教师教育体制等为基本目标，进一步加强和优化了教师队伍建设。

受九年制义务教育等相关教育政策的影响，小学、初中和普通高中教育阶段的师生比显著下降；受当时高等教育和职业教育相关教育政策的影响，高等教育和普通中专教育师生比略有上升。总体来看，我国教师配置水平提高，教师队伍总体上趋于稳定与合理。

5．以师德为主要内容的思想政治建设

此外，在思想政治建设的途径和方法上，中央着力加强制度建设和日常思想政治工作。加强马克思主义理论队伍建设，有针对性地开展马克思主义理论教育和形势政策教育；通过贯彻《教师法》等法律法规，加强教师师德建设；确立思想政治建设在高校教师队伍建设中基础性地位，将思想政治建设与学术发展、人才培养等高校教师的中心工作紧密结合起来，将日常思想政治学习和教育制度化，对教师教书育人等师德建设的日常考核，为思想政治建设提供制度保证。

1987 年 5 月，中共中央颁布《关于改进和加强高等学校思想政治工作的决定》，进一步明确高等学校办学指导思想、努力改进高等学校思想政治工作的内容、形式和方法等。该政策的颁布实施，对坚持正确的教育改革方向、办好社会主义高等学校、培养德才兼备的学生和教师等均具有决定性的作用。

6．学术能力建设的制度化体系

随着改革开放和现代化建设进程的启动，高等教育进入全面恢复和建设时期，高校教师学术能力建设也全面展开。根据邓小平“最重要的是一个制度问题”的思想，为了适应高等教育发展对于高校教师学术能力的要求，恢复和发展被“文化大革命”破坏了的高校教师学术能力建设的政策体系，制度建设成为这一时期的政策发展的中心。其中包括：规范化的学术能力建设制度框架的构建，各类学术能力建设培养模式的创立，学术能力建设培训网络体系的发展，学术能力建设激励机制的完善等。

构建高校教师学术能力建设制度框架，历经了十多年的探索和实践。1980 年 7 月，教育部颁布试行《全国重点高等学校接受进修教师工作暂行办法》，恢复“文化大革命”以前的高校教师以学术能力提高为目的的进修制度，并提出“五个为主”*的原则。1980 年 10 月，教育部印发《关于加强高等师范学校师资队伍建设的意见》，提出要制订师资队伍建设规划，对各类教师分别情况，强调学术能力建设的明确目标。对造诣较深的老教师、老专家的科研成果、教学成果进行抢救性挖掘，通过著书立说、整理资料等方法继承下来。对中年教师的培养规划，“也要具体落实到人，做到定人员、定方向、定任务、定要求”。在加强教学和科研实践的同时，尽可能为他们提供参加学术性活动、短期讲习班的机会。把培养骨干教师的工作列入规划，对青年教师采取脱产、半脱产的方式进行系统的培养。该意见还提出要恢复和建立必要的规章制度，保证教师学术能力建设；通过建立协作网，加强校际之间的合作等。

* “五个为主”即以国内为主、以在职为主、以校内为主、以实践为主、以自学为主。

1984 年 2 月，教育部印发《关于加强部属高等学校培训进修教师工作的意见》（以下简称《意见》）。针对高校教师队伍不断扩大，青年教师学术能力建设任务越来越繁重的现实，《意见》提出，制定和落实培训进修教师的规划和计划，并做切实的安排；学术能力建设的形式由“培养任课教师”，转向“以提高青年教师素质为主的‘助教进修班’和以培养讲师以上的中青年教师学术骨干为主的‘专题研讨班’”。注重学术能力建设指导教师的遴选，配齐配强指导力量，在编制管理上加以保证。加强培训机构设置、基本建设、经费管理等项基本建设。

综上所述，20 世纪 80 年代初，高校教师学术能力建设主要是恢复“文革”以前的模式，以单科进修、讲习班的形式，围绕解决基础课程教师不足为目的。1984 年以后，高校教师学术能力建设的重点转向青年教师和骨干教师方面，以提高教师整体素质和缓解教师队伍青黄不接的矛盾。1984 年 3 月，教育部印发《关于在高等学校试办助教进修班的通知》，目的是使助教“具备本专业较为扎实的理论基础和专业知识，初步掌握高等学校教学的原则和规律，为他们在教学实践中进一步提高业务能力和以后担任讲师工作打下较好的基础”。

作为探索一般高校培养学术带头人和学术骨干的形式，一些高等学校开始接受国内访问学者。1986 年 1 月，国家教委印发《高等学校接受国内访问学者的试行办法》。对象是有较强的独立从事教学和科研工作能力，并具有一定的实践经验的副教授。旨在接触和了解本学科的学术前沿动态，加深基础理论，拓宽知识面，提高学术水平，为回原单位后发挥学术带头人或学术骨干的作用打下基础。接受国内访问学者的单位“一般应是有博士学位授予权的学科点或国家投资重点建设的实验室”。国内访问学者的进修主要形式是在导师指导下，以参加科研为主，协助指导研究生、参加编写教材或其他教学工作，导师全面负责培养工作。期限为半年至一年。

1989 年 9 月，国家教委下发《关于 1990—1991 学年度全国高等学校接受进修教师工作及计划安排的通知》(以下简称《通知》)。《通知》中提出试办骨干教师进修班。以某一学科或专业为主（尤其即将‘断代’的学科和专业），开设部分具有博士生水平的课程和专题讲座，提高教师的教学能力，改进教学方法。对象是作为骨干教师培养的青年讲师，时间三个月到半年。

这些改革政策或举措，不仅进一步促进高等教育结构日趋合理，不断提高高等教育质量和水平，还为国家经济建设和社会发展培养出一大批急需的专业人才。

截至 1989 年，我国普通高等教育在学校数量、教职工人数等方面较 1978 年均有显著提高。普通高等学校数量增长了 477 所，普通高等学校教职工数增长了 48 万人，普通高等学校专任教师数增长了 19.1 万人，普通高等学校在校生数增长了 122.6 万人，普通高等学校毕业生数增长了 41.1 万人，每十万人口高等学校平均在校生数增长了 96 人。总之，该阶段是高等教育飞速发展的关键时期。

第五节　大力发展职业教育

职业教育是国民教育体系和人力资源开发的重要组成部分，在促进经济社会发展、服务产业结构转型升级、培养技术技能人才等方面发挥着重要作用。中国的改革和建设亟须大量掌握专业知识和技术技能的专门人才，尤其是一些新设备和新工艺的应用，要求职业教育应为生产一线培养技术技能人员、管理人员和服务人员服务。[1]这一时期的职业教育政策也积极地朝着这一方面转向，系统地制定和出台了许多鼓励性政策。在政策的引导下催生了许多高等职业学校，进一步优化了职业教育结构，推动了改革开放后高等职业教育政策的“补偿性”发展。同时职业学校的办学模式也更加多样化，短期职业大学、五年一贯制等新的职业教育办学模式得到了优先发展。在高等教育政策推动下，高等职业院校迎来了发展良机，并为经济社会发展输送了大量高素质技术技能型人才，同时也为高等职业教育发展作出了积极尝试，在管理体制、教学方法、办学形式等方面都积累了宝贵经验。党的十一届三中全会之后，在调整中等教育结构、密切结合经济和社会发展需要、构建从初级到高级的职业教育体系、探索建立职业教育管理体系、积极借鉴国际职业教育发展经验等一系列决策部署的推动下，我国职业教育逐渐得到恢复重建和迅速发展。在这个历史阶段，我国职业教育改革与发展可划分为两个阶段：一是恢复重建阶段（1978—1984 年），该阶段职业教育改革发展聚焦结构和发展两大突出问题，有针对性地做好调整中等教育结构、试办短期职业大学等工作；二是迅速发展阶段（1985—1989 年），该阶段立足“国民经济好转，教育体制矛盾凸显”社会现实，明确职业教育的社会地位与发展方向、确定高等职业教育发展思路与方针、积极创办五年制高职等。

与此相呼应，高等职业院校陆续设立，职业技术师范学院是新中国最早成立的高职性质的学校。进入 20 世纪 80 年代以后，中国经济社会快速发展对高层次技术人才需求量不断增长，国家和地方

① 王苑：《改革开放初期我国高等职业教育的起步与发展》，《教育理论与实践》，2008 年 11 期。

纷纷成立职业大学，推动高层次的职业教育发展。1980 年，国家教委首次批准成立了 13 所职业高校，这些高校属于专科层次教育由地方主办，招生对象主要是高中毕业生和少量中职毕业生，学校开设政法、应用文科、财经管理等多个专业，学制三年，由国家统一组织入学考试。高等职业院校具有办学灵活、学生缴费上学、办学经费来源多元化、不包分配等特点。这些职业大学的成立为新中国经济社会发展短期内输送了大量高层次的技术技能人才，与之相应的中国高职教育政策也逐步完善。1986 年 7 月 2 日至 6 日，国务院召开了新中国成立后第一次全国职业技术教育工作会议，职业教育发展进入了快车道。

一、调整中等教育结构

1978 年 4 月，邓小平在全国教育工作会议上明确指出，“应该考虑各级各类学校发展的比例，特别是扩大农业中学、各种中等专业学校、技工学校的比例”[①]。从国家层面进一步明确扩大职业学校比例的政策方向。

1979 年 6 月，第五届全国人民代表大会第二次会议政府工作报告指出，“中等教育要有计划地举办各种门类的中等职业教育，这是社会主义建设的多方面的迫切需要，同时也有利于解决大量中学毕业生的就业问题”[②]。

① 邓小平:《在全国教育工作会议上的讲话》,《邓小平文选》(第二卷)，北京：人民出版社，1994 年版，第 108 页。

② 吴德刚:《中国教育改革发展研究》，北京：教育科学出版社，2011 年版，第 130 页。

1980年8月，中共中央在批转全国劳动就业会议文件的通知中进一步指出要“有步骤地改革现行的教育制度，改变中等教育单一化、与经济建设严重脱节的情况”，“要把职业教育作为教育体系的重要组成部分，逐步建立职业教育网”[①]。

1980年10月，国务院在批转《关于中等教育结构改革的报告》中也明确强调“改革中等教育的结构、发展职业技术教育是当前亟待解决的问题”，提出“应当实施普通教育和职业、技术教育并举，全日制学校与半工半读、业余学校并举，国家办学与业务部门、厂矿企业、人民公社办学并举”的方针，并“提倡各行各业办职业学校，可适当将一部分普通高中改办为职业技术学校、职业中学等”[②]。该报告从国家深化中等教育结构改革的战略性高度，提出大力发展职业技术教育的原则、方针和政策等，是我国职业教育发展史上的一项重要文件。

1983年5月，中共中央、国务院印发《关于加强和改革农村学校教育若干问题的通知》，强调“改革农村中等教育结构，发展职业技术教育。各地要根据本地区的实际需要和可能，统筹规划，有步骤地增加一批高中和其他职业学校，力争到1990年农村各类职业学校在校学生数，达到或略超过普通高中”[③]。

1983年5月，教育部等四部委联合印发《关于改革城市中等教育结构、发展职业技术教育的意见》，明确提出“城市中等教育

① 吴德刚：《中国教育改革发展研究》，北京：教育科学出版社，2011年版，第130页。
② 《国务院批转教育部、国家劳动总局关于中等教育结构改革的报告》，《中华人民共和国国务院公报》，1980年16期。
③ 《中共中央、国务院关于加强和改革农村学校教育若干问题的通知》，《中华人民共和国国务院公报》，1983年12期。

结构改革，主要是改革高中阶段的教育，使之适应社会主义现代化建设多方面的需要，适应经济体制、产业结构、劳动就业等变化的需要。实行普通教育与职业技术教育并举，全日制学校与半工半读学校、业余学校并举，国家办学与业务部门、厂矿企事业单位、集体经济单位办学并举的方针。民主党派、群众团体以及个人办学，应给予鼓励。城市高中阶段教育的学制、结构和办学形式都要实行多样化”。“普通高中保留多少、改多少，要从教育事业发展的全局考虑，根据改革中等教育结构的目标，从各地的实际情况出发，作好人才需求和各级各类学校发展中普通高中应有比重的预测工作，全面规划，统筹安排。力争到1990年，使各类职业技术学校在校生与普通高中在校生的比例大体相当”[①]。

1985年5月，《中共中央关于教育体制改革的决定》明确提出，“根据大力发展职业技术教育的要求，我国广大青少年一般应从中学阶段开始分流：初中毕业生一部分升入普通高中，一部分接受高中阶段的职业技术教育；高中毕业生一部分升入普通大学，一部分接受高等职业技术教育。在小学毕业后接受过初中阶段的职业技术教育的，可以就业，也可以升学。凡是没有升入普通高中、普通大学和职业技术学校的学生，可以经过短期职业技术培训，然后就业。要充分发掘现有中等专业学校和技工学校的潜力，扩大招生，并且有计划地将一批普通高中改为职业高中，或者增设职业班，加上新办的这类学校，力争在五年左右，使大多数地区的各类高中阶段的职业技术学校招生数相当于普通高中的招生数，扭转目

① 《教育部、劳动人事部、财政部、国家计划委员会关于改革城市中等教育结构、发展职业技术教育的意见》，《中华人民共和国国务院公报》，1983年12期。

前中等教育结构不合理的状况”[①]。

调整中等教育结构、大力发展职业技术教育是当时我国教育体制改革的重要内容之一。在这些政策的强劲驱动下，我国中等职业教育发展规模迅速扩大，强化了职业教育在“四化”建设中的重要地位，职业教育体系及管理机制进一步得到规范和细化。

二、积极兴办职业高中

职业高中是20世纪80年代初中等教育结构调整的产物，其与当时普通中专、技校的不同主要在于它的来源，即都是在原来普通中学基础上建立起来的职业学校。多数中学都是从试办职业班开始，逐步将整个高中部都改为职业高中，多数学校后来将初中部剥离，成为单纯的职业高中学校。从当时的管理体制来看，高等教育局管理中专，劳动局管理技校，教育局管理职高，成人教育局管理成人院校。

职业高中具有以下显著特点：一是毕业生不包分配，择需录用、择优录用。这是职业高中与当时的中专、技校的主要区别之一。二是人才培养密切联系实际，紧密为社会经济发展服务，尤其是要为保障就业服务。职业高中的专业设置、培养目标和规格都是高度实用型和职业导向的，许多专业是针对特定的发展需求和岗位要求来设置的。三是办学形式多样化。职业高中办学形式大体可分为“教育部门自办”、“教育部门和业务部门联合办学”、“教育部门与用人单位协议培养人才”三类。四是办学经费来源多渠道。

① 《中共中央关于教育体制改革的决定》,《人民日报》，1985年5月27日。

鉴于职业高中办学形式的多样化，其经费来源也是多渠道的，如："财政拨款"、"靠联合办学，对方给补充经费"、"靠委培及有偿培养，用人单位支付培养费"、"靠产教融合、有偿服务，以盈利供给办学经费"、"靠学费收入"等。五是专业设置高度面向社会。职业高中能够面向社会所需的各类服务行业办学，如：财会、服装、幼教、家电维修、旅游服务、烹饪等。六是师生待遇沿袭普通教育。职业高中教师仍然归于普通中学教师职务系列，学生待遇也与普通中学生相同，但可以通过有偿服务得到一定的报酬。

职业高中的兴办是改革开放后职业教育兴起的具体标志，一定程度上促成了中等教育结构改革，奠定了中等职业教育的存在基础，有效地实现了初中毕业生分流，缓解了高等学校升学压力，培养了一大批专业技术人才，促进了教育体制、管理体制和就业体制改革，这是一个历史性的贡献。

三、创新职业教育办学形式和人才培养模式

职业教育是这一时期整个教育事业最薄弱的环节，职业教育改革和发展的重点是中职教育，改革的目标是为社会主义现代化建设培养千百万名受过良好职业教育的初、中级技术人员、管理人员与技工。为更好适应我国经济体制由计划经济向市场经济转轨引发的一系列深层变革，职业教育在办学方向、办学主体和培养模式等方面进行了变革。[①]

① 中国教育科学研究院：《中国共产党教育方针百年历史研究》，北京：教育科学出版社、中央党史出版社，2021 年版，第 238 页。

一是职业教育要同经济和社会发展的需要密切结合。1985 年《中共中央关于教育体制改革的决定》明确提出，“中等职业技术教育要同经济和社会发展的需要密切结合起来，在城市要适应提高企业的技术、管理水平和发展第三产业的需要，在农村要适应调整产业结构和农民劳动致富的需要。要着重职业技能的训练，训练的范围不要太窄，基础教育也要适当配合，以适应长期广泛就业、进行技术革新和继续进修的需要；同时还要重视职业道德和职业纪律的教育”[①]。

二是坚持政府主导，调动多方面力量发展职业教育，促进办学主体多元化。[②] 1985 年，《中共中央关于教育体制改革的决定》明确提出，“发展职业技术教育，要充分调动企事业单位和业务部门的积极性，并且鼓励集体、个人和其他社会力量办学。要提倡各单位和部门自办、联办或与教育部门合办各种职业技术学校。这些学校除了为本单位和部门培训人才外，还可以接受委托为其他单位培训人才并招收自费学生”[③]。

三是从传统的升学导向向就业导向转变，大力推行工学结合、校企合作和半工半读。1986 年 10 月，国家教委发布《普通中等专业学校设置暂行办法》，强调设置中等专业学校，应讲求投资效益和社会效益，广泛开展跨部门、跨行业、跨地区的横向联系，联合办学或委托培养学生。

① 《中共中央关于教育体制改革的决定》，《人民日报》，1985 年 5 月 27 日。
② 中国教育科学研究院：《中国共产党教育方针百年历史研究》，北京：教育科学出版社、中央党史出版社，2021 年版，第 239 页。
③ 《中共中央关于教育体制改革的决定》，《人民日报》，1985 年 5 月 27 日。

四、构建从初级到高级的职业教育体系

改革开放以来，我国中等职业教育得到迅猛发展，培养了大量的中等专业技术人才。随着经济建设和产业发展的不断提升，高等或高级专业技术人才的需求越来越迫切。但由于普通高等学校毕业人数整体非常有限，而经过系统培训的高等专业技术人才更是少之又少，国家对高等专业技术人才的需求缺口越来越大。

1980 年，南京金陵职业大学创立，这是我国第一所职业大学。同年，教育部又陆续批准成立无锡职业大学、江汉大学等 12 所职业大学。1982 年，第五届全国人民代表大会第五次会议明确提出要试办一批花钱少、见效快、可收学费的专科学校和短期职业大学。很快就有 13 所短期职业大学被批准建立，到 1984 年时，短期职业大学就发展到了 82 所，在校学生 4.7 万人。短期职业大学都是地方举办，招收自费，多数走读，学制 1 至 3 年，学生毕业后不包分配，由用人单位择优录取，其性质与职业高中类似。短期职业大学的建立，为国家培养了一大批急需的高等专业技术人才，也为后来高等职业教育的推出奠定了坚实基础和提供了必要条件。

1985 年，《中共中央关于教育体制改革的决定》首次明确提出“要积极发展高等职业技术院校，构建从初级到高级的职业教育体系”①。

1985 年 7 月，国家教育委员会下发《关于同意试办三所五年制技术专科学校的通知》，决定在西安航空工业学校、上海电机制

① 《中共中央关于教育体制改革的决定》，《人民日报》，1985 年 5 月 27 日。

造学校和国家地震局所属的地震学校三所中等专业学校实行“四、五套办”，即学生二年级结束时分流，选拔上来的学生进入大专班读三年，其他学生按计划再读两年完成中专学业。五年制中高职的举办具有重要意义：一是打破了接收正规高等教育必须通过高考（包括成人高考、自学高考等）招生的传统路径，为深化教育体制尤其是招生体制机制改革开辟了新路径；二是实现了中职与高职的有机衔接，有助于通盘考虑和设计专业教学和人才培养体系，使学生接受更加全面、系统的专业知识技能教育；三是中职学生直接进入高职阶段学习，学生年龄相对较小、可塑性强，能够更好地促进学生适性成长、全面发展和终身发展。总之，五年制高职是高等职业教育的一个特殊类型，将中职和高职融为一体。

五、探索建立职业教育管理体系

1985 年，《中共中央关于教育体制改革的决定》将大力发展职业技术教育作为教育体制改革的重点，这为职业教育管理体制和政策法令的研制、发布、实施和调整提供了政策保障和制度依据。

1985 年 6 月，国家教育委员会*建立，各级地方政府也相应建立教委，原来分属于高等教育、普通教育、成人教育行政部门的中专、职业中学和成人院校得以归并到统一的教委中，加强了职业教育的统筹领导。

1986 年 5 月，国家教育委员会建立了职业技术教育委员会，主要负责协调统筹各省市的职业技术教育工作，对涉及职业技术教育工作的相关问题进行磋商或提出相关意见、方案等。职业技术教育委员会的成立，对理顺职业教育组织管理体系、完善职业教育体

* 教育部在1985年至1998年称中华人民共和国国家教育委员会。1985年6月18日，全国人大六届十一次常委会决定撤销教育部，设立国家教育委员会。

制机制等均起到重要作用。

1986年7月，国家教委、国家计委、国家经委、劳动人事部联合召开了第一次全国职业技术教育工作会议。会议在总结经验、提高认识的基础上，讨论明确了此后一个时期改革和发展职业技术教育的任务、工作方针和政策措施，指出加快发展和提高质量与效益的必要性，强调"实行多层次、多种形式、大家来办"的方针。①

1987年1月，国务院办公厅转发了这次会议的情况，在《关于经济部门和教育部门加强合作、促进就业前职业技术教育发展的意见》中，提出国家教委要在国务院的领导下，从宏观上统筹管理全国职业技术教育事业，并协同计划、经济、财政、劳动人事各部门分工管理有关职业技术教育的各项工作。技工学校、就业培训中心和学徒培训工作，在国家教委的统筹指导下，仍由劳动人事部门管理。②

此外，职业技术教育专门研究机构也得到快速发展。1988年，德国表示愿意无偿援助中国建立一个中央职业技术教育研究所和两个地方职业技术教育研究所*，并支持它们的运行。

* 一个中央职业技术教育研究所指教育部职业技术教育中心研究所（2021年，根据中央编委关于教育部深化事业单位改革试点实施方案的批复，该单位更名为"教育部职业教育发展中心"），两个地方职业技术教育研究所指上海、辽宁职业技术教育研究所。

① 俞启定、和震：《中国职业教育发展史》，北京：高等教育出版社，2012年版，第174页。
② 俞启定、和震：《中国职业教育发展史》，北京：高等教育出版社，2012年版，第174页。

六、积极借鉴国际职业教育发展经验

在1978年以前，我国职业教育体制主要效仿苏联模式，即将专科取消，重点发展中专和技校，同时将中专划到高等教育部，由高等教育部管理中专。[①] 1978年，党的十一届三中全会作出了实行改革开放的重大决策，助推了职业教育的对外开放与发展。1983年，邓小平提出“教育要面向现代化、面向世界、面向未来”的重大判断，为包括职业教育在内的教育对外开放定下了重要基调。1985年，中共中央作出《关于教育体制改革的决定》，提出“调整中等教育结构，大力发展职业技术教育”[②]。概而言之，1978—1989年，我国政府开始重视和大力发展职业教育，并开始以国际化视野审视职业教育发展问题。

在这一阶段，职业教育的国际化探索主要由政府主导，政府通过访问德国、法国、澳大利亚、美国等国家，学习借鉴其先进的职业教育办学经验及教育体系，迈出职业教育对外交流合作的重要一步。1980年4月30日至6月4日，以袁宝华为团长的国家经委、中国企业管理协会代表团应邀赴欧洲访问，不仅学习了欧洲各国的先进经验，特别深入了解联邦德国职业教育的概况，代表团考察结束后提出推行“双元制”试点，这拉开了我国学习德国职业教育事业发展经验的序幕。1980年5月15日至6月20日，时任教育部部长蒋南翔出国访问，全面了解联邦德国、法国和美国的教育体

① 朱永新、王继平：《中国教育改革大系：职业教育卷》，武汉：湖北教育出版社，2015年版，第41页。
② 《中共中央关于教育体制改革的决定》，《人民日报》，1985年5月27日。

系，学习发达国家在职业教育发展过程中的成功经验。在此之后，教育部部长选派专家赴德国学习交流，探索中德两国在职业教育领域开展合作的可能性。1981 年 8 月，联邦德国教科部部长比约尔恩·恩霍尔姆应邀来访，通过走访我国北京、西安、上海部分高等学校和上海机器制造学校，大致了解了我国职业教育发展状况，并进一步提出合作意愿。[①] 在中德双方的持续交流与促进下，中德两国的职业教育合作开始起步，拉开了中国职业教育开展国际交流合作的序幕。自此以后，中国又陆续与美国、丹麦、澳大利亚、瑞士、加拿大、巴西等国家频频开展访问交流活动，深入推进国际合作交流。这一时期，我国职业教育在国际合作交流方面的实践探索主要集中在学习借鉴“德国‘双元制’职教模式”、“MES模式”、“‘能力本位’教育”、“TAFE模式”等方面。

在我国与世界各国及国际组织的合作项目中，有很大一部分项目属于外方的援助项目，即由外方提供一部分资金支持。项目资金的引进极大地改善了办学条件，助推了我国职业教育事业的发展。

第六节　开展农村教育等综合教育改革

党的十一届三中全会后，经过指导思想的拨乱反正和经济建设的转轨发展，党中央对教育工作作出一系列新的重大判断和决策部署，我国教育事业逐渐得到恢复和发展。但农村教育、城市教育、

① 杨金土:《30 年重大变革——中国 1979—2008 年职业教育要事概录》，北京：教育科学出版社，2011 年版，第 78-84 页。

企业教育和民办教育发展仍较为薄弱。加快农村教育、城市教育、企业教育和民办教育综合改革，则成为促进我国教育事业科学发展的应有之义。

一、加强和改革农村教育

基于我国经济社会发展实际和国情特色，农村教育改革发展始终是党和国家关注的重点。农村教育能否适应农业和农村经济发展的需要，直接关系到全国农村现代化建设的进程。[①]

1983 年 5 月，中共中央、国务院发布《关于加强和改革农村学校教育若干问题的通知》，根据农村经济改革发展实际，“要求各级党委和政府必须充分认识加强和改革农村学校教育、提高农村文化水平的重要性和紧迫性，认清教育在农村现代化建设中的地位和作用”[②]。1985 年 5 月，《中共中央关于教育体制改革的决定》提出“约占全国人口一半的中等发展程度的镇和农村。在这类地区，首先抓紧按质按量普及小学教育，同时积极准备条件。在 1995 年左右普及初中阶段的普通教育或职业和技术教育”[③]。1986 年 7 月，国家教委等四部门联合召开全国职业技术教育工作会议，提出农村教育必须转轨的改革思路。

1987 年初，国家教委在 1986 年对农村教育进行充分调查研究

① 吴德刚：《中国教育改革发展研究》，北京：教育科学出版社，2011 年版，第 56–57 页。

② 《中共中央、国务院关于加强和改革农村学校教育若干问题的通知》，《中华人民共和国国务院公报》，1983 年 12 期。

③ 《中共中央关于教育体制改革的决定》，《人民日报》，1985 年 5 月 27 日。

的基础上作出决策，进行农村教育综合改革的试点工作。1987 年 2 月，国家教委与河北省政府商定，率先在河北省阳原、顺平、青龙三县建立农村教育综合改革实验区，并于 2 月 17 日在河北省涿州市召开了河北省第一次农村教育改革实验区工作会议。本次会议的召开，标志着我国农村教育综合改革实验的开始。同年，在辽宁海城市召开了“农村教育办学方向研讨会”，在山东平度召开了“教育为农村经济建设服务经验交流会”①。

1988 年 8 月，国家教委在河北省南宫市召开会议，在全国部署实施经国务院正式批准的“燎原计划”。“燎原计划”是与“星火计划”、“丰收计划”相配套的一项社会系统工程，是农村教育综合改革的重要组成部分。

1989 年 3 月 20 日至 4 月 4 日，第七届全国人民代表大会第二次会议提出的《政府工作报告》指出，“为广大农村培养中初级科技人才和提高劳动者素质的‘燎原计划’是进行农村教育综合改革，促进农村发展的一项具有深远意义的社会工程，各地要抓紧安排实施，努力作出成绩”②。同年，国家教委决定会同各省、直辖市和自治区重点抓好 100 个县，作为全国“百县农村教育综合改革实验区”③。

农村教育综合改革的实施，促进了农村教育更好地为农村经济建设服务，同时也进一步转变农村办学方向，探索出一条符合我国国情的农村教育改革和发展的成功路径。

---

① 吴德刚：《中国教育改革发展研究》，北京：教育科学出版社，2011 年版，第 57 页。
② 李鹏：《坚决贯彻治理整顿和深化改革的方针——1989 年 3 月 20 日在第七届全国人民代表大会第二次会议上的政府工作报告》，《中华人民共和国国务院公报》，1989 年 06 期。
③ 方晓东：《中华人民共和国教育 60 年》，武汉：湖北教育出版社，2009 年版，第 29 页。

二、开展城市教育综合改革

党的十一届三中全会以后，我国各大、中城市坚持改革开放的方针，经济、社会、科技事业等各方面都发生了很大变化。城市教育与城市快速发展不相适应的矛盾日益突出。[①]

为贯彻落实 1985 年《中共中央关于教育体制改革的决定》精神，1987 年 11 月，国家教委在湖北省沙市召开了城市办学方向研讨会。参加会议的有佳木斯、锦州、烟台、洛阳、芜湖、无锡、绍兴、自贡、长沙、江门等城市相关领导。这次会议成为城市教育综合改革的起点。1988 年初，洛阳、常州、无锡、芜湖、江门、沙市、绍兴、自贡、苏州 9 市制定了本市教育综合改革初步方案。国家教委在对洛阳、绍兴、苏州市的教育改革方案批示时提出，进行中等城市教育改革，首先需要地方各级人民政府真正把教育摆在经济发展战略中的首要位置。中等城市要把精力放在办好中等及中等以下各级各类教育上，中等城市教育改革的重点是改革教育管理体制，调整改善教育结构。1988 年 5 月，国家教委决定在苏州、无锡、常州、沙市、沈阳、芜湖 6 市引进联邦德国“双元制”职教模式，开展试点工作。1989 年 4 月，国家教委批复沈阳、无锡、沙市的《教育综合改革方案（草案）》时指出，三市政府要加强领导，发挥统筹协调作用，运用地方决策权限，尽快将综合改革试点工作开展起来，并在实践中不断完善，希望在两年内看到效果。1989 年 8 月，国家教委正式成立了城市教育综合改革领导小组，下设城

① 吴德刚：《中国教育改革发展研究》，北京：教育科学出版社，2011 年版，第 72 页。

市教育综合改革办公室。

经过多年的发展，城市教育综合改革着眼于提高城市教育的质量和整体效益，加快了城市教育发展的步伐，取得了显著的成效。

三、推进企业教育综合改革实验

20 世纪 80 年代以来，由于我国产业领域科技革新，生产实践领域各种知识更新加速，培训需求日益增加，国家更加关注员工的知识技能的发展与企业发展的一致性，企业也更加愿意出资为企业的所有员工提供培训与教育，从而提高生产力和核心竞争力。

为了探索我国企业教育改革发展道路，促进国有企业深化改革，1989 年 9 月，经国家教委与有关省市和部门研究，决定在全国 101 个企业进行教育综合改革实验。确定的 101 个改革试点企业，分布在 22 个省、自治区、直辖市，归属于中央 22 个部委，涉及 21 个行业，是我国大、中型企业的骨干，基础设施、生产能力、管理水平、经济效益以及职工教育与培训等条件都比较好。1989 年 10 月，国家教委在无锡市召开有北京市第六建筑公司等 15 家大中型企业参加的企业教育综合改革座谈会。会议就企业教育管理体制、经费和教育脱离实际等问题作了分析和讨论。会议提出要把探索企业内部教育领导管理体制改革作为改革实验的一项重要内容。①

经过改革实践，教育在企业中的战略地位得到进一步落实的同时，还促进企业对教育的投入，企业经济效益显著提高。

---

① 吴德刚:《中国教育改革发展研究》，北京：教育科学出版社，2011 年版，第 83-84 页。

四、鼓励发展民办教育

党的十一届三中全会以来，党和国家非常重视民办教育的发展问题。1982 年《中华人民共和国宪法》规定“国家鼓励集体经济、国家企事业组织和其他社会力量依照法律规定举办各种教育事业”，民办高等职业教育的发展有了法律依据。以《宪法》中规定的有关社会力量办学为起点，我国民办高等职业教育逐步崛起。这些都标志着我国民办高等教育在经历了多年的沉寂之后，又重新焕发了生机。1984 年 3 月，我国第一所国家承认学历的民办高校——北京海淀走读大学的诞生，使民间力量办学的积极性受到极大激励，随后民办高校迅速发展起来。1985 年，《中共中央关于教育体制改革的决定》更进一步指出，“地方要鼓励和指导国营企业、社会团体和个人办学，并在自愿的基础上鼓励单位集体和个人捐资助学，但不得强行摊派”[①]。1987 年，国家教委颁布了《关于社会力量办学的若干暂行规定》。同年，国家教委和财政部联合颁发了《社会力量办学财务管理暂行规定》提出，“各级人民政府及教育行政部门应鼓励和支持社会力量举办各种教育事业，维护学校正当权益，保护办学积极性，在条件允许的情况下，尽力帮助解决办学中存在的困难，对办学成绩卓著者给予表彰和奖励”[②]。

总之，通过推进农村教育、城市教育、企业教育和民办教育的综合改革，改善了全社会办学条件，优化了教育结构，培养了一大

---

① 《中共中央关于教育体制改革的决定》，《人民日报》，1985 年 5 月 27 日。

② 《国家教育委员会 财政部联合发布〈社会力量办学财务管理暂行规定〉》，《财务与会计》，1988 年 04 期。

批专业人才，提高了教育质量和水平。

第七节　全面推进成人教育和扫盲教育

新中国成立以来，特别是党的十一届三中全会之后，党和政府把成人教育和扫盲工作作为重要工作来抓。推进成人教育和扫盲教育，不仅是教育事业的一件大事，还直接影响着国家的发展步伐。

一、全面推进成人教育

1. 加强农民文化教育、技术教育和业余教育

改革开放前和改革开放初期，我国的成人教育在内容上主要为工农文化教育和业余教育。在党的十一届三中全会精神的指引下，有关部门加强了工农教育和业余教育。1979 年 11 月，教育部、农业部、共青团中央、中国科协联合召开了“第二次全国农民协作会议”；1980 年 10 月，教育部又在山东省济南市召开全国农民教育座谈会；1982 年，教育部又制定了《县办农民技术学校暂行办法》，印发各省、市、自治区实施，教育内容由以识字学文化为主转向识字同学习文化、学习技术相结合。[①]

2. 加大职工教育和自学考试

1979 年 9 月，教育部在郑州召开了全国职工教育大会，对职

① 吴德刚：《中国教育改革发展研究》，北京：教育科学出版社，2011 年版，第 142 页。

工教育的方针、任务等问题进行了全面讨论和部署。

1980 年 9 月，国务院批转教育部《关于大力发展高等学校函授教育和夜大学的意见》，其中明确提出，“高等学校和中等专业学校要积极承担一定的培训干部任务，可以在保证完成国家下达招生任务的前提下举办干部专修科和干部培训班，也可以派有经验的教师到有关干部学校和训练班兼课，或者派教师负责编写教材”。“高等学校举办的干部专修科和干部培训班主要培训县以上机关和相当于县级或县以上的企业事业单位负责人员。根据各部门、各系统事业发展的需要和培训对象的实际水平，由有关主办部门确定学习专业和开设课程。学校按上述要求拟定教学计划、编写教材，并建立考试等学习管理制度。中等专业学校举办的干部培训班主要培训县以下基层单位和企事业负责人员”[①]。

1981 年 1 月，国务院批转了教育部《关于〈高等教育自学考试试行办法〉的报告》及《高等教育自学考试试行办法》，并在北京、天津、上海等地开始试点工作。随后，国务院和教育部先后下达了《关于加强职工教育工作的决定》和《关于职工初中文化补课工作若干问题的通知》，对职工教育的重点对象、基本内容、办学形式、毕业生待遇、教师队伍、教育经费、领导管理等问题作了规定。由此带动了一场规模巨大的，以青年职工补习初中文化和初级技术的“双补”教育运动的兴起。在此背景之下，“成人教育”这一源于西方的专用术语亦完成了在中国的导入及“本土化”的进

① 《国务院批转教育部关于大力发展高等学校函授教育和夜大学的意见》，《中华人民共和国国务院公报》，1980 年 14 期。

程。[①]我国职工教育进入了一个新的发展阶段。[②]

1985年5月，《中共中央关于教育体制改革的决定》提出，“有关干部、职工、农民的成人教育和广播电视教育是我国教育事业极为重要的组成部分，国家教育委员会应就改进和加强这方面工作，作出专门的决定”[③]。1986年12月，国家教委等六部门在山东烟台组织召开了新中国成立以来第一次全国成人教育工作会议，会议的主题是贯彻《中共中央关于教育体制改革的决定》、讨论成人教育改革和发展问题、讨论修改《国家教育委员会关于改革和发展成人教育的决定》等。

1987年6月，国务院转批了国家教委《关于改革和发展成人教育的决定》(以下简称《决定》)。《决定》强调要充分调动举办成人教育的积极性，把开展岗位培训作为成人教育的重点，对成人教育的主要任务进一步明确和细化。

成人教育的概念开始在中国确立地位，而其所归属的教育活动亦随之获得了政府的认可和政策的支持。政治、经济等社会领域的秩序恢复，教育改革和对外开放的需要，成人教育理论与实践的不断推进，是现代终身教育理念终于在20世纪的80年代中期引入我国并迅速成为国家重要政策的主要原因。

---

① 吴遵民:《现代中国终身教育论——中国终身教育思想及其政策的形成和展开》，上海：上海教育出版社，2003年版，第212页。
② 吴德刚:《中国教育改革发展研究》，北京：教育科学出版社，2011年版，第143页。
③《中共中央关于教育体制改革的决定》，《人民日报》，1985年5月27日。

二、稳步推进扫盲教育

改革开放后，扫盲教育出现了新情况，如社员劳动比较分散，学习时间不便统一；部分基层干部和群众忙于农业生产和家庭副业；农民教育的组织领导工作未能及时跟上，影响业余学习的坚持巩固。[①]为此，国家积极开拓新的扫盲管理办法。

1978年11月，国务院发布《关于扫除文盲的指示》，提出要完成扫除文盲的历史任务，必须努力做到"一堵、二扫、三提高"。一堵就是堵住新文盲的产生。抓好普及小学五年教育，特别要解决好边远地区、山区、牧区和经济条件较差的地区普及小学教育的实际问题，采取多种形式，组织学龄儿童入学，并坚持学满五年，真正达到小学毕业程度。农村小学要吸收15岁以下的超龄儿童入学，采取适当的速成方式，使他们尽快达到小学毕业程度。二扫就是要把12周岁至45周岁的少年青年壮年中的文盲基本上扫除，即要求少年青年壮年中的非文盲人数达85%以上。能识1500个字，能够看懂浅近通俗的报刊，能够记简单的账，写简单的便条。扫盲工作对象的重点是少年、青年、党员、团员、社队干部、农业技术人员。凡有学习条件的少年青年文盲，要全部扫除。对于社队干部、农业技术人员中的文盲，力争尽早扫除。要重视和做好女少年青年的扫盲工作。三提高就是对已经脱盲的，要采取各种形式，组织他们继续学习，使他们进一步巩固和提高。脱盲的少年青年和有条件的壮年，要参加业余小学学习，经过二三年的时间，基

① 《中国教育年鉴》编辑部:《中国教育年鉴（1949—1981）》，北京：中国大百科全书出版社，1984年版，第598页。

本上达到小学毕业的文化程度。并要求他们继续努力学习，逐步达到初中毕业程度。“1979年全国扫除文盲567.6万人，比1978年增加了87.8万人。1980年，再接再厉，继续扫除文盲538.9万人”①。

1979年11月，党和国家领导人在第二次全国农民教育工作会议上提出要抓紧扫除文盲。1981年之后，随着农村经济体制改革不断加深加快，广大农民脱贫致富学习科技知识的需求日趋强烈，这也对传统扫盲的组织形式、管理机制和教学模式等提出新的要求和挑战。1982年12月，《中华人民共和国宪法》明确要求，“国家发展各种教育设施，扫除文盲”②。1986年12月，全国成人教育工作会议指出“农村中扫除文盲和初等文化教育的任务还很艰巨，尤其是妇女的扫盲任务，要抓紧抓好”③。1988年2月，国务院颁布《扫除文盲工作条例》。这是新中国成立后国务院首次颁布关于扫盲工作的行政法规，显示了新形势下国家对扫盲工作的高度重视。同年11月，国家教委在北京召开了全国扫除文盲工作会议，明确提出“争取在20世纪末或稍长一点的时间内完成我国扫除青壮年文盲的历史任务”，制定了今后十余年内全国每年平均扫除400万人文盲的规划目标。④

1989年，经过各级政府的共同努力，全国有395万人参加扫盲学习，其中200多万人脱盲，入学和脱盲人数分别比1988年增加150万人和60万人。⑤

---

① 方晓东：《中华人民共和国教育60年》，武汉：湖北教育出版社，2009年版，第429页。
② 《中共中央关于教育体制改革的决定》，《人民日报》，1985年5月27日。
③ 吴德刚：《中国教育改革发展研究》，北京：教育科学出版社，2011年版，第150页。
④ 方晓东：《中华人民共和国教育60年》，武汉：湖北教育出版社，2009年版，第429页。
⑤ 方晓东：《中华人民共和国教育60年》，武汉：湖北教育出版社，2009年版，第429页。

第八节　开启教育国际交流与合作

我国教育领域的改革开放，几乎与经济领域的改革开放完全同步。党的十一届三中全会后，随着国家改革开放政策的稳步推进和教育体制改革的持续深入，我国教育国际交流与合作日益发展起来，教育国际合作交流的规模、频次、内容和形式等均取得历史性发展和突破。

一、重视加强教育国际交流与合作

1977 年 8 月，邓小平在科学与教育工作座谈会上提出，“接受华裔学者回国是我们发展科学技术的一项具体措施。派人出国留学也是一项具体措施。我们还要请外国著名学者来我国讲学”①。这是他首次将教育对外交流与科学技术的发展、国家的发展联系起来。

1978 年 3 月，邓小平在全国科学大会上又一次深入地阐述了教育对外交流的重要性。他说：“科学技术是人类共同创造的财富。任何一个民族、一个国家都需要学习别的民族、别的国家的长处，学习人家的先进科学技术……我们要积极开展国际学术交流活动，加强同世界各国科学界的友好往来和合作关系。”② 随后，邓小平的这些想法和主张，很快转化为国家教育决策，为教育国际交流与

① 邓小平：《关于科学和教育工作的几点意见》，《邓小平文选》（第二卷），北京：人民出版社，1994 年版，第 48 页。
② 邓小平：《在全国科学大会开幕式上的讲话》，《邓小平文选》（第二卷），北京：人民出版社，1994 年版，第 91 页。

合作的顺利开展奠定了政治和思想基础。

1983年9月，邓小平提出“教育要面向现代化，面向世界，面向未来”的重大论断。教育的“三个面向”是一个统一的整体，既相互联系，又各有侧重。此时的教育要面向世界，至少包含三层含义：一是了解和学习世界各国的先进科学技术和教育经验；二是培养学生具备面向世界所需的素质；三是使我国的教育达到世界先进水平，自立于世界教育之林。“三个面向”为我国教育对外开放提供了重要的指导方针。

在这一思想的指导下，1985年《中共中央关于教育体制改革的决定》提出，“教育体制改革要总结我们自己历史的和现实的经验，同时也要注意借鉴国外发展教育事业的正反两方面的经验。特别是在新技术革命条件下，一系列新的科学技术成果的产生，新的科学技术领域的开辟，以及新的信息传递手段和认识工具的出现，对教育产生了重大的影响，发达国家在这方面的经验尤其值得注意。要通过各种可能的途径，加强对外交流，使我们的教育事业建立在当代世界文明成果的基础之上。……高等学校有权利用自筹资金，开展国际的教育和学术交流”[①]。自此之后，高等学校之间的国际交流与合作日益频繁和活跃起来。

二、积极推进留学工作

1978年6月，邓小平提出要大量派遣留学生出国留学，并提

① 《中共中央关于教育体制改革的决定》，《人民日报》，1985年5月27日。

出“两个不怕”[*]。随后，教育部作出《关于加大选派留学生数量的报告》，而后又制定一系列的原则。

1978 年 10 月，以周培源[**]为团长的中国教育代表团和以国家科学基金会主任理查德·阿特金森为首的美国代表团达成互派留学生的共识，为千万青年学子打开了负笈求学的大门。1978 年 12 月 26 日，中国改革开放后的第一批留学人员——52 名国家公派访问学者乘上了离京赴美的飞机揭开了改革开放新时期教育国际合作与交流的序幕。

自此之后，中国继续进行以下两方面的工作：一是深入改革出国留学工作。基于改革开放不断深入和申请自费出国留学人员不断增多等原因，1980 年 12 月，教育部等七个部门向国务院呈报了《关于自费出国留学的请示》。1981 年 1 月，国务院批转教育部等七个部门就《关于自费出国留学的请示》，对自费出国留学的范围、审批程序、费用担负、回国就业等均作出了明确规定。这使得我国申请自费出国留学工作有了较为统一和明确的政策依据和制度保障。为进一步做好自费出国留学工作，1982 年 7 月，《国务院批转教育部、公安部、外交部、劳动人事部制定的〈自费出国留学的规定〉的通知》对自费出国留学人员的资格、年龄、政审、费用、就业等均作出了明确要求。1984 年 12 月，国务院印发《关于自费出国留学的暂行规定》（以下简称《规定》），将自费出国留学的性质表述为“是培养人才的一条渠道，也是贯彻对外开放政策、引进国外智力的一个方面。国家对自费出国留学人员在政治上与公费出

* 邓小平提出“两个不怕”，一是不要怕出去不回来，二是不要怕和人家搞在一起，这样才能学到东西。

** 周培源，江苏宜兴人，理论物理学家，中国科学院院士，中国近代力学和理论物理学奠基人之一。

国留学人员一视同仁”[①]。同时,《规定》还对自费出国留学的相关细节进行了明确和规范。1986年，国家提出“按需派遣，保证质量，学用一致”的出国留学工作方针。随后，国家又对出国留学人员选拔办法、管理和服务制度等进行改革和完善，逐步放宽自费留学政策，制定吸引留学人员回国工作的办法。1986年12月，国务院批转国家教委《关于出国留学人员工作的若干暂行规定》，这是我国第一个公开发布的关于出国留学工作的专项文件，明确提出，“出国留学工作应从我国社会主义现代化建设的实际出发，密切结合国内生产建设、科学研究和人才培养的需要，以解决科研、生产中的重要问题和增强我国培养高级人才的能力”。“出国留学工作的方针是：按需派遣，保证质量，学用一致，加强对出国留学人员的管理和教育，努力创造条件使留学人员回国能学以致用，在社会主义现代化建设中发挥积极作用”[②]。

二是持续加强来华留学工作。1982年，国家教委确定了“深化改革，完善管理，保证质量，积极稳妥发展”的来华留学人员工作指导方针，并对加强来华留学人员管理提出具体意见和办法。邓小平强调对外开放要继续扩大。邓小平关于扩大开放的决策中包含着适当扩大接收来华留学人员规模的决策。1989年，我国政府将接收来华留学生的高等学校审批权下放给各省、自治区、直辖市的教育主管部门，来华留学生的数量由高等学校自主决定。

---

① 《国务院关于自费出国留学的暂行规定》,《中华人民共和国国务院公报》，1985年02期。
② 《国家教育委员会关于出国留学人员工作的若干暂行规定》,《中华人民共和国国务院公报》，1987年14期。

三、开展双边与多边教育交流与合作

从新中国成立初期一直到20世纪80年代中期，我国教育的国际交流与合作完全是由政府来进行的。随着改革开放的不断深入，我国教育国际交流与合作日益频繁，民间的交流与合作不断扩大。

在积极推进教育高层领导互访的同时，我国进一步加强与联合国教科文组织、亚太经济合作组织、亚洲开发银行等国际组织的合作。以1984年9月正式成立的中国教育国际交流协会（国务院批准时间为1981年）为依托，开展一系列的交流活动，逐步打开非官方的对外教育交流渠道。因此，中国教育国际交流协会成立后，首先要做的是在开展教育国际交流中确立自己的地位，使更多的国际非政府组织了解中国教育国际交流协会，同时，与国外非政府组织建立经常性的交流关系，以利于其有效地开展工作。到1987年，中国教育国际交流协会已经与国际上的49个非政府组织建立了联系。这些国外非政府组织的业务范围包括从基础教育到高等教育的各个领域。①

根据中央加强对出国留学人员服务工作的精神，1989年4月，国家教委留学服务中心成立（现名为“中国留学服务中心”）。该中心是具有独立法人地位的非政府组织，承担了大量出国留学工作中不需要政府出面的工作。这是国家机关职能改革的体现。实践证明，该中心为出国留学人员提供服务，是我国出国留学工作不可缺少的一部分。

① 方晓东：《中华人民共和国教育60年》，武汉：湖北教育出版社，2009年版，第555页。

四、加强对外汉语教学和中外合作办学

1987 年，“国家对外汉语教学领导小组”成立，随后召开了我国第一次全国对外汉语教学工作会议，提出“加强周边，开发欧美，兼顾亚非拉其他国家和地区”的对外汉语教学工作方针。

改革开放之初，捉襟见肘的外汇储备和相对保守的思想观念限制了中外合作办学的发展。在此背景下，邓小平以极大的政治勇气与战略家的远见卓识，指出“要扩大对外开放，现在开放得还不够”[①]。以此为指导，中外合作办学开始了大胆试点、项目现行的早期探索。正是在这样的历史背景下，南京大学与美国约翰·霍普金斯大学合作成立中美文化研究中心，迈出了中外合作办学的宝贵一步。早在 1981 年，南京大学就与约翰·霍普金斯大学签订了关于创办南京大学–约翰·霍普金斯大学中美文化研究中心的协议，并得到中国教育部、外交部的赞同。但由于种种原因，该项目并未能立刻推进。经过数年努力，该中心最终成立并于 1986 年 9 月 10 日举行开学典礼。但这一时期的中外合作办学尚处于最初的起步阶段，其形式主要是一些学校与国外高校开展项目合作。由于缺乏相应的法律依据和政策保障，这一时期我国中外合作办学工作进展相对缓慢。

教育国际交流与合作是我国改革开放事业的一个重要组成部分。我国不断扩大教育国际交流与合作，一方面是我国教育改革、发展和人才培养的需要，另一方面也是为了适应国外教育界不断要

① 邓小平：《利用外国智力和扩大对外开放》，《邓小平文选》（第三卷），北京：人民出版社，1993 年版，第 32 页。

求同中国加强教育交流与合作的需要。不论是从中国的发展教育的方面看，还是从发展国家关系的方面看，进行教育国际交流与合作都是一项互利的具有长远意义的事业，对深化教育交流与合作、提高我国教育的国际知名度和影响力、推进教育事业科学发展、促进经济社会发展和服务改革开放大局等具有显著作用。

1978—1989 年，在建设有中国特色社会主义理论的指导下，党中央就一系列重大问题及时作出正确决策，有力地推进了改革和开放，加强了物质文明和精神文明建设，在新中国成立以来社会主义建设取得巨大成就的基础上，开辟了党的历史发展的新阶段，国家面貌也发生了深刻的变化。改革和开放，冲破了僵化的经济体制，使经济活跃起来；改革和开放，使民族精神获得了新的解放。许多适应社会进步趋势的新思想是在这个时期产生的，具有开创意义的新体制的基础是在这个时期开始奠定的。换言之，我国各方面建设所取得的一切成就，都是同在拨乱反正基础上坚决推进全面改革和对外开放分不开的。这一阶段，以邓小平同志为核心的党中央领导集体领导人民在政治、思想、文化、国防、外交等领域，进行了大量工作，取得了显著成效，教育体制改革就是其重要内容之一。该阶段教育体制改革，是我国教育制度的重要组成部分，是我国教育事业发展历史中极具魅力的重要篇章之一。

第二章
探索建立适应社会主义市场经济的教育体制（1989—2002年）

▼

从1989年党的十三届四中全会到2002年党的十六大，以江泽民同志为核心的党中央，坚持以毛泽东思想、邓小平理论和“三个代表”重要思想为指导，准确把握时代发展的本质特征，坚定不移实施科教兴国和人才强国战略，落实教育优先发展战略地位，全面推进素质教育，持续探索教育体制改革，建立完善与社会主义市场经济相适应的教育体制，对推动我国教育事业快速发展发挥了重大作用，取得了举世瞩目的历史成就。

第一节　切实把教育摆在优先发展的战略地位

党的十三届四中全会以来，国际政治格局剧变，世界经济、科技迅速发展和综合国力激烈竞争，我国社会主义市场经济体制初步建立，政治、科技体制改革持续深化，迫切要求加快教育体制改革，要求教育增强主动适应经济和社会发展的能力。

一、国际与国内形势对教育改革提出新要求

20 世纪 80 年代末至 90 年代初，国际形势风云变幻：东欧剧变、柏林墙倒塌、海湾战争、苏联解体，“二战”以后形成的社会主义阵营不复存在，持续几十年的东西方“冷战”宣告结束。两极格局已经终结，各种力量重新分化组合，世界正朝着多极化方向发展，但和平与发展仍然是世界两大主题。与此同时，经济全球化进程不断加快，逐渐消除国家之间的壁垒和阻碍，世界各国对物力资源的争夺日益让位于对智力资源的竞争，人才竞争和教育竞争成为国际竞争的核心与关键。科技发展日新月异、突飞猛进，不仅成为经济发展的决定性因素，而且极大地改变了产业结构和生产组织形式，改变了社会的组织管理和运行方式，改变了人们的生活方式、行为方式及思维方式。[①] 可以说，谁掌握了面向 21 世纪的教育，谁就能在国际竞争中处于战略主动地位。

以邓小平南方谈话和党的十四大召开为标志，我国经济社会发展步入了新的历史时期，改革开放和现代化建设事业进入以建设社会主义市场经济体制为重要目标的新发展阶段。[②] 1992 年初，邓小平南方谈话充分肯定了社会主义社会可以利用市场经济这种手段，为建立新的经济体制指明了方向。党的十四大报告明确提出，“我国经济体制改革的目标是建立社会主义市场经济体制，以利于进一步

① 中国教育科学研究院：《中国共产党教育方针百年历史研究》，北京：教育科学出版社、中央党史出版社，2021 年版，第 255 页。

② 改革开放 30 年中国教育改革与发展课题组：《教育大国的崛起（1978—2008）》，北京：教育科学出版社，2008 年版，第 22 页。

解放和发展生产力”[①]。这为今后中国全面推进经济体制改革确立了方向，建立社会主义市场经济体制，加快改革开放和现代化建设步伐，进一步解放和发展生产力，使国民经济整体素质和综合国力都迈上一个新台阶。因此，建立适应社会主义市场经济体制和政治、科技体制改革需要的教育体制，成为新形势下我国教育工作的重点任务。

二、教育改革思想指引与教育发展战略的确立

（一）邓小平理论和“三个代表”重要思想为教育改革提供思想指引

党的十一届三中全会以来，以邓小平同志为主要代表的中国共产党人，总结新中国成立以来正反两方面的经验，解放思想，实事求是，实现全党工作中心向经济建设的转移，实行改革开放，开辟了社会主义事业发展的新时期，逐步形成了建设中国特色社会主义的路线、方针、政策，阐明了在中国建设社会主义、巩固和发展社会主义的基本问题，创立了邓小平理论。党的十三届四中全会以来，以江泽民同志为主要代表的中国共产党人，在建设中国特色社会主义的实践中，加深了对什么是社会主义、怎样建设社会主义和建设什么样的党、怎样建设党的认识，积累了治党治国新的宝贵经验，形成了“三个代表”重要思想。

---

① 江泽民：《加快改革开放和现代化建设步伐 夺取有中国特色社会主义事业的更大胜利——在中国共产党第十四次全国代表大会上的报告》，北京：人民出版社，1992 年版，第 23 页。

确定邓小平理论和“三个代表”重要思想是我国教育改革与发展的指导思想，标志着我国在建设中国特色社会主义教育理论上取得新的突破。邓小平理论和“三个代表”重要思想全面论述了我国教育改革发展的一系列重大理论和实践问题，深刻揭示了我国社会主义教育的本质和发展规律，为我国教育改革和发展提供了思想指引。

（二）确立教育优先发展的战略地位

教育优先发展是党和国家坚持走社会主义道路，主动应对知识经济时代和高新技术革命的挑战，顺应传统经济增长方式的革命性变革作出的改变国家命运的战略决策。

1．明确提出教育优先发展战略

党的十一届三中全会历史性地把全党工作的重点转移到经济建设上来，开创了建设中国特色社会主义的新局面，为实施教育优先发展带来了重要机遇。1977 年，邓小平在召开的科学和教育工作座谈会上提出，把科学和教育的发展作为发展经济、建设现代化强国的先导。1982 年，党的十二大报告把教育列为经济战略的三大重点之一，即“农业”、“能源交通基础设施”、“教育科技”，这是在党的历史上第一次把教育作为经济建设的战略重点。1987 年，党的十三大报告强调“把发展科学技术和教育事业放在首要位置，使经济建设转到依靠科技进步和提高劳动者素质的轨道上来”[①]。

从此以后，我国立足现代化建设全局和基本国情实际高度，明

① 《沿着有中国特色社会主义道路前进——在中国共产党第十三次全国代表大会上的报告》，《人民日报》，1987 年 11 月 4 日。

确提出教育优先发展战略。1992 年，党的十四大报告提出，“我们必须把教育摆在优先发展的战略地位，努力提高全民族的思想道德和科学文化水平，这是实现我国现代化的根本大计”[①]。这是中国共产党的执政历史上第一次明确提出要把教育摆在优先发展的战略地位，是确立教育优先发展的重要里程碑。

1995 年 3 月，第八届全国人民代表大会第三次会议通过《中华人民共和国教育法》，其中规定：“教育是社会主义现代化建设的基础，国家保障教育事业优先发展。[②]”教育立法将教育优先发展战略地位的保障手段和措施作出明确、具体规定，通过教育普法和建立完善的执法与监督制度，使其得到全面落实。

重视教育发展和优先教育发展是我们党的一贯追求，也是我们党顺应人民群众的愿望和时代发展趋势的体现。由把教育事业放在“首要位置”到“突出的战略位置”，再到“优先发展的战略地位”，党对教育优先发展的战略认识不断深化，是根据教育超前发展的时代特点作出的科学概括，是对人力资源开发与现代化建设发展动力之间密切关系的理性认识，是发挥我国人力资源优势、建设创新型国家、加快推进社会主义现代化的必然选择。[③]

2．贯彻落实教育优先发展战略

党中央站在增强综合国力和国际竞争力的高度，从中国现代化

---

① 江泽民：《加快改革开放和现代化建设步伐 夺取有中国特色社会主义事业的更大胜利——在中国共产党第十四次全国代表大会上的报告》，北京：人民出版社，1992 年版，第 16 页。

② 《中华人民共和国教育法》，《中华人民共和国全国人民代表大会常务委员会公报》，1995 年 03 期。

③ 曾天山：《教育优先发展是实现现代化的根本大计》，《教育研究》，2008 年 11 期。

进程的全局出发认识和把握教育，将教育发展与人力资源开发作为首要任务，作为经济和社会发展的优先领域，优先规划、优先投入、优先保障和优先发展。[①]

（1）制定并实施《中国教育改革和发展纲要》

党的十四大在建设有中国特色社会主义理论的指导下，确定了20世纪90年代我国改革和建设的主要任务，明确提出教育优先发展战略。为实现党的十四大所确定的战略任务，使教育更好地为社会主义现代化建设服务，1993年2月，中共中央、国务院印发《中国教育改革和发展纲要》（以下简称《发展纲要》），这是继1985年《中共中央关于教育体制改革的决定》之后指导我国教育改革和发展的全局性、纲领性文件，由此确定了20世纪90年代至21世纪初我国教育发展的方针、目标和任务，勾勒了教育体制改革的总体框架和实施蓝图。

《发展纲要》制定了近期教育事业发展的目标、战略和指导方针。根据我国社会主义现代化建设“三步走”的战略部署，到20世纪末，我国教育发展的总目标是：全民受教育水平有明显提高；城乡劳动者的职前、职后教育有较大发展；各类专门人才的拥用量基本满足现代化建设的需要；形成具有中国特色的、面向21世纪的社会主义教育体系的基本框架。再经过几十年的努力，建立起比较成熟和完善的社会主义教育体系，实现教育的现代化。[②]

《发展纲要》明确提出要建立与社会主义市场经济体制、政治

① 改革开放30年中国教育改革与发展课题组：《教育大国的崛起（1978—2008）》，北京：教育科学出版社，2008年版，第27页。
②《中国教育改革和发展纲要》，《人民教育》，1993年04期。

体制、科技体制相适应的教育新体制，要进一步加大办学体制、管理体制、投入体制、招生考试体制和学校内部管理体制的改革。

（2）召开改革开放以来第二次全国教育工作会议

1994年6月，党中央、国务院召开改革开放以来第二次全国教育工作会议。这次会议的主要任务是，以邓小平建设有中国特色社会主义理论和党的基本路线为指导，贯彻党的十四大和十四届三中全会精神，进一步落实教育优先发展的战略，动员全党全社会认真实施《发展纲要》，为实现20世纪90年代我国教育改革和发展的任务而奋斗。

这次会议强调，实现现代化的根本大计就是把经济建设转移到依靠科技进步和提高劳动者素质的轨道上来，真正把教育摆在优先发展的战略地位，努力提高全民族的思想道德水平和科学文化水平。会议中，一些省、自治区、直辖市以及国家教委的代表就如何落实教育优先发展战略地位、加强“两基”*、大力发展职业教育和成人教育、推进高等教育体制变革、加强和改进德育工作以及深化农村、城市和企业教育综合改革等方面的问题交流了思想和经验。

* “两基”指基本实施九年义务教育和基本扫除青壮年文盲。

会议还对《关于〈中国教育改革和发展纲要〉的实施意见》（以下简称《实施意见》）的征求意见稿进行了讨论，提出补充和修改的建议。1994年7月，国务院正式发布《实施意见》。《实施意见》围绕《发展纲要》确定的教育事业的总目标，对各级各类教育发展、调整宏观教育结构、教师队伍建设分别提出要求和工作重点，并制定了保障教育改革、提高教育质量效益的相应政策措施。

改革开放以来第二次全国教育工作会议完成了预期的任务，取得重大成果：

第一，进一步增强了全党、全社会落实教育优先发展战略地位的自觉性和紧迫感，成为推动教育事业和社会主义现代化建设发展的强大动力。各地区、各部门的党政主要领导干部表示一定要十分重视并切实抓好教育工作，真正落实教育优先发展的战略地位，特别是要在落实“优先”二字上下功夫，全面担负起领导社会主义现代化建设的责任。

第二，进一步明确了教育改革和发展的目标、任务与基本思路。这次教育工作会议之后，各地区、各部门相继召开了教育工作会议，制定了本地区、本部门教育改革和发展的目标与措施。这次会议是中国进入 21 世纪之前，振兴教育以迎接新世纪挑战的动员大会，与会代表表示要在《发展纲要》及其《实施意见》的指导下，结合本地区、本部门的实际，扎扎实实地组织好教育改革与发展的工作，开创教育工作的新局面。

第三，进一步明确了各级党委、政府和社会各界共同办好教育的责任，提出促进教育改革和发展的保障措施。与会代表表示要千方百计地增加教育投入，支持和保障教育的发展。

会议对进一步落实教育优先发展战略，全面部署和认真实施《发展纲要》，研究和解决我国教育改革和发展中的重大问题，实现 20 世纪 90 年代教育改革和发展的战略目标，促进我国社会主义现代化建设，产生了重大而深远影响。从此，我国教育事业进入深化改革、加快发展的新阶段。

（3）召开改革开放以来第三次全国教育工作会议

1999 年 6 月，党中央、国务院召开改革开放以来第三次全国教育工作会议，并颁布了《关于深化教育改革 全面推进素质教育的决定》。会议强调，各级党委和政府，要将教育纳入战略发展重点和现代化建设的整体布局之中，切实把教育作为先导性、全局性、基础性的工作，摆到优先发展的战略重点地位。[①]这次会议从社会主义现代化建设全局和战略的高度对我国面向21世纪的教育改革和发展作出了重要部署。会议的主题是，动员全党同志和全国人民，以提高民族素质和创新能力为重点，深化教育体制和结构改革，全面推进素质教育，振兴教育事业，实施科教兴国战略[*]，为实现党的十五大确定的社会主义现代化建设宏伟目标而奋斗。

* 科教兴国，是指全面落实科学技术是第一生产力的思想，坚持教育为本，把科技和教育摆在经济、社会发展的重要位置，增强国家的科技实力及其向现实生产力转化的能力，提高全民族的科技文化素质，把经济建设转移到依靠科技进步和提高劳动者素质的轨道上来，加快实现国家的繁荣强盛。

三、实施科教兴国战略和人才强国战略

党的十三届四中全会以来，随着以高科技为基础的“知识经济”时代的到来，党中央将优先发展教育的思想由党的文件上升到国家战略，提出把科教兴国作为国家的基本国策。进入21世纪，党中央、国务院从全面建设小康社会对人才的新要求，做出了实施人才强国的重大决策，明确提出要努力把我国建设成为人才资源强国的宏伟目标。

（一）科教兴国战略和人才强国战略的提出

1. 科教兴国战略

科教兴国战略的理论基础来源于邓小平关于“科学技术是第一生产力”的思想，要求把科教发展作为发展经济、建设现代化强国的先导，摆在我国发展战略的首位。

1989年12月19日，江泽民在国家科学技术奖励大会上提出：

---

① 江泽民：《教育必须以提高国民素质为根本宗旨》，《江泽民文选》（第二卷），北京：人民出版社，2006年版，第337页。

“现代科学技术正在经历着深刻的革命，大力发展我国的科学技术，从总体上逐步缩短同发达国家的差距，努力接近和赶上世界先进水平，是摆在全党全国各族人民面前的一项紧迫任务。”

1995年5月，中共中央、国务院作出《关于加速科学技术进步的决定》，首次提出“坚定不移地实施科教兴国战略”。1995年5月26日，江泽民在全国科学技术大会上阐释了科教兴国战略的内涵，并做出全面部署，在全国形成实施科教兴国战略的热潮。

1995年9月25日至28日，党的十四届五中全会审议并通过了《中共中央关于制定国民经济和社会发展“九五”计划和2010年远景目标的建议》，把实施科教兴国战略列为今后15年直至整个21世纪加速我国社会主义现代化建设的重要方针之一。1996年3月4日，全国人大八届四次会议正式通过了《中华人民共和国国民经济和社会发展“九五”计划和2010年远景目标纲要》，将“科教兴国”确定为基本国策。

在知识经济即将到来的新的历史条件下，党中央从中国社会主义初级阶段的基本国情出发，科学地把握当今世界经济和科技发展的趋势，以对教育战略地位的全新认识，站在世纪之交国家民族的未来命运的高度提出科教兴国战略，是实现我国社会主义现代化宏伟目标的必然选择，也是中华民族振兴的必由之路。

2．人才强国战略

21世纪的国际经济、科技竞争，归根结底是劳动力素质的竞争，是人才的竞争。2000年10月，中共十五届五中全会提出，把培养、吸引和用好人才作为一项重大的战略任务切实抓好，努力建设一支宏大的、高素质的人才队伍。2001年3月15日，九届人大四次会议批准的国家“十五”计划纲要专门列出“实施人才战略，壮大人才队伍”一章，提出加快培养和选拔适应改革开放和现代化建设需要的各类人才，加快建立有利于优秀人才脱颖而出、人尽其才的有效机制。这是我国首次将人才规划作为国民经济和社会发展规划的一个重要组成部分，将人才战略确立为国家战略。

2001 年底，中国加入世界贸易组织，从此，全方位、深层次、宽领域的对外开放格局初步形成。加入世界贸易组织后，我国经济和社会发展对高层次人才的需求更加强烈，经济结构调整对人才结构调整的要求也更加迫切。为了适应我国加入世界贸易组织后的新形势，保证中国特色社会主义事业的健康发展，2002 年 5 月 7 日，中共中央制定下发《2002—2005 年全国人才队伍建设规划纲要》，明确提出实施人才强国战略，对新时期我国人才队伍的建设进行了全面部署。这是中共中央为迎接全球化带来的国际人才竞争而制定的第一部综合性人才规划纲要，标志着我们人才工作进入了新的发展阶段。[①]

（二）贯彻落实科教兴国战略

实施科教兴国战略是全党全社会对新时期教育战略地位认识上的一次历史性飞跃，是党中央结合我国实际和时代特征做出的重大决策。为了全面落实科教兴国战略，1997 年 9 月，党的十五大进一步强调实施科教兴国战略，把发展教育和科学作为文化建设的基本工程，再次提出把科教兴国战略和可持续发展战略作为跨世纪的国家发展战略。

① 《2002—2005 年全国人才队伍建设规划纲要》，《人民日报》，2002 年 6 月 12 日。

1998年3月，第九届全国人民代表大会第一次会议结束后，时任国务院总理朱镕基在与中外记者见面时表示，科教兴国是本届政府最大的任务。江泽民主席非常重视这个问题，多次阐明科教兴国的重要性。但是我们因为没有资金，贯彻得不好……中央的财政和银行都拿不出钱来支持科教兴国的方针。因此，本届政府决心精简机构，减掉一半的人，同时制止重复建设，把钱省下来贯彻科教兴国的方针。

1998年6月25日，国家正式成立国家科技教育工作领导小组*，加强对全国科技、教育工作的组织协调，并做出一系列实施科技兴国战略的重要决策，从体制、机制、政策以及思想观念等多方面促进了科技、教育同经济、社会发展的结合，促进我国科技教育事业实现跨越式发展。

* 1998年3月，九届全国人大一次会议结束后，中央决定，成立国家科技教育工作领导小组，朱镕基担任组长，李岚清担任副组长。

为了实现党的十五大所确定的目标与任务，落实科教兴国战略，全面推进教育的改革和发展，提高全民族的素质和创新能力，主动迎接21世纪知识经济的挑战，教育部在贯彻落实《发展纲要》的基础上，成立调查研究小组，研究论证跨世纪教育事业为科教兴国服务的总体思路和工作重点，于1998年12月24日起草完成了《面向21世纪教育振兴行动计划》（以下简称《行动计划》）。1999年1月13日，国务院发布《国务院批转教育部面向21世纪教育振兴行动计划的通知》，要求“各级人民政府和各有关部门要切实把教育摆在优先发展的战略地位，充分认识全面振兴教育事业的重要性，认真实施《行动计划》，把生机勃勃的中国教育带入21世纪”①。

① 《国务院批转教育部面向21世纪教育振兴行动计划的通知》，《中华人民共和国国务院公报》，1999年02期。

《行动计划》实施期限为1998年至2002年，以实施科教兴国战略为主线，以事关全面振兴中国教育事业的重大工程为重点，兼顾当前和长远，体现了面向21世纪中国教育改革与发展的基本思路。

《行动计划》确定了教育事业的主要目标："到2000年，全国基本普及九年义务教育，基本扫除青壮年文盲，大力推进素质教育；完善职业教育培训和继续教育制度，城乡新增劳动力和在职人员能够普遍接受各种层次和形式的教育与培训；积极稳步发展高等教育，高等教育入学率达到11%左右；瞄准国家创新体系的目标，培养造就一批同水平的具有创新能力的人才；加强科学研究并使高校高新技术产业为培育经济新的增长点作贡献；深化改革，建立起教育新体制的基本框架，主动适应经济社会发展。[①]"

《行动计划》对2010年教育事业的发展作了初步规划："到2010年，在全面实现'两基'目标的基础上，城市和经济发达地区有步骤地普及高中阶段教育，全国人口受教育年限达到发展中国家先进水平；高等教育规模有较大扩展，入学率接近15%，若干所高校和一批重点学科进入或接近世界一流水平；基本建立起终身学习体系，为国家知识创新体系以及现代化建设提供充足的人才支持和知识贡献。[②]"为了实现教育主要目标，《行动计划》还确定了今后3~5年中实施的若干项工程和重点工作。

实施科教兴国为改革开放以后党中央、国务院实行的一系列促

① 《国务院批转教育部面向21世纪教育振兴行动计划的通知》，《中华人民共和国国务院公报》，1999年02期。
② 《国务院批转教育部面向21世纪教育振兴行动计划的通知》，《中华人民共和国国务院公报》，1999年02期。

进国民经济和社会发展的政策和措施找到一个有力的统摄，它提供了一个“元依据”[①]。科教兴国战略实施以来，我国教育和科技领域改革发展都取得了显著成效。教育领域，中国全面实现城乡免费义务教育，基本扫除了青壮年文盲，高等教育招生数和在校生规模持续增加，全体国民的平均受教育年限由改革开放之初的不足 5 年上升到 8.49 年。[②]

四、确立“两个必须”的教育方针

中国共产党的教育方针是党的理论和路线方针政策在教育领域的集中体现，是党领导整个教育事业发展与改革的基本方略的总概括，在教育事业发展中具有根本性地位和作用。这一时期，党中央不断丰富和发展教育方针的内涵，集中回答了教育的根本性问题，充分体现了党的教育方针的科学性与时代性的和谐统一。

1990 年 12 月，党的十三届七中全会通过的《中共中央关于制定国民经济和社会发展十年规划和“八五”计划的建议》指出，“继续贯彻教育必须为社会主义现代化服务，必须同生产劳动相结合，培养德、智、体全面发展的建设者和接班人的方针，进一步端正办学指导思想，把坚定正确的政治方向放在首位，全面提高教育者

① 改革开放 30 年中国教育改革与发展课题组：《教育大国的崛起（1978—2008）》，北京：教育科学出版社，2008 年版，第 38 页。
② 改革开放 30 年中国教育改革与发展课题组：《教育大国的崛起（1978—2008）》，北京：教育科学出版社，2008 年版，第 38 页。

和被教育者的思想政治水平和义务素质”[1]。这一教育方针与以往相比，不同之处在于重新提出“两个必须”，即“教育必须为社会主义现代化服务，必须同生产劳动相结合”。

1993 年颁布的《发展纲要》指出，“各级各类学校要认真贯彻‘教育必须为社会主义现代化建设服务，必须与生产劳动相结合，培养德、智、体全面发展的建设者和接班人’的方针，努力使教育质量在 90 年代上一个新台阶”[2]。这一教育方针与以往相比，不同之处在于明确提出“教育必须为社会主义现代化建设服务”，进一步丰富和完善了“两个必须”教育方针。

1995 年 3 月，第八届全国人民代表大会第三次会议通过《中华人民共和国教育法》，将党在改革开放全面深化时期的教育方针以法律形式作了明确规定，即“教育必须为社会主义现代化建设服务，必须与生产劳动相结合，培养德、智、体全面发展的社会主义事业的建设者和接班人”[3]。这一教育方针是首次以法律形式进行完整的表述，在坚持“两个必须”基础之上，还提出培养“社会主义事业的建设者和接班人”的根本目标，将有力地指导中国特色社会主义教育事业的健康发展。

1999 年 6 月，江泽民在改革开放以来第三次全国教育工作会议上指出：“我们必须全面贯彻党的教育方针，教育要为社会主义服务、为人民服务，要与社会实践有机结合，注重学生创新精神的

① 《中共中央关于制定国民经济和社会发展十年规划和“八五”计划的建议》,《中华人民共和国国务院公报》，1991 年 02 期。
② 《中国教育改革和发展纲要》,《人民教育》，1993 年 04 期。
③ 《中华人民共和国教育法》,《中华人民共和国全国人民代表大会常务委员会公报》，1995 年 03 期。

培养，促进学生德育、智育、体育、美育等全面发展，努力造就‘四有新人’，培养社会主义事业的建设者和接班人。”

2002 年 11 月，党的十六大报告对新历史条件下党的教育方针作出明确表述：“全面贯彻党的教育方针，坚持教育为社会主义现代化建设服务，为人民服务，与生产劳动和社会实践相结合，培养德智体美全面发展的社会主义建设者和接班人。①”规定我国教育“为社会主义现代化建设服务，为人民服务”的根本方向，明确了教育“培养德智体美全面发展的社会主义建设者和接班人”的目标，为教育改革和发展指明了新的方向。

第二节　全面实施素质教育改革

我国 20 世纪 80 年代提出教育素质，经历酝酿、正式提出、进入国家政策文件、获得法律地位、成为教育发展的战略主题等过程，逐渐形成了具有中国特色的教育思想。党和国家积极倡导与实施素质教育，极大地提高了教育质量和国民素质，为现代化建设提供了智力和人才支撑。

一、在实践探索基础上提出实施素质教育

伴随我国基础教育改革实践的积极探索，“素质教育”一词正

① 江泽民：《全面建设小康社会 开创中国特色社会主义事业新局面——在中国共产党第十六次全国代表大会上的报告》，北京：人民出版社，2002 年版，第 40 页。

式提出。1987 年，国家教委副主任柳斌在中国教育学会第三次全国代表大会讲话中使用了“素质教育”术语，随后在其撰写的《努力提高基础教育的质量》一文中阐述了对素质教育的认识。[①]

1991 年 7 月，国家教委针对高中教育中的问题，印发了《关于实施〈现行普通高中教学计划的调整意见〉和普通高中毕业会考制度的意见》，强调“把高中教育从应试教育转变为全面提高学生素质的教育，从只面向重点学校和升学有望的学生转变为面向全体学生”[②]。其中强调的“全面提高学生素质的教育”以及“面向全体学生”体现了素质教育的基本出发点。

1993 年颁布的《发展纲要》明确要求从四个方面全面提高学生素质，这意味着国家已从政策层面反映了素质教育理念，素质教育呼之欲出。[③]

1994 年 8 月，《中共中央关于进一步加强和改进学校德育工作的若干意见》提出，“增强适应时代发展、社会进步，以及建立社会主义市场经济体制的新要求和迫切需要的素质教育”[④]。这是中央文件首次正式使用“素质教育”一词，素质教育开始成为我国教育政策中一个重要而明确的指导思想。

1996 年，国家教委在湖南汨罗举行素质教育现场会。这是素质教育实践过程中的一个重要转折点，使改革试验从学校试点扩展

① 杨兆山、时益之：《素质教育的政策演变与理论探索》，《教育研究》，2018 年 12 期。
② 《国家教委发布〈关于实施《现行普通高中教学计划的调整意见》和普通高中毕业会考制度的意见〉》，《人民教育》，1991 年 09 期。
③ 杨兆山、时益之：《素质教育的政策演变与理论探索》，《教育研究》，2018 年 12 期。
④ 《中共中央关于进一步加强和改进学校德育工作的若干意见》，《人民教育》，1994 年 10 期。

为区域改革，为在全国全面实施素质教育奠定了广泛的基础。①

党的十五大继续提出实施科教兴国战略，使经济建设真正转到依靠科技进步和提高劳动者素质的轨道上，增强自主的科技创新能力，国家开始在全国推进素质教育。1997 年 9 月，国家教育委员会在烟台召开了全国中小学素质教育经验交流会，会议总结推广了汨罗、烟台的经验，对实施素质教育作了全面部署。这是在全国开始全面推进素质教育的标志性会议。②

1997 年 10 月 29 日，国家教委制定《关于当前积极推进中小学实施素质教育的若干意见》，将全面推行素质教育作为基础教育的一项重大任务，提出有效实施素质教育的若干措施。这是国家教育行政部门第一个关于全面推进素质教育的系统化意见，从此素质教育进入了全国性推进实施阶段。③

为了实现党的十五大所确定的目标与任务，落实科教兴国战略，全面推进教育的改革和发展，提高全民族的素质和创新能力，1999 年，《面向 21 世纪教育振兴行动计划》明确提出“大力推进素质教育，实施跨世纪素质教育工程，全面提高国民素质和民族创新能力”，并通过课程改革、评价制度改革、督导制度的完善，整体推进素质教育。尽管此时的素质教育仍然定位在基础教育阶段，但已拉开了素质教育从典型示范转向整体推进和制度创新的序幕。④

---

① 《素质教育大事记》，《光明日报》，2005 年 10 月 12 日。
② 《素质教育大事记》，《光明日报》，2005 年 10 月 12 日。
③ 杨兆山、时益之：《素质教育的政策演变与理论探索》，《教育研究》，2018 年 12 期。
④ 何东昌：《中华人民共和国教育史》，海口：海南出版社，2007 年版，第 841 页。

二、多措并举全面推进素质教育

面向21世纪，知识和人才、民族素质和创新能力越来越成为综合国力的重要标志，我国素质教育进入全面发展阶段。1999年6月，中共中央、国务院作出《关于深化教育改革 全面推进素质教育的决定》（以下简称《决定》），并在北京召开了以素质教育为主题的全国教育工作会议，这标志着素质教育开始作为党和国家的战略决策，进入全面实施深化推进的新阶段。①

《决定》以全面推进素质教育为主题，对跨世纪中国教育改革与发展作了全面部署，在深化教育改革、全面推进素质教育、促进各级各类教育发展，以及实施科教兴国战略、构建21世纪充满生机的有中国特色社会主义教育体系等方面都有新的突破。《决定》在科学总结我国广大教育工作者实施素质教育的丰富实践经验的基础上，赋予素质教育以时代的特征和新的内涵，从而将实施素质教育提高到一个新的高度，反映了我国现代化建设和时代进步对教育的新要求。

《决定》的颁布和教育工作会议的召开，发出了深化教育改革、全面推进素质教育的动员令，对于我国实施素质教育具有里程碑的意义，素质教育开始进入全面推进的新阶段。

---

① 改革开放30年中国教育改革与发展课题组：《教育大国的崛起（1978—2008）》，北京：教育科学出版社，2008年版，第174页。

三、把课程改革作为推进素质教育的突破口

课程与教学在学校教育中居于核心地位，是教育改革的重点内容，是推进素质教育的关键抓手。为了体现时代要求，紧密联系现代社会、科学技术发展，培养学生自主学习、终身学习的能力，国家正式启动基础教育课程改革，深化教育教学改革，全面推进素质教育。

1996年，原国家教委有关部门的领导和一些高校、研究机构的研究人员逐渐形成了一个探讨课程问题的研究小组，后来发展成为教育部课程改革专家组。专家组通过调查研究，掌握了有关课程实施状况及其问题，初步确立课程改革的目标，并着手研制基础教育课程改革纲要。

2001年5月，国务院印发《关于基础教育改革与发展的决定》（以下简称《决定》），对全面推进中小学素质教育进行了部署，并于6月召开了全国基础教育工作会议。《决定》要求加快构建符合素质教育要求的新的基础教育课程体系，深化教育教学改革，扎实推进素质教育。

为了全面推进素质教育，教育部决定，大力推进基础教育课程改革，于2001年6月颁布《基础教育课程改革纲要（试行）》，调整和改革基础教育的课程体系、结构、内容，构建符合素质教育要求的新的基础教育课程体系。《基础教育课程改革纲要（试行）》从九个方面对此次课程改革进行了全面阐述：课程改革的目标、课程结构、课程标准、教学过程、教材开发与管理、课程评价、课程管理、教师的培养和培训、课程改革的组织与实施。文件颁布标志着新中国成立以来第八次基础教育课程改革正式启动。

同时，教育部还发布了一系列相关文件，包括义务教育课程计

划、义务教育阶段17个科目的18个课程标准。经过几个月立项、编写和审查、修改工作，依据新的课程标准编写的教科书于2001年8月问世，并首先在第一批全国试验区使用。2001年9月，全国有42个试验区开始使用新课程，并逐步在全国范围内推行。

基础教育课程改革作为实施素质教育的重要环节取得了重大进展。新课程改革促使教师的教学方式、学生的学习方式发生了积极而深刻的变化，有利于促进学生的全面发展和健康成长，也有利于培养学生的创新精神和实践能力。

在高等教育领域，1994年，国家教委启动“高等教育面向21世纪教学内容和课程体系改革计划”，成立由17位各学科著名专家组成的教学内容和课程体系改革顾问组，组织编写数百种“面向21世纪课程教材”。截至1996年9月，全国已有566所高校的23373名教师申报了3030个相关研究项目，经过专家评审和适当组合，国家教委先后批准了221个大项目，其中包括985个子项目，有1万多名高校教师和教学科研人员承担了这些项目的研究和改革实验工作。与此同时，有些省、自治区、直辖市和国务院有关部委及高等学校也分别制定和实施了各自的高等教育面向21世纪教育内容和课程体系改革的计划。[①] 1997年10月，原国家教委印发《关于组织实施“高等师范教育面向21世纪教学内容和课程体系改革计划”的通知》，启动高等师范教育教学内容和课程体系改革项目。通过项目实施，在改革教师教育培养模式，调整课程结构，用现代文化、科学方法和手段的现代化，提高师范教育专业化

① 何东昌：《中华人民共和国教育史》，海口：海南出版社，2007年版，第951页。

水平等方面取得了丰硕成果。

全面推进素质教育是教育创新的重要内容，是党中央根据现代化建设和国际竞争对知识、人才、民族素质和国家创新能力的要求作出的重大战略决策。经过这一时期的发展，我国素质教育已经从中小学教育推广到各级各类教育，从学校推向全社会，从少数地区实验发展到全国推行，从单项改革发展到全方位、系统性、整体性的改革，成为我国教育改革发展的战略主题。

第三节　以普及九年义务教育为重点深化基础教育改革

基础教育是提高民族素质的奠基工程，对提高中华民族素质、培养各级各类人才，促进社会主义现代化建设具有全局性、基础性和先导性作用。党的十三届三中全会以来，党和国家高度重视基础教育，确立基础教育在社会主义现代化建设中的战略地位，坚持基础教育优先发展，出台一系列重大政策，深化基础教育体制变革，大力发展基础教育，推动中小学由“应试教育”转向全面提高国民素质的轨道，我国基础教育实现了跨越式发展。

一、普及九年义务教育

1992 年 10 月，在中国共产党第十四次全国代表大会上，党中央做出决策，提出把“到本世纪末，基本普及九年义务教育，基本扫除青壮年文盲”作为 20 世纪 90 年代我国教育事业发展的重要目标。1993 年颁布的《发展纲要》正式提出 90 年代实现“全国基本普及九年义务教育”的教育目标。1994 年底，在印度新德里召开的九个人口大国全民教育大会上，李岚清代表中国政府签署了《德里宣言》，对实现这一目标向全世界作了庄严承诺。[1]

1994 年 6 月，改革开放以来第二次全国教育工作会议提出“双八五”*的目标和三片地区“三步走”的实施办法，具体谋划推进普及九年义务教育。同年 9 月，国家教委印发《关于在 90 年代基本普及九年义务教育和基本扫除文盲的实施意见》，进一步明确“全国基本普及九年义务教育”的目标、实施原则和步骤。

*“双八五”指到20世纪末，在占全国总人口85%的地区普及九年义务教育，初中阶段毛入学率达到85%。

中国是一个发展中国家，人口多、底子薄、经济文化落后，特别是贫困地区多、人口居住分散、义务教育规模庞大、教育经费短缺、办学条件差，这是普及义务教育之初我国教育发展环境的基本特征。为确保中国义务教育的基本普及，中央和地方各级政府采取多种有力措施，向弱势地区和弱势人群倾斜，把难点锁定在贫困地区、贫困农村和贫困家庭，重点普及九年义务教育。

1994 年，中央、省、地（市）、县 4 级设立贫困地区义务教育专项补助费。1996 年 7 月，国家教委办公厅印发《关于进一步加强贫困地区、民族地区女童教育工作的十条意见》，促进贫困地区、民族地区女童入学率和巩固率的提高。

为帮助贫困地区加快实施普及义务教育，促进当地人民群众脱贫致富，1995—2000 年，教育部（国家教委）和财政部联合实施第一期“国家贫困地区义务教育工程”，累计拨款达 124.62 亿元，

---

① 陈至立：《十三届四中全会以来我国教育改革与发展的历史性成就》，《中国高教研究》，2002 年 11 期。

568个国家级贫困县和284个省级贫困县，受益人口约2.5亿人。1997—2000年，国家给贫困地区义务教育助学金共拨款1.3亿元，资助少数民族贫困学生接受义务教育。[①]

1995—2000年，国家投入39亿元中央专款，实施了第一期“国家贫困地区义务教育工程”，其中28.4亿元用于西部地区。工程实施范围集中在852个贫困县，其中国家扶贫开发工作重点县有568个。一期工程加快了中西部地区“两基”进程，改善了贫困地区义务教育办学条件，提高了教育资源利用率。“十五”期间，国家又实施了第二期“国家贫困地区义务教育工程”。

为保障20世纪末在全国普及初等义务教育和在大部分地区普及九年义务教育，1994年9月，国家教委颁布了《普及义务教育评估验收暂行办法》，要求各省、自治区、直辖市负责普及九年或初等义务教育县的评估验收工作，依实际情况制订实施意见和标准，有计划地分期、分批对本地普及义务教育情况进行评估验收，国家进行抽查。

在党中央、国务院领导下，在各级党委、政府及有关职能部门重视下，经过广大教育工作者和人民群众共同努力，“两基”工作取得显著成绩。中国如期实现了“两基”的战略目标。截至2002年底，实现“两基”验收的县（市、区）总数达到2598个，12个省（直辖市）已按要求实现“两基”；“两基”人口覆盖率从20世纪90年代初的不到20%提高到90%以上，其中1994年为18.5%，1995年为36.29%，1996年为52.6%，1997年为65%，2000年为

① 改革开放30年中国教育改革与发展课题组：《教育大国的崛起（1978—2008）》，北京：教育科学出版社，2008年版，第145页。

85%；初中阶段毛入学率从1990年的66.7%提高到90.0%，小学学龄儿童入学率从1990年的97.8%提高到98.58%。

二、完善“地方负责、分级管理”体制

我国1985年实行“地方负责、分级管理”的体制以来，充分调动地方兴办基础教育的积极性，这使“普九”工作在政府投入不足的情况下仍进展较快。但是，一些地方将农村管理基础教育的责任层层下放到乡、村，由此带来经费筹措和教育管理上的某些困难，这也是那个时期出现拖欠农村中小学教师工资问题的一个原因。[①]党的十四大以来，基础教育管理体制改革的重要任务就是解决政府缺位问题，在“地方负责、分级管理”体制的基础上，进一步提出“以县为主”的管理体制。

1993年《发展纲要》明确各级政府的责任，特别突出了县级政府的责任。县级政府在组织义务教育的实施方面负有主要责任，包括统筹管理教育经费，调配和管理中小学校长、教师，指导中小学教育教学工作等。乡级政府负责落实义务教育的具体工作，包括保障适龄儿童、少年按时入学。有条件的经济发展程度较高的地区，义务教育经费可仍由县、乡共管，充分发挥乡财政的作用。[②]为了推动实现“两基”目标，1994年，《关于在90年代基本普及九年义务教育和基本扫除文盲的实施意见》关于要深化管理体制的

① 李鹏：《动员起来，为实施〈中国教育改革和发展纲要〉而努力——在全国教育工作会议上的报告》，《中国高教研究》，1994年01期。
② 《中国教育改革和发展纲要》，《人民教育》，1993年04期。

改革，具体包括四点：一是要进一步坚持和完善基础教育实行“地方负责、分级管理”的体制。二是在农村实行县、乡、村三级办学，县、乡两级管理，以县为主的管理体制。县级政府在组织“两基”实施方面负有主要责任，乡政府落实“两基”的具体工作。在经济发展程度较高地区，义务教育可以实行县、乡两级管理，充分发挥乡财政的作用。三是基础教育应以地方政府办学为主，同时鼓励企事业单位和其他社会力量按照国家的有关法律和政策多渠道、多形式办学。四是建立中小学校舍建设投资体制。中小学校舍建设应采取“两条腿走路”的方针，实行国家、社会和个人的多渠道投资体制。1999年，《中共中央 国务院关于深化教育改革全面推进素质教育的决定》强调，要进一步完善地方负责、分级管理的体制，并加大县级人民政府对教育经费、教师管理和校长任免等方面的教育统筹权。[1]

进入21世纪，在全面实施素质教育和提升基础教育质量背景下，公办学校办学体制改革被提上日程。2001年，国务院颁布的《关于基础教育改革与发展的决定》提出加强对公办学校办学体制改革试验的领导和管理。为此，地方各级政府也加强领导和管理，确保义务教育办学体制改革试验工作的健康开展。

三、完善中等以下各类学校校长负责制

1993年《发展纲要》规定：“中等及中等以下各类学校实行校

① 《中共中央 国务院关于深化教育改革全面推进素质教育的决定》，《中华人民共和国国务院公报》，1999年21期。

长负责制。校长要全面贯彻国家的教育方针和政策，依靠教职员工办好学校。[①]”进一步明确学校内部领导结构方式和校长的地位与权限。1991年，国家教委颁布《全国中小学校长任职条件和岗位要求（试行）》，对中小学校长的认知基本条件、主要职责和岗位要求等，都作了明确的规定，使得校长负责制的推行有了具体的遵循依据。1995年颁布的《中华人民共和国教育法》第三十条规定：“学校的教学及其他行政管理，由校长负责。[②]”至此，校长负责制以国家法律的形式上升为国家意志。

为了贯彻1994年《关于〈中国教育改革和发展纲要〉的实施意见》提出的“中小学校长‘持证上岗’制度”，1997年，原国家教委颁布了《实行全国中小学校长持证上岗制度的规定》，试行校长职级制，逐步完善校长选拔和任用制度，鼓励优秀校长到薄弱学校任教。2001年，《国务院关于基础教育改革和发展的决定》更明确指出，“推行中小学校长聘任制，明确校长的任职资格，逐步建立校长公开招聘、竞争上岗的机制。实行校长任期制，可以连聘连任。积极推行校长职级制”[③]。促进了中小学校长持证上岗制度的规范化、制度化、科学化建设，推动了中小学校长队伍建设。

为了不断提升中小学校长领导水平，1989年颁布的《关于加强全国中小学校长培训工作的意见》提出，校长培训从教育行政管理干部培训单独剥离出来，首次从国家政策层面被重视，正式提出对校长

---

① 《中国教育改革和发展纲要》，《人民教育》，1993年04期。

② 《中华人民共和国教育法》，《中华人民共和国全国人民代表大会常务委员会公报》，1995年03期。

③ 宋乃庆、肖林、郑智勇：《新中国成立以来我国中小学校长培训发展：回眸与展望》，《中国电化教育》，2020年01期。

队伍进行岗位任职资格培训，同年成立国家教育委员会中学校长培训中心，成为我国中小学校长培训制度化和正规化的起点。1992年，国家颁布《关于加强全国中小学校长队伍建设的意见（试行）》，强调“以后每五年轮训一次，形成校长培训制度……实现中小学校长持证上岗”，成为校长选任和培训具有重要指导意义的纲领性文件，有力促进了校长培训的规范化和制度化。“九五”期间决定在岗位培训的基础上，对全国中小学校长要进行提高性培训，开展第二轮全国中小学校长培训工作。1999年的《中小学校长培训规定》，首次对我国中小学校长培训内容、培训形式、组织和管理、培训责任等方面的具体事项进行了全面规定，至此，我国中小学校长培训制度正式形成。①

四、推进农村义务教育体制改革

加强农村义务教育是涉及农村经济社会发展全局的一项战略任务。农村义务教育量大面广、基础薄弱、任务重、难度大，是实施义务教育的重点和难点。为了实现“到2000年全国基本普及九年义务教育”的目标，党中央、国务院出台了一系列相关政策和重大举措，大力发展农村基础教育。

五、完善农村义务教育管理体制

这一时期，农村义务教育管理体制逐步由“以乡为主”转向“以

---

① 宋乃庆、肖林、郑智勇:《新中国成立以来我国中小学校长培训发展：回眸与展望》,《中国电化教育》，2020年01期。

县为主”，进一步明确县级人民政府对本县义务教育负有主要责任。

改革开放初期，按照“人民教育人民办”的办学思想，在“三级办学，两级管理”*的体制下，乡镇政府和农民承担了农村义务教育的主要责任。1992年颁布的《义务教育法实施细则》规定乡级人民政府在支付教师工资、改善办学条件、补充学校公用经费等方面起主要作用。就中国的国情而言，“三级办学，两级管理”体制对推动全国基本实现“两基”目标发挥了巨大作用。

* “三级办学，两级管理”指在“农村实行县、乡、村三级办学，县、乡两级管理的体制”。

从20世纪90年代中期开始，随着“分税制”和农村“税费改革”的推行，以及城市经济发展步伐的加快，“三级办学，两级管理”的体制重心偏下引发的问题日益凸现，农村义务教育开展转向“农村实行县、乡、村三级办学，县、乡两级管理，以县为主”的管理体制。1994年，《关于在90年代基本普及九年义务教育和基本扫除青壮年文盲的实施意见》规定：在农村实行县、乡、村三级办学，县、乡两级管理，以县为主的管理体制。

到21世纪初，我国农村义务教育基本确立了“地方政府负责、分级管理、以县为主”的管理体制。2001年5月，国务院颁布的《关于基础教育改革与发展的决定》提出“要进一步完善农村义务教育管理体制，实行在国务院领导下，由地方政府负责、分级管理、以县为主的体制”① 。该决定撤销了乡级以下政府机构的义务教育的管理权限和财政责任，突出县级政府举办、管理义务教育的权限和责任，使我国基础教育管理体制更加成熟，宏观管理效率显

① 《国务院关于基础教育改革与发展的决定》，《人民教育》，2001年07期。

著增强。[①]

2002 年 5 月，国务院办公厅下发《关于完善农村义务教育管理体制的通知》(以下简称《通知》)。《通知》进一步明确“实行在国务院领导下，由地方政府负责、分级管理、以县为主”的农村义务教育管理新体制，并提出农村中小学教师工资由乡镇承担改为由县级财政承担，在很大程度上缓解农村财政紧张的压力，同时也缓解农民的经济压力。

六、加强农村义务教育教师队伍建设

新中国成立以来，为满足学校的教师需求，维持学校的正常运转出现了两类具有独特历史意义的教师群体，即民办教师和代课教师，尤其是农村学校，存在大量的民办教师和代课教师。到了 20 世纪 90 年代，为了稳定教师队伍，提供教育质量，国家出台一系列举措，推进“民转公”工作，妥善解决农村民办教师问题，逐步减少民办教师的比重，大力加强农村教师队伍建设。第一，改进民办教师工资管理体制和统筹办法，增加民办教师补助费，改善民办教师待遇，逐步使民办教师与公办教师同工同酬。第二，对离职民办教师，给予生活补助，有条件的地方逐步建立了民办教师保险福利基金。第三，师范院校开始定向招收部分民办教师入学深造。第四，地方政府根据实际情况，每年划拨一定数量指标，从优秀民办教师中选招公办教师。1991—2000 年，每年转正的教师人数基

① 褚宏启:《我国基础教育行政管理体制改革 30 年简评》,《中小学管理》, 2008 年 11 期。

本在 30 万人左右。截至 2000 年，我国民办教师基本都转为公办教师，部分无法胜任教学的教师被转岗或者辞退。

2001 年，国务院颁布《关于基础教育改革与发展的决定》，农村教师工资的管理和发放权限调整至县级政府，农村教师管理体制改革进入新篇章。

第四节　建立适应社会主义市场经济的职业教育和成人教育体制

职业技术教育是现代教育的重要组成部分，是工业化和生产社会化、现代化的重要支柱。党的十三届四中全会以来，我国经济和社会发展创造了有利于职业教育发展的外部环境，职业教育延续着快速发展的势头。我国于 1991 年、1996 年、2002 年先后召开了改革开放后的第二、第三、第四次全国职业教育工作会议，不断深化职业教育体制改革的目标和措施，为职业教育的改革和发展指明了方向。1996 年颁布《中华人民共和国职业教育法》，初步构建了我国职业教育法律制度框架，大力推动建立适应社会主义市场经济的职业教育体系。

一、确立职业教育改革和发展的指导思想

为解决职业教育与我国建设社会主义市场经济体制目标不适应的发展困境，党和国家在这一时期连续召开了三次全国职业教育工作会议，逐步确立职业教育面向社会、面向市场的办学方向，大力

推进职教向前发展。

（一）1991 年第二次全国职业教育工作会议

20 世纪 90 年代初期，我国职业教育发展出现了一些新问题。第一，数量上虽有增加但总体上仍不能适应经济建设对于数以亿万计高素质劳动者的需要。而且发展很不平衡，已经发展的地区，力量过于分散。还有一些地方还没有完全下定发展职教的决心。在质量上，还有不少学校缺乏必要的投入和师资设备，有的甚至仍按普教模式办学，形同虚设。第二，没有充分调动社会力量来发展职业教育。第三，职业分类、资格证书、评估考核等相应的配套政策和制度还没有完全建设起来。第四，职业教育还不能采取灵活的办学方式。

1991 年 1 月，经国务院批准，由国家教委、国家计委、劳动部、人事部、财政部在北京共同召开第二次全国职业教育工作会议。会议的主要任务是，贯彻党的十三届七中全会精神，总结十年来发展职业教育的经验，明确今后发展的目标、方针和政策措施。

1991 年 10 月，国务院印发《关于大力发展职业技术教育的决定》（以下简称《决定》），确立 20 世纪 90 年代我国职业教育事业发展的目标：使大多数新增劳动力基本上能够受到适应从业岗位需要的最基本的职业技术训练，在一些专业性技术性要求较高的劳动岗位，就业者能较普遍地受到系统的严格的职业技术教育，初步建立起有中国特色的，从初级到高级、行业配套、结构合理、形式多样，能与其他教育相互沟通、协调发展的职业技术教育体系的基本框架。[①]《决定》还提出，20世纪90年代发展职业技术教育的主要任务：一是努力办好现有各类职业技术学校。二是广泛开展短期职业技术培训。三是在普通教育中积极开展职业指导，因地制宜地在适当阶段引进职业技术教育因素，在不同阶段对学生实行分流教育。四是重视并积极发展对在职人员进行职业技术培训的成人教育。《决定》是新中国成立后国家最高行政机构首次就职业教育发展问题做出的专门决策，对于推动职业教育发展具体重大现实意义和深远历史意义。[②]

（二）1996年第三次全国职业教育工作会议

为贯彻落实《教育法》《职业教育法》和《中国教育改革和发展纲要》的政策措施，进一步明确我国跨世纪发展职业教育的目标和任务，1996年6月17日至20日，经国务院批准，国家教委、国家经贸委和劳动部在京联合召开第三次全国职业教育工作会议。李岚清作重要讲话；朱开轩做主题报告。

李岚清在讲话中提出发展符合我国国情的职业教育的四点要求：一是坚持在政府统筹管理下，真正形成社会兴办职业教育的格局；二是进一步推进教育三级分流，重点发展中等职业教育，积极发展高等职业教育；三是大力发展职业培训，建立健全职业学校教育与职业培训并举，并与其他教育相互沟通、协调发展的职业教育

① 《国务院关于大力发展职业技术教育的决定》，《中华人民共和国国务院公报》，1991年36期。
② 《国务院关于大力发展职业技术教育的决定》，《中华人民共和国国务院公报》，1991年36期。

体系；四是加强职业道德教育，全面提高人的素质。[①]

朱开轩在讲话中对跨世纪发展职业教育的目标和任务做了阐述。主要有：一是进一步调整职业教育结构，推进以初中后为重点的不同阶段的教育分流，建立、健全职业学校教育与职业培训并举，并与其他教育相互沟通、协调发展的职业教育体系；二是进一步深化办学体制、管理体制和运行机制的改革，逐步建立、健全有中国特色的、适应社会主义市场经济和社会进步需要的职业教育制度；三是进一步加强职业教育内部建设和管理，深化教育教学改革，办出职业教育特色，努力提高教育质量和办学效益。[②]

在世纪之交，我国经济和社会发展创造了有利于职业教育发展的外部环境。1997 年，党的十五大报告指出，积极发展各种形式的职业教育和成人教育。1999 年，《中共中央 国务院关于深化教育改革全面推进素质教育的决定》指出，要大力发展高等职业教育，培养一大批具有必要的理论知识和较强实践能力，生产、建设、管理、服务第一线和农村急需的专门人才。1999 年，江泽民在改革开放以来第三次全国教育工作会议上的讲话中指出，努力办好各级各类职业技术教育，是一篇大文章。现在，中等职业技术教育虽然有了发展，但总体上说，还刚刚开始做。各地各部门要狠狠抓它 10 年、20 年，必会大见成效。这些精神，为新世纪职业教育的改革和发展指明了方向。

① 《1996 第三次全国职业教育工作会议》，《职业技术教育》，2006 年 09 期。
② 《1996 第三次全国职业教育工作会议》，《职业技术教育》，2006 年 09 期。

（三）2002 年第四次全国职业教育工作会议

2002 年 7 月，国务院在北京召开第四次全国职业教育工作会议，总结近年来职业教育的成就和经验，分析职业教育的形势，进一步确立职业教育的战略地位，明确“十五”期间职业教育改革发展的指导思想、目标和思路，研究制定推动职业教育改革发展的政策措施，努力开创职业教育工作的新局面。

这是首次以国务院名义召开的专门研究部署职教工作的会议，因规格高、规模大和推动力强受到了社会的高度关注。会后颁发《国务院关于大力推进职业教育改革与发展的决定》以及两个重要的配套文件：教育部、国家经贸委和劳动保障部制定的《关于进一步发挥行业组织、企业在职业教育和培训中的作用》和劳动保障部、教育部和人事部制定的《关于进一步推动职业学校实施职业资格证书制度的意见》。

这次会议在认识上有新高度，工作上有新思路，措施上有新突破，对新世纪职业教育改革与发展具有巨大推动作用，标志着中国职业教育迈入了新的发展阶段。《国务院关于大力推进职业教育改革与发展的决定》与其后颁发的两个配套文件，构成了 21 世纪初我国职业教育发展的基本政策思路及总体改革方向。

二、构建职业教育法律制度体系

1996 年 5 月，第八届全国人民代表大会常务委员会第十九次会议通过了《中华人民共和国职业教育法》，并于 1996 年 9 月 1 日起正式施行。《职业教育法》是新中国成立以来第一部专门规范职业教育活动的法律，将关于职业教育的政策提升为法律，初步构建了我国职业教育法律制度体系，其颁布标志着我国职业教育走上了制度化、法制化的轨道。

改革开放后，我国的职业教育取得快速发展，我国已初步建立起职业学校教育与职业培训并举的职业教育体系，为社会主义现代化建设培养、输送了大批素质较高的劳动者。然而，当时职业教育发展过程中也存在职业教育经费不足、办学责任不明晰、教育体系不完善等问题，妨碍职业教育的健康发展。为此，迫切需要制定职业教育法，以法律的形式将职业教育改革的成果固定下来，依法保障和促进职业教育的发展。①

《职业教育法》的颁行，对推进职教事业健康发展和依法治教具有极其重要的意义。作为全国职业教育的母法，它的产生为各省、自治区、直辖市制定配套法规和实施细则提供了法律依据；对有效地解决职业教育发展中的重大问题作出了原则规定和科学界定，为进一步改革和发展提供了保证；推动落实社会各种集团和力量兴办职教的权力和责任；在实施中建立和强化有关法律监督制度，加强各级人大对政府部门执法的监督，加强上下级政府之间和教育主管部门对各级各类职业教育的领导、统筹协调和督导评估。

① 朱开轩：《关于〈中华人民共和国职业教育法（草案）〉的说明——1995 年 12 月 20 日在第八届全国人民代表大会常务委员会第十七次会议上》，《中华人民共和国全国人民代表大会常务委员会公报》，1996 年 04 期。

三、逐步完善职业教育管理体制

党的十三届四中全会以来，我国职业教育管理体制始终坚持以地方政府统筹协调为核心，赋予各省、市、县级政府以职业教育自主管理权，充分发挥地方政府参与职业教育管理的积极性，结合地方经济发展特色与职业教育发展水平来兴办职业教育，建立并逐步完善在国务院领导下，分级管理、地方为主、政府统筹、社会参与的职业教育管理体制。

1991 年，国务院作出《关于大力发展职业技术教育的决定》，指出各级政府及中央与地方的各有关部门要对职业技术教育分工负责。按照这一思路，我国逐步建立起了“在国家统一领导下，地方负责，分级管理，以市县为主”的职业教育管理体制，其重大意义在于将地方政府的管理职责具体到市、县一级，充分肯定了市、县政府在职业教育管理中的作用。[①] 1996 年《职业教育法》通过立法的形式确立县级以上地方各级政府对职业教育的管理权限和职责，强调各级政府及其职能部门对职业教育的统筹规划和协调管理。

1999 年，中共中央、国务院作出《关于深化教育改革 全面推进素质教育的决定》指出，把发展高等职业教育和大部分高等专科教育的权力以及责任交给省级人民政府，省级人民政府依法管理职业技术学院（或职业学院）和高等专科学校。同年 9 月，教育部印发《关于调整中等职业学校布局结构的意见》提出，“调整中等职业学校布局结构，优化资源配置，进一步提高中等职业教育办学质

---

① 《国务院关于大力发展职业技术教育的决定》，《中华人民共和国国务院公报》，1991 年 36 期。

量和整体效益”[①]，要求通过合并、共建、联办、划转等形式，将普通中专、技工学校、职业高中、成人中专，包括社会力量举办的各类中等职业学校进行重新规划和调整，实现教育资源的优化组合，进一步推动中等职业教育办学体制和管理体制及运行机制的改革，提高办学质量和整体效益，更好地为经济建设和社会发展服务，促进中等职业教育的健康协调发展。

2002 年，国务院颁布《关于大力推进职业教育改革与发展的决定》，指出“推进职业教育管理体制改革，建立并逐步完善在国务院领导下，分级管理、地方为主、政府统筹、社会参与的职业教育管理体制”[②]。

四、形成多元办学格局

党的十三届四中全会以来，我国职业教育办学主要经历了从之前的“主要依靠地方政府的投资和地方集资”，发展为“大家来办的方针，要在各级政府的统筹下，发展行业、企事业单位办学和各方面联合办学”，再发展为“形成政府主导、依靠企业、充分发挥行业作用、社会力量积极参与的多元办学格局”的改革历程，国家进一步放开了职业教育的办学权，市场导向的办学体制改革日趋明显。

1991 年，国务院作出《关于大力发展职业技术教育的决定》，提出我国职业技术教育必须采取大家来办的方针，也就是各级政府

---

① 《教育部关于调整中等职业学校布局结构的意见》，《中国职业技术教育》，1999 年 11 期。
② 《国务院关于大力推进职业教育改革与发展的决定》，《人民日报》，2002 年 9 月 25 日。

要加强统筹领导，鼓励行业、企事业单位办学和各方面联合办学，支持民主党派、社会团体和个人办学，引导企业在培养技术工人方面发挥优势。[①]为进一步推动职业教育办学体制改革，以适应社会主义市场经济体制改革，1993年，《发展纲要》提出“各级政府要高度重视，统筹规划，贯彻积极发展的方针，充分调动各部门、企事业单位和社会各界的积极性，形成全社会兴办多种形式、多层次职业技术教育的局面”[②]。1996年，《职业教育法》以法律的形式进一步明确鼓励社会各方联合举办职业教育，将发展职业教育的责任由政府、行业、企业和社会行为上升并确立为国家意志。同年6月，时任副总理李岚清在第三次全国职业教育工作会议上提出“坚持在政府统筹管理下真正形成社会各界兴办职业教育的格局”[③]。2002年，《国务院关于大力推进职业教育改革与发展的决定》提出，“形成政府主导、依靠企业、充分发挥行业作用、社会力量积极参与的多元办学格局”[④]。

我国职业教育办学体制已经发生了巨大变化：一方面，政府包揽办学的格局进一步被打破，行业、企业、事业单位及社会团体和公民个人办学有了较大发展，职业教育有公办职业技术学校、民办公助职业技术学校、民办职业技术学校、股份制职业技术学校、团体或个人私办的职业技术学校等多种办学形式，构建了职业教育多元化办学格局，市场机制开始在职业教育活动中发挥一定的作用；

① 《国务院关于大力发展职业技术教育的决定》，《中华人民共和国国务院公报》，1991年36期。
② 《中国教育改革和发展纲要》，《人民教育》，1993年04期。
③ 李岚清：《努力开创职业教育工作新局面》，《中国职业技术教育》，2006年09期。
④ 《国务院关于大力推进职业教育改革与发展的决定》，《人民日报》，2002年9月25日。

另一方面，更加明确政府对职业教育的职责，要求把发展职业教育提高到政府教育管理日程。

在20世纪90年代的大部分时间里，职业教育都延续着快速发展的势头。1991—1994年，有关部门组织对三类中等职业学校（中等专业学校、职业高中和技工学校）进行了全面评估工作。1993年，劳动部门评出首届国家级重点技校130所；1994年8月，国家教委颁布249所国家级重点中专名单；1996年2月，国家教委审批认定首批国家级重点职业高中296所。到1995年底，三类中等职业学校已发展到17806所，招生人数和在校生人数已分别达到366.30万人和921.93万人，各占高中阶段招生人数和在校生人数总量的57%和56%。有力地推动了职业教育朝向规范化优质化方向发展。[①] 1999—2002年，全国中等职业学校招生数量持续减少，规模萎缩，很多职业学校报名人数不及计划招生的一半。据有关方面公布的数字，全国中等职业学校1999年比1998年少招46.25万人，2000年比1999年少招64.40万人，2001年比2000年少招14.24万人。与1997年相比，2001年中等职业教育占高中阶段教育招生人数和在校生人数的比例分别下降了23个百分点和14个百分点。[②]

20世纪90年代末，行业企业举办职业教育的责任呈现出明显的弱化趋势。在中央和地方机构改革中，大多数行业部门不再具有举办和指导行业职业教育的职能，原来由行业举办的职业学校在划转过程中有相当一部分被改为他用。与此同时，企业举办职业教育的经费也在逐年下降。据有关方面统计，企业投入职教的经费已

① 《2002第三次全国职业教育工作会议》,《职业技术教育》, 2006年09期。
② 《2002第三次全国职业教育工作会议》,《职业技术教育》, 2006年09期。

从1997年的32亿元下降到2000年的17亿元，减少了15亿元。企业办学经费占职业教育总经费的比例由1997年的10.6%下降到2000年的4.3%。行业和企业举办职业教育责任的弱化甚至消失的直接后果是第一线从业人员素质的提高受到严重影响。[①]

这一时期，高等职业教育却得到了迅速发展。1999年改革开放以来第三次全国教育工作会议以后，经国务院授权，把发展高等职业教育和大部分高等专科教育的权力以及责任交给省级人民政府，加快了高等职业教育的发展。1996年，全国已有高等职业技术学院37所，职业大学73所，高等技术专科学校3所，举办五年制高等职业教育班的中专学校14所。2002年独立设置的高等职业技术学院已达386所，在校生72万人，比1985年增长了11倍。[②]

五、逐步建立有利于构建终身教育体系的成人教育体制

党的十三届四中全会以来，随着我国改革开放进程的不断加快，社会主义市场经济建设开始起步，由此教育改革和发展的主题伴随着经济体制、科技体制的改革发生着重大的历史性转变。面向市场，特别是人才市场对高素质劳动者的需要，改革和发展成人教育，就成为新阶段的主要任务和方向。

---

① 《2002第三次全国职业教育工作会议》,《职业技术教育》，2006年09期。

② 朱开轩:《关于〈中华人民共和国职业教育法（草案）〉的说明——1995年12月20日在第八届全国人民代表大会常务委员会第十七次会议上》,《中华人民共和国全国人民代表大会常务委员会公报》，1996年04期。

1989年9月25日，为推进成人教育与企业改革的结合，国家教委作出在全国101个企业进行教育综合改革实验的决定。这一措施的实施，有力地推进了成人职业教育的发展。1991年4月9日，第七届全国人民代表大会第四次会议批准《国民经济和社会发展十年规划和第八个五年计划纲要》提出，成人教育要继续采取多种途径、多种力量、多种形式办学，大力发展岗位培训。加强专业技术人员的继续教育，努力办好农民文化技术学校。进一步整顿和调整现有的成人高等学历教育，切实提高教育水平和质量，鼓励自学成才。[①] 1992年8月，国家教委召开新中国成立以来首次全国成人高等教育工作会议。中共中央政治局委员、国务委员兼国家教委主任李铁映在闭幕式上作重要讲话，国家教委副主任朱开轩在会上作了报告。这次会议的中心议题是：总结党的十一届三中全会以来成人高等教育的成绩和基本经验，贯彻落实中央精神，研究并确定在加快经济建设和改革开放的新形势下进一步改革和发展成人高等教育的总体目标及政策措施，也就是后来印发的《关于进一步改革和发展成人高等教育的意见》的主要内容。1993年1月，国务院办公厅转发国家教委《关于进一步改革和发展成人高等教育的意见》，提出深化改革和加强管理的总体目标：（1）动员社会各方面的力量大力支持、积极兴办多种形式、多种层次、多种规格的成人高等教育，进一步增加和拓宽社会成员接受高中后教育的机会和渠道，使成人高等教育为经济和社会发展提供更加广泛的服务。（2）把高等层次岗位培训、大学后继续教育作为成人高等教育的重点，

① 《中华人民共和国国民经济和社会发展十年规划和第八个五年计划纲要》，《中华人民共和国国务院公报》，1991年12期。

完善学历教育体系，增加投入，根据需求积极发展。建立起能够适应不断变化的经济、社会需求的新的办学机制。（3）建立分级管理、分级负责的管理体制，形成科学的管理、调控制度。[①]

1993 年颁布的《发展纲要》指出，“成人教育是传统学校教育向终身教育发展的一种新型教育制度，对不断提高全民族素质，促进经济和社会发展具有重要作用”[②]。这是我国教育规划中首次使用“终身教育”和“继续教育”的概念，反映了终身教育理念开始对成人教育政策产生影响。1995 年颁布的《教育法》规定建立和完善终身教育体系，国家鼓励发展多种形式的继续教育，使公民接受适当形式的政治、经济、文化、科学、技术、业务等方面的教育，促进不同类型学习成果的互认和衔接，推动全民终身学习。这是教育法律中首次出现“终身教育”和“终身教育体系”的表述。

在党中央、国务院一系列方针、政策指导下，我国成人教育战线上的广大教职工，深入学习邓小平教育理论，紧紧围绕国民经济建设持续、高速、健康发展的目标，围绕社会全面进步对劳动者素质和专门人才的需求，密切追踪现代科技日新月异迅猛发展的步伐，致力于缓解我国人口科学文化素质与现代化建设需求不相适应的矛盾，努力为城镇和农村的在职从业人员及其他劳动者提供多层次、多样化、全方位的教育机会，以满足人民群众在生活由温饱向小康转变过程中对更高层次教育的普遍要求，适应人民群众日益增长的文化需求。改革开放以来，成人教育抓住每一个有利时机，加

① 《国务院办公厅转发国家教委关于进一步改革和发展成人高等教育意见的通知》，《中华人民共和国国务院公报》，1993 年 03 期。
② 《中国教育改革和发展纲要》，《人民教育》，1993 年 04 期。

快改革开放的步伐，不断端正办学思想，加大办学投入，使自身建设隔几年迈上一个新台阶，步入了健康、有序、正规化发展的良性循环轨道。逐步建立起一个适应社会主义市场经济体制的成人教育运行机制，在国家的物质文明和精神文明建设中发挥了重要作用。[①]

1999 年《面向 21 世纪教育振兴行动计划》指出，要逐步建立和完善终身教育体系，主要在两方面实现突破：一是突破传统学校教育及成人教育的范畴，实施“现代远程教育工程”和“社区教育实验工作”的计划，进一步完善继续教育制度；二是突破教育功利主义的束缚，不再局限于服务经济建设的学历教育与非学历职业培训，积极发展职业教育和成人教育，培养大批高素质劳动者和初中级人才，尤其要加大教育为农业和农村工作服务的力度，逐步构建终身教育体系。[②]

经过实践的努力，我国成人教育改革和发展的目标基本实现，尤其是在高等教育实现大众化以来，成人教育与职业教育、高等教育的结合越来越紧密，有的难以分出类别和界限，尤其在高校其函授、自考以及非学历培训的学生人数，几乎占据半壁江山，成人教育的层次和水平日益提高，质量和效益日益明显。

第五节　加快高等教育结构调整和规模扩张

高等教育是教育的最高层次，在提高民族素质，造就各类高级

① 方晓东：《中华人民共和国教育 60 年》，武汉：湖北教育出版社，2009 年版，第 402 页。
②《国务院批转教育部面向 21 世纪教育振兴行动计划的通知》，《中华人民共和国国务院公报》，1999 年 02 期。

创新人才，促进科研成果转化为现实生产力，推动我国经济和社会持续、健康、快速发展等方面，发挥着举足轻重的作用。党的十三届四中全会以来，为适应经济建设和社会发展的需要，迎接世界新技术革命的挑战，尽可能满足人民群众接受高等教育的要求，党和国家决定深入推进高等教育体制改革，建立政府宏观管理、学校面向社会自主办学的体制，重点实施“211”和“985”工程，优化高等教育结构与布局，扩大高等院校招生规模，推动高等教育改革和发展，不断提高高等教育为社会主义现代化建设服务的能力。

1993 年《发展纲要》提出，“高等教育要适应加快改革开放和现代化建设的需要，积极探索发展的新路子，使规模有较大发展，结构更加合理，质量和效益明显提高”[①]。此外，《发展纲要》还强调，“进行高等教育体制改革，主要是解决政府与高等学校、中央与地方、国家教委与中央各业务部门之间的关系，逐步建立政府宏观管理、学校面向社会自主办学的体制”[②]。为深化高等教育体制改革指明了方向。

1999 年《中共中央 国务院关于深化教育改革全面推进素质教育的决定》做出积极发展高等教育、扩大高等教育规模的重大决策，提出到 2010 年，我国同龄人口的高等教育入学率要从现在的 9%提高到 15%左右。[③]

---

① 《中国教育改革和发展纲要》,《人民教育》，1993 年 04 期。
② 《中国教育改革和发展纲要》,《人民教育》，1993 年 04 期。
③ 《中共中央 国务院关于深化教育改革全面推进素质教育的决定》,《中华人民共和国国务院公报》，1999 年 21 期。

一、建立政府宏观管理、学校面向社会自主办学的体制

20 世纪 90 年代，特别是经过世纪之交的“突破性进展”，中国高等教育管理体制完成了具有历史意义的深刻变革，基本形成“中央和省级政府两级管理、以省级政府管理为主”和“高等学校面向社会依法自主办学”的管理体制。

（一）加强中央政府对高等教育的宏观管理

党的十四大召开之后，我国高等教育管理工作开始由着重过程管理转向着重目标管理，由主要依靠行政手段转向重点运用立法、拨款、信息和政策指导等手段进行管理，主要有以下三点举措：

一是明确提出运用立法、拨款、规划加强对高等教育的宏观管理。1993 年颁布的《发展纲要》提出，“政府要转变职能，由对学校的直接行政管理，转变为运用立法、拨款、规划、信息服务、政策指导和必要的行政手段，进行宏观管理。要重视和加强决策研究工作，建立有教育和社会各界专家参加的咨询、审议、评估等机构，对高等教育方针政策、发展战略和规划等提出了咨询建议，形成民主的、科学的决策程序”[①]。1998 年 8 月 29 日，第九届全国人民代表大会常务委员会第四次会议通过了《高等教育法》，其中第十三条第一款明确规定：“国务院统一领导和管理全国高等教育

① 《中国教育改革和发展纲要》,《人民教育》，1993 年 04 期。

事业。[1]”通过立法形式进一步强化了中央领导和管理高等教育的职责。二是明确提出中央直接管理部分重点高等学校。国家规定中央直接管理一部分关系国家经济、社会发展全局并在高等教育中起示范作用的骨干学校和少数行业性强、地方不便管理的学校。《发展纲要》明确指出要加强中央政府对高等学校的宏观管理，并直接管理部分关系国家经济、社会发展全局的高等学校。三是进一步理顺中央教育行政部门与其他中央业务部门的权限和职责。中央业务部门要加强对本行业的人才预测和规划，协助国家教委指导本行业的人才培养工作，负责管理其所属学校，包括在国家宏观指导下，决定所属学校的招生规模、专业设置、经费筹措、学生就业等。进一步强化了中央教育行政部门与其他相关部委在管理所属学校方面的职责分工、统筹协调。

1998 年 3 月，按照党的十五大和十五届二中全会要求，根据国务院机构改革方案，中华人民共和国国家教育委员会更名为“中华人民共和国教育部”，逐步建立起办事高效、运转协调、行为规范的中央政府行政管理体系，建设了高素质的专业化行政管理队伍，强化了中央政府对高等教育的宏观管理。

（二）加强省级政府对高等教育统筹权和决策权

国家进一步确立中央与省（自治区、直辖市）分级管理、分级负责的教育管理体制。尤其强调要扩大省（自治区、直辖市）的教育决策权和包括对中央部门所属学校的统筹权。

① 《中华人民共和国高等教育法》,《中华人民共和国全国人民代表大会常务委员会公报》，1998 年 04 期。

1995年7月，国务院办公厅转发国家教委《关于深化高等教育体制改革的若干意见》(以下简称《意见》)。《意见》提出，争取到2000年或稍长一点时间，基本形成举办者、管理者和办学者职责分明，以财政拨款为主多渠道经费投入，中央和省、自治区、直辖市人民政府两级管理、分工负责，以省、自治区、直辖市人民政府统筹为主，条块有机结合的体制框架。[①]

1998年颁布的《高等教育法》明确规定："省、自治区、直辖市人民政府统筹协调本行政区域内的高等教育事业，管理主要为地方培养人才和国务院授权管理的高等学校。[②]"通过立法形式进一步强化了省级政府统筹管理本行政区域高等教育的职责。

1999年的《关于深化教育改革 全面推进素质教育的决定》提出高等教育体制改革的主要目标，即在此后3年时间里，继续按照"共建、调整、合作、合并"的方式，基本完成高等教育管理体制和布局结构的调整，形成中央和省级人民政府两级管理、以省级人民政府管理为主的新体制，合理配置教育资源，提高教育质量和办学效益。

这一时期，高等教育体制改革实行了两个重要的新政策，进一步强化了省级政府对高等教育的统筹决策权。一是把高职学校的审批权下放给省级政府。在此之前，虽然曾经将研究生以下的学历教育下放给省级地方的动议，但很快就被否定了，所有高校都要由教

---

① 《国务院办公厅转发国家教委关于深化高等教育体制改革若干意见的通知》,《中华人民共和国国务院公报》, 1995年21期。

② 《中华人民共和国高等教育法》,《中华人民共和国全国人民代表大会常务委员会公报》, 1998年04期。

育部审批。二是把相应专科层次的招生计划权下放到省，中央只管本科。教育部与国家发展与改革委员会反复磋商，最后取得一致意见。这是从实际出发和思想解放的结果，也是中国高校管理体制改革的重大突破。下放两项权力，扩大了省级政府的统筹决策权。与此同时，不少原中央业务部门所属的高校也逐渐划转或经共建划转给地方，使地方在统筹管理高等教育的资源上权力继续扩大，中央和地方两级政府管理，以省级政府管理为主高等教育管理的新体制基本形成。①

（三）增强高等学校的办学活力

办学自主权是高校作为社会高等教育组织所拥有的基本权利，是高校履行职能必不可少的工具。在高校与政府的关系上，我国经历了从高度集权管理到集权管理到有限自主办学的发展阶段。总体看，变化趋势是积极的，提高了高校办学更好地服务国家和社会发展需要的能力，提升了高等教育治理现代化水平。

国家通过立法明确高等学校的权利和义务，使高等学校真正成为面向社会自主办学的法人实体。具体有两个方面的进步：一是提出政事分开的原则。政事分开意味着承认了政府和高校不同的组织特性，政府和高校有着不同的职责权限，应当予以明确区分，不能混为一谈，不能替代和包办。二是提出高校应成为自主办学的法人实体。法人实体概念的提出为高校真正走向自主办学确立了认识基础，在以往的认识中，人们极少从法人角度看待高校的地位，而把

① 改革开放30年中国教育改革与发展课题组：《教育大国的崛起（1978—2008）》，教育科学出版社，2008年9月，第91页。

高校服从和服务于政府的需要视为天经地义、顺理成章的事情。这两点进步为后面的高等教育立法提供了思路。[①]

1998 年颁布的《高等教育法》规定了高校七个方面的自主权，包括：自主调节系科招生比例；依法自主设置和调整学科、专业，自主制定教学计划、选编教材、组织实施教学活动；自主开展科学研究、技术开发和社会服务；自主开展与境外高等学校之间的科学技术文化交流与合作；自主确定教学、科学研究、行政职能部门等内部组织机构的设置和人员配备；评聘教师和其他专业技术人员的职务、调整津贴及工资分配；对举办者提供的财产、国家财政性资助、受捐赠财产依法自主管理和使用。[②]《高等教育法》对高校的办学自主权进行了清晰的界定，在赋予高校自主权的时候也给予高校相应的约束，以保证高校合法合规使用自主权。

1999 年，中共中央、国务院作出《关于深化教育改革　全面推进素质教育的决定》，强调进一步扩大高校自主权，特别指出要加强对高等学校的监督和办学质量检查，逐步形成对学校办学行为和教育质量的社会监督机制以及评价体系，完善高等学校自我约束、自我管理机制。此外，还提出要扩大学校的招生自主权和招聘自主权，使得高等学校具有招生、专业设置等自主权，高等学校也可以到外地开展合作办学。[③]

① 别敦荣：《必须进一步扩大高校办学自主权——我国高等教育发展 70 年的经验》，《教育发展研究》，2019 年 01 期。
② 《中华人民共和国高等教育法》，《中华人民共和国全国人民代表大会常务委员会公报》，1998 年 04 期。
③ 何东昌：《中华人民共和国教育史》，海口：海南出版社，2007 年版，第 951 页。

二、建设世界一流大学和高水平大学

为了增强高等教育综合实力，提高我国国际竞争力，党和国家决定建设世界一流大学和高水平大学。1993 年，《发展纲要》提出，“为了迎接世界新技术革命的挑战，要集中中央和地方等各方面的力量办好 100 所左右重点大学和一批重点学科、专业，力争在下世纪初，有一批高等学校和学科、专业，在教育质量、科学研究和管理方面，达到世界较高水平”[①]。从 1995 年开始，我国开始实施“211 工程”，1999 年正式启动“985 工程”。

（一）“211 工程”

为贯彻落实科教兴国战略，推动高等教育高水平发展，党中央、国务院决定实施“211 工程”。1991 年 3 月，第七届全国人民代表大会第四次会议通过《关于国民经济和社会发展十年规划和第八个五年计划纲要的报告》，正式提出“211 工程”。1993 年的《发展纲要》提出集中各方面力量重点建设 100 所左右大学和一批重点学科和专业。随后国家教委颁布的《关于重点建设一批高等学校和重点学科点的若干意见》提出落实“211 工程”的原则和方针。1995 年，国务院批准《“211 工程”总体建设规划》，正式启动“211 工程”。

“211 工程”的建设内容主要包括学校整体条件、重点学科和高等教育公共服务体系建设三大部分。“211 工程”的所需建设资金，采取中央、有关主管部委、地方政府和高等学校共同筹集的方式解

① 《中国教育改革和发展纲要》，《人民教育》，1993 年 04 期。

决。截至 1999 年 6 月，在国务院指导下，教育部先后批准 101 所高校开展预审工作，使 99 所高校正式列入“211 工程”建设计划，有力促进了“211 工程”重点高校的快速发展，有效带动了高等教育整体水平的提高，也为随后深入推进“985 工程”奠定了稳固基础。

（二）“985 工程”

实施“985 工程”，是党中央、国务院在世纪之交作出的重大决策，其目标是经过 20 年或稍长一段时间的努力，在中国建设若干所世界一流大学和一批世界一流学科。

1999 年，国务院批转教育部《面向 21 世纪教育振兴行动计划》，“985 工程”正式启动建设。为促进世界一流大学的创建，中央政府决定采取选择性拨款，从自 1998 年起的中央本级财政教育经费占本级财政支出比例年增长的 1%中，设专项资金重点支持若干所大学进入国际先进行列。

“985 工程”一期建设率先在北京大学和清华大学开始实施，各投入 18 亿元，连投 3 年。2004 年，根据国务院批转教育部《2003—2007 年教育振兴行动计划》，教育部、财政部印发《教育部、财政部关于继续实施“985 工程”建设项目的意见》，启动了“985 工程”二期建设，列入“985 工程”建设的学校共 39 所。

国家通过“211 工程”和“985 工程”的建设，改善了高校过去资金匮乏、设施陈旧、队伍不稳的局面，形成了一批高水平综合大学，增强了高校的拔尖创新人才培养能力、科研实力、创新能力和为经济社会发展服务的能力，提高了高水平大学的人才培养质量，凝聚了一大批国内知名专家、学者和高水平师资，承担了大量的国家重大科研项目和课题，取得了一批具有标志性、突破性和对经济社会发展具有重要意义与推动作用的重大成果，拓展了国家交流与合作的领域，提高了我国高校在国际学术界的影响力和知名度。

三、构建高等教育法律制度体系

1998年8月，第九届全国人民代表大会常务委员会第四次会议通过了《中华人民共和国高等教育法》。1993年，国家教委制定了包括教育法、教师法在内的教育法律法规体系总体框架初步方案和起草工作总体规划，并将起草高等教育法列为重点，成立了由国家教委高等教育司、政策法规司牵头的起草小组。1996年5月，国家教委党组批准法律草案送审稿，报送国务院。在广泛听取各方面意见后，又进一步修改完善草案。1997年6月，国务院常务会议通过了高等教育法草案，报请第八届全国人民代表大会常委会审议。国务院向全国人大常委会所作的法律草案说明，阐明了高等教育法起草过程中涉及的有关主要问题，表达了政府和全国广大教育工作者依法治理高等教育的迫切愿望。八届和九届全国人大常委会分别于1997年6月和12月，1998年4月和8月，对高等教育法进行了四次认真审议，审议次数之多，在新中国教育法制史上是空前的。

四、优化高等教育结构与布局

党的十三届四中全会以来，随着中国社会主义市场经济体制的确立，政府的管理职能已发生重大变化，逐渐由直接管理为主转向间接管理为主，由微观管理为主转向宏观管理为主，中央业务部门和地方政府分别举办并直接管理高等教育所带来壁垒森严、条块分割、条条分割、“小而全”、低水平重复等问题进一步凸显，高等教育管理体制改革迫在眉睫。

八字方针：共建，就是将部门与地方条块各自办学转变为共同办学，有的高校是以中央为主与地方共建，有的是以地方为主与中央共建，调动中央和地方的积极性，共同把高校办好；调整，就是对高等教育区域设置不合理或学科、层次设置不合理的情况，进行管理体制和院系的调整，重点解决学科重复设置、分散、封闭的问题；合作，就是要通过优势互补、校际间教学和科研的合作，多学科合作开展教学科研，尽量避免封闭办学和学科重复建设；合并，就是为了提高教学质量和办学效益，发挥学科优势互补和规模效益。

1992 年 7—10 月，中央业务部门的 40 多位领导以及高校的校长、书记，就部门办学的历史发展经验、当前存在的问题困难，以及发展思路进行了 20 多次座谈，并在此基础上形成一个改革报告，得到了中央领导的肯定和认可。①

1994 年、1995 年、1996 年，国务院办公厅分别在上海、南昌和北戴河召开三次座谈会，研讨高等教育管理体制改革的思路，规范地提出在实践中形成的五种改革形式，即“共建”、“合作”、“合并”、“协作”和“划转”。

在党和国家的领导下，我国开启新一轮政府机构改革，教育部、国家计委、财政部等有关部门在各地的配合下大力调整国务院部委所属学校办学和管理的职责，基本上解决了部门办学体制问题，高教管理体制改革取得了非常大的突破。这三次调整分别是：1998 年 7 月，对原机械工业部等 9 个撤并部门所属院校的调整；1999 年上半年，对原兵器、航空、航天、船舶、核工业等五大军工总公司所属院校的调整；2000 年上半年，对铁道部等 49 个国务院部门（单位）所属院校进行了调整，其中一部分划归教育部管理或与教育部的学校合并，大部分实行中央与地方共建、以地方管理为主。

1998 年，高等教育管理体制改革经验交流会在扬州召开，会议进一步提出“共建、调整、合作、合并”的八字方针*。按照八

① 改革开放 30 年中国教育改革与发展课题组：《教育大国的崛起（1978—2008）》，北京：教育科学出版社，2008 年版，第 90 页。

字方针和有关原则、政策，全面推进高等教育管理体制改革，取得了突破性进展。同年，国务院颁发了《国务院关于调整撤并部门所属学校管理体制改革的决定》，对原机械部、煤炭工业部等 9 个国务院部门所属 211 所院校进行了管理体制的调整。其中，有 77 所高校经合并调整为 31 所高校，其中参与合并的成人高校 44 所，有 161 所院校实行了划转；有 14 所高校实行了共建，其中，由中央部委与省、直辖市共建 13 所，由省与省内地级市共建的 1 所；有 39 所高校开展了合作办学，形成了 10 个合作办学体；另外撤销办学条件严重不合格的成人高校 108 所。到 1998 年底，全国已有 31 个省、自治区、直辖市，50 多个部委参与了改革，涉及高校 640 余所。当年，中央部委院校管理体制改革迈出了关键性步伐。

1999 年，按照《国务院办公厅转发教育部等部门关于调整五个军工总公司所属学校管理体制实施意见的通知》的要求，对原国防科工委等五大军工总公司所属院校进行了管理体制改革，各级各类学校共 389 所参与了改革，其中普通高校 25 所。

2000 年的高教管理体制改革和布局结构调整是自 1992 年以来力度最大，也是涉及学校最多的一次，也是国务院部门（单位）所属学校管理体制的第三次改革。这次改革的完成标志着我国高教管理体制发生了历史性的深刻变化，部门办学体制基本结束，由中央和省级政府两级办学、以地方管理为主的新体制的框架基本确立。原来由 62 个国务院部门（单位）管理 367 所普通高校，现在变为由 10 余个部门（单位）管理 120 所左右，其中，由教育部直接管理 71 所，其他少数部门管理 50 所左右。

经过 8 年多的持续努力，高等教育管理体制取得了重大进展。这项改革覆盖面广，涉及 900 多所高校。有 597 所高等学校合并组建为267所高等学校，有利于学科的交叉综合和资源的优化配置；原来国务院有关部门直接管理的367所普通高校，改革后有近250所高校实行了省级政府管理、地方与中央共建的体制，克服了部门和地方条块分割、重复办学、资源浪费的弊病。

这一时期，高校合并也成为高等教育管理体制改革的一件大事。20世纪90年代初期，一些地方按优势互补的原则对当地高校的布局结构进行了调整，出现了南昌大学、上海大学、扬州大学、广西大学、延边大学等由多所高校合并重组办学的典型。1992年，扬州工学院、扬州师范学院、江苏农学院、扬州医学院、江苏商业专科学校、江苏水利工程专科学校和国家税务局扬州培训中心等7个单位合并组建了扬州大学，作为我国高校合并的第一例，标志着我国高校管理体制改革工作的启动。在李岚清倡导下，浙江大学被选定为高水平大学进行合并办学的试点。1998年，原浙江大学、杭州大学、浙江农业大学、浙江医科大学合并建为新浙江大学，成为中国高校中的第一艘“航空母舰”。①

高校通过实质性合并，由“物理变化”到“化学变化”，学科专业结构均得到优化，办学条件有所改善，有限的教育资源充分发挥了作用。与此同时，高校与高校间、高校与科研院所及企业间的各种形式的共建、合作办学也在方兴未艾地开展，初步形成了资源共享、优势互补的良好格局。

① 改革开放30年中国教育改革与发展课题组：《教育大国的崛起（1978—2008）》，北京：教育科学出版社，2008年版，第91页。

五、完善高等学校党委领导下的校长负责制

党的十三届四中全会以来，总结以往的经验与教训，更加深刻认识到加强党的领导的重要性。中央和各院校党委在高校管理中的主导地位重新得以肯定，高等学校实行党委领导下的校长负责制更适合我国高等学校的实际情况。

1989 年 7 月，中共中央、国务院转发国家教委《关于当前高等学校工作中的几个问题的意见》，明确指示“在今后一个相当长的时期，高等学校仍实行党委领导下的校长负责制”[①]。1990 年，中央召开第一次全国高校党建会议后，印发《中共中央关于加强高等学校的党的建设的通知》，再次强调高等学校实现党委领导下的校长负责制，并详细规定了党委的主要任务，进一步健全和完善了党委领导下的校长负责制。1996 年中央颁发我党历史上第一个高校党的建设法规性文件《中国共产党普通高等学校基层组织工作条例》，进一步明确高校党委要全面领导学校工作，支持校长独立负责地开展工作，保证教学、科研、行政管理等各项任务的完成，同时还明确规定了高校党组织工作应当遵循的原则和主要职责。

1998 年颁布的《高等教育法》规定：“国家举办的高等学校实行中国共产党高等学校基层委员会领导下的校长负责制。[②]”将党委领导下的校长负责制以国家法律的形式固定下来，依法明确了高校

① 何东昌：《中华人民共和国重要教育文献（1949—1997）》，海口：海南出版社，1998 年版，第 2298 页。

②《中华人民共和国高等教育法》，《中华人民共和国全国人民代表大会常务委员会公报》，1998 年 04 期。

党委的领导核心地位。至此，党委领导下的校长负责制，在理论、制度以及实践层面上已基本形成。建立健全党委领导下的校长负责制，促进了多元化高等学校内部管理体制的构建，实现了高校内部政治权力与行政权力的合理配置，为推动建立科学的决策机制和运行机制发挥了重要作用。

六、扩大高等院校招生规模

党的十三届四中全会以来，随着中国经济的持续快速发展，义务教育迅速普及，社会、经济和文化的发展对高等教育的需求激增，人民群众希望子女接受高等教育的愿望日趋强烈。

1993 年颁布的《发展纲要》提出，“调整现有教育体系结构，扩大高中阶段教育和高等教育的规模，拓宽人才成长的道路，减缓升学压力。通过多种形式积极发展高等教育，到 2010 年，我国同龄人口的高等教育入学率要从现在的 9%提高到 15%左右”①。从 1994 年开始，每年扩大幅度在 3%~4%，1997 年、1998 年招生计划依然只提高到 8%。

1999 年 6 月 24 日，国家计委、教育部联合召开新闻发布会，宣布在年初扩大招生规模的基础上，进一步扩大高等学校招生计划，计划 1999 年普通高校招生从 1998 年的 108 万人扩大到 156 万人，由此，我国高等教育改变了适度发展的态势，转入了大发展的轨道。以此为开端，国家连续三年进行大扩招，使我国高等教育规

① 《中国教育改革和发展纲要》，《人民教育》，1993 年 04 期。

模得以迅速扩张。1999 年普通高等学校招生 159.68 万人，比 1998 年增加了 51.32 万人，增幅 47.4%。1999—2001 年的三年是改革开放以来我国高等教育发展最快的时期，招生人数和在校生数三年翻了一番。1999 年以来连续三年扩招无疑加速了中国高等教育发展进程，缩小了我们同世界的差距。

第六节　建立以政府办学为主体、社会各界共同办学的体制

办学体制是教育体制的重要组成部分，影响着学校的办学活力和教育的普惠发展。1992 年，党的十四大报告提出，“鼓励多渠道、多形式社会集资办学和民间办学，改变国家包办教育的做法”[①]。以此为标志，我国社会力量办学事业进入一个加快发展的新时期。为了贯彻落实党的十四大报告精神，建立适应社会主义经济体制的教育体制，在总结 20 世纪 80 年代办学体制改革经验的基础上，1993 年《发展纲要》提出要加快步伐，改革包得过多、统得过死的体制，同时，还强调改变政府包揽办学的格局，逐步建立以政府办学为主体、社会各界共同办学的体制，极大地解放了人们的思想，调动了社会各界办学的积极性，指明了我国教育改革、特别是办学体制改革的方向，为此后十年社会力量办学事业的蓬勃发展

① 江泽民：《加快改革开放和现代化建设步伐 夺取有中国特色社会主义事业的更大胜利——在中国共产党第十四次全国代表大会上的报告》，北京：人民出版社，1992 年版，第 32 页。

奠定了坚实的思想和政策基础。

一、积极鼓励、大力支持发展民办教育

党的十三届四中全会以来，为了鼓励社会力量办学，有效增加教育服务供给，党和国家积极鼓励、大力支持发展社会力量办学，使得作为社会力量兴办教育主要形式的民办教育进入了一个加快发展的新时期，逐渐形成了从学前教育到高等教育、从学历教育到非学历教育，层次类型多样、充满生机活力的发展局面，从之前的“国家办学的补充”，发展为“社会主义教育事业的组成部分”，为推动教育现代化、促进经济社会发展作出了积极贡献。

在计划经济体制下，我国各类教育的办学体制主要表现为政府包揽办学。1985年《中共中央关于教育体制改革的决定》颁布以后，仍没有彻底解决单一化办学体制问题。这时期对于民办教育更多强调的是“国家办学的补充”。

为了改革包得过多、统得过死的体制，保障和促进社会力量参与办学，《发展纲要》分别对基础教育、高等教育、职业和成人教育的办学体制作了具体规定。同时，《发展纲要》还提出处理政府与民办学校关系的“十六字方针”*。“十六字方针”表明了党和政府对发展我国民办教育的大政方针，对民办教育的健康有序发展起了很大的促进作用。在此期间，实施学历教育的民办教育机构开始出现，民办教育也推进到中等、高等职业教育和职业培训领域。[①]

* 十六字方针，即“积极鼓励、大力支持、正确引导、加强管理的方针”。

① 余雅风、蔡海龙：《中国教育改革开放40年》，北京：北京师范大学出版社，2019年版，第283页。

为民办教育发展提供了政策依据，为推动计划经济下的教育体制向适应社会主义市场经济的教育新体制的转变起到了重要作用。

随后，《教育法》《职业教育法》《高等教育法》等教育法律中都有关于民办教育的规定，民办教育已经成为我国教育立法不可或缺的内容。

1999 年，改革开放以来第三次全国教育工作会议进一步提出形成以政府办学为主体、公办学校和民办学校共同发展的格局。这次会议对民办教育第一次从“对公办教育的补充”转变为“与公办教育并重”，为各类教育积极发展民办教育、推进办学体制改革提供了可供遵循的依据，发挥了重要的指导作用，促使民办教育的办学规模不断扩大、办学层次不断提升、办学质量不断提高，我国民办教育进入加速发展阶段。

二、构建民办教育法律制度体系

完善的法律法规是促进社会力量办学健康发展的根本保证，同时，也是对社会力量办学最重要的支持。20 世纪 90 年代后期，随着民办教育的快速发展，民办教育所面临的制约发展的问题和困难也日益凸显。为规范和引导社会力量兴办教育，党和国家通过立法，把关于发展社会力量办学的大政方针固定下来，加强对社会力量办学的管理和监督，推动民办教育步入法治化、规范化发展轨道，促进民办教育健康发展。

（一）1997 年《社会力量办学条例》

为了适应我国办学体制改革的变化，鼓励社会力量办学，维护举办者、学校及其他教育机构、教师及其他教育工作者、受教育者的合法权益，促进社会力量办学事业健康发展，1997 年 7 月，国务院颁布了《社会力量办学条例》(以下简称《条例》)。《条例》重申了“十六字方针”，还明确提出社会力量办学是“社会主义事业的组成部分”，应将其“纳入国民经济和社会发展规划”，真正确立社会力量办学的地位。

《条例》是国家第一次以行政法规的形式集中、系统、全面地把多年来党和国家关于民办教育的政策、方针做了较为明确的阐释和规定，涉及民办教育的性质、设立标准、教学管理、行政管理、财务管理、扶持政策等诸多方面的内容，具体包括五方面内容。《条例》的颁布对于调动社会力量办学的积极性，维护举办者、教育机构及其教职员工和学生的合法权益，全面规范社会力量办学活动，保证社会力量办学的健康发展具有十分重要的意义，标志着我国社会力量办学步入了一个依法办学、依法管理、依法行政的新阶段，民办教育开始走向法治化的发展道路。

(二) 2002 年《中华人民共和国民办教育促进法》

进入 21 世纪，我国规范和促进民办教育发展的有关政策得到进一步明确，民办教育步入法治化、规范化建设的新阶段。为了更好地规范和促进民办教育的发展，在总结《社会力量办学条例》实施以来积累的经验基础上，经过四年的调研、论证、起草和审议，2002 年 12 月 28 日，第九届全国人民代表大会常务委员会第三次会议审议通过了《中华人民共和国民办教育促进法》，于 2003 年 9 月 1 日起施行，《社会力量办学条例》同时废止。

《民办教育促进法》首次使用了“民办教育”和“民办学校”

这两个概念，明确规定“民办教育事业属于公益性事业，是社会主义教育业的组成部分”，对民办教育发展的“十六字方针”做了适当调整，由“积极鼓励、大力支持、正确引导、加强管理”调整为“积极鼓励、大力支持、正确引导、依法管理”，更加强调对民办学校依法管理的重要性，强调要引导民办教育持续健康发展。这部法律的出台标志着民办教育法律法规体系已经基本建立，预示着民办教育事业发展的新机遇、新局面的到来。

党的十三届四中全会以来，社会力量办学呈现出欣欣向荣的态势，逐步发展为多类型、多层次、多学科的民办教育体系，基本形成了民办教育与公办教育共同发展的格局。1989 年，仅京津沪等十几个城市，经教育行政部门批准的各种民办学校就有 2000 多所，在校学生达 300 多万人。[①] 到 2002 年，我国各级各类民办学校已有近 7 万所，在校生达 1000 多万人。2002 年初，社会力量举办的高等教育机构 1200 多所，注册学生 113 万余人，其中经教育部或教育部授权省（区、市）批准的具有颁发学历文凭资格的民办高校 89 所，在校生 15 万人；普通中学 4571 所，在校生 233 万余人；职业中学 1040 所，在校生 38 万人；小学 4846 所，在校生 182 万人。民办教育已经成为我国教育体系中的一个重要组成部分。[②] 民办教育的大力发展，缓解了公办教育供给不足的状况，满足了部分适龄人口的教育需求，增加了教育的可选择性、丰富性，民办教育

① 改革开放以来的教育发展历史性成就和基本经验研究课题组：《教育改革 30 年中国教育重大历史事件》，教育科学出版社，2008 年版，第 138 页。

② 陈至立：《十三届四中全会以来我国教育改革与发展的历史性成就》，《中国高教研究》，2002 年 11 期。

已经成为我国教育体系中的一个重要组成部分。

第七节　建立缴费上学和自主择业的招生就业制度

1985 年《中共中央关于教育体制改革的决定》把高等学校的招生和毕业生分配制度作为突破口，改变高等学校全部按国家计划统一招生，毕业生全部由国家包下来分配的办法，实行国家计划招生、用人单位委托招生、自费生三种办法。[1]党的十三届四中全会以来，国家进一步强调改革高等学校招生和毕业生就业制度，将高校招生、毕业生就业纳入社会主义市场经济的轨道，把原来的“两包”改变为“两自”*。

* “两包”即国家包培养、包分配；“两自”即自费上大学、自主择业。

一、逐步完善考试招生制度

20 世纪 90 年代，我国积极推进高等学校和中等专业学校、技工学校的招生收费改革，建立完善高考标准分制度，深入推进高考制度改革。

（一）建立标准分制度

从 1985 年开始，国家教委先后在广东、海南等省进行标准化考试试点工作，其中就包括考试分数解释和使用的标准化。建立标

① 谈松华口述，丁杰、万作芳整理：《〈中国教育改革和发展纲要〉的制定及其历史作用》，《教育史研究》，2019 年 02 期。

准分制度，是为了将原始分按一定的法则进行转换，使成绩的可比性得到改善。此后，国家教育考试中心多次召开专家研讨和论证会，逐步提高了高考标准分制度的科学性和可行性。

1994 年，国家教委颁布了《普通高等学校招生全国统一考试建立标准分制度实施方案》，提出普通高考标准化改革，这时期的主要任务是建立标准分制度，进一步开发利用考试信息，充分发挥考试既有利于高校选拔新生，又有利于中学教学的作用。

1997 年，全国多个省份开始实施标准分制度。但由于这种计分方法不被普通群众所熟悉，难以理解，加上标准分制度也有一些理论问题尚未完全解决，各省不得不陆续放弃了标准分计分方法。①

（二）推进高考制度改革

在建设创新型社会和高等教育大众化的宏观背景下，1998 年底，教育部决定启动新一轮高考制度改革。1999 年 2 月，教育部印发《关于进一步深化普通高等学校招生考试制度改革的意见》，提出要始终坚持“有助于高等学校选拔人才、有助于中学实施素质教育、有助于高等学校扩大办学自主权的三项原则”，把高校招生考试工作提高到一个新水平。这次高考改革主要包括四个方面内容。

第一，科目设置的改革是推行“3+X”科目设置的模式。其中，“3”主要是语、数、外，随着中学素质教育的开展，语、数、外将实行文理不分科。“X”要体现高校办学的自主权，高校需要什么就考什么，对专业的特殊要求要在“X”中体现出来，“X”的选择权

① 袁振国：《在改革中探索和完善具有中国特色的高考制度》，《华东师范大学学报（教育科学版）》，2018 年 03 期。

应更多地交给学校，让它们根据自身的办学性质层次、专业特点等来选择。因此，“X”可能是 1 个或 2 个科目，也可能是综合测试。

第二，考试内容的改革。这是整个高考改革的重点。高考内容应体现出对知识综合运用能力的测试，考试内容应既源于教材又高于教材，强调能力考查，以利于中学素质教育的开展和学生创新能力的培养。

第三，高考形式的改革。2000 年，北京、上海、安徽开始进行春季招生改革，高考由一年一次增加到一年两次，改变了“一考定终身”的状况。一年举行两次高考，既缓解了夏季一次高考给考生带来的压力，又增加了部分学生被录取的机会。①

第四，录取手段的改革。录取体制改革中一方面逐步扩大高校招生自主权；另一方面，将中央政府的统一领导权和省级政府的省域统筹权、高校招生自主权相协调。录取手段现代化的突破口是计算机网上录取，1998 年教育部在广西、天津进行了试点，取得了很好的经验，1999 年将增加北京、上海、四川、辽宁 4 个省市进行试点。至 2002 年，全国 31 个省、自治区和直辖市试行“3+X”方案。

二、逐步推行自主择业的就业制度

20 世纪 90 年代，我国积极推进高等学校和中等专业学校、技工学校的毕业生就业体制改革，逐步实行大多数毕业生自主择业的

① 袁振国：《在改革中探索和完善具有中国特色的高考制度》，《华东师范大学学报（教育科学版）》，2018 年 03 期。

就业制度。

1993年颁布的《发展纲要》指出，“改革高等毕业生‘统包统分’和‘包当干部’的就业制度，实行少数毕业生由国家安排就业，多数由学生‘自主择业’的就业制度”[1]。这标志着“双向选择、自主择业”高校毕业生就业制度改革的全面铺开。1997年3月，国家教委印发《普通高等学校毕业生就业工作暂行规定》提出，“供需见面和双向选择活动是落实毕业生就业计划的重要方式”，“实行招生‘并轨’改革学校的毕业生在国家就业政策指导下，在一定范围内自主择业；毕业研究生在国家规定的服务范围内就业”。2000年教育部决定将毕业生就业“派遣证”改为“报到证”，标志着“双向选择、自主择业”高校毕业生就业制度改革的确立。这期间，国家还出台了一系列其他关于就业制度改革的重要文件，确保了“双向选择、自主择业”就业制度改革的稳步推进。[2]

为了培养与社会主义市场经济要求相适应的大量劳动者和各方面专门人才，不断提高劳动者的素质，2002年3月2日，教育部、公安部、人事部、劳动保障部联合印发《关于进一步深化普通高等学校毕业和就业制度改革有关问题的通知》，主要改革措施如下：一是大学生落户限制将放开。二是毕业生户籍可在学校保留两年。三是取消几项收费。四是鼓励毕业生到非公有制单位去。五是鼓励和支持高校毕业生自主创业。六是鼓励毕业生到西部去、到基层去、到农村去。七是高职高专推选“双证制”。

① 《中国教育改革和发展纲要》，《人民教育》，1993年04期。
② 赵世奎、文东茅：《三十年来高校毕业生就业制度变革的回顾与现行制度的分析》，《中国高教研究》，2008年08期。

通过持续不断的探索，我国招生就业制度改革正在向市场化、规范化的轨道迈进。招生就业制度改革的目标是建立与社会主义市场经济体制相适应的毕业生招生就业制度。招生就业制度改革把高等学校和中等专业学校、技工学校的毕业生的培养同社会需求紧密结合起来，在国家政策指导下的缴费上学、自主择业，特别是放宽高考的年龄限制和就业派遣的时间限制，引起了社会的普遍关注，对我国人才培养体制改革产生了深远影响。

第八节 探索建立新的教育投入体制

党的十三届四中全会以来，在中国教育经费投入体制改革过程中，中央、地方各级政府都为寻求多渠道筹措教育经费，增加教育投入制定了许多政策，不断完善教育经费投入制度，支撑教育事业不断发展。从适应党的十四大报告提出建立社会主义市场经济体制的要求出发，1993 年颁布的《发展纲要》对建立新时期教育投入体制作了纲领性规定："要逐步建立以国家财政拨款为主，辅之以征收用于教育的税费、收取非义务教育阶段学生学杂费、校办产业收入、社会捐资集资和设立教育基金等多种渠道筹措教育经费的体制。"可以说，党的十四大报告确立社会主义市场经济新体制和《发展纲要》的颁布，标志着我国新的教育投入体制已初具雏形。[①]

① 吴德刚：《中国教育改革发展研究》，北京：教育科学出版社，2011 年版，第 50 页。

一、加大国家教育财政投入

《发展纲要》强调，“增加教育投资是落实教育战略地位的根本措施，各级政府、社会各方面和个人都要努力增加对教育的投入，确保教育事业优先发展”[①]。“要逐步建立以国家财政拨款为主”的教育经费投入体制，主要举措有以下几个方面。

一是确立优先保证教育投入原则。坚持教育优先发展的战略地位，要求优先保证教育投入，大力发展教育事业。实行“教育经费预算单列”，体现的正是这一原则。我国政府多年的预算内容中的教育预算是分别放在文教科学卫生事业费和社会文教基建费预算两个大类之中的，其预算科目的级别较低。1994年党中央、国务院在全国教育工作会议上正式提出实行“教育经费预算单列”，教育经费预算应由各级教育部门提出，由各级政府列入预算、批准执行。1995年颁布的《教育法》第五十六条第一款规定：“各级人民政府的教育经费支出，按照事权与财权相统一的原则，在财政预算中单独列项。”这项制度应该说从体制上保证了政府内部教育经费投入的确定性，将教育经费与社会其他事业经费区别开，对各级政府的教育经费投入，特别是对基础教育及其义务教育的经费投入具有深刻影响。[②]

二是确立政府教育经费占GDP 4%的目标。1983年，中央政治局要求研究政府教育经费应在国民生产总值中占多大比例的问题。于是，中央专门制定重大课题，由北京大学厉以宁教授、北京师范

① 《中国教育改革和发展纲要》，《人民教育》，1993年04期。
② 张学敏：《我国义务教育经费投入体制的变迁》，《教育科学》，2003年04期。

大学王善迈教授等10多位资深教育经济学专家组成课题组，对教育经费问题进行研究。当时专家们选择了39个对象国进行比较研究，其中包括15个社会主义国家。专家们按照统一口径收集了有关国家1983年的大量数据，克服了许多技术性问题，耗费了大量时间，到1985年通过了专家组鉴定。研究得出的最后结论是：按照邓小平提出的2000年中国人均GDP达到800到1000美元标准和当时的实际汇率计算，到2000年中国政府教育支出占GDP的比例应该是3.87%。研究报告报中央领导人和有关部门，经研究，中央政治局决定将“逐步提高国家财政性教育经费支出占国民生产总值的比例，本世纪末达到4%”写入了《发展纲要》。1992—2002年，财政性教育经费的绝对值却一直呈逐年递增的趋势，并在21世纪初有了新的飞跃。

三是提出逐步提高国家财政性教育经费支出占国内生产总值的比例要求。《发展纲要》规定：“逐步提高国家财政性教育经费支出（包括：各级财政对教育的拨款，城乡教育费附加，企业用于举办中小学的经费，校办产业减免税部分）占国民生产总值的比例。[①]”1995年颁布的《教育法》第五十五条规定：“国家财政性教育经费支出占国民生产总值的比例应当随着国民经济的发展和财政收入的增长逐步提高。具体比例和实施步骤由国务院规定。全国各级财政支出总额中教育经费所占比例应当随着国民经济的发展逐步提高。[②]”1994年实行分税制以前，中央和地方一直采取的是“财政包干”的办法，财政由中央一级包到县，县又包到乡镇，这在一

① 《中国教育改革和发展纲要》，《人民教育》，1993年04期。
② 《中国教育改革和发展纲要》，《人民教育》，1993年04期。

定程度上刺激了地方政府尤其是乡镇政府增收创收的积极性，但使得中央财政势单力薄。[①]分税制改革后，中央财力明显增强，也开始逐步增加对教育的财政投入。党中央、国务院决定，从1998年起中央本级财政支出中教育经费所占的比例，连续五年每年提高1个百分点，到2002年五年中，中央增加了489亿元的教育投入。[②]

四是提出逐步提高各级财政支出中教育经费所占的比例要求。1999年改革开放以来第三次全国教育工作会议之后，在中央决策的影响和带动下，许多地方政府比照中央的做法，也积极出台了增加财政教育投入的政策措施，即在未来3~5年内，省本级财政中教育经费支出所占比例每年增加1~2个百分点。[③]有效推动了地方教育财政投入较大幅度的增长。

五是进一步完善城乡教育费附加征收办法，扩展政府教育经费投入的渠道。《发展纲要》指出："凡缴纳产品税、增值税、营业税的单位和个人，按'三税'的2%~3%征城市教育费附加；农村教育费附加征收办法和计征比例，由各省、自治区、直辖市政府制定。"这些征缴的税款主要用于普及九年制义务教育。地方政府根据当地教育发展的实际需要，经济状况和群众承受能力，开征其他用于教育的附加费。1994年，国务院下发《关于教育费附加征收

---

① 改革开放30年中国教育改革与发展课题组：《教育大国的崛起（1978—2008）》，北京：教育科学出版社，2008年版，第54页。

② 陈至立：《加快教育改革与发展步伐，奠定21世纪发展基础》，《中国软科学》，2000年09期。

③ 陈至立：《加快教育改革与发展步伐，奠定21世纪发展基础》，《中国软科学》，2000年09期。

问题的紧急通知》，因分税制改革将教育费附加改为在消费税、增值税和营业税的基础上加征3%税率。通过开征教育费附加，增加了财政性教育经费收入。

二、完善多种渠道筹措教育经费

1993年《发展纲要》强调要辅之以征收用于教育的税费、收取非义务教育阶段学生学杂费、校办产业收入、社会捐资集资和设立教育基金等多种渠道筹措教育经费的体制。主要举措有以下几个方面。

一是提高非义务教育阶段学生学费标费，同时按不同情况确定义务教育阶段学校杂费收费标准。20世纪后期，我国一些地区的优质高中普遍出现择校收费现象，由此引发教育机会不公平。2001年，《国务院纠风办、教育部关于进一步做好治理教育乱收费工作的意见》规定高中择校收费的“三限制”，即“限分数”、“限人数”、“限钱数”，进一步规范了公办高中的收费标准，民办高中则允许普遍收取学费。在这一时期，中等职业教育从在改革开放前基本是免费教育，后来逐步转变为收取学费。1996年，国务院发布《中等职业学校收费暂行管理办法》，提出中职教育为非义务教育，应收取学费，收费标准按年生均教育培养成本一定比例由省级政府确定。在这一时期，高等教育经历了从免费到收费的变革。1989—1994年，国家教育行政部门连续发文，逐步推行高校收费并轨，即高校实行大学生收费上学制度。省级政府确定按生均培养成本一定比例确定学费标准。高校学费制度确立，使高校学费收入成为高等教育经费的重要部分，高校学费收入占当年高等教育经费的比例从 1990 年的 1.7%上升到 2000 年的 22.09%。[①]

二是鼓励民办学校举办者投入。民办学校举办者对教育经费投入是国家教育经费的组成部分。改革开放后，政府鼓励民办教育发展，2002 年全国人大通过了《民办教育促进法》，国家鼓励捐资办民办学校，对为发展民办教育事业做出突出贡献的组织和个人，给予奖励和表彰。

三是鼓励社会对教育的捐赠。社会对教育的捐赠是公益事业社会捐赠的组成部分，也是全国教育经费投入的一部分。为鼓励社会和个人对教育捐赠，政府相继出台了相关规定。《发展纲要》指出："鼓励和提倡厂矿企业、事业单位、社会团体和个人根据自愿、量力原则捐资助学、集资办学，不计征税。欢迎港澳台同胞、海外侨胞、外籍团体和友好人士对教育提供资助和捐赠。"1994 年的《中华人民共和国企业所得税法》和此前的《个人所得税法》都对企业和个人包括对教育捐赠在内的公益事业捐赠的税收优惠做出了相应规定。1999 年颁布的《中华人民共和国公益事业捐赠法》也对企业和个人税应扣除比例的优惠做了具体规定。1999 年，教育捐赠达到 1258.69 亿元，占全国教育经费的比重达 3.76%，此后有所下降。[②]

---

① 王善迈、赵婧：《教育经费投入体制的改革与展望——纪念改革开放 40 周年》，《教育研究》，2018 年 08 期。

② 王善迈、赵婧：《教育经费投入体制的改革与展望——纪念改革开放 40 周年》，《教育研究》，2018 年 08 期。

三、建立健全学生资助制度

从20世纪90年代初开始，国家在高等教育阶段实行成本分担机制，这符合社会主义市场经济体制的要求，对高等教育发展起到了积极的促进作用。自1994年起，国家先后动用了总理预备金和紧急财政拨款十多亿元，专项用于资助高校经济困难学生，地方政府也十分重视这项工作。

2001年5月，国务院印发《国务院关于基础教育改革与发展的决定》指出，“各级人民政府要完善并落实中小学助学金制度”[①]。为贯彻落实《国务院关于基础教育改革与发展的决定》的有关精神，同年9月，教育部、财政部、国务院扶贫开发领导小组办公室联合印发《关于落实和完善中小学贫困学生助学金制度的通知》，指导各地进一步落实和完善助学金制度。从2001年开始，国家开展对贫困地区家庭经济困难的中小学生进行免费提供教科书制度的试点工作，采取减免杂费、书本费、寄宿费等办法减轻家庭经济困难学生的负担。

通过上述一系列举措，我国基本建立起符合国情的经济困难学生资助政策体系，主要内容是“奖、贷、助、补、减、免”，做到使学生不因经济困难而失学。国家助学贷款工作初见成效。截至2002年6月，签订贷款合同学生数达到35万人，贷款金额达到30亿元，各级财政安排贴息4.59亿元。建立了国家奖学金制度，每年投入两亿元资金，资助45000名家庭经济困难、品学兼优的高校

① 《国务院关于基础教育改革与发展的决定》，《人民教育》，2001年07期。

学生。中宣部、中央文明办、教育部从2000年开始启动的“西部开发助学工程”，已经资助了4300多名大学生，产生了良好的效果。这都进一步完善了对家庭经济困难学生的资助体系。[①]

20世纪90年代以后，随着社会主义市场经济体制的逐步确立和科教兴国战略的实施，党和国家加大了对教育投入体制改革的力度，通过立法明确增加财政教育支出的要求和目标，中央有关部门和地方各级党委、政府采取切实措施，不断完善教育经费筹措机制，千方百计加大教育投入，使我国的教育投入保持了较快的增长，教育经费投入总量有了较大的增加，保证了教育经费的稳定来源和持续增长，为教育的改革和发展提供了有力的经费保障。

第九节　持续加强教师队伍建设

振兴民族的希望在教育，振兴教育的希望在教师。建设一支具有良好政治业务素质、结构合理、相对稳定的教师队伍，是教育改革和发展的根本大计。党的十三届四中全会以来，党和国家采取重大政策和措施，不断探索教师管理体制机制改革，提高教师社会地位，大力改善教师的工作、学习和生活条件，努力使教师成为最受人尊重的职业。

① 陈至立:《十三届四中全会以来我国教育改革与发展的历史性成就》,《中国高教研究》，2002年11期。

一、建立教师队伍建设法律制度体系

1993 年 10 月，第八届人大常委会第四次会议审议通过了《中华人民共和国教师法》，这是我国教育史上第一部关于教师的法律。《教师法》是在总结新中国成立后，特别是改革开放以来，教师队伍建设的成功经验和广泛听取各方面意见的基础上制定的。《教师法》自 1986 年启动起草以来，历时 8 年完成。1993 年颁布的《教师法》的公布与实施，对于落实教育优先发展的战略地位，维护教师的合法权益，加强教师队伍建设，促进教育事业乃至整个社会经济发展，有着十分重要的意义。

《教师法》规定了教师工作在我国社会主义建设事业中的性质、教师的社会地位和作用，规定了教师的权利义务、资格和任用、培养和培训、考核、待遇和奖励等，有力保障了教师的合法权益，反映了教育改革和发展对教师队伍建设的客观要求，体现了党和国家对广大教师的关心和爱护，是维护教师权益、进行教师队伍建设的基本法律。

其指导思想主要体现在两方面：一是维护广大教师的合法权益，保障教师社会地位和待遇的不断提高，使教师逐步成为社会上最受人尊敬、令人羡慕的职业。二是加强教师队伍管理，对教师素质提出相应的要求，确保教师队伍整体素质的不断优化和提高。[①]

《教师法》规定实行教师资格认证制度、教师编制制度、教师职称制度，使三项制度经历了一个从推广到运行，进而经法律确认

---

① 李国钧、王炳照：《中国教育制度通史》（第八卷），济南：山东教育出版社，2000 年版，第 491 页。

的过程。为细化《教师法》确立的相关制度，国家还制定了相关配套法规。1995 年 12 月，国务院颁布了《教师资格条例》，2000 年 9 月，教育部颁布了《〈教师资格条例〉实施办法》等，推进教师队伍建设走上法治化道路，共同构建比较健全的制度性框架体系。

二、全面实施教师资格制度

教师资格制度是国家对教师实行的一种法定的职业许可制度；教师资格是国家对准备进入教师队伍，从事教育教学工作的人员的基本要求；教师资格制度规定了从事教师职业必须具备的基本条件。国家实行教师资格制度后，只有具备教师资格（持有国家颁发的教师资格证书）的人，才能被聘任或任命担任教师工作。实行教师资格制度，是我国规范教师管理，加强教师队伍建设的重大举措。

《教师法》对教师资格标准和条件、申请认定程序、教师资格考试、在职教师资格过渡、法律责任等作出了原则规定，并授权国务院及其教育行政部门制定实施办法。

1995 年 12 月，国务院颁布《教师资格条例》，对教师资格的分类及其适用范围进行了说明，并且对教师资格考试的考试科目、程序、大纲标准、试卷的编写、一系列考务工作、考试成绩合格证明的发放、补考等都作出详细的规定。此条例的颁布标志着我国关于教师资格制度第一部专门性法规的诞生，为我国实行教师资格制度提供了宏观框架。[①] 根据《教师资格条例》规定，教师资格分为

① 刘海燕、孙杰：《我国教师资格制度的历史变迁》，《现代教育科学》，2017 年 07 期。

七种，即幼儿园教师资格，小学教师资格，初级中学教师资格（含初级职业学校文化课、专业课教师资格），高级中学教师资格，中等职业学校教师资格（含中专、技校、职业高中文化课、专业课教师资格），中等职业学校实习指导教师资格，高等学校教师资格。

根据教师职业特点和教育事业发展对教师的要求，《教师资格条例》对取得教师资格的条件作了三点具体规定：（1）有教育教学能力，应当包括符合规定的从事教育教学工作的身体条件，主要是五官端正，有一定高度，无明显生理缺陷，有完全的法律行为等。（2）取得中等职业学校实习指导教师资格，应当具备国务院教育行政部门规定的学历，并应当具有相当助理工程师以上专业技术职务或者中级以上工人技术等级。（3）非师范院校毕业或者通过教师资格考试的公民申请认定幼儿园、小学或者其他教师资格的，应当进行面试或试讲，考察其教育教学能力。

为深入推进教师资格制度，国家教委制定了三步走策略：第一步是根据《教师法》和《教师资格条例》关于教师资格制度的规定，1995 年 12 月 28 日制定了《教师资格认定过渡办法》，对《教师法》颁布以前的在职教师进行资格认证。从 1996 年 1 月至 1997 年底，完成了 1993 年 12 月 31 日在各级各类学校从事教育教学工作人员的教师资格过渡工作。第二步是在基本完成在职教师资格过渡的基础上，根据《教师资格条例》规定，认定学校以外符合教师资格条件并提出申请的人员的教师资格。第三步是在全社会进行教师资格考试，对通过考试者认定其相应的教师资格。

2000 年 9 月，教育部发布《〈教师资格条例〉实施办法》，以此为标志，我国进入全面实施教师资格制度阶段。为了积极稳妥地推行教师资格制度，1998 年，教育部选择上海、江苏、湖北、广西、四川、云南六个省（区、市）的部分地市进行教师资格认定试点工作。试点工作于 1998 年底基本结束。在总结教师资格过渡和面向社会认定教师资格试点工作经验的基础上，经过深入的调查研究，教育部研究制定了《〈教师资格条例〉实施办法》。《〈教师资格条例〉实施办法》是对实施教师资格制度工作中的具体问题作出的补充规定，对相关部门在教师资格认定和管理的组织、指导、监督和实施工作，起到指导性作用。

2001 年 5 月，教育部发布《关于首次认定教师资格工作若干问题的意见》进一步细化教师资格申请的条件和程序、对教育教学能力考察的内容和程序。其中还规定各级各类学校师范教育类毕业生可以持毕业证书免于参加教育教学能力考试，若其他条件合格，可直接申请教师资格。2001 年 8 月，教育部印发《教师资格证书管理规定》，教师资格制度得到进一步发展。2002 年后，教师资格认定开始面向社会，并转入正常化和制度化。

三、实行专业技术职务等级工资制

为建立社会主义市场经济体制框架，适应经济体制改革深入发展的需要，基于 1956 年和 1985 年的两次工资大改革，1993 年，国家决定对机关和事业单位工作人员的工资制度进行改革，推动教育系统建立起适应社会主义市场经济体制的工资制度。

通过立法形式确定完善教师工资制度的基本要求，为深入推进教师工资制度改革提供了有力支撑。教育系统改革过于集中统一的工资管理体制，在国家宏观调控的前提下，使地方、部门和学校享有自主权，在不低于基本工资标准的前提下确定具体工资标准，不搞全国“一刀切”。实行按劳分配原则，大力扭转平均主义、论资排辈的分配倾向，切实保障贡献大的、教学质量高的教师有更高的工资收入。

1993年11月，《国务院关于机关和事业单位工作人员工资制度改革问题的通知》，其中附加《事业单位工作人员工资制度改革方案》，明确规定包括教育行业在内的事业单位实行专业技术职务等级工资制，包括专业技术职务工资和津贴，拉开了新一轮工资改革的序幕。同年12月，经国务院批准，国务院办公厅发布《事业单位工作人员工资制度改革实施办法》和《机关、事业单位艰苦边远地区津贴实施办法》。

这一时期的教师工资制度改革，明确了等级工资与津贴工资比例，分别为70%和30%，前者主要体现教师的工作能力、责任、贡献、劳动的繁重与复杂程度，后者则主要体现各类教师的岗位工作特点、劳动的数量和质量。职务等级工资制把个人贡献与报酬紧密结合，鼓励教师把主要精力放在完成本职工作上。

教师工资制度改革建立了教师正常增资制度，还规定年终给年度考核优秀或合格的中小学教师发一次性奖金。此外，考虑到不同地区的自然环境、物价水平及经济发展等因素，对地区工资补贴进行调整，建立地区津贴制度。地区津贴分为艰苦边远地区津贴和地区附加津贴。按当时的财政管理体制，事业单位工资制度改革的资金由中央财政和地方财政分别负担。教师工资制度改革更加注重效率和公平，逐渐打破了绝对平均主义的分配方式，使教师工资分配更趋公平，工资分配地区差异缩小，体现了“多劳多得，优劳优得”的分配原则，有效提高了教育教学效率，充分调动了教师工作的积极性。

四、建立完善教师教育培训体系

师范教育是培养中小学师资的重要途径。党的十三届四中全会以来，各级政府努力增加投入，大力办好师范教育，鼓励优秀中学毕业生报考师范院校，不断推进中小学教师培训，培养了一大批优秀教师和教育工作者，为我国教师事业发展作出了卓越贡献。

（一）大力办好师范教育

在这一阶段，我国进一步扩大师范院校定向招生的比例，建立师范毕业生服务期制度，保证毕业生到中小学任教，为新时期办好师范教育确立了基本方向。

1996 年 9 月，国家教委召开全国师范教育会议。会议强调，我国的师范教育“将由以规模数量发展为主要特征，进入以提高教育教学质量，优化学科结构，提高办学效益为核心的改革发展新阶段”①。此后，调整师范院校布局结构，建立和完善教师教育体系便被提到重要的议事日程。

1999 年 3 月，教育部印发《关于师范院校布局结构调整的几点意见》。其主要精神是：师范院校布局结构的调整必须坚持师范教育适度超前、优先发展，坚持分区规划、分类指导、分步实施原则。为实现“从城市向农村、从沿海向内地逐步推进，由三级师范（高师本科、高师专科、中等师范）向二级师范（高师本科、高师专科）过渡”的目标，结合当地实际，通过多种形式对师范教育资

① 何东昌:《中华人民共和国重要教育文献（1991—1997）》，海口：海南出版社，1998 年版，第 4042 页。

源进行重组。[1]

2001年,《国务院关于基础教育改革与发展的决定》进一步提出,“完善以现有师范院校为主体、其他高等学校共同参与的开放的教师教育体系”。文件中首次以“教师教育”替代了长期使用的“师范教育”的概念，我国传统的封闭性、定向型的师范教育体系开始被打破，逐渐形成职前职后相互沟通，以独立设置的师范院校为主体、其他高校共同参与的开放的教师教育体系。[2]

此外，师范院校把师范生的思想政治教育放在素质教育的首要位置，切实加强和改革师范院校德育工作。2000年1月26日，为了贯彻落实《中共中央关于加强和改进思想政治工作的若干意见》和《中共中央 国务院关于深化教育改革 全面推进素质教育的决定》精神，教育部研究制定了《关于进一步加强和改进中等师范学校德育工作的几点意见》，进一步部署加强和改进中等师范学校德育工作，全面推进素质教育，培养具有良好政治业务素质的小学教师。

（二）逐步完善教师培训制度

改革开放后，随着我国基础教育改革与发展的不断推进，中小学教师培训制度建设开始逐步规范化。1990年12月,《全国中小学教师继续教育工作座谈会会议纪要》提出，要将中小学教师培训工作的重点转移到开展继续教育上来，对已经达到国家规定学历的

① 《教育部关于印发〈关于师范院校布局结构调整的几点意见〉的通知》,《教育部政报》，1999年05期。
② 何东昌:《中华人民共和国教育史》，海口：海南出版社，2007年版，第981页。

教师进行以提高政治思想素质和教育教学能力为主要目标的培训。这标志着我国教师培训政策开始发生转向，从学历补偿培训转向教师的继续教育。①

1991 年 12 月，国家教委颁发《关于开展小学教师继续教育的意见》，提出要在小学教师中成长出一批教育教学骨干，甚至要成为小学教育教学专家。

《发展纲要》提出要加强师资培养培训工作，要制定教师培训计划，促进教师特别是中青年教师不断进修提高，使绝大多数中小学教师更好地胜任教育教学工作。② 关于高等学校教师培训，《发展纲要》还强调，高等学校师资培养培训工作要坚持立足国内、在职为主、加强实践、多种形式并举的原则。1993 年 7 月，国家教委《关于加强小学骨干教师培训工作的意见》提出，要对有培养前途的中青年教师，按教育教学骨干的要求和对现有骨干教师按更高标准进行培训。③ 1995 年 10 月，国家教委印发《关于〈中华人民共和国教师法〉若干问题的实施意见》，要求各地设立教师培训的专项经费，各级人民政府的教育行政部门、学校主管部门、各级各类学校及其他教育机构，应当制定教师培训规划和计划，保障教师进修培训的权利。

1999 年，国务院批转的教育部《面向 21 世纪教育振兴行动计划》提出“跨世纪园丁工程”，强调要在三年内以不同方式对现有

① 杜明峰：《改革开放四十年我国教师制度的变迁与逻辑》，《全球教育展望》，2018 年 07 期。
② 《中国教育改革和发展纲要》，《人民教育》，1993 年 04 期。
③ 《关于加强小学骨干教师培训工作的意见》，《师范教育》，1993 年 11 期。

中小学校长和专任教师进行全员培训和继续教育，在全国选拔培训10万名中小学及职业学校骨干教师，发挥骨干教师在当地教学改革中的带动和辐射作用。

1999年教育部颁布《中小学教师继续教育规定》，标志着我国中小学教师培训制度的初步确立。1999年6月教育部召开“全国中小学教师继续教育和校长培训工作会议”，决定在全国范围内实施“中小学教师继续教育工程”，并在五年内对1000万中小学教师基本轮训一遍，提高教师队伍的整体素质，基本适应实施素质教育的需要。[①] 1999—2002年实施“中小学教师继续教育工程”，全国85%左右的中小学教师通过各种形式和途径，接受了一轮以师德、信息技术和实施素质教育能力为重点内容的培训。

1999年，教育部颁布的《关于新时期加强高等学校教师队伍建设的意见》提出，要实现高等学校教师培训工作的两个转变：一是高校教师培训的工作重点从基础性培训和学历补偿教育逐步转变为更新知识、全面提高教师素质的继续教育；二是高校教师培训的运行机制从主要依靠政府推动逐步转变为政府、学校和教师个体相结合，完善具有中国特色的高校教师继续教育制度。这标志着我国高等学校教师培训制度的初步确立。[②]

这段时期，教育系统建立健全中小学和高等学校教师培训制度，逐步完善多种形式相结合的教师培训体系，有计划有步骤开展

① 《教育部关于加快推进全国教师教育网络联盟计划组织实施新一轮中小学教师全员培训的意见》，《中华人民共和国教育部公报》，2004年10期。

② 《关于印发〈关于新时期加强高等学校教师队伍建设的意见〉的通知》，《中华人民共和国国务院公报》，2000年05期。

中小学的校长、教师培训，到20世纪末，基本上实现了“使95%以上的小学教师和80%以上的初中教师达到国家规定的合格学历标准”的目标，极大地提高了大中小学教师队伍的整体素质。

五、建立完善教师荣誉奖励制度

为了鼓励我国广大教师和教育工作者长期从事教育事业，奖励在教育事业中作出显著成绩的教师和教育工作者，1992年10月，国家教委发布《教师和教育工作者奖励暂行规定》（以下简称《暂行规定》），对教师奖励作出规定。此后，国务院教育行政部门会同人事部门遴选长期从事教育、教学和管理、服务工作并取得显著成绩的教师和教育工作者，分别授予“全国优秀教师”、“全国优秀教育工作者”称号，并颁发奖章和证书；对其中有突出贡献者，授予“全国教育系统劳动模范”称号，并颁发奖章和证书，对获得“全国教育系统劳动模范”称号的教师，同时颁发“人民教师”奖章和证书。1993年，根据《暂行规定》，国家教育委员会、人事部联合发出《关于认真做好1993年奖励全国优秀教师和教育工作者工作的通知》，会同全国教育工会、中国中小学幼儿教师奖励基金会于1993年教师节前夕奖励全国优秀教师和教育工作者6000人，其中600人被授予全国教育系统劳动模范称号，享受省部级劳动模范待遇。①

1993年6月，国家教委、人事部、财政部发布《特级教师评

① 《国家教委、人事部决定1993年奖励全国优秀教师和教育工作者6000人》，《人民教育》，1993年01期。

选规定》(以下简称《规定》)，指出“特级教师”是国家为了表彰特别优秀的中小学教师而特设的一种既具先进性，又有专业性的称号。《规定》对特级教师的条件、评选程序、待遇等作出了具体规定。

为吸引拔尖人才进入重点大学教师队伍，1998年，教育部实施了“长江学者奖励计划”，实行“特聘教授岗位制度”和“长江学者成就奖”，受聘特聘教授岗位的人员在聘期内享受每年10万元的特聘教授岗位津贴，同时享受学校按照国家有关规定提供的工资、保险、福利等待遇。其中，任职期间取得重大学术成就、作出杰出贡献的人员，还可以获得每年颁发一次的“长江学者成就奖”。每次颁发一等奖1名，奖励100万元；二等奖3名，每人奖励50万元。长江学者奖励计划首批有73位、第二批有107位获得特聘教授岗位，李岚清曾形象地把第一批比喻为“孔夫子和他的72贤士”，将第二批再加上杨振宁教授称为“108将”。一石激起千层浪，这一计划倡导创新理念，带动了全国高校创造性人才队伍建设，转变了社会的人才观念，探索出“按需设岗、公开招聘、竞争上岗、合同管理”的用人机制和“以岗定薪、优劳优酬”的分配机制，为高校实行能进能出、能上能下的聘任制，打破单一的人才单位所有制、职务终身制和“大锅饭”起到了实践示范作用。[①]

《面向21世纪教育振兴行动计划》设立高等学校优秀青年教师科研和教学奖励基金。从1999年开始，教育部每年评选百名35岁以下取得重大科研成果和教学成果的青年教师，连续5年加大支持

① 改革开放以来的教育发展历史性成就和基本经验研究课题组：《教育改革30年中国教育重大历史事件》，北京：教育科学出版社，2008年版，第162页。

其科研和教学工作的力度，在全国范围内汇聚了一批具有国际影响力的学科带头人、一大批具有创新能力和发展潜力的青年学术带头人和学术骨干，形成了一批高水平创新团队。

经过上述改革，这一时期我国教师队伍建设取得了显著成绩。通过制定一系列关于教师的法律法规，构建了比较齐全的教师法律制度体系，明确了教师的法律地位，保障了教师的合法权益，增强了教师队伍管理，有效提升了教师的社会地位。建立符合教育特点的工资制度和正常的工资增长机制，切实保证教师的工资水平随国民收入的增长逐步提高。大力办好师范教育，通过师资补充和在职培训，绝大多数中小学教师要达到国家规定的合格学历标准，小学和初中教师中具有专科和本科学历者的比重逐年提高，教师队伍整体素质得到有效提升。制定实施覆盖全学段的教师表彰奖励制度，增强了教师职业的荣誉感，在全社会逐渐形成了尊师重教的良好风尚。

第十节　加快教育法治建设

1997 年 9 月，党的十五大报告指出，“进一步扩大社会主义民主，健全社会主义法制，依法治国，建设社会主义法治国家”，将过去“建设社会主义法制国家”的提法，改为“建设社会主义法治国家”[①]。1999 年宪法修正案对此作出明确规定。2002 年 11 月，党

① 江泽民：《高举邓小平理论伟大旗帜 把建设有中国特色社会主义事业全面推向二十一世纪——在中国共产党第十五次全国代表大会上的报告》，北京：人民出版社，1997 年版，第 21 页。

的十六大报告把依法治国作为社会主义民主政治建设的重要内容和目标，强调“依法治国是党领导人民治理国家的基本方略”[①]。

党的十三届四中全会以来，教育领域贯彻落实依法治国基本方略，深入推进教育法制建设，在教育立法、依法行政、教育执法、教育监督等方面取得长足发展，逐步建立中国特色教育法律体系，逐步走上依法治教轨道，对我国教育改革和发展发挥了重要的规范、引领和保障作用。

一、建立中国特色的教育法律法规体系

20 世纪 90 年代，国务院和教育行政部门认真总结新中国成立以来我国教育立法的成果，充分借鉴国外教育立法的有益经验，科学制定了教育立法规划，颁布了一系列的教育法律、行政法规和教育规章，推动教育立法取得重大进展，逐步完善具有中国特色的教育法律法规体系。

（一）确立教育立法的指导思想

随着社会主义市场经济不断完善和民主、法制建设不断加强，我国加快了推进依法治教的进程。1993 年颁布的《发展纲要》提出，“加快教育法制建设，建立和完善执法监督系统，逐步走上依法治教的轨道。制订教育法律、法规，要注意综合配套，逐步完善。要抓紧草拟基本的教育法律、法规和当前急需的教育法律、法

① 江泽民：《全面建设小康社会 开创中国特色社会主义事业新局面——在中国共产党第十六次全国代表大会上的报告》，北京：人民出版社，2002 年版，第 31 页。

规，争取到本世纪末，初步建立起教育法律、法规体系的框架。地方要从各自的实际出发，加快制定地方性的教育法规”[①]。1999年，《中共中央 国务院关于深化教育改革全面推进素质教育的决定》进一步强调，“全面推进素质教育，根本上要靠法治、靠制度保障”[②]。

为了在教育领域贯彻中央依法治国的基本方略，教育部于1999年12月2日制定了《关于加强教育法制建设的意见》（以下简称《意见》）。《意见》就加强教育法制建设、全面推进依法治教提出十条意见，主要内容包括：依法治教的重要性和必要性；教育法制建设的目标；加快教育立法、依法行政、依法治校、完善教育行政执法监督机制、加强教育普法工作、加强教育法制工作机构和教育行政执法队伍建设、加强对教育法制建设的领导等具体措施。《意见》要求各级教育行政部门在党委和政府的领导下，在人大的监督下，自觉将依法治教作为贯穿教育工作始终的全局性、战略性的指导原则，结合本地方教育改革与发展所面临的重大、关键问题，加大工作力度，加快推进依法治教的进程。[③]

1999年12月7日，全国人大教科文卫委员会和教育部联合召开了新中国成立以来的第一次全国教育法制工作会议。会议的主要任务是，以邓小平理论为指导，深入贯彻党的十五大和宪法修正案所确定的依法治国基本方略，总结、交流改革开放二十年来我国教

① 《中国教育改革和发展纲要》，《人民教育》，1993年04期。
② 《中共中央 国务院关于深化教育改革全面推进素质教育的决定》，《中华人民共和国国务院公报》，1999年21期。
③ 《教育部关于加强教育法制建设的意见》，《教育部政报》，2000年01期。

育法制建设取得的成绩与经验，研究、部署在新形势下全面推进依法治教的工作。这次会议标志着我国教育领域按照依法治国基本方略的要求，进一步走上了全面依法治教的轨道。

（二）构建教育法律法规体系框架

教育法律是国家最高权力机关或专门立法机关制定的教育最高层次的规范性文件，包括教育基本法律和教育专门法律两种。党的十三届四中全会以来，全国人大及其常委会相继出台了我国的教育基本法：《中华人民共和国教育法》（1995 年）和三部教育专门法律：《中华人民共和国教师法》（1993 年）、《中华人民共和国职业教育法》（1996 年）和《中华人民共和国高等教育法》（1998 年）。

1995 年 3 月 18 日，第八届全国人民代表大会第三次会议审议通过了《中华人民共和国教育法》。1985 年，根据全国人大代表和政协委员关于尽快制定教育法的建议和提案，国家教委开始组织力量着手教育法的起草工作。经过 10 年左右时间的广泛调查研究，在总结我国教育发展正反两方面的实践经验和借鉴国外教育法制建设有益经验的基础上，最终形成了《教育法》。[①] 教育法作为教育的基本法，主要就涉及教育的全局性重大问题，如教育的地位、教育方针、教育的基本原则、教育基本制度、教育投入和条件保障、学校的法律地位、教育与社会的关系、教育对外交流与合作以及法律责任等，作出基本的规范并为制定其他教育法律、法规提供立法依据。《教育法》是中国教育工作的根本大法，是依法治教的根本大

① 朱开轩：《关于〈中华人民共和国教育法（草案）〉的说明——1995 年 3 月 11 日在第八届全国人民代表大会第三次会议上》，《人大工作通讯》，1995 年 07 期。

法。《教育法》的颁布，标志着中国教育工作进入全面依法治教的新阶段，对我国教育事业的改革与发展产生了重大而深远的影响，对我国发展教育事业、提高全民族的素质、促进两个文明建设具有重要意义。

除此教育法律之外，国务院颁布了《教学成果奖励条例》《残疾人教育条例》《社会力量办学条例》《扫除文盲工作条例》等教育行政法规。国家教育行政部门还制定了《幼儿园管理条例》（1989年）、《电视师范教育管理办法（试行）》（1989年）、《学校卫生工作条例》（1990年）、《中华人民共和国义务教育法实施细则》（1992年）、《幼儿园工作规程》（1996年）、《小学管理规程》（1996年）、《教育行政处罚暂行实施办法》（1998年）、《特殊教育学校暂行规程》（1998年）、《学生伤害事故处理办法》（2002年）等100多项重要的部门规章。[1]

这一时期，我国扎实推进教育立法工作，制定或修改了一系列教育法律、行政法规和部门规章，进一步完善了具有中国特色的教育法律法规体系，极大地保障和促进了教育事业发展和教育改革实践。

为了配合国家在教育法律法规体系建设方面的大力推进和全面展开，1999年12月2日，教育部印发《教育部关于加强教育法制建设的意见》，要求教育界充分认识“依法治教”原则思想的重要性和必要性，也揭示了与“依法治教”相关的各方面的工作与问题，指导教育领域必须按照依法治国基本方略的要求，进行深刻的

① 陈至立：《十三届四中全会以来我国教育改革与发展的历史性成就》，《中国高教研究》，2002年11期。

观念更新与制度变革，加强法制建设，全面推进依法治教。

在加快和完善国家立法，走上依法治教轨道的同时，我国政府还注重加强地方教育立法。各省、自治区、直辖市和有地方立法权的城市，都结合本区域教育改革和发展的实际需要，开展了地方教育立法工作。地方教育立法主要是突出特色，讲究实效。一般是在严格坚持社会主义法治统一原则的前提下，通过立法解决制约和干扰教育改革与发展的热点与难点问题，推动当地教育事业的健康发展，并为国家教育立法提供了有益的经验。

依法行政是依法治国的重要组成部分。各级教育部门把依法行政作为履行管理职能的根本方式，进一步实现教育管理职能的转变，重视和加强教育行政执法的工作。随着国家教育立法的健全和完善，教育领域的主要方面都已纳入法律的调整范围，教育管理职能将主要通过行政执法的方式实现。国家依法治教，政府依法行政，学校依法治校，社会依法参与和监督教育活动，立法和执法工作日益完善。

二、建立完善中国特色教育督导制度

党的十三届四中全会以来，以建立“两基”、“两全”督导评估机制为标志，这一时期的教育督导制度建设是自改革开放以来极富成效、社会影响最为广泛的时期，同时也是教育督导机构和队伍建设不断发展壮大的关键时期，逐步建立了具有中国特色社会主义教育督导制度。

1991 年 4 月，国家教委颁布《教育督导暂行规定》，对建立教育督导制度的目的，教育督导的任务和范围，督导机构的设置及其职责，督学的基本条件、任免和职权，督导的方式、方法等教育督导的一系列原则问题，做出了明确规定，尤其是明确提出教育督导的任务是对下级人民政府的教育工作、下级教育行政部门和学校工作进行监督、检查、评估、指导，保证国家有关教育方针、政策、法规的贯彻执行和教育目标的实现。《教育督导暂行规定》提出教育督导机构具有“督政”与“督学”的两大职能，将教育督导单一的“督学”职能拓展成了“督政”和“督学”双轨并行。《教育督导暂行规定》的颁发，初步奠定了中国教育督导制度的法制基础。

1993 年颁布的《发展纲要》提出，“要加强督导队伍、完善督导制度，加强对中小学校工作和教育质量的检查和指导”①。这一时期，教育督导以配合人大检查《义务教育法》的实施情况为基准，针对全国义务教育存在的问题以及农村义务教育教师待遇、贫困家庭子女入学费用、教育经费保障情况等问题进行督导检查，发挥了重要作用。②

1994 年 2 月，国家教委内设机构撤销督导司，保留教育督导与评估职能，另设教育督导团办公室，挂靠在基础教育司。职责是协助教育督导团组织开展教育督导工作。

1995 年颁布的《教育法》规定：“国家实行教育督导制度和学校及其他教育机构教育评估制度。③”通过法律形式确定了教育督导不可撼动的法律地位，为建立健全中国特色教育督导制度提供

① 《中国教育改革和发展纲要》，《人民教育》，1993 年 04 期。
② 杨文杰、范国睿：《教育督导制度改革：1977—2020——改革开放以来我国教育督导改革的回顾与展望》，《教育发展研究》，2017 年 21 期。
③ 《中华人民共和国教育法》，《中华人民共和国全国人民代表大会常务委员会公报》，1995 年 03 期。

了法律保障。

1998 年 7 月，国务院批准印发《教育部职能配置、内设机构和人员编制规定》，批准教育部设立独立的教育督导团办公室，位列教育部 18 个职能司之一。2000 年 1 月，中编办批准将原国家教委教育督导团更名为国家教育督导团。教育督导制度的发展从教育督导的机构设置及其改革入手，对督导机构的性质、督导人员的职能等进行了细致的规定。

到 2000 年，我国基本形成了覆盖中央、省、市、县四级教育督导网络体系，全国基本建立起专职与兼职、行政型与专家型相结合的督导队伍，揭开了我国教育督导制度建设的新华章。

这一时期，在党中央、国务院的坚强领导下，教育系统贯彻落实依法治国基本方略，深入推进教育法制建设，加快教育立法步伐，制定《教育法》《教师法》《职业教育法》和《高等教育法》等一批教育法律法规和部门规章，逐步形成分层次的教育法律体系。各级教育行政部门领导干部依法行政意识不断提高，教育管理逐步从直接行政管理转变为依法管理。随着我国教育督导制度的不断完善，教育督导机构和队伍建设也在不断发展壮大，已经形成了中央、省、市、县四级教育督导网络体系，为推进落实《义务教育法》和全面实施素质教育发挥了极为重要的作用。

第三章
教育体制改革整体推进（2002—2012年）

▼

教育是民族振兴、社会进步的基石，是提高国民素质、促进人的全面发展的根本途径，寄托着亿万家庭对美好生活的期盼。党的十六大以来，以胡锦涛为总书记的党中央，高举中国特色社会主义伟大旗帜，以毛泽东思想、邓小平理论和“三个代表”重要思想为指导，全面贯彻落实科学发展观，深入实施科教兴国战略和人才强国战略，落实教育优先发展战略，深化教育领域综合改革，推动教育科学发展，建成了世界最大规模的教育体系 。城乡免费义务教育全面实现，职业教育快速发展，高等教育进入大众化阶段，农村教育得到加强，教育公平迈出重大步伐，保障了亿万人民群众受教育的权利，极大地提高了全民族素质 ，推进了科技创新、文化繁荣，为经济发展、社会进步和民生改善作出了不可替代的重大贡献。我国实现了从人口大国向人力资源大国的转变。

第一节　确立“两为”、“两结合”的教育方针

党的十七大报告明确指出，“要全面贯彻党的教育方针，坚持育人为本、德育为先，实施素质教育，提高教育现代化水平，培养

德智体美全面发展的社会主义建设者和接班人，办好人民满意的教育”①。

教育是发展科学技术和培养人才的基础，在现代化建设中具有先导性全局性作用，必须摆在优先发展的战略地位。教育要适应大发展大变革大调整的国际政治经济环境，必须“全面贯彻党的教育方针，坚持教育为社会主义现代化建设服务，为人民服务，与生产劳动和社会实践相结合，培养德智体美全面发展的社会主义建设者和接班人”②。党的十六大报告中提出的教育方针，凸显“为社会主义现代化建设服务”、“为人民服务”的“两为”*方向。第一次把“为人民服务”纳入教育方针，充分体现出党和国家的大政方针以人为本的思想和人文精神情怀。“教育与生产劳动和社会实践相结合”的提出，与过去的教育方针相比增加了“教育与社会实践相结合”，不仅丰富了教育方针的内涵，而且强调了学生的社会实践能力，拓宽了教育培养人的途径。我国从过去的“德智体”全面发展转向“德智体美”全面发展，这是党第一次把美育作为受教育者全面发展的重要内容写入党的教育方针。美育地位的提升与党和国家倡导的“全面实施素质教育”是紧密联系在一起的，反映出现代化社会对人的综合素质要求更高了。

* “两为”指教育“为社会主义现代化建设服务”和“为人民服务”。

① 胡锦涛:《高举中国特色社会主义伟大旗帜 为夺取全面建设小康社会新胜利而奋斗——在中国共产党第十七次全国代表大会上的报告》，北京：人民出版社，2007 年版，第 37 页。

② 江泽民:《全面建设小康社会 开创中国特色社会主义事业新局面——在中国共产党第十六次全国代表大会上的报告》，北京：人民出版社，2002 年版，第 40 页。

一、全面建设小康社会对教育发展改革提出新要求

21世纪初期，国民经济持续快速健康发展，经济结构战略性调整取得成效。但是，这一时期，我国实现工业化和现代化还有很长的路要走。因此，从教育的宏观策略来讲，我国要全面建设小康社会与建设人力资源强国相结合，实现全民族的思想道德素质、科学文化素质和健康素质明显提高，形成比较完善的现代国民教育体系、科技和文化创新体系。人民享有接受良好教育的机会。形成全民学习、终身学习的学习型社会，促进人的全面发展。

“建设人力资源强国”是“全面建设小康社会”的重要途径，“全面建设小康社会”是“建设人力资源强国”的战略目标。两者相辅相成，与加快推进现代化目标是一致的。因此，进一步通过教育为全面建设小康社会进程输送合格人才。

二、科学发展观统领下的“三个优先”

党的十六大以来，我国教育还不完全适应国家经济社会发展和人民群众接受良好教育的要求。创新型、实用型、复合型人才紧缺；教育体制机制不完善，学校办学活力不足；教育结构和布局不尽合理，城乡、区域教育发展不平衡，贫困地区、民族地区教育发展滞后等问题依然存在，教育优先发展的战略地位尚未得到完全落实。为了解决这些问题，我国教育事业在科学发展观指引下坚持统筹兼顾，整体推进科学发展。在2010年的全国教育工作会议讲话中，胡锦涛从“优先发展教育、坚持以人为本、坚持改革创新、促进教育公平、重视教育质量”五个方面系统阐述教育事业如何坚持

科学发展。

科学发展观是胡锦涛在2003年提出来的。2003年10月，党的十六届三中全会通过《中共中央关于完善社会主义市场经济体制若干问题的决定》，强调要“坚持以人为本，树立全面、协调、可持续的发展观，促进经济社会和人的全面发展”。

2004年9月，党的十六届四中全会通过的《中共中央关于加强党的执政能力建设的决定》，把树立和落实科学发展观作为提高党的执政能力的重要内容。

2007年10月，党的十七大对科学发展观的科学内涵、精神实质、根本要求进行了全面系统深入的阐述，强调指出：“科学发展观，第一要义是发展，核心是以人为本，基本要求是全面协调可持续，根本方法是统筹兼顾。”因此，党的十七大报告中提出的教育方针，明确提出“育人为本、德育为先，实施素质教育”。“育人为本”凸显教育的基本功能，把培养人作为教育的首要功能。通过教育实现人力资源的开发成为全面建设小康社会、推进社会主义现代化的必然选择。

“德育为先”说明了党和国家对学校思想政治教育地位和作用的高度重视和殷切希望。2006年8月29日，胡锦涛在中共中央政治局第三十四次集体学习时强调把立德树人作为教育的根本任务，努力培养德智体美全面发展的社会主义建设者和接班人。2007年8月，胡锦涛在全国优秀教师代表座谈会上的讲话中再次强调“把立德树人作为教育的根本任务，加强爱国主义教育，深入开展理想信念教育，加强和改进学生思想政治工作，把社会主义核心价值体系融入国民教育体系，引导学生树立正确的世界观、人生观、价值观、荣辱观”[①]。2007 年 10 月，“德育为先”写进党的十七大报告。2010 年，胡锦涛在全国教育工作会议上的讲话再次强调“立德树人”的重要性。2012 年 11 月，党的十八大报告提出“把立德树人作为教育的根本任务”。

“实施素质教育”就是要求把素质教育纳入促进和实现人的全面发展的最高教育理想范畴，促使全民族、全社会特别是教育工作者自觉把素质教育作为教育的主题和根本任务来抓。

党的十七大强调“提高教育现代化水平”，这是根据党和国家全面建设小康社会的要求和适应世界教育发展潮流而做出的战略选择。

教育事业是人民的事业，教育既是支撑经济社会发展的基础，也是公民个人发展的需要。教育涉及千家万户，惠及子孙后代，是体现发展为了人民、发展依靠人民、发展成果由人民共享的重要方面。[②]落实这一新的教育方针，“办好人民满意的教育”是党和国家意志与责任的集中体现。这就需要努力实现教育公平，要把教育作为民族振兴的基石，把教育公平作为实现社会公平的重要衡量标准。因此，党的十七大报告确立的实现全面建设小康社会目标之一就是现代国民教育体系更加完善，终身教育体系基本形成，全民受教育程度和创新人才培养水平明显提高。采取的重大举措就是优先发展教育，建设人力资源强国。

---

① 《胡锦涛在全国优秀教师代表座谈会上的讲话（全文）》，中国政府网，2007 年 8 月 31 日。

② 《中共中央政治局集体学习胡锦涛强调优先发展教育》，中国政府网，2007 年 10 月 10 日。

党的十六大以来，科学系统、统筹兼顾地推进改革成为我国教育体制改革的一个典型特征，形成了以“三个优先”为支撑的教育发展战略。2007 年 8 月 31 日，胡锦涛在全国优秀教师座谈会上讲话时指出，“以更大的决心、更多的财力支持教育事业，经济社会发展规划要优先安排教育发展，财政资金要优先保障教育投入，公共资源要优先满足教育和人力资源开发需要”[①]。“三个优先”的教育发展战略的提出，正是确立“育人为本、德育为先，办好人民满意的教育”的重要措施。2010 年 7 月，胡锦涛在全国教育工作会议上的讲话指出，“坚持优先发展教育，推动教育事业科学发展”。“要把优先发展教育作为贯彻落实科学发展观的基本要求，切实保证经济社会发展规划优先安排教育发展、财政资金优先保障教育投入、公共资源优先满足教育和人力资源开发需要，并尽快形成科学规范的制度”[②]。

第二节　全面深化以素质教育为主题的基础教育改革

全面推进素质教育是教育创新的重要内容，也是教育思想和人才培养模式的重大变革。2007 年 10 月，党的十七大报告提出，

① 《胡锦涛在全国优秀教师代表座谈会上的讲话》，中国政府网，2007 年 8 月 31 日。
② 《胡锦涛：在全国教育工作会议上的讲话》，新华网，2010 年 9 月 8 日。

“坚持育人为本、德育为先，实施素质教育”[①]。2010年7月，21世纪第一次全国教育工作会议召开，大会强调在教育工作中的重要着眼点是全面提高国民素质，需要全面实施素质教育。党的十六大以来，党中央、国务院始终把全面推进素质教育摆在教育工作的首要位置，鲜明地提出素质教育是全部教育工作的主题，以新课程改革为抓手采取一系列措施推动素质教育向纵深发展，促使基础教育改革全面展开。

一、实施素质教育要从幼儿阶段抓起

（一）确立素质教育在幼儿教育中的重要地位

1999年1月，国务院批转教育部《面向21世纪教育振兴行动计划的通知》，强调“实施素质教育，要从幼儿阶段抓起，要用科学的方法启迪和开发幼儿的智力，培养幼儿健康的体质、良好的生活习惯、活泼开朗的性格与求知的欲望”[②]。2001年5月，国务院印发《中国儿童发展纲要（2001—2010）》，要求根据我国儿童发展的实际情况，以促进儿童发展为主题，以提高儿童身心素质为重点，以培养和造就21世纪社会主义现代化建设人才为目标，从儿童与健康、儿童与教育、儿童与法律保护等领域提出我国儿童发展的目标和策略措施。2001年7月，教育部发布《幼儿园教育指导

① 胡锦涛:《高举中国特色社会主义伟大旗帜 为夺取全面建设小康社会新胜利而奋斗——在中国共产党第十七次全国代表大会上的报告》，北京：人民出版社，2007年版，第37页。

②《国务院批转教育部面向21世纪教育振兴行动计划的通知》，《中华人民共和国国务院公报》，1999年02期。

纲要（试行）》，要求因地制宜地实施素质教育，为幼儿一生的发展打好基础。上述文件在突显幼儿园教育关键作用的同时，也从必要性的角度为幼儿阶段实施素质教育提供了政策依据。

（二）初步形成政府主导、社会参与、公办民办并举的办园体制

改革开放特别是21世纪以来，我国学前教育取得长足发展，普及程度逐步提高。为进一步破除制约学前教育科学发展的体制机制障碍，全面推进素质教育在学前教育阶段的落地实施，这一时期我国进一步加大了对办园体制方面的改革力度。

2003年3月，国务院办公厅转发教育部、中央编办、国家计委等十部门《关于幼儿教育改革与发展的指导意见》，确立2003—2007年幼儿教育改革的总目标，强调坚持实行地方负责，分级管理和有关部门分工负责的幼儿教育管理体制，并提出全面实施素质教育，提高幼儿教育质量的具体要求。

2004年8月，教育部印发《基础教育工作分类推进与评估指导意见》（以下简称《指导意见》），《指导意见》指出，占全国人口15%左右，未实现“两基”的贫困地区，因地制宜，积极发展灵活多样的儿童早期教育形式……占全国人口50%左右，已实现“两基”的农村地区，多渠道、多形式发展正规与非正规相结合的幼儿教育机构，逐步满足儿童学前三年受教育的需要……占全国人口35%左右的大中城市和经济发达地区，在城乡基本建立和完善以示范幼儿园或乡中心幼儿园为骨干的正规和非正规形式相结合的

社区早期教育服务网络。[①]

2010 年 11 月，国务院印发《关于当前发展学前教育的若干意见》（以下简称“国十条”），明确提出“发展学前教育，必须坚持政府主导，社会参与，公办民办并举”的办园体制。[②]“国十条”突出强调学前教育的教育属性和社会公益属性，倡导在大力发展公办园的同时采取多种举措鼓励和扶持社会力量办学，为家长提供了多层次多样化的选择空间，由此，也从体制机制的角度为更好地推动学前教育阶段实施素质教育提供了可能性。

（三）建立“广覆盖、保基本”的学前教育公共服务体系

自 2005 年起，国务院、教育部及相关部委相继发布《关于进一步做好中小学幼儿园安全工作六条措施》《中小学幼儿园安全管理办法》《关于加强民办学前教育机构管理工作的通知》《关于加强农村中小学生幼儿上下学乘车安全工作的通知》《关于当前加强中小学管理规范办学行为的指导意见》《关于当前发展学前教育的若干意见》《关于建立中小学幼儿园家长委员会的指导意见》《幼儿园教职工配备标准（试行）》等一系列政策文件，持续推进学前教育机构的规范化和现代化进程，使学前教育真正作为国家教育体系的组成部分列入政府工作的责任范畴。

为破解“入园难”、“入园贵”以及城乡学前教育资源差距过大等问题，2010 年出台的“国十条”明确提出，“大力发展公办幼

① 《教育部关于印发〈基础教育工作分类推进与评估指导意见〉的通知》，教育部网站，2004 年 8 月 16 日。

② 《关于幼儿教育改革与发展的指导意见》，《幼儿教育》，2003 年 04 期。

儿园，提供‘广覆盖、保基本’的学前教育公共服务”[1]。为确保学前教育健康发展，教师队伍的专业素质是关键。2012 年 9 月，教育部等 4 部门联合发布《关于加强幼儿园教师队伍建设的意见》，强调各地按照构建覆盖城乡、布局合理的学前教育公共服务体系的要求，结合本地实际，科学确定幼儿园教师队伍建设的目标。

此后，与该意见相配套的《幼儿园教师专业标准（试行）》《3—6 岁儿童学习与发展指南》《学前教育督导评估暂行办法》等政策文件也相继出台，不断提升学前教师的队伍水平和专业素养。2003—2012 年，幼儿园数从 11.64 万所增加到 18.13 万所，增长了 1.56 倍；园长和教师数从 70.91 万人增长到 167.75 万人，增长了 2.37 倍。

二、贯彻落实义务教育“政府办”

党的十六大以来，中央和地方政府设立专项资金，开展国家教育行动，实施了“国家贫困地区义务教育工程”、“全国中小学危房改造工程”、“农村中小学现代远程教育工程”，以及“中小学教师继续教育工程”等一系列重大工程项目，逐步实现了义务教育“人民办”向“政府办”的伟大转变。

（一）贯彻落实西部“两基”攻坚计划

西部是中国的欠发达地区，也是中国实现“基本普及九年义务

① 《国务院关于当前发展学前教育的若干意见》，《幼儿教育》，2011 年 01 期。

教育、基本扫除青壮年文盲”最难啃的硬骨头。针对西部“两基”工作难度大的问题，国务院决定：到2007年，力争使西部地区九年义务教育普及率达到85%以上，青壮年文盲率降到5%以下。[①]中央要求各地高度重视，鼓励广大教师帮助困难学生完成学业，设立专项经费确保教育投入，采取有力措施解决兴办寄宿制学校、资助家庭经济困难学生、教师培养等特殊问题。

2004年2月，国务院办公厅转发教育部等部门《国家西部地区“两基”攻坚计划（2004—2007年）》（以下简称《计划》）。《计划》提出，中央投入100亿元专项资金，采取集中投入、分步实施的原则，从2004年开始，到2007年，用四年时间帮助西部地区尚未实现“两基”的372个县（市、区）以及新疆生产建设兵团的38个团场达到国家“两基”验收标准。[②]同年，中央财政扩大免费提供教科书的资助范围，2005年又扩大至所有国家扶贫开发工作重点县，所覆盖的中小学生人数增加到3000万人。

2005年12月，国务院下发《关于深化农村义务教育经费保障机制改革的通知》，按照“明确各级责任、中央地方共担、加大财政投入、提高保障水平、分步组织实施”的基本原则，逐步将农村义务教育全面纳入公共财政保障范围，建立中央和地方分项目、按比例分担的农村义务教育经费保障机制。全部免除农村义务教育阶段学生学杂费，对贫困家庭学生免费提供教科书并补助寄宿生生活

---

① 温家宝：《温家宝谈教育》，北京：人民教育出版社、人民出版社，2013年版，第41页。

②《国务院办公厅关于转发教育部等部门〈国家西部地区“两基”攻坚计划（2004—2007年）〉的通知》，《中华人民共和国国务院公报》，2004年11期。

费。免学杂费资金由中央和地方按比例分担，西部地区为 8∶2，中部地区为 6∶4；东部地区除直辖市外，按照财力状况分省确定。免费提供教科书资金，中西部地区由中央全额承担，东部地区由地方自行承担。补助寄宿生生活费资金由地方承担，补助对象、标准及方式由地方人民政府确定。

从 2006 年开始，我国全部免除西部地区农村义务教育阶段学生学杂费，2007 年扩大到中部和东部地区；对贫困家庭学生免费提供教科书并补助寄宿生生活费。2006 年春季学期起，国家农村义务教育经费保障机制改革率先在西部 12 个省份、新疆生产建设兵团和中部试点的农村地区开始实施，2007 年春季学期开始在全国农村地区全面推行。国家为所有农村孩子免费接受义务教育买单；2008 年秋季学期起在全国城市地区全面推行，实现全国城乡义务教育同步免费。

2006 年 6 月，《中华人民共和国义务教育法》第四十二条规定：将义务教育全面纳入财政保障范围。同年，经国务院同意，教育部、财政部、人事部、中央编办启动了“农村义务教育阶段学校教师特设岗位计划”，中央财政设立专项资金，招募高校毕业生到西部“两基”攻坚县农村学校任教，及时缓解了“两基”攻坚县教师不足、素质不高的问题。

2007 年 10 月，党的十七大报告第一次提出“义务教育均衡发展”的思想。由此，促进义务教育均衡发展成为党中央、国务院确立的我国在新的历史时期推进义务教育发展的战略方针。

2008—2011 年，我国“两基”工作进入巩固提高、城乡免费、全面覆盖的阶段。随着我国西部 42 个边远贫困县“两基”目标的实现，全国所有县（市、区）和其他县级行政区划单位、所有省级行政区全部通过普及九年义务教育和扫除青壮年文盲的国家验收，全国人口覆盖率达到100%，初中阶段毛入学率超过100%，青壮年文盲率下降到1.08%。[①] 我国义务教育实现了真正的免费义务教育，强化了城乡义务教育投入的制度性保障。2011年，中国向世界宣告，全面完成普及九年义务教育和扫除青壮年文盲的战略任务，中华民族千百年来“学有所教”、“有教无类”的教育理想成为现实。

（二）持续推进义务教育均衡发展

义务教育是指国家统一实施的所有适龄儿童、少年必须接受的教育，是政府提供的基本公共服务，政府应承担实行义务教育均衡发展的责任。我国在2001年确立义务教育实行“在国务院领导下，由地方政府负责，分级管理，以县为主”的体制，并在2002年《国务院办公厅关于完善农村义务教育管理体制的通知》和2003年《国务院关于进一步加强农村教育工作的决定》中强化了“以县为主”的体制。

2002年，《教育部关于加强基础教育办学管理若干问题的通知》首次提出“积极推进义务教育阶段学校均衡发展”的目标，均衡发展成为义务教育的战略性任务。2005年，教育部印发《关于进一步推进义务教育均衡发展的若干意见》，确立“逐步实现义务教育均衡发展”的政策目标。2005年的《政府工作报告》提出完善以政府投入为主的经费保障机制，实行“两免一补”政策。同年

① 《“两基”耀中华 丰碑立千秋》，《中国教育报》，2012年11月13日。

12月，国务院下发《关于深化农村义务教育经费保障机制改革的通知》，为“两免一补”政策在全国推进提供政策支撑。该项决定随后被纳入2006年修订的《中华人民共和国义务教育法》，并以法律的形式确立下来。

2007年义务教育免收学杂费政策从西部农村扩展到全国农村。免除义务教育阶段全部学杂费，实现免费上学，使我国广大农民的教育负担得到切实减轻。

自2010年起，我国义务教育更加重视教育质量的提升，进入了全面普及、均衡发展、提升质量、促进内涵发展的新阶段。《国务院关于深入推进义务教育均衡发展的意见》也进一步确立义务教育均衡发展的基本思路及要求。由此，我国义务教育开始从普及转向均衡，从低层次的教育公平转向有质量的教育公平，同时也实现了义务教育从“人民教育人民办”到“人民教育政府办”的转变。

三、探索发展多样化的普通高中教育

普通高中在整个国民教育体系中处于承上启下的地位，是整个国民教育体系健康运转的枢纽。因此，普通高中在实施素质教育中处于重要战略地位，在创新人才培养和创新型国家建设中承担着特殊的使命，是创新人才培养的“关键期”。[①]

为摆脱普通高中办学资源不足的困境，2001年7月国家发布的《全国教育事业第十个五年计划》进一步要求：“扩大各种形式

① 祁占勇、陈慧慧：《改革开放40年我国普通高中教育政策的演变逻辑与未来选择》，《基础教育》，2018年06期。

的高中阶段教育和初中后职业培训在校生的规模，有步骤地在大中城市和经济发达地区普及高中阶段教育，努力争取使高中阶段毛入学率提高到60%左右，大中城市和经济发达地区的初中毕业生基本能够升入高中阶段的各类学校。[①]”促进高中阶段教育协调发展，使中等教育结构更趋合理，切合地方经济和社会发展的实际需要。鼓励有条件的地区实行完全中学的高、初中分离，鼓励发展普通教育与职业教育沟通的高级中学，支持已经普及九年义务教育的中西部农村地区发展高中阶段教育。

为进一步推进普通高中教育的改革与发展，2004年3月，国务院批转教育部《2003—2007年教育振兴行动计划》，强调多种形式积极发展普通高中教育，扩大规模，提高质量。加大对农村高中发展的支持力度。

2012年的教育部工作要点又对普通高中教育提出“推动多样化发展”的明确目标。

四、以新课改为载体提升基础教育质量

为全面推进素质教育向纵深发展，夯实教育发展基石，我国基础教育领域全面施行新课程改革。

2001年2月，国务院批准《基础教育课程改革纲要（试行）》，标志着我国基础教育课程改革全面启动。从课程功能、课程结构、课程内容、课程实施、课程评价、课程管理等六个方面进一步明确

① 《教育部关于印发〈全国教育事业第十个五年计划〉的通知》，《教育部政报》，2001年09期。

我国基础教育课程改革的具体目标，对基础教育新课程改革进行了系统设计。并决定从2001年秋季起进行义务教育课程改革实验工作。

2001年11月，教育部印发《义务教育课程设置实验方案》，按照均衡设置课程、加强课程的综合性、加强课程的选择性设计新课程。并于2001年9月在全国38个国家级实验区进行了实验，2002年秋季实验进一步扩大。到2005年，中小学阶段各起始年级原则上都进入新课程。这是一次以课程为核心的波及整个教育领域乃至全社会的系统改革，是一场课程文化的革新，是教育观念与价值的转变，涉及课程的理念、目标、方法、管理、评价等各个方面。

2003年12月，教育部印发《关于开展普通高中新课程实验工作的通知》，确定新课程改革的省份进度安排，并规定2007年原则上全国普通起始年级全部进入新课程。

2004年2月，教育部办公厅印发决定：2004年要在17个有首批初中毕业生的国家基础教育课程改革实验区，积极稳妥地推进初中毕业考试与普通高中招生制度改革。[①] 本次初中毕业考试与普通高中招生制度改革力求在初中毕业生考试、综合素质评价、高中招生录取三方面予以突破。

2008年，为了加强对高校招生考试、录取和中学综合评价的统筹，推进综合改革。教育部出台《关于普通高中新课程省份深化高校招生考试改革的指导意见》，强调“促进高校招生考试改革与高中课程改革相结合，促进国家统一考试改革与高中综合评价改革

① 《教育部办公厅关于印发〈国家基础教育课程改革实验区2004年初中毕业考试与普通高中招生制度改革的指导意见〉的通知》，《中华人民共和国教育部公报》，2004年01期。

相结合，促进考试改革与高校录取模式改革相结合，逐步建立和完善在国家统一考试录取基础上的全面、综合、多元化的考试评价制度和高等学校多样化的选拔录取制度”①。

2010年，《国家中长期教育改革和发展规划纲要（2010—2020年）》明确要求提高义务教育质量，建立国家义务教育质量基本标准和监测制度，严格执行义务教育国家课程标准，深化课程与教学方法改革，推行小班教学。以及普通高中深入推进课程改革，全面落实课程方案，保证学生全面完成国家规定的文理等各门课程的学习；创造条件开设丰富多彩的选修课，为学生提供更多选择，促进学生全面而有个性的发展；建立科学的教育质量评价体系，全面实施高中学业水平考试和综合素质评价。②

新课程改革从义务教育向普通高中稳步推进，为我国基础教育人才培养提供了新路径。其中心点或特点就是新课程、新理念、新高考。从2004年9月开始，山东、广东、海南与宁夏4省、区的高一新生率先进行普通高中新课程实验，拉开了我国普通高中新课程背景下新一轮高考改革的帷幕。此后，2005年的江苏，2006年的辽宁、天津、安徽、浙江、福建，2007年的黑龙江、吉林、北京、湖南、陕西，2008年的河南、新疆、山西、江西，2009年的河北、湖北、内蒙古、云南，2010年的四川、重庆、甘肃、青海、贵州、西藏，也先后开展了新课程改革。截至2012年，广西

① 《教育部关于深化基础教育课程改革进一步推进素质教育的意见》，《中华人民共和国教育部公报》，2008年04期。

② 《国家中长期教育改革和发展规划纲要（2010—2020年）》，《人民日报》，2019年7月30日。

加入了这一行列，至此，全国所有省份都开启了普通高中新课程改革。新课程改革是素质教育的重要组成部分。尤其是随着高中教育的普及，其发展目标也由过去的精英教育转变为大众教育及培养基本公民素质和精神的教育，其功能也由简单筛选转变为培养“全人”，为我国高质量教育体系的建设发挥了重要作用。

第三节　大力推进职业教育改革与发展

党的十六大以来，伴随《国务院关于大力推进职业教育改革与发展的决定》《国务院关于大力发展职业教育的决定》《国家中长期教育改革和发展规划纲要（2010—2020年）》等一系列促进职业教育发展的政策相继出台，职业教育在规范化发展方面取得显著成效。

一、构建多元化办学格局

为进一步扩大职业教育规模，推动教育公平，使更多的贫困家庭子女获得就学机会，2006年，财政部、教育部联合印发《关于完善中等职业教育贫困家庭学生资助体系的若干意见》和《中等职业教育国家助学金管理暂行办法》，对建立和完善中等职业教育贫困家庭学生资助政策体系、中等职业教育国家助学金评审程序、助学金的管理与监督等内容都作出了明确规定。自2006年起，中央财政每年安排8亿元，“十一五”期间，共安排40亿元，专项用于支持中等职业教育贫困家庭学生助学制度建设。

2007 年，国务院决定从当年秋季学期开学起，进一步建立健全经济困难学生资助政策体系。中央与地方共同设立国家助学金用于资助中等职业学校所有全日制在校农村学生和城市家庭经济困难学生，资助面由 5%扩大到 90%，资助标准从每生每年 1000 元提高到每人每生 1500 元，国家资助两年，第三年实行工学结合、顶岗实习。[①]

2011 年 10 月，《教育部等九部门关于加快发展面向农村的职业教育的意见》要求“各级人民政府增加对农村、农业职业教育投入，推动各省（区、市）研究制订农村、农业职业教育生均经费标准，确保农村、农业职业学校生均预算内教育事业费和生均预算内公用经费较大幅度增长”[②]。

这期间，中等职业教育持续快速发展，2005 年、2006 年，中等职业学校连续两年分别扩招 100 万人，2007 年再扩大招生 50 万人，当年招生规模达 801 万人，占整个高中阶段教育的半壁江山，普通高中和中等职业教育已经大体相当。高等职业教育又好又快发展，培养了大批现代化建设需要的高技能人才。在规模不断扩大的同时，引发职业教育办学思想、办学体制、培养模式的变革，推进东西部之间、城乡之间的职业院校联合招生、合作培养、联动发展。

---

① 《国务院关于建立健全普通本科高校高等职业学校和中等职业学校家庭经济困难学生资助政策体系的意见》，《中华人民共和国国务院公报》，2007 年 18 期。

② 《教育部等九部门关于加快发展面向农村的职业教育的意见》，教育部网站，2011 年 11 月 7 日。

二、实施"订单式"人才培养

职业教育在培养模式上，坚持与生产劳动相结合，着力培养学生的实践能力和就业能力，大力推行工学结合、校企合作和顶岗实习的人才培养模式，积极开展"半工半读"试点，有效推广"订单式"培养。

2002年8月，国务院印发《关于大力推进职业教育改革与发展的决定》，明确要求"企业要根据实际需要举办职业学校和职业培训机构，强化自主培训功能；企业要和职业学校加强合作，实行多种形式联合办学，开展'订单'培训"[①]。第六次全国职业教育工作会议首次提出"大力推行工学结合、校企合作的人才培养模式，逐步建立和完善半工半读制度"，促使人才培养模式结构合理、形式多样。

2010年，《国家中长期教育改革和发展规划纲要（2010—2020年）》提出"职业教育要面向人人、面向社会，着力培养学生的职业道德、职业技能和就业创业能力"。

2011年，教育部要求"在职业教育办学、教学、评价、监督、改革、资格制度等诸多环节渗透行业作用；同时，开展校企联合招生、联合培养的现代学徒制试点，推进校企一体化育人，并建立健全职业教育质量保障体系，吸收企业参加教育质量评估"[②]。同年，《教育部等九部门关于加快发展面向农村的职业教育的意见》强调，着力改善办学条件，大幅提升农村职业教育基础能力的重要角

---

① 《国务院关于大力推进职业教育改革与发展的决定》，《人民日报》，2002年9月25日。
② 《教育部关于充分发挥行业指导作用推进职业教育改革发展的意见》，《中华人民共和国国务院公报》，2012年02期。

色，以及职业教育基础能力建设项目作为推动农村职业学校发展的推动作用。同时提出一系列具体要求：农村、农业职业学校专业教师和实习指导教师占专任教师的比例应不低于70%，兼职教师承担的专业教学任务原则上不少于工作总量的30%，建立一支结构合理、素质优良、相对稳定、专兼结合的教师队伍，使农业职业学校和职业学校涉农专业点教师配备生师比逐步达到20∶1。并要求“职业学校教师素质提高计划”向农村、农业职业学校倾斜。

三、深化“产学研”合作

党的十六大以来，职业教育在办学方向上始终坚持“以服务为宗旨、以就业为导向”，努力推进职业教育办学思想发生重大转变；坚持面向社会、面向市场、面向企业、面向农村，通过产学研一体化加快职业教育发展与繁荣经济、促进就业、消除贫困和建设现代企业文化紧密相连。

2002年8月，国务院印发的《关于大力推进职业教育改革与发展的决定》对劳动预备制度，学历证书、培训证书和职业资格证书制度等提供政策支持，并优先在具备条件的职业学校设立职业技能鉴定站（所）或职业资格考试机构；鼓励毕业生到中小企业、小城镇、农村就业或自主创业，优先为符合贷款条件的农村职业学校毕业生开展生产经营提供小额贷款。[①]

2008年，浙江省发布《宁波市职业教育校企合作促进条例》，

① 《国务院关于大力推进职业教育改革与发展的决定》，《人民日报》，2002年9月25日。

宁波因此成为全国首个为职业教育校企合作专门立法的城市。2010年，山东、陕西、甘肃、广西等地将制定《职业教育校企合作促进条例》列为工作目标。在党中央、国务院的领导和各地的积极努力下，职业教育发展的法制环境、政策环境和社会环境得到明显改善。

《国家中长期教育改革和发展规划纲要（2010—2020年）》提出，“到2020年适应经济发展方式转变和产业结构调整要求，把职业教育纳入经济社会发展和产业发展规划，从而与经济社会和产业发展相互促进、协同发展”[①]。

2011年，教育部等九部门印发《关于加快发展面向农村的职业教育的意见》，要求农村基础教育、职业教育、成人教育要分工协作，形成合力，共同培育“有文化、懂技术、会经营”的新型农民。努力做到培训一批农民，推广一批技术，发展一项产业，振兴一方经济。[②]

四、增强职业教育吸引力

为了进一步提升职业教育竞争力，培养应用型技术人才，我国开始加大职业教育投入改善办学条件，扩大“双师型”教师队伍，拓宽职业教育就业渠道，从而增强职业教育吸引力。

《国家中长期教育改革和发展规划纲要（2010—2020年）》定

① 《国家中长期教育改革和发展规划纲要（2010—2020年）》，《人民日报》，2019年7月30日。

② 《教育部等九部门关于加快发展面向农村的职业教育的意见》，教育部网站，2011年11月7日。

义的现代职业教育体系必须具备三个基本属性：要体现经济发展的需求性；要体现终身学习的开放性；要体现职业教育的系统性。通过完善职业教育政策大幅度提升吸引力。主要包括逐步实行中等职业教育免费制度，完善家庭经济困难学生资助政策；改革招生和教学模式，推进学历证书和职业资格证书“双证书”制度，推进职业学校专业课程内容和职业标准相衔接；完善就业准入制度，执行“先培训、后就业”、“先培训、后上岗”的规定，制定退役士兵接受职业教育培训的办法，建立健全职业教育课程衔接体系；鼓励毕业生在职继续学习，完善职业学校毕业生直接升学制度，拓宽毕业生继续学习渠道；提高技能型人才的社会地位和待遇。加大对有突出贡献高技能人才的宣传表彰力度，形成行行出状元的良好社会氛围。[①]

2010—2013 年，中央财政重点支持 1000 所中等职业学校改革创新，形成一批代表国家职业办学水平的中等职业学校。

第四节　全面提高高等教育质量

党的十六大以后，伴随着 1998 年高校扩招政策的推进，我国高校从边扩招向边提升教育质量的方向前进，逐步成为世界在校生规模第一的国家，在实现高等教育大众化的进程中不断提升高等教育质量。

---

① 《国家中长期教育改革和发展规划纲要（2010—2020 年）》，《人民日报》，2019 年 7 月 30 日。

一、提高高等教育大众化水平

党的十五大提出跨世纪社会现代化建设的宏伟目标与任务，对落实科教兴国战略做出了全面部署。1999 年 1 月 13 日，国务院批转教育部制定的《面向 21 世纪教育振兴行动计划》，提出到 2000 年，高等教育入学率达到 11%左右；到 2010 年，高等教育规模有较大扩展，入学率接近 15%的教育目标。

截至 2012 年，全国共有普通高等学校和成人高等学校 2790 所，其中，普通高等学校 2442 所（含独立学院 303 所），成人高等学校 348 所；全国各类高等教育总规模达到 3325 万人，高等教育毛入学率达到 30%；全国研究生招生 58.97 万人；普通高等教育本专科共招生 688.83 万人，成人高等教育本专科共招生 243.96 万人。

二、重点推进高水平大学和重点学科建设

提高高等教育质量，推进高水平大学和重点学科建设，对培养高层次创新人才、建设人力资源强国具有重要意义。“211 工程”、“985 工程”和“2011 计划”等重大工程的相继实施，全面提升了我国高等教育质量尤其是拔尖创新人才的培养水平，加速了我国高等教育从规模扩大转变为内涵发展的进程。

（一）全面推进“211 工程”

2002 年 9 月，经国务院批准，原国家计委、教育部和财政部联合下发《关于“十五”期间加强“211 工程”项目建设的若干意见》。“211 工程”正式纳入国民经济和社会发展第十个五年计划，

从2002年起开始实施。2003年，财政部、国家发展改革委、教育部印发《〈关于“211工程”专项资金管理办法〉的通知》，明确“211工程”专项资金的管理原则为“统一规划、单独核算、专款专用、结余留用”。2008年，教育部下发《高等教育“211工程”三期建设总体方案》，“211工程”三期建设开始启动。教育部、发改委、财政部对“211工程”三期建设提出具体要求，即加强重点学科建设，力争使更多的重点学科进入国际先进行列。重点建设1000个左右重点学科建设项目。这些重点学科建设项目瞄准学科前沿和国家重大需求，与经济建设、科技进步、社会发展和国家安全紧密相关，其建设方式是依托国家重点学科，联合相关学科，推动学科交叉、融合。截至2011年，共有112所高校进入“211工程”。

2011年12月30日，时任教育部部长袁贵仁在第十一届全国人民代表大会常委会第二十四次会议上表示，不再新设“211工程”的学校，同时为了注重学科导向，引入竞争机制，实施了“特色重点学科项目”对非“211”学校的国家重点学科予以支持。

（二）强化落实“985工程”

2004年，根据《2003—2007年教育振兴行动计划》的要求，教育部、财政部印发《教育部、财政部关于继续实施“985工程”建设项目的意见》，启动二期建设。二期建设要求为创建世界一流大学和一批国际知名的高水平研究型大学进一步奠定坚实基础，使一批学科达到或接近国际一流学科水平，经过更长时间的努力，建成若干所世界一流大学。

2010年，根据《国家中长期教育改革和发展规划纲要（2010—2020年）》，教育部、财政部印发《教育部、财政部关于加快推进世界一流大学和高水平大学建设的意见》。截至2011年，39所高校进入“985工程”。2011年12月30日，时任教育部部长袁贵仁在第十一届全国人民代表大会常委会第二十四次会议上表示，不再新设“985工程”学校，同时为了注重学科导向，引入竞争机制，实施了“985工程优势学科创新平台”。

截至2012年，我国进入世界500强的27所大学，均来自“985工程”大学。

（三）实施“2011计划”

2012年3月，在全面提高高等教育质量工作会上，教育部、财政部联合发布《关于实施高等学校创新能力提升计划的意见》(以下简称《意见》)。该计划旨在突破高校内外部机制体制壁垒，释放人才、资源等创新要素活力。

同年5月，“高等学校创新能力提升计划”正式启动，简称“2011计划”。这是我国高等教育领域继“211工程”、“985工程”之后第三个体现国家意志的战略性计划。“2011计划”以协同创新中心建设为实施载体，分为培育组建、评审认定、绩效评价三个阶段。2013年，教育部、财政部完成了首批“2011协同创新中心”认定工作，共14家中心通过认定。按照《意见》精神，中央财政对通过认定的“2011协同创新中心”，给予引导性或奖励性支持。中央财政下拨“2011计划”专项资金5亿元，主要用于创新团队建设、拔尖创新人才培养、合作交流、日常运行等方面，重在推动协同创新中心体制机制和模式平台的改革创新，提升高校创新能力。其中，科学前沿类每个中心5000万元（共4个），文化传承类、行业产业类、区域发展类每个中心3000万元（共10个）。

三、不断提高高等学校教学质量

在十五、十一五期间，我国高等教育大众化进程加速，到了“十五”末期提高高等学校教学质量成为高等教育发展的主旋律。

（一）从规模发展转向关注教学质量

2001 年，教育部发布《关于加强高等学校本科教学工作提高教学质量的若干意见》提出，“高等学校的根本任务是培养人才，教学工作始终是学校的中心工作。随着社会主义市场经济体制的完善和经济结构的战略性调整，本科教育的规模迅速扩大，把提高教育质量放在更加突出的重要位置，必须高度重视高等教育的质量建设，把加强本科教学工作列入重要工作日程，实现我国高等教育的可持续发展”①。

2002—2006 年，教育部高等学校外语专业、艺术类专业、图书馆学、文科计算机基础等科类教学指导委员会成立。

2003 年，教育部把本科教学工作评价的结论作为学校增设本科专业，新增硕士、博士学位授权单位及其学位授权学科、专业点等有关工作资格审查的依据之一。同时决定建立 5 年为一周期的全国高等学校本科教学质量评估制度，近 5 年内分期分批对北京大学等 592 所高等学校进行本科教学工作水平评估。

① 《教育部关于印发〈关于加强高等学校本科教学工作提高教学质量的若干意见〉的通知》，《教育部政报》，2001 年 10 期。

（二）从数量增加转向科学定位和特色发展

在实施“高等学校教学质量与教学改革工程”的基础上，我国2006年启动了高等教育新的质量工程，着力于促进各级各类高等院校科学定位，狠抓质量，特色发展。

2006年，教育部办公厅印发关于《高等学校教学质量与教学改革工程立项项目经费管理办法》的通知，进一步加强高等学校教学质量与教学改革工程立项项目经费的管理，提高经费使用效益。

2007年，教育部、财政部发布《关于实施“高等学校本科教学质量与教学改革工程”的意见》（以下简称《意见》），《意见》决定实施质量工程。按照“分类指导、鼓励特色、重在改革”的原则，加强内涵建设，提升我国高等教育的质量和整体实力。主要包括：（1）开展专业结构调整与专业认证，择优选择和重点建设3000个左右特色专业点，重点推进工程技术、医学等领域的专业认证试点工作，逐步建立适应职业制度需要的专业认证体系；（2）推进课程、教材建设与资源共享，继续推进国家精品课程建设，遴选3000门左右课程，启动“万种新教材建设项目”；（3）推动实践教学与人才培养模式改革创新，重点建设500个左右实验教学示范中心，实施大学生创新性实验计划。支持15000个由优秀学生进行的创新性试验。择优选择500个左右人才培养模式创新实验区，推进高等学校在教学内容、课程体系、实践环节等方面进行人才培养模式的综合改革；（4）加强教学团队与高水平教师队伍建设，每年评选100名高等学校教学名师奖获得者。此外，实行教学评估与教学状态基本数据公布，促进学校强化教学管理、深化教学改革、提高教学质量。推进对口支援西部高校工作，促进东部和西部高等教育的协调发展。[①]

2007 年 7 月,《高等学校本科教学质量与教学改革工程专项资金管理暂行办法》出台。同年 12 月，教育部、财政部批准“高等学校本科教学工作分类评估方案项目”和“全国高校教学基本状态数据库系统项目”建设。

（三）从整体发展转向学科特色发展

《国家中长期教育改革和发展规划纲要（2010—2020 年）》强调，全面实施“高等学校本科教学质量与教学改革工程”。深化教学改革，把教学作为教师考核的首要内容，把教授为低年级学生授课作为重要制度。加强实验室、校内外实习基地、课程教材等基本建设。[②]

2011 年，教育部、财政部批准北京大学承担理科教育教学研究项目、医学教育教学研究项目和临床医学教学研究项目，清华大学承担工科教育教学研究项目和对口支援工作研究项目，中国人民大学承担文科教育教学研究项目，中国农业大学承担农林教育教学研究项目。同年 8 月，教育部发布《关于批准实施“十二五”期间“高等学校本科教学质量与教学改革工程”2011 年建设项目的通知》，决定：（1）批准北京大学等 44 所高校实施校外实践教育基地项目，建设 125 个校外实践教育基地（工程实践教育中心、临床

① 《教育部 财政部关于印发〈高等学校本科教学质量与教学改革工程项目管理暂行办法〉的通知》,《中华人民共和国教育部公报》，2007 年 10 期。

② 《国家中长期教育改革和发展规划纲要（2010—2020 年）》,《人民日报》，2019 年 7 月 30 日。

技能综合培训中心、法学教育实践基地）。（2）批准北京大学等53所高校实施西部受援高校教师和管理干部进修锻炼项目，资助西部受援高校教师和管理干部进修锻炼。（3）批准教育部高等教育教学评估中心组织实施180个本科专业认证试点项目。（4）批准高等教育出版社组织实施精品视频公开课建设项目，建设100门精品视频公开课。（5）批准高等教育出版社组织实施精品资源共享课建设项目，建设700门精品资源共享课。（6）批准高等教育出版社实施精品开放课程共享平台建设项目。[①]

2012年1月，《教育部关于批准实施“十二五”期间“高等学校本科教学质量与教学改革工程”2012年建设项目的通知》决定批准清华大学等53所高校实施专业综合改革试点项目，建设180个专业综合改革示范点；清华大学等51所高校实施校外实践教育基地项目，建设90个校外实践教育基地；北京大学等109所高校实施16300个大学生创新创业训练计划项目；高等教育出版社组织实施精品视频公开课建设项目，建设350门精品视频公开课；高等教育出版社组织实施精品资源共享课建设项目，建设1100门精品资源共享课；高等教育出版社继续实施2011年立项的精品开放课程共享平台项目。[②]

---

① 《教育部关于批准实施“十二五”期间“高等学校本科教学质量与教学改革工程”2011年建设项目的通知》，教育部网站，2011年8月25日。

② 《教育部关于批准实施“十二五”期间“高等学校本科教学质量与教学改革工程”2012年建设项目的通知》，教育部网站，2012年1月20日。

四、提升高等学校科学研究水平

高等教育科研作为高校发展的三大功能之一，在知识创新、技术创新、知识应用方面发挥越来越重要的作用，对提高国家创新能力发挥更大的作用。党中央一直重视我国高校科技创新能力，建立国家实验室、工程研究中心、部门重点实验室，充分发挥高等学校的学科和人才优势，努力取得更多重大科学研究成果，培养出更多高素质创新人才。

（一）实施“高层次创造性人才计划”

《2003—2007年教育振兴行动计划》的出台标志着“高层次创造性人才计划”的正式实施。2004年6月，教育部发布“高层次创造性人才计划”的具体实施内容，包括一个体系、三个层次和八项措施。

“一个体系”是指这个计划要构建定位明确、层次清晰、衔接紧密、促进优秀人才可持续发展的培养和支持体系。“三个层次”，是指这一高层次创造性人才计划，按照支持对象不同，分三个层次。第一层次为“长江学者和创新团队发展计划”，是教育部最高层次的人才项目，主要着眼于吸引、遴选和造就一批具有国际领先水平的学科带头人，形成一批优秀创新团队。该计划包括长江学者和创新团队两个项目。第二层次是“新世纪优秀人才支持计划”，实际上是对高校青年学术带头人的一个支持计划。该计划每年遴选支持1000名左右自然科学和人文社会科学领域的优秀青年学术带头人。第三层次是“青年骨干教师培养计划”，主要着眼于培养数以万计的青年骨干教师，带动教师队伍整体素质的提升，这一计划主要靠高等学校实施。每年重点支持培养10000名以上的青年骨干教师。[①]

（二）实行“高等学校科学研究优秀成果奖”

高等学校科学研究优秀成果奖（科学技术）用以鼓励在推动科学技术进步中做出突出贡献的高等学校的教师、科技工作者和科研组织，授予中国公民和组织，并对同一项目授奖的公民、组织按照贡献大小排序。高等学校科学研究优秀成果奖（人文社会科学）为奖励高等学校在人文社会科学研究领域做出突出贡献的研究人员，鼓励积极探索，勇于创新，推动高校人文社会科学事业繁荣发展，更好地为建设中国特色社会主义服务。

1995年，为表彰在高校人文社会科学研究中作出突出贡献的研究人员，原国家教育委员会启动了高校人文社科优秀成果奖励计划。2000年，教育部设立中国高校科学技术奖励委员会，中国高校科学技术奖励委员会设立中国高校科学技术奖，分设中国高校自然科学奖、中国高校技术发明奖、中国高校科学技术进步奖；设一等奖、二等奖两个等级；每年评审、授予一次。2002年5月，教育部印发《中国高校人文社会科学研究优秀成果奖励暂行办法》，规定每三年评选一次。2003年7月，教育部颁发第三届中国高校人文社会科学研究优秀成果奖。2006年9月，中国教育部启动2006年度高等学校科学技术奖项目的推荐和评审工作，设高等学校科学技术奖自然科学奖、高等学校科学技术奖技术发明奖、高等

① 何东昌：《中华人民共和国重要教育文献2003—2008》，北京：新世界出版社，2010年版，第420页。

学校科学技术奖科学技术进步奖（包括推广类）和高等学校科学技术奖专利奖四个奖种。2006 年 10 月，教育部颁发第四届中国高校人文社会科学研究优秀成果奖。

2008 年，高等学校科学技术奖和中国高校人文社会科学研究优秀成果奖合并为高等学校科学研究优秀成果奖。其中，高等学校科学研究优秀成果奖（科学技术）包括：（1）高等学校科学研究优秀成果奖自然科学奖：授予在基础研究和应用基础研究中做出重要科学发现的个人和单位。（2）高等学校科学研究优秀成果奖技术发明奖：授予在运用科学技术知识做出产品、工艺、材料及其系统等重要技术发明的个人和单位。（3）高等学校科学研究优秀成果奖科学技术进步奖：授予在应用推广先进科学技术成果、完成重要科学技术工程、计划、项目等方面做出创造性贡献的个人和单位；分为技术开发、社会公益、国家安全三类。（4）高等学校科学研究优秀成果奖专利奖：授予高等学校拥有优秀专利的发明人及专利权人。高等学校科学研究优秀成果奖（科学技术）包括：（1）高等学校科学研究优秀成果著作奖（人文社会科学）；（2）高等学校科学研究优秀成果论文奖（人文社会科学）；（3）高等学校科学研究优秀成果研究报告奖（人文社会科学）。为推进马克思主义大众化和人文社会科学知识传播普及，另设高等学校科学研究优秀成果普及奖（人文社会科学）。

（三）进一步繁荣发展高校哲学社会科学

在全面建设小康社会、开创中国特色社会主义事业新局面、实现中华民族伟大复兴的历史进程中，哲学社会科学具有不可替代的作用。必须进一步提高对哲学社会科学重要性的认识，大力繁荣发展哲学社会科学。

2005 年 5 月，中宣部、教育部印发《关于加强和改进高等学校哲学社会科学学科体系与教材体系建设的意见》，明确哲学社会科学学科体系建设的重要基础性地位。国家哲学社会科学规划、教育部哲学社会科学规划要根据马克思主义理论研究和建设工程的部署，设立相关研究项目，加大经费投入力度，大力开展马克思主义理论体系、马克思主义发展史和马克思主义中国化的研究，针对我国经济社会发展中的重大理论问题和实际问题，加强基础研究和应用研究。哲学社会科学重点教材建设遵循“总体规划、分步实施、突出重点、全面推进”的原则。认真做好包括马克思主义哲学、政治经济学、科学社会主义和政治学、社会学、法学、历史学、新闻学、文学等第一批 9 种哲学社会科学重点教材的研究和编写工作。第一批哲学社会科学重点教材的编写于 2007 年完成。制定第二、第三批重点教材研究和编写计划。第二批 25 种重点教材研究和编写工作将于 2005 年启动，2008 年完成。第三批 120 种左右重点教材研究和编写计划将在总结第一、第二批教材编写经验的基础上，于 2006 年制定并启动。力争在 2010 年之前，完成三批共 150 种左右的哲学社会科学重点教材建设任务。

2011 年 11 月，财政部、教育部联合发布《高等学校哲学社会科学繁荣计划（2011—2020 年）》明确提出高校哲学社会科学发展的总体目标：以建设具有中国特色、中国风格、中国气派的哲学社会科学为根本任务，大力推进社会主义核心价值体系建设，全面提升人才培养、科学研究、社会服务、文化传承创新的能力和水平，到 2020 年，基本建成高校哲学社会科学创新体系，为国家哲学社会科学创新体系建设提供有力支撑，为全面建设小康社会、加快推进社会主义现代化、实现中华民族伟大复兴作出新贡献。[1]围绕这一总体目标，新一轮计划提出，高校哲学社会科学应着力构建八个体系：构建具有中国特色的哲学社会科学学科体系和教材体系；构建高校哲学社会科学创新平台体系；构建团队攻关研究与个人自由探索并重的科研项目体系；构建高校哲学社会科学社会服务体系；构建方便快捷、资源共享的研究条件支撑体系；构建结构合理的高校哲学社会科学人才队伍体系；构建现代科研管理体系；构建制度、监督、惩治相结合的学风建设工作体系，同时，大力实施高校哲学社会科学“走出去”战略，提升国际学术影响力。

同时，中共中央办公厅、国务院办公厅转发《教育部关于深入推进高等学校哲学社会科学繁荣发展的意见》，强调巩固发展马克思主义理论学科，坚持基础研究和应用研究并重，传统学科和新兴学科、交叉学科并重，结合我国实际和时代特点，建设具有中国特色、中国风格、中国气派的哲学社会科学。坚持以重大现实问题为主攻方向，加强对全局性、战略性、前瞻性问题研究，加快哲学社会科学成果转化。积极参与实施哲学社会科学创新工程，推进学科体系、学术观点、科研方法创新，着力推出代表国家水平、具有世界影响、经得起实践和历史检验的优秀成果。积极促进高校哲学社会科学研究力量的整合，发挥社会科学研究基地和国家重点实验室的骨干作用，重点建设一批具有专业优势的思想库。

① 《教育部 财政部关于印发〈高等学校哲学社会科学繁荣计划（2011—2020年）〉的通知》，教育部网站，2011年11月7日。

五、增强高等学校社会服务能力

高等学校具有教学、科研和服务三大职能。随着我国高等教育实现跨越式的发展，我国高校已经担当起高素质人才培养、推进科技创新、传播先进文化的重任。党的十七大报告明确提出，“提高自主创新能力，建设创新型国家。这是国家发展战略的核心，是提高综合国力的关键”[①]。

2004年9月，在《2004—2010年西部地区教育事业发展规划》中指出，提高高校科技创新与服务能力。调整西部地区高等学校布局与结构，多种途径扩大高等教育资源，扩大高等教育规模特别是高等职业教育规模，形成高层人才流向西部和在西部留住的机制，为西部大开发培养大批留得住、下得去、用得上的人才。[②]

2012年，教育部发布《关于全面提高高等教育质量的若干意见》，提出增强高校社会服务能力，主动服务经济发展方式转变和产业转型升级，加快高校科技成果转化和产业化，加强高校技术转移中心建设，形成比较完善的技术转移体系。支持高校参与技术创新体系建设，参与组建产学研战略联盟。开展产学研合作基地建设改革试点，引导高校和企业共建合作创新平台。瞄准经济社会发展重大理论和现实问题，加强与相关部门和地方政府合作，建设一批高水平咨询研究机构。支持高校与行业部门（协会）、龙头企业共

---

① 胡锦涛：《高举中国特色社会主义伟大旗帜 为夺取全面建设小康社会新胜利而奋斗——在中国共产党第十七次全国代表大会上的报告》，北京：人民出版社，2007年版，第22页。

②《教育部 国务院西部开发办关于印发〈2004—2010年西部地区教育事业发展规划〉的通知》，《中华人民共和国教育部公报》，2004年11期。

建一批发展战略研究院，开展产业发展研究和咨询。组建一批国际问题研究中心，深入研究全球问题、热点区域问题、国别问题。

高等学校充分发挥学科综合、人才汇聚的优势，紧密结合经济建设和发展的需要，不断创新参与产学研结合的实践模式，为构建国家创新体系和建设创新型国家服务。如：广东省与教育部共同打造产学研联盟，动员和组织全省企业与国内高校开展全方位的产学研合作；上海市大力推动大学校区、科技园区、城市社区的“三区”融合、联动发展，建设了特色鲜明的区域创新体系；浙江大学全面深入地融入浙江省经济社会发展和基层创新事业之中；河北省引导和鼓励农业院校师生走“太行山道路”，把“论文写在祖国的大地上”，推广农业技术，为建设社会主义新农村服务等。“十一五”期间，2009 年国家三大奖通用项目全国高校共获得 198 项，占授奖总数的 68.5%；2010 年国家三大奖全国高等学校共获得 198 项，占总数的 71.5%；2011 年国家三大奖全国高等学校共获得 214 项，占总数（295 项）的 72.5%；2012 年国家科学技术奖三大奖中，全国高校共获得 183 项，占总数（266 项）的 68.8%。

第五节　不断深化继续教育改革

继续教育是将终身教育、终身学习转化为个人和社会的实践过程，涵盖了人一生的学习过程。继续教育是面向学校教育之后所有社会成员特别是成人的教育活动，是终身学习体系的重要组成部分。这一时期，党中央和国家领导人高度重视继续教育的改革与发展，出台了系列政策支持和保障继续教育质量。

一、健全完善继续教育政策法规

继续教育担负着全面提高公民思想道德和科学文化素质的重要任务，在我国现行法制与政策体系中具有重要地位。《宪法》《教育法》《高等教育法》《国家中长期教育改革和发展规划纲要（2010—2020年）》等均涉及“继续教育发展”问题，这些规定是继续教育工作规范运作的制度性保障，为继续教育稳定发展奠定了坚实基础。

2004年，《教育部办公厅关于加强和改进高等教育自学考试专业建设的若干意见》规定：“有条件地逐步调整专科专业的审批权。对于自学考试机构健全、考务考籍管理规范和建立有科学规范命题制度的省级考委，经全国考委授权，可获得专科专业的审批权。①”

同年，教育部公布《关于推荐全国社区教育示范区的通知》，规定了开展社区教育评估主要内容和基本标准，并希望以加强社区教育实验区、示范区建设为抓手，进一步推动城乡广泛开展社区教育。②

党的十七大报告提出，“发展远程教育和继续教育，建设全民学习、终身学习的学习型社会”③。2007年，人事部、教育部、科技部、财政部联合发布的《关于加强专业技术人员继续教育工作的

---

① 《教育部办公厅关于加强和改进高等教育自学考试专业建设的若干意见》，《中华人民共和国教育部公报》，2004年05期。

② 《教育部办公厅关于推荐全国社区教育示范区的通知》，教育部网站，2010年9月26日。

③ 胡锦涛：《高举中国特色社会主义伟大旗帜　为夺取全面建设小康社会新胜利而奋斗——在中国共产党第十七次全国代表大会上的报告》，北京：人民出版社，2007年版，第38页。

意见》提出，“加强继续教育基础，完善继续教育制度，提高继续教育质量，不断增强继续教育的针对性、实效性和吸引力，推动继续教育事业又好又快发展”[①]。

2008年，《教育部关于确定全国社区教育示范区的通知》确定北京市西城区等34个单位为全国社区教育示范区。

国家规定的“继续教育”囊括了社区教育、成人教育、远程教育、老年人教育、自学考试、全民阅读、开放大学等内容。“完善教育法律法规”中明确指出，制定“终身学习法”属于“六修五立”的重要范畴。2011年12月，国务院办公厅出台《社区服务体系建设规划（2011—2015年）》，提出“健全新型社区管理和服务体系，强化社区服务体系和信息化建设”[②]。2012年，全国老龄委发布《关于进一步加强老年文化建设的意见》，细化了老年教育的规定。同年，广播电视大学逐渐转型为开放大学。中央广播电视大学更名为国家开放大学，直属于教育部，以现代信息技术为支撑，主要面向成人开展远程开放教育，“可以授予学士学位”。上海、广东、江苏等地的“广播电视大学”也更名为“开放大学”。2012年，《关于加快发展继续教育的若干意见》（征求意见稿）第一次详细具体地提出继续教育的战略位置、总体要求、主要任务等，第一次对继续教育的发展有了国家层面的设计。

① 《关于加强专业技术人员继续教育工作的意见》，《继续教育》，2007年11期。
② 《国务院办公厅关于印发社区服务体系建设规划（2011—2015年）的通知》，中国政府网，2011年12月29日。

二、探索灵活开放的终身教育体系

作为完善终身学习体系的重要举措，为了搭建终身学习“立交桥”，促进各级各类教育纵向衔接、横向沟通，提供多次选择机会，满足个人多样化的学习和发展需要，国家教育行政部门和地方政府按照政策规定开始探索终身学习体系建设。

（一）《上海市终身教育促进条例》

《上海市终身教育促进条例》制定于2011年1月5日。经上海市十三届人大常委会第二十四次会议表决通过，自2011年5月1日起施行。该条例是继福建省后全国第二个关于终身教育的地方性法规，主要条款包括明确终身教育发展方针，设置终身教育主管统筹协调部门，建立终身教育学分积累与转换制度，实现不同类型学习成果的互认和衔接。条例同时对在职人员的教育培训、失业与农村进城务工劳动者的就业培训，老年教育、残疾人教育、社区教育与家庭教育的开展，以及经费支持、师资保障等做出了规定。[①]

（二）终身学习“立交桥”

终身学习“立交桥”是指为社会成员提供多样、灵活和开放的教育或学习机会，并通过学分认证机制把通过正规学习、非正规学习乃至非正式学习途径获得的各种学习成果予以有效衔接的一种制度安排。其目的是促进各级各类教育的纵向衔接、横向沟通，并满

① 《上海市终身教育促进条例》，《解放日报》，2011年1月12日。

足个人多样化学习与发展的需要。改革开放以来，我国在构建“立交桥”方面进行了探索，并形成一些具有中国特色的模式和制度。如成人中等和高等教育的自学考试制度、电大和网络学院宽进严出的开放教育模式、中职毕业生对口升高职和专升本制度以及同等学力申请学位制度等。[①]

（三）学分银行制度

学分银行制度是指在终身教育理念的推动下，以对不同类型、不同层次之间教育成果进行认定、累积和转换为主要内容的一种新型学习机制和教育管理制度。这种管理制度不仅使学生能够突破学习时段的限制，储存所学成果的学分，而且还能突破传统的专业限制，把通过不同途径获得的学习成果通过学分评定的专门机构和标准进行认定与积累，从而实现学分在不同类型教育之间的相互转换。[②]在我国，上海市率先在继续教育领域试行学分积累与互认的制度。由上海市教育委员会主办和管理、上海开放大学负责组织与实施的上海市终身教育学分银行作为中国第一家省市级学分银行，始建于2010年8月，2012年7月开始正式运行。上海学分银行定位于面向普通上海市民，并以继续教育（学历教育、职业培训和文化休闲教育等）学分认定、积累和转换为主要功能进行学习成果的管理与服务。[③]其目的旨在为学习者搭建四通八达的终身学习“立交桥”，以推进上海市学习型社会的建设。“学分银行”的产生，

---

① 韩民：《构建“立交桥”完善终身学习体系》，《中国教育报》，2010年3月28日。
② 朴仁钟：《终身学习型社会与韩国的学分银行制》，《开放教育研究》，2012年01期。
③ 崔昌浩：《通往明日之路：学分银行之机遇与挑战》，《开放教育研究》，2012年01期。

对调动学生积极性，促进各类教育资源的沟通和整合具有重要的意义。“学分银行”在推进中还面临许多挑战，包括自身的身份认定、机构设置、制定并实施学分评价标准、创建有效的管理运作机制，以及确保终身教育开展的普及性与有效性等。

（四）全民终身学习活动周

2005 年 10 月 15 日，由中国成人教育协会、中国教科文全委会发起，福建和北京、上海、天津等 10 个省市共同举办“全民终身学习活动周”，活动主题为“全民学习、终身学习、造就人生、振兴中华”。这次活动 10 个省市共组织了近千场各类教育或培训活动，约有 2000 万民众参与，数百家社会单位参加。“全民终身学习活动周”以鲜明的主题、灵活的形式、丰富的内容、显著的成果以及良好的社会影响受到社会各界关注。其为各地推进学习型城市建设搭建了一个宣传与示范的平台，并在全国范围内产生了影响。此后，这一活动被主办方定为每年举办一期。2012 年，为全面落实《国家中长期教育改革和发展规划纲要（2010—2020 年）》，加快发展继续教育，推进全民学习、终身学习的学习型社会建设，教育部办公厅发出举办“全民终身学习活动周”的号召，“全民终身学习活动周”的开展将终身教育的理念转变为实践，将党和政府提出的目标落实在行动，将教育和学习变为全社会的责任，具有积极的意义。

（五）社区教育实验区

“社区教育实验区”是党中央、国务院提出的“构建终身教育体系、建设学习型社会”的战略目标，并全面推进社区教育工作而采取的一项重要举措。社区教育实验区工作按分批推进原则进行。2001 年 11 月，教育部确定了 28 个社区教育实验区。2009 年，在分析研究社区教育新发展和深入调研实际情况的基础上，教育部对全国社区教育实验区作了调整。调整的原则是：已被命名为全国社区教育示范区的不再作为全国社区教育实验区单位；部分不具备开展实验工作条件的原实验区不再作为全国社区教育实验区单位；增加一批工作力度大的省级社区教育实验区为全国社区教育实验区单位。在实验区推进过程中，各地贴近社区居民开展了多形式、多层次的教育培训活动，其为有效满足社区居民不断增长的多样化学习需求，切实推进全民学习，促进社区全面发展以及提升社区居民整体素质积累了丰富经验。

第六节　深化考试招生制度改革

考试招生制度作为国家基本教育制度，是人才培养的枢纽环节，关系到国家发展大计，关系到每个家庭的切身利益，关系到亿万名青少年学生的前途命运。党的十六大以来，党中央、国务院特别重视考试招生，为学生成长、国家选材、社会公平提供了法治化程序，在《国家中长期教育改革和发展规划纲要（2010—2020 年）》中明确提出：以考试招生制度改革为突破口，按照有利于科学选拔人才、促进学生健康发展、维护社会公平的原则，探索招生与考试相对分离的办法，政府宏观管理，专业机构组织实施，学校依法自主招生，学生多次选择，逐步形成分类考试、综合评价、多元录取的考试招生制度。加强考试管理，完善专业考试机构功能，提高服务能力和水平。成立国家教育考试指导委员会，研究制定考试改革方案，指导考试改革试点。

一、实施义务教育就近免试入学

义务教育最大的属性就是保障教育公平，是教育的公共服务属性最大的体现。党中央和历届政府都致力于推进义务教育免试就近入学，致力于实现办好人民满意的教育。从 2000 年开始，我国义务教育转向均衡发展，流动人口子女接受义务教育受到重视。《关于基础教育改革和发展的决定》《关于做好农民进城务工就业管理和服务工作的通知》《关于进一步加强农村教育工作的决定》《关于进一步做好进城务工就业农民子女义务教育工作的意见》等文件相继出台，强调流动人口子女接受义务教育的“两为主”政策并强调流入地政府要落实“两为主”政策。保障农民工子女接受义务教育的权利，流入地政府应采取多种形式，接收农民工子女在当地的全日制公办中小学入学，在入学条件等方面与当地学生一视同仁。

2005 年 5 月，教育部发布的《关于进一步推进义务教育均衡发展的若干意见》坚持义务教育阶段公办学校免试就近入学，加强对接收农民工随迁子女民办学校的扶持和管理。2006 年修订的《义务教育法》，正式体现了以上政策精神，第十二条再次明确：“适龄儿童、少年免试入学。地方各级人民政府应当保障适龄儿童、少年在户籍所在地学校就近入学。父母或者其他法定监护人在非户籍所在地工作或者居住的适龄儿童、少年，在其父母或者其他法定监护人工作或者居住地接受义务教育的，当地人民政府应当为其提供平等接受义务教育的条件。[①]”

2010 年 7 月,《国家中长期教育改革和发展规划纲要（2010—2020 年）》重点提出农民工子女特点与发展趋势、我国工业化、城市化对农民工随迁子女就学的影响、农民工随迁子女中考高考问题、大中城市义务教育资源现有承载力及需求变化趋势、解决农民工子女教育问题的战略选择等问题，再次明确要适应城乡发展需要，合理规划学校布局，办好必要的教学点，方便学生就近入学，切实保障进城务工人员随迁子女平等接受义务教育。2012 年 9 月，国务院发布《关于深入推进义务教育均衡发展的意见》，强调保障进城务工人员随迁子女平等接受义务教育，要坚持以流入地为主、以公办学校为主的“两为主”政策，将常住人口纳入区域教育发展规划，推行按照进城务工人员随迁子女在校人数拨付教育经费，适度扩大公办学校资源，尽力满足进城务工人员随迁子女在公办学校平等接受义务教育。在公办学校不能满足需要的情况下，可采取政府购买服务等方式保障进城务工人员随迁子女在依法举办的民办学校接受义务教育。县级教育行政部门要按照区域内适龄儿童少年数量和学校分布情况，合理划定每所公办学校的招生范围。鼓励各地探索建立区域内小学和初中对口招生制度，让小学毕业生直接升入对口初中。支持初中与高中分设办学，推进九年一贯制学校建设。[②]

① 《中华人民共和国义务教育法》,《中华人民共和国全国人民代表大会常务委员会公报》，2015 年 03 期。

② 《国务院关于深入推进义务教育均衡发展的意见》,《中华人民共和国国务院公报》，2012 年 26 期。

二、深化高中阶段学校招生录取的学业水平考试和综合素质评价

中考制度改革在基础教育课程改革推进中，发挥着越来越重要的基础性作用。学业水平考试与综合素质评价相结合，成为提升基础教育质量的重要措施。

（一）以新课改为契机探索中考评价制度

2001 年 5 月，国务院发布《关于基础教育改革与发展的决定》（以下简称《决定》），《决定》要求，探索科学的评价方法，发现和发展学生的潜能，帮助学生树立信心，促进学生积极主动的发展。小学生成绩评定应实行等级制，中学部分学科实行开卷考试，重视实验操作考试。学校和教师不得公布学生考试成绩和按考试结果公开排队。同年 6 月，《基础教育课程改革纲要（试行）》正式颁布，强调建立促进学生全面发展的评价体系，不仅要关注学生的学业成绩，而且要发现和发展学生多方面的潜能，了解学生发展中的需求，帮助学生认识自我，建立自信。建立促进课程不断发展的评价体系，周期性地对学校课程执行的情况、课程实施中的问题进行分析评估，调整课程内容、改进教学管理，形成课程不断革新的机制。并强调考试内容应加强与社会实际和学生生活经验的联系，重视考查学生分析问题、解决问题的能力，部分学科可实行开卷考试。[①]

---

① 《基础教育课程改革纲要（试行）》，《人民教育》，2001 年 09 期。

2002 年,《教育部关于积极推进中小学评价与考试制度改革的通知》（以下简称《通知》）要求初中毕业、升学考试命题必须依据国家课程标准，杜绝设置偏题、怪题，要采用形式多样的考试方式，使学生在考试中有展示特长和潜能的机会。初中升高中的考试与招生中，要综合考虑学生的整体素质和个体差异，改变以升学考试科目分数简单相加作为唯一录取标准的做法。高中录取标准除考试成绩以外，可试行参考学生成长记录、社会实践和社会公益活动记录、体育与文艺活动记录、综合实践活动记录等其他资料，综合评价进行录取。积极探索建立招生名额分配、优秀学生公开推荐等制度。任何单位和个人不得以任何形式按中考成绩给地区、学校和学生排队并公布名次。[①]

2001—2004 年，在以上《决定》和《通知》要求基础上，义务教育课程实验与高中课程方案的形成，实验规模逐步扩大。

（二）基本形成以学业水平和综合素质评价相结合的高中阶段招录取制度

初中毕业考试与普通高中招生制度改革是全面推进素质教育工作的重要组成部分，要通过制度创新，使学校的各项工作特别是教育教学工作更加符合素质教育的要求，促进学生德、智、体、美等方面全面发展。在 2004 年 17 个国家课程改革实验区改革工作的基础上，我国各地在实施新课程初中毕业生的地区，积极推进初中毕业考试与普通高中招生制度改革。初中毕业考试与普通高中招生制

---

① 《教育部关于积极推进中小学评价与考试制度改革的通知》,《中华人民共和国国务院公报》，2003 年 19 期。

度改革要改变以升学考试科目分数简单相加作为唯一录取标准的做法，力求在初中毕业生学业考试、综合素质评价、高中招生录取三方面予以突破。为此，对实验区初中毕业生学业考试要单独命题，普通高中生要单列计划、单独招生，以保证考试与招生制度改革的顺利实施。

2005年1月12日，《教育部关于基础教育课程改革实验区初中毕业考试与普通高中招生制度改革的指导意见》提出，初中毕业生学业考试（以下简称学业考试）是义务教育阶段的终结性考试，目的是全面、准确地反映初中毕业学生在学科学习方面所达到的水平。考试结果既是衡量学生是否达到毕业标准的主要依据，也是高中阶段学校招生的重要依据之一。同时，学校还应对学生在综合实践活动等方面的学习情况进行考查，并体现在初中毕业生综合素质评价中。学业考试的命题应根据学科课程标准，加强试题与社会实际和学生生活的联系。学业考试的方式要多样化。要明确命题、审题和阅卷的程序和要求，建立命题、审题和阅卷制度，加强命题、审题和阅卷人员的队伍建设。学业考试的成绩应根据各学科课程标准的基本要求确定合格标准，提供普通高中录取用的学业成绩应以等级的形式呈现，等级数和等级标准应由各地根据考试结果，并结合当地优质高中资源的实际情况确定。①

为全面反映初中毕业生的发展状况，应对初中毕业生综合素质进行评价，评价结果应作为衡量学生是否达到初中毕业标准和高中阶段学校招生标准的重要依据。初中毕业考试与普通高中招生制度改

① 《教育部关于基础教育课程改革实验区初中毕业考试与普通高中招生制度改革的指导意见》，《中华人民共和国教育部公报》，2005年04期。

革要改变以升学考试科目分数简单相加作为唯一录取标准的做法，普通高中招生时要把初中毕业生学业考试、综合素质评价结合起来。

普通高中招生要坚持综合评价、择优录取的原则。学业考试成绩和综合素质的评价结果应成为普通高中招生的主要依据。实验区及上级教育行政部门应根据招生计划，参照报考学生的学业考试成绩和综合素质评价结果，按照差额投档的原则，分批录取。要避免将综合素质评价结果简单转换为权重作为录取依据的做法。各高中学校根据报考学生的学业考试成绩和综合素质评价结果，确定学校招生标准并进行录取。

（三）全面实施以新课改为基础的中考制度

随着基础教育课程改革的深入推行，中考改革（即初中毕业生学业考试与普通高中招生制度改革）工作已经基本完成实验阶段的任务，进入全面推广阶段，2008 年全国所有初中毕业生都应按新课程要求参加中考。为贯彻《义务教育法》（2006 年修订）提出的“改革考试制度，并改进高级中等学校招生办法，推进实施素质教育”规定，落实党的十七大报告提出的“更新教育观念，深化教学内容方式、考试招生制度、质量评价制度等改革，减轻中小学生课业负担，提高学生综合素质”的要求，2007 年颁布的《中共中央国务院关于加强青少年体育增强青少年体质的意见》和 2008 年《初中毕业升学体育考试工作的通知》相继提出，要全面组织实施初中毕业升学体育考试，并逐步加大体育成绩在学生综合素质评价和中考成绩中的分量。为此，教育部在布置 2008 年工作重点中，要求全面实施中考改革。

普通高中招生要切实改变将分数简单相加作为高中录取唯一标

准的做法，逐步实行以等级形式呈现学业考试成绩。必须坚持综合评价、择优录取的原则，应将初中学业考试成绩和综合素质评价结果作为普通高中招生的主要依据，将优质高中名额中的大部分均衡分配到普通初中，同时积极推行多种形式的招生录取办法。各地应根据本地实际情况，采取划等统招、差额投档、推荐保送、特长录取及必要的面试考查等多种招生办法，逐步扩大普通高中学校招生自主权。①

（四）完善中等职业学校招生制度

不失时机地发展高中阶段教育，引导初中毕业生合理分流，扩大高中阶段教育招生规模，是教育战线贯彻落实党的十六大精神的一项重要任务。稍晚于初中和高中考试招生制度改革，中职学校招生制度也不断完善。教育部相继发布《〈2004 年中等职业学校跨省招生来源计划〉的通知》《教育部关于贯彻落实全国职业教育工作会议精神进一步扩大中等职业学校招生规模的意见》，要求各地可根据实际，进一步改进和完善提前招生、推荐入学、注册入学、自主招生、集中录取、多次录取、春秋两季招生等制度和办法。同时，要求各省（自治区、直辖市）进一步扩大中等职业学校的招生自主权。允许中等职业学校招收应、往届初中和高中毕业生及具有同等学力的人员入学；允许中等职业学校根据市场需求和自身办学条件自行确定招生专业和规模；允许中等职业学校根据用工单位的需求，调整教学内容、学习方式和学习时间。

2005 年 3 月，《教育部关于统筹管理高中阶段教育学校招生工

① 《教育部关于深入推进和进一步完善中考改革的意见》，《中华人民共和国教育部公报》，2008 年 05 期。

作的通知》规定，改变学校按归属部门和类别分别组织招生的现行做法，由教育行政部门牵头建立统一的高中阶段教育学校招生工作领导小组，统筹高中阶段教育协调发展，统一制定高中阶段教育学校招生政策和措施，确定招生工作专门机构，统一领导招生工作。建立统筹管理高中阶段教育学校招生工作的领导小组，确定统筹管理高中阶段教育学校招生工作的专门机构，统筹管理招生录取工作，严肃招生纪律，规范招生行为。[①]

三、探索高等学校分类考试、综合评价、多元录取

经过“十五”、“十一五”期间的高考改革，我国高考改革呈现出招生与考试相对分离，学校依法自主招生，学生多次选择的趋势，已逐步形成分类考试、综合评价、多元录取的考试招生制度。

（一）确立新的高考科目设置

1999年，教育部开始推行“3+X”科目考试方案，广东省率先开始在高考科目设置和考试内容上进行改革，恢复了生物和地理学科的高考科目。“3+X”考试中的“3”指“语文、数学、英语”，是考生的必考科目，英语增加听力考试，“X”指学生根据自己的意愿，自主从文科综合、理科综合中选择一个考试科目，满分为750分。这样，强调各个考试科目的命题都要更加注重对考生能力和素质的考查，“X”的选择范围扩大到高中所开的全部课程，包

① 《教育部关于统筹管理高中阶段教育学校招生工作的通知》，《中华人民共和国教育部公报》，2005年05期。

括音乐、体育、美术。综合能力测试进入“X”及“X”的可选择性，体现了“3+X”科目设置方案的特点。

2004 年，教育部将山东、宁夏、广东、海南 4 省区列为全国高中新课程改革的首批实验区。三年后，高中课改四省区开始了第一次自行命题高考，此后，全国各省份陆续进行了高中新课程改革。

截至 2009 年，“3+X”方案已被北京、天津、重庆、福建等 25 个省市区应用。除此之外，山东、浙江实行“3+X+1”（语文、数学、英语+理科综合/文科综合+基本能力测试）模式，上海市实行“4+基础综合”（语文、数学、英语、选修科 + “基础综合”）模式，江苏实行“3+学业水平测试”（必修 4 科+选修 2 科）模式。2010 年广东取消“3+X+基础”模式，改为“3+综合”（语文、数学、英语+理科综合/文科综合+学业水平测试）模式。高考科目设置的改革，是新一轮高校招生考试制度改革的内容之一，也是落实高考改革有助于高等学校选拔人才、有助于中学实施素质教育、有助于高等学校扩大办学自主权三项原则的重要措施。

（二）健全综合评价制度

在新课程改革实验区实践经验的基础上，教育部要求各地要加快建设在国家指导下由各省份组织实施的普通高中学业水平考试和学生综合素质评价制度，对高中学生学业水平和综合素质进行全面、客观评价，以及为高校招生选拔提供参考依据的作用。2008 年 5 月，教育部发布的《关于普通高中新课程省份深化高校招生考试改革的指导意见》强调，加强对高校招生考试、录取和中学综合评价的统筹，推进综合改革。促进高校招生考试改革与高中课程相结合，促进国家统一考试改革与高中综合评价改革相结合，促进考试改革与高校录取模式改革相结合，逐步建立和完善在国家统一考试录取基础上的全面、综合、多元化的考试评价制度和高等学校多样化的选拔录取制度。[①]

（三）推动分类考试、录取多元化

2000 年，北京、上海、安徽、内蒙古等省（区、市）进行了春季招生改革试点，开始探索一年两次高考，使学生有多次考试和录取的机会。2002 年，广西试行本、专科高考分开考试的改革。从 2003 年开始，高考时间固定为每年的 6 月 7、8、9 日，我国开始推行自主招生试点。2004 年将“统一考试，分省命题”的举措扩大到 11 个省、市。

2001 年，高考取消考生“未婚、年龄不超过 25 岁”的限制。同年，江苏的东南大学、南京航空航天大学、南京理工大学 3 所国家重点高校率先实行了“自主招生”的试点工作。2003 年，北大、清华等 22 所高校被赋予 5%的自主招生权。2006 年教育部允许香港高校在内地自主招生。2007 年，部分教育部直属师范大学实行师范生免费教育，师范生免费教育重返大学校园。2008 年，湖南、江苏等 6 个省区实行平行志愿投档录取模式试点改革，减少了填报志愿风险，减少了高分落榜现象，减少了高校生源大幅波动现象，提高了录取透明度和考生满意度。2009 年教育部开始在清华大学、上海交通大学、中国科学技术大学、西安交通大学和南京大学五所高校试行自主选拔录取的“联考”，2011 年参加“联考”

① 《教育部关于普通高中新课程省份深化高校招生考试改革的指导意见》，《中华人民共和国教育部公报》，2008 年 04 期。

的高校扩大到20所。截至2010年，已有76所高等院校具备自主招生资格。到2011年，全国已有16个省份组织了高考分省命题。2012年，国家启动“异地高考”改革，并开始组织实施“面向贫困地区定向招生专项计划”。*

* 自主招生作为高校选拔人才的一种方式，从2003年开始，首批试点高校共22所，这些高校拿出不超过本校招生计划5%的招生名额，实行自主招生。

2009年，部分省份开始试行国家示范性高职院校开展单独招生改革试点，考生不再参加高考，由学校自主命题和组织考试录取考生。2011年教育部在部分高职院校中试行“注册入学”制度，逐步形成综合评价、多元考试、多样录取的考试招生制度，有助于克服“一考定终身”的考试弊端，促进中学全面实施素质教育，保障考生与学校依法自主双向选择的平等权利。

第七节　健全“管办评”分离的教育管理体制

改革开放以来，我国不断深化教育管理体制改革。通过政策和试验探索以转变政府职能和简政放权为重点，深化教育管理体制改革，提高公共教育服务水平。明确各级政府责任，规范学校办学行为，促进管办评分离，形成政事分开、权责明确、统筹协调、规范有序的教育管理体制。促使党中央统一领导和管理国家教育事业，制定发展规划、方针政策和基本标准，优化学科专业、类型、层次结构和区域布局。地方政府负责落实国家方针政策，开展教育改革试验，根据职责分工负责区域内教育改革、发展和稳定。

一、以“管办评”分离改革转变政府管理职能

改革开放以来，我国政府管理教育还存在越位、缺位、错位的现象，学校自主发展、自我约束机制尚不健全，社会参与教育治理和评价还不充分。要想从根本上解决这些问题，必须加快推进教育管办评分离、促进政府职能转变，厘清政府、学校、社会之间权责关系，构建三者之间良性互动机制。

“政府、学校、社会”之间的关系本质就是三者之间的“管办评”关系。其中，“管”是指实施依法行政，对形成政事分开、权责明确、统筹协调、规范有序的教育管理体制提出具体要求；“办”是指围绕推进政校分开，对建设依法办学、自主管理、民主监督、社会参与的现代学校制度提出具体要求；“评”是指围绕推进依法评价，对建立科学、规范、公正的教育评价制度提出具体要求。其中的焦点在于落实学校办学主体地位，关键点在于政府职能的定位。

2002 年，党的十六大报告指出，“形成行为规范、运转协调、公正透明、廉洁高效的行政管理体制。依法规范中央和地方的职能和权限，正确处理中央垂直管理部门和地方政府的关系。按照精简、统一、效能的原则和决策、执行、监督相协调的要求，继续推进政府机构改革，科学规范部门职能，合理设置机构，优化人员结构，实现机构和编制的法定化，切实解决层次过多、职能交叉、人员臃肿、权责脱节和多重多头执法等问题”[①]。

---

① 江泽民：《全面建设小康社会 开创中国特色社会主义事业新局面——在中国共产党第十六次全国代表大会上的报告》，北京：人民出版社，2002 年版，第 35 页。

2006年,《义务教育法》进一步详细规定义务教育阶段政府的权力和责任。2007年,《国家教育事业发展“十一五”规划纲要》明确各级教育行政部门的管理和服务职责，坚持依法行政，减少审批项目，规范行政审批。改进管理方式，更加注重运用法律、规划、拨款、标准、信息服务等手段，对教育进行宏观管理。[1]

《国家中长期教育改革和发展规划纲要（2010—2020年）》明确转变政府教育管理职能，强调各级政府要切实履行统筹规划、政策引导、监督管理和提供公共教育服务的职责，建立健全公共教育服务体系，逐步实现基本公共教育服务均等化，维护教育公平和教育秩序。同时要求政府要改进管理方式，完善管理制度，减少和规范对学校的行政审批事项。[2]实现这一职能转变关键在于落实“管办评”分离。

二、逐步扩大省级政府教育统筹权

建立中央和地方政府分级管理、以地方政府管理为主的教育管理体制，无论是基础教育还是高等教育，都需要加强省级政府管理的统筹权和决策权。改革开放以来，我国一直探索并逐步推动中央把省级政府能够承接的教育权力逐步下放，形成科学的权力结构和运行机制，鼓励地方政府开展教育创新和学校制度建设方面的改革。

---

①《国务院批转教育部国家教育事业发展“十一五”规划纲要的通知》,《中华人民共和国国务院公报》，2007年18期。

②《国家中长期教育改革和发展规划纲要（2010—2020年）》,《人民日报》，2019年7月30日。

（一）确立义务教育以“县级人民政府为主”的管理体制

2001 年 5 月，国务院印发《关于基础教育改革与发展的决定》，提出农村义务教育实行“在国务院领导下，由地方政府负责、分级管理、以县为主的体制”[①]。

2003 年 9 月，国务院召开全国农村教育工作会议，进一步强调要坚持和完善“以县为主”的农村义务教育管理体制。

2005 年 12 月，国务院下发《关于深化农村义务教育经费保障机制改革的通知》，明确将农村义务教育全面纳入公共财政保障范畴，建立中央和地方分项目、按比例分担的农村义务教育经费保障机制。2006 年修订的《中华人民共和国义务教育法》将“国家建立义务教育经费保障机制”写进法律，这标志着中国政府朝着制度性安排和标准管理方向前进了一大步。

但是随着中国经济区域发展不平衡、城乡差异扩大、人口流动加快，在实践过程中基础教育“以县为主”的管理体制显得管理重心过低，加强省级统筹又成为时代呼声。2011 年，北京、上海、安徽、广东、云南、新疆、深圳成为省级政府教育统筹综合改革试点，探索统筹建立健全以政府投入为主、多渠道筹集教育经费、保障教育投入稳定增长的体制机制。

（二）确立“中央和省级人民政府两级管理、以省级人民政府管理为主”的高等教育管理体制

在改革部门办学的过程中，中央政府对高等教育的管理权限也

① 《国务院关于基础教育改革与发展的决定》，《人民教育》，2001 年 07 期。

逐步下放到省级政府。2000 年，高职学校的审批权下放给省级政府；把相应专科层次的招生计划权下放到省。这两个权力的下放，扩大了省级政府的统筹决策权，同时不少原属中央部委管理的高校也划分地方管理或与部委共建。

在顺利实施《面向 21 世纪教育振兴行动计划》的基础上，2004 年 2 月，教育部颁布《2003—2007 年教育振兴行动计划》，要求完善中央和省级人民政府两级管理、以省级人民政府管理为主的高等教育管理体制。继续发挥中央和省级两级政府的积极性，发挥行业和企业的积极性，加强高等学校共建工作，巩固结构调整的成果，促进学科的深度融合和优化发展。① 这样高等教育宏观管理体制改革和布局使得中央和地方两级政府管理、省级管理为主的高等教育管理格局由此基本形成，高校在服务地方社会经济发展中发挥更大作用。

2010 年 7 月，国务院发布《国家中长期教育改革和发展规划纲要（2010—2020 年）》，提出“加快从教育大国向教育强国、从人力资源大国向人力资源强国迈进”的战略目标。在管理体制改革方面还提出，以转变政府职能和简政放权为重点，深化教育管理体制改革，提高公共教育服务水平。②

对于省级政府的教育统筹权，《国家中长期教育改革和发展规划纲要（2010—2020 年）》明确要求：进一步加大省级政府对区域内各级各类教育的统筹。统筹管理义务教育，推进城乡义务教育均衡发展，依法落实发展义务教育的财政责任。促进普通高中

① 《2003—2007 年教育振兴行动计划》，《人民日报》，2004 年 3 月 31 日。
② 《国家中长期教育改革和发展规划纲要（2010—2020 年）》，《人民日报》，2019 年 7 月 30 日。

和中等职业学校合理分布，加快普及高中阶段教育，重点扶持困难地区高中阶段教育发展。促进省域内职业教育协调发展和资源共享，支持行业、企业发展职业教育。完善以省级政府为主管理高等教育的体制，合理设置和调整高等学校及学科、专业布局，提高管理水平和办学质量。依法审批设立实施专科学历教育的高等学校，审批省级政府管理本科院校学士学位授予单位和已确定为硕士学位授予单位的学位授予点。完善省级对省级以下财政转移支付体制，加大对经济欠发达地区的支持力度。根据国家标准，结合本地实际，合理确定各级各类学校办学条件、教师编制等实施标准。统筹推进教育综合改革，促进教育区域协作，提高教育服务经济社会发展的水平。支持和督促市（地）、县级政府履行职责，发展管理好当地各类教育。①

三、探索建设现代学校制度

适应中国国情和时代要求，建设依法办学、自主管理、民主监督、社会参与的现代学校制度，构建政府、学校、社会之间新型关系。建设现代学校制度，需要落实和扩大学校办学自主权。建设现代学校制度，重点在于完善中国特色现代大学制度，其关键又在办学自主权的落实。

---

①《国家中长期教育改革和发展规划纲要（2010—2020年）》，《人民日报》，2019年7月30日。

（一）初步建立现代大学制度

随着社会主义民主法治和政治文明建设的推进，教育改革的不断深化，各级各类学校的发展环境、发展理念、发展方式正在发生深刻变化，迫切需要全面推进依法治校、加快建设具有中国特色的现代大学制度。

2004 年 10 月，教育部印发关于《普通高等学校高职高专教育指导性专业目录（试行）》的通知（以下简称《目录》）。《目录》是指导高等学校设置、调整高职高专教育专业，制定培养方案、组织教育教学，安排招生，组织毕业生就业，以及行政管理部门进行教育统计和人才预测等工作的主要依据，也是社会用人部门选用高等学校毕业生的重要参考。

2005 年 3 月，教育部印发《教育部关于实行高等学校招生工作责任制及责任追究暂行办法》的通知明确招生责任主体。对在高校招生、考试中的违纪违规行为，将按照党风廉政建设责任制规定和“谁主管，谁负责”的原则，追究有关责任者的相应责任。同时，教育部相继发布《普通高等学校学生管理规定》和《高等学校学生行为准则》，对高校学生的权利和责任进行厘定。

2010 年颁布的《国家中长期教育改革和发展规划纲要（2010—2020 年）》，在强调落实和扩大高等学校办学自主权的同时，第一次以中共中央、国务院文件的形式提出建设中国特色现代大学制度的要求，将高等学校办学自主权和高校内部治理推进到一个新的阶段。同年，《国务院办公厅关于开展国家教育体制改革试点的通知》从多个方面开始试点现代大学制度建设。

2011 年 7 月，《高等学校章程制定暂行办法》发布，进一步加速完善中国特色现代大学制度，指导和规范高等学校章程建设，促进高等学校依法治校、科学发展。随后，教育部颁布了《学校教职工代表大会规定》，明确规定了中国特色现代大学内部治理结构，明确高校内部权力的运行机制。一是领导决策权，这体现在高校党委的领导决策权。二是行政管理权，校长通过校长办公会等形式行使行政管理权。三是学术事务权。

2012 年全国教育工作会议召开，会议强调在加快管理体制改革方面，统筹中等和高等职业教育管理，加强教育督导问责，取消了一批行政审批项目，强化省级政府教育统筹权。[1] 同时建立部部合作、省部合作新机制，逐步推进向地方放权、向学校放权。2011 年，浙江坚持基础教育“以县为主”的管理体制，发挥设区市统筹规划职业教育的作用；落实高校办学自主权，围绕下放部分学科专业设置权、下放科研项目评审权、扩大本科院校的教师职称评审权、取消部分管理事项、扩大部分竞争性项目的准入范围、扩大高校的招生自主权、扩大民办高校的自主权等方面，开展高校体制改革，取得良好成效。

（二）职业学校以招生权为突破点推进放权改革

由于职业教育的独特性，职业学校的现代制度建设落实办学自主权，从职业学校的招生权入手。以招生权为突破点推进学校内部管理体制改革，带动职业教育学校的制度建设。

2004 年 3 月，《教育部关于做好 2004 年中等职业学校招生工

---

① 刘延东：《坚定信心 乘势而上 奋力开创教育改革发展新局面——在 2012 年全国教育工作会议上的讲话》，《中国教育报》，2012 年 2 月 20 日。

作的通知》规定：2004年中职学校招生要重点围绕“技能型紧缺人才培养计划”和“农村劳动力转移培训计划”的实施，进一步扩大招生规模，努力使中职学校与普通高中招生规模大体相当，使高中阶段两类教育协调发展。[①] 同年8月，《教育部关于在职业学校逐步推行学分制的若干意见》明确要求，进一步扩大职业学校在学籍管理和教学管理方面的自主权，建立更加灵活的学籍管理和教学管理制度”[②]。

2005年5月，《关于进一步做好2005年东部对西部联合招生合作办学工作的通知》提出联合办学的主体多样化的主张。这一建设性的合作办学，从中职学校招生上已开始尝试突破区域间的制度性障碍。

（三）推进中小学校章程和现代学校制度建设

统筹管理中小学发展，是省级政府的重要责任。要激活办学活力，保障学校办学自主权，各地以放权和管理机制改革为突破点，通过“管办评”分离推进现代学校制度建设。

2003年9月，《关于深化中小学人事制度改革的实施意见》（以下简称《意见》）颁布实施。《意见》明确加强编制管理，规范学校机构和岗位设置，根据教育层次、地域、学校教育教学工作任务、学生数和班额、教职工工作量，合理确定中小学教职工编制。校长负责制引入竞争机制改进校长选拔任用办法，实行每届任期

① 《教育部关于做好2004年中等职业学校招生工作的通知》，《中华人民共和国教育部公报》，2004年05期。

② 《教育部关于在职业学校逐步推行学分制的若干意见》，教育部网站，2004年8月2日。

3~5 年制度，逐步取消中小学学校的行政级别。[①]

2012 年 2 月，《教育部关于建立中小学幼儿园家长委员会的指导意见》要求家长委员会应在学校的指导下履行职责。一是参与学校管理。对学校工作计划和重要决策，特别是事关学生和家长切身利益的事项提出意见和建议。对学校教育教学和管理工作予以支持，积极配合。对学校开展的教育教学活动进行监督，帮助学校改进工作。二是参与教育工作。发挥家长的专业优势，为学校教育教学活动提供支持。发挥家长的资源优势，为学生开展校外活动提供教育资源和志愿服务。发挥家长自我教育的优势，交流宣传正确的教育理念和科学的教育方法。三是沟通学校与家庭。向家长通报学校近期的重要工作和准备采取的重要举措，听取并转达家长对学校工作的意见和建议。向学校及时反映家长的意愿，听取并转达学校对家长的希望和要求，促进学校和家庭的相互理解。

第八节　进一步扩大教育对外开放

教育对外开放是提高教育质量和建设教育强国的重要条件，更深远的意义在于服务国际国内大局、促进文明交流互鉴、推动人类文明进步。为此，应深入推动我国教育不断对外开放，迈向一个全新的高度。在这一期间，我国以加入WTO为契机，加速推进教育领域对外开放进程，不断取得新的成就和辉煌。

---

① 《人事部、教育部关于印发〈关于深化中小学人事制度改革的实施意见〉的通知》，《教育部政报》，2003 年 10 期。

一、以加入WTO协定为契机扩大教育开放

2001 年 12 月 11 日，我国成为世界贸易组织的正式成员。“入世”在为我国经济和社会发展创造有利环境的同时，也给我国的教育服务贸易带来了空前的发展机遇。我国教育服务贸易协议的签订，为我国教育对外开放提供了更大的机遇。

（一）WTO框架下教育服务贸易的规则

服务贸易是世界贸易组织（WTO）包含的核心内容，服务贸易分为 12 大类，下分 143 个服务项目，教育服务属于 12 类贸易服务中的第 5 类。

《服务贸易总协定》（GATS）将服务贸易分为四种提供模式：跨境提供、境外消费、商业存在和自然人流动，相应地，教育服务贸易有四种提供模式。在教育服务贸易中，跨境提供的主要形式是远程教育和网络教育，境外消费的主要形式是海外留学；在我国，教育服务贸易商业存在的主要形式是中外合作办学，自然人流动主要指在我国提供教育服务的外籍教师。

（二）我国关于水平减让表的承诺

1．我国签订的水平减让表与教育服务有关的承诺

（1）关于水平减让表对于契约式合资企业的说明，依照中国法律、法规及其他措施订立的设立“契约式合资企业”的合同条款，规定诸如该合资企业经营方式和管理方式以及合资方的投资或其他参与方式等事项。契约式合资企业的参与方式根据合资企业的合同决定，并不要求所有参与方均进行资金投入。我国认定的中外合作教育

服务将以契约式合作机构为主，以有别于其他商业性合资合营机构。

（2）允许不得从事任何营利性活动的外国企业（包括教育服务机构）在中国设立代表处，对设立分支机构不作承诺。

（3）以教育为目的的土地使用期限最长为50年，这说明中外合作教育服务机构在享有中国土地使用权出让方面的最高年限，等同于国内教育机构的待遇。

（4）对外国机构代表处、分公司和子公司的经理、高级行政管理人员和专家作为高级雇员、公司内人员临时调动，或被中国境内外国投资企业雇用，允许其作为自然人入境，在中国居留首期为三年（如合同期不满三年，以雇用合同时间为准）。服务销售人员符合水平减让表条件者允许入境，时间不超过90天。以上均适用于教育服务减让表承诺的活动。

2．我国签订的教育服务部门减让表的承诺

（1）国家规定的义务教育（我国实施九年制义务教育，包括初等教育和初中教育两个部分）和特殊教育服务（如军事、警察、政治和党校教育等）不包括在教育服务中。

（2）对跨境交付方式下的市场准入和国民待遇均未作承诺。因此，对外国机构通过远程教育和函授等方式向我国公民提供教育服务，我国可以完全自主地决定开放尺度，不受WTO协议的约束。

（3）对境外消费方式下的市场准入和国民待遇没有限制，即不采取任何措施，限制我国及其他WTO成员的公民出境（入境）留学或者接受其他教育服务。

（4）在教育服务的商业存在方面，不允许外国机构单独在华设立学校及其他教育机构；在市场准入上允许中外合作办学，并允许外方获多数拥有权，但没有承诺给予中外合作办学以国民待遇。

（5）在自然人流动方面，要求外国个人教育服务提供者入境提供教育服务，必须受中国学校和其他教育机构邀请或雇用；对其资格要求是：外国个人教育服务提供者必须具有学士及以上学位，具有相应的专业职称或证书，具有2年专业工作经验。

此外，在对外体现我国教育主权时，我国《教育法》规定："教育对外交流与合作坚持独立自主、平等互利、相互尊重的原则，不得违反中国法律，不得损害国家主权、安全和社会公共利益。[①]"

二、扩大国际交流与合作

教育面向世界对外开放是一个牵一发而动全身的庞大的系统工程，党中央想方设法对留学开放政策进行完善，加强国际交流与合作，为中国的可持续发展提供强大的智力支持，为打造人力资源强国和全面建设小康社会奠定了高素质人才基础。2002年，全国出国留学工作研究会召开年会。主要议题是讨论中国加入WTO后人才市场的变化和发展趋势及留学工作在新形势下的定位和应对策略，旨在为开拓未来留学工作的新局面提供政策新建议。

为适应我国加入WTO的新形势，保障中外教育服务提供者和出国留学者的合法权益，2003年教育部在国际合作与交流司设立了教育涉外监管处。主要负责中外合作办学、自费出国留学中介服务、外籍人员子女学校管理以及中外合作举办教育考试、举办国际教育展等。教育部规定以上活动，都将由教育涉外监管处专门监

① 《中华人民共和国教育法》，《中华人民共和国全国人民代表大会常务委员会公报》，1995年03期。

管。教育部简化审批手续请自费出国留学的高等学校在校生及具有大专以上学历但尚未完成服务期年限的各类人员，不再进行自费出国留学资格审核工作，不再收取高等教育培养费。同年，中国国家博物馆举办了《求学海外建功中华——百年留学历史文物展》，这是新中国成立以来举办的第一个以近现代留学历史为题材的大型展览。

2007 年 7 月，教育部、财政部正式印发《国家公派出国留学研究生管理规定（试行）》，旨在为实施国家科教兴国和人才强国战略，加快高层次人才培养，规范国家公派出国留学研究生（以下简称公派研究生）派出管理工作，提高国家公派出国留学效益。

在支持出国留学的同时，我国采取多种政策吸引出国留学生回国支持祖国建设。2000 年 7 月，经党中央、国务院批准，人事部印发《关于鼓励海外高层次留学人才回国工作的意见》，明确界定了留学人员回国工作的高层次人才在住房、科研经费资助、子女入学等方面的高待遇。此后，《人事部 教育部 科技部 公安部 财政部关于印发关于鼓励海外留学人员以多种形式为国服务的若干意见的通知》《教育部留学回国人员科研启动基金管理规定》《教育部办公厅关于吸引海外留学人员为西部服务，支持西部建设有关工作的函》《教育部办公厅关于商请协助做好吸引海外留学人员为实施东北地区等老工业基地振兴战略服务和支持东北建设有关工作的函》等鼓励留学人员回国服务的文件相继出台。国家鼓励海外留学人员采取多种方式为国服务，同时国家为海外留学人员为国服务活动提供政策保障，鼓励海外留学人员到西部地区从事技术引进、科技考察、咨询服务，开展各种学术、技术交流活动，国家按有关规定予以资金支持。

2007 年 3 月，教育部发布《关于进一步加强引进海外优秀留学人才工作的若干意见》（以下简称《意见》），旨在加快推进科教兴国战略和人才强国战略，加大海外优秀留学人才引进力度，促进我国技术创新和学科发展，建设适应社会全面协调可持续发展需要的高素质人才队伍，现就进一步加强高等学校、科研机构和留学人员创业园等国内用人单位引进海外优秀留学人才工作。《意见》将“海外优秀留学人才”分为三个层次。第一层次：着眼于吸引一批具有国际领先水平的学科带头人，形成一批优秀创新团队。第二层次：着眼于吸引一大批学术基础扎实、具有突出的创新能力和发展潜力的优秀学术带头人，促进技术创新和学科发展。第三层次：着眼于吸引大量青年骨干教师和科研骨干人员，带动教师队伍和科研队伍整体素质的提升。[①]

我国坚持“支持留学、鼓励回国、来去自由”的方针，提高对留学人员的服务和管理水平。坚持以开放促改革、促发展。开展多层次、宽领域的教育交流与合作，提高我国教育国际化水平。借鉴国际上先进的教育理念和教育经验，促进我国教育改革发展，提升我国教育的国际地位、影响力和竞争力。适应国家经济社会对外开放的要求，培养大批具有国际视野、通晓国际规则、能够参与国际事务和国际竞争的国际化人才。1991—2012年，我国年度各类出国留学人员总数由2.28万人增长到39.96万人，各类留学回国人员总数由0.61万人增长到27.29万人，分别增长了16.53倍和43.74倍。出国留学与留学回国人数比例则从1991年的3.74：1下降到

① 《国家中长期科学和技术发展规划纲要（2006—2020年）》，《中华人民共和国国务院公报》，2006年09期。

2012 年的 1.46 : 1，出国留学“逆差”显著缩小。[①]

与出国留学相比较，基于我国对外交往及经济社会建设的需要，来华留学教育政策渐趋由“封闭”走向“开放”。2000 年 1 月，教育部、外交部、公安部发布实施《高等学校接受外国留学生管理规定》，确立较为完备的留学生管理体制与工作机制。以此为标志，来华留学教育政策步入规范建设阶段。来华留学教育在此阶段的具体政策主要包括进一步简政放权、改革学历生学历证书管理、取消留学生招生资格审批、设立综合保险制度以及规范中国政府奖学金管理体系、制定来华留学生管理干部培训制度等。

通过以上措施，来华留学教育政策渐趋健全，来华留学教育步入规范化、制度化发展轨道，实现了迅速发展。留学生来自亚洲、欧洲、美洲和大洋洲的 180 余个国家和地区。[②] 2009 年，来华留学生达 238184 人，比 1999 年增长了 4.33 倍；其中，学历生人数为 93450 人，比 1999 年增长了 7.14 倍，远大于来华留学总人数的增长速度。[③] 2010 年 7 月，《国家中长期教育改革和发展规划纲要（2010—2020 年）》确立“进一步扩大外国留学生规模”的总体思路，并提出优化来华留学人员结构、增加中国政府奖学金名额、开展来华留学预备教育等具体措施。截至 2011 年，全年在华学习的外国留学人员总数首次突破 29 万人，共有来自 194 个国家和地

---

① 刘宝存、张继桥：《改革开放四十年教育对外开放政策变迁的历史考察》，《高校教育管理》，2018 年 11 期。

② 改革开放 30 年中国教育改革与发展课题组：《教育大国的崛起 1978—2008》，北京：教育科学出版社，2008 年版，第 376 页。

③ 刘宝存、张继桥：《改革开放四十年教育对外开放政策变迁的历史考察》，《高校教育管理》，2018 年 11 期。

区的 292611 名各类来华留学人员，分布在全国 31 个省、自治区、直辖市的 660 所高等院校、科研院所和其他教学机构中学习。来华留学生总人数、生源国家和地区数、我国接收留学生单位数及中国政府奖学金生人数四项均创新中国成立以来新高。

三、引进优质教育资源

加入世界贸易组织快速推动我国对外开放程度和层次。为此，我国加速研制出台引进优质教育资源的政策条例，以商业存在的方式开展教育贸易服务活动。诸如吸引境外知名学校、教育和科研机构以及企业，合作设立教育教学、实训、研究机构或项目；鼓励各级各类学校开展多种形式的国际交流与合作，办好若干所示范性中外合作学校和一批中外合作办学项目；探索多种方式利用国外优质教育资源。

2003 年 3 月，国务院颁布《中外合作办学条例》，对办学者资格、办学层次、招生对象、办学形式、办学管理、教育教学等方面进行了较为完整的界定，这是我国改革开放以来中外合作办学领域的第一部行政法规。以《中外合作办学条例》的颁布为标志，中外合作办学政策步入规范建设阶段。2004 年 6 月，教育部发布《中外合作办学条例实施办法》，对《中外合作办学条例》的贯彻实施进行了具体规定。同年，教育部启用《中外合作办学许可证》和《中外合作办学项目批准书》。

此后，教育部根据中外合作办学事业的发展实践陆续出台《教育部关于当前中外合作办学若干问题的意见》《教育部关于进一步规范中外合作办学秩序的通知》《教育部办公厅关于开展中外合作办学评估工作的通知》《教育部办公厅关于加强涉外办学规范管理的通知》等规范性文件，提出坚持中外合作办学的公益性原则，坚持依法办学、规范管理，坚持引进优质教育资源，加强能力建设的政策导向，加强中外合作办学的质量管理，要加强采用“双校园”办学模式的中外合作办学项目的管理，要加强对中外合作办学收费的管理，强化对中外合作办学活动的监管力度和规范建设。在此阶段，中外合作办学发展迅速。截至2012年，全国共举办中外合作办学项目和机构1765个，其中，本科及以上层次的项目732个，本科以上具有独立法人资格的中外合作大学和高校内设的中外合作二级学院43个。[①]

在合作办学中，走出境外办学影响最大的就是2004年开始的孔子学院。孔子学院以加快汉语走向世界为使命，努力构建汉语言文化传播网络，办学规模迅速扩大，办学质量日益提高，品牌项目广受欢迎，创造了中外合作开展语言文化交流的新模式，走出了一条中华文化走向世界的新途径，实现了跨越式发展，成为我国对外教育文化交流与合作的典范，为推动汉语走向世界、促进中外文化交流、增进我国与各国人民之间的友谊作出了重要贡献。自2004年11月21日全球第一所以汉语国际推广为主要使命的孔子学院在韩国首尔揭牌以来，占世界人口86%的105个国家已建立358所孔子学院和500多个中小学孔子课堂，40多个国家将汉语教学纳入国民教育体系。[②]孔子学院将向4种类型发展。一是针对全球“汉语热”持续升温的状况，绝大部分孔子学院以汉语教学为主要

① 《扩大教育对外合作 引进先进教育资源》,《中国教育报》，2013年3月14日。
② 《探访四国孔子学院文化交流的“中国样本”》,《人民日报》，2012年3月1日。

任务，全程提供从零起点到攻读学位的课程，成为所在国的汉语教学中心、本土师资培训中心、师资质量权威认证中心和考试认证中心；二是支持一批世界知名大学的孔子学院，开展高级汉语教学，培养新一代汉学家和本土汉语教师；三是在亚非拉发展中国家，开展有针对性的职业培训，帮助学生既掌握汉语又掌握谋生本领；四是根据所在国家学习和了解中华文化的特殊需求，兴办以中医、武术、烹饪、艺术、旅游教学为主要特色的孔子学院。[1]

中外合作办学已成为我国教育事业的有机构成，其在创新人才培养模式、促进国际化人才培养、推动高等学校教育教学改革及国际化建设等方面发挥了独特而有效的作用。外国专家与外籍教师政策导向逐步向提高外国专家与外籍教师聘请层次转变，政策内容逐步向高层次外国专家与外籍教师的引进与合作上拓展。2002 年，教育部设立“聘请世界知名学者”项目。2006 年 8 月，教育部、国家外国专家局印发《高等学校学科创新引智基地管理办法》，启动实施“高等学校学科创新引智计划”（又称“111 计划”）。“111 计划”旨在通过成建制引进海外高层次专家赴我国高等学校开展合作研究，建成一批世界一流的学科创新基地。2010 年《国家中长期教育改革和发展规划纲要（2010—2020 年）》明确提出要吸引更多世界一流的专家学者来华从事教学、科研和管理工作，有计划地引进海外高端人才。2011 年 8 月，国家有关部门发布《“千人计划”高层次外国专家项目工作细则》，启动“外专千人计划”，旨在引进非华裔高层次外国专家。

① 《探访四国孔子学院文化交流的“中国样本”》，《人民日报》，2012 年 3 月 1 日。

四、提高交流合作水平

加入WTO后，我国教育对外开放范围更广，国际间交流合作层次更深更高。在扩大政府间学历学位互认互授，高水平大学合作，高水平教育机构海外办学，与港澳台地区的教育交流与合作，与联合国教科文组织等国际组织的合作，不断深化我国教育对外开放，为我国高水平教育发展提供新的方向，为我国教育走向世界搭建桥梁。

（一）扩大高水平办学合作

改革开放以来，我国高等教育快速发展，人才培养质量稳步提升，已经越来越得到国际高等教育界的认同。相互承认学位、学历协议的签署，反映了我国高等教育对外开放事业的不断发展，显示了政府对推进教育对外开放的极大自信，也展示着中国愿与世界各国拓展友好关系的极大诚意，更为国际间学生流动提供了极大便利，为中外学生在更大范围内进一步深造和就业等合法权益提供了法律保障。2002—2011 年，我国与 36 个国家或地区签订了相互承认学位、学历和文凭的双边协议。

在高等教育领域同国外开展学位、学历和文凭的互认，推动了国际教育理解，深化了文化认同，吸引了国外高水平大学来华开展合作办学。我国已有宁波诺丁汉大学、西交利物浦大学、北京航空航天大学中法工程师学院、同济大学中德工程学院等 13 家中外合作办学机构培养了超过一届以上的毕业生，初步实现了《国家中长期教育改革和发展规划纲要（2010—2020 年）》提出的“办好若干所示范性中外合作学校和一批中外合作办学项目，探索多种方式利用国外优质教育资源”的目标。13 家中外合作办学机构在培养具有国际视野、通晓国际规则、能够参与国际事务与国际竞争的创新型复合型人才方面，取得明显成效。截至2014年底，13家机构已培养毕业生共约15000人。调查2014届毕业生情况显示，13家机构毕业生的就业率及就业质量高，平均就业率达到95.94%。毕业生对就业现状满意度达到92.57%；毕业生对母校人才培养的满意度为90.77%，95.02%的毕业生愿意向社会和广大考生推荐其母校。①

（二）加强国际组织间的项目合作

我国加强与联合国教科文组织等国际组织的合作，积极参与双边、多边和全球性、区域性教育合作。积极参与和推动国际组织教育政策、规则、标准的研究和制定。搭建高层次国际教育交流合作与政策对话平台，加强教育研究领域和教育创新实践活动的国际交流与合作。

1．借力国际组织，持续支持西部教育扶贫工作。

2003年5月，中国—联合国开发计划署403项目启动。该项目总预算940万美元，其中联合国开发计划署提供120万美元，英国国际发展部提供520万美元，中国政府分摊300万美元。项目将对甘肃、四川、云南三省选定的九个贫困县贫困农村社区的20000名在职小学教师开展高质量的远程师资培训。2003年11月，世界银行、中国政府签订了本项目《贷款协定》，世界银行、英国政府和中国政府签订了项目《三方协议》，启动“中国西部省（区）基础教育项目”（简称“西发项目”）。该项目于2004年5月20日正

① 《中外合作办学质量稳步提升》，教育部网站，2016年4月6日。

式生效，拟于2008年12月31日完工，2009年6月30日关闭。“西发项目”支持四川、云南、广西、宁夏和甘肃五个省（自治区）的112个贫困县普及九年义务教育，巩固“普九”成果。通过改善112个贫困县中小学、初中的办学条件，提高教育教学质量和教育行政水平，基本实现普及高质量的九年义务教育的目标。“西发项目”侧重支持的内容包括：改善项目学校的办学条件，包括新建教学用房，购置图书、仪器设备和课桌椅；提高以及改进教师和行政管理队伍水平，主要是开展管理人员、校长和教师的培训；提高教育教学质量，主要是开展基础教育教学改革的研究，探讨和解决省级基础教育中面临的重大问题等。

2．开展高级别教师培训项目，扩大教师开放视野。

2005年6月，为了引进国外智力，促进我国高校领导干部队伍建设，提高高校领导干部队伍素质和高校管理水平，进而提升高校的国际竞争力，教育部与国家外专局联合启动“高校领导赴海外培训”项目，组织高校领导分赴美国、英国、法国、德国、加拿大、澳大利亚等国家，就当代高等教育改革发展和现代大学的组织管理问题进行集中研修学习，就高等教育的热点和难点问题与国际一流专家学者展开讨论和交流。2006年8月，为了更好地借鉴国外高等职业教育的先进经验，提高高等职业院校对外合作水平，教育部组织实施“中国高等职业教育联合革新计划——高职教师教育与培训”项目。2007年4月，在联合国教科文组织职业技术教育中心的支持下，教育部启动“中国高等职业教育联合革新计划”。2009年8月，教育部与国家外国专家局组织实施高校领导赴海外培训项目，其目的是借鉴世界著名大学的成功办学经验，推进我国高水平大学建设，提高高校管理水平，开阔高校领导的国际视野，进一步加强高校领导干部素质与能力建设，增进高等教育国际交流与合作，提升中国高等教育的质量和国际竞争力。

3．坚持以人文交流为纽带，推动文明交流互鉴，深化语言交流合作。

2005年8月16—24日，教育部与美国耶鲁大学联合举办的第二届中国—耶鲁大学领导高级研讨班在美国康州纽黑文市耶鲁大学举行。北京大学、清华大学等14所著名高校33位大学领导参加了本届研讨班。2007年12月，孔子学院总部/教育部对外汉语教学发展中心成立“汉语国际推广中小学基地”。“汉语国际推广中小学基地”的主要任务：对口支持外国学校开设汉语课、向国外派出汉语教师和志愿者、培训外国汉语教师、对外派志愿者进行培训并安排实习、接受汉语国际教育硕士专业学位的研究生实习、接受外国中小学生来校学习汉语、承办外国学生夏令营活动、对外汉语课程开发与建设、为汉语国际推广工作出经验、出模式等。同时，为了培养高层次国际汉语人才。

（三）实施与港澳台相互招生措施

加强内地与港澳台地区的教育交流与合作。2004年3月，教育部办公厅发布《关于同意香港、澳门特区高等学校在内地澳门部分省、自治区、直辖市招收自费生的通知》，应香港、澳门特区政府教育主管部门的要求，教育部同意香港、澳门特区的有关高等学校从2004年起在内地部分省（自治区、直辖市）招收自费生（其中澳门特区的高等学校在内地还招收预科生和研究生）。招生学校包括香港大学、香港中文大学、香港城市大学、香港科技大学、香港浸会大学、香港教育学院、香港理工大学、岭南大学。招生生源地包括北京、上海、江苏、浙江、福建、山东、湖北、广东、重庆、四川。2005年招生范围扩大到17个省，2007年扩大到25个省。

在允许大陆学生报考港澳高校的同时，我国积极鼓励倡导内地高校招收港澳台的学生。把内地与港澳台地区教育交流提升到贯彻落实“一国两制”方针，促进祖国统一大业的高度。2004年11月1日，教育部发布通知，招收香港、澳门、台湾人士来内地接受研究生教育，并印发《2005年内地（祖国大陆）高等学校从港澳台人士中招收研究生的办法》和《2005年内地（祖国大陆）高等学校从香港、澳门、台湾人士中招收研究生简章》。其中，《2005年内地（祖国大陆）高等学校从港澳台人士中招收研究生的办法》界定了具体招生类别。

从港澳台招收学生范围持续扩大。内地普通高等学校联合招收华侨、港澳台地区学生工作，是加强内地与港澳台地区教育交流与合作的重要途径。

2007年，教育部把面向香港、澳门、台湾地区招收研究生纳入全国研究生招生工作。2008年，教育部把“面向香港、澳门、台湾地区招收研究生”纳入全国研究生招生工作，并要求各省级招办负有对本省（区、市）面向港澳台地区研究生招生工作的管理责任，要切实加强对港澳台研究生招生工作的业务指导、综合协调、检查监督和信息上报等各方面的管理。

第九节　建设高素质专业化教师队伍

教师素质的高低，关乎整体教育质量，没有高水平的教师，就没有高质量的教育。提高教育质量乃至整个教育事业的成败，从根本上讲，取决于教师队伍的素质，因此，全面提高教师素质，尤其是加强农村教师队伍建设，必须成为教育工作的重中之重。

一、加强师德师风建设

加强和改进师德建设是全面贯彻党的教育方针的根本保证，是进一步加强和改进青少年学生思想道德建设和思想政治教育的迫切要求。教师是人类灵魂的工程师，是青少年学生成长的引路人。教师的思想政治素质和职业道德水平直接关系到大中小学德育工作状况和亿万青少年的健康成长，关系到国家的前途命运和民族的未来。

2005 年,《教育部关于进一步加强和改进师德建设的意见》要求，要坚决反对教师讥讽、歧视、侮辱学生，体罚和变相体罚学生的行为；坚决反对向学生推销教辅资料及其他商品，索要或接受学生、家长财物等以教谋私的行为；坚决反对在科研工作中弄虚作假、抄袭剽窃等违背学术规范，侵占他人劳动成果的不端行为；坚决反对在招生、考试等工作中的不正之风和违纪违法行为；严厉惩处败坏教师声誉的失德行为。对师德表现不佳的教师要及时劝诫，经劝诫仍不改正的，要进行严肃处理。对有严重失德行为、影响恶劣者一律撤销教师资格并予以解聘。[①] 建立师德问题报告制度和舆论监督的有效机制。将师德建设作为学校办学质量和水平评估的重要指标。

---

① 《教育部关于进一步加强和改进师德建设的意见》，教育部网站，2005 年 1 月 13 日。

加强中小学教师职业道德建设，提高中小学教师的师德素养，对于确保党的事业后继有人和社会主义事业兴旺发达，全面建设小康社会，构建社会主义和谐社会，实现中华民族伟大复兴，具有深远意义。2008 年教育部完成《中小学教师职业道德规范》修订，从爱国守法、爱岗敬业、关爱学生、教书育人、为人师表、终身学习等六个方面形成完整的中小学教师师德体系。要求中小学教师关心爱护全体学生，尊重学生人格，平等公正对待学生。遵循教育规律，实施素质教育。坚守高尚情操，知荣明耻，严于律己，以身作则。崇尚科学精神，树立终身学习理念，拓宽知识视野，更新知识结构。潜心钻研业务，勇于探索创新，不断提高专业素养和教育教学水平。

2011 年，教育部与中国教科文卫体工会全国委员会联合发布《高等学校教师职业道德规范》（以下简称《规范》）。《规范》从爱国守法、敬业爱生、教书育人、严谨治学、服务社会、为人师表六个方面形成高校教师师德规范体系。其中“严谨治学”明确规定高校教师坚决抵制学术失范和学术不端行为。“服务社会”明确规定高校教师坚决反对滥用学术资源和学术影响。“为人师表”明确规定高校教师模范遵守社会公德，维护社会正义，引领社会风尚；言行雅正，举止文明；自尊自律，清廉从教，以身作则。自觉抵制有损教师职业声誉的行为。[①]

师德作为大中小学校教师素质的核心，党和国家非常重视师德师风建设。全面建设小康社会的关键期，为培养更多的优秀人才，

① 《高等学校教师职业道德规范》，《中国高等教育》，2012 年 05 期。

我国出台系列政策要求各地各校要将师德纳入教师考核评价体系，并作为教师绩效评价、聘任（聘用）和评优奖励的首要标准，严格执行“一票否决制”。完善师德考核办法，将《中小学教师职业道德规范》和《高等学校教师职业道德规范》作为师德考核的基本要求，结合教学科研日常管理和教师年度考核、聘期考核全面评价师德表现。建立健全师德考核档案。对师德表现突出的，要予以重点培养、表彰奖励；对师德表现不佳的，要及时劝诫、督促整改；对师德表现失范的，要依法依规严肃处理。

二、完善教师教育体系

教师教育是我国教育的重要组成部分，是基础教育师资来源和质量提高的重要保证。教师教育是在终身教育思想指导下，按照教师专业发展的不同阶段，对教师的职前培养、入职教育和在职培训的统称。加快教师教育的发展，提高教师教育水平，对建设一支高素质的教师队伍，扎实推进素质教育，具有重大的战略意义。

（一）健全完善教师教育一体化结构

由于我国教师教育发展相对不成熟，教师教育体系的布局和层次结构还不尽合理，培养培训相互衔接一体化程度较低，教师教育体系的开放程度还不够高，教师教育制度建设有待进一步加强。师资培养模式比较单一，教师教育观念、课程体系、教学内容和教学方法手段不能适应教育现代化和实施素质教育的要求。

2002 年 9 月，教育部发布《关于加强专科以上学历小学教师培养工作的几点意见》，要求将专科以上学历小学教师的培养纳入高等教育体系。在高师资源不足的地区，可以在优质的中等师范教育资源基础上，建立称“三二分段制”*专科教育。

*“三二分段制”即少数地区可以通过中师与高师实行联合办学，前三年放在中师，后二年放在高师培养的形式培养专科学历小学教师。

2004 年 4 月，教育部决定从当年开始实施“农村高中教育硕士师资培养计划”，鼓励大学应届本科毕业生到中西部地区“国家扶贫开发工作重点县”高中任教。在具有推荐免试研究生资格的大学中，选拔部分优秀应届本科毕业生，通过如下方式为中西部地区扶贫县高中培养教育硕士师资。2005 年 3 月，教育部发布《关于规范小学和幼儿园教师培养工作的通知》，强调培养专科以上学历小学和幼儿园教师，逐步将小学和幼儿园教师的培养纳入高等教育层次。积极支持普通本科院校举办小学教育和学前教育专业。培养中师学历小学和幼儿园教师，根据当地小学和幼儿教育发展的实际需求情况，合理确定规模，严格执行招生计划。①

2012 年 11 月，教育部会同国家发展改革委、财政部联合发布《关于深化教师教育改革的意见》，要求构建开放灵活的教师教育体系。发挥师范院校在教师教育中的主体作用，重点建设好师范大学和师范学院。鼓励综合大学发挥学科综合优势，参与教师教育。地方综合性院校、师范高等专科学校、中等师范学校要根据教师培养要求，积极调整专业结构，加强小学和幼儿园教师培养。教育部与各省级人民政府共同建设一批师范大学和职业技术师范院校。支持部属师范大学与地方师范院校合作建立区域性教师教育联盟。建立以师范院校为主体、教师培训机构为支撑、现代远程教育为支持、立足校本的教师培训体系。各地要推进县级教师培训机构与教

① 《教育部关于规范小学和幼儿园教师培养工作的通知》,《中华人民共和国教育部公报》, 2005 年 05 期。

研、科研、电教等部门的整合与联合，规范建设县（区）域教师发展平台，统筹县域内教师全员培训工作。依托现有资源，加强中小学幼儿园教师、职业学校教师、特殊教育教师和民族地区双语教师培养培训基地建设。[①]

（二）实施教师教育一体化重大工程

1. 全国教师教育网络联盟计划

为了推进教师教育改革创新，以信息化带动教师教育现代化，逐步构建开放灵活的教师终身学习体系，推进教师继续教育，全面提高教师教育质量，大幅度提升教师队伍的整体素质，促进基础教育尤其是农村教育的发展，2003 年，教育部决定实施全国教师教育网络联盟（以下简称教师网联）计划。教师网联计划旨在以现代远程教育为突破口，在政府的支持和推动下，充分调动各级各类举办和支持教师教育的高等学校（机构）的积极性，整合资源，构建以师范院校和其他举办教师教育的高校为主体，以高水平大学为核心，区域教师学习与资源中心为服务支撑，社会力量积极参与，职前职后教育一体化，教师教育系统、卫星电视网与计算机互联网相融通，学校教育与现代远程教育等各种教育形式相结合，学历教育和非学历教育相沟通，系统集成，优势互补，共建共享优质教育资源，覆盖全国城乡的教师教育网络体系。

教师网联计划坚持总体规划、分步实施，重点突破、全面推进的方针。实施工作分“三步走”：

---

① 《教育部国家发展改革委财政部关于深化教师教育改革的意见》，教育部网站，2012 年 11 月 8 日。

第一阶段：教师网联以远程教育试点师范大学和中央广播电视大学等首批成员单位为主体，建立管理规范和技术标准，建立标准化开放性的公共服务平台，初步形成共建共享优质教育资源的教师教育协作组织。重点面向农村，配合中小学现代远程教育工程的实施，充分发挥教师网联的优势，因地制宜地运用光盘教学、卫星电视教育、网络教育等各种模式，共享优质教育资源，有效地开展各种层次和规格的教师学历教育和非学历培训，大幅度提高中小学教师队伍素质。

第二阶段：教师网联扩大到具备条件的省属师范院校和其他举办教师教育的高等学校，并广泛动员社会力量，在更大范围调整整合教师教育资源，基本形成以区域教师学习与资源中心为支撑的公共服务体系。完善教师网联管理制度与运行机制。进一步提高教师网联办学的质量、规模和效益。

第三阶段：全面实施教师网联的总体规划，实现教师网联总体目标，各种教育形式衔接与沟通，形成具有时代特征和中国特色的教师终身学习体系。

2. 农村义务教育阶段学校教师特设岗位计划

党的十六届五中全会提出“切实提高师资特别是农村师资水平”的重要任务。因而从 2006 年启动“特岗计划”，用 5 年时间实施。2006 年计划安排 2 万~3 万个特设岗位。“特岗计划”所需资金由中央财政和地方财政共同承担，以中央财政为主。中央财政设立专项资金，用于特设岗位教师的工资性支出，并按年人均 1.5 万元的标准，与地方财政据实结算。

“特岗计划”在西部 11 个省（自治区、直辖市）以及纳入国家西部开发计划的湖北、海南省部分“两基”攻坚县和新疆生产建设兵团的部分团场实施。特岗教师在中小学现有编制内，实行聘任制，公开招聘、择优录用、合同管理。招聘对象和条件要求是：以高等师范院校和其他全日制普通高校应届本科毕业生为主，可招少量应届师范类专业专科毕业生；取得教师资格，具有一定教育教学实践经验，年龄在30岁以下的全日制普通高校往届本科毕业生；参加过“大学生志愿服务西部计划”、有从教经历的志愿者和参加过半年以上实习支教的师范院校毕业生同等条件下优先。招聘工作由省级教育、人事、财政、编办等部门共同负责，遵循“公开、公平、自愿、择优”和“三定”（定县、定校、定岗）的原则，其主要程序有：公布需求、自愿报名、资格审查、考试考核、集中培训、资格认定、签订合同、上岗任教。招聘可采取组织专场招聘会、网上招聘会、设岗所在地有关部门到高校招聘等多种方式进行。

“特岗计划”教师聘期3年，聘任期间执行国家统一的工资制度和标准；其他津贴补贴由各地根据同等条件公办教师年收入水平和中央补助水平综合确定。凡特设岗位教师工资性年收入水平高出1.5万元的，高出部分由地方政府承担。省级财政负责统筹落实资金，用于解决特设岗位教师的地方性补贴、必要的交通补助、体检费和按规定纳入当地社会保障体系，享受相应的社会保障待遇（政府不安排商业保险）应缴纳的相关费用，以及特设岗位教师岗前集中培训和招聘的相关工作等费用。同时，地方政府还要负责为特设岗位教师解决相关周转住房等生活条件。聘期满后，鼓励其继续从事教育工作，并允许自主重新择业。对自愿继续留在本校或当地其他学校任教、经考核合格的，转由当地财政负担其工资，享受当地教师同等待遇。对重新择业的，为其重新选择工作岗位提供方便条件和必要的帮助。

“特岗计划”的实施对改变农村教师队伍面貌产生连锁效应和深远的影响。为西部农村学校补充一大批高素质教师，促进了“两基”攻坚工作。创新了农村教师补充机制，提高农村教师队伍整体素质。起到了积极的示范效应，为农村地区吸引优秀教师提供榜样。积极引导高校毕业生到基层就业，扩大了高校毕业生就业渠道，促进青年人才健康成长。

3. 中小学教师国家级培训计划

中小学教师国家级培训计划，简称“国培计划”，由教育部、财政部 2010 年全面实施，是提高中小学教师特别是农村教师队伍整体素质的重要举措。“国培计划”包括“中小学教师示范性培训项目”和“中西部农村骨干教师培训项目”两项内容。

从 2010 年起，实施“国培计划”的高校一共有 9 所，即 2+7 高校*。2012 年 5 月 18 日，教育部办公厅公布“国培计划”——示范性集中培训项目培训机构名单，90 所院校（机构）入选。

*2指两所综合性大学：北京大学、广州大学，7指七所师范类大学：北京师范大学、华东师范大学、华中师范大学、陕西师范大学、华南师范大学、江西师范大学、江苏师范大学。

4. 师范生免费教育计划

师范生免费教育是为了进一步形成尊师重教的浓厚氛围，让教育成为全社会最受尊重的事业；是为了培养大批优秀的教师；是为了提倡教育家办学，鼓励更多的优秀青年终身做教育工作者。为此，2007 年教育部、财政部、中央编办、人事部联合发布《教育部直属师范大学师范生免费教育实施办法（试行）》，决定从 2007 年秋季入学的新生起，在北京师范大学、华东师范大学、东北师范大学、华中师范大学、陕西师范大学和西南大学六所部属师范大学实行师范生免费教育，并对免费师范生教育做出系列要求。

（三）加强教师教育课程改革

教师教育课程是实现提高教师素质的重要载体。从启动师范教育向教师教育转型开始，我国教师教育课程建设也开始启动。

2003年，教育部成立全国教师教育课程资源专家委员会，旨在进一步推进教师教育课程资源建设，促进教师教育网络联盟计划的顺利实施，促进优秀教师教育资源共建共享，提高教师教育质量和水平。2004年5月，教育部办公厅发布《关于全国教师教育优秀课程资源征集、遴选、推荐活动有关事宜的通知》，提出为贯彻落实国务院批转的《2003—2007年教育振兴行动计划》，推动教师教育质量的提升，加快实施全国教师教育网络联盟计划，开展新一轮中小学教师全员培训源源不断地提供优质课程教材资源。2005年2月，教育部办公厅印发《全国教师教育优秀课程资源及推荐使用资源目录》，对各地申报的976件教师教育课程资源进行了评审，最后评审认定“优秀课程资源”164件，“推荐使用课程资源”363件。

为促进教师教育课程改革，为新一轮中小学教师全员培训提供优质资源，教育部继续委托全国教师教育课程资源专家委员会组织开展相关活动，并于2006年2月由教育部办公厅发布《全国教师教育优质课程资源征集、遴选、推荐活动的通知》，在全国范围内征集中小学和幼儿园教师培养课程，以“新理念、新课程、新技术”和师德教育为重点的中小学教师培训课程资源，尤其是针对农村中小学教师培训的课程资源，以及中小学教师培训网站。2010年9月教育部办公厅发布《关于组织开展“国培计划”培训课程资源征集、遴选、推荐活动的通知》，要求做好“国培计划”实施工作，促进教师培训优质资源的共建共享。

基于以上活动和计划的充分实践准备，教育部于2011年10月正式发布《关于大力推进教师教育课程改革的意见》（以下简称《意见》），形成系统的教师教育课程内容和体系。《意见》要求围绕培养造就高素质专业化教师的目标，坚持育人为本、实践取向、终身学习的理念，创新教师培养模式，强化实践环节，加强师德修养和教育教学能力训练，着力培养师范生的社会责任感、创新精神和实践能力。一是优化教师教育课程结构，科学设置师范教育类专业公共基础课程、学科专业课程和教师教育课程，学科理论与教育实践紧密结合，教育实践课程不少于一个学期。二是改革课程教学内容，将学科前沿知识、教育改革和教育研究最新成果充实到教学内容中。三是开发优质课程资源，实施“教师教育国家精品课程建设计划”，大力推广和使用“国家精品课程”，共享优质课程资源。四是改进教学方法和手段，注重培养师范生对学科知识的理解和学科思想的感悟。充分利用模拟课堂、现场教学、情境教学、案例分析等多样化的教学方式，提高教学效率，提高师范生的学习能力、实践能力和创新能力。加强以信息技术为基础的现代教育技术开发和应用，将现代教育技术渗透、运用到教学中。[①]

三、提高各级各类学校教师待遇

教师承担着传播知识、传播思想、传播真理的使命，肩负着塑造灵魂、塑造生命、塑造人的时代重任，是教育发展的第一资源。

① 《教育部关于大力推进教师教育课程改革的意见》，教育部网站，2011年10月8日。

党和国家历来高度重视教师，提高教师待遇，让教师更有获得感。

21世纪初，随着税费改革的试点和逐步推开，党中央、国务院逐步加大对三农的支持力度。在教育方面，明确农村义务教育以县为主的体制，为解决教师工资拖欠问题，国家决定从2001年起将农村中小学教师工资的管理上收到县，并逐步建立义务教育经费保障机制。

按照《中华人民共和国教师法》的规定，保证教师工资不低于当地国家公务员的平均水平。安排使用上级的工资性转移支付资金、农村税费改革转移支付资金和一般性转移支付资金，首先要用于保证农村中小学教职工工资。

2003年9月，国务院发布《关于进一步加强农村教育工作的决定》，要求建立和完善农村中小学教职工工资保障机制。根据农村中小学教职工编制和国家有关工资标准的规定，省级人民政府要统筹安排，确保农村中小学教职工工资按时足额发放，进一步落实省长（主席、市长）负责制。安排使用中央下达的工资性转移支付资金，省、地（市）不得留用，全部补助到县，主要补助经过努力仍有困难的县用于工资发放，在年初将资金指标下达到县。各地要抓紧清理补发历年拖欠的农村中小学教职工工资。①

2005年12月，国务院下发《关于深化农村义务教育经费保障机制改革的通知》，明确要求“巩固和完善农村中小学教师工资保障机制。中央继续按照现行体制，对中西部及东部部分地区农村中小学教师工资经费给予支持。省级人民政府要加大对本行政区域内

① 《国务院关于进一步加强农村教育工作的决定》，《中华人民共和国国务院公报》，2003年31期。

财力薄弱地区的转移支付力度，确保农村中小学教师工资按照国家标准按时足额发放”[①]。

在以上《通知》和《决定》实践基础上，2006年6月，国务院正式出台《关于改革公务员工资制度的通知》，对包括教师在内的事业单位工作人员进行了我国第四次工资改革。同年10月，人事部、财政部、教育部印发《高等学校、中小学、中等职业学校贯彻〈事业单位工作人员收入分配制度改革〉三个实施意见的通知》，形成了教育领域各级各类学校绩效工资制度体系。

2009年1月1日，全国义务教育学校正式实施绩效工资。义务教育学校实施绩效工资，普遍提高了义务教育学校教师的收入水平，进一步完善了保障教师工资水平的长效机制，初步建立起按实绩和贡献分配的激励机制，有力地促进了教师队伍建设和义务教育均衡发展。截至2009年底，全国义务教育学校基本兑现了基础性绩效工资。

自2003年以来，党中央、国务院依法进一步落实教师绩效工资，完善住房、医疗和养老等社会保障，保障和改善农村教师工资待遇和工作条件。总之，逐步建立和完善了相应制度，不断提高教师的社会地位、经济地位和职业地位，努力使教师成为最受人尊敬、最令人羡慕的职业；吸引优秀青年到农村任教，鼓励优秀人才长期从教。

---

①《国务院关于深化农村义务教育经费保障机制改革的通知》，《中华人民共和国国务院公报》，2006年05期。

四、健全教师管理制度

教师管理制度的建立与完善是教师队伍建设的重要环节和保障，也是提高教师队伍素质和专业化水平的必要前提。2003—2012年，我国教师管理制度从教师的培养、准入、管理和专业发展与评价等方面，逐步得以健全完善。

2002年3月，教育部发布《关于“十五”期间教师教育改革与发展的意见》，提出建设教师教育的系列措施，对教师职前培养、在职培训和职后提升制定了具体的措施和办法。强调继续推进教师教育结构的战略性调整，高效益重组教师教育资源。

2007年，《国家教育事业发展“十一五”规划纲要》强调“严格教师资格准入制度和中小学新任教师公开招聘制度，把好教师入口关。转换用人机制，实行教职工全员聘用制，进一步改革完善教师职务聘任制度。制定和完善吸引优秀人才从教的政策措施，建立吸引优秀人才到农村任教的机制。加强中小学编制管理，合理配置教师资源。建立区域内公办学校之间中小学教师和校长定期交流和轮岗制度。完善职业教育兼职教师的聘任与管理制度，积极鼓励职业院校从行业企业招聘教师。改进高校教师人事管理制度。完善教师岗位分类管理、公开招聘、业绩评价和薪酬分配办法。健全教师考核评价机制，严格管理，不断优化教师队伍”①。

2010年，《国家中长期教育改革和发展规划纲要（2010—2020年）》提出健全教师管理制度。

① 《国务院批转教育部国家教育事业发展“十一五”规划纲要的通知》，《中华人民共和国国务院公报》，2007年18期。

2012 年 9 月，教育部、国家发展改革委、财政部印发《关于深化教师教育改革的意见》，提出“构建开放灵活的教师教育体系，健全教师教育标准体系，完善教师培养培训制度，开展教师教育质量评估”等管理措施。同时，《教育督导条例》要求对校长队伍建设情况，教师资格、职务、聘任等管理制度建设和执行情况开展督导。同年 10 月，教育部、财政部、人力资源和社会保障部、国务院国有资产监督管理委员会关于印发《〈职业学校兼职教师管理办法〉的通知》指出，支持、鼓励和规范职业学校聘请具有实践经验的专业技术人员、高技能人才担任兼职教师。兼职教师占职业学校专兼职教师总数的比例应在学校岗位设置方案中明确，一般不超过 30%。并对人员条件、聘请程序、组织管理、经费来源做出具体规定。

2012 年 11 月，教育部、中央编办、国家发展改革委、财政部、人力资源社会保障部联合印发《关于加强特殊教育教师队伍建设的意见》（以下简称《意见》），《意见》提出各省级有关部门要落实特殊教育学校开展正常教学和管理工作所需编制，根据特殊教育学校学生少、班额小、寄宿生多等特点，可结合地方实际制定特殊教育学校教职工编制标准。完善特殊教育教师准入制度，从事特殊教育应取得相应层次教师资格，非特殊教育专业毕业的还应参加教育行政部门组织的专业培训。将特殊教育相关内容纳入教师资格考试。探索建立特殊教育教师专业证书制度。研究设定随班就读教师、康复类专业人员的岗位条件。制订符合特殊教育教师工作特点的考核评价标准和办法。教师职务（职称）评聘向特殊教育教师倾斜。

与此同时，《关于加强幼儿园教师队伍建设的意见》建议补足配齐幼儿园教师，建立幼儿园教师长效补充机制；完善幼儿园教师资格制度，全面实施幼儿园教师资格考试制度；建立幼儿园园长任职资格制度，制订幼儿园园长专业标准和任职资格标准；完善幼儿园教师职务（职称）评聘制度，合理确定幼儿园教师岗位结构比例，合理确定幼儿园高级、中级、初级岗位之间的结构比例；建立幼儿园教师待遇保障机制。公办幼儿园教师执行统一的岗位绩效工资制度，享受规定的工资倾斜政策，企事业单位办、集体办、民办幼儿园教师工资和社会保险由举办者依法保障。[①]

《关于大力推进农村义务教育教师队伍建设的意见》提出一系列具体措施，其中包括：（1）探索建立农村义务教育教师补充新机制，逐步完善农村义务教育阶段学校教师特设岗位计划，全面实行新进教师公开招聘制度，全面实施教师资格考试和定期注册制度。（2）编制配备切实保证农村学校师资需求，逐步实行城乡统一的中小学编制标准。（3）多渠道扩充农村优质师资来源，实施师范生免费教育制度，实施“农村学校教育硕士师资培养计划”和“服务期满特岗教师免试攻读教育硕士计划”等。（4）大力促进农村教师专业发展，继续实施“中小学教师国家级培训计划”，研究完善符合村小和教学点实际的职务（职称）评价标准，职务（职称）晋升向村小和教学点专任教师倾斜。（5）建立健全城乡教师校长轮岗交流制度，支持退休的特级教师、高级教师到乡村学校支教讲学，探索实行校长任期制和定期交流制。

① 《教育部 中央编办 财政部 人力资源社会保障部关于加强幼儿园教师队伍建设的意见》，教育部网站，2012 年 11 月 8 日。

第十节　健全办学体制

党的十六大以来，我国政府坚持“优先发展教育”，坚持“教育公益性，加大财政投入”，多渠道筹措教育经费，保障办学经费的充足性。同时，鼓励社会力量以多种形式参与办学，努力形成以政府办学为主体、全社会积极参与、公办教育和民办教育共同发展的格局，办好人民满意的教育。

一、持续稳定落实“两个比例”、“三个增长”

教育投入是支撑教育事业发展的物质基础，是国家长远发展的基础性、战略性投资。过去，我国的教育投入严重不足，国家财政性教育经费支出占GDP比重很低，这一状况极大地阻碍着教育的发展，阻碍着全面建成小康社会的历史进程，实现4%目标成为全党、全社会的高度共识和紧迫任务。[1] 1993年，中共中央、国务院印发的《纲要》中首次提出4%目标。为了实现4%的宏伟目标，1995年3月18日颁布的《中华人民共和国教育法》第七章第五十四条、第五十五条和第五十六条分别提出“两个提高”和“三个增长”*。此后，一系列党和国家的教育发展政策和规划中，4%这个目标被反复强调。

2002年4月，《关于完善农村义务教育管理体制的通知》出台，文件对农村义务教育的全责进行明确划分：县级和地方分别负

*“两个提高”指“国家财政性教育经费支出占国民生产总值的比例应当随着国民经济的发展和财政收入的增长逐步提高，全国各级财政支出总额中教育经费所占比例应当随着国民经济的发展逐步提高”。“三个增长”指各级人民政府教育财政拨款的增长应当高于财政经常性收入的增长，并使按在校学生人数平均的教育费用逐步增长，保证教师工资和学生人均公用经费逐步增长。

① 《教育优先发展的里程碑——祝贺百分之四目标实现》，《中国教育报》，2013年3月6日。

主要、相应责权，中央必须给予帮持。

2005年，《关于加快国家扶贫开发工作重点县“两免一补”实施步伐有关工作的意见》出台，文件指出从2005年春季学生进校园开始，对于在国家帮扶重点县中农村中小学的穷苦家庭进行课本的免费发放。

2006年，新《义务教育法》发布。该法规定了对中小学建设的投入是由中央政府和地方政府按比例进行承担。而且把这一决定上升到了法律进程，使其具有法律效力。该法还明确要求，把义务教育全面归于中央政府的财政体系中来。同时要求加大一般性转移支付宽度，地方各级政府增加中小学投入；国务院和县以上地方政府可设立专项资金，扶持农村地区；鼓励社会和个人向义务教育捐赠。

而在《国家中长期教育改革和发展规划纲要（2010—2020年）》中，明确提出到2012年实现4%。并要求对中小学生免费给予营养餐，改良其身体营养发展情况。并规定对于农村家庭经济较差的学生实行寄宿住校补贴。政府投入为主、多种方式筹措教育资金，大力度提升教育投入；按其他税收的3%足额征收教育费附加；逐步提高学生人均费用标准和国家拨出款项标准；提高农村中小学家庭条件较差寄宿生贴补指标。[①]

2011年，国务院出台《关于进一步加大财政教育投入的意见》，要求落实法定增长，国家财政在教育的投入占总财政投出比值进行增大；提高财政教育支出占公共财政支出比重。并规定：统

① 《国家中长期教育改革和发展规划纲要（2010—2020年）》，《人民日报》，2019年7月30日。

一内外资企业和个人教育费附加制度，统一按增值税、消费税、营业税实际缴纳税额的3%征收；全面开征地方教育附加，统一按增值税、消费税、营业税实际缴纳税额的2%征收；从土地出让收益中按比例计提教育资金，按照扣除征地和拆迁补偿、土地开发等支出后余额10%的比例计提。[①]

2003—2012年，我国教育经费投入从6208.27亿元增长到27695.07亿元，增长了3.46倍；预算内教育经费占财政支出比例从14.68%增长到16.13%；国家财政性教育经费占国内生产总值比例从3.32%增长到4.28%。

此外，我国还建立了以政府为主体的覆盖所有教育阶段、形式多样、功能完备的学生资助政策体系。截至2012年，中国政府建立了研究生国家奖学金制度，启动了高校新生入学资助项目，进一步完善了中等职业学校国家资助政策，将免学费政策扩大至中等职业学校全日制正式学籍所有农村（含县镇）学生、城市涉农专业学生和家庭经济困难学生，对农村义务教育阶段学生免费配发汉语字典。资助金额突破一千亿元，累计资助学前教育、义务教育、中职教育、普通高中和普通高校学生（幼儿）共8413.84万人次（不包括义务教育免费教科书、营养改善计划资助人数）；义务教育免费教科书、营养改善计划资助资金共372.3亿元，惠及义务教育中小学生1.3亿人。[②]

---

① 《国务院关于进一步加大财政教育投入的意见》，中国政府网，2011年7月1日。
② 《2012年中国学生资助发展报告》，《中国教育报》，2013年11月13日。

二、依据《民办教育促进法》发展民办教育

2002 年 12 月，第九届全国人民代表大会常务委员会第三十一次会议通过《中华人民共和国民办教育促进法》。相关系列条款为社会资本投资教育提供了法律保障。[①]

2004 年 2 月，国务院第 41 次常务会议通过《中华人民共和国民办教育促进法实施条例》，自 2004 年 4 月 1 日起施行。对民办学校的举办者、民办学校的设立、民办学校的组织与活动、民办学校的资产与财务管理、民办学校的扶持与奖励及法律责任等作进一步界定。

2005 年 2 月，《关于加强独立学院招生工作管理的通知》强调加强独立学院招生工作管理。之后《教育部关于大力发展民办中等职业教育的意见》《民办高等学校办学管理若干规定》的颁布实施，进一步落实对民办学校的有关扶持政策。

2008 年 2 月，《独立学院设置与管理办法》出台，对中央与地方的权责进行科学划分。

2012 年出台的《教育部关于鼓励和引导民间资金进入教育领域促进民办教育健康发展的实施意见》厘清政府与社会力量之间的关系，扫除社会力量举办教育的障碍。

截至 2012 年，全国共有各级各类民办学校（教育机构）13.99 万所；招生 1454.03 万人；各类教育在校生达 3911.02 万人。其中：民办幼儿园 12.46 万所；入园儿童 865.62 万人；在园儿童 1852.74

① 《中华人民共和国民办教育促进法》，《中华人民共和国全国人民代表大会常务委员会公报》，2003 年 01 期。

万人。民办普通小学 5213 所；招生 104.44 万人；在校生 597.85 万人。民办普通初中 4333 所；招生 157.81 万人；在校生 451.41 万人。民办普通高中 2371 所；招生 82.13 万人；在校生 234.96 万人。民办中等职业学校 2649 所；招生 83.75 万人；在校生 240.88 万人。另有非学历中等职业教育学生 34.82 万人。民办高校 707 所（含独立学院 303 所）；招生 160.28 万人；在校生 533.18 万人。其中，硕士研究生在校生 155 人，本科在校生 341.23 万人，专科在校生 191.94 万人；另有自考助学班学生、预科生、进修及培训学生 22.04 万人。民办非学历高等教育机构 823 所，各类注册学生 82.82 万人。另外，还有其他民办培训机构 20155 所，860.64 万人次接受了培训。

三、健全教育经费监管制度

党和政府贯彻落实“优先发展教育，加大教育投入”的政策，截至 2012 年，我国财政教育经费投入已经实现了占GDP4%的目标，也标志着我国教育事业的发展迈上了一个新台阶。为此，在不断加大教育投入的过程中，我国出台了系列教育法规，依法依规加强教育经费监管，提高教育经费使用效益，促进我国教育事业全面发展、科学发展。

2008 年 4 月，《教育部、财政部关于“十一五”期间进一步加强高等学校财务管理工作的若干意见》指出，高等学校应实行“统一领导、集中管理”的财务管理体制，规模较大的学校也可实行“统一领导、分级管理、集中核算”的财务管理体制。高等学校应建立和完善重大问题集体决策制度、专家咨询制度和决策责任追究制度。高等学校应切实强化风险防范意识，完善内部控制制度，建立风险预警系统，改善学校财务状况，有效防范财务风险。[①]

2009 年 2 月，教育部办公厅关于印发《〈加强教育部直属高校财政拨款结余资金管理暂行办法〉的通知》，要求直属高校建立预算执行情况监管制度和通报制度。

2010 年 10 月，教育部成立经费监管事务中心。2011 年 12 月 30 日，在第十一届全国人民代表大会常委会第二十四次会议召开联组会议上，袁贵仁在回答委员询问时表示，国家将设立专门的教育经费监管中心，使对经费的使用、管理、监督常态化、规范化、制度化。设立教育经费监管的专门机构，这是新中国成立后的首次。它具有层次高、专业性强、监管业务针对性强等特点。[②] 2011 年 5 月，财政部发布《中央教科文部门预算执行管理办法》，要求各部门应当建立预算执行管理责任制度、建立健全预算执行管理机制、加强内部制度建设、提高部门预算执行管理水平。

2012 年 12 月，财政部相继发布《关于切实加强义务教育经费管理的紧急通知》《〈高等学校财务制度〉的通知》《〈中小学校财务制度〉的通知》，形成各级各类教育经费管理制度。

为了完善教育投入机制，提高教育保障水平，2010 年《国务院办公厅关于开展国家教育体制改革试点的通知》决定开展“健全教育经费监管制度，提高资金使用效益”的教育投入改革试点。开

---

① 《教育部 财政部关于“十一五”期间进一步加强高等学校财务管理工作的若干意见》，教育部网站，2007 年 1 月 15 日。

② 李晓冬、梁勇、彭淑维：《教育经费监管法律政策依据问题研究》，《教育财会研究》，2016 年 01 期。

展试点的各省（区、市）都进一步完善了教育经费监督管理措施，改进了监督检查方法，切实提高教育经费的使用效益。其中，重庆市采取六项措施，包括改革和完善区县教育经费管理体制；探索建立教育经费监管中心，加强经费监管；积极推进高校试行总会计师制度；建立各级财政教育投入增长考核制度、公共财政投入持续增长监督机制；充分发挥审计工作职能，提高资金使用效益；控制学校债务。浙江省探索建立了以预算绩效管理为主要内容的财政教育经费监管机制改革。

第十一节　全面推进依法治教

依法治教是依法治国的重要组成部分。通过依法治教，实现教育治理现代化，办人民满意的教育，促进教育健康发展是形势所需，民心所向。学校通过规范管理与创新发展，推进内部治理结构变革，建立现代学校制度，实现依法办学。这是落实依法治教的具体举措。依法治教必然要求完善学校内部治理结构，要求学校建立从人治走向法治、从封闭走向开放、从控制走向协调的治理体系，优化内部组织结构，完善制度体系，不断提升治理能力，推动学校现代转型。

一、健全完善教育法律法规

自2002年以来，我国相继修订完善《中外合作办学条例》（2003修订）、《学位条例》（2004年修订）、《义务教育法》（2006

年修订)、《教育法》(2009 年修订)、《教师法》(2009 修订)等法律法规。其中,《中华人民共和国教育法》(2009 年修订)是依法治教的根本大法。《教育法》明确规定政府的管理职责。具体来讲:国务院和地方各级人民政府根据分级管理、分工负责的原则,领导和管理教育工作。中等及中等以下教育在国务院领导下,由地方人民政府管理。高等教育由国务院和省、自治区、直辖市人民政府管理。第十五条规定功能:国务院教育行政部门主管全国教育工作,统筹规划、协调管理全国的教育事业。县级以上地方各级人民政府教育行政部门主管本行政区域内的教育工作。县级以上各级人民政府其他有关部门在各自的职责范围内,负责有关的教育工作。

同时,我国相继出台《学生伤害事故处理办法》《民办教育促进法》《国务院关于深化改革加快发展民族教育的决定》《国务院关于大力推进职业教育改革与发展的决定》《教育部关于加强依法治校工作的若干意见》《国务院办公厅转发教育部等部门关于幼儿教育改革与发展指导意见的通知》《国务院关于进一步加强农村教育工作的决定》《教育系统内部审计工作规定》《中小学教师教育技术能力标准(试行)》《民办教育促进法实施条例》《教育部关于全面推进依法行政工作的实施意见》《普通高等学校学生管理规定》《学校艺术教育工作规程》《全面推进依法治校实施纲要》等系列配套性教育法规与政策文件,保障依法治教的顺利开展。

二、全面开展教育领域依法行政

2004 年 3 月,国务院出台《全面推进依法行政实施纲要》,明确要求合理划分和依法规范各级行政机关的职能和权限,改革行政管理方式，理顺行政执法体制，加快行政程序建设，规范行政执法行为。①

2006年，为了依法加强省级统筹职能，落实县级政府规范办学行为的责任，教育部印发《关于贯彻〈义务教育法〉进一步规范义务教育办学行为的若干意见》，按照《义务教育法》规定的义务教育管理体制，各省、自治区、直辖市人民政府及其教育行政部门应依据《义务教育法》的有关规定，结合当地实际情况，因地制宜地制定和完善规范义务教育办学行为的有关规定，明确政策界限，把握政策尺度，指导和督促地（市）、县（区）人民政府及其教育行政部门依法规范义务教育办学行为。②

2006年，《全国教育系统开展法制宣传教育的第五个五年规划》的任务之一，即完善各级各类学校依法治理的制度与机制，健全符合法治精神和法律规定的学校内部管理体制，形成符合法治理念的校园秩序和文化氛围，使学校成为青少年学生参与法治实践、培养法治观念、提高法律素质的重要场所。继续开展依法治校示范单位的创建和经验的总结、推广工作。③

2011年，《全国教育系统开展法制宣传教育的第六个五年规划（2021—2025年）》要求开展深化“法律进机关”活动，全面提高教育行政部门领导干部、公务员依法行政、依法治教的能力和水平。④

---

①《全面推进依法行政实施纲要》，《人民日报》，2004年4月21日。

②《教育部关于贯彻〈义务教育法〉进一步规范义务教育办学行为的若干意见》，《中华人民共和国教育部公报》，2006年12期。

③《教育部关于印发〈全国教育系统法制宣传教育的第五个五年规划〉的通知》，教育部网站，2010年6月2日。

④《教育部发布教育系统法制宣传教育第六个五年规划》，教育部网站，2011年11月18日。

三、以完善制度建设为抓手推进依法治校

推进依法治校，是学校适应加快建设社会主义法治国家要求，发挥法治在学校管理中的重要作用，提高学校治理法治化、科学化水平的客观需要；是深化教育体制改革，推进政校分开、管办分离，构建政府、学校、社会之间新型关系，建设现代学校制度的内在要求；是适应教育发展新形势，提高管理水平与效益，维护学校、教师、学生各方合法权益，全面提高人才培养质量，实现教育现代化的重要保障。

2003年，为推动依法治校工作在学校层面的夯实落地，教育部印发了《关于开展依法治校示范校创建活动的通知》，其中就示范校的创建提出两个层级标准。“各省级教育行政部门根据本通知制定本地区依法治校工作实施方案及依法治校示范校的具体要求……在创建本地区依法治校示范校的基础上，推荐全国依法治校示范校，被确认的将命名为‘教育部依法治校示范校’”[①]。

2012年11月，教育部印发《全面推进依法治校实施纲要》的通知，着力从三个方面实施依法治校：一是全面落实学校章程建设；二是完善决策执行与监督机制；三是完善民主管理和监督机制。[②]

---

① 《教育部办公厅关于开展依法治校示范校创建活动的通知》，《教育部政报》，2003年12期。

② 《国务院关于进一步加大财政教育投入的意见》，教育部网站，2011年7月1日。

四、进一步完善督导制度和监督问责机制

教育督导政策是教育督导工作的行为准则和依据，只有构建完善的督导政策体系，才能准确把握具体督导政策的层次，正确估量其时效性，从而协调好不同单项督导政策之间的关系，充分发挥督导政策体系在人才培养体系中“增值增益”的作用，有效落实教育督导制度。[①]

2005 年，国家教育督导团建立义务教育均衡发展督导评估制度，研究制定督导评估指标体系，对各地义务教育均衡发展状况进行评估，对地方各级人民政府推动义务教育均衡发展的工作开展督导检查，将评估检查结果作为评价地方教育工作的重要指标。《教育部关于进一步推进义务教育均衡发展的若干意见》规定：各省、自治区、直辖市人民政府督导部门要把义务教育均衡发展作为督导评估县级人民政府教育工作的重要内容，其督导评估结果要作为考核主要领导干部政绩的重要内容和进行表彰奖励的依据。[②]

2006 年，《中华人民共和国义务教育法》修订版明确规定：“人民政府教育督导机构对义务教育工作执行法律法规情况、教育教学质量以及义务教育均衡发展状况等进行督导，督导报告向社会公布。[③]”紧接着，教育部在《关于规范普通中小学校检查、评估工作的意见》提出，依法开展检查评估、严格控制对学校检查评估的项

① 杨润勇：《关于构建我国教育督导政策体系的思考》，《教育研究》，2007 年 08 期。

② 《教育部关于进一步推进义务教育均衡发展的若干意见》，《中华人民共和国教育部公报》，2005 年 02 期。

③ 《中华人民共和国义务教育法》，《中华人民共和国全国人民代表大会常务委员会公报》，2006 年 06 期。

目和次数、检查评估要以学校自检自评为主；建立检查评估年度审定制度、公告制度和免检制度。

2011 年，《中等职业教育督导评估办法》明确指出，“国家教育督导团全面统筹中等职业教育的长远发展和近期建设重点，发挥教育督导监督、导向、激励、调控功能，保障中等职业教育发展目标的实现；国家教育督导团定期对各省级人民政府履行发展中等职业教育职责情况进行督导评估，督导评估采取审核评估与实地督导相结合的形式”①。

2011 年，教育部在湖南省召开全国督学责任区制度建设经验交流现场会，并在此基础上出台《教育部关于加强督学责任区建设的意见》，该意见提出，进一步健全教育督导制度，推进教育督导改革创新，督促和引导普通中小学校（含幼儿园）贯彻执行教育法律、法规、规章和国家教育方针政策，规范学校办学行为，提高教育教学质量。设立督学责任区的原则是因地制宜、分级负责、全面覆盖、推动工作。② 2012 年，国务院教育督导委员会成立，升格为国家相对独立的职能机构。

国家在有条件的地方，逐步发展和培育第三方教育评估监测组织。有效实施第三方教育评估监测，引入社会专业机构评价教育质量，检验办学质量效果，监督政策实施过程，有利于重构政府、学校、社会的关系，重塑政府、学校、社会在教育质量保障中的角色，逐步建立起决策、执行、监督既相对分开又相互制约的现代教育治理体系，不断提升教育治理能力和水平。实际上，教育部于

---

① 《中等职业教育督导评估办法》，《中国教育报》，2012 年 3 月 9 日。
② 《教育部关于加强督学责任区建设的意见》，教育部网站，2012 年 5 月 4 日。

2003 年、2004 年分别成立了具有独立法人资格的“教育部学位与研究生教育发展中心”和“教育部高等教育教学评估中心”，独立承担具体的评估任务。

党的十六大以来，在党中央和国务院的领导下，我国教育坚持“两为”、“两结合”的教育方针，努力“办好人民满意的教育”，以科学发展观为指引，落实“三个优先”，整体推进教育体制改革，不断增强老百姓的教育获得感，实现了人口大国向人力资源大国的伟大转变。至 2010 年，我国 15 岁以上人口平均受教育年限比 2000 年的 7.79 年提高了 0.85 年，实现程度为 82.3%；高中阶段毕业生性别差异系数为 99.25%，比 2000 年的 110.64%缩小了 11.4 个百分点，实现程度接近 100%。

这一阶段的教育发展与实践形成了指引下一步教育改革与发展的重要经验与启示。一是坚持“以人民为中心”的教育理念，坚持教育为人的全面发展服务，围绕“办好人民满意的教育”来设计各级各类教育相互衔接与沟通的，且可选择和能选择的现代教育体系，并把权力交给学生，让学生根据自己的需要和可能进行选择。[①] 二是坚持走中国特色社会主义教育发展道路，根据中国教育国情开发人力资源，把人民的劳动与社会主义教育紧密相连，为优先发展教育提供源源不断的政策支撑。三是立足社会对人才发展需求，促进我国教育规模发展与质量提升双轮发展，从学前教育、义务教育、高中阶段教育到高等学校教育，从学历教育到非学历教育，从继续教育、社区教育、老年大学到终身教育体系的形成。四

① 方晓东：《中华人民共和国教育 60 年》，武汉：湖北教育出版社，2009 年版，第 75 页。

是体制改革带动教育改革，通过体制改革不断激发教育改革的活力，不断为教育发展提供新的空间和机遇。五是正确处理和把握教育内外各种关系，实现了国民学习与受教育的选择性、多样化机制逐渐形成，教育对外开放范围不断扩大，教育吸引力不断增强，教师队伍素质明显提高，现代学校制度初步形成。

第四章

新时代教育体制改革全面深化（2012—2022年）

▼

党的十八大以来，面对世界经济复苏乏力、局部冲突和动荡频发、全球性问题加剧的外部环境，面对我国经济发展进入新常态等一系列深刻变化，我国坚持稳中求进工作总基调，取得了改革开放和社会主义现代化建设的历史性成就。在习近平新时代中国特色社会主义思想指引下，党中央、国务院高度重视教育发展，召开全国教育大会，密集出台一系列相关文件，对教育改革发展进行系统的顶层设计，从基础教育到高等教育，从公办教育到民办教育，从简政放权到完善治理，我国教育体制改革实现跨越式发展，良好的教育生态初步显现。

第一节　坚持把立德树人作为教育根本任务

党的十八大报告明确提出，把立德树人作为教育的根本任务，培养德智体美全面发展的社会主义建设者和接班人。党的二十大报告进一步强调，要落实立德树人根本任务，培养德智体美全面发展的社会主义建设者和接班人。习近平总书记围绕坚持立德树人这一根本任务也做出许多重要论述，提出明确要求，为我国教育改革与发展指明了方向。

在立德树人根本任务的引领下，党的十八大以来，以习近平同志为核心的党中央立足中华民族伟大复兴，对教育工作做出了一系列重大决策部署，出台了一系列重大政策文件，系统建构了新时代我国教育事业发展的新格局。我国的教育改革发展事业，全面贯彻党的教育方针，坚持社会主义办学方向，把立德树人融入思想道德教育、文化知识教育、社会实践教育各环节，贯穿基础教育、职业教育、高等教育各领域，把社会主义核心价值观融入教育全过程，坚持素质教育，坚持加强美育、体育和劳动教育，培养学生综合能力，培养德智体美劳全面发展的社会主义建设者和接班人。

一、百年未有之大变局对教育提出新挑战

2017 年 12 月 28 日，习近平总书记在年度驻外使节工作会议上指出，“放眼世界，我们面对的是百年未有之大变局”①。这是总书记关于世界发展大势的重要战略判断，也是我国布局各项事业的重要战略坐标。

当前，我国已经全面转向高质量发展的新阶段。在新的发展阶段，我国社会主义制度优势更加显著，治理体系和治理能力现代化水平进一步提升，经济发展速度和水平长期向好，实现共同富裕成为新的发展要求。但发展不平衡不充分、创新能力与高质量发展的诉求不相适应、重点领域关键环节的突破还需进一步深化等问

① 习近平:《做好新时代外交工作》,《习近平谈治国理政》(第三卷)，北京：人民出版社，2020 年版，第 421 页。

题都要求深刻认识当前错综复杂的国际环境带来的新矛盾、新挑战、新要求，进一步优化人才培养体系，提高人力资源水平。

教育作为人类发展和进步的重要基础，与社会的变革相伴相生，既受到社会变革的影响，同时也是社会变革的重要组成部分。教育作为国家先导性、基础性、全局性的战略资源和战略手段，正在世界百年未有之大变局中面临着新的价值转型和方式变革。[①]这种转型与变革与信息技术革命带来的智能化改造以及现代治理体系和治理能力变革密不可分，是世界教育变革的典型特征。在百年未有之大变局背景下，世界教育正经历深刻变革，中国教育也面临同样的机遇和挑战。对于我国教育来讲，既要紧紧与世界教育发展的趋势保持一致，又要立足国家教育实际，扎根中国大地办好具有中国特色的教育，这是我国教育面对世界教育变革的战略定力和战略优势。

二、确立新时代德智体美劳全面发展的教育方针

中国特色社会主义进入新时代，催生党的教育方针实现新的发展。党的十八大报告提出，“全面贯彻党的教育方针，坚持教育为社会主义现代化建设服务、为人民服务，把立德树人作为教育的根本任务，培养德智体美劳全面发展的社会主义建设者和接班人”[②]。

① 杨志成：《百年未有之大变局下世界教育变革与中国教育机遇》，《教育研究》，2021年03期。

② 胡锦涛：《坚定不移沿着中国特色社会主义道路前进　为全面建成小康社会而奋斗——在中国共产党第十八次全国代表大会上的报告》，北京：人民出版社，2012年版，第35页。

2015年修正的《中华人民共和国教育法》，首次将立德树人纳入法律。在这一时期，党的教育方针更加凸显了立德树人这一根本任务。

2018年9月，在全国教育大会上，习近平总书记提出“培养德智体美劳全面发展的社会主义建设者和接班人”的教育要求，对新时代中国特色社会主义教育理论体系进行了系统总结。2019年3月，习近平总书记在学校思想政治理论课教师座谈会上强调，“落实立德树人的根本任务，坚持教育为人民服务、为中国共产党治国理政服务、为巩固和发展中国特色社会主义制度服务、为改革开放和社会主义现代化建设服务，扎根中国大地办教育，同生产劳动和社会实践相结合，加快推进教育现代化、建设教育强国、办好人民满意的教育，努力培养担当民族复兴大任的时代新人，培养德智体美劳全面发展的社会主义建设者和接班人”①，丰富和拓展了新发展阶段党的教育方针的内涵。2021年4月，新修订的《中华人民共和国教育法》明确提出，“教育必须为社会主义现代化建设服务、为人民服务，必须与生产劳动和社会实践相结合，培养德智体美劳全面发展的社会主义建设者和接班人”②。这是以法律形式全面系统论述党的教育方针，也是第一次把劳动教育纳入党的教育方针。

在新的党的教育方针的指引下，我国教育改革不断深化，中国特色社会主义教育制度体系的顶层设计基本完成，我国教育的整体面貌正在发生格局性变化，有力支撑了中华民族伟大复兴。

---

①《习近平：用新时代中国特色社会主义思想铸魂育人 贯彻党的教育方针落实立德树人根本任务》，《人民日报》，2019年3月19日。
②《中华人民共和国教育法》，北京：中国法制出版社，2021年版，第7页。

三、党对教育工作的领导得到全面加强

中国共产党领导是中国特色社会主义最本质的特征，也是中国特色社会主义制度的最大优势。中国特色社会主义教育是中国特色社会主义的重要组成部分，加强党对教育工作的全面领导，是办好中国特色社会主义教育的根本保证。党的十八大以来，尤其是全国教育大会召开以来，各级党组织、各地区以及各级各类学校都深刻认识到，加强党对教育工作全面领导的重要意义和丰富内涵，围绕立德树人根本任务，持续加强党对教育工作的全面领导，把党对教育事业的全面领导，深入贯彻教育工作的全领域、全环节和全过程。

党的十八大以来，党对教育工作全面领导的体制机制不断健全。2014 年 10 月，中共中央办公厅印发《关于坚持和完善普通高等学校党委领导下的校长负责制的实施意见》，提出要确保党委的领导核心地位，党委统一领导学校工作。2018 年 3 月，中共中央印发《深化党和国家机构改革方案》，组建中央教育工作领导小组，作为党中央决策议事协调机构，各省也成立教育工作领导小组，加强党对教育工作的全面领导。2021 年，在中央全面深化改革委员会第二十二次会议上，习近平总书记指出，“加强党对教育工作的全面领导是办好教育的根本保证，要在中小学校建立党组织领导的校长负责制，把政治标准和政治要求贯穿办学治校、教书育人全过程各方面，坚持为党育人、为国育才，保证党的教育方针和党中央决策部署在中小学校得到贯彻落实”[①]。

---

① 《习近平主持召开中央全面深化改革委员会第二十二次会议》，新华网，2021 年 11 月 24 日。

2022年1月，中共中央办公厅印发《关于建立中小学校党组织领导的校长负责制的意见（试行）》，明确要求发挥中小学党组织领导作用，确保党的教育方针和党中央决策部署在中小学校得到切实贯彻落实。党的十八大以来，以党中央和国务院名义印发的教育政策文件密集出台，党对教育工作的全面领导得到有效加强。

第二节　构建德智体美劳全面培养的教育体系

人才培养体制改革是提高国民素质、促进人的全面发展的基本途径。作为教育体制改革的重要组成部分，人才培养体制改革直接影响着人才队伍的培养，是我国实现人才强国战略的必然要求。党的教育方针明确提出要培养“德智体美劳”全面发展的社会主义建设者和接班人。践行党的教育方针，实现人才培养目标，必须构建相应的德智体美劳全面培养体系。

一、完善立德树人落实机制

党的十八大明确立德树人的根本任务之后，中共中央、国务院以及教育部等部委出台系列文件、开展系统部署，对落实立德树人这一教育根本任务进行了统筹安排。

坚持以课程为载体落实立德树人根本任务。课程体现和凝聚着人类文明精华，体现国家意志和人民期盼，是全面落实立德树人根本任务、实施学校育人的重要载体。为充分发挥课程在人才培养中的核心作用，进一步提升立德树人实效，2014年3月，教育部印发《关于全面深化课程改革落实立德树人根本任务的意见》，提出立德树人是发展中国特色社会主义教育事业的核心所在，是培养德智体美全面发展的社会主义建设者和接班人的本质要求，要求在培养学生高尚的道德情操、扎实的科学文化素质、健康的身心、良好的审美情趣的同时，要使学生具有中华文化底蕴、中国特色社会主义共同理想和国际视野，力求使立德树人的方向性、民族性和时代性更加鲜明。[①] 此外，我国历次课程改革无不把德育工作作为改革的重点领域和关键环节予以优先关注。

立德树人，德是根本。为提高中小学德育工作实效，培育和践行社会主义核心价值观，切实把立德树人作为教育的根本任务，进一步增强中小学德育的时代性、规律性、实效性。

为着力构建方向正确、内容完善、学段衔接、载体丰富、常态开展的德育工作体系，大力促进德育工作专业化、规范化、实效化，努力形成全员育人、全程育人、全方位育人的德育工作格局，2017 年 8 月，教育部印发《中小学德育工作指南》，明确开展德育工作应该遵循的指导思想和把握的基本原则以及中小学德育的总体目标，并围绕德育目标，提出中小学德育的“五项主要内容”，即理想信念教育、社会主义核心价值观教育、中华优秀传统文化教育、生态文明教育和心理健康教育。

2019 年 6 月，中共中央、国务院印发《关于深化教育教学改革全面提高义务教育质量的意见》，提出要坚持立德树人，着力培养担当民族复兴大任的时代新人；强调突出德育实效，完善德育工

① 《教育部关于全面深化课程改革落实立德树人根本任务的意见》，教育部网站，2014 年 4 月 8 日。

作体系，认真制定德育工作实施方案，深化课程育人、文化育人、活动育人、实践育人、管理育人、协同育人。同年 6 月 11 日，国务院办公厅印发《关于新时代推进普通高中育人方式改革的指导意见》，要求突出德育时代性，把立德树人融入思想道德教育、文化知识教育、社会实践教育各环节；深入开展习近平新时代中国特色社会主义思想教育，强化理想信念教育，引导学生树立正确的国家观、历史观、民族观、文化观，切实增强“四个自信”，厚植爱党爱国爱人民思想情怀。[①]

职业教育是我国国民教育体系和人力资源开发的重要组成部分，肩负着培养多样化人才、传承技术技能、促进就业创业的重要职责。为深入学习贯彻习近平新时代中国特色社会主义思想，落实全国教育大会精神和习近平总书记关于学校思想政治和德育工作系列重要讲话精神，2019 年 11 月 20 日，教育部办公厅发布《关于加强和改进新时代中等职业学校德育工作的意见》，提出到 2022 年，培育遴选百个名班主任工作室、千个思政课教师创新团队，遴选百个德育特色案例，建设万个思政课师范课堂，推广典型做法、先进经验，推进中职学校德育改革。

为把思想政治教育贯穿人才培养体系，全面推进高校课程思政建设，发挥好每门课程的育人作用，提高高校人才培养质量，2020 年 6 月 6 日，教育部印发《高等学校课程思政建设指导纲要》，强调在高等学校思政课建设中大力弘扬以爱国主义为核心的民族精神和以改革创新为核心的时代精神，提出“课程思政建设内容要紧紧

① 《国务院办公厅关于新时代推进普通高中育人方式改革的指导意见》，《中华人民共和国国务院公报》，2019 年 18 期。

围绕坚定学生理想信念”[①]。同年12月，为加强对不同学段、不同类型思政课建设分类指导，教育部决定成立大中小学思政课一体化建设指导委员会，深化学校思政课改革创新的决策协调议事机构，对大中小学思政课一体化建设进行领导、指导、咨询、示范、培训、研判等，总结推广先进经验；审议和研究部署大中小学思政课教材建设、教学方法改革、师资队伍建设等重大事项；组织专家指导组就大中小学思政课一体化建设开展前瞻研究、评价指导、工作研讨、经验总结、问题研判等理论与实践工作。

中小学思想政治理论课（以下简称思政课）是落实立德树人根本任务的关键课程，办好中小学思政课关键在中小学思政课教师。2019年10月，教育部等九部委联合印发《关于加强新时代中小学思想政治理论课教师队伍建设的意见》（以下简称《意见》），重点从加强配备管理、提升素质能力、创新评价激励机制等方面完善政策举措，提出加强中小学思政课教师队伍配备管理；完善编制保障，核定或调整中小学编制时应充分考虑思政课教师配备情况，配齐思政课教师；严把中小学思政课教师选聘政治关、师德关、业务关。

此外，《意见》还提出全面提升中小学思政课教师素质能力，加强思想政治建设，推进大中小学思政课教师队伍专业发展一体化建设，不断创新中小学思政课教师评价激励机制；改革中小学思政课教师评价机制，突出课堂教学质量和育人实效的导向，完善中小学思政课教师教学改革激励机制，健全中小学思政课教师表彰奖励

---

① 《教育部关于印发〈高等学校课程思政建设指导纲要〉的通知》，教育部网站，2020年5月28日。

机制。[①]

截至2020年11月，登记在库的全国高校思政课专兼职教师总数为106411人，比2015年增加44290人，首次突破10万人大关。“十三五”时期高校思政课教师年均增长率达14.4%，其中专职教师由2015年的43353人增加到71749人，五年共增长65.5%。[②]

注重加强教材建设突出德育实效。教材建设事关国家事权，是育人重要载体。2017年7月，经党中央、国务院批准，国家教材委员会正式成立，其主要负责指导和统筹全国教材工作，加强统一领导和管理。同时，教育部组还建成立教材局，牵头负责教材建设和管理，承担国家教材委员会办公室工作。2020年1月，国家教材委员会颁布《全国大中小学教材建设规划（2019—2022年）》，这是新中国成立以来第一次对大中小学各学段、各学科领域教材建设做出系统规划，明确教材建设的指导思想、基本原则、主要任务和重点举措，整体规划、统筹推进各级各类教材建设。同时，还研究制定《新时代马工程重点教材建设规划》，全面推进专科、本科、研究生不同学段，普通高等教育、高等职业教育不同类型，哲学社会科学各学科专业基础课、核心课和相关通识课教材建设。

2019年，教育部印发《中小学教材管理办法》《职业院校教材管理办法》《普通高等学校教材管理办法》和《学校选用境外教材管理办法》，分级分类确定国家、地方、学校管理职责，明确教材

① 《教育部等五部门印发〈关于加强新时代中小学思想政治理论课教师队伍建设的意见〉的通知》，《中华人民共和国教育部公报》，2019年11期。
② 《截至11月，全国高校思政课专兼职教师登记在库达106411人》，中国新闻网，2020年12月3日。

编写、修订、审核、出版发行、选用使用等各环节管理要求，解决各级各类教材“谁来管、管什么、怎么管”的问题；研制数字教材管理办法、中小学少数民族文字教材管理办法、中小学生校外培训材料管理办法、课外读物进校园管理办法等系列配套管理制度。

从 2012 年开始，教育部统一组织编写普通中小学道德与法治（思想政治）、语文、历史三科教材（即“三科统编教材”），全面体现习近平新时代中国特色社会主义思想，培育和践行社会主义核心价值观，系统加强中华优秀传统文化、革命文化和社会主义先进文化教育，为学生打好中国底色、厚植红色基因。截至 2017 年上半年，经国家教材委员会审查通过，这项工作历时 5 年，完成了全部的编审工作。其中，义务教育三科统编教材于 2017 年秋季学期正式投入使用，2019 年秋季学期实现所有年级“全覆盖”。普通高中三科统编教材 2019 年秋季学期正式投入使用，已实现所有省份“全覆盖”。三科统编教材投入使用，有力推动了立德树人在整个基础教育阶段贯通起来，形成一体化人才培养格局。在此基础上，教育部还启动中等职业学校三科统编教材编写工作。

二、提高科学文化教育质量

党的十八大报告明确把教育放在了改善民生和加强社会建设之首，充分体现了党中央对教育事业的高度重视和优先发展教育的坚定决心。党的十八大以来，我国教育改革进入全面深化阶段，在全面实施素质教育的同时，不断改进和提升科学文化教育水平。

2014 年 3 月，教育部研制印发《关于全面深化课程改革落实立德树人根本任务的意见》，提出组织研究各学段学生发展核心素养体系，明确学生应具备的适应终身发展和社会发展需要的必备品格和关键能力，对全面深化阶段的课程改革进行了总体部署。教育部委托北京师范大学研制并于 2016 年 9 月发布《中国学生发展核心素养》总体框架，从文化基础、自主发展和社会参与三个方面系统建构中国学生发展核心素养。

2019 年 6 月，中共中央、国务院印发《关于深化教育教学改革全面提高义务教育质量的意见》，这是党中央、国务院印发的第一个聚焦义务教育阶段教育教学改革的重要文件，是新时代我国深化教育教学改革、全面提高义务教育质量的纲领性文件，是事关亿万儿童少年健康成长的义务教育阶段教学改革的顶层设计。此后，教育工作努力朝着提升智育水平，培养学生认知能力方向发展；严格按照国家课程方案和课程标准实施教学，确保学生达到国家规定学业质量标准，防止学业负担过重。同时，还要注重保护学生好奇心、想象力、求知欲；加强科学教育和实验教学，广泛开展多种形式的读书活动。① 同年 6 月，国务院办公厅印发《关于新时代推进普通高中育人方式改革的指导意见》，对新时代全面加强和改进普通高中育人方式、提高育人质量做了整体部署；提出要改进科学文化教育，统筹课堂学习和课外实践，强化实验操作，建设书香校园，培养学生创新思维和实践能力，提升人文素养和科学素养。

教育的社会功能是通过人才培养来实现的，教育的本质就是培养人的社会活动，大学的根本任务就是培养人才。为进一步提高人才培养质量，2012 年，教育部发布《关于全面提高高等教育质量

① 《中共中央国务院关于深化教育教学改革全面提高义务教育质量的意见》，北京：人民出版社，2019 年版，第 7 页。

的若干意见》等一系列指导性文件，促使高校把本科教学作为高校最基础、最根本的工作，切实把重点放在提高教学质量上，切实把重点放在提高人才培养质量上。自2011年9月起，“985工程”、“211工程”重点高校，乃至更多的公办高校陆续向社会公布了年度本科教学质量报告，接受社会的问责。2018年1月，教育部发布《普通高等学校本科专业类教学质量国家标准》（以下简称《标准》），这是我国发布的第一个高等教育教学质量国家标准，与全世界重视人才培养质量的发展潮流相一致，对建设中国特色、世界水平的高等教育质量标准体系具有重要的标志性意义。《标准》涵盖了普通高校本科专业目录中全部92个本科专业类、587个专业，涉及全国高校5.6万多个专业点；明确各专业类的内涵、学科基础、人才培养方向等，对适用专业范围、培养目标、培养规格、师资队伍、教学条件、质量保障体系建设都做了明确要求，特别对各专业类师资队伍数量和结构、教师学科专业背景和水平、教师教学发展条件等提出定性和定量相结合的要求。

职业教育是我国国民教育体系的重要组成部分。党的十八大以来，我国出台了大量关于提高职业教育质量的政策，职业院校真正走上提高质量的道路。2014年6月，教育部等六部门颁布了《现代职业教育体系建设规划（2014—2020年）》；2015年，教育部办公厅颁布了《关于建立职业院校教学工作诊断与改进制度的通知》和《关于深化职业教育教学改革全面提高人才培养质量的若干意见》；2016年，教育部颁布了《关于开展中等职业教育质量年度报告工作的通知》。这些政策的着力点在于，改变职业教育教学质量现状，使人们对于质量标准有更加科学理性的认识，树立起科学全面的教育教学质量观。

加强质量保证和监督体系建设，在学位与研究生教育事业发展中具有重要作用。为提高研究生教育质量，走内涵式发展道路，2014 年 1 月，国务院学位委员会和教育部印发《关于加强学位与研究生教育质量保证和监督体系建设的意见》，保证了强化学位授予单位的质量保证，有利于加强教育行政部门的质量监管，充分发挥学术组织、行业部门和社会机构的监督作用，提高研究生教育质量。为指导学位授予单位建设内部质量保证体系，还同步印发了《学位授予单位研究生教育质量保证体系建设基本规范》。

三、加强和改进学校体育美育工作

体育美育是落实立德树人根本任务、全面实施素质教育、提高学生综合素质以及培养德智体美劳全面发展的社会主义建设者和接班人的重要内容，也是加快推进教育现代化，建设文化强国、教育强国、体育强国和人力资源强国的重要工作，对于优化人才培养模式和实现中华民族伟大复兴具有重要意义。

党的十八大以来，党中央、国务院高度重视体育美育工作，为进一步强化学生综合素质培养。2013 年 6 月，教育部印发《关于推进中小学教育质量综合评价改革的意见》，推动教育部门把学生身心发展水平作为重要指标，主要考察学生身体素质和心理素质等方面的情况，通过身体形态机能、健康生活范式、审美修养、情绪行为调控、人际沟通等关键性指标进行评价，促进学生形成健康的体魄和良好的心理适应能力。

2014 年 4 月，教育部发布《关于全面深化课程改革落实立德树人根本任务的意见》，开始将学生体育课和艺术课学习状况纳入考试招生和评价体系中，促进学生提高身心健康水平和审美素养，并把综合实践活动、技术、音乐、美术、体育等课程开设情况作为考核学校工作的重要内容。

2019年6月，国务院办公厅发布《关于新时代推进普通高中育人方式改革的指导意见》，教育部门开始强化学生体育锻炼，修订学生体质健康标准及评价办法，丰富运动项目和校园体育活动，培养体育兴趣和运动习惯，使学生掌握1项到3项体育技能。此外，还加强了美育方面的工作，积极开展舞蹈、戏剧、影视与数字媒体艺术等活动，培养学生艺术感知、创意表达、审美能力和文化理解素养。同年6月23日，中共中央、国务院印发《关于深化教育教学改革全面提高义务教育质量的意见》，明确提出强化体育锻炼；严格执行学生体质健康合格标准，健全国家监测制度；将体育科目纳入高中阶段学校考试招生录取计分科目，并进一步强调要科学安排体育课运动负荷，开展好学校特色体育项目，鼓励地方向学生免费或优惠开放公共运动场所；实施学校美育提升行动，严格落实音乐、美术、书法等课程，结合地方文化设立艺术特色课程；广泛开展校园艺术活动，鼓励专业艺术人才到中小学兼职任教。[①]

针对学校体育美育改革发展存在的师资不够、场地不足、评价不硬等突出问题，2020年，中共中央办公厅、国务院办公厅发布《关于全面加强和改进新时代学校体育工作的意见》和《关于全面加强和改进新时代学校美育工作的意见》。在体育教学方面，首次提出完善“健康知识+基本运动技能+专项运动技能”的教学模式；

① 《中共中央国务院关于深化教育教学改革全面提高义务教育质量的意见》，北京：人民出版社，2019年版，第17页。

在美育教学方面，提出“艺术基础知识基本技能+艺术审美体验+艺术专项特长”的教学模式，着力提升学生核心素养。

两个文件非常清晰地界定了学校体育和美育在整个教育乃至每一个人的成长和发展中的意义与价值，明确了新时代学校体育美育为什么做、做什么、怎么做，进一步凸显了体育美育的价值功能、完善了体育美育的系统设计和拓展了体育美育的实施路径。

党的十八大以来，在党中央、国务院的领导下，在全社会的共同努力下，教育部门坚持把学校体育美育工作作为全面推进素质教育的重要抓手，坚持推进改革创新，坚持破解难题，体育美育工作整体上得到了全面提升，体育美育在促进学生全面发展和个性发展方面取得了显著成效。在体育方面，学校体育与健康教学质量不断提高，课外锻炼实效持续改善，校园体育文化蓬勃发展，95%的学校能够保障学生在校每天一小时体育锻炼；聚焦教会、勤练、常赛，逐步完善“健康知识+基本运动技能+专项运动技能”学校体育教学模式，确保学生通过体育锻炼掌握 1 项到 2 项运动技能，形成了“一校一品”、“一校多品”的教育教学改革特色。2020 年，教育部开展的体育特色学校项目有全国青少年校园足球特色学校近 3 万所、全国青少年校园篮球特色学校近 1 万所、全国青少年校园排球特色学校近 1500 所、全国青少年校园网球特色学校近 300 所、全国青少年冰雪运动特色学校近 2000 所、北京 2022 年冬奥会和冬残奥会奥林匹克教育示范学校近 800 所。[①] 在美育方面，义务教育阶段，大部分省（区、市）义务教育阶段都能按照国家课

---

①《教育部：95%的学校能够保障学生在校每天一小时体育锻炼》，新华网，2020 年 12 月 14 日。

程设置方案保证音乐、美术课程总量不低于总课时的9%；高中教育阶段，全国93.2%的学校能够开设6个学分的艺术类必修课程，同时，全国美育教师总体数量也增长明显；全国80.7%的中等职业教育学校将艺术课程纳入公共基础必修课，并保证72学时；全国87.6%的高校面向全体学生开设公共艺术课程。根据2019年国家义务教育质量监测艺术学习质量监测结果显示，78.5%的四年级和77.2%的八年级学生演唱能力达到中等及以上水平，91.5%的四年级和65.8%的八年级学生绘画创作与表达能力达到中等及以上水平。八成以上的学生喜欢艺术课和艺术教师。①

四、全面加强新时代大中小学劳动教育

劳动教育既是素质教育的重要内容，也是落实素质教育的重要途径。党的十八大以来，中共中央、国务院高度重视学校劳动教育，2013年，习近平总书记提出了“三爱教育”的观念，即“爱学习、爱劳动、爱祖国”。2015年，习近平总书记在庆祝“五一”国际劳动节暨表彰全国劳动模范和先进工作者大会上的讲话中特别指出，“以劳动托起中国梦”②。

为优化劳动教育顶层设计，强化政府主体责任，国家层面先后发布多个重要文件，以解决“劳动教育在学校中被弱化，在家庭中

① 《2019年国家义务教育质量监测语文、艺术学习质量监测结果报告发布》，教育部网站，2020年8月24日。

② 习近平：《在庆祝“五一”国际劳动节暨表彰全国劳动模范和先进工作者大会上的讲话》，《人民日报》，2015年4月29日。

被软化，在社会中被淡化”的现实问题，不断完善学校劳动教育的制度体系。2015 年 7 月 20 日，教育部联合共青团中央、全国少工委印发《关于加强中小学劳动教育的意见》，从国家战略发展对人才培养要求的高度阐明了劳动教育的重大意义，对劳动教育课程设置及实施提出明确要求，要求落实相关课程、开展校内劳动、组织校外劳动和鼓励家务劳动，完善劳动教育的保障机制。此外，该文件还提出用 3 年到 5 年的时间，推动建立课程完善、资源丰富、模式多样、机制健全的劳动教育体系，形成普遍重视劳动教育的氛围。

2018 年 9 月，习近平总书记在全国教育大会上明确提出，“要努力构建德智体美劳全面培养的教育体系，形成更高水平的人才培养体系”[①]。此次会议将劳动教育列入全面发展教育体系，“五育并举”的育人格局。

2020 年 3 月，中共中央、国务院出台《关于全面加强新时代大中小学劳动教育的意见》(以下简称《意见》)，就全面构建体现新时代特征的劳动教育体系进行了系统设计和整体规划。该文件的出台为大中小学加强劳动教育提供了硬性标准，将劳动教育列入德智体美劳全面发展教育体系，把劳动教育从一般原则要求层面提升到全面育人的重要内容层面，有助于真正确立“五育并举”育人格局，培养担当民族复兴大任的时代新人。同时，《意见》中还进一步明确家庭、学校、社会三方协同是实施劳动教育的重要途径。

为加快构建德智体美劳全面培养的教育体系，教育部于 2020 年 7 月印发《大中小学劳动教育指导纲要(试行)》，进一步明确

① 《习近平在全国教育大会上发表重要讲话》，新华网，2018 年 9 月 10 日。

了劳动教育的性质和基本理念，规定了劳动教育目标和内容，提出劳动教育途径、关键环节和评价，并要求学校根据国家相关规定，结合当地和本校实际情况，对劳动教育进行整体设计、系统规划，形成劳动教育总体实施方案。

随着劳动教育的全面开展，学生自主劳动的意识逐步增强，热爱劳动的习惯逐渐养成，学生在劳动教育实践过程中，发现问题、认识问题、解决问题的意识得到了提高。

第三节　构建基础教育基本公共服务体系

党的十八大以来，我国教育发展取得新成就，教育公平和教育质量显著提升，全国教育大会召开以后，党中央和国务院连续出台相关文件、召开基础教育工作会议，对我国基础教育进行系统的顶层设计，基础教育的“四梁八柱”已基本确立，基础教育已经踏上更加注重内涵发展、全面提高育人质量的新征程。

一、创新学前教育公益普惠发展

学前教育是终身学习的开端，是国民教育体系的重要组成部分，是重要的社会公益事业。《国家中长期教育改革和发展规划纲要（2010—2020年）》明确学前教育事业发展的主要目标，提出改革任务和重大项目，为我国学前教育事业发展制定了“任务书”，确定了“时间表”，绘制了“路线图”。党的十八大以来，学前教育事业取得了跨越式发展，资源迅速扩大、普及水平大幅提高、管理体制不断完善，“入园难”问题得到有效缓解。特别是2020年9月7日，《中华人民共和国学前教育法草案（征求意见稿）》正式向社会征求意见，体现了对《国家中长期教育改革和发展规划纲要（2010—2020年）》提出的“推进依法治教”、制定学前教育法律等战略要求的回应。

坚持学前教育的公益普惠方向是群众的期盼、是解决“入园难”、“入园贵”的根本之策。2010年7月，《国家中长期教育改革和发展规划纲要（2010—2020年）》提出基本普及学前教育以后，“国务院领导、省市统筹、以县为主”的学前教育管理体制逐步确立，为学前教育事业改革发展提供了管理保障。2018年，中共中央、国务院发布《关于学前教育深化改革规范发展的若干意见》，再次明确“推进学前教育普及普惠安全优质发展，满足人民群众对幼有所育的美好期盼”①。党中央和国务院的这一系列文件中都坚持和强调了公益普惠是我国学前教育发展的基本方向，这一时期的学前教育事业发展正是坚持了这一基本方向，才取得了令人瞩目的成效，得到了人民群众的高度认同。

学前教育经过十年的快速发展，虽然实现了普及普惠目标，但仍是整个教育体系最薄弱的环节，还存在着经费投入不足、成本分担机制不健全、教师待遇保障不到位、科学保教水平有待提高等突出问题。随着三孩政策的实施，普惠性资源区域性、结构性短缺的矛盾依然存在。在巩固普及普惠成果的基础上，为进一步破解制约学前教育体制机制的瓶颈问题，健全普惠性学前教育保障机制，

① 《中共中央 国务院关于学前教育深化改革规范发展的若干意见》，《中华人民共和国教育部公报》，2018年11期。

不断提高普及普惠水平，全面提升幼儿园保教质量，2021 年 12 月，教育部研究制定了《“十四五”学前教育发展提升行动计划》（以下简称《计划》），提出提高学前教育普及普惠水平，明确了到 2025 年，全国学前三年毛入园率达到 90%以上，普惠性幼儿园覆盖率达到 85%以上，公办园在园幼儿占比达到 50%以上的目标。此外，《计划》还提出补齐普惠资源短板、完善普惠保障机制和全面提升保教质量三项重点任务，以及优化普惠性资源布局、推进普惠性资源扩容增效、健全经费投入与成本分担机制、提高幼儿园师资培养培训质量、保障幼儿园教师配备和工资待遇、完善幼儿园规范管理机制、强化幼儿园安全保障、加大不规范办园行为治理力度、深化幼儿园教育改革和推动学前教育教研改革十大政策措施。

党的十八大以来，按照党中央、国务院决策部署，各级党委和政府坚持公益普惠发展方向，积极扩大普惠性学前教育资源，努力构建学前教育公共服务体系，长期制约学前教育改革发展的瓶颈问题得到破解，学前教育事业实现了跨越式发展，取得了显著的成绩。

截至 2020 年，我国学前三年毛入园率超出《国家中长期教育改革和发展规划纲要（2010—2020 年）》设定的“2020 年达到 70%”的目标 15.2 个百分点。2021 年，全国幼儿园在园幼儿数量达到 4805.2 万人，比 2011 年增加 1380.8 万人，全国学前三年毛入园率由 2011 年的 62.3%提高到 2021 年的 88.1%，增长了 25.8 个百分点，学前教育实现了基本普及。初步形成了公办民办并举的办园格局，2020 年总园所数量为 29.17 万所，其中公办园 12.37 万所；2021 年，全国普惠性幼儿园（包括公办园和普惠性民办园）达到 24.5 万所，占幼儿园总量的 83%，其中公办园 12.8 万所，比 2011 年增长了 149.7%。学前教育经费投入显著增长，财政投入力度持续加大。2020 年，全国财政性学前教育经费为 2532 亿元，比 2011 年的 416 亿元增长了 5 倍，财政性教育经费占比从 2011 年的 2.2% 提高到 2020 年的 5.9%。中央财政支持学前教育发展专项资金十年累计投入超过 1700 亿元。我国成本分担机制基本建立，各省份均出台了公办园生均公用经费标准或生均财政拨款标准、普惠性民办园补助标准，并根据事业发展需要不断完善标准；同时综合考虑经济发展水平、群众承受能力和办园成本等因素，动态调整公办幼儿园收费标准，确定普惠性民办幼儿园最高收费限价，有效保障幼儿园正常运行。

幼儿教师培养规模不断扩大，截至 2021 年，全国开设学前教育专业的本专科高校有 1095 所，毕业生达到 26.5 万人，分别比 2011 年增加 591 所、23.1 万人，分别增长 1.2 倍、6.7 倍，为持续补充幼儿园师资提供了有力支撑。2021 年，全国幼儿园园长和专任教师总数超过 350 万人，比 2011 年增加 200 万人，增长了 1.3 倍，师生比从 2011 年的 26∶1 下降到 2021 年的 15∶1，基本达到了“两教一保”的配备标准，师资短缺问题得到有效解决。教师素质明显提高，学历结构进一步优化。2021 年，专科以上学历的园长及专任教师占比达到 87.8%，比 2011 年提高了 24 个百分点。连续实施幼儿园教师“国培计划”，2012 年至 2020 年累计投入 43 亿元，培训幼儿园教师超过 243 万人次，教师专业水平明显提升。[①]

---

① 《教育部：十年来全国幼儿园增长近八成 学前教育实现了基本普及》，人民网，2022 年 4 月 27 日。

二、完善义务教育优质均衡发展

基础教育是国民教育的基石，义务教育是基础教育的重中之重。党的十八大以来，通过大力促进均衡发展、提高普及水平和提高教育质量，我国义务教育取得了跨越式发展。

2012 年 1 月，教育部出台《县域义务教育均衡发展督导评估暂行办法》，标志着我国建立义务教育均衡发展督导评估制度，推进义务教育均衡发展，着力提升农村学校和薄弱学校办学水平，全面提高义务教育质量，努力实现所有适龄儿童少年“上好学”。2013 年，全国启动第一批义务教育发展均衡县（市、区）督导评估认定工作。2017 年 4 月，教育部印发《县域义务教育优质均衡发展督导评估办法》，进一步明确优质均衡评估的对象、评估的内容与标准、评估的程序、评估的结构的使用等内容。截至 2020 年底，全国累计已有 26 个省份、2809 个县实现县域义务教育基本均衡发展，县数占比 96.8%，如期实现了国务院提出的“到 2020 年全国和中西部地区实现基本均衡的县（市、区）比例均达到 95%”目标。[①] 2021 年，国务院教育督导委员会又组织了对剩余省份的 94 个县的实地督导检查。

2019 年 2 月，中共中央办公厅、国务院办公厅印发《加快推进教育现代化实施方案（2018—2022 年）》，强调要推进义务教育优质均衡发展。同年 2 月，中共中央、国务院印发《中国教育现代化 2035》，从中长期战略规划的高度再次明确，在实现县域内义务

① 《均衡督导持续发力 义教保障水平更高——义务教育基本均衡“双九五”目标如期实现》，教育部网站，2021 年 4 月 27 日。

教育基本均衡的基础上，进一步推进优质均衡，到2035年，实现义务教育优质均衡县（市、区）的比例达到95%。

关爱留守儿童是提高义务教育普及水平、促进义务教育优质发展的重要内容。2013年1月，教育部等五部门联合出台《关于加强义务教育阶段农村留守儿童关爱和教育工作的意见》，对学校教育关爱工作做出部署，切实改善留守儿童受教育条件。2016年2月，国务院出台了《关于加强农村留守儿童关爱保护工作的意见》，这是国家层面最有力度的留守儿童保护政策。文件针对农村留守儿童关爱保护工作中的突出问题和薄弱环节，进行了系统的设计，明确提出要完善农村留守儿童关爱服务体系，强化家庭监护主体责任。对加大教育部门和学校关爱保护力度，建立健全农村留守儿童救助保护机制具有重要意义。

在落实农村地区义务教育“两免一补”政策的基础上，2017年春季学期起，中央财政开始落实对城市学生的免费教科书和“一补”政策，标志“两免一补”政策实现了城乡统一和全部覆盖。2019年秋季学期开始，我国将家庭经济困难非寄宿生也纳入补助范围，精准实施控辍保学专项行动，出台了《关于进一步加强控辍保学提高义务教育巩固水平的通知》《深度贫困地区教育脱贫攻坚实施方案（2018—2020年）》《关于解决建档立卡贫困家庭学生适龄子女义务教育有保障突出问题的工作方案》等一系列文件，建立全国中小学生学籍信息管理系统与国家人口基础信息库，建立控辍保学工作台账在线管理平台，实施动态销号管理。此外，我国还出台系列文件，进一步科学规划学校布局，逐步完善随迁子女就学政策。

为加快推进教育现代化，建设教育强国，办好人民满意的教育，2019 年 7 月，中共中央、国务院发布《关于深化教育教学改革全面提高义务教育质量的意见》，对新时代义务教育质量的基本要求作出了具体阐述，明确新时代发展素质教育的主要内容，并提出一系列新举措。同年，教育部还启动了义务教育课程修订工作，根据学科核心素养，对义务教育课程方案和语文等 18 个学科课程标准进行全面修订，积极推动核心素养落实。

为深入贯彻全国教育大会、全国基础教育工作会议精神，切实加强基础教育教学工作指导，全面提高基础教育质量，2020 年 10 月 20 日，教育部成立全国基础教育教学指导委员会，进一步加强对基础教育教学工作的指导。

党的十八大以来，在党中央、国务院的正确领导下，我国义务教育稳步发展，成效显著，义务教育普及水平已超过世界中高收入国家平均水平，义务教育均衡发展取得巨大发展，义务教育质量全面提高，人民群众对义务教育满意度有所上升。根据中国教育科学研究院开展的教育满意度调查显示，群众对义务教育的满意度名列前茅，对小学的满意度达 87.42%，对初中的满意度达 80.71%。① 2021 年，我国共有义务教育阶段学校 20.72 万所，在校生 1.58 亿人，专任教师 1057.19 万人；九年义务教育巩固率 95.4%。全国共有小学 15.43 万所，小学招生 1782.58 万人，在校生 1.08 亿人；共有小学专任教师 660.08 万人；我国共有初中 5.29 万所，初中招生 1705.44 万人，在校生 5018.44 万人。②

① 中国教育科学研究院：《办好人民满意的教育：全国教育满意度调查报告》，北京：教育科学出版社，2019 年版，前言第 3 页。
②《2021 年全国教育事业统计主要结果》，教育部网站，2022 年 3 月 1 日。

三、推进普通高中育人方式改革

普通高中教育是国民教育体系的重要组成部分，在人才培养中起着承上启下的关键作用。办好普通高中教育，对于巩固义务教育普及成果、增强高等教育发展后劲、进一步提高国民整体素质具有重要意义。党的十八大以来，党中央、国务院高度重视高中阶段教育，出台系列文件，对普通高中的发展做出统筹安排。

2014 年 3 月，教育部发布《关于全面深化课程改革落实立德树人根本任务的意见》，对充分发挥课程在人才培养中的核心作用，进一步提升综合育人水平，更好地促进各级各类学校学生全面发展、健康成长，具有重要的意义，是指导高中课程改革的重要指导性文件。

2016 年，教育部会同十部门联合印发《关于推进中小学生研学旅行的意见》，要求学校根据教育教学计划灵活安排研学旅行时间，逐步建立以省情国情为主的高中阶段研学旅行活动课程体系。2017 年，教育部印发《普通高中课程方案和语文等学科课程标准（2017 年版）》，强调在打好学生共同学业基础的同时，为学生提供更具选择性的课程资源，努力满足学生个性化的学习发展需要。2017 年 9 月，教育部发布《中小学综合实践活动课程指导纲要》（以下简称《指导纲要》），明确提出综合实践活动是国家义务教育和普通高中课程方案规定的必修课程，与学科课程并列设置，是基础教育课程体系的重要组成部分；综合实践活动课程由地方统筹管理和指导，具体内容以学校开发为主，自小学一年级至高中三年级全面实施。此外，《指导纲要》还强化了课程育人导向，明确提出价值体认、责任担当、问题解决、创意物化四个方面的课程目标。[①]

2020 年 4 月，为落实立德树人根本任务，提高广大中小学生阅读能力和综合素质，受教育部委托，教育部基础教育课程教材发展中心组织研制并发布《中小学生阅读指导目录（2020 年版）》，对现行普通高中课程标准和教材的拓展与延伸，对于丰富中学生精神文化生活、提高思想政治素质和科学文化素养具有重要意义。

教材是最重要的教书育人载体，作为高考综合改革试点省份，2019 年秋季学期，北京、上海、天津、辽宁、山东、海南 6 省市的高一年级率先实施新课程新教材，实现了教学与考试的有效衔接，截至 2022 年，普通高中新课程新教材在全国全面铺开。2020 年 4 月 3 日，教育部决定在全国遴选一批普通高中新课程新教材实施国家级示范区和示范校以及推荐遴选“基于教学改革、融合信息技术的新型教与学模式”实验区。

推进普及高中阶段教育，有效化解普通高中大班额，是高中教育发展的重中之重。2011 年以来，教育部会同国家发改委、财政部实施了教育基础薄弱县普通高中建设项目、普通高中改造计划和现代职业教育质量提升计划三个国家级项目，着力扩大高中阶段教育资源。截至 2019 年 10 月，两个普通高中项目中央财政累计投入 503.22 亿元，惠及几千所高中阶段学校的上千万学生。

为切实解决高中阶段教育发展面临的问题和困难，在确保义务教育优先发展的基础上推进普及高中阶段教育，满足适龄青少年接受高中阶段教育的需求，2017 年 3 月，教育部联合相关部委印发

① 《教育部关于印发〈中小学综合实践活动课程指导纲要〉的通知》，教育部网站，2017 年 9 月 27 日。

《高中阶段教育普及攻坚计划（2017—2020年）》，提出2020年“全国、各省（区、市）毛入学率均达到90%以上，中西部贫困地区毛入学率显著提升”的目标；其旨在解决高中阶段教育发展中的区域差距问题，体现出实现教育公平的决心，符合协调发展与共享发展的要求。此外，文件还提出提高普及水平、优化结构布局、加强条件保障和提升教育质量四大重点任务以及扩大教育资源、完善经费投入机制、完善扶困助学政策、加强教师队伍建设、推动学校多样化有特色发展和改进招生管理办法六大主要举措。[①]

随着毛入学率大幅提高，普通高中进入以内涵发展、提高质量为重点的发展新阶段，面临多维改革同步推进的新任务。2017年5月，《关于深化教育体制机制改革的意见》明确提出，推进普通高中育人方式改革。2018年9月10日，习近平总书记在全国教育大会上强调，要促进普通高中多样化有特色发展。[②]这为新时代推进普通高中教育改革发展指明了前进方向，提供了根本遵循。在这样的背景下，国务院办公厅于2019年6月印发《关于新时代推进普通高中育人方式改革的指导意见》（以下简称《指导意见》），这是21世纪以来国务院办公厅出台的第一个关于推进普通高中教育改革的重要纲领性文件，明确了普通高中的改革的目标，即到2022年，德智体美劳全面培养体系进一步完善，立德树人落实机制进一步健全；普通高中新课程新教材全面实施，适应学生全面而有个性

---

① 《教育部等四部门关于印发〈高中阶段教育普及攻坚计划（2017—2020年）〉的通知》，教育部网站，2017年3月30日。

② 《习近平总书记在全国教育大会上的重要讲话引起热烈反响：全力推动新时代教育工作迈上新台阶》，《人民日报》，2018年9月12日。

发展的教育教学改革深入推进，选课走班教学管理机制基本完善，科学的教育评价和考试招生制度基本建立，师资和办学条件得到有效保障，普通高中多样化有特色发展的格局基本形成。此外，《指导意见》还明确了构建全面培养体系、优化课程实施、创新教学组织管理、加强学生发展指导、完善考试和招生制度、强化师资和条件保障六个方面的任务。①

我国县域普通高中（以下简称县中）规模超过全国普通高中学校总数一半，是县域基础教育的龙头。办好县中不仅对巩固提高高中阶段教育普及水平，带动县域义务教育优质均衡发展具有重要意义，还在推进教育高质量发展和乡村振兴战略中承担着重要使命。党的十八大以来，国家实施高中阶段教育普及攻坚计划，县中办学资源得到显著扩大。2021 年 12 月，教育部联合相关部委决定实施《“十四五”县域普通高中发展提升行动计划》（以下简称《行动计划》），提出“县中提升计划”的总体目标。此外，《行动计划》还提出深化招生管理改革、加强教师队伍建设、改善办学薄弱环节和提高教育教学质量四大重点任务，加强普通高中招生管理、健全教师补充激励机制、提高县中教师能力素质、实施县中托管帮扶工程、消除大班额和有效控制大规模学校以及提高县中经费投入水平的主要措施。②

截至 2021 年底，我国高中阶段教育毛入学率提高到 91.4%，

---

①《国务院办公厅关于新时代推进普通高中育人方式改革的指导意见》，《中华人民共和国国务院公报》，2019 年 18 期。

②《教育部等九部门关于印发〈“十四五”学前教育发展提升行动计划〉和〈“十四五”县域普通高中发展提升行动计划〉的通知》，教育部网站，2021 年 12 月 14 日。

比2012年提高6.4个百分点。中西部普及提升幅度最大，区域教育发展差距明显缩小。全国共有普通高中1.46万所；招生904.95万人，在校生2605.03万人；共有普通高中专任教师202.83万人。[①]

四、持续推动特殊教育拓展融合

特殊教育是我国教育体系的组成部分，也是构建基础教育公共服务体系的重要内容。党的十八大提出支持特殊教育，党的十八届三中全会要求推进特殊教育改革发展，党中央、国务院多次要求研究加强完善特殊教育的政策措施。2010年7月颁布的《国家中长期教育改革和发展规划纲要（2010—2020年）》首次将“特殊教育”单列为一项改革发展任务，明确指出特殊教育的主要目标和任务，并提出重点改革项目。

在这一时期，我国特殊教育整体水平仍然不高，发展还不平衡。农村残疾儿童少年义务教育普及率不高，非义务教育阶段特殊教育发展水平偏低，特殊教育学校办学条件有待改善，特殊教育教师和康复专业人员数量不足、专业水平有待提高。为加快推进特殊教育发展，大力提升特殊教育水平，切实保障残疾人受教育权利，2014年1月，国务院办公厅转发了教育部等部门联合印发的《特殊教育提升计划（2014—2016年）》，提出特殊教育提升计划的总体目标，即全面推进全纳教育，使每一个残疾孩子都能接受合适的

① 《2021年全国教育事业统计主要结果发布——教育部：全国共有各级各类学校52.93万所 在校生2.91亿人》，人民网，2022年3月1日。

教育。[①]

特殊教育需要特殊的设施设备。为更好地推进全纳教育，完善普通学校随班就读支持保障体系，提高残疾学生教育教学质量，依据《中华人民共和国义务教育法》和《中华人民共和国残疾人教育条例》的有关规定，2016 年 1 月，教育部办公厅印发《普通学校特殊教育资源教室建设指南》，要求在普通学校（含幼儿园、普通中小学、中等职业学校，以下同）建设资源教室，并对普通学校资源教室建设的总体要求、功能作用、基本布局、场地及环境、资源教师等做出了规定。[②]

2017 年 7 月，教育部等七部委联合印发《第二期特殊教育提升计划（2017—2020 年）》，提出第二期特殊教育提升计划的总体目标，即到 2020 年，各级各类特殊教育普及水平全面提高，残疾儿童少年义务教育入学率达到 95%以上，非义务教育阶段特殊教育规模显著扩大；特殊教育学校、普通学校随班就读和送教上门的运行保障能力全面增强。

在完善残疾学生课程方面，教育部发布《盲校义务教育课程标准（2016 年版）》《聋校义务教育课程标准（2016 年版）》和《培智学校义务教育课程标准（2016 年版）》，这是我国第一次专门为残疾学生制定系统的课程标准，是我国多年来特殊教育发展和教育教学改革经验的集中体现。2018 年和 2019 年，教育部、国家语委、中国残联联合发布《国家通用手语常用词表》《国家通用盲文

① 《国务院办公厅关于转发教育部等部门特殊教育提升计划（2014—2016 年）的通知》，中国政府网，2014 年 1 月 18 日。
② 《普通学校特殊教育资源教室建设指南》，教育部网站，2016 年 1 月 27 日。

方案》和《汉语手指字母方案》，为全国聋教育和盲教育提供了规范化的特殊语言文字工具。

此外，为了保障残疾人受教育的权利，发展残疾人教育事业，根据《中华人民共和国教育法》和《中华人民共和国残疾人保障法》，国务院于 2017 年修订《残疾人教育条例》。修订后的《残疾人教育条例》从残疾人教育的发展目标和理念、入学安排、教学规范、教师队伍建设以及保障和支持等方面修改、完善了相关制度。

2021 年 12 月，国务院办公厅转发了教育部等部门的《“十四五”特殊教育发展提升行动计划》，并提出到 2025 年，高质量特殊教育体系初步建立的主要目标，即高质量的特殊教育体系初步建立，普及程度显著提高，适龄残疾儿童义务教育入学率达到 97%，非义务教育阶段残疾儿童青少年入学机会明显增加。这一目标的提出，对“十四五”时期进一步提升残疾人受教育水平，补齐特殊教育短板，推进特殊教育高质量发展意义重大。

根据 2021 年教育事业统计数据结果显示，截至 2021 年，全国共有特殊教育学校 2288 所，较 2020 年新增了 44 所，同比增长 1.96%；招收各种形式的特殊教育学生 14.91 万人，在校生 91.98 万人，比 2020 年增加 3.08 万人；共有特殊教育专任教师 6.94 万人，比 2020 年增加 0.32 万人。①

党的十八大以来，特殊教育教育质量全面提升，课程教材体系进一步完善，教育模式更加多样，课程教学改革不断深化，特殊教育质量评价制度基本建立；融合教育全面推进，普通教育、职业教

① 《2021 年全国教育事业统计主要结果》，教育部网站，2022 年 3 月 1 日。

育、医疗康复、信息技术与特殊教育进一步深度融合；保障机制进一步完善，继续对家庭经济困难残疾学生实行高中阶段免费教育，确保家庭经济困难残疾学生优先获得资助，逐步提高特殊教育经费保障水平；教师队伍建设进一步加强，数量充足，结构合理，专业水平进一步提升，待遇保障进一步提高；特殊教育学校数量也持续增加，特殊教育进入快速发展的新阶段。

第四节　建设适应新发展格局的现代职业教育体系

职业教育是国民教育体系和人力资源开发的重要组成部分，是培养技术技能人才、促进就业创业创新、推动中国制造和服务上水平的重要基础。党的十八大以来，党中央高度重视职业教育，加大力度推动职业教育改革发展，不断增强职业教育对经济社会发展需求的适应性。习近平总书记对职业教育工作作出一系列重要指示，各地区各相关部门认真贯彻党中央、国务院决策部署，职业教育发展取得显著成绩。

一、不断完善现代职业教育体系

建设现代职业教育体系是中国职业教育发展的总目标。围绕现代职业教育体系建设，党的十八大以来，国家出台了一系列发展职业教育的政策举措，现代职业教育体系框架的层次结构、办学类型、终身一体化等进一步完善，为形成现代职业教育体系奠定了基础。

2013 年 11 月，中共中央印发《关于全面深化改革若干重大问题的决定》，明确提出“加快现代职业教育体系建设，深化产教融合、校企合作，培养高素质劳动者和技能型人才”[①]。2014年6月，国务院发布《关于加快发展现代职业教育的决定》，提出形成适应发展需求、产教深度融合、中职高职衔接、职业教育与普通教育相互沟通，体现终身教育理念，具有中国特色、世界水平的现代职业教育体系。同时，教育部等六部门印发的《现代职业教育体系建设规划（2014—2020年）》，强调坚持以体系建设为抓手，推动职业教育以规模扩张向内涵发展，提出现代职业教育体系实施“两步走”战略目标，即到2015年，初步形成现代职业教育体系框架；到2020年，基本建成中国特色现代职业教育体系。这一体系框架最终要实现结构规模更加合理、院校布局和专业设置更加适应经济社会需求、职业院校办学水平普遍提高、发展环境更加优化的目标。[②]

2019年1月，国务院印发《国家职业教育改革实施方案》，从完善国家职业教育制度体系、构建职业教育国家标准、促进产教融合和建设多元办学格局四个方面提出进一步办好新时代职业教育的具体措施。

为进一步借鉴国内外先进经验，发挥智库作用，凝聚政府、社会力量办职业教育，提高职业教育科学化决策水平，2019年10月，国务院职业教育工作部际联席会议办公室印发《关于成立国家

---

① 《中共中央关于全面深化改革若干重大问题的决定》，北京：人民出版社，2013年版，第43页。

② 《关于印发〈现代职业教育体系建设规划（2014—2020年）〉的通知》，《职业技术教育》，2015年03期。

职业教育指导咨询委员会的通知》，决定组建国家职业教育指导咨询委员会（以下简称指导咨询委员会），其职能是推进职业教育类型建设，协助教育部提升职业院校职业技能教育、培训能力；为国务院职业教育工作部际联席会议提供国家职业教育、培训宏观性、综合性、专题性政策咨询、参考建议；建设国家职业教育专家库，促进学分银行和征信网络系统建设，开展职业技能教育、培训后评价工作。

2021 年 4 月 12—13 日，全国职业教育大会在北京召开，习近平总书记对职业教育工作做出重要指示，强调在全面建设社会主义现代化国家新征程中，职业教育前途广阔、大有可为。要坚持党的领导，坚持正确办学方向，坚持立德树人，优化职业教育类型定位，深化产教融合、校企合作，深入推进育人方式、办学模式、管理体制、保障机制改革，稳步发展职业本科教育，建设一批高水平职业院校和专业，推动职普融通，增强职业教育适应性，加快构建现代职业教育体系，培养更多高素质技术技能人才、能工巧匠、大国工匠。[①] 会议提出建设技能型社会的理念和战略，加快构建面向全体人民、贯穿全生命周期、服务全产业链的职业教育体系，推动职业教育走上高质量发展的历史新征程。

为推动现代职业教育高质量发展，2021 年 10 月，中共中央办公厅、国务院办公厅印发《关于推动现代职业教育高质量发展的意见》（以下简称《意见》），对职业教育工作提出明确要求，确定职业教育的主要发展目标，即到 2025 年，我国职业教育类型特色更

① 《习近平对职业教育工作作出重要指示》，新华网，2021 年 4 月 13 日。

加鲜明，现代职业教育体系基本建成，技能型社会建设全面推进，办学格局更加优化，办学条件大幅改善，职业本科教育招生规模不低于高等职业教育招生规模的 10%，职业教育吸引力和培养质量显著提高；到 2035 年，我国职业教育整体水平进入世界前列，技能型社会基本建成。[①] 随着《意见》的印发，职业教育的“四梁八柱”基本建成。

二、确立职业教育作为类型教育的属性

2014 年 4 月，全国职业教育工作会议提出，职业教育是国民教育体系和人力资源开发的重要组成部分。2014 年 6 月，教育部等六部门印发《现代职业教育体系建设规划（2014—2020 年）》，把职业教育作为类型教育与普通教育并列平行。2019 年 2 月，国务院出台《国家职业教育改革实施方案》，首次明确了职业教育作为类型教育，具有与普通教育同等重要地位，正式确定职业教育在我国教育体系中是一个单独种类的教育。这一重要定位，一方面，是对职业教育的重大理论贡献，明确了我国“一体两翼”的现代教育体系，成为我国教育理论的重大创新；同时明确了职业教育是一个教育类型，而不是教育层次，对于摆正职业教育的地位，发挥职业教育服务社会和个体发展的能力，以及推进职业教育治理体系和治理能力现代化，具有重要的发展战略意义，极大地丰富了中国特色职业教育理论。另一方面，具有重要的政策指导和实践意义，明

① 《中共中央办公厅 国务院办公厅印发〈关于推动现代职业教育高质量发展的意见〉》，《中华人民共和国教育部公报》，2021 年 12 期。

晰了职业教育和普通教育的联系与区别，指明了职业教育的发展方向，有利于职业教育系统更明晰自己的功能和作用，进一步探索和完善职业教育独特的办学模式和人才培养模式，更好地服务、支撑国家现代化建设。以类型教育为基点，我国牢固确立职业教育在国家人才培养体系中的重要位置，围绕建设现代职业教育体系，强化类型特色，坚定服务发展、促进就业的办学方向，不断深化产教融合、校企合作，工学结合、知行合一，走出了一条中国特色的职业教育发展道路。

2021 年 10 月，中共中央办公厅、国务院办公厅印发《关于推动现代职业教育高质量发展的意见》，提出职业教育是国民教育体系和人力资源开发的重要组成部分，肩负着培养多样化人才、传承技术技能、促进就业创业的重要职责。这有利于强化职业教育类型特色，巩固职业教育类型定位；也加快了建立“职教高考”制度，推进职业教育理论研究和不同层次职业教育纵向贯通。[①] 2014 年，国务院印发《关于深化考试招生制度改革的实施意见》，高职分类考试规模逐年扩大，成为职业学校学生和普通高中学生接受高等职业教育的主渠道。

三、深入推进职业教育集团化办学

职业教育集团化办学是推进产教融合、校企合作的一个重要举措，国家和各地不断研究制订职教集团支持政策，鼓励多元主体组

① 《中共中央办公厅 国务院办公厅印发〈关于推动现代职业教育高质量发展的意见〉》，《中华人民共和国国务院公报》，2021 年 30 期。

建职教集团，发挥职教集团促进教育链和产业链有机融合的重要作用。随着《国家中长期教育改革和发展规划纲要（2010—2020年）》的颁布和实施，各地都积极开展职业教育集团化办学的探索。2014年5月和6月，国务院分别印发的《关于加快发展现代职业教育的决定》和《现代职业教育体系建设规划（2014—2020年）》都提出发挥职业教育集团在促进教育链和产业链有机融合中的重要作用。为鼓励多元主体组建职业教育集团，深化职业教育办学体制机制改革，推进现代职业教育体系建设，2015年7月，教育部印发《关于深入推进职业教育集团化办学的意见》，明确职业教育集团化办学的指导思想和目标任务，提出加快完善职业教育集团化办学的实现形式，积极鼓励多元主体组建职业教育集团。此后一段时期，我国在规范完善职业教育集团治理结构，建立健全职业教育集团化办学运行机制等方面持续用力，全面提升职业教育集团的综合服务能力。

2019年2月，《国家职业教育改革实施方案》提出推动企业和社会力量举办高质量职业教育，到2020年，初步建成300个示范性职业教育集团（联盟），带动中小企业参与。此后，我国各级政府部门深化“放管服”改革，加快推进职能转变，由注重“办”职业教育向“管理与服务”过渡。同时，还支持和规范社会力量兴办职业教育培训，鼓励发展股份制、混合所有制等职业院校和各类职业培训机构，建立公开透明规范的民办职业教育准入、审批制度，探索民办职业教育负面清单制度。[①] 截至2021年9月，全国已建成各类职教集团（联盟）近1500个，覆盖90%以上的高职院校、近

① 《国务院关于印发国家职业教育改革实施方案的通知》，《中华人民共和国国务院公报》，2019年06期。

50%的中职学校，吸引近 3 万家企业参与。[①]

四、强化产教融合育人机制

党的十八大以来，国家在推动职业教育发展的政策中对产教融合、校企合作给予高度重视，为贯彻国家政策，教育部、人力资源和社会保障部、财政部等部委单独或联合发布系列指导性政策文件，《教育部关于 2013 年深化教育领域综合改革的意见》《教育部关于深入推进职业教育集团化办学的意见》等，从不同角度提出要充分发挥行业企业作用，积极推进产教融合、校企合作。现代学徒制是职业教育产教融合、校企合作的重要形式。2014 年，我国开始推进现代学徒制试点，首批确定 17 个试点地区，8 家试点企业，100 所试点高职院校，27 所试点中职学校，13 家行业试点牵头单位。

2017 年 12 月，国务院办公厅印发《关于深化产教融合的若干意见》，从七个方面提出 30 项措施意见，构建了产教融合的政策体系框架。2018 年 2 月，教育部会同国家发改委、工信部、财政部、人社部、国家税务总局印发《职业学校校企合作促进办法》，明确职业学校校企合作的目标原则、实施主体、合作形式、促进措施和监督检查等，建立起校企合作的基本制度框架；并指导上海、江苏、河南、湖南、广西、宁波等地颁布促进职业教育产教融合、校企合作的地方性法规和制度。

2019 年 4 月，教育部会同国家发展改革委印发《建设产教融

① 《对十三届全国人大四次会议第 1337 号建议的答复》，教育部网站，2021 年 9 月 22 日。

合型企业实施办法（试行）》，对进入产教融合型企业认证目录的企业，给予“金融+财政+土地+信用”的组合式激励。同年9月，教育部会同国家发展改革委等部门联合印发《国家产教融合建设试点实施方案》，在全国开展产教融合试点。截至2021年9月，全国已有21个城市申报国家产教融合型城市，2340家企业纳入地方产教融合型企业建设培育库。[①]

2021年10月，中共中央办公厅、国务院办公厅印发《关于推动现代职业教育高质量发展的意见》（以下简称《意见》），提出围绕优化职业教育供给结构、健全多元办学格局、协同推进产教深度融合，来完善产教融合办学体制。同时，还对创新校企合作办学机制做出了具体部署，这不仅丰富了职业学校办学形态，还拓展优化了校企合作的形式内容和政策环境。

我国职业教育牢牢抓住大改革、大发展的历史机遇期，统筹把握规模与内涵两个维度，加快建设现代职业教育体系，确立类型教育定位，明确建设技能型社会的战略任务，我国职业教育实现了跨越式发展。2021年，高职学校招生557万人，相当于十年前的1.8倍；中职学校（不含技工学校）招生489万人。中高职学校每年培养1000万左右的高素质人才，为经济社会发展提供了源源不断的技术技能人才。

① 《对十三届全国人大四次会议第1337号建议的答复》，教育部网站，2021年9月22日。

第五节　促进高等教育内涵发展

高等教育承担着国家人才培养、科学研究、社会服务和文化传承的重要任务，在为党育人、为国育才，服务区域发展和国家战略，服务经济社会发展方面，为国家经济建设提供了必要的人才资源支撑。党的十八大以来，在以习近平同志为核心的党中央坚强领导下，我国出台一系列政策文件，持续深化高等教育改革，不断提升高等教育质量，推动高等教育实现内涵式发展，高等教育取得突破性进展、历史性跨越和格局性变化。

一、明确高等教育内涵式发展的总体要求

作为发展理念，“内涵式发展”*这一话语最早应用于经济发展领域，是转变粗放型经济发展模式，提高经济发展质量和效益的重要战略。随着“内涵式发展”含义的不断丰富，这一理念不断扩大运用范围，逐渐扩散至不同的发展领域与行业中，并被赋予了新的更为深刻的内涵。

2012 年 3 月，教育部印发实施《关于全面提高高等教育质量的若干意见》，提出高等教育内涵式发展的总体要求，并针对束缚高等教育内涵发展的突出问题，提出一系列提高质量的硬招实招。

2017 年 9 月，中共中央办公厅、国务院办公厅印发《关于深化教育体制机制改革的意见》，提出从创新人才培养机制、深化科研体制改革、完善依法自主办学机制、改进高等教育管理方式等方面，健全促进高等教育内涵发展的体制机制。这有利于完善中国特色现代大学制度，促进高等学校科学定位、差异化发展，推进世界

* “内涵式发展”旨在通过回归事物本体，以内生性的、协调性的发展，实现事物内部结构的优化、体制机制的改革创新及发展潜力的最大化挖掘，目的是开拓一条更加科学、更加理性，可实现速度、结构、规模、质量、效益相统一的可持续发展道路。

一流大学和一流学科建设。[①]

2018 年 5 月 2 日，在同北京大学师生座谈时，习近平总书记强调，“当前，我国高等教育办学规模和年毕业人数已居世界首位，但规模扩张并不意味着质量和效益增长，走内涵式发展道路是我国高等教育发展的必由之路”[②]。2019 年 2 月，由国务院印发的《中国教育现代化 2035》提出优先发展教育，推进教育理念、体系、制度、内容、方法、治理的现代化，着力提高教育质量等一系列重要思想，旨在推动我国教育事业走内涵式发展道路。2021 年 12 月，习近平总书记在中央全面深化改革委员会第二十三次会议上强调，“加快一流大学和一流学科建设，实现高等教育内涵式发展”[③]。

2020 年 11 月，教育部发布《第五轮学科评估工作方案》，把“提升我国学科建设水平和人才培养质量，推动实现高等教育内涵式发展”作为指导思想，成为把握学科前进路线的“方向盘”，研判学科状态的“听诊器”，反馈学科质量的“风向标”，改进学科工作的“加速器”。[④]

作为高等教育领域内的一个政策性话语，“内涵式发展”是党中央根据我国高等教育的发展阶段及所处的时代环境，对高等教育发展方向目标与实践路径所做的顶层设计规划。当前的“内涵式发

---

① 《中共中央办公厅 国务院办公厅印发〈关于深化教育体制机制改革的意见〉》，中国政府网，2017 年 9 月 25 日。

② 习近平：《在北京大学师生座谈会上的讲话》，人民出版社，2018 年版，第 7 页。

③ 《习近平主持召开中央全面深化改革委员会第二十三次会议强调 加快建设全国统一大市场提高政府监管效能 深入推进世界一流大学和一流学科建设》，新华网，2021 年 12 月 17 日。

④ 《第五轮学科评估工作方案》，中国政府网，2020 年 11 月 3 日。

展”以特色发展为基础，以更科学理性实现高等教育基本职能为依托，以体制机制改革与创新为重点，以凸显社会文化特色为时代内容，提供了中国高等教育发展的核心理念，也指明了中国高等教育发展的基本方向。

二、持续推进“双一流”建设，建立高校分类体系

《国家中长期教育改革和发展规划纲要（2010—2020 年）》明确提出“建成一批国际知名、有特色、高水平的高等学校，若干所大学达到或接近世界一流大学水平”[①]。

2012 年 3 月，教育部印发《教育部关于全面提高高等教育质量的若干意见》，提出根据办学历史、区位优势和资源条件等，确定特色鲜明的办学定位、发展规划、人才培养规格和学科专业设置，并以此探索建立高校分类体，制定分类管理办法，促进高校办出特色。此外，还强调要加快建设若干所世界一流大学和一批高水平大学，建设一批世界一流学科。[②]

2015 年 10 月，国务院印发《统筹推进世界一流大学和一流学科建设总体方案》，提出“以一流为目标、以学科为基础、以绩效为杠杆、以改革为动力”，对统筹推进世界一流大学和一流学科建设作出战略部署；并明确总体目标，即到 2020 年，若干所大学和

---

① 《国家中长期教育改革和发展规划纲要（2010—2020 年）》，《人民日报》，2010 年 7 月 30 日。

② 《教育部关于全面提高高等教育质量的若干意见》，《中华人民共和国国务院公报》，2012 年 11 期。

一批学科进入世界一流行列，若干学科进入世界一流学科前列。到2030年，更多的大学和学科进入世界一流行列，若干所大学进入世界一流大学前列，一批学科进入世界一流学科前列，高等教育整体实力显著提升。到21世纪中叶，一流大学和一流学科的数量和实力进入世界前列，基本建成高等教育强国。[①]

为实现建设世界一流大学和一流学科的重大战略决策部署，2017年1月24日，教育部、财政部、国家发改委联合印发《统筹推进世界一流大学和一流学科建设实施办法（暂行）》，对遴选条件、遴选程序、支持方式、动态管理以及组织实施等方面进行了明确规定。1月25日，教育部发布《关于“十三五”时期高等学校设置工作的意见》，以人才培养定位为基础，将高等教育分类体系分为研究型、应用型和职业技能型三大类型，并对每种类型作出定位和具体部署。同年9月，教育部、财政部、国家发改委印发《关于公布世界一流大学和一流学科建设高校及建设学科名单的通知》，对“双一流”建设的原则、目标、总体思路和建设高校数量进行了明确，这是党中央、国务院在新的历史时期，为提高我国高等教育发展水平、增强国家核心竞争力、奠定长远发展基础做出的重大战略决策。

为着力解决“双一流”建设中仍然存在的高层次创新人才供给能力不足、服务国家战略需求不够精准、资源配置亟待优化等问题，经中央全面深化改革委员会第二十三次会议审议通过，2022年1月，教育部、财政部、国家发改委联合印发《关于深入推进世界一流大学和一流学科建设的若干意见》，明确“双一流”建设的新

---

① 《国务院关于印发统筹推进世界一流大学和一流学科建设总体方案的通知》，《中华人民共和国国务院公报》，2015年32期。

方位、新使命、新要求，并公布了第二轮“双一流”建设高校及建设学科名单，囊括了147所建设高校，331个建设学科（不含自定学科），其中，基础学科布局59个、工程类学科180个、哲学社会科学学科92个；北京大学、清华大学自主建设的学科自行公布。[①]

三、全面升级人才培养质量，创新人才培养体系

提高人才培养质量是高等教育改革发展的核心任务。2018年1月，我国发布首个本科专业类教学质量国家标准，涵盖全部12个学科门类、92个本科专业类、587个专业、5.6万余个专业点。

2018年9月，教育部等六部门印发《关于实施基础学科拔尖学生培养计划2.0的意见》，拔尖人才培养进入2.0时代。2019年4月，教育部召开“六卓越一拔尖”计划2.0启动大会，对实施拔尖计划2.0进行了全面动员。2019年8月，教育部印发《教育部关于2019—2021年基础学科拔尖学生培养基地建设工作的通知》，发布基地建设规划，并于2019年至2020年遴选建设了两批共199个基地，以基地建设为载体推动计划全面实施。

截至2022年，全面启动基础学科拔尖计划2.0建设，在77所高校布局建设288个人才培养基地，探索基础学科拔尖人才培养的“中国范式”，累计吸引1万余名优秀学生投身基础学科，形成了基础学科拔尖人才的“梯队网络”，为走好自主人才培养之路，建设世界重要人才中心和创新高地固基筑本。

① 《教育部 财政部 国家发展改革委关于深入推进世界一流大学和一流学科建设的若干意见》，教育部网站，2022年1月29日。

2015—2021年，教育部与政府、各高校共同连续举办七届“互联网+”大学生创新创业大赛，累计吸引603万个团队的2533万名大学生参加。这场赛事旨在深化高等教育综合改革，激发大学生的创造力，培养造就“大众创业、万众创新”的主力军；推动赛事成果转化，促进“互联网+”新业态形成，服务经济提质增效升级；以创新引领创业、创业带动就业，推动高校毕业生更高质量创业就业，引领带动高校人才培养范式变革，推动形成新的人才培养观和新的质量标准。

2019年4月，教育部、中央政法委、科技部等13个部门在天津联合启动“六卓越一拔尖”计划2.0*，全面推进新工科、新医科、新农科、新文科建设，提高高校服务经济社会发展能力，引导高校全面优化专业结构，深化专业综合改革，激发学生兴趣和潜能，全面提高人才培养质量。教育部分三年全面实施这一计划，其核心任务是面向所有高校、所有专业，实施一流专业建设“双万计划”，即建设1万个左右国家级一流本科专业点和1万个左右省级一流本科专业点；实施一流课程建设“双万计划”，即建设1万门左右国家级一流课程和1万门左右省级一流课程；建设260个左右基础学科拔尖学生培养一流基地。

* “六卓越一拔尖”是“卓越工程师教育培养计划”的升级版，包括卓越工程师教育培养计划2.0、卓越医生教育培养计划2.0、卓越农林人才教育培养计划2.0、卓越教师培养计划2.0、卓越法治人才教育培养计划2.0、卓越新闻传播人才教育培养计划2.0、基础学科拔尖学生培养计划2.0。

这意味着“六卓越一拔尖”计划2.0将原先的单个计划变成系统计划的组合，由“单兵作战”转向“集体发力”，标志着中国高等教育改革发展走向成型成熟，也标志着我国高等教育从跟随跟跑转到并跑领跑。“六卓越一拔尖”计划2.0不是单一的改革项目，这是对我国高等教育人才培养体制机制的综合改革，更是对我国高等教育质量的重新定位和全面提升。

2020年1月，教育部出台《关于在部分高校开展基础学科招生改革试点工作的意见》，聚焦国家重大战略需求，提出从 2020 年起在部分高校开展基础学科招生改革试点（也称“强基计划”）。“强基计划”聚焦国家重大战略需求，在确保公平公正的前提下，探索建立多维度考核学生的评价模式，逐步形成基础学科拔尖创新人才选拔培养的有效机制，重点破解基础学科领军人才短缺和长远发展的瓶颈问题。“强基计划”是教育部立足我国国情和教育发展现状，进行的一项拔尖创新人才选拔与培养的探索与尝试，在部分“一流大学”建设高校范围内遴选高校开展基础学科招生改革试点，尤其是聚焦高端芯片与软件、智能科技、新材料、先进制造和国家安全等关键领域以及国家人才紧缺的人文社会科学领域。

2021 年 4 月，中共中央修订印发《中国共产党普通高等学校基层工作条例》，全面加强党对高校的全面领导，引领带动党的建设质量全面提高，党委领导下的校长负责制更加完善，学校党建与事业发展深度融合，推动全面从严治党向纵深发展，向基层延伸。特别是将持续做好中央巡视整改作为推动学校改革发展的重要契机。思想政治体系建设得到全面推进，推动各类课程与思想政治理论课同向而行，推出课程思政示范课程 699 门，高校已经成为坚持党的领导的坚强阵地。

四、全面提高高等教育社会服务能力

党的十八大以来，高等教育在提高社会服务能力方面取得了显著成效。为推进协同创新与服务，教育部组织实施了一系列改革项目，加强产学研用结合，促进协同创新和协同育人。

2012 年 3 月，教育部、财政部联合启动实施“2011 计划”，面向国家重大需求，建设一批代表高校协同创新最高水平的“2011协同创新中心”。截至2015年，教育部和财政部共认定了两批共38个国家级“2011协同创新中心”，全国31个省（市、自治区）建设认定省级协同创新中心总数超过1000个，各高校还自行培育了一批校级协同创新中心。通过实施“2011计划”，高校在科学研究、人才培养、社会服务及文化传承方面的综合能力得到了全面提升，服务地方区域经济和社会发展的意识和能力不断增强。“协同创新”的模式和理念深入人心，在校企协作、制度创新、能力提升等方面较好地补足了国家创新体系的整体效能。

为深化高校创新创业教育改革，推进校企合作协同育人，教育部面向企业征集产学合作协同育人项目，鼓励企业通过自主立项并资助高校开展专业综合改革、课程改革、师资培训、大学生创新创业训练计划等，与高校共同培养适应产业发展需要的高质量人才。自2014年启动实施产学合作协同育人项目以来，每年的项目参与企业数量、征集项目数量、资助经费和参与高校数量均实现大规模增长。2014—2021年，八年间，1100多所本科高校参与产学合作协同育人项目，累计支持国内外企业1100多家，项目立项7.6万项，企业提供经费支持约27亿元。[①]实现了由“量的增加”到“质的飞跃”，正在成为产学合作的“闪亮名片”。政府搭台、企业支持、高校对接、共建共享，有效激发了各方面的积极性，实现了高校人才培养与企业发展的合作共赢。

从2009年开始，教育部先后在江苏常熟、宜兴、泰州、徐

① 《2021年教育部产学合作协同育人项目对接会召开》，光明网，2021年12月15日。

州，福建漳州、龙岩、泉州，山东威海，河北衡水等地组织实施“蓝火计划”，旨在推进高校与地方及企业深入开展产学研用结合，加强协同创新，加快高校创新科技成果向社会转移及产业化。“蓝火计划”注重平台建设，通过与地方政府共建中国高校技术转移中心地方中心和各种技术创新平台、联盟，构建区域协同创新的新模式，鼓励高校创新团队为地方经济建设服务。截至 2015 年 8 月，已举办 13 次大型成果、项目、人才对接活动，共组织了全国逾百所高校的 1300 余位专家学者赴地方开展产学研合作，参加对接的企业界代表达到 2000 余人，累计达成合作意向 450 余项，帮助引入科技特派员 90 余人。[①]

2016 年，《中华人民共和国促进科技成果转化法》《实施〈中华人民共和国促进科技成果转化法〉若干规定》和《促进科技成果转移转化行动方案》的先后出台被称为“促进科技成果转化的三部曲”，这对于实施创新驱动发展战略、强化供给侧结构性改革、推动大众创业万众创新具有重要意义。同年 8 月，教育部联合科技部印发《关于加强高等学校科技成果转移转化工作的若干意见》，从简政放权鼓励科技成果转移转化、建立健全科技成果转移转化工作机制、支持学生创新创业等十个方面指导高校落实成果转移转化相关政策。

2017 年 12 月，《关于进一步推动高校落实科技成果转化政策相关事项的通知》印发，国家进一步督促高校完善政策机制。2019 年 2 月，教育部认定了首批 47 所高等学校科技成果转化和技术转

① 《教育部对十二届全国人大三次会议第 8301 号建议的答复》，教育部网站，2015 年 8 月 25 日。

移基地。2020 年 9 月，教育部认定了北京市丰台区人民政府等 5 个地方和北京大学等 24 所高校为第二批高等学校科技成果转化和技术转移基地，有效促进了政产学研用协同创新，推动高校科技成果转化工作不断取得新进展。

五、高等教育规模不断扩大

自 2012 年以来，我国高等教育规模不断扩大，高等教育实力不断加强。通过“211”、“985”工程和“双一流”建设计划，我国一批大学和一大批学科已经跻身世界先进水平，高等教育整体水平进入世界第一方阵。高等教育服务国家能力显著提升，高校获得了 60%以上的国家科技三大奖励，全国 60%以上的基础研究、80%以上的国家自然科学基金项目由高校承担。

高等教育培养质量不断提高。以一流专业和一流课程建设“双万计划”为牵引，共认定 8031 个国家级、8632 个省级一流专业建设点，遴选认定首批 3559 门国家级一流课程。深化新工科建设，累计实施 1457 项新工科项目，支持 1100 多所本科院校与近 800 家企业合作立项 3.7 万项。深化新医科建设，医教协同构建以“5+3”为主体的临床医学人才培养国家制度，支持 11 所高校开展八年制临床医学教育。深化新农科建设，设立首批 407 个新农科实践项目，打造建设了 184 个耕读教育实践基地，支持 48 所高校开设种子科学与工程本科专业。深化新文科建设，设立 1011 项新文科项目，新增 3000 余个文理、文工等学科交叉融合专业点。全面启动基础学科拔尖学生培养计划 2.0，在 77 所高校布局建设 288 个学生培养基地，累计吸引 1 万余名优秀学生投身基础学科。

高等教育结构不断优化。我国共有265种新专业纳入本科专业目录，目前目录内专业771种；新增本科专业布点1.7万个，撤销或停招1万个，人才培养对新技术、新产业、新业态的适应度明显增强。中西部高等教育振兴发展深入推进，“十三五”期间累计安排中央预算内投资107亿元，实施“一省一校”和“一校一案”，119所部属和东部高水平大学参加支援103所中西部高校。高校共建工作成效显著，与相关部委、大型企业、地方政府新增共建高校151所。[①]

十年来，党中央、国务院对高等教育事业作出全面系统重要部署，高等教育规模不断扩大，我国接受高等教育的人口达到2.4亿，新增劳动力平均接受教育年限达13.8年，劳动力素质结构发生了重大变化，全民族素质得到稳步提高，高等教育在育人方式、办学模式、管理体制、保障机制等方面不断创新，为建设世界重要人才中心和创新高地提供了有力支撑。

第六节　建立服务全民学习的终身教育体系

继续教育是我国教育体系的有机组成部分，《国家中长期教育改革和发展规划纲要（2010—2020年）》明确提出“构建体系完备的终身教育。学历教育和非学历教育协调发展，职业教育和普通教育相互沟通，职前教育和职后教育有效衔接。继续教育参与率大幅

① 《我国建成世界规模最大的高等教育体系高等教育在学总人数达4430万》，《中国教育报》，2022年5月18日。

提升，从业人员继续教育年参与率达到50%。现代国民教育体系更加完善，终身教育体系基本形成，促进全体人民学有所教、学有所成、学有所用”的战略目标。[①] 并出台一系列政策文件，继续教育服务全民终身学习的功能得到了凸显。

一、推进高等学历继续教育改革

高等学历继续教育是继续教育的重要组成部分，主要有开放大学教育、高等教育自学考试改革、函授教育、业余大学、广播电视教育、网络教育等形式。为切实办好开放大学，推动建设学习型社会，2016年1月，教育部出台《关于办好开放大学的意见》，提出办好开放大学的12项基本任务，并明确阐述了主要目标，即到2020年，中国特色开放大学体系初步建成，现代信息技术应用更加成熟，优质教育资源更加丰富，学习条件更加先进，学习制度更加灵活，办学体系不断完善，基本满足多样化学习需求，为学习型社会提供重要支撑，为人力资源开发提供重要保障。[②]

为规范高等教育自学考试专业设置，2018年，教育部办公厅印发《高等教育自学考试专业设置实施细则》和《高等教育自学考试开考专业清单》，标志着高等教育自学考试实现了由专业审批制到专业登记制的转变，进一步精简优化教育内容结构。新的《高等教育自学考试专业级别规范》的组织编制，代表着与高等学校同质

① 《国家中长期教育改革和发展规划纲要（2010—2020年）》，《人民日报》，2010年7月30日。
② 《教育部关于办好开放大学的意见》，《中华人民共和国国务院公报》，2016年12期。

等效的学业标准的确立。自 2019 年起，我国开展了高等教育自学考试专业的调整规范，各地和军队高等教育自学考试工作平稳有序地拉开转型序幕。高等教育自学考试进入了以高质量高等教育内容和服务供给为核心的发展新阶段。

2018 年 3 月，教育部办公厅印发《关于开展高等学校继续教育发展年度报告工作的通知》，阐述了高校继续教育的地位，明确其是国家人才培养的重要组成部分，也是建设学习型社会、大力提高国民素质的重要支撑。[①] 在简政放权、放管结合、优化服务的背景下，国家开展高校继续教育发展年度报告工作是逐步完善高校继续教育质量保障制度，更是全面提高继续教育人才培养质量的重要举措。这种制度的推行有利于强化高校办学主体责任，推进信息公开，更是教育行政部门回应社会关切，接受社会监督的重要体现；还可以加强事中事后监管和服务，成为提高科学决策水平的有效手段。同时，对于宣传展示高校继续教育办学理念、办学成果、办学特色具有重要意义，也是营造全民学习、终身学习良好氛围的重要途径。

为总结和推广"探索开放大学建设模式"试点经验，理顺和明晰开放教育一体化发展的体制机制，2020 年 9 月，教育部印发《国家开放大学综合改革方案》，明确改革的指导思想和总体思路，以及具体任务和保障措施。这标志着广播电视大学转型升级和开放大学建设进入新阶段，拉开了国家开放大学高质量发展的序幕。

2021 年 12 月，教育部办公厅印发《关于加强高等学历继续教

① 《教育部办公厅关于开展高等学校继续教育发展年度报告工作的通知》，教育部网站，2018 年 3 月 23 日。

育教材建设与管理的通知》，要求高等学历继续教育教材建设与管理要以习近平新时代中国特色社会主义思想为指导，加强党对教材工作的全面领导，完善教材管理体制，加大教材建设力度，严格教材审核选用，增强教材育人功能，服务高等学历继续教育提质强基。①

截至 2021 年，我国共有 1891 所各类高校举办学历继续教育，设置校外教学点 2.3 万余个。招收成人本专科学生 378.53 万人，在校生 832.65 万人；招收现代远程教育（网络教育）本专科学生 283.92 万人，在校生 873.90 万人。②

二、不断提升非学历职业技能教育

非学历继续教育主要包括各类职业资格和技能证书培训、岗位培训以及各种知识更新或研修等，主要直接面向社会从业人员，针对目前职业岗位或未来职业发展对知识、技能、素质的需求实施教育。

2019 年，国务院办公厅印发《职业技能提升行动方案（2019—2021 年）》（以下简称《方案》），明确提出从 2019 年至 2021 年，持续开展职业技能提升行动，提高培训针对性实效性，全面提升劳动者职业技能水平和就业创业能力。此外，还要求开展各类补贴

① 《教育部办公厅关于加强高等学历继续教育教材建设与管理的通知》，教育部网站，2021 年 12 月 23 日。

② 《问题导向 科学研判 规范高等学历继续教育校外教学点管理》，教育部网站，2022 年 4 月 22 日。

性职业技能培训5000万人次以上，其中2019年培训1500万人次以上；到2021年底，技能劳动者占就业人员总量的比例达25%以上，高技能人才占技能劳动者的比例达30%以上。[①]《方案》的制定注重调动劳动者、培训主体、政府三方的积极性，体现了政府部门对技能人才队伍建设工作的战略部署，也是我国职业技能培训领域的主要工作思路和行动纲领。

2019年4月，教育部等四部门印发《关于在院校实施"学历证书+若干职业技能等级证书"制度试点方案》，开展"学历证书+若干职业技能等级证书"制度试点，落实"放管服"改革要求，以社会化机制分四批遴选发布300个培训评价组织的447个职业技能等级证书。截至2021年，共有78.3万名考生参加考核，共设立近1.5万个考点，4300多所院校参与试点，证书累计获得超过10000家企业的认可，持证毕业生就业优势初显。截至2021年10月，为31个省（市、区）教育行政部门和新疆生产建设兵团教育局、2184所院校、73家培训评价组织建立了业务管理账号，为参加职业技能等级证书考试的学生建立了学分银行个人学习账号，证书成果存入学分银行。[②]

三、积极推进社区教育和老年教育

社区教育和老年教育是我国继续教育的重要组成部分，也是建

① 《国务院办公厅关于印发职业技能提升行动方案（2019—2021年）的通知》，《中华人民共和国国务院公报》，2019年16期。
② 《对十三届全国人大四次会议第8384号建议的答复》，教育部网站，2021年9月24日。

设学习型社会的载体和抓手，党的十八大以来，社区教育和老年教育得到积极推进。

为有效开展社区教育，发挥先进典型的示范引领作用，持续推进社区教育实验区和示范区建设，2016 年 6 月，教育部等九部门印发《关于进一步推进社区教育发展的意见》，提出进一步推进社区教育发展的总体目标，要求社区教育主动适应居民实际需求，有针对性地开展法治社会、科学生活、安全健康、就业再就业、创新创业、职业技能提升等教育培训活动。

在这一时期，我国老年教育事业快速发展，初步形成了组织、教育、文化、民政、老龄等多部门共同推进老年教育的格局。但还存在资源供给不足，城乡、区域间发展不平衡，保障机制不够健全，部门协调亟待加强，社会力量参与的深度和广度需进一步拓展等问题。为此，2016 年 10 月，国务院办公厅印发《老年教育发展规划（2016—2020 年）》（以下简称《规划》），提出发展规划的主要目标，即到 2020 年，基本形成覆盖广泛、灵活多样、特色鲜明、规范有序的老年教育新格局，以各种形式经常性参与教育活动的老年人占老年人口总数的比例为 20%以上。[①] 此外，《规划》还从扩大老年教育资源供给、拓展老年教育发展路径、加强老年教育支持服务、创新老年教育发展机制、促进老年教育可持续发展等方面提出五项主要任务。

2019 年，教育部推动开展了全国社区教育和老年教育资源共享行动，启动全国社区教育和老年教育资源共享和公共服务平台建

① 《国务院办公厅关于印发老年教育发展规划（2016—2020 年）的通知》，《中华人民共和国国务院公报》，2016 年 31 期。

设，举办“教育资源进社区网上博览会”活动，推出“科普类、艺术类、老年健康类教育资源进社区共享行动”，推出“网上社区教育大讲堂”课程等。2020 年，国家开放大学老年大学推出“乐学防疫”公益课堂，汇聚课程共计 4.1 万门，各学习平台总访问量达到 900 万人次。

截至 2021 年，国家开放大学已汇聚 9 大类 20 万分钟的适合老年人学习的优质数字化学习资源，整合主题式课程 400 余门；开放大学体系社区教育数字化资源累计达 300TB，注册学习用户超过 7000 万，全国有数以亿计的社区成员参与社区教育活动。①

四、积极开展学习型社会建设

建设学习型社会是社会发展的必然趋势，也是我国应对经济全球化和综合国力竞争的战略选择，更是实现“两个一百年”奋斗目标和中华民族伟大复兴中国梦的重要内容和有力支撑。并且建设学习型城市是实现学习型社会的重要基石。2014 年，教育部等七部门发布《关于推进学习型城市建设的意见》（以下简称《意见》），作为我国推进学习型城市建设工作领域的第一份政策性文件，对推进我国学习型城市建设工作进行了全面部署，并阐述了七大主要任务。此外，《意见》一方面从实现“两个一百年”奋斗目标和中华民族伟大复兴中国梦出发，首次提出我国学习型城市建设的阶段性目标；另一方面从东中西部地区实际出发，就 2020 年学习型城

① 《对十三届全国人大四次会议第 4493 号建议的答复》，教育部网站，2021 年 9 月 26 日。

市创建工作的覆盖率分别提出不同的目标，即东、中、西部地区市（地）级以上城市开展创建学习型城市工作覆盖率分别达到90%、80%和70%。[①]

2015年10月29日，全国学习型城市建设工作推进会在江苏苏州举行，会议从推进国家层面的终身学习立法进程、完善学习型城市建设的领导协调机制、组织动员更多城市参与学习型城市建设、研究制订学习型城市建设评价指标体系，以及充分发挥有关协会、学会作用等方面，进一步明确推进学习型城市建设的主要任务。

第七节　建立中国特色现代教育考试招生制度

考试招生制度是国家基本教育制度，是人才培养的枢纽环节，关系国家发展大计，关系每一个家庭的切身利益，关系亿万青少年学生前途命运。习近平总书记多次作出重要指示，强调必须通过深化改革，促进教育公平、提高人才选拔水平，适应培养德智体美劳全面发展的社会主义建设者和接班人的要求。[②]党的十八大以来，我国在建立有中国特色的现代教育考试招生制度方面迈出了新步伐。

---

①《教育部等七部门印发〈关于推进学习型城市建设的意见〉》，《人民教育》，2014年20期。

②《培养德智体美劳全面发展的社会主义建设者和接班人——习近平总书记重要讲话引领教育战线新思考新作为》，新华网，2018年9月12日。

一、实施义务教育免试就近入学

为落实义务教育免试就近入学要求，健全科学、明晰、便利的小学升入初中制度，规范招生入学行为，提高治理水平，促进教育公平，根据《中华人民共和国义务教育法》规定，2014 年 1 月，教育部印发《关于进一步做好小学升入初中免试就近入学工作的实施意见》，对最牵动人心的划定招生范围和确定入学对象，提出两种解决方案，一是单校划片，按照就近入学的原则，为每一所初中合理划定对口小学，采取对口直升*方式招生；二是多校划片，对老城区暂时难以实现单校划片的，可实行多校划片，为多所初中划定同一招生范围，优质初中要纳入多校划片范围。多校划片先征求志愿，当报名人数多于招生数时，以公开随机派位的方式确定学生。[①] 随后，教育部办公厅又印发《关于进一步做好重点大城市义务教育免试就近入学工作的通知》，聚焦 19 个副省级以上大城市，推进义务教育免试就近入学政策的制定和完善。两个文件的相继出台表明了党和国家促进教育公平、破解择校难题的决心，也为各地即将出台的小升初实施方案提供了方向与准绳。

* 对口直升指在公办小学的毕业生，若满足一定的条件，则可以通过电脑派位录取进入直升对口中学就读。

2014 年，19 个副省级以上大城市根据各地实际情况相继出台中小学招生办法，落实“小升初”改革举措。经过三年义务教育免试就近入学改革，到 2016 年底，我国取得了阶段性成果和历史性突破，基本实现了免试就近入学、规范有序入学、阳光监督入学，有效缓解了“择校热”，促进了教育公平。统计数据显示，重点监

① 《关于进一步做好小学升入初中免试就近入学工作的实施意见》，《基础教育参考》，2014 年 05 期。

测的全国19个副省级以上大城市公办中小学（不含寄宿制学校）学生就近入学比例均超过九成。其中，北京、天津、上海、沈阳、大连、长春、哈尔滨、杭州、宁波、厦门、济南、青岛、深圳、西安14市的公办小学和上海、沈阳、长春、济南、青岛、深圳、西安等7市的公办初中基本实现全部就近入学。[①]

截至2020年底，在招生秩序上，我国深入推进义务教育免试就近入学改革，基本实现免试就近入学全覆盖，全国24个大城市义务教育免试就近入学比例达98.6%；2019年，我国大力推进“公民同招”改革，全面建立公民办义务教育学校一视同仁、特权的招生入学机制，促进了公民办学校公平发展，有效缓解了择校热和家长焦虑，推动民办学校从“抢好生源”向“教好学生”的转变，促进营造良好教育生态；坚持“两为主、两纳入”，健全以居住证为主要依据的入学政策，切实保障随迁子女平等接受义务教育，全国85.3%的义务教育阶段随迁子女在公办学校就读（含政府购买民办学校学位）。[②]

二、推行初中学业水平考试

2013年11月，党的十八届三中全会通过《中共中央关于全面深化改革若干重大问题的决定》，要求“推行初高中学业水平考试

---

①《全国义务教育招生入学改革取得阶段性成果 各重点大城市免试就近入学率均达九成以上》，教育部网站，2017年2月22日。

②《教育部：24个大城市义务教育免试就近入学比例98.6%》，《北京日报》，2020年12月10日。

和综合素质评价。加快推进职业院校分类招考或注册入学。逐步推行普通高校基于统一高考和高中学业水平考试成绩的综合评价多元录取机制”[①]。2014年9月，国务院印发《关于深化考试招生制度改革的实施意见》，提出完善中小学招生办法，推进九年义务教育均衡发展，改进高中阶段学校考试招生方式，实行优质普通高中和优质中等职业学校招生名额合理分配到区域内初中的办法。[②]

在这一时期，一些地方在初中毕业生学业考试、综合素质评价、高中招生录取等方面进行了积极探索，积累了有益经验，但同时，高中阶段学校考试招生制度还存在一些问题。因此，2016年9月，教育部印发《关于进一步推进高中阶段学校考试招生制度改革的指导意见》，提出逐步建立一个“初中学业水平考试成绩+综合素质评价”的高中招生录取模式；改变高中生招生将部分学科成绩简单相加作为录取唯一依据的做法，克服唯分数论。此后，教育系统主要在以下几个方面进行深化改革：

一是推行初中学业水平考试*。教育部要求已经实行初中毕业、高中招生“两考合一”的地区统一规范为初中学业水平考试，把《义务教育课程设置实验方案》所设定的全部科目纳入初中学业水平考试的范围，依据义务教育课程标准确定初中学业水平考试内容，提高命题质量，重视对有关学科教学实验操作的考查。此外，教育部还推动改进考试成绩呈现方式，采用分数、等级等多种形式呈现，鼓励有条件的地区实行“等级”呈现。个别没有实行“两考

* 初中学业水平考试主要衡量学生达到国家规定学习要求的程度，考试成绩是学生毕业和升学的基本依据。

① 《中共中央关于全面深化改革若干重大问题的决定》，北京：人民出版社，2013年版，第43—44页。

② 《国务院关于深化考试招生制度改革的实施意见》，《人民教育》，2014年18期。

合一”的地区要积极创造条件逐步过渡到初中学业水平考试，实现一考多用。

二是完善学生综合素质评价*。一方面，组织初中学校和教师指导学生做好写实记录，整理遴选具有代表性的活动记录和典型事实材料；另一方面，教育部要求初中学校将用于招生使用的活动记录和事实材料进行公示、审核，为每位学生建立综合素质评价档案，供高中学校招生使用。

* 学生综合素质评价是根据义务教育的性质、学生年龄特点，结合教育教学实际，细化和完善思想品德、学业水平、身心健康、艺术素养和社会实践五个方面的评价内容和要求，充分反映学生的全面发展情况和个性特长，注重考查学生的日常行为规范养成和突出表现。

三是改革招生录取办法。教育部选择有条件的地市进一步扩大综合改革试点，积极探索基于初中学业水平考试成绩、结合综合素质评价的招生录取模式。试点地区改革录取计分科目的构成，从初中学业水平考试科目中选择部分科目作为录取计分科目，除语文、数学、外语科目外，根据文理兼顾、负担适度的原则，确定其他具体科目及数量，防止群体性偏科和加重学生负担。试点地区还在初中学业水平考试各门科目合格的前提下，给予学生一定的自主选择录取计分科目的机会，发挥学科优势，引导学生发展兴趣爱好。

2019 年 6 月，中共中央、国务院颁布《关于深化教育教学改革全面提高义务教育质量的意见》，首次提出稳步推进初中学业水平考试省级统一命题，坚持以课程标准为命题依据，不得制定考试大纲，不断提高命题水平。2019 年 11 月，教育部颁布《关于加强初中学业水平考试命题工作的意见》，宣布取消初中学业水平考试大纲，严格依据义务教育课程标准命题，不得超标命题。

截至 2020 年 11 月，全国 31 个省份均已正式发布了中考改革实施意见，在推行学业水平考试、完善初中综合素质评价、改革招生录取办法等方面结合实际细化了政策举措。其中，北京、天津、上海、重庆、浙江、福建、山东等 7 个工作基础扎实的省（市）和海南、宁夏、西藏、新疆等 4 个人口较少的省（区）率先在省域（区）范围全面推行了招生录取综合改革，其他 21 个省（区、市）均确定了 1 到 2 个地市作为招生录取综合改革试点，并结合本地实际逐步扩大试点范围。[①]

三、改革高中考试招生制度与规范高校招生录取方式

在深化高中考试招生制度改革方面，2014 年 9 月，国务院发布《关于深化考试招生制度改革的实施意见》，提出探索基于统一高考和高中学业水平考试成绩、参考综合素质评价的多元录取机制。此后，我国在高中考试形式和内容方面的具体举措主要体现在以下两个方面：一方面完善高中学业水平考试。学业水平考试主要检验学生学习程度，是学生毕业和升学的重要依据，其考试范围覆盖国家规定的所有学习科目。2014 年 12 月，教育部发布《关于普通高中学业水平考试的实施意见》，明确高中学业水平考试范围覆盖所有科目，参加高考的学生，计入高校招生录取总成绩的 3 个科目，由学生根据报考高校要求和自身特长自主选择，这为一直处于探索阶段的学业水平考试改革画出一条标准笔直的“跑道”。另一方面，规范高中学生综合素质评价。综合素质评价主要反映学生德智体美全面发展情况，是学生毕业和升学的重要参考。因此，教育部积极推动建立规范的学生综合素质档案，客观记录学生成长过程中的突出表现，注重社会责任感、创新精神和实践能力。2014 年

① 《对十三届全国人大三次会议第 2435 号建议的答复》，教育部网站，2020 年 11 月 3 日。

12 月，教育部印发《关于加强和改进普通高中学生综合素质评价的意见》，对普通高中学生综合素质评价的内容和程序进行了明确的描述与规定，有助于高校全面考查学生的综合素质及水平，更有助于推进素质教育走向深入，促进学生认识自我、积极主动地发展，实现自我的完善与进步。

在科学规范高校招生录取方式方面，从 2014 年以来，根据《关于深化考试招生制度改革的实施意见》，我国在科学规范高校招生录取方面进行了突破，重点对中西部地区和农村地区学生的招生予以倾斜。一方面，提高中西部地区和人口大省高考录取率，综合考虑生源数量及办学条件、毕业生就业状况等因素，完善国家招生计划编制办法，督促高校严格执行招生计划；继续实施支援中西部地区招生协作计划，在东部地区高校安排专门招生名额面向中西部地区招生；教育部部属高校要公开招生名额分配原则和办法，合理确定分省招生计划，严格控制属地招生比例。通过以上措施，2017 年录取率最低省份与全国平均水平的差距从 2013 年的 6 个百分点缩小至 4 个百分点以内。另一方面，增加农村学生上重点高校人数。继续实施国家农村贫困地区定向招生专项计划，由重点高校面向贫困地区定向招生；教育部部属高校、省属重点高校要安排一定比例的名额招收边远、贫困、民族地区优秀农村学生。2017 年贫困地区农村学生进入重点高校人数明显增加，形成保障农村学生上重点高校的长效机制。

在改革招生录取机制方面，一是减少和规范考试加分。2014 年 12 月，教育部等五部门印发《关于进一步减少和规范高考加分项目和分值的意见》，要求减少和规范考试加分，大幅减少、严格控制考试加分项目。2015 年和 2019 年，教育部会同有关部门按照

“促进公平、规范管理、科学精准”的原则先后开展了两轮清理和规范高考加分工作，明确取消体育特长生、中学生奥林匹克竞赛、科技类竞赛、省级优秀学生、思想品德有突出事迹等五类加分项目，指导各地减少地方性加分项目，会同有关部门推动少数民族加分更加精准。二是完善和规范自主招生。申请自主招生的学生要参加全国统一高考，达到相应要求，接受报考高校的考核；试点高校要合理确定考核内容，不得采用联考方式或组织专门培训。2014年12月，教育部印发《关于进一步完善和规范高校自主招生试点工作的意见》，规定自2015年起，所有试点高校自主招生考核统一安排在高考结束后、高考成绩公布前进行。三是完善高校招生选拔机制。高校要将涉及考试招生的相关事项，包括标准、条件和程序等内容，在招生章程中详细列明并提前向社会公布。建立考试录取申诉机制，及时回应处理各种问题。2014年，教育部首次要求高校建立校长作为高校法人代表签发录取通知书的制度，录取通知书除加盖高校校章外，还应有校长签名，由校长对录取结果负责。四是改进录取方式，推行高考成绩公布后填报志愿方式，逐步取消高校招生录取批次；改进投档录取模式，推进并完善平行志愿投档方式，增加高校和学生的双向选择机会。2015年，上海和浙江“一市一省”率先开展高考综合改革试点。其中，上海市从2016年高考起，合并本科第一、第二招生批次，并按照学生的高考总分和院校志愿，分学校实行平行志愿投档和录取。当前，全国29个省份已启动高考综合改革。

2020年1月，教育部印发《关于在部分高校开展基础学科招生改革试点工作的意见》，启动“强基计划”，以服务国家重大战略需求，突出基础学科的支撑引领作用。目前，由39所“双一流”

建设高校重点在数学、物理、化学、生物以及哲学、历史、古文字学等专业招生。

四、拓宽社会成员终身学习通道

2014 年 9 月，《关于深化考试招生制度改革的实施意见》提出拓宽社会成员终身学习的多种通道和服务模式，探索建立多种形式学习成果的认定转换制度，试行普通高校、高职院校、成人高校之间学分转换，推动实现多种学习渠道、学习方式、学习过程的相互衔接，构建人才成长“立交桥”。[①]

大力推进高职分类招考，形成了适合技术技能型人才选拔的考试评价模式。2014 年 5 月，国务院发布《关于加快发展现代职业教育的决定》，提出创新发展高等职业教育的要求，建立学分积累与转换制度，推进学习成果互认衔接。同年 6 月，《现代职业教育体系建设规划（2014—2020 年）》提出统筹职业教育和普通教育、继续教育发展，畅通人才成长通道，建立职业教育和普通教育双向沟通的桥梁，提议普通学校和职业院校可以开展课程和学分互认。2015 年 9 月，《高等职业教育创新发展行动计划（2015—2018 年）》提出健全职业教育接续培养制度，探索以学分转换和学力补充为核心的职普互通机制，推动专科高等职业院校逐步实行学分制，推进与学分制相配套的课程开发和教学管理制度改革，建立以学分为基本单位的学习成果认定积累制度。

---

① 《国务院关于深化考试招生制度改革的实施意见》，《人民教育》，2014 年 18 期。

针对落实终身学习的人才观，2016 年 10 月，国务院办公厅印发《老年教育发展规划（2016—2020 年）》，提出围绕资源供给、支持服务、路径机制、可持续发展等方面发展老年教育。2021 年 7 月，教育部办公厅印发《关于广泛开展老年人运用智能技术教育培训的通知》，推动各地社区教育、老年教育机构积极开展惠及老年人的智能技术应用技能专题培训，促进老年人更新观念、提升信息综合素养和应用技能，共享信息化社会带来的便利性、快捷性和智能性，不断增强老年人的获得感、幸福感和安全感。

此外，鼓励高校面向社会开放优质资源，如将优质慕课资源上线中央宣传部“学习强国”学习平台、中央军委“军职在线”平台等主流平台，面向各行各业的社会学习者开放共享，服务全民终身学习。在抗击新冠疫情期间，清华大学、华东师范大学、华南师范大学、北京语言大学、天津大学等网络教育试点普通高校充分发挥多年来网络教育办学经验和优势，优选精品课程和专题资源面向社会免费开放，助力社会成员终身学习。

第八节　全面深化新时代教育评价综合改革

教育评价事关教育发展方向，有什么样的评价指挥棒，就有什么样的办学实践。2018 年 9 月 10 日，习近平总书记在全国教育大会上就评价问题进行了集中论述，提出“健全立德树人落实机制，扭转不科学的教育评价导向”[①]。2020年9月22日，习近平总书记在教育文化卫生体育领域专家代表座谈会上强调，“要抓好深化新时代教育评价改革总体方案出台和落实落地，构建符合中国实际、具有世界水平的评价体系”[②]。习近平总书记的重要指示批示为深化新时代教育评价改革指明了前进方向、提供了根本遵循。

一、完善政府履行教育职责的科学评价

为完善立德树人体制机制，扭转不科学的教育评价导向，坚决克服唯分数、唯升学、唯文凭、唯论文、唯帽子的顽瘴痼疾，提高教育治理能力和水平，2020年，中共中央、国务院印发《深化新时代教育评价改革总体方案》，提出改革党委和政府教育工作评价，推进科学履行职责，其主要做法如下：一是完善党对教育工作全面领导的体制机制，建立健全党委统一领导、党政齐抓共管、部门各负其责的教育领导体制，各级党委和政府要完善定期研究教育工作机制，建立健全党政主要负责同志深入教育一线调研、为师生上思政课、联系学校和年终述职必述教育工作等制度。二是完善政府履行教育职责评价。对省级政府主要考核全面贯彻党的教育方针和党中央关于教育工作的决策部署、落实教育优先发展战略、解决人民群众普遍关心的教育突出问题等情况。三是坚决纠正片面追求升学率倾向。不得将升学率与学校工程项目、经费分配、评优评先

---

① 《习近平在全国教育大会上发表重要讲话》，新华网，2018年9月10日。
② 《习近平主持召开教育文化卫生体育领域专家代表座谈会并发表重要讲话》，中国政府网，2020年9月22日。

等挂钩，不得通过任何形式以中高考成绩为依据奖励教师和学生，严禁公布、宣传、炒作中高考“状元”和升学率。[①]

2019年2月，中共中央、国务院印发《中国教育现代化2035》，提出科学界定相关部门在教育治理中的职责权限，一方面，中央加强对区域教育协调发展的统筹，健全教育标准体系，部署重大教育发展改革；另一方面，省级政府加大对省域内各级各类教育的统筹力度，提升政府统筹层级，推动区域、城乡教育资源合理配置，优化布局结构，支持市地、县域内基本公共教育均衡发展。

二、树立科学成才全面发展的评价观

2013年6月，教育部发布《关于推进中小学教育质量综合评价改革的意见》，提出“基本建立体现素质教育要求、以学生发展为核心、科学多元的中小学教育质量评价制度，切实扭转单纯以学生学业考试成绩和学校升学率评价中小学教育质量的倾向，促进学生全面发展、健康成长”的改革目标，突出以评价促进发展的理念，建立包含“品德发展水平、学业发展水平、身心发展水平、兴趣特长养成、学业负担状况”5个方面评价内容20项关键指标的综合评价指标框架，以指导对学校教育质量的全面评价。[②]

2014年12月，教育部印发《关于加强和改进普通高中学生综

① 《中共中央 国务院印发〈深化新时代教育评价改革总体方案〉》，《中华人民共和国国务院公报》，2020年30期。
② 《教育部关于推进中小学教育质量综合评价改革的意见》，《基础教育参考》，2013年13期。

合素质评价的意见》，提出综合素质评价是对学生全面发展情况的观察、记录、分析，是发现和培育学生良好个性的重要手段，是深入推进素质教育的一项重要制度；强调转变以考试成绩为唯一标准评价学生的实践现状，明确综合素质评价的重要意义、基本原则、评价内容、评价程序和组织管理。[①]

2018年2月，中共中央办公厅、国务院办公厅印发《关于分类推进人才评价机制改革的指导意见》，提出健全教育人才评价体系；坚持立德树人，把教书育人作为教育人才评价的核心内容；深化高校教师评价制度改革，坚持思想政治素质和业务能力双重考察、全面考核和突出重点相结合，注重对师德师风、教育教学、科学研究、社会服务、专业发展的综合评价。

为着力推进人才评价制度改革，2018年11月，教育部办公厅印发《关于开展清理“唯论文、唯帽子、唯职称、唯学历、唯奖项”专项行动的通知》，决定在各有关高校开展“唯论文、唯帽子、唯职称、唯学历、唯奖项”清理行动，扭转不科学的教育评价导向，给予人才成长正确引导。

2019年6月，国务院办公厅发布《关于新时代推进普通高中育人方式改革的指导意见》，提出加快构建科学的教育评价体系；在深化高考综合改革的同时，还要研究制定普通高中办学质量评价标准，完善对学校和教师的考核激励办法，突出考察学校坚持“五育并举”，全面培养、提高学生综合素质等方面的情况，切实扭转

① 《教育部关于加强和改进普通高中学生综合素质评价的意见》，教育部网站，2014年12月16日。

单纯以升学率评价学校的倾向。[1]

2020 年初，教育部考试中心发布《中国高考评价体系》，提出高考评价体系由“一核”、“四层”、“四翼”组成。其中，“一核”是高考的核心功能，即“立德树人、服务选才、引导教学”，回答“为什么考”的问题；“四层”为高考的考查内容，即“核心价值、学科素养、关键能力、必备知识”，回答“考什么”的问题；“四翼”为高考的考查要求，即“基础性、综合性、应用性、创新性”，回答“怎么考”的问题。高考评价体系将国家和高校的选才需求与素质教育育人目标联通，是实现“招—考—教—学”全流程各个环节无缝衔接、良性互动的关键。高考评价体系有利于实现学生健康成长、国家科学选才、社会公平公正的有机统一，对发展素质教育、推进教育公平、办好人民满意的教育具有重要意义。

2020 年 10 月，《深化新时代教育评价改革总体方案》提出，改革学生评价，促进德智体美劳全面发展。要树立科学成才观念，完善德育评价，强化体育评价，改进美育评价，加强劳动教育评价，严格学业标准。此外，2021 年 3 月，《义务教育质量评价指南》提出了要从品德发展、学业发展、身心发展、审美素养、劳动与社会实践五个方面重点内容对学生的发展质量进行评价。

三、全面启动全国义务教育质量监测

2015 年 4 月 15 日，国务院教育督导委员会办公室印发《国家

① 《国务院办公厅关于新时代推进普通高中育人方式改革的指导意见》，《中华人民共和国国务院公报》，2019 年 18 期。

义务教育质量监测方案》(以下简称《方案》)，决定从2015年起，在全国开展义务教育质量监测工作，这标志着我国义务教育质量监测制度的正式建立。同时，《方案》还对国家义务教育质量监测的目的、原则、学科、对象、周期、内容等作出明确规定。根据《方案》，2015年义务教育阶段学生数学和体育与健康状况监测的测试工作，于2015年6月18日在全国顺利完成。这是我国首次在国家层面开展的教育质量监测。全国31个省（区、市）和新疆生产建设兵团的323个样本县（市、区）6476所中小学的近20万名四年级、八年级学生参加了测试，近6500名中小学校长，10万余名数学、体育及班主任教师接受了问卷调查。

2020年2月19日，中共中央办公厅、国务院办公厅印发《关于深化新时代教育督导体制机制改革的意见》，提出在评估监测方面，建立教育督导部门统一归口管理、多方参与的教育评估监测机制，为改善教育管理、优化教育决策、指导教育工作提供科学依据。

为进一步完善国家义务教育质量监测制度，促进义务教育质量提升，2021年，教育部印发《国家义务教育质量监测方案（2021年修订版）》，根据2015年版监测方案进行了全面改进，对新时代改进监测工作进行了部署和安排，这对于建设高质量国家义务教育质量监测体系、更有力地推动义务教育改革发展具有重大意义。

2015—2021年，教育部基础教育质量监测中心在国务院教育督导委员会办公室的统筹指导下，面向全国31个省（区、市）及新疆生产建设兵团组织完成了两个周期的监测工作，累计抽取了1900多个区县近4万所中小学校，对约120万名四年级和八年级学生进行了监测，相应的学科教师、班主任、校长也参与了调查。[①]

四、开展全国县域义务教育均衡发展督导评估

教育督导在推动教育改革发展中发挥了重要作用。党的十八大以来，教育督导在保障“两基”历史任务完成、推进义务教育均衡发展、推动重大教育政策项目落实、促进学校教育教学水平提高、督促教育热点难点问题解决、开展教育质量评估监测、科学服务教育决策等方面，发挥了不可替代的作用，作出了重要贡献。实践证明，教育督导是教育管理的重要组成部分，是实施依法治教的重要环节，是保障教育改革发展的重要手段。

2012 年 8 月，国务院办公厅发布《关于成立国务院教育督导委员会的通知》，正式成立国务院教育督导委员会，其职责是研究制定国家教育督导的重大方针、政策；审议国家教育督导总体规划和重大事项；统筹指导全国教育督导工作。

同年 9 月，国务院发布《教育督导条例》，使我国教育督导制度与组织建设取得里程碑式的突破，教育督导从此提升到“国家级”层面。《教育督导条例》的颁布则使教育督导的工作依据上升为国家行政规章，具有了法律法规的强制性，教育督导的权威性大大提升。

2013 年 5 月 18 日，全国县域义务教育均衡发展督导评估认定工作正式启动。2014 年，教育部出台《深化教育督导改革转变教

① 《开拓创新，以高质量监测推动义务教育高质量发展》，教育部网站，2021 年 9 月 27 日。

育管理方式的意见》，对深化教育督导改革、转变教育管理方式、指导教育督导工作开展、加快推进教育治理体系和治理能力现代化建设产生积极重要的影响。

2014 年 3 月，全国义务教育均衡发展督导评估推进会在上海召开，宣布上海市在全国率先实现所辖区县全部通过国家义务教育发展基本均衡县督导评估认定的目标。同年 11 月 27 日至 28 日，全国中小学责任督学挂牌督导工作现场会在深圳市南山区召开，宣布全国所有县（市、区）和中小学校基本实现责任督学挂牌督导，为学校督导工作经常化、制度化打下坚实基础。同年 12 月 19 日，国务院教育督导委员会召开第二次会议，强调进一步完善体制机制，切实履行督政、督学、评估监测职责，不断提高督导工作的科学性、权威性，全面推进教育治理体系和治理能力现代化。至此，教育督导新体制框架基本确立。

2016 年 2 月，根据教育督导工作需要，经中央机构编制委员会办公室批准，教育部教育督导团办公室更名为教育督导局，加挂国务院教育督导委员会办公室牌子，其主要职责包括：拟定教育督导的规章制度和标准，指导全国教育督导工作；依法组织实施对各级各类教育的督导评估、检查验收、质量监测等工作；起草国家教育督导报告；承办国务院教育督导委员会的具体工作。

2017 年 9 月，中共中央办公厅、国务院办公厅印发《关于深化教育体制机制改革的意见》，提出完善教育督导体制，促进教育督导机构独立行使职能，落实督导评估、检查验收、质量监测的法定职责，完善督学管理制度，提高督学履职水平，依法加强对地方各级政府的督导，依法加强对学校规范办学的督导，强化督导结果运用。①

2019年2月，中共中央、国务院印发《中国教育现代化2035》，提出完善督政、督学、评估监测“三位一体”的中国特色教育督导体系，健全教育督导体制机制，依法保障教育督导机构独立行使职能；强化督政督学，建设专业化督学队伍，加强督导结果公开和使用，提高教育督导的权威性和实效性。

2020年2月，中共中央办公厅、国务院办公厅共同出台了《关于深化新时代教育督导体制机制改革的意见》，其着眼新时代完善国家治理体系和教育事业发展全局，针对教育督导工作存在的实际问题，对深化教育督导体制机制改革作出系统部署，成为新时代教育督导工作总的指导和遵循，为新时代教育督导事业发展树立了新航标。

第九节　构建统筹有力、权责明确的管理体制

构建统筹有力、权责明确的管理体制，全面推进现代学校制度建设，推进教育治理体系和治理能力现代化，是我国教育改革发展的重要内容，也是实现教育现代化的必要条件。党的十八大以来，教育领域坚持以习近平新时代中国特色社会主义思想为指导，贯彻落实党中央、国务院关于“放管服”改革的决策部署，以转变政府职能和简政放权为重点，形成政事分开、权责明确、统筹协调、规范有序的管理体制，建成依法办学、自主管理、民主监督、社会参

① 《中共中央办公厅 国务院办公厅印发〈关于深化教育体制机制改革的意见〉》，中国政府网，2017年9月25日。

与的现代学校制度，构建政府、学校、社会之间新型关系成为现代学校制度建设的重要内容，教育管理体制改革不断取得突破，地方和学校反响强烈，其中权力清单和责任清单制度试点，为完善教育问责机制提供了科学依据与操作建议。

一、明确中央和省级教育管理权责，扩大省级政府教育统筹

理顺中央与地方教育管理权限和职责范围，扩大省级政府教育统筹权的部署，发挥地方的积极性主动性创造性，是教育改革发展的重要内容。2014 年 7 月，国家教育体制改革领导小组办公室印发《关于进一步扩大省级政府教育统筹权的意见》，提出由省级政府管理更方便有效的教育事项，一律下放省级政府管理；强调除了中央政府保留的高等教育相关审批事项，其他相关权限都下放到省级政府及其相关部门。该文件的发布，使得省级政府可以通过分类指导、规划引导、标准完善、信息服务、监督评价等方式，行使城乡区域教育协调发展、各级各类教育协调发展、教育经费投入、深化教育综合改革等方面的教育统筹权。同时，还推动省级政府向省以下各级政府简政放权，最大限度取消和下放行政审批事项，发挥省以下各级政府的主动性创造性。

2019 年 2 月，中共中央、国务院印发《中国教育现代化 2035》，提出到 2035 年，形成全社会共同参与的教育治理新格局，

持续提升政府管理服务水平，转变政府管理方式。[①]这对建立健全教育行政管理清单制度，提升政府综合运用法律、标准、信息服务等现代治理手段的能力和水平，保障教育有序健康发展提出了明确目标。该文件的出台不仅加强了教育管理队伍能力的建设，提高教育部门运用信息技术构建网络化管理服务平台，还推动了教育服务的专业化、标准化、便捷化。此后，我国聚焦建立跨部门跨行业的综合监管机制、规范监管事项等方面，保证学校正常教育教学活动开展；不断增强政府教育统筹力度，健全中央层面教育治理统筹协调机制。

2021年教育管理体制改革成效的调研结果显示，完善教育问责机制的成效最好，赞同人数占比38.05%。其他项的成效依次是提高政府决策科学性占比16.68%，省级政府教育统筹占比13.89%，简政放权占比9.46%，转变政府职能占比9.07%，各级政府职权理顺占比7.19%，管办评分离占比5.66%。[②]

2018年，新修订的《中华人民共和国义务教育法》（以下简称《义务教育法》）明确指出，义务教育是国家必须予以保障的公益性事业，实施义务教育法，不收学费、杂费。国家建立义务教育经费保障机制，保障义务教育制度实施。各级人民政府及其有关部门应当履行《义务教育法》的各项职责，国务院和县级以上地方人民政府应当合理配置教育资源。义务教育实行国务院领导，省、自

① 《中共中央、国务院印发〈中国教育现代化2035〉》，《中华人民共和国教育部公报》，2019年01期。
② 中国教育科学研究院：《砥砺十年铸华章：中国教育改革发展报告（2010—2020年）》，北京：教育科学出版社，2021年版，第431页。

治区、直辖市人民政府统筹规划实施，县级人民政府为主的管理体制。国家将义务教育全面纳入财政保障范围，义务教育经费由国务院和各级人民政府依照《义务教育法》规定予以保障。义务教育经费投入实行国务院和地方各级人民政府根据职责共同负担，省、自治区、直辖市人民政府负责统筹落实的体制。农村义务教育所需经费，由各级人民政府根据国务院的规定分项目、按比例分担。

二、完善各类教育预算拨款制度和投入机制

2015 年，国务院印发《关于进一步完善城乡义务教育经费保障机制的通知》，提出整合农村义务教育经费保障机制和城市义务教育奖补政策，建立统一的中央和地方分项目、按比例分担的城乡义务教育经费保障机制。其主要内容有四方面：一是统一城乡义务教育“两免一补”政策*；二是统一城乡义务教育学校生均公用经费基准定额；三是巩固完善农村地区义务教育学校校舍安全保障长效机制；四是巩固落实城乡义务教育教师工资政策。[①] 这是教育领域健全城乡发展一体化体制机制的重大举措，也是我国义务教育发展史上的又一个里程碑，对于促进教育公平、提高教育质量、实现相关教育经费可携带，都具有十分重要的意义。

* “两免一补”政策指对城乡义务教育学生免除学杂费、免费提供教科书，对家庭经济困难寄宿生补助生活费。

2017 年 1 月，国务院印发《国家教育事业发展“十三五”规划》，提出围绕优先保障教育投入、健全教育经费投入机制和非义务教育阶段成本分担机制、加强经费使用管理和国有资产管理等方

① 《国务院关于进一步完善城乡义务教育经费保障机制的通知》，《中华人民共和国国务院公报》，2015 年 35 期。

面来完善教育投入机制。[①]

三、深入推进政校分开管办分离，扩大学校办学自主权

推进管办评分离，厘清政府、学校、社会之间的权责关系，形成政府依法管理、学校依法自主办学、社会广泛参与的格局，是推进教育治理体系和治理能力现代化的应有之义。2012 年 12 月，教育部发布《全面推进依法治校实施纲要》，提出全面推进依法治校的总体要求，即以建设现代学校制度为目标，落实和规范学校办学自主权，形成政府依法管理学校，学校依法办学、自主管理，教师依法执教，社会依法支持和参与学校管理的格局。这对于政府进一步简政放权、落实和扩大学校办学自主权、转变管理方式具有重要意义，也有助于学校加强章程建设，完善学校治理结构，落实师生主体地位，健全学校权利救济和纠纷解决机制，深入开展法治宣传教育。[②]

2014 年，国家教育体制改革领导小组办公室印发《关于进一步落实和扩大高校办学自主权完善高校内部治理结构的意见》，明确提出要简政放权，进一步落实和扩大高校办学自主权，支持高校科学选拔学生，深化考试招生制度改革，支持高校调整优化学科专

① 《国务院关于印发国家教育事业发展“十三五”规划的通知》，《中华人民共和国国务院公报》，2017 年 05 期。

② 《教育部关于印发〈全面推进依法治校实施纲要〉的通知》，教育部网站，2012 年 12 月 3 日。

业，鼓励高校办出特色，支持高校自主开展教育教学活动，深化人才培养模式改革。支持高校自主选聘教职工，发挥各类人才的积极性创造性，支持高校自主开展科学研究、技术开发和社会服务，为提升创新能力创造条件，支持高校自主管理使用学校财产经费，提高经费使用效益。支持高校扩大国际交流合作，提高高等教育国际化水平。要坚持权责统一，完善高校内部治理结构，坚持和完善党委领导下的校长负责制，保障学术组织相对独立行使职权，完善校内民主管理和监督机制，健全社会参与监督机制，健全以章程为统领规范行使办学自主权的制度体系。要坚持放权监管同步，健全高校办学自主权监管体系，健全质量评估监测制度，完善依法监管机制，建立动态调整机制。

2015 年 5 月，教育部印发《关于深入推进教育管办评分离 促进政府职能转变的若干意见》，提出推进依法行政，形成政事分开、权责明确、统筹协调、规范有序的教育管理体制。其主要内容体现在：一是政府加大简政放权力度。深化教育行政审批制度改革，全部取消非行政许可审批，建立规范教育行政审批的管理制度；全面清理规范性文件，减少对学校办学行为的行政干预，综合运用法律、政策、规划、财政拨款、标准、信息服务和必要的行政措施，引导和督促学校规范办学。二是推行清单管理方式。建立教育行政权力清单和责任清单制度，通过政府公报、政府网站等便于公众知晓的方式，向社会全面公开教育及相关政府部门职能、法律依据、实施主体、职责权限、管理流程、监督方式等事项，为公民、法人或者其他组织提供优质服务。三是采取服务型管理方式。通过建设国家教育基本标准、重大教育决策法定程序、科学编制各类教育规划、教育行政绩效评估体系等途径，提升政府教育治理能力。[①]

2017 年 4 月，教育部等五部门联合印发《关于深化高等教育领域简政放权放管结合优化服务改革的若干意见》，明确提出，完善高校学科专业设置机制，改革学位授权审核机制，改进高校本专科专业设置。改革高校编制及岗位管理制度，积极探索实行高校人员总量管理，高校依法自主管理岗位设置，高校自主设置内设机构。改善高校进人用人环境，优化高校进人环境，完善高校用人管理。改进高校教师职称评审机制，下放高校教师职称评审权，改进教师职称评审方法。健全符合中国特色现代大学特点的薪酬分配制度，支持高校推进内部薪酬分配改革，加强高校绩效工资管理。完善和加强高校经费使用管理，改进高校经费使用管理，扩大高校资产处置权限。完善高校内部治理，加强党对高校的领导，加强制度建设，完善民主管理和学术治理，强化信息公开与社会监督。强化监管优化服务，构建事中事后监管体系，加强协调与指导，营造良好改革环境。

在落实中小学办学自主权方面，2020 年 9 月，教育部联合八部委印发《关于进一步激发中小学办学活力的若干意见》，对于保障学校办学自主权，分别围绕保证教育教学、扩大人事工作、落实经费使用三方面给出具体可行的措施。这是推进教育治理现代化的重大举措，为推进中小学教育治理现代化提供了行动指南。

---

① 《教育部关于深入推进教育管办评分离 促进政府职能转变的若干意见》，教育部网站，2015 年 5 月 6 日。

四、逐步建立党组织领导的校长负责制

党的十八大以来，中小学学校校长负责制得到进一步完善，全国中小学校全部建立了以“校务会议、教职工代表大会制度和家长委员会”三位一体的科学决策机制，夯实了现代中小学良性发展的重要基础。

2015 年修订的《中华人民共和国义务教育法》和教育部印发的《关于深入推进教育管办评分离 促进政府职能转变的若干意见》，落实和扩大了中小学和中等职业学校在育人方式、资源配置、人事管理等方面的自主权，基本形成依法办学、自主管理、民主监督、社会参与的现代学校制度。

2017 年 1 月，中组部、教育部联合印发《中小学领导人员管理暂行办法》，明确提出要加快推进中小学校长职级制，拓宽职业发展空间，促进校长队伍专业化发展。此后，上海、苏州、潍坊、青岛、北京、天津等地先后开始试行校长职级制，取消校长的行政级别。对列入校长职级制实施范围的中小学干部一律取消行政级别，由县级及以上教育行政部门归口管理，新设立的中小学机构不再确定机构规格，新任校长、干部按有关规定、程序选拔、聘任，不再套用行政级别，而是根据校长发展的角色适应阶段、经验积累阶段、职业成熟阶段和专业引领阶段，将校长职级设置为初级、中级、高级、特级四级，实行职级制工资。

为全面贯彻新时代党的组织路线和党的教育方针，坚持和加强党对中小学校的全面领导，根据党章和有关党内法规、国家法律，2022 年 5 月，中共中央办公厅印发《关于建立中小学校党组织领导的校长负责制的意见（试行）》，重点对发挥中小学党组织的领

导作用、支持和保障校长行使职权、建立健全议事决策制度、完善协调运行机制等方面，作出了重要部署。特别是明确提出中小学校的党组织要全面领导学校工作，履行把方向、管大局、作决策、抓班子、带队伍、保落实的领导职责。

五、全面推进依法治教

党的十八大以来，我国教育改革发展呈现出了注重向纵深推进和顶层设计的进程，教育治理体系不断完善，教育治理能力不断提升，改革力度之大、政策体系之全、覆盖面之广，前所未有，开创了我国依法治教改革发展的新局面。

注重构建完善的教育法律及制度体系。2016年1月，教育部研究制定了《依法治教实施纲要（2016—2020年）》，提出坚持教育立法和改革决策相衔接，做到重大改革于法有据，以法律规范引领和推动教育改革、促进和保障教育发展。

同时，教育部还大力加强教育立法工作，配合立法机关完成《中华人民共和国民办教育促进法》修订案的审议，做好相关法规、规章的修订、调整工作。不断推进《中华人民共和国职业教育法》修订、《中华人民共和国学前教育法》起草、《中华人民共和国学位条例》修订以及《中华人民共和国终身学习法》等法律草案的起草工作，适时启动《中华人民共和国教师法》修订工作，配合做好《中华人民共和国家庭教育法》起草工作。积极推动教育行政法规建设，完成《残疾人教育条例》修订，《国家教育考试条例》《学校安全条例》等法规的起草工作。在国家层面，已经基本形成适应实践需要、内容完备的教育法律、行政法规。

2021年10月，第十三届全国人民代表大会常务委员会第三十一次会议通过《中华人民共和国家庭教育促进法》，引导全社会注重家庭、家教、家风，增进家庭幸福与社会和谐，培养德智体美劳全面发展的社会主义建设者和接班人。

注重深入推进教育部门依法行政。《国家中长期教育改革和发展规划纲要（2010—2020年）》提出，按照职能科学、权责法定、执法严明、公开公正、廉洁高效、守法诚信的要求，遵循管办评分离的总体思路，加快形成法治化的教育行政管理体制，健全法律规范的实施与监督机制；深化教育行政执法体制机制改革，适应教育管理需要，建立权责统一、权威高效的教育行政执法体制机制，着力解决教育领域执法不力问题，保证教育法律法规规章得到严格实施，推动教育管理的重心和方式向依靠行政执法等方式实施依法监管转变；建立教育综合执法机制，探索建立联合执法机制，积极创新执法体制与方式，制定教育行政执法手册，推行行政执法公示制度，全面推进教育领域信息公开，构建多元参与的教育治理体制；依法健全教育督导制度，加快国家教育标准体系建设，改革、完善教育标准起草与审查机制。[①]

修订系列教育类法律。2014年，我国修订了《高等教育自学考试暂行条例》；2017年，修订了《学校体育工作条例》。2015年12月27日，全国人民代表大会常务委员会第二十八次会议通过了《关于修改中华人民共和国高等教育法的决定》。2019年，修订了《中华人民共和国中外合作办学条例》。2021年4月29日，第十三

① 《国家中长期教育改革和发展规划纲要（2010—2020年）》，《人民日报》，2010年7月30日。

届全国人民代表大会常务委员会第二十八次会议通过了对《中华人民共和国教育法》修改的决定。

民办教育是社会主义教育事业的组成部分，党中央、国务院高度重视民办教育事业发展。2016 年 11 月修订的《中华人民共和国民办教育促进法》明确了民办学校实施分类管理的基本原则和制度。2018 年 7 月，教育部向国务院报送了《中华人民共和国民办教育促进法实施条例（修订草案）（送审稿）》。在此基础上，司法部会同教育部反复研究、修改，形成了《中华人民共和国民办教育促进法实施条例（修订草案）》。2021 年 4 月 7 日，国务院正式公布修订后的《中华人民共和国民办教育促进法实施条例》。

2020 年 9 月 7 日至 10 月 7 日，《中华人民共和国学前教育法草案（征求意见稿）面向社会公开征求意见。此后，教育部根据公开征求意见情况对其进行了修改完善，并于 2021 年 4 月 12 日形成《中华人民共和国学前教育法草案（送审稿）》报送国务院审议。

此外，我国还积极将法治教育纳入国民教育体系。2016 年 6 月 28 日，教育部、司法部、全国普法办联合印发实施《青少年法治教育大纲》，提出以社会主义核心价值观为引领，普及法治知识，养成守法意识，规范行为习惯，培育法治观念；践行法治理念，树立法治信仰。同时，还对义务教育、高中教育和高等教育三个阶段的目标以及法治教育的内容进行了明确。2016 年 9 月，教育部等七部门印发《关于加强青少年法治教育实践基地建设的意见》，大力推进法治教育实践基地建设，依托实践基地实施多样化的法治实践教育。2021 年 12 月，教育部印发经最高人民法院、最高人民检察院、公安部、司法部同意的《中小学法治副校长聘任与管理办法》，界定了法治副校长的概念和使用范围，明确了法治副校长的管理体制、主要职责、任职条件、怎么选、如何聘，并对提高法治副校长的履职能力、保障和支持法治副校长履职等方面进行了规定。

第十节　健全政府主导、社会参与的办学体制

党的十八大以来，我国坚持教育公益性原则，健全政府主导、社会参与、办学主体多元、办学形式多样、充满生机活力的办学体制，形成以政府办学为主体、全社会积极参与、公办和民办教育共同发展的办学格局。我国大力支持民办教育发展，在深化公办学校办学体制改革，研究公办教育普惠性的同时，关注民办教育在满足人民群众的多元化需求的办学服务功能，制定促进民办教育发展的优惠政策、鼓励出资捐资办学，利用多种融资方式发展民办教育。此外，我国还建立民办学校办学风险防范机制，让社会参与民办学校的管理与监督，加强对民办教育的督导评估，保证民办教育沿着健康轨道发展。

一、分类管理引导民办教育良性发展

民办教育是社会主义教育事业的重要组成部分，党和国家高度重视民办教育发展。党的十九大报告明确提出，“支持和规范社会力量兴办教育”[①]。2016 年 11 月，第十二届全国人民代表大会常务

① 习近平：《决胜全面建成小康社会 夺取新时代中国特色社会主义伟大胜利——在中国共产党第十九次全国代表大会上的报告》，北京：人民出版社，2017 年版，第 67 页。

委员会第二十四次会议审议通过《关于修改〈中华人民共和国民办教育促进法〉的决定》，明确对民办学校实行非营利性和营利性分类管理。国务院及相关部门印发了相关配套政策制度，对各地加快制定地方政策、有序推进民办教育分类改革做出了全面部署。

2016 年 12 月，国务院印发《关于鼓励社会力量兴办教育 促进民办教育健康发展的若干意见》，全面部署了民办教育改革发展的各项政策措施。同年，教育部等五部门印发《民办学校分类登记实施细则》，规定民办学校的设立应当依据《中华人民共和国民办教育促进法》等法律法规和国家有关规定进行审批；审批机关对批准正式设立的民办学校发给办学许可证；正式批准设立的非营利性民办学校，符合《民办非企业单位登记管理暂行条例》等民办非企业单位登记管理有关规定的到民政部门登记为民办非企业单位，符合《事业单位登记管理暂行条例》等事业单位登记管理有关规定的到事业单位登记管理机关登记为事业单位。[①]

2017 年 7 月，教育部会同相关部门联合制定了《中央有关部门贯彻实施〈国务院关于鼓励社会力量兴办教育 促进民办教育健康发展的若干意见〉任务分工方案》，对各部门推进改革的任务书和路线图予以明确。

为统筹协调推进民办教育改革发展相关工作，2017 年 8 月，国务院办公厅印发《关于同意建立民办教育工作部际联席会议制度的函》，建立由教育部牵头，中央编办、国家发改委、公安部、民政部、财政部、人力资源社会保障部、自然资源部、住建部、中国

① 《教育部 人力资源社会保障部 民政部 中央编办 工商总局关于印发〈民办学校分类登记实施细则〉的通知》，《中华人民共和国国务院公报》，2017 年 21 期。

人民银行、国家税务总局、国家市监总局、中国银保监会、中国证监会等 14 部门组成的民办教育工作部际联席会议制度（以下简称“联席会议”），加强部门协调配合，共同破解民办教育发展中的重点难点问题。联席会议在国务院领导下，落实国家鼓励扶持民办教育发展的政策措施，强化对民办教育的监督指导。在加强部门协同的同时，进一步加强地方间信息沟通和相互协作，及时总结工作成效，推广先进做法和经验，推动形成健康有序的发展环境。

对民办学校的营利性与非营利性属性予以明确，并实施分类管理。根据《全国人民代表大会常务委员会关于修改〈中华人民共和国民办教育促进法〉的决定》，民办学校的举办者可以自主选择设立非营利性或者营利性民办学校。但是，不得设立实施义务教育的营利性民办学校。非营利性民办学校的举办者不得取得办学收益，学校的办学结余全部用于办学；营利性民办学校的举办者可以取得办学收益，学校的办学结余依照《中华人民共和国公司法》等有关法律、行政法规的规定处理。修订后的《中华人民共和国民办教育促进法》已于 2017 年 9 月 1 日正式实施，即不论是现有民办学校还是新设非营利性民办学校均不可以再获取“合理回报”，继续选择非营利性的现有民办学校也应当删除章程中关于“合理回报”的表述，但在终止时，符合条件的，可以依法获得补偿奖励。

国家支持和规范社会力量兴办教育，《中华人民共和国民办教育促进法》明确规定：“县级以上各级人民政府可以采取购买服务、助学贷款、奖助学金和出租、转让闲置的国有资产等措施对民办学校予以扶持”，“民办学校享受国家规定的税收优惠政策”，“国家鼓励金融机构运用信贷手段，支持民办教育事业的发展。[①]”2016年12月，国务院印发《关于鼓励社会力量兴办教育 促进民办教育健康发展的若干意见》（以下简称《意见》），从加大财政投入力度、创新财政扶持方式、落实同等资助政策、落实税费优惠等激励政策、实行差别化用地政策、实行分类收费政策等方面，进一步细化了对非营利性和营利性民办学校的扶持举措与政策优惠。自此以后，不论是非营利性还是营利性民办学校的教师，在资格认定、职务评聘、培养培训、评优表彰等方面与公办学校教师享有同等权利。[②]《意见》以分类管理改革为基础，集中体现了中央关于民办教育的形势新判断、发展新定位、制度新安排，为民办教育在新的历史起点上实现健康发展指明了方向。《意见》的实施，对于确保民办学校始终坚持正确的办学方向，破解发展难题、优化制度环境、全面提高质量，满足人民群众多样化的教育需求，更好地服务改革开放和社会主义现代化建设，意义重大、影响深远。

二、规范民办教育有序发展

为贯彻义务教育由国家统一实施的要求，推动义务教育优质均衡发展，2021年7月，教育部等八部门联合印发《关于规范公办学校举办或者参与举办民办义务教育学校的通知》，对于公办学校参与民办义务教育学校的管理机制进行了规定，把“公参民”学校

① 《中华人民共和国民办教育促进法》，北京：中国法制出版社，2016年版，第7页。
② 《国务院关于鼓励社会力量兴办教育 促进民办教育健康发展的若干意见》，《中华人民共和国国务院公报》，2017年05期。

根据具体情形分为四种情形，转为公办学校。[①]

民办教育是教育事业的有益补充，是促进教育改革的重要力量。2021 年 9 月，修订后的《中华人民共和国民办教育促进法实施条例》正式实施。此次修订，针对改革中、实践中出现的新情况、新问题，主要遵循以下原则：一是贯彻落实党中央、国务院决策部署，加强规范和加大扶持力度并举；二是落实修改后的《中华人民共和国民办教育促进法》，细化法律规定，增强可操作性；三是着力破解实践中的热点难点问题，同时为地方实施分类管理留有余地。此次修订做了全面、系统的修改、补充和完善，在内容、规定、制度方面有了新的突破和亮点，对进一步规范民办教育的发展具有积极的意义。

2016—2019 年，我国民办学校数量占全国学校总数比重持续上升，截至 2020 年底，全国共有各级各类民办学校 18.67 万所，占全国比重 34.76%；招生 1730.47 万人，在校生 5564.45 万人。其中，民办幼儿园 16.80 万所，入园儿童 819.32 万人，在园幼儿 2378.55 万人。民办普通小学 6187 所，招生 145.20 万人，在校生 966.03 万人，比上年增加 21.13 万人。民办初中 6041 所，比上年增加 248 所；招生 243.67 万人，比上年增加 0.57 万人；在校生 718.96 万人，比上年增加 31.56 万人。民办普通高中 3694 所，比上年增加 267 所；招生 153.39 万人，比上年增加 17.53 万人；在校生 401.29 万人，比上年增加 41.61 万人。民办中等职业学校 1953 所，招生 101.46 万人，比上年增加 11.46 万人；在校生 249.40 万

① 《教育部等八部门关于规范公办学校举办或者参与举办民办义务教育学校的通知》，《中华人民共和国教育部公报》，2021 年 10 期。

人，比上年增加25.04万人。民办普通高校771所（含独立学院241所），比上年增加15所。普通本专科招生236.07万人，比上年增加16.38万人；在校生791.34万人，比上年增加82.51万人。[①]

三、开展校外培训机构治理

2018年，教育部等四部门联合印发《关于切实减轻中小学生课外负担 开展校外培训机构专项治理行动的通知》，明确提出，坚决治理违背教育规律和青少年成长规律的行为，加快解决人民群众反映强烈的中小学生过重课外负担问题，加强对校外培训机构的治理。坚决纠正校外培训机构开展学科类培训（主要指语文、数学等）出现的“超纲教学”、“提前教学”、“强化应试”等不良行为，严禁校外培训机构组织中小学生等级考试及竞赛，坚决查处将校外培训机构培训结果与中小学校招生入学挂钩的行为，并依法追究有关学校、培训机构和相关人员责任。坚持依法从严治教，坚决查处一些中小学校不遵守教学计划、“非零起点教学”等行为，严厉追究校长和有关教师的责任；坚决查处中小学教师课上不讲、课后到校外培训机构讲的行为。并进一步明确了各地党委、政府等相关部门的责任。

2018年12月，教育部等九部门联合印发《中小学生减负措施的通知》，明确提出严格校外培训机构管理，对校外培训机构提出依规登记诚信经营，严禁超标培训，严格教师聘用，严禁与升学挂

① 《2020年全国教育事业发展统计公报》，教育部网站，2021年8月7日。

钩，控制培训时间等要求。

为持续规范校外培训，营造良好教育生态，2021年7月，中共中央办公厅、国务院办公厅印发《关于进一步减轻义务教育阶段学生作业负担和校外培训负担的意见》，针对校外培训规模总量庞大、违法违规情况突出、被资本裹挟状况严重等突出问题，对症下药，态度坚决，主要提出坚持从严审批机构、严禁资本化运作、建立培训内容备案与监督制度、严控学科类培训机构开班时间、学科类收费纳入政府指导价五项措施。

为深化校外教育培训机构治理，坚决防止侵害群众利益行为，构建教育良好生态，促进学生全面发展、健康成长，2021年9月，教育部印发《关于坚决查处变相违规开展学科类校外培训问题的通知》，对开展学科类校外培训，在培训主体、培训人员、培训时间、培训地点、培训内容、培训方式等方面进行明确规定；对变异形态的学科类培训行为进行了明确表述。

2021年，针对防止隐形变异违规培训行为蔓延，教育部开展暗访巡查，对全国31个省市及新疆生产建设兵团进行了调研指导，暗访学校89所、培训机构938家，访谈学生800余人、家长1600余人，对发现的485个问题线索全部反馈相关省份及时处置。组织各地在周末、中秋、国庆期间开展暗访，累计出动执法检查人员5万余人次，检查培训机构7万余家，取缔黑机构414家；组织专门力量开展线上培训日常巡查，关停了199个培训系统。

经过各方不懈努力，校外培训治理工作取得了明显成效，学科类培训大幅压减。截至2021年底，线下校外培训机构已压减

83.8%，线上校外培训机构已压减 84.1%。[1] 留下的培训机构一部分转为非营利性机构，实行政府指导价，为人民群众提供公益服务；不适合转非的将被进一步注销。培训市场虚火大幅降温，广告基本绝迹，资本大幅撤离，野蛮生长现象得到有效遏制，全社会支持和认可“双减”改革的良好氛围逐步形成。

第十一节　“互利共赢　以我为主”扩大教育开放

党的十八大以来，我国教育对外开放的基础和条件发生深刻变化，国家开放新战略为教育对外开放注入新动力。落实党中央“统筹国内国际两个大局”的要求，以开放促改革、促发展，教育对外开放质量和水平不断提升，形成全方位、多层次、宽领域的新格局，服务党和国家工作大局。

一、优化出国留学改革顶层设计

2013 年 10 月，习近平总书记在欧美同学会成立 100 周年庆祝大会上提出“支持留学、鼓励回国、来去自由、发挥作用”的新时期留学工作方针。2015 年 7 月，教育部等五部委联合发布《2015—2017 年留学工作行动计划》，提出培养国家战略和重点行业发展急需人才，推进公派出国留学内涵发展，引导自费出国留学有序

① 《教育部：2021 年度盘点校外培训机构治理工作进展》，中国网，2021 年 12 月 21 日。

发展。

2016年4月，中共中央办公厅和国务院办公厅颁布实施《关于做好新时期教育对外开放工作的若干意见》，对做好新时期教育对外开放工作进行了重点部署；提出加快留学事业发展、提高留学教育质量的要求；围绕着完善教育对外开放布局、健全质量保障、加强理论支撑、强化监督管理等具体措施，来提升教育对外开放治理水平，对形成健康有序的留学市场指出明确的发展方向。

党的十八大以来，在习近平新时代留学人员工作方针指引下，留学事业实现了创新性发展，出国留学改革发展的顶层设计和“四梁八柱”基本完成，构建了以公派留学为主导、自费留学为主体的工作格局，留学服务管理体系不断完善，留学规模稳步扩大，留学回国人数持续增长。“十三五”时期，从2016到2019年，我国出国留学人数251.8万人，回国201.3万人，学成回国占比达到79.9%。[①]

留学人员回国服务工作水平不断提高。教育部会同有关部委和地方政府，举办“中国留学人员广州科技交流会”等大型活动，通过“春晖计划”、“春晖杯”中国留学人员创新创业大赛，为海外留学人员回国发展打造项目、人才、资金和信息的对接平台。外交部指导驻外使领馆面向海外留学人员群体，积极宣传国内发展形势和国家引进海外高层次人才政策，多渠道、多层次、全方位地发现人才、联系人才、引荐人才。

---

①《教育部：近5年我国出国留学251.8万人，回国占比达八成》，《中国青年报》，2020年12月22日。

二、持续推进“留学中国计划”

党的十八大以来，我国教育事业开放发展呈现出新的格局，中国教育正在走向世界教育中心。双向留学与人才引进规模迅速增长，人才培养国际化水平大幅提升。

来华留学是我国教育事业的重要组成部分，也是一种独特的战略资源。随着我国教育对外开放程度的不断提高，我国高校对于国际生源的影响力也在不断提升，已成为世界第三、亚洲第一留学目的地国。同时，我国高校也在不断优化国际招生规则，确保来华留学生的生源质量，维护教育公平。

2015 年 7 月，教育部等五部门印发《2015—2017 年留学工作行动计划》，推动来华留学持续健康发展。此外，我国高校接收国际学生进一步规范，维护了教育公平。2020 年 6 月，教育部等八部门印发《关于加快和扩大新时代教育对外开放的意见》，提出优化出国留学工作布局，做强“留学中国”品牌。

在严格规范高校接收国际学生、维护教育公平方面，我国的主要举措有以下两个方面：一是严格规范国际学生的国籍身份和报考资格的审查。二是严格把控高等院校招收国际学生的生源质量。此外，我国对来华留学生的政府奖学金项目申请也作出进一步规范。2020 年 3 月，教育部出台《中国政府奖学金工作管理办法》，明确奖学金申请人的资格条件。

党的十八大以来，我国多边、双边人文交流机制不断完善，已成为国家对外交往的重要支柱。在原有的中俄、中美、中欧和中英 4 个高级别人文交流机制基础上，又拓展建立了中法、中南非、中德、中印尼 4 个新的高级别人文交流机制，教育服务国家对外战略能力不断增强。教育“请进来、走出去”稳步推进，带动我国教育质量提升。高质量中外合作办学项目持续增多，丰富了我国教育供给和优质教育资源。教育部先后部署实施多项共建“一带一路”教育行动，有力地配合了国家“一带一路”建设的实施。

三、积极推动国际人文交流与合作办学

党的十八大以来，我国高度重视国际人文交流与合作办学，积极推进孔子学院建设、开展国际合作联合研究以及规范合作办学行为。

开展孔子学院建设是我国推动人文交流的重要举措。孔子学院是中外合作建立的非营利性教育机构，致力于适应世界各国（地区）人民对汉语学习的需要，增进世界各国（地区）人民对中国语言文化的了解，加强中国与世界各国教育文化交流合作，发展中国与外国的友好关系，发展儒家文化，促进世界多元文化发展，构建和谐世界。

为深入扩大教育对外开放，巩固发展高等学校中外合作办学成果，提升办学质量和水平，解决个别地方和单位存在的办学目的不端正、片面逐利倾向、办学整体质量不高等问题，2013 年 12 月，教育部印发《关于进一步加强高等学校中外合作办学质量保障工作的意见》，明确高等学校中外合作办学质量保障建设总目标；提出加强类别统筹、地区统筹和学科统筹，完善优质教育资源引进机制，规范办学过程管理，完善质量评价体系，加强质量监管和行业自律，加大示范性中外合作办学支持力度，强化分级管理。

2014 年 1 月，教育部推出“国际合作联合实验室计划”，其总目标是面向国际科学前沿和国家重大需求，到 2020 年，选择高校

优势学科和领域，依托国家级或水平相当的科技创新平台，择优整合提升和认定一批有一定规模、代表我国科学研究水平和实力的国际合作联合实验室，成为开展国际科技合作与交流的学术中心、聚集一流学者和培养拔尖创新人才的重要平台、具有重要影响的国际创新基地。

2016年，中共中央办公厅、国务院办公厅印发《关于做好新时期教育对外开放工作的若干意见》，提出坚持“围绕中心、服务大局，以我为主、兼容并蓄，提升水平、内涵发展，平等合作、保障安全”的工作原则。①

为加强和改进中外人文交流的战略部署，进一步做好中外人文交流工作，根据《中央编办关于调整设立教育部中外人文交流中心等事项的批复》，2017年11月，教育部设立中外人文交流中心，承担中外人文交流机制项目的具体组织实施，参与组织安排中外人文交流机制高级别会晤、双方会议等活动，参与协调对接中外人文交流机制外方委员会，宣传推广中外人文交流成果等。

2019年2月，中共中央、国务院印发《中国教育现代化2035》，将加快建设中国特色海外国际学校作为开创教育对外开放新格局的重要内容。2020年6月，教育部等八部门联合印发《关于加快和扩大新时代教育对外开放的意见》，着眼加快推进我国教育现代化和培养更具全球竞争力的人才，对各级各类教育的对外开放做出了相应安排。

在高等教育领域，我国支持高校加强与世界一流大学和学术机

① 《介绍从数据看党的十八大以来我国教育改革发展成效》，教育部网站，2022年9月27日。

构的合作，引导高校加快培养具有全球视野的高层次国际化人才，完善高校对外开放评价指标。进一步落实“放管服”要求，授予“双一流”建设高校一定外事审批权，探索高校国际会议分类审批的管理办法。为引导学校自主、高效、有序赴境外办学，2019 年 9 月，中国高等教育学会发布《高等学校境外办学指南》。随着中国与世界的联系日益紧密和共建“一带一路”持续深入推进，“走出去”办学日益成为我国教育对外开放的重要内容。截至 2020 年，我国高校已在近 50 个国家举办了 100 多个不同类型和层次的境外办学机构和项目。

在职业教育领域，我国在借鉴“双元制”等办学模式、引进国外优质职业教育资源方面取得政策突破，鼓励有条件的国内职业院校与企业携手参与国际产能合作。同时，着手打造“一带一路”国际技能大赛等品牌赛事，扩大国内有关技能赛事的国际影响力。实施职业院校教师教学创新团队境外培训计划。

在基础教育领域，我国加强中小学国际理解教育，帮助学生树立人类命运共同体意识，培养德智体美劳全面发展且具有国际视野的新时代青少年。

此外，我国从三个方面加大中外合作办学改革力度。一是完善法律制度，为开放办学、规范办学、高水平办学提供制度保障。二是创新工作机制，通过“项目备案制”、“部省联合审批”等改进审批方式，完善评估和退出机制。三是鼓励先行先试，配合国家新一轮改革开放，探索适当放宽合作办学主体和办学模式的限制，给予相应的鼓励引导政策或实行准入特别管理措施。十年来，教育系统坚持对外开放不动摇，加强同世界各国的互容、互鉴、互通，推动中国教育以更加开放自信主动的姿态走向世界舞台。2021 学年在册国际学生来自195个国家和地区，学历教育学生占比达76%，比2012年提高35个百分点；同181个建交国普遍开展了教育合作与交流；与58个国家和地区签署了学历学位互认协议；在国（境）外建设了25个鲁班工坊；与教科文组织合作在华设立了10个二类中心；设立了12个联合国教科文组织教席和姊妹大学网络；中外高级别人文交流机制共举办37场会议，签署300多项合作协议，达成近3000项具体合作成果；76个国家将中文纳入国民教育体系。[①]

第十二节　健全教育脱贫攻坚领导体制

教育脱贫是中国特色教育体系的重要组成部分。教育脱贫攻坚体现中国共产党发展人民教育事业的初心使命。党的十八大以来，教育系统深入贯彻党中央、国务院总体部署，深入学习贯彻习近平总书记关于教育和扶贫工作的重要论述，切实落实《中共中央 国务院关于打赢脱贫攻坚战的决定》《中共中央 国务院关于打赢脱贫攻坚战三年行动的指导意见》，确保教育脱贫攻坚战不偏离中央总体部署。

一、统筹部署教育扶贫攻坚任务

教育发展滞后已经成为制约贫困地区经济社会发展的重大瓶

① 教育部发展规划司：《数说“教育这十年”》，教育部网站，2022年9月27日。

颈。改革实践证明，扶贫攻坚的关键在教育。2013 年元旦前夕，习近平总书记到河北省阜平县考察时指出，“治贫先治愚，把下一代的教育工作抓好，把贫困地区孩子培养出来，是扶贫根本之策”[①]。为充分发挥教育在扶贫开发中的重要作用，培养经济社会发展需要的各级各类人才，促进片区从根本上摆脱贫困，2013 年 7 月，国务院办公厅转发教育部等七部门《关于实施教育扶贫工程的意见》，该文件成为首个教育行业扶贫的指导性意见，明确教育扶贫工程的实施范围、实施教育扶贫工程的总体目标、需要遵循的基本原则，提出教育扶贫工程要从切实巩固提高义务教育水平、加快发展学前教育、推动普通高中多样化发展、重视发展特殊教育、保障移民搬迁学生就学、加强双语教育和民族团结教育以及鼓励教师到片区从教七个方面加强贫困地区的基础教育建设。

2016 年 10 月，教育部会同国务院扶贫办印发《职业教育东西协作行动计划（2016—2020 年）》，该行动计划的出台进一步加大职业教育东西协作工作力度，更好发挥职业教育在脱贫攻坚中的重要作用，为完成“发展教育脱贫一批”重要任务、打好教育脱贫攻坚战奠定坚实的基础。同年 12 月，教育部会同国家发展改革委、财政部等六部门印发《教育脱贫攻坚“十三五”规划》这是国家首个教育脱贫的五年规划，也是“十三五”时期教育脱贫工作的行动纲领。

攻克深度贫困堡垒，是打赢脱贫攻坚战必须完成的任务。为聚焦深度贫困地区教育扶贫，用三年时间集中攻坚，确保深度贫

---

① 习近平：《在河北省阜平县考察扶贫开发工作时的讲话》，《求是》，2012 年 04 期。

困地区如期完成“发展教育脱贫一批”任务，2018年1月，教育部会同国务院扶贫办印发《深度贫困地区教育脱贫攻坚实施方案（2018—2020年）》，把工作重心进一步向攻克深度贫困堡垒聚焦。扶贫先扶智，扶智先通语，2018年1月15日，教育部会同国务院扶贫办、国家语委印发《推普脱贫攻坚行动计划（2018—2020年）》，开辟教育助力脱贫攻坚的新战场。2019年8月，教育部会同国务院扶贫办印发《关于解决建档立卡贫困家庭适龄子女义务教育有保障突出问题的工作方案》，为教育脱贫攻坚全面收官补短板、强弱项、打基础。2020年5月，教育部印发《打赢教育脱贫攻坚收官战总攻方案》，提出在教育系统树立总攻意识、聚焦总攻目标、完善总攻机制，以总攻统揽教育脱贫攻坚工作，确保脱贫攻坚收官之年高质量如期完成各项任务。这一系列政策的出台，对健全教育脱贫攻坚领导体制、充分发挥教育在脱贫攻坚中的作用进行了全面系统的安排。

二、全面落实义务教育有保障

打赢脱贫攻坚战、全面建成小康社会是人类历史上规模最大的反贫困斗争。这是一场改善教育面貌的格局之变。在教育领域，最大限度调动资源，最大限度地动员各方力量，落实“义务教育有保障”，通过“发展教育脱贫一批”，为全面打赢脱贫攻坚战奠定基础。习近平总书记对教育脱贫工作非常关心和重视，强调把贫困地区的孩子培养出来，这是根本的扶贫之策。[①]决战决胜教育脱贫攻坚，实现义务教育有保障是重要内容。

这一时期，党中央、国务院高度重视义务教育工作，在促进教育公平、保障适龄儿童平等接受义务教育方面作出了重要部署，特别是建立了城乡统一、重在农村的义务教育经费保障机制，实现了城乡免费义务教育，义务教育覆盖面、入学率、巩固率持续提高。但受办学条件、地理环境、家庭经济状况和思想观念等多种因素影响，我国一些地区特别是老少边穷岛地区仍不同程度存在失学辍学现象，初中学生辍学、流动和留守儿童失学辍学问题仍然较为突出，这直接关系到国家和民族的未来。

在义务教育控辍保学方面，为切实解决义务教育学生失学辍学问题，确保实现到2020年全国九年义务教育巩固率达到95%的目标，2017年9月，国务院办公厅印发《关于进一步加强控辍保学提高义务教育巩固水平的通知》，聚焦控辍保学工作机制建设，提出有针对性的工作举措，要求做到“三避免、一落实”，也就是避免因学习困难或者厌学而失学辍学，避免因贫失学辍学，避免因上学远、上学难而辍学。[②]2020年6月，教育部等十部门印发《关于进一步加强控辍保学工作健全义务教育有保障长效机制的若干意见》，进一步压实控辍保学工作责任、细化工作举措，形成多部门合力控辍、聚力保学的有效机制。

在改善办学条件方面，2013年，教育部会同国家发展改革

① 《习近平谈摆脱贫困：扶贫必扶智，治贫先治愚》，人民网，2018年10月9日。

② 《国务院办公厅关于进一步加强控辍保学提高义务教育巩固水平的通知》，《中华人民共和国国务院公报》，2017年26期。

委、财政部先后印发《关于全面改善贫困地区义务教育薄弱学校基本办学条件的意见》《关于切实做好义务教育薄弱环节改善与能力提升工作的意见》，加快补齐义务教育基本办学条件短板。2014 年 12 月，国务院办公厅印发《国家贫困地区儿童发展规划（2014—2020 年）》，首次对做好贫困地区农村儿童教育、健康、福利、安全等工作做出全面部署。2018 年，教育部发布《教育信息化 2.0 行动计划》，加快贫困地区教育信息化建设。

在教师队伍建设方面，2015 年 6 月，国务院办公厅印发《乡村教师支持计划（2015—2020 年）》，对于稳定乡村教师队伍，吸引优秀人才到乡村学校任教、带动和促进教师队伍整体水平提高具有十分重要的意义。2020 年 8 月，教育部等六部门印发《关于加强新时代乡村教师队伍建设的意见》，提出努力造就一支热爱乡村、数量充足、素质优良、充满活力的乡村教师队伍。

在投入保障方面，2015 年 11 月，国务院印发《关于进一步完善城乡义务教育经费保障机制的通知》，全面部署统筹城乡义务教育资源均衡配置，推动义务教育事业持续健康发展。2018 年 8 月，国务院办公厅印发《关于进一步调整优化结构提高教育经费使用效益的意见》，坚持加大投入与管好用好经费并重，着力提高贫困地区义务教育保障水平。

在加大对深度贫困地区支持力度方面，2018 年 11 月，教育部会同财政部等部门印发《关于进一步加强财政投入管理深入推进“三区三州”教育脱贫攻坚的指导意见》，聚焦“三区三州”，提出加大财政投入，严格资金管理，支持解决特殊困难和薄弱环节，稳步提升深度贫困地区义务教育质量。2019 年 5 月，教育部印发《关于进一步加大深度贫困地区支持力度切实做好义务教育有保障工作的通知》，深入推进贫困人口多、贫困发生率高、脱贫难度较大的深度贫困地区教育脱贫攻坚。2019年，教育部与13个省份签署《打赢教育脱贫攻坚战合作备忘录》，将控辍保学工作任务写入备忘录，明确控辍保学工作任务。同年，教育部印发《关于解决建档立卡贫困家庭适龄子女义务教育有保障突出问题的工作方案》和《禁止妨碍义务教育实施的若干规定》等文件，进一步完善了控辍保学联控机制。2020年初，教育部党组成立调研指导小组实施挂牌督战，以52个未摘帽贫困县为主战场，以“三区三州”为决战地，实施精准帮扶。

党的十八大以来，全国教育系统深入贯彻落实习近平总书记关于“厕所革命”的重要指示精神，积极推进中小学、幼儿园改厕。2013—2018年改造14.1万所中小学、幼儿园非卫生厕所。[①] 2019年，教育部会同国家发改委、财政部等相关部门加大工作推进力度，启动实施“中小学校‘厕所革命’行动计划”。经各方面的共同努力，自2019年以来，完成了6.7万所中小学、幼儿园非卫生厕所改造，除西藏、青海、新疆等地少数学校因粪污处理难未改厕外，全国中小学、幼儿园厕所基本达到了安全、清洁、实用的要求。同时，各地还同步解决厕位不足、男女厕位比例不合理等问题。

在一系列政策的加持下，党的十八大以来，义务教育基本实现了应返尽返，把辍学的学生劝返回来，基本实现了资助全覆盖，基本实现了办学条件的配备要求，义务教育有保障得到了全面落实。据全国控辍保学台账系统显示，截至2020年9月15日，全国义务

① 《教育部：2019年以来完成了6.7万所中小学、幼儿园非卫生厕所改造》，《中国教育报》，2021年12月29日。

教育阶段辍学学生由台账建立之初的60万人降至2419人；截至2020年12月31日，人数降至682人。其中建档立卡贫困家庭辍学学生由20万人全部动态清零。①

三、职业教育阻断贫困代际传递

职业教育在脱贫攻坚中具有显著优势，可以有效增强扶贫对象的致富本领、帮其摆脱贫困代际传递。党的十八大以来，我国深入贯彻落实《国家中长期教育改革和发展规划纲要（2010—2020年）》和《国家教育事业发展“十三五”规划》，促进职业教育改革发展，增强职业教育服务经济社会发展能力。

2016年10月，教育部、国务院扶贫办联合印发《职业教育东西协作行动计划（2016—2020年）》，按照中央确定的东西部扶贫协作关系和教育部推动相关省（区、市）建立的教育对口支援关系，全面落实东西职业院校协作全覆盖行动、东西协作中职招生兜底行动、职业院校参与东西劳务协作各项工作任务，确保不让一个地方掉队。

在支援西藏方面，全面落实西藏教育“包吃、包住、包学习费用”的“三包”政策，组织17个东中部职教集团按照“一对一”、33所民办本科学校按照“二对一”原则对口支援西藏和四川藏区17个地州。

在实施职业教育东西协作行动计划中，上海市形成了“组团

① 《确保贫困地区义务教育有保障——改善教育面貌的格局之变》，《光明日报》，2021年1月29日。

式”帮扶，创设“一校为主，多校对一”的对口帮扶模式，在“政府引导、学校主导、行企参与、社会协同”的合作机制下为对口帮扶地区配置各类教育教学资源、师资资源、就业资源。同时，上海市还在全国建立了对口帮扶地区职业教育联盟，携手推进职业教育东西协作工作。

自2016年以来，教育部联合中华全国总工会联合发起“求学圆梦行动”，动员引导教育系统和工会系统等形成合力，加强农民工学历继续教育与非学历培训，促进农民工提学历、长技能、好就业。行动实施以来，各地教育部门与工会部门紧密配合，积极探索产教融合、校企合作、工学结合、学历与非学历并行的农民工继续教育新模式。据不完全统计，全国21个省市300余所高校参与该行动，受益农民工人数超过百万。[①]

2016年12月，教育部等六部门印发《教育脱贫攻坚“十三五”规划》，将职业教育产教融合工程作为重要建设任务，重点支持中西部地区和贫困地区职业院校建设，使每个人都有机会通过职业教育、高等教育或职业培训实现家庭脱贫。

2019年1月，国务院《关于印发国家职业教育改革实施方案的通知》，提出职业教育经费投入要注重向中西部、贫困地区和民族地区倾斜；扩大职业院校助学金覆盖面，完善补助标准动态调整机制，落实对建档立卡等家庭经济困难学生的倾斜政策。同年8月，教育部等四部门印发《深化新时代职业教育“双师型”教师队伍建设改革实施方案》，提出深化“双师型”教师队伍建设改革的

① 《“求学圆梦行动”两年助百万农民工能力提升》，《中国教育报》，2018年11月9日。

总体要求和目标及十二条具体举措；强调通过实施职业院校教师素质提高计划，加大对相对贫困地区职业教育教师队伍建设支持力度，引导支持各省在教师培训计划分配中向省域内民族地区、边远地区予以一定比例的倾斜。

2019 年 9 月，教育部会同国家发展改革委等六部门印发《国家产教融合建设试点实施方案》，提出开展东部对口西部、城市支援农村的职业教育扶贫，推动农村贫困地区学生到城市优质职业院校就学。同年 10 月，教育部办公厅等十四部门联合印发《职业院校全面开展职业培训促进就业创业行动计划》，鼓励涉农职业院校送培训下乡，把技术技能送到田间地头和养殖农牧场，深入开展技能扶贫，服务脱贫攻坚和乡村振兴，大力培育高素质农民和农村实用人才。

2020 年 4 月，教育部办公厅印发《关于做好 2020 年中等职业学校招生工作的通知》，提出东西协作相关省份、职教集团要实施好东西协作中职招生兜底行动，按照对口合作协议落实招生学校、招生计划、招生专业、学生培养模式。同年 6 月，教育部制定实施《深化“发展教育脱贫一批”若干政策举措》，提出加强职业教育和培训，帮助贫困家庭掌握一技之长，实现技能脱贫。

党的十八大以来，教育部及各部委认真落实中央关于打赢脱贫攻坚战的总体部署，围绕“发展教育脱贫一批”要求，强化统筹协调，凝聚多方合力，在扎实推进教育脱贫攻坚工作中，职业教育发挥了重要的推动作用。

四、持续提升高校精准扶贫治贫效能

高等院校是扶贫开发工作的重要“生力军”，对于决战决胜脱贫攻坚、精准推进“智志双扶”、阻断贫困代际传递意义深远。党中央和国务院高度重视高等院校在扶贫工作中的重要作用，习近平总书记也强调，“党政军机关、企事业单位开展定点扶贫，是中国特色扶贫开发事业的重要组成部分，也是中国政治优势和制度优势的重要体现”[①]。

教育部认真贯彻落实党中央关于对口支援、定点扶贫和打赢脱贫攻坚战的重要决策部署，按照《关于进一步加强中央单位定点扶贫工作的指导意见》要求，为保证高校切实履行扶贫牵头职责，系统谋划了高校扶贫行动方案，先后出台了《关于做好新时期直属高校定点扶贫工作的意见》《教育部直属系统援派挂职干部人才生活保障暂行办法》《关于进一步充实教育部直属高校定点扶贫工作力量的通知》等一系列政策文件和规定，为高校扶贫提供了制度保障，确立了工作规划，明确了目标任务。

党的十八大以来，教育部直属高校定点扶贫是教育脱贫攻坚的重要组成部分，也是脱贫攻坚的一支重要“生力军”。2012 年以来，按照中央的统一部署，44 所综合类和理工科为主的直属高校承担了 44 个国家扶贫开发重点县定点扶贫任务；按照教育部定点联系滇西边境片区的工作部署，22 所直属高校承担了滇西专项扶贫任务。2019 年 8 月，教育部会同国务院扶贫办印发《关于进一

① 《习近平就机关企事业单位做好定点扶贫工作作出重要指示》，《人民日报》，2015 年 12 月 12 日。

步充实教育部直属高校定点扶贫工作力量的通知》，新增19所高校采取“1+1”模式，由1所已承担定点扶贫任务的教育部直属高校与1所尚未承担扶贫任务的教育部直属高校共同定点扶贫一个贫困县，并增加江南大学助力其他中央单位完成定点扶贫任务。至此，75所教育部直属高校尽锐出战，全部投入扶贫工作。省属高校也在各省区市党委、政府统筹领导下，积极参与扶贫工作。

教育部各直属高校把脱贫攻坚作为首要的政治任务和当前的头等大事，举全校之力，扎实推进定点扶贫工作；深入定点扶贫县开展调研，加大工作指导和督促检查力度，选优派强挂职干部，帮助制定实施脱贫攻坚计划、年度减贫计划等。其中，2018年，教育部各直属高校领导赴定点扶贫县调研3394人次，开展督促指导131次，选派挂职干部139人、村第一书记55人。截至2020年底，直属高校共选派挂职干部800余人次。此外，教育部各直属高校把高校人才优势、科技优势、资源优势与贫困地区扶贫短板结合起来，把先进的理念、人才、技术、经验等要素传播到贫困地区，推进扶贫与扶智、扶志相结合，让脱贫具有可持续的内生动力。

加强动员部署，召开直属系统扶贫工作推进会，分析形势、总结工作、找准重点，统筹推进定点扶贫工作。连续组织五届直属高校和三届省属高校精准扶贫精准脱贫典型案例推选活动，累计产生133项高校扶贫典型项目，举办三届教育扶贫论坛，示范实施“学习李保国同志先进事迹教授服务团走进贫困地区”、“非遗扶贫”等活动，引导高校相互学习借鉴，探索多元化高校扶贫路径。加强理论研究，面向教育部直属高校扶贫挂职干部组织开展扶贫课题，巩固形成高校扶贫理论成果和实践模式。强化各高校主要领导脱贫攻坚第一责任人意识，各高校均成立扶贫工作领导小组，专题研究推进扶贫工作事项，统筹多方力量形成扶贫合力。

自 2018 年起，教育部组织高校签订定点扶贫责任书，责任书任务数逐年增加，确保帮扶力度不减。各高校自签订定点扶贫责任书以来，广泛组织发动校内外各方力量，累计投入帮扶资金 5.2 亿元、引进帮扶资金 20.5 亿元、培训基层干部 14.1 万人、培训技术人员 19.1 万人、购买贫困地区农产品 5.25 亿元、帮助销售贫困地区农产品 12.9 亿元。截至 2020 年底，教育部直属高校定点扶贫的所有贫困县现已全部脱贫摘帽。教育部加大高校精准扶贫项目组织指导，动员师生积极参与、深度实践。“科技小院助力脱贫攻坚”行动带动高校专家教授编写农民培训教材 276 套，培训农民 20 多万人次。“青年红色筑梦之旅”活动带动 318 万名高校师生深入贫困地区，开展了 37.8 万个创新创业项目。“推普脱贫攻坚”全国大学生社会实践活动，累计组织 529 支高校实践团队 4851 名大学生，到贫困地区开展推普宣传和培训活动。①

教育部还推动高校扶贫方式从“独立团”向“集团军”转变，探索和推动高校组团式扶贫工作。例如，指导北京大学牵头成立“教育扶贫联盟”、西北农林科技大学牵头成立“农林扶贫联盟”、中山大学牵头成立“旅游扶贫联盟”、四川大学牵头成立“健康扶贫联盟”、电子科技大学牵头成立“消费扶贫联盟”、湖南大学牵头成立“非遗（文创）扶贫联盟”、中国地质大学（北京）牵头成立“资源环境扶贫联盟”、同济大学牵头成立“城乡规划扶贫联盟”。

---

①《教育部：75 所直属高校定点扶贫贫困县全部脱贫摘帽》，人民网，2020 年 11 月 26 日。

总体来看，各高校均把扶贫工作作为服务国家、服务社会、服务人民的重要阵地，作为贴近基层、了解民情的重要渠道，作为扎根中国大地办大学的重要途径，作为培养锻炼干部、转变作风的重要方式，尽锐出战，攻坚克难，逐步形成了具有“高校品牌”的特色扶贫路径。

第十三节　全面深化新时代教师队伍建设改革

党和国家历来高度重视教师工作，党的十八大以来，以习近平同志为核心的党中央将教师队伍建设摆在突出位置，做出一系列重大决策部署，各地区各部门和各级各类学校采取有力措施认真贯彻落实，教师队伍建设取得显著成就。

一、完善教师队伍管理体制

中小学教师资格考试改革和定期注册试点是国家教改领导小组确定的国家层面重大教育改革之一，是提升教师队伍来源质量、严格教师考核管理的重大制度创新。2013 年 8 月，教育部印发《关于扩大中小学教师资格考试与定期注册制度改革试点的通知》，全面总结 2011 年到 2013 年六省试点的成功经验，研究解决改革中遇到的若干重要政策问题，决定进一步扩大中小学教师资格考试和定期注册改革试点范围。同时，教育部还颁布了《中小学教师资格考试暂行办法》和《中小学教师资格定期注册暂行办法》，明确 2015 年前全面实施教师资格考试和定期注册制度的时间表和路线图，确立改革的基本制度规范，并将教师资格考试和定期注册制度纳入《中华人民共和国教师法》的修订范围，从立法层面为改革的深入推进提供制度保障，标志着改革进入依法依规逐步全面实施的新阶段。

2018 年 1 月，中共中央、国务院印发《关于全面深化新时代教师队伍建设改革的意见》，系统阐述了全面深化教师队伍建设的战略意义、指导思想、基本原则，对新时代教师队伍建设提出新要求、新任务，并指明工作目标、重点以及落实的新路径。这是新中国成立以来第一次以党中央名义专门印发加强教师队伍建设的文件，是以习近平同志为核心的党中央高瞻远瞩、审时度势，立足新时代做出的重大战略决策，具有里程碑意义和战略意义，为全面加强教师队伍建设提供了千载难逢的历史机遇，为全面深化教师队伍建设改革打造了高位坚实的有力平台。这也标志着深化教师管理综合改革进入新阶段，并将转化为优先发展教育事业的强大驱动力。

2019 年 12 月，中共中央办公厅、国务院办公厅印发《关于减轻中小学教师负担 进一步营造教育教学良好环境的若干意见》，明确提出，要统筹规范督查检查评比考核事项，依法依规开展督查检查评比考核，清理精简现有督查检查评比考核事项，改进督查检查评比考核方式方法，统筹规范社会事务进校园，统筹规范精简相关报表填写工作，统筹规范抽调借用中小学教师事宜，为教师安心、静心、舒心从教创造更加良好环境。

2022 年 4 月 2 日，教育部等八部委联合印发《新时代基础教育强师计划》，提出完善教师资格制度，严把教师入口关，全面推进中小学教师资格考试和定期注册制度改革；优化义务教育教师资源配置；加强人员和编制的动态调整，结合实际合理核定公办幼儿园教职工编制；深化教师职称改革，完善岗位管理制度，进一步完善教师职称评价标准，实行分类评价。[①]

二、健全中小学教师师德师风建设

党中央和国务院高度重视师德师风建设，把师德师风建设作为重要工作来推进。从党的十八大以来，我国出台的关于教师方面的文件，几乎都将师德师风建设放在重要位置。2013 年 9 月，教育部印发《关于建立健全中小学师德建设长效机制的意见》，就建立健全教育、宣传、考核、监督与奖惩相结合的中小学师德建设长效机制提出若干意见。这是首部关于中小学师德建设长效机制和违反师德行为的处理办法，有利于推进师德建设工作，引导教师立德树人、为人师表，提升人格修养和学识修养，推动建设一支师德高尚、业务精湛、结构合理、充满活力的中小学教师队伍。

教师教育是提升教育质量的动力源泉。2018 年 2 月，教育部等五部门联合印发《教师教育振兴行动计划（2018—2022 年）》，提出“落实师德教育新要求、增强师德教育实效性”的目标任务和师德养成教育全面推进行动计划的主要措施，将学习贯彻习近平总书记对教师的殷切希望和要求作为教师师德教育的首要任务和重点内容。

2018 年 1 月，中共中央、国务院印发《关于全面深化新时代教师队伍建设改革的意见》，对师德师风建设作出了总体部署，要

① 《教育部等八部门关于印发〈新时代基础教育强师计划〉的通知》，教育部网站，2022 年 4 月 11 日。

求“着力提升思想政治素质，全面加强师德师风建设”，并以创新的思维提出诸多可操作性很强的举措，如实施教师党支部书记“双带头人”培育工程，定期开展教师党支部书记轮训等，极大推动师德师风建设。这体现了深入贯彻落实党的十九大精神，立足于立德树人根本任务的必然要求。[①]

2020年4月，《新时代基础教育强师计划》提出“师德为先”的基本原则，更是把教师思想政治和师德师风建设放在首要位置，围绕着提升教师思想政治素质和加强改进师德师风建设提出一系列具体措施，如“开展违反教师职业行为十项准则典型案例通报”；“在资格认定、教师招聘、职称评审、岗位聘用、年度考核、推优评先、表彰奖励等工作中严格落实师德师风第一标准”等。[②]

三、关注乡村教师队伍建设

党的十八大以来，党中央、国务院还出台了的一系列加强乡村教师队伍建设的政策。自《乡村教师支持计划（2015—2020年）》印发以来，教育部积极推动落实，为乡村教师送出了一连串的“大礼包”，如实施乡村教师生活补助政策、统一城乡教职工编制标准、推进城乡教师轮岗交流、建立乡村教师荣誉制度，等等。在这一时期，乡村学校优质教师来源渠道得到扩充，乡村教师资源配置

① 《中共中央 国务院关于全面深化新时代教师队伍建设改革的意见》，北京：人民出版社，2018年版，第7页。
② 《教育部等八部门关于印发〈新时代基础教育强师计划〉的通知》，教育部网站，2022年4月11日。

得到改善，乡村教师教育教学水平稳步提升，合理待遇得到保障并有所提高，职业吸引力明显增强，形成了优秀人才“下得去、留得住、教得好”的喜人局面。乡村教师生活补助政策惠及130余万名乡村教师，到2017年已实现连片特困地区县全覆盖；特岗计划招聘教师28万人，为乡村学校输送了新鲜血液；部属师范大学师范生公费教育继续推进，50多万名毕业生走上教师岗位；自2010年启动的“国培计划”，共培训教师1729万人次，乡村教师的培训基本完成一轮。①

2015年11月，国务院印发《关于进一步完善城乡义务教育经费保障机制的通知》，强调继续对中西部地区及东部部分地区义务教育教师工资经费给予支持，要求省级人民政府加大对本行政区域内财力薄弱地区的转移支付力度；县级人民政府确保县域内义务教育教师工资按时足额发放，教育部门在分配绩效工资时，要加大对艰苦边远贫困地区和薄弱学校的倾斜力度。②

2018年2月，《教师教育振兴行动计划（2018—2022年）》，提出开展乡村教师素质提高行动；各地以集中连片特困地区县和国家级贫困县为重点，通过公费定向培养、到岗退费等多种方式，为乡村小学培养、补充全科教师，为乡村初中培养、补充“一专多能”教师，优先满足老少边穷岛等边远贫困地区教师补充需要。此外，还强调要赋予乡村教师更多选择权，提升乡村教师培训实效；

① 《迈向公平而有质量的教育——党的十八大以来我国教育改革发展述评·基础教育篇》，《中国教育报》，2018年8月5日。

② 《国务院关于进一步完善城乡义务教育经费保障机制的通知》，《中华人民共和国国务院公报》，2015年35期。

推动乡村教师到城镇学校跟岗学习，鼓励引导师范生到乡村学校进行教育实践。[①] 文件是当前和今后一段时期加强教师队伍建设、提升教育质量水平的战略性举措，更是落实全面深化新时代教师队伍建设改革重大决策部署的关键一招。

2022 年 4 月，《新时代基础教育强师计划》提出，要求实施中西部欠发达地区优秀教师定向培养计划；支持部属师范大学和高水平地方师范院校，每年为中西部欠发达地区定向培养一批高素质教师，发挥示范带动作用，推进各地进一步加大县域普通高中和乡村学校教师补充力度。[②]

党的十八大以来，我国教师队伍建设进入全面提质增效的新阶段，全社会形成了尊师重教的良好氛围。在一系列政策的支持下，我国教师队伍发生了巨大变化：乡村教师第一次拿到了国家级荣誉证书，小学教师第一次可以评“正教授”，全国统一的教师资格证书制度第一次实施，各级各类教师和校长的专业标准第一次发布。

四、不断提高教师地位待遇

《中华人民共和国教师法》和《中华人民共和国义务教育法》均就教师工资水平做出规定，要求教师平均工资水平应当不低于或高于当地公务员平均工资水平。2013 年 9 月，教育部、财政部印

---

① 《教育部等五部门关于印发〈教师教育振兴行动计划（2018—2022 年）〉的通知》，《中华人民共和国教育部公报》，2018 年 04 期。

② 《教育部等八部门关于印发〈新时代基础教育强师计划〉的通知》，教育部网站，2022 年 4 月 11 日。

发《关于落实 2013 年中央 1 号文件要求对在连片特困地区工作的乡村教师给予生活补助的通知》，提出按照“地方自主实施、中央综合奖补”的原则，对在连片特困地区乡、村学校和教学点工作的教师给予生活补助。

2018 年 1 月，中共中央、国务院印发《关于全面深化新时代教师队伍建设改革的意见》，把教师队伍的地位待遇问题提到了特别重要的位置，牵住了“造就党和人民满意的高素质专业化创新型教师队伍”的“牛鼻子”。文件紧扣广大教师最关心、最直接、最现实的重大问题，抓住了教师队伍建设中亟待解决的工资收入这一关键问题，提出要“确保中小学教师平均工资收入水平不低于或高于当地公务员平均工资收入水平”，“完善教师收入分配激励机制”。这些举措，不仅是立足我国国情，从现实出发吸引优秀人才充实教师队伍，也是从国际视野出发，借鉴当今世界多数国家的普遍做法和经验，保障中小学教师经济收入稳定性和增长性的有效良策。[①]

2022 年 4 月，《新时代基础教育强师计划》强调，要加强教师工资待遇保障；解决拖欠义务教育教师工资和欠缴社会保险费、职业年金、住房公积金等问题，绩效工资核定要向乡村小规模学校、艰苦边远地区学校等倾斜，形成“学校越边远、条件越艰苦、从教时间越长、教师待遇越高”的格局。[②]

十年来，教师队伍建设改革制度体系完善健全，基本形成了

① 《中共中央国务院关于全面深化新时代教师队伍建设改革的意见》，北京：人民出版社，2018 年版，第 7 页。
② 《教育部等八部门关于印发〈新时代基础教育强师计划〉的通知》，教育部网站，2022 年 4 月 11 日。

科学规范、系统完备、有效管用的教师制度体系。全国教师队伍实现了量质齐升，我国专任教师总数从2012年的1462.9万人增长到2021年的1844.4万人，增幅达26%。各级各类教师素质不断提升、结构不断优化，小学教师本科以上学历从32.6%增长到70.3%，职业教育“双师型”教师超过50%，高校硕士研究生导师从22.9万人增长到42.4万人，博士研究生导师从6.9万人增长到13.2万人。教师思想政治和师德师风建设持续强化。中国特色高水平教师教育体系建立建强。教师管理综合改革走向深化。教师地位待遇不断提升，建立了教师工资待遇保障长效机制，各地基本实现义务教育教师平均工资收入水平不低于当地公务员平均工资收入水平。教师队伍人才建设取得重要突破，教师队伍短板加速补齐。教师工作与信息化不断融合创新。全社会尊师重教氛围持续浓厚。教师工作取得了历史性成就，教师队伍整体面貌发生了格局性变化，优秀人才争相从教、教师人人尽展其才、好教师不断涌现的良好局面基本形成。[①]

在习近平新时代中国特色社会主义思想的引领下，广大教育战线全面贯彻党的教育方针，落实立德树人根本任务，发展素质教育，推进教育公平，努力培养德智体美全面发展的社会主义建设者和接班人。学前教育公益普惠、义务教育优质均衡、高中教育特色多样、特殊教育质量提升、职业教育新体系建设、高等教育内涵发展都取得了显著成效；“两基本一进入”战略目标总体实现、教育普及水平大幅提升、教育公平显著推进、教育质量整体提高、教育

① 教育部教师工作司：《打造党和人民满意的“大国良师”——党的十八大以来教师队伍建设改革发展成就》，教育部网站，2022年9月6日。

体系日趋完备、保障水平持续提高、教育体制更加灵活。

十年来，从中央到地方，各级政府始终坚持改革创新，坚持体制机制改革，坚持简政放权，坚持激发教育活力，德智体美劳全面培养体系初步构建，中国特色现代教育考试招生制度得到建立，新时代教育评价综合改革全面深化，统筹有力、权责明确的管理体制得到建构，教育治理体系和治理能力现代化全面推进，政府主导、社会参与的办学体制不断健全，教育开放取得新进展，教育脱贫攻坚领导体制得到健全，新时代教师队伍建设改革全面深化，我国教育体制改革实现了跨越式发展，良好的教育生态初步显现。

主要参考资料

1. 习近平. 在北京大学师生座谈会上的讲话[M]. 北京：人民出版社，2018.
2. 邓小平. 邓小平文选（第二卷）[M]. 北京：人民出版社，1994.
3. 邓小平. 邓小平文选（第三卷）[M]. 北京：人民出版社，1993.
4. 江泽民. 江泽民文选（第二卷）[M]. 北京：人民出版社，2006.
5. 江泽民. 江泽民文选（第三卷）[M]. 北京：人民出版社，2006.
6. 中共中央文献研究室. 邓小平决策恢复高考讲话谈话批示集（一九七七年五月—十二月）[M]. 北京：中央文献出版社，2007.
7. 中华人民共和国教育部、中共中央文献研究室. 毛泽东 邓小平 江泽民论教育[M]. 北京：中央文献出版社、人民教育出版社、北京师范大学出版社，2002.
8. 李岚清. 李岚清教育访谈录[M]. 北京：人民教育出版社，2004.
9. 何东昌. 中华人民共和国重要教育文献（1949—1997）[M]. 海口：海南出版社，1998.
10. 何东昌. 中华人民共和国教育史（下卷）[M]. 海口：海南出版社，2007.
11. 李国钧、王炳照. 中国教育制度通史（第八卷）[M]. 济南：

山东教育出版社，1999.

12. 顾明远、刘复兴. 改革开放 30 年中国教育纪实[M]. 北京：人民出版社，2008.

13. 方晓东. 中华人民共和国教育 60 年[M]. 武汉：湖北教育出版社，2009.

14. 吴德刚. 中国教育改革发展研究[M]. 北京：教育科学出版社，2011.

15. 杨金土. 30 年重大变革——中国 1979—2008 年职业教育要事概录[M]. 北京：教育科学出版社，2011.

16. 朱永新、王继平. 中国教育改革大系：职业教育卷[M]. 武汉：湖北教育出版社，2015.

17. 佘雅风、蔡海龙. 中国教育改革开放 40 年[M]. 北京：北京师范大学出版社，2019.

18. 王辉耀. 海归时代——中国海归精英大视野[M]. 北京：中央编译出版社，2005.

19. 俞启定、和震. 中国职业教育发展史[M]. 北京：高等教育出版社，2012.

20. 中国教育发展战略学会. 教育发展战略 40 年回顾与展望——纪念改革开放 40 年研究报告集[M]. 北京：首都师范大学出版社，2019.

21. 改革开放以来的教育发展历史性成就和基本经验研究课题组. 改革开放 30 年中国教育重大历史事件[M]. 北京：教育科学出版社，2008.

22. 中央教育科学研究所. 中华人民共和国教育大事记（1949—1982）[M]. 北京：教育科学出版社，1984.

23. 中国教育科学研究院. 中国共产党教育方针百年历史研究[M]. 北京：教育科学出版社、中央党史出版社，2021.

24. 改革开放30年中国教育改革与发展课题组. 教育大国的崛起（1978—2008）[M]. 北京：教育科学出版社，2008.

25. 中国教育科学研究院. 教育强国之道——改革开放以来重大教育决策研究[M]. 北京：教育科学出版社，2018.

26. 中国教育科学研究院. 办好人民满意的教育：全国教育满意度调查报告[M]. 北京：教育科学出版社，2019.

27. 中国教育科学研究院. 砥砺十年铸华章：中国教育改革发展报告（2010—2020）[M]. 北京：教育科学出版社，2021.

28. 中国教育科学研究院. 知识改变命运教育奠基未来——中国教育脱贫攻坚的成就与经验[M]. 北京：教育科学出版社，2021.

29. 教育部国际合作与交流司、《神州学人》编辑部、国家留学基金管理委员会秘书处. 出国留学工作20年[M]. 北京：高等教育出版社，1999.

30. 李鹏. 动员起来，为实施《中国教育改革和发展纲要》而努力——在全国教育工作会议上的报告[J]. 中国高教研究，1994（01）.

31. 李铁映. 社会主义现代化建设的奠基工程——认真学习、宣传和实施《中国教育改革和发展纲要》[J]. 人民教育，1993（04）.

32. 陈至立. 十三届四中全会以来我国教育改革与发展的历史性成就[J]. 中国高教研究，2002（11）.

33. 朱开轩. 关于《中华人民共和国职业教育法（草案）》的说

明——1995年12月20日在第八届全国人民代表大会常务委员会第十七次会议上[J]. 中华人民共和国全国人民代表大会常务委员会公报，1996（04）.

34. 朱开轩. 一部推动高等教育改革和发展的重要法律[J]. 中国高等教育，1999（01）.

35. 刘正. 提高国民整体素质的根本出路何在——兼论汨罗大面积推行全面素质教育的经验及其深远意义[J]. 人民教育，1996（04）.

36. 周亚弟. 试论职业技术教育办学体制多元化[J]. 职教论坛，1998（12）.

37. 张学敏. 我国义务教育经费投入体制的变迁[J]. 教育科学，2003（04）.

38. 王全乐. 我国中小学教师培训制度的历史研究[J]. 继续教育研究，2005（05）.

39. 张斌贤、李子江. 改革开放30年来我国教师教育体制改革的进展[J]. 教师教育研究，2008（06）.

40. 赵世奎、文东茅. 三十年来高校毕业生就业制度变革的回顾与现行制度的分析[J]. 中国高教研究，2008（08）.

41. 褚宏启. 我国基础教育行政管理体制改革30年简评[J]. 中小学管理，2008（11）.

42. 曾天山. 教育优先发展是实现现代化的根本大计[J]. 教育研究，2008（11）.

43. 周满生、滕珺. 走向全方位开放的教育国际合作与交流[J]. 教育研究，2008（11）.

44. 魏志春. 政府教育管理职能转变与管理机制研究[J]. 中国高

等教育，2009（12）.
45. 徐维忠. 改革开放 30 年来教师教育政策法规浅析[J]. 现代教育科学，2010（03）.
46. 杨同玲、帅相志. 新世纪基础教育管理体制改革探析[J]. 科学与管理，2011（01）.
47. 张乐天. 20 世纪 80 年代以来我国教育体制改革的重要政策指引[J]. 复旦教育论坛，2011（03）.
48. 刘亚荣、郭丽娟. 完善教育投入机制，提高教育保障水平——国家教育体制改革试点调研报告[J]. 中国高教研究，2014（09）.
49. 徐卫红. 中小学学制沿革的回顾与反思[J]. 教育史研究，2016（06）.
50. 王红蕾、吕武. 改革开放以来我国农村教师政策的演进与改革路径[J]. 现代教育管理，2017（05）.
51. 刘海燕、孙杰. 我国教师资格制度的历史变迁[J]. 现代教育科学，2017（07）.
52. 杨文杰、范国睿. 教育督导制度改革：1977—2020——改革开放以来我国教育督导改革的回顾与展望[J]. 教育发展研究，2017（21）.
53. 黄兴胜、黄少成. 改革开放 40 年中国高校内部治理嬗变、动因与启示[J]. 复旦教育论坛，2018（06）.
54. 杜明峰. 改革开放四十年我国教师制度的变迁与逻辑[J]. 全球教育展望，2018（07）.
55. 王善迈、赵婧. 教育经费投入体制的改革与展望——纪念改革开放 40 周年[J]. 教育研究，2018（08）.

56. 杨兆山、时益之. 素质教育的政策演变与理论探索[J]. 教育研究，2018（12）.
57. 苏君阳. 重构与发展：我国教育督导体制建设40年——基于组织机构及其职能变迁的分析[J]. 中小学管理，2018（12）.
58. 别敦荣. 必须进一步扩大高校办学自主权——我国高等教育发展70年的经验[J]. 教育发展研究，2019（01）.
59. 田建荣等. 改革开放40年我国高校教师管理政策的变迁逻辑与未来走向[J]. 教师教育学报，2019（01）.
60. 谈松华口述，丁杰、万作芳整理.《中国教育改革和发展纲要》的制定及其历史作用[J]. 教育史研究，2019（02）.
61. 宋乃庆、肖林、郑智勇. 新中国成立以来我国中小学校长培训发展：回眸与展望[J]. 中国电化教育，2020（01）.
62. 彭泽平、金燕. 70年基础教育办学体制改革：基本特征与未来展望[J]. 现代教育管理，2020（02）.
63. 卢德生、饶丽. 新中国成立70年教师教育政策发展回顾与反思[J]. 教育理论与实践，2020（03）.
64. 杨志成. 百年未有之大变局下世界教育变革与中国教育机遇[J]. 教育研究，2021（03）.
65. 陈先哲. 打造教育对外开放新高地：全球视野与中国行动[J]. 比较教育研究，2021（10）.
66. 贯彻落实《〈教师资格条例〉实施办法》提高教师队伍整体素质——教育部人事司负责人就全面实施教师资格制度的有关问题答记者问[N]. 中国教育报，2000.10.25.
67. 翟帆. 教师资格制度开始全面实施[N]. 中国教育报，

2001.01.05.
68. “全国中小学危房改造工程”全面实施[N]. 人民政协报，2002.05.16.
69. 素质教育大事记[N]. 光明日报，2005.10.12.
70. 闫锁田. 全社会都要关心和支持教育事业[N]. 中国教育报，2019.09.27.

第二部分

史料篇

政策法规

▼

中共中央、国务院关于普及小学教育若干问题的决定（节选）[①]

（1980 年 12 月 3 日）

（上略）

（二）在八十年代，全国应基本实现普及小学教育的历史任务，有条件的地区还可以进而普及初中教育。小学教育是整个教育的基础，要提高教育质量，提高全民族的科学文化水平，必须从小学抓起。

普及小学教育应当根据各地区经济、文化基础和其他条件的不同，由各省、市、自治区进行分区规划，提出不同要求，分期分批予以实现。绝不要搞“一刀切”。普及教育，涉及到学制问题。中小学学制，准备逐步改为十二年制。今后一段时期，小学学制可以五年制与六年制并存，城市小学可以先试行六年制，农村小学学

① 何东昌主编《中华人民共和国重要教育文献（1976—1990）》，海南出版社，1998 年版，第 1877–1879 页。

制暂时不动。教育部应当尽快提出学制改革方案，确定统一的基本学制。中央要求：经济比较发达、教育基础较好的地区，应在一九八五年前普及小学教育，其他地区一般应在一九九〇年前基本普及。至于极少数经济特别困难、山高林深、人口稀少的地区，普及期限还可延长一些。在普及教育中允许参差不齐，但是必须注意教育质量，不搞形式主义，力争使入学儿童坚持读满修业年限，切实达到应有的文化程度。

在少数民族地区普及小学教育，任务十分艰巨。各有关地区必须制定适合民族特点的教育规划和教育体制，办学形式更要强调灵活多样。国家对少数民族地区的教育事业应给以大力扶植。对文化教育十分落后的一些少数民族，更须采取一些特殊措施；最贫困的地区要由国家包下来，实行免费教育。

（三）在我们这样一个人口众多、经济不发达的大国，普及小学教育，不可能完全由国家包下来，必须坚持“两条腿走路”的方针，以国家办学为主体，充分调动社队集体、厂矿企业等各方面办学的积极性。还要鼓励群众自筹经费办学。

农村社队办学，不应极为“平调”和不合理负担。厂矿企业办学，所需的教职工可单列编制，不计入全员劳动生产率，经费列为企业营业外项目开支。扩大企业自主权以后，在利润留成中应当设立教育科学基金。

贯彻“两条腿走路”的方针，国家应加强师范教育，负责训练合格的教师。中小学教师应主要由国家派遣，由教育行政部门管理，也允许社队、企业自行招聘。招聘的教师要经过考核，取得合格证书才能任教。目前民办教师的比例过大，应采取适当措施，逐步提高公办教师的比例。

坚持“两条腿走路”的方针，还要解决好一个重要问题，就是必须正确处理普及与提高的关系，各地应当首先集中力量办好一批重点学校，创造经验，典型示范；并应切实办好公社中心小学，使之成为农村学校的骨干，起到以点带面的作用。鉴于我国经济、文化发展很不平衡，自然环境、居住条件差异很大，必须从实际出发，因地制宜，采取多种形式办学。力求使学校布局和办学形式与群众生产、生活相适应，便于学生就近上学。在办好全日制学校的同时，还应举办一些半日制、隔日制、巡回制、早午晚班等多种形式的简易小学或教学班（组）。这类学校的学习年限和教学要求，可以不拘一格，只要学好语文、算术即可。

农村小学的校舍修建和课桌凳的购置，一般应由社队主要负责，国家酌情给以补助。国家补助费大体按所需的三分之一的比例列入省、市、自治区预算，使用时根据实际情况，有的可以不补，有的可以少补，有的可以多补。中央希望，经过集体与国家共同努力，切实改善农村办学条件。用两三年或稍长一些的时间，做到“校校无危房，班班有教室，学生人人有课桌凳”，以保证教学工作的正常进行。

（四）必须造成尊师的良好社会风气，提高教师的社会地位，建设一支稳定、合格的教师队伍。

（中略）

必须切实改革中小学教师工资制度，适当提高他们的工资待遇。在工资制度正式改革前，应当给予一些临时补贴。与此同时，中小学要开始实行教龄津贴制度，以鼓励教师终生从事教育事业。具体方案，由国家计委、财政部，劳动总局会同教育部迅速提出。

为了改变中小学民办教师比重过大、待遇过低、队伍极不稳定的状况，应采取下列措施：（1）国家给予民办教师的补助费应该有所增加，由各地根据实际情况，作出具体规定。（2）逐步减少民办教师比例，国家每年安排一定的专用劳动指标，经过严格考核，将合格的民办教师分期分批转为公办教师。民办教师中的骨干更应早转。另外，师范院校每年都要招收一部分民办教师。通过上述办法，在几年内使民办教师比例降到百分之三十以下。（3）国家给予民办教师的补助费应全部直接发给本人，同时，社队应按全劳力给他们记工分，切实执行男女同工同酬的原则。社队不要向民办教师派农活，也不应给他们分包产田。

各级教育部门必须大力做好教师队伍的整顿和培训、提高工作。除分期分批组织教师脱产学习之外，还应办好多种形式的在职进修。对确实不适宜做教学工作的，应由各地人事、劳动部门或社队予以妥善安置。教育部应从速制定《中小学教师工作条例》，就教师工作的性质、条件、职责、任用、进修、考核、晋升以及奖惩等问题作出规定，切实提高教师的荣誉感和责任感。

为了充实和加强教师队伍，对过去改行做机关工作的教师，各地应采取措施使他们归队。城市待业青年适合做教学工作的，经过训练合格也可到农村小学任教，有的还可以到农村初中任教。目前，有些地区以实现干部知识化为由，从中小学抽调教师，甚至把一些富有教学经验的教师也抽去作一般行政工作，这种做法必须严格禁止。

（五）必须切实改革普通教育的领导管理体制，大力加强对这一事业的领导。在国家财政体制和经济管理体制改革之后，地方对办好普通教育责任更重大了。今后普通教育的发展规划和年度计划、事业经费、基建投资、人员编制，由各省、市、自治区党委和政府统筹安排，组织实施。实行两级财政，国家要加强计划指导。今后普通教育经费要由省、市、自治区戴帽下达到县，专款专用，严禁挪用。如果违反，必须严肃处理。各级党委和政府应该把普及小学教育工作纳入重要议事日程，省、地、县党委和政府的主要负责人要亲自关心教育工作，县和公社的党政机关要对本地普及小学教育工作切实负起责任。

为了加强对教育工作的领导，教育部要认真检查各地普及中小学教育的情况，做好调查研究工作，总结、推广典型经验，综合、制定全国普通教育事业的发展规划；拟定指导性的教学计划和大纲；组织编写出版通用教材，供各地参考选用，并积极解决课本的供应问题，努力做到“人手一册，课前到手”；抓好基本规章制度的建设。要力求把领导工作做深做细，努力克服官僚主义和形式主义。

要搞好教育立法。责成教育部立即着手研究拟定符合我国国情的《小学教育法》，尽快提交人大常委会讨论通过，公布实行。

中共中央、国务院关于加强和改革农村学校教育若干问题的通知（节选）[①]

（1983 年 5 月 6 日）

（上略）

我国农村情况千差万别，农村教育一定要从实际出发，因地制宜，适应农村居民劳动、生活的特点，适应不同地区、不同民族的需要，适应当地的财力物力条件、经济发展特点和文化教育的基础。据此，办学应当坚持多层次、多种规格和多种形式。学校教育的改革必须坚定而有秩序地进行，经过试点，有计划有步骤地前进。

三、普及初等教育，是培养现代化建设人才的奠基工程。必须坚决贯彻执行一九八〇年十二月《中共中央、国务院关于普及小学教育若干问题的决定》，力争一九九〇年前在我国除少数山高林深、人口特别稀少的地区外，基本普及初等教育。普及初等教育的规划和措施，要落实到县和区乡、社队。省、市、自治区应当参照教育部制定的基本要求，结合本地区实际情况，确定普及的具体标准。对已经达到普及标准的县（市、区），应由省、市、自治区检查验收，对普及工作成绩显著的地区、学校和个人，应予表彰奖励。

农村小学的办学形式要灵活多样。学制五年、六年并存，并可实行高低年级分段。要办一部分按教育部规定教学计划开课的全日制小学，特别是认真办好区、乡中心小学；也可办只开设语文、算术、常识、思想品德课的小学；还可以开办多种形式、主要学好语

① 《中共中央、国务院关于加强和改革农村学校教育若干问题的通知》，《中华人民共和国国务院公报》，1983 年 12 期。

文、算术的简易小学或教学班组，包括半日制、隔日制、巡回教学，等等。在人口稀少、居住很分散的少数民族地区，边远的山区、林区、牧区，除适当增加教学点外，还应办一些寄宿制学校。各类小学的教学内容，都要注意联系农村生产、生活的实际，考虑学生的接受能力和多数教师经过努力所能达到的水平，进行必要的调整和修改。高年级应适当增加农村应用知识和技能的内容。教学应讲究质量，注意学生的全面发展。教学方法要力求形象、生动，实效良好，条件允许时还要尽量运用现代化教育手段。

要积极创造条件，把农村没有读过或没有读完小学的十五岁以下少年儿童，吸收到学校中来。也可以采取灵活多样的形式，让他们较快地学完小学的主要课程，防止新文盲的产生。县、乡、社应对此作出规划。有条件的地区还应积极发展幼儿教育。

四、改革农村中等教育结构，发展职业技术教育，是振兴农村经济，加速农业现代化建设的一项战略措施。各地要根据本地区的实际需要与可能，统筹规划，有步骤地增加一批农业高中和其他职业学校。除在普通高中增设职业技术课，开办职业技术班，把一部分普通高中改办为农业中学或其他职业学校外，还要根据可能，新办一些各类职业学校。力争一九九〇年，农村各类职业技术学校在校学生数达到或略超过普通高中。农业中学和各类职业学校的毕业生，主要回农村参加工作，农村有关单位应优先从中择优录用，也可以对口升学。

农村各类职业学校要以教学为主。要把教学、生产劳动与科学技术的推广应用等活动密切结合起来。学习期限长短结合，一般为二、三年，也可以为一年。职业技术课的比重不少于百分之三十，也可以更大一些。农村应保持一定数量的普通高中（具体数字由各省、市、自治区确定），并切实办好。农村普通高中也要进行教学改革，开设必要的职业技术课和劳动课。

少数经济富庶、文化发达的地区可以适当发展，在普及初等教育的基础上，逐步普及初中。初中也要增设劳动技术课；或在三年级时，分为普通科和职业科；或试办农村初级职业中学，学习期限为三年或四年，文化课与职业技术课大致按三比一安排。

要重视对没有升学的高中、初中和小学的毕业生的职业技术教育，通过举办农民技术学校、短期培训、专题讲座等，使他们获得一技之长。

五、有关高等学校要为农村培养和输送专门人才，为农村各类学校培训师资。有关高等学校要加强农业科技的研究和推广工作，为农村提供更多的技术服务。

农、林、商、工等科院校在办好本科的同时，要注意发展专科。

改革高等学校的招生和毕业生分配制度，打开人才通向农村的路子。农村，包括林区、牧区、渔区、垦区的职业中学毕业生，报考专业对口的全日制高等学校，文化课要求可适当降低。报考专科的，可免试外语。在不影响国家计划的前提下，实行计划外的合同制招生。经省、市、自治区、中央有关部委的主管部门批准，由集体企事业单位、专业户同有关院校签定合同，采取推荐与统考相结合的办法，招收由集体负担学费和自缴学费的学生，毕业后回原地区、原单位工作。

中等专业学校的招生和毕业生分配制度，也要参照上述精神加以改革。今年可在少数学校或专业试行招收一部分农村学生，不包分配，毕业后仍回农村从事生产劳动及各项工作。中等专业学校增加这类招生任务所需的经费，可由当地政府酌情补贴。

六、建设一支稳定、合格的教师队伍，是办好农村学校的重要关键。必须及早抓好这项基本建设，教育投资要着重保证这方面的需要。

教育部应从速制定中小学教师的职称制度，在整顿教师队伍的基础上经过试点逐步推开。要采取措施，鼓励教师终生从事教育事业，由国家计委、财政部、劳动人事部会同教育部提出方案，先从小学教师开始，实行教龄津贴制度。为鼓励教师到农村，特别是到老、少、山、边、穷地区任教，除荣誉鼓励外，要适当增加生活补贴，还可保留城市户口，定期轮换。对坚持在上述地区任教二十年以上、业务水平高的教师，各地在可能条件下，还可给予某些特殊照顾。对民办教师应逐步实行社队统筹工资制，有条件的地区还应建立民办教师的福利基金。根据国家财力物力的状况，每年安排一定的劳动指标，在考核合格的民办教师中，转一部分为公办教师。

中小学教师和各级教育事业编制人员的管理、调配、自然减员的补充和高、中等师范院校毕业生的分配，应由县以上教育行政部门负责。要保证师范院校毕业生分配到中小学任教，不得任意截留。

要尽快把各类职业学校专业课教师队伍建设好。当前，可选调一部分科技人员担任专职或兼职教师；也可将部分教师经过培训，改任或兼任专业课教师；还可由学校教师与农村的能工巧匠结合起来进行教学。有关高等院校和中等专业学校，应分工承担农村职业教育的师资培训和教学辅导工作。还要从大专院校和中等专业学校分配一定比例的毕业生，到农村各类中等学校任教。

要加强师范教育，加强教师进修院校的建设。高等师范院校应适当放宽专业口径，增强对农村教育工作的适应性。有条件的高师院校，还要增设一些农村教育所急需的专业。

七、办好农村学校教育，要坚持“两条腿走路”的方针，通过多种渠道切实解决经费问题。中央和地方要逐年增加教育经费，厂矿、企业单位、农村合作组织都要集资办学，还应鼓励农民在自愿基础上集资办学和私人办学。财政部要拨出一笔专款，为少数民族和边境地区建设一两所师资培训中心。中央财政中所列的有关少数民族、边疆建设的几项补助费，地方都应规定一定比例用于教育事业。为推动农村职业技术教育的发展，改办和新办农业、职业中学，开办费由中央和地方财政或有关业务部门给予补助。

（下略）

中共中央关于教育体制改革的决定①

（1985年5月27日）

教育体制改革的根本目的是提高民族素质，多出人才、出好人才。要解决人才问题，就必须使教育事业在经济发展的基础上有一个大的发展。教育必须为社会主义建设服务，社会主义建设必须依靠教育。必须极大地提高全党对教育工作的认识，面向现代化、面向世界、面向未来，为九十年代以至下世纪初叶我国经济和社会发展，大规模地准备能够坚持社会主义方向的各级各类合格人才。

必须从教育体制入手，有系统地进行改革。改革管理体制，在加强宏观管理的同时，坚决实行简政放权；调整教育结构，相应地改革劳动人事制度。还要改革同社会主义现代化不相适应的教育思想、教育内容、教育方法。经过改革，使各级各类教育能够主动适应经济和社会发展的多方面需要。

实行九年制义务教育，关系民族素质提高和国家兴旺发达，要用最大的努力，积极地、有步骤地予以实施。由于我国幅员广大，经济文化发展很不平衡，义务教育的要求和内容应因地制宜，有所不同。

调整中等教育结构，大力发展职业技术教育。改革有关的劳动人事制度，实行“先培训，后就业”的原则。力争在五年左右，使大多数地区的各类高中阶段的职业技术学校招生数相当于普通高中的招生数。广大青少年一般应从中学阶段开始分流。逐步建立起一

① 《中共中央关于教育体制改革的决定》，《中华人民共和国国务院公报》，1985年15期。

个从初级到高级、行业配套、结构合理又能与普通教育相互沟通的职业技术教育体系。

当前高等教育体制改革的关键是改变政府对高等学校统得过多的管理体制，在国家统一的教育方针和计划指导下，扩大高等学校的办学自主权，加强高等学校同社会各方面的联系。改革大学招生的计划制度和毕业生分配制度，实行国家计划招生、用人单位委托招生和招收少数自费生三种办法。

在教育体制改革中，必须尊重教育工作的规律和特点，坚持实事求是，一切从实际出发。衡量任何学校工作的根本标准不是经济收益的多少，而是培养人才的数量和质量。改革教育体制要调动各方面的积极性，最重要的是要调动教师的积极性。学校逐步实行校长负责制。为了加强党和政府对教育工作的领导，成立国家教育委员会。各级党委和政府都要按照党的十二大的决策，把教育提到战略重点地位，把发展教育事业作为自己的主要任务之一。

一、教育体制改革的根本目的是提高民族素质，多出人才、出好人才

党的十二届三中全会关于经济体制改革的决定，为我国社会生产力的大发展，为我国社会主义物质文明和精神文明的大提高，开辟了广阔的道路。今后事情成败的一个重要关键在于人才，而要解决人才问题，就必须使教育事业在经济发展的基础上有一个大的发展。

教育必须为社会主义建设服务，社会主义建设必须依靠教育。社会主义现代化建设的宏伟任务，要求我们不但必须放手使用和努力提高现有的人才，而且必须极大地提高全党对教育工作的认识，面向现代化、面向世界、面向未来，为九十年代以至下世纪初叶我

国经济和社会的发展，大规模地准备新的能够坚持社会主义方向的各级各类合格人才。要造就数以亿计的工业、农业、商业等各行各业有文化、懂技术、业务熟练的劳动者。要造就数以千万计的具有现代科学技术和经营管理知识，具有开拓能力的厂长、经理、工程师、农艺师、经济师、会计师、统计师和其他经济、技术工作人员。还要造就数以千万计的能够适应现代科学文化发展和新技术革命要求的教育工作者、科学工作者、医务工作者、理论工作者、文化工作者、新闻和编辑出版工作者、法律工作者、外事工作者、军事工作者和各方面党政工作者。所有这些人才，都应该有理想、有道德、有文化、有纪律，热爱社会主义祖国和社会主义事业，具有为国家富强和人民富裕而艰苦奋斗的献身精神，都应该不断追求新知，具有实事求是、独立思考、勇于创造的科学精神。这就向我国教育事业的发展和教育体制的改革，提出了伟大而又艰巨的任务。

建国以来，我国教育事业的发展走过了曲折的道路。经过解放初期的接管改造和以高等学校院系调整为中心的教育改革，我们把旧中国的半殖民地半封建教育事业转变成为社会主义教育事业。三十几年来，依靠广大教育工作者的辛勤努力，教育事业取得了中国历史上从来没有过的巨大的发展，成绩是显著的。今天战斗在我国各条战线上的广大有文化的劳动者和各方面工作的骨干力量，绝大部分都是建国以后培养出来的。但是，另一方面，从五十年代后期开始，由于全党工作重点一直没有转移到经济建设上来，由于“阶级斗争为纲”的“左”的思想的影响，教育事业不但长期没有放到应有的重要地位，而且受到“左”的政治运动的频繁冲击。“文化大革命”更使这种“左”的错误走到否定知识、取消教育的极端，从而使教育事业遭到严重破坏，广大教育工作者遭受严重摧残，耽误了整整一代青少年的成长，并且使我国教育事业同世界发达国家之间在许多方面本来已经缩小的差距又拉大起来。

十一届三中全会以后，经过指导思想的拨乱反正，党中央对教育工作做出了一系列新的论断和决策，我国教育事业得到了恢复，开始走上了蓬勃发展的道路。但是，轻视教育、轻视知识、轻视人才的错误思想仍然存在，教育工作方面的“左”的思想影响还没有完全克服，教育工作不适应社会主义现代化建设需要的局面还没有根本扭转。特别是面对着我国对外开放、对内搞活，经济体制改革全面展开的形势，面对着世界范围的新技术革命正在兴起的形势，我国教育事业的落后和教育体制的弊端就更加突出了。现在的主要问题是：

（一）在教育事业管理权限的划分上，政府有关部门对学校主要是对高等学校统得过死，使学校缺乏应有的活力；而政府应该加以管理的事情，又没有很好地管起来。

（二）在教育结构上，基础教育薄弱，学校数量不足、质量不高、合格的师资和必要的设备严重缺乏，经济建设大量急需的职业和技术教育没有得到应有的发展，高等教育内部的科系、层次比例失调。

（三）在教育思想、教育内容、教育方法上，从小培养学生独立生活和思考的能力很不够，发扬立志为祖国富强而献身的精神很不够，生动活泼地用马克思主义思想教育学生很不够，不少课程内容陈旧，教学方法死板，实践环节不被重视，专业设置过于狭窄，不同程度地脱离了经济和社会发展的需要，落后于当代科学文化的发展。

中央认为，要从根本上改变这种状况，必须从教育体制入手，有系统地进行改革。改革管理体制，在加强宏观管理的同时，坚决实行简政放权，扩大学校的办学自主权；调整教育结构，相应地改革劳动人事制度。还要改革同社会主义现代化不相适应的教育思想、教育内容、教育方法。经过改革，要开创教育工作的新局面，使基础教育得到切实的加强，职业技术教育得到广泛的发展，高等学校的潜力和活力得到充分的发挥，学校教育和学校外、学校后的教育并举，各级各类教育能够主动适应经济和社会发展的多方面需要。

发展教育事业不增加投资是不行的。在今后一定时期内，中央和地方政府的教育拨款的增长要高于财政经常性收入的增长，并使按在校学生人数平均的教育费用逐步增长。现在，各级都有一些领导干部，宁肯把钱花在并非必要的方面，对于各种严重浪费也不感到痛心，唯独不肯为发展教育而花一点钱，这种状况必须改变。但是同时必须认识，国家对教育的投资毕竟要受经济发展水平的制约，当前办学经费困难和教师待遇较低的状况只能逐步改善。因此，现在的问题就是如何在有限的财力物力条件下，把教育搞上去，满足社会主义现代化建设的迫切需要。这就要求我们通过改革来更好地调动各级政府、广大师生员工和社会各方面的积极性，团结一致，同心同德，多想办法，发挥各方面的潜力，使教育事业一年比一年更好地向前发展。要下真功夫，才能做到这一点。全党同志和全国人民应该为此而努力。

二、把发展基础教育的责任交给地方，有步骤地实行九年制义务教育

实行九年制义务教育，实行基础教育由地方负责、分级管理的原则，是发展我国教育事业、改革我国教育体制的基础一环。义务教育，即依法律规定适龄儿童和青少年都必须接受，国家、社会、家庭必须予以保证的国民教育，为现代生产发展和现代社会生活所必需，是现代文明的一个标志。我国基础教育还很落后，这同我国人民建设富强、民主、文明的现代化社会主义国家的迫切要求之间，存在着尖锐矛盾，决不能任其继续。现在，我们完全有必要也有可能把实行九年制义务教育当作关系民族素质提高和国家兴旺发达的一件大事，突出地提出来，动员全党、全社会和全国各族人民，用最大的努力，积极地、有步骤地予以实施。为此，需要制订义务教育法，经全国人民代表大会审议通过后颁行。

由于我国幅员广大，经济文化发展得不平衡，义务教育的要求和内容应该因地制宜，有所不同。全国可以大致划分为三类地区：

一是约占全国人口四分之一的城市、沿海各省中的经济发达地区和内地少数发达地区。在这类地区，相当一部分已经普及初级中学，其余部分应该抓紧按质按量普及初级中学，在1990年左右完成。

二是约占全国人口一半的中等发展程度的镇和农村。在这类地区，首先抓紧按质按量普及小学教育，同时积极准备条件，在1995年左右普及初中阶段的普通教育或职业和技术教育。

三是约占全国人口四分之一的经济落后地区。在这类地区，要随着经济的发展，采取各种形式积极进行不同程度的普及基础教育工作。对这类地区教育的发展，国家尽力给予支援。

国家还要帮助少数民族地区加速发展教育事业。

地方各级人民代表大会根据本地区的情况，制订本地区的义务教育条例，确定本地区推行九年制义务教育的步骤、办法和年限。

在实行九年制义务教育的同时，还要努力发展幼儿教育，发展盲、聋、哑、残人和弱智儿童的特殊教育。

建立一支有足够数量的、合格而稳定的师资队伍，是实行义务教育、提高基础教育水平的根本大计。为此，要采取特定的措施提高中小学教师和幼儿教师的社会地位和生活待遇，鼓励他们终身从事教育事业。与此同时，必须对现有的教师进行认真的培训和考核，把发展师范教育和培训在职教师作为发展教育事业的战略措施。要大力提倡和鼓励教师密切结合教学进行自学和互教；要为在职教师举办函授和广播电视讲座；要切实办好教师进修院校，并且利用现有设施，分期分批轮训教师；还要有计划地动员、挑选和组织高等学校的一部分教员和高年级学生、研究机构的一部分研究人员和党政机关的一部分具备条件的干部，参加帮助培训中小学教师的工作。总之，要争取在五年或者更长一点的时间内使绝大多数教师能够胜任教学工作。在此之后，只有具备合格学历或有考核合格证书的，才能担任教师。从幼儿师范到高等师范的各级师范教育，都必须大力发展和加强。师范院校要坚持为初等和中等教育服务的办学思想，毕业生都要分配到学校任教，其他高等学校毕业生也应有一部分分配到学校任教。任何机关、单位不得抽调中小学合格教师改任其他工作。

基础教育管理权属于地方。除大政方针和宏观规划由中央决定外，具体政策、制度、计划的制定和实施，以及对学校的领导、管理和检查，责任和权力都交给地方。省、市（地）、县、乡分级管理的职责如何划分，由省、自治区、直辖市决定。为了保证地方发展教育事业，除了国家拨款以外，地方机动财力中应有适当比例用于教育，乡财政收入应主要用于教育。地方可以征收教育费附加，此项收入首先用于改善基础教育的教学设施，不得挪作他用。地方要鼓励和指导国营企业、社会团体和个人办学，并在自愿的基础上，鼓励单位、集体和个人捐资助学，但不得强迫摊派。同时严格控制各方面向学校征收费用，减轻学校的经济负担。

三、调整中等教育结构，大力发展职业技术教育

社会主义现代化建设不但需要高级科学技术专家，而且迫切需要千百万受过良好职业技术教育的中、初级技术人员、管理人员、技工和其他受过良好职业培训的城乡劳动者。没有这样一支劳动技术大军，先进的科学技术和先进的设备就不能成为现实的社会生产力。但是，职业技术教育恰恰是当前我国整个教育事业最薄弱的环节。一定要采取切实有效的措施改变这种状况，力争职业技术教育有一个大的发展。

职业技术教育问题已经强调多年，局面没有真正打开，重要原因在于长期以来对就业者的政治文化技术准备缺乏应有的要求，在于历史遗留的鄙薄职业技术教育的陈腐观念根深蒂固。因此，要在全党和全社会进行教育，树立行行光荣、行行出状元的观念，树立劳动就业必须有一定的政治、文化和技能准备的观念，并且在改革教育体制的同时改革有关的劳动人事制度，实行“先培训，后就业”的原则。今后各单位招工，必须首先从各种职业技术学校毕业生中择优录取。一切从业人员，首先是专业性技术性较强行业的从业人员，都要像汽车司机经过考试合格取得驾驶证才许开车那样，必须取得考核合格证书才能走上工作岗位。有关部门应该制定法规，逐步实行这种制度。

根据大力发展职业技术教育的要求，我国广大青少年一般应从中学阶段开始分流：初中毕业生一部分升入普通高中，一部分接受高中阶段的职业技术教育；高中毕业生一部分升入普通大学，一部分接受高等职业技术教育。在小学毕业后接受过初中阶段的职业技术教育的，可以就业，也可以升学。凡是没有升入普通高中、普通大学和职业技术学校的学生，可以经过短期职业技术培训，然后就业。要充分发掘现有中等专业学校和技工学校的潜力，扩大招生，并且有计划地将一批普通高中改为职业高中，或者增设职业班，加上新办的这类学校，力争在五年左右，使大多数地区的各类高中阶段的职业技术学校招生数相当于普通高中的招生数，扭转目前中等教育结构不合理的状况。

发展职业技术教育要以中等职业技术教育为重点，发挥中等专业学校的骨干作用，同时积极发展高等职业技术院校，优先对口招收中等职业技术学校毕业生以及有本专业实践经验、成绩合格的在职人员入学，逐步建立起一个从初级到高级、行业配套、结构合理又能与普通教育相互沟通的职业技术教育体系。

中等职业技术教育要同经济和社会发展的需要密切结合起来，在城市要适应提高企业的技术、管理水平和发展第三产业的需要，在农村要适应调整产业结构和农民劳动致富的需要。要着重职业技能的训练，训练的范围不要太窄，基础教育也要适当配合，以适应长期广泛就业、进行技术革新和继续进修的需要；同时还要重视职业道德和职业纪律的教育。

发展职业技术教育，要充分调动企事业单位和业务部门的积极性，并且鼓励集体、个人和其他社会力量办学。要提倡各单位和部门自办、联办或与教育部门合办各种职业技术学校。这些学校除了为本单位和部门培训人才外，还可以接受委托为其他单位培训人才并招收自费学生。

师资严重不足，是当前发展中等职业技术教育的突出矛盾。各单位和部门办的学校，要首先依靠自身力量解决专业技术师资问题，同时可以聘请外单位的教师、科学技术人员兼任教师，还可以请专业技师、能工巧匠来传授技艺。要建立若干职业技术师范院校，有关大专院校、研究机构都要担负培训职业技术教育师资的任务，使专业师资有一个稳定的来源。中等职业技术教育主要由地方负责。中央各部门办的这类学校，地方也要予以协调和配合。

四、改革高等学校的招生计划和毕业生分配制度，扩大高等学校办学自主权

高等学校担负着培养高级专门人才和发展科学技术文化的重大任务。我国高等教育发展的战略目标是：到本世纪末，建成科类齐全，层次、比例合理的体系，总规模达到与我国经济实力相当的水平；高级专门人才的培养基本上立足于国内；能为自主地进行科学技术开发和解决社会主义现代化建设中重大理论问题和实际问题作出较大贡献。为了实现这个目标，当前高等教育体制改革的关键，就是改变政府对高等学校统得过多的管理体制，在国家统一的教育方针和计划的指导下，扩大高等学校的办学自主权，加强高等学校同生产、科研和社会其他各方面的联系，使高等学校具有主动适应经济和社会发展需要的积极性和能力。

要改革大学招生的计划制度和毕业生分配制度。改变高等学校全部按国家计划统一招生，毕业生全部由国家包下来分配的办法，实行以下三种办法：

（一）国家计划招生。要做好发展高等教育的总体规划和人才需求的中长期预测，切实改进招生计划工作，努力克服招生计划同国家远期和近期需要脱节的状况。这部分学生的毕业分配，实行在国家计划指导下，由本人选报志愿、学校推荐、用人单位择优录用的制度。为了保证边远地区及工作环境比较艰苦的行业能分配到一定数量的毕业生，应按国家招生计划的一定比例实行定向招生，到这些地方工作的毕业生待遇从优。为了保证国防的需要，要为人民解放军培养一定数量的毕业生。

（二）用人单位委托招生。为了鼓励学校挖掘潜力多招学生，为了更好满足社会对人才的需求，近年来行之有效的用人单位委托学校培养学生的制度，要继续推行和逐步扩大，使之成为国家招生计划的重要补充。委托单位要按议定的合同向学校交纳一定数量的培养费，毕业生应按合同规定到委托单位工作。

（三）还可以在国家计划外招收少数自费生。学生应交纳一定数量的培养费，毕业后可以由学校推荐就业，也可以自谋职业。

不论哪类学生，都必须经过国家考试合格，由学校录取。

要改革人民助学金制度。师范和一些毕业后工作环境特别艰苦的专业的学生，国家供给膳宿并免收学杂费。对学习成绩优异的学生实行奖学金制度，对确有经济困难的学生给以必要的补助。现已在校的学生，仍按原来的规定办理。

要扩大高等学校的办学自主权。在执行国家的政策、法令、计划的前提下，高等学校有权在计划外接受委托培养学生和招收自费生；有权调整专业的服务方向，制订教学计划和教学大纲，编写和选用教材；有权接受委托或与外单位合作，进行科学研究和技术开发，建立教学、科研、生产联合体；有权提名任免副校长和任免其他各级干部；有权具体安排国家拨发的基建投资和经费；有权利用自筹资金，开展国际的教育和学术交流，等等。对不同的高等学校，国家还可以根据情况，赋予其他的权力。与此同时，国家及其教育管理部门要加强对高等教育的宏观指导和管理。教育管理部门还要组织教育界、知识界和用人部门定期对高等学校的办学水平进行评估，对成绩卓著的学校给予荣誉和物质上的重点支持，办得不好的学校要整顿以至停办。

为了调动各级政府办学的积极性，实行中央、省（自治区、直辖市）、中心城市三级办学的体制。中央部门和地方办的高等学校，要优先满足主办部门和地方培养人才的需要，同时要发挥潜力，接受委托，为其他部门和单位培养学生，积极倡导部门、地方之间联合办学。

高等教育的结构，要根据经济建设、社会发展和科技进步的需要进行调整和改革。改变高等教育科类比例不合理的状况，加快财经、政法、管理等类薄弱系科和专业的发展，扶持新兴、边缘学科的成长。改变专科、本科比例不合理的状况，着重加快高等专科教育的发展。大学本科主要通过改革、扩建和各种形式的联合，充分发挥潜力，近期内一般不建新校。

要根据中央关于科学技术体制改革的决定，发挥高等学校学科门类比较齐全，拥有众多教师、研究生和高年级学生的优势，使高等学校在发展科学技术方面做出更大贡献。为了增强科学研究的能力，培养高质量的专门人才，要改进和完善研究生培养制度，并且根据同行评议、择优扶植的原则，有计划地建设一批重点学科。重点学科比较集中的学校，将自然形成既是教育中心，又是科学研究中心。

在高等教育体制改革的同时，按照理论联系实际的原则，在辩证唯物主义和历史唯物主义的思想指导下，改革教学内容，教学方法、教学制度，提高教学质量，是一项十分重要而迫切的任务。要针对现存的弊端，积极进行教学改革的各种试验，例如改变专业过于狭窄的状况，精简和更新教学内容，增加实践环节，减少必修课，增加选修课，实行学分制和双学位制，增加自学时间和课外学习活动，有指导地开展勤工助学活动等等。为了提高教师的教学和学术水平，有条件的学校，教学任务较重的副教授以上的教师今后每五年中应有一年时间供他们专门用来进修、从事科学研究和进行学术交流。要尽可能改善教学的物质条件，增添现代化的教学手段，更新和充实试验室、图书馆。

高等学校后勤服务工作的改革，对于保证教育改革的顺利进行，极为重要。改革的方向是实行社会化。学校所在地方的党政领导机关要把解决好这个问题的责任担当起来。

五、加强领导，调动各方面积极因素，保证教育体制改革的顺利进行

在教育体制改革中，必须尊重教育工作的规律和特点，坚持实事求是，一切从实际出发。大政方针必须集中统一，具体办法应该灵活多样，决不可一哄而起，强制推行。改革既要坚决，又要谨慎，注重试验。涉及全局和广大范围的改革措施，要经上级批准。

在整个教育体制改革的过程中，必须牢牢记住改革的根本目的是提高民族素质，多出人才、出好人才。衡量任何学校工作的根本标准不是经济收益的多少，而是培养人才的数量和质量。紧紧掌握这一条，改革就不会迷失方向。

为了加强党和政府对教育工作的领导，成立国家教育委员会，负责掌握教育的大政方针，统筹整个教育事业的发展，协调各部门有关教育的工作，统一部署和指导教育体制的改革。在简政放权的同时，必须加强教育立法工作。今后地方发展教育事业的权力和责任更大了，各级党委和政府都要按照党的十二大的决策，把教育摆到战略重点的地位，把发展教育事业作为自己的主要任务之一，上级考查下级都要以此作为考绩的主要内容之一。应该特别指出，农村实行农业生产责任制以后，党的农村基层组织应该把更多的精力放到党员和群众的思想政治教育和文化技术教育上来，放到办好本村本乡的教育事业上来。中央认为，在新的经济和教育体制之下，各地将有充分的可能发挥自己的经济和文化潜力，加快教育事业的发展。不仅要承认全国各省市区之间经济文化发展的不平衡性，而且要承认在一个省、一个市、一个县范围内的发展也是不平衡的，所以必须鼓励一部分地区先发展起来，同时鼓励先发展起来的地区帮助后进地区，达到共同的提高。

改革教育体制要调动各方面的积极性，最重要的是要调动教师的积极性。我国已有近千万人的教师队伍，长时间来，他们中的绝大多数人，无论生活如何清苦，无论经历什么政治风雨，都始终不渝地坚信党、热爱社会主义祖国、忠于人民的教育事业，不愧为人师表。在教育体制改革中，必须紧紧地依靠教师，认真听取他们的意见，充分发挥他们的作用，有关学校自身的重大改革都必须经过教师充分讨论。随着国民经济的发展和国家财力的增强，各级政府和有关部门今后每年都要为教师切实地解决一些问题。要在全社会范围内，大力树立和发扬尊重各级各类教师的良好风尚，使教师工作成为最受人尊重的职业之一。在改革中还要充分注意调动学校思想政治工作人员、行政管理人员、后勤工作人员和其他工作人员的积极性。要根据他们的劳绩和贡献，给予合理的待遇和应有的鼓励。

学校逐步实行校长负责制，有条件的学校要设立由校长主持的、人数不多的、有威信的校务委员会，作为审议机构。要建立和健全以教师为主体的教职工代表大会制度，加强民主管理和民主监督。学校中的党组织要从过去那种包揽一切的状态中解脱出来，把自己的精力集中到加强党的建设和加强思想政治工作上来；要团结广大师生，大力支持校长履行职权，保证和监督党的各项方针政策的落实和国家教育计划的实现；要坚持用马克思主义教育广大师生，激励他们立志为祖国的富强奋勇进取、建功立业，保证学生德智体的全面发展，使学校真正成为抵御资本主义和其他腐朽思想的侵蚀，建设社会主义精神文明的坚强阵地。

要动员和教育全党、全社会和全国人民关心和支持教育体制改革，发展教育事业。鼓励各民主党派、人民团体、社会组织、离休退休干部和知识分子、集体经济单位和个人，遵照党和政府的方针政策，采取多种形式和办法，积极地自愿地为发展教育贡献力量。

教育体制改革要总结我们自己历史的和现实的经验，同时也要注意借鉴国外发展教育事业的正反两方面的经验。特别是在新技术革命条件下，一系列新的科学技术成果的产生，新的科学技术领域的开辟，以及新的信息传递手段和认识工具的出现，对教育产生了重大的影响，发达国家在这方面的经验尤其值得注意。要通过各种可能的途径，加强对外交流，使我们的教育事业建立在当代世界文明成果的基础之上。

本决定着重解决的是学校教育体制改革的问题。有关干部、职工、农民的成人教育和广播电视教育是我国教育事业极为重要的组成部分，国家教育委员会应就改进和加强这方面工作，作出专门的决定。

军事系统学校的改革问题，由中央军委决定。

中央相信，只要各级党委和政府加强领导，坚持正确方针，经过全党、全社会和全国各族人民的共同努力，教育体制改革必将获得成功，具有中国特色的社会主义教育事业必将空前繁荣，从而强有力地推动我国的社会主义现代化建设，把全民族的文化科学素质和精神境界提高到一个崭新的水平。

中国教育改革和发展纲要①

（中共中央 国务院）

（1993 年 2 月 13 日）

中国共产党第十四次全国代表大会在建设有中国特色社会主义理论的指导下，确定了九十年代我国改革和建设的主要任务，明确提出“必须把教育摆在优先发展的战略地位，努力提高全民族的思想道德和科学文化水平，这是实现我国现代化的根本大计”。为了实现党的十四大所确定的战略任务，指导九十年代乃至下世纪初教育的改革和发展，使教育更好地为社会主义现代化建设服务，特制定本纲要。

一、教育面临的形势和任务

（1）当前，我国改革开放和现代化建设事业进入了一个新阶段。建立社会主义市场经济体制，加快改革开放和现代化建设步伐，进一步解放和发展生产力，使国民经济整体素质和综合国力都迈上一个新台阶。这对教育工作既是难得的机遇，又提出了新的任务和要求。在新的形势下，教育工作的任务是：遵循党的十四大精神，以建设有中国特色的社会主义理论为指导，坚持党的基本路线，全面贯彻教育方针，面向现代化，面向世界，面向未来，加快教育的改革和发展，进一步提高劳动者素质，培养大批人才，建立适应社会主义市场经济体制和政治、科技体制改革需要的教育体

① 《中共中央 国务院关于印发〈中国教育改革和发展纲要〉的通知》，《中华人民共和国国务院公报》，1993 年 04 期。

制，更好地为社会主义现代化建设服务。

（2）建国四十多年来，我国教育工作取得了显著成就。社会主义教育制度已经基本确立；教育事业有了很大发展，为社会主义建设培养了大批人才；形成了上千万人的教师队伍；办学的物质条件程度不同地有所改善。特别是党的十一届三中全会以来，教育改革逐步展开；九年义务教育开始有计划、分阶段地实施，全国已有百分之九十一人口的地区普及了小学教育；职业和技术教育得到相当程度的发展，中等职业技术学校招生和在校学生人数占高中阶段学生人数的比例，均已超过百分之五十，改变了中等教育结构单一化的局面；高等教育发展较快，普通高等学校和成人高等学校在校学生已达到376万人，初步形成了多种层次、多种形式、学科门类基本齐全的体系；形式多样的成人教育和民族教育也得到很大发展；农村基础教育实行地方负责、分级管理的体制取得了明显效果，教育同科技、农业的统筹结合开始显示出生命力；涌现出一批尊师重教并取得较大成绩的地区、部门和单位。国际教育交流和合作也得到广泛开展。我国教育工作取得的成就，是坚持改革开放的结果，体现了社会主义制度的优越性，是我国教育进一步改革和发展的基础。

同时，必须看到，我国教育在总体上还比较落后，不能适应加快改革开放和现代化建设的需要。教育的战略地位在实际工作中还没有完全落实；教育投入不足，教师待遇偏低，办学条件较差；教育思想、教学内容和教学方法程度不同地脱离实际；学校思想政治工作还需要进一步加强和改进；教育体制和运行机制不适应日益深化的经济、政治、科技体制改革的需要。对教育工作中存在的这些问题，必须随着经济的发展和改革的深化，认真加以解决。

（3）四十多年来，我国教育经历了曲折的发展历程，为发展社会主义教育事业积累了宝贵经验，初步明确了建设有中国特色社会主义教育体系的主要原则：第一，教育是社会主义现代化建设的基础，必须坚持把教育摆在优先发展的战略地位。第二，必须坚持党对教育工作的领导，坚持教育的社会主义方向，培养德智体全面发展的建设者和接班人。第三，必须坚持教育为社会主义现代化建设服务，与生产劳动相结合，自觉地服从和服务于经济建设这个中心，促进社会的全面进步。第四，必须坚持教育的改革开放，努力改革教育体制、教育结构、教学内容和方法，大胆吸收和借鉴人类社会的一切文明成果，勇于创新，敢于试验，不断发展和完善社会主义教育制度。第五，必须全面贯彻党和国家的教育方针，遵循教育规律，全面提高教育质量和办学效益。第六，必须依靠广大教师，不断提高教师政治和业务素质，努力改善他们的工作、学习和生活条件。第七，必须充分发挥各级政府、社会各方面和人民群众的办学积极性，坚持以财政拨款为主、多渠道筹措教育经费。第八，必须从我国国情出发，根据统一性和多样性相结合的原则，实行多种形式办学，培养多种规格人才，走出符合我国和各地区实际的发展教育的路子。这些主要原则，需要在今后的实践中进一步丰富和发展。

（4）邓小平同志指出，实现四个现代化，科学技术是关键，基础在教育。为了完成党的十四大确定的九十年代的主要任务，必须把经济建设转到依靠科技进步和提高劳动者素质的轨道上来。我国企业经济效益低、产品缺乏竞争能力的状况之所以长期得不到改变，农业科学技术之所以得不到普遍推广，宝贵的资源和生态环境之所以不能得到充分利用和保护，人口增长之所以不能得到有效的控制，一些不良的社会风气之所以屡禁不止，原因固然很多，但一个重要的原因是劳动者素质低。发展教育事业，提高全民族的素质，把沉重的人口负担转化为人力资源优势，这是我国实现社会主义现代化的一条必由之路。

当今世界政治风云变幻，国际竞争日趋激烈，科学技术发展迅速，世界范围的经济竞争、综合国力竞争，实质上是科学技术的竞争和民族素质的竞争。从这个意义上说，谁掌握了面向二十一世纪的教育，谁就能在二十一世纪的国际竞争中处于战略主动地位。为此，必须高瞻远瞩，及早筹划我国教育事业的大计，迎接二十一世纪的挑战。

面对加快改革开放和现代化建设的新形势，各级政府、广大教育工作者和全社会，必须对教育的改革和发展具有紧迫感，真正树立社会主义建设必须依靠教育和“百年大计，教育为本”的思想，采取切实有力措施，落实教育的战略地位，加快教育的改革和发展，开创教育事业的新局面。

二、教育事业发展的目标、战略和指导方针

（5）根据我国社会主义现代化建设“三步走”的战略部署，到本世纪末，我国教育发展的总目标是：全民受教育水平有明显提高；城乡劳动者的职前、职后教育有较大发展；各类专门人才的拥用量基本满足现代化建设的需要；形成具有中国特色的、面向二十一世纪的社会主义教育体系的基本框架。再经过几十年的努力，建立起比较成熟和完善的社会主义教育体系，实现教育的现代化。

九十年代，在保证必要的教育投入和办学条件的前提下，各级各类教育发展的具体目标是：

——全国基本普及九年义务教育（包括初中阶段的职业技术教

育）；大城市市区和沿海经济发达地区积极普及高中阶段教育。大中城市基本满足幼儿接受教育的要求，广大农村积极发展学前一年教育。

——高中阶段职业技术学校在校学生人数有较大幅度的增加，未升学的初中和高中毕业生普遍接受不同年限的职业技术培训，使城乡新增劳动力上岗前都能得到必需的职业技术训练。

——高等学校培养的专门人才适应经济、科技和社会发展的需求，集中力量办好一批重点大学和重点学科，高层次专门人才的培养基本上立足于国内，教育质量、科学技术水平和办学效益有明显提高。

——全国基本扫除青壮年文盲，使青壮年中的文盲率降到百分之五以下。通过岗位培训、继续教育和在职学历教育，提高广大从业人员的思想文化素质和职业技能。

各地区、各部门根据实际情况，制定本地区本行业的分阶段教育发展目标和任务。

（6）为了实现上述目标，应采取深化教育改革，坚持协调发展，增加教育投入，提高教师素质，提高教育质量，注重办学效益，实行分区规划，加强社会参与的战略。

——在教育事业发展上，不仅教育的规模要有较大发展，而且要把教育质量和办学效益提高到一个新的水平。

——在结构选择上，以九年义务教育为基础，大力加强基础教育，积极发展职业技术教育、成人教育和高等教育，把提高劳动者素质，培养初、中级人才摆到突出的位置。

——在地区发展格局上，从各地经济、文化发展不平衡的实际出发，因地制宜，分类指导。鼓励经济、文化发达地区率先达到中等发达国家八十年代末的教育发展水平，积极支持贫困地区和民族地区发展教育。

（7）基础教育是提高民族素质的奠基工程，必须大力加强。各级政府要认真贯彻执行《中华人民共和国义务教育法》及其实施细则，以积极进取的精神，从本地区的实际出发，把普及九年义务教育的目标落到实处。要建立检查、监督和奖惩制度，确保义务教育法的贯彻执行。政府、社会、家长要认真履行自己的义务，保证适龄儿童入学，制止学生的辍学。对招用学龄儿童和少年就业的组织和个人，必须坚决依法制裁。

发展基础教育，必须继续改善办学条件，逐步实现标准化。中小学要由“应试教育”转向全面提高国民素质的轨道，面向全体学生，全面提高学生的思想道德、文化科学、劳动技能和身体心理素质，促进学生生动活泼地发展，办出各自的特色。普通高中的办学体制和办学模式要多样化。

（8）职业技术教育是现代教育的重要组成部分，是工业化和生产社会化、现代化的重要支柱。各级政府要高度重视，统筹规划，贯彻积极发展的方针，充分调动各部门、企事业单位和社会各界的积极性，形成全社会兴办多形式、多层次职业技术教育的局面。到本世纪末，中心城市的行业和每个县，都应当办好一、两所示范性骨干学校或培训中心，同大量形式多样的短期培训相结合，形成职业技术教育的网络。

发展职业技术教育要与当地经济发展的需要相适应。基本普及九年义务教育的地区，应以发展初中后职业技术教育为重点；尚未普及九年义务教育的地区，对不能升入初中的小学毕业生应实行职业技术培训；各地要积极发展多样化的高中后教育，对未升入高等学校的普通高中毕业生进行职业技术培训。普通中学也要分别不同情况，适当开设职业技术教育课程。

各级各类职业技术学校都要主动适应当地建设和社会主义市场经济的需要。要在政府的指导下，提倡联合办学，走产教结合的路子，更多地利用贷款发展校办产业，增强学校自我发展的能力，逐步做到以厂（场）养校。

要认真实行“先培训、后就业”的制度。优先录用经过职业技术教育和培训的学生就业，专业性、技术性较强的岗位，应在获得岗位资格证书后上岗。对未经培训已就业的，要进行岗前培训。

（9）高等教育担负着培养高级专门人才、发展科学技术文化和促进现代化建设的重大任务。九十年代，高等教育要适应加快改革开放和现代化建设的需要，积极探索发展的新路子，使规模有较大发展，结构更加合理，质量和效益明显提高。

高等教育的发展，要坚持走内涵发展为主的道路，努力提高办学效益。要区别不同地区、科类和学校，确定发展目标和重点。制订高等学校分类标准和相应的政策措施，使各种类型的学校合理分工，在各自的层次上办出特色。要大力加强和发展地区性的专科教育，特别注重发展面向广大农村、中小企业、乡镇企业和第三产业的专科教育，努力扩大研究生的培养数量。要基本稳定基础学科的规模，适当发展新兴和边缘学科，重点发展应用学科。为了迎接世界新技术革命的挑战，要集中中央和地方等各方面的力量办好 100 所左右重点大学和一批重点学科、专业，力争在下世纪初，有一批高等学校和学科、专业，在教育质量、科学研究和管理方面，达到世界较高水平。

高等学校科学技术工作要认真贯彻国家对科学技术工作的方

针，坚持“科学技术是第一生产力”的思想，坚持面向经济建设，坚持同教学相结合。要根据不同条件，大力开展技术开发、推广应用和咨询服务，兴办科技产业，使科技成果尽快转化为现实生产力。要加强基础科学和应用科学的研究，组织精干力量承担国家科技攻关项目和发展高新技术任务。要有计划地建成一批国家重点实验室和工程研究中心，促进相关学科的科研水平进入世界先进行列。

哲学社会科学的教学与科学研究，必须以马克思主义和建设有中国特色社会主义的理论为指导，紧密联系实际，努力研究和解决社会主义现代化建设中的理论和实际问题，为繁荣哲学社会科学，建设有中国特色的社会主义作出贡献。

（10）成人教育是传统学校教育向终生教育发展的一种新型教育制度，对不断提高全民族素质，促进经济和社会发展具有重要作用。九十年代，要适应经济建设、社会发展和从业人员的实际需要，积极发展。要本着学用结合、按需施教和注重实效的原则，把大力开展岗位培训和继续教育作为重点，重视从业人员的知识更新。国家建立和完善岗位培训制度、证书制度、资格考试和考核制度、继续教育制度。

大力发展农村成人教育，积极办好乡镇成人文化技术学校，全面提高农村从业人员的素质。抓紧扫除青壮年文盲，坚持标准，讲求实效，把文化教育和职业技术教育结合起来。各级政府要增加扫盲拨款，设立社会扫盲基金，并加强领导，把扫盲任务落实到乡、村。

成人学历教育要加强和普通学校的联系与合作，努力体现成人教育的特色，注重提高质量。不具备颁发学历文凭资格的各种成人教育机构，可以发给毕业生写实性学习证书；毕业生要取得国家承认的学历文凭，可以参加国家组织的文凭考试或自学考试。要完善和发展自学考试制度，鼓励自学成才。

（11）重视和扶持少数民族教育事业。中央和地方要逐步增加少数民族教育经费。对有特殊困难的少数民族地区，要采取倾斜政策和措施。在国家安排的少数民族地区各项补助费及其他扶贫资金中，要划出一定比例的经费用于发展民族教育。对志愿到边疆少数民族地区工作的大中专毕业生的待遇，各地要制订优惠政策。认真组织和落实内地省、市对民族地区教育的对口支援。各民族地区要积极探索适合当地实际的发展教育的路子。

（12）重视和支持残疾人教育事业。各级政府要把残疾人教育作为教育事业的组成部分，采取单独举办残疾人学校或普通学校招收残疾人入学等多种形式，发展残疾人教育事业。逐步增加特殊教育经费，并鼓励社会力量办学、捐资助学。要对残疾人学校及其校办产业给予扶持和优惠。

（13）积极发展广播电视教育和学校电化教学，推广运用现代化教学手段。要抓好教育卫星电视接收和播放网点的建设，到本世纪末，基本建成全国电教网络，覆盖大多数乡镇和边远地区。

（14）进一步扩大教育对外开放，加强国家教育交流与合作，大胆吸收和借鉴世界各国发展和管理教育的成功经验。出国留学人员是国家的宝贵财富，国家要给予重视和信任。根据“支持留学，鼓励回国，来去自由”的方针，继续扩大派遣留学生；认真贯彻国家关于在外留学人员的有关规定，支持留学人员在外学习研究，鼓励他们学成归来，或采用多种方式为祖国社会主义现代化建设作出贡献。改革来华留学生的招生和管理办法，加强我国高等学校同外国高等学校的交流与合作，开展与国外学校或专家联合培养人才、联合进行科学研究。大力加强对外汉语教学工作。

三、教育体制改革

（15）党的十四大确定我国经济体制改革的目标是建立社会主义市场经济体制。在九十年代，随着经济体制、政治体制和科技体制改革的深化，教育体制改革要采取综合配套、分步推进的方针，加快步伐，改革包得过多、统得过死的体制，初步建立起与社会主义市场经济体制和政治体制、科技体制改革相适应的教育新体制。只有这样，才能增强主动适应经济和社会发展的活力，走出教育发展的新路子，为建立具有中国特色的社会主义教育体系奠定基础。教育体制改革要有利于坚持教育的社会主义方向，培养德智体全面发展的建设者和接班人；有利于调动各级政府、全社会和广大师生员工的积极性，提高教育质量、科研水平和办学效益；有利于促进教育更好地为社会主义现代化建设服务。

（16）改革办学体制。改变政府包揽办学的格局，逐步建立以政府办学为主体、社会各界共同办学的体制。在现阶段，基础教育应以地方政府办学为主；高等教育要逐步形成以中央、省（自治区、直辖市）两级政府办学为主、社会各界参与办学的新格局；职业技术教育和成人教育主要依靠行业、企业、事业单位办学和社会各方面联合办学。

国家对社会团体和公民个人依法办学，采取积极鼓励、大力支持、正确引导、加强管理的方针。国家欢迎港、澳、台同胞、海外侨胞和外国友好人士捐资助学。在国家有关法律和法规的范围内进行国际合作办学。举办具有颁发国家承认的学历文凭资格的各类学校，应按国家有关规定办理审批手续。

（17）深化中等以下教育体制改革，继续完善分级办学、分级管理的体制。

——中等及中等以下教育，由地方政府在中央大政方针的指导下，实行统筹和管理。国家颁发基本学制、课程设置和课程标准、学校人员编制标准、教师资格和教职工基本工资标准等规定，省、自治区、直辖市政府有权确定本地区的学制、年度招生规模，确定教学计划，选用教材和审定省编教材，确定教师职务限额和工资水平等。省以下各级政府的权限，由省、自治区、直辖市政府确定。

——积极推进农村教育、城市教育和企业教育综合改革，促进教育同经济、科技的密切结合。县、乡两级政府要把教育纳入当地经济、社会发展的整体规划，分级统筹管理基础教育、职业技术教育、成人教育、统筹规划经济、科技、教育的发展，促进“燎原计划”与“星火计划”、“丰收计划”的有机结合，落实科教兴农战略。要积极推进城市教育综合改革，探索城市教育管理的新体制。

——中等及中等以下各类学校实行校长负责制。校长要全面贯彻国家的教育方针和政策，依靠教职员工办好学校。

——支持和鼓励中小学同附近的企业事业单位、街道或村民委员会建立社区教育组织，吸引社会各界支持学校建设，参与学校管理，优化育人环境，探索出符合中小学特点的教育与社会结合的形式。

（18）深化高等教育体制改革。进行高等教育体制改革，主要是解决政府与高等学校、中央与地方、国家教委与中央各业务部门之间的关系，逐步建立政府宏观管理、学校面向社会自主办学的体制。

——在政府与学校的关系上，要按照政事分开的原则，通过立法，明确高等学校的权利和义务，使高等学校真正成为面向社会自主办学的法人实体。要在招生、专业调整、机构设置、干部任免、经费使用、职称评定、工资分配和国际合作交流等方面，分别不同情况，进一步扩大高等学校的办学自主权。学校要善于行使自己的权利，承担应负的责任，建立起主动适应经济建设和社会发展需要的自我发展、自我约束的运行机制。

政府要转变职能，由对学校的直接行政管理，转变为运用立法、拨款、规划、信息服务、政策指导和必要的行政手段，进行宏观管理。要重视和加强决策研究工作，建立有教育和社会各界专家参加的咨询、审议、评估等机构，对高等教育方针政策、发展战略和规划等提出咨询建议，形成民主的、科学的决策程序。

——在中央与地方的关系上，进一步确立中央与省（自治区、直辖市）分级管理、分级负责的教育管理体制。中央直接管理一部分关系国家经济、社会发展全局并在高等教育中起示范作用的骨干学校和少数行业性强、地方不便管理的学校。在中央大政方针和宏观规划指导下，对地方举办的高等教育的领导和管理，责任和权力都交给省（自治区、直辖市）。按照这个精神，中央要进一步简政放权，扩大省（自治区、直辖市）的教育决策权和包括对中央部门所属学校的统筹权。省（自治区、直辖市）在充分论证、严格审议程序，自行解决办学经费，以及统筹中央和地方所属高校毕业生就业去向的条件下，有权决定地方高等学校招生规模和专业设置。设置高等学校，由全国高等学校设置评议委员会评议，国家教委审批。

——在国家教委与中央业务部门的关系上，国家教委负责统筹规划、政策指导、组织协调、监督检查、提供服务。中央业务部门要加强对本行业的人才预测和规划，协助国家教委指导本行业的人才培养工作，负责管理其所属学校，包括在国家宏观指导下，决定所属学校的招生规模、专业设置、经费筹措、学生就业等，随着中央业务部门职能的转变和政企分开，中央业务部门所属学校要面向社会，其办学体制和管理体制分别不同情况，采取继续由中央部门办、中央部门和地方政府联合办、交给地方政府办、企业集团参与和管理等不同办法。目前先进行改革试点，逐步到位。

（19）改革高等学校的招生和毕业生就业制度。

——改变全部按国家统一计划招生的体制，实行国家任务计划和调节性计划相结合。在现阶段，国家仍要提出指导性的宏观调控的招生总量目标，并通过国家任务计划重点保证：国家重点建设项目、国防建设、文化教育、基础学科、边远地区和某些艰苦行业所需要的专门人才。在保证完成国家任务计划的前提下，逐步扩大招收委托培养和自费生的比重，这部分调节性计划由学校及其主管部门根据社会需求和办学条件确定。

——改革学生上大学由国家包下来的做法，逐步实行收费制度。高等教育是非义务教育，学生上大学原则上均应缴费。设立贷学金，对家庭经济有困难的学生提供帮助；国家、企事业单位、社会团体和学校均可设立奖学金，对品学兼优的学生和报考国家重点保证的、特殊的、条件艰苦的专业的学生给予奖励。

——改革高等学校毕业生“统包统分”和“包当干部”的就业制度，实行少数毕业生由国家安排就业，多数由学生“自主择业”的就业制度。近期内，国家任务计划招收的学生，原则上仍由国家负责在一定范围内安排就业，实行学校与用人单位“供需见面”，落实毕业生就业方案，并逐步推行毕业生与用人单位“双向选择”的办法；委托和定向培养的学生按合同就业；自费生自主择业。随着社会主义市场经济体制的建立和劳动人事制度的改革，除对师范学科和某些艰苦行业、边远地区的毕业生，实行在一定范围内定向就业外，大部分毕业生实行在国家方针政策指导下，通过人才劳务市场，采取“自主择业”的就业办法。与此相配套，建立人才需求信息、就业咨询指导、职业介绍等社会中介组织，为毕业生就业提供服务。

（20）完善研究生培养和学位制度。通过试点，改进硕士学位授权点和博士生导师的审核办法，同时加强质量监督和评估制度。在培养教学、科研岗位所需人才的同时，大力培养经济建设和社会发展所需的应用性人才。鼓励有实践经验的优秀在职人员采用多种形式攻读硕士、博士学位。研究生学习期间，实行兼任教学、研究和管理等辅助工作的制度，其待遇视学校内部管理体制改革的进展、所兼工作的实绩，参照在职人员的水平，由学校确定。

（21）改革对高等学校的财政拨款机制，充分发挥拨款手段的宏观调控作用。对于不同层次和科类的学校，拨款标准和拨款方法应有所区别。改革按学生人数拨款的方法，逐步实行基金制。在国家和地方预算下达的教育经费之外，学校可依法筹集资金。

（22）参照高等学校招生、毕业生就业制度改革的精神，加快改革中专、技校招生、毕业生就业制度。根据国家有关政策，由地方人民政府或主管部门制定具体办法。通过联合办学和委托培养、自费等形式，使毕业生面向城乡多种所有制单位就业。中等专业教育和技工教育的重大方针政策，由国家制定，地方政府负责统筹规划和指导。

（23）积极推进以人事制度和分配制度改革为重点的学校内部管理体制改革。在合理定编的基础上，对教职工实行岗位责任制和聘任制，在分配上按照工作实绩拉开差距。改革的核心在于，运用正确的政策导向、思想教育和物质激励手段，打破平均主义，调动广大教职工积极性，转换学校内部运行机制，提高办学水平和效益。

学校的后勤工作，应通过改革逐步实现社会化。

（24）深化人事劳动制度改革，同教育体制改革相配套。

——建立和完善高等学校毕业生的考核录用制度，推行学历文凭、技术等级证书、岗位资格证书并重的制度，扭转升学、文凭、职称对于教育运行的片面导向作用。逐步建立职业岗位资格考核机构，实施各种岗位的资格考试和资格证书制度。

——改革高等学校职称评定和职务聘任制度。评定职称既要重视学术水平，又要重视有实用价值的研究成果和教学工作、技术推广应用的实绩。高等学校教师实行聘任制。中小学逐步实行教师资格制度和职务等级制度。

——动用劳动工资等政策杠杆，推动教育体制改革。大、中专学校毕业生的起点工资，用人部门可以按照实际水平和实际表现拉开档次。为鼓励各级各类学校毕业生到农村、边远地区、艰苦行业工作，各地要制定津贴和奖励政策。

（25）加快教育法制建设，建立和完善执法监督系统，逐步走上依法治教的轨道。制订教育法律、法规，要注意综合配套，逐步完善。要抓紧草拟基本的教育法律、法规和当前急需的教育法律、法规，争取到本世纪末，初步建立起教育法律、法规体系的框架。地方要从各自的实际出发，加快制定地方性的教育法规。

（26）加强教育改革和发展的理论研究和试验。各级政府和教育行政部门要把教育科学研究和教育管理信息工作摆到十分重要的地位。社会主义市场经济体制的建立，对教育的改革和发展提出了许多新的课题。教育理论工作者和实际工作者，要以马克思主义为指导，研究和回答建设有中国特色的社会主义教育体系的理论问题和实际问题。要积极开展教育决策咨询研究，密切教育科研同教育决策、教育实践的联系，发挥教育科研对教育改革和发展的促进作用。鼓励和支持学校、教师和教育研究工作者积极进行教育改革试验。

四、全面贯彻教育方针，全面提高教育质量

（27）教育改革和发展的根本目的是提高民族素质，多出人才，出好人才。各级各类学校要认真贯彻“教育必须为社会主义现代化建设服务，必须与生产劳动相结合，培养德、智、体全面发展的建设者和接班人”的方针，努力使教育质量在九十年代上一个新台阶。

（28）用马列主义、毛泽东思想和建设有中国特色的社会主义理论教育学生，把坚定正确的政治方向摆在首位，培养有理想、有道德、有文化、有纪律的社会主义新人，是学校德育即思想政治和品德教育的根本任务。要进一步加强和改进德育工作，在实践中不断创造改革开放条件下学校德育工作的新经验，把德育工作提高到一个新水平。

对广大青少年要加强党的基本路线教育，爱国主义、集体主义和社会主义思想教育，近代史、现代史教育和国情教育，引导学生运用马克思主义的立场、观点、方法认识现实问题，走与工农结合、与实践结合的成长道路，促进学生逐步树立科学的世界观和为人民服务的人生观，增强学生抵制资产阶级自由化和一切剥削阶级腐朽思想的能力，坚定建设有中国特色的社会主义的信念。要重视对学生进行中国优秀文化传统教育。对中小学学生还要注重进行文

明行为的养成教育。

要从各级各类学校的实际出发，分层次地确定德育工作的任务和要求，改进德育教材和德育方法，注重实效，使德育落到实处。

（29）重视和加强德育队伍的建设。加强德育工作是全体教师的共同职责。教师应当把德育贯穿和渗透到教育教学的全过程中，并以自己的楷模作用，促进学生的全面成长。

高等学校要建设好一支以精干的专职人员为骨干、专兼职结合的思想政治工作队伍。中小学要充分发挥思想品德课和思想政治课教师、班主任及共青团、少先队干部的作用。对从事思想政治工作的人员要进行培训，不断提高他们的思想政治素质和政策、业务水平，并采取实际措施解决他们的待遇问题。

（30）完善政策导向，加强学校管理。在招生、毕业生就业、评奖评优、教师职务评聘、工资晋级和出国留学等方面，坚持德才兼备的原则。教师从事德育工作和参加社会实践的成绩，应与其他业务工作成绩同等对待。

要严格执行校规、校纪，教育学生遵守行为规范，建设健康的、生动的校园文化，树立良好的校风、学风，使学校成为建设社会主义精神文明的重要阵地。

（31）进一步转变教育思想，改革教学内容和教学方法，克服学校教育不同程度存在的脱离经济建设和社会发展需要的现象。要按照现代科学技术文化发展的新成果和社会主义现代化建设的实际需要，更新教学内容，调整课程结构。加强基本知识、基础理论和基本技能的培养和训练，重视培养学生分析问题和解决问题的能力，注意发现和培养有特长的学生。中小学要切实采取措施减轻学生过重的课业负担。职业技术学校要注重职业道德和实际能力的培养。高等教育要进一步改变专业设置偏窄的状况，拓宽专业业务范围，加强实践环节的教学和训练，发展同社会实际工作部门的合作培养，促进教学、科研、生产三结合。

要逐步改革和完善升学和考试制度，稳步推进小学毕业生就近入学、初中毕业生升学考试、高中毕业会考和高考制度的改革。

（32）建立各级各类教育的质量标准和评估指标体系。各地教育部门要把检查评估学校教育质量作为一项经常性的任务。要加强督导队伍，完善督导制度，加强对中小学学校工作和教育质量的检查和指导。对职业技术教育和高等教育，要采取领导、专家和用人部门相结合的办法，通过多种形式进行质量评估和检查。各类学校都要重视了解用人单位对毕业生质量的评价。

（33）学校教材要反映中国和世界的优秀文明成果以及当代科学技术文化的最新发展。中小学教材要在统一基本要求的前提下实行多样化。提倡各地编写适应当地农村中小学需要的教材。职业技术学校要逐步形成配套的教材系列。高等学校教材要在积极扩大种类的同时，不断提高质量，加强理论与实际的联系，力求思想性与科学性的统一。

（34）进一步加强和改善学校体育卫生工作，动员社会各方面和家长关心学生的体质和健康。各级政府要积极创造条件，切实解决师资、经费、体育场地、设施问题，逐步做到按教学计划上好体育与健康教育课。

重视国防教育，增加国防观念。继续组织高等学校、中等专业学校和高级中学学生参加多种形式的军事训练。各级教育部门、军事部门和学校要统筹安排，认真组织实施。

（35）美育对于培养学生健康的审美观念和审美能力，陶冶高尚的道德情操，培养全面发展的人才，具有重要作用。要提高认识，发挥美育在教育教学中的作用，根据各级各类学校的不同情况，开展形式多样的美育活动。

（36）加强劳动观点和劳动技能的教育，是实现学校培养目标的重要途径和内容。各级各类学校都要把劳动教育列入教学计划，逐步做到制度化、系列化。社会各方面要积极为学校进行劳动教育提供场所和条件。

（37）全社会都要关心和保护青少年的健康成长，形成社会教育、家庭教育同学校教育密切结合的局面。家长应当对社会负责，对后代负责，讲究教育方法，培养女子具有良好的品德和行为习惯。新闻出版、广播影视、文化艺术等部门，要把提供有益于青少年身心发展的、丰富多彩的精神产品作为义不容辞的责任。在城镇建设中，要注意兴建科学馆、博物馆、图书馆、体育馆和青少年之家等设施，要制定和完善公共文化设施对学生开放和减免收费的制度。各级政府要认真贯彻《未成年人保护法》，采取严厉措施，查禁淫秽书刊、音像制品，打击教唆、残害青少年的犯罪活动，优化育人环境。

（38）坚持党对学校的领导，加强学校党的建设，是全面贯彻教育方针，加强教育改革和发展，全面提高教育质量的根本保证。学校党组织要认真贯彻党的十四大精神，用建设有中国特色的社会主义理论教育全体党员和师生员工，深入研究学校改革和发展中的重大问题，坚持改革的正确方向。要加强党的基层组织建设，发挥党员的先锋模范作用，密切党员和群众的联系，带动群众推进改革。实行党委领导下的校长负责制的高等学校，党委要对重大问题进行讨论并作出决定；同时保证行政领导人充分行使自己的职权。

实行校长负责制的中小学和其他学校，党的组织发挥政治核心作用。

五、教师队伍建设

（39）振兴民族的希望在教育，振兴教育的希望在教师。建设一支具有良好政治业务素质、结构合理、相对稳定的教师队伍，是教育改革和发展的根本大计。要下决心，采取重大政策和措施，提高教师的社会地位，大力改善教师的工作、学习和生活条件，努力使教师成为最受人尊重的职业。

（40）教育的改革和发展对教师提出了新的更高的要求。教师是人类灵魂工程师，必须努力提高自己的思想政治素质和业务水平；热爱教育事业，教书育人，为人师表；精心组织教学，积极参加教育改革，不断提高教学质量。

（41）进一步加强师资培养培训工作。师范教育是培养中小学师资的工作母机，各级政府要努力增加投入，大力办好师范教育，鼓励优秀中学毕业生报考师范院校。进一步扩大师范院校定向招生的比例，建立师范毕业生服务期制度，保证毕业生到中小学任教。其他高等院校也要积极承担培养中小学和职业技术学校师资的任务。要制定教师培训计划，促进教师特别是中青年教师不断进修提高，使绝大多数中小学教师更好地胜任教育教学工作。到本世纪末，通过师资补充和在职培训，绝大多数中小学教师要达到国家规定的合格学历标准，小学和初中教师中具有专科和本科学历者的比重逐年提高。

高等学校师资培养培训工作要坚持立足国内、在职为主、加强实践、多种形式并举的原则。要充分发挥教学科研力量较强的高等学校在师资培训中的骨干作用。采取多种形式促进教师和社会的密切联系，聘请实际工作部门有较高水平的专家到校任教，加强高等学校之间教师的相互交流。要建立扶持和培养中青年骨干教师使中青年学术带头人脱颖而出的制度。

（42）改革教育系统工资制度，提高教师工资待遇，逐步使教师的工资水平与全民所有制企业同类人员大体持平。“八五”期间，教育系统平均工资要高于当地全民所有制职工平均水平，在国民经济十二个行业中居中等偏上水平，其中高等学校平均工资高于全民所有制企业职工平均水平。

要建立符合教育特点的工资制度和正常的工资增长机制，切实保证教师的工资水平随国民收入的增长逐步提高。要贯彻按劳分配原则，克服平均主义、论资排辈的倾向，使贡献大的、教学质量高的教师有更高的工资收入。改革过于集中统一的工资管理体制，在国家宏观调控的前提下，使地方、部门和学校享有自主权。国家规定教育系统工资制度的基本原则和基本工资标准，由各省、自治区、直辖市政府和中央主管部门，在不低于基本工资标准的前提下确定具体工资标准，不搞全国“一刀切”。学校具有调整内部工资关系、增加工资和学校基金分配的自主权。

（43）精简机构和人员，提高办学效益。适应面向二十一世纪的需要，必须走建设一支人员精干、素质优良、待遇较高的师资队伍的路子。要制订合理的学校人员编制标准，严格考核，精减人员，提高每一教师负担的学生人数。对超编人员，各级人事、劳动、教育部门和学校，要在政府统筹下，通过多种就业渠道妥善安置，使其各得其所，发挥所长。

（44）在住房和其他社会福利方面实行优待教师的政策。各级政府要制订切实可行的计划，尽快使城市教职工家庭人均住房面积达到当地居民的平均水平。在住房制度改革中，要对教职工住房的建设、分配、销售或租赁，实行优先、优惠政策，逐步社会化。教职工住房建设的责任在地方政府和主管部门，基建投资实行多渠道筹集的办法。地方政府和主管部门要增加对教职工住房建设的投资。“八五”期间，力争使学校教职工住房条件有明显改善。

各地逐步建立医疗、退休保险等方面的教师保障制度。

（45）进一步改善民办教师工作。目前农村学校存在大量的民办教师，是历史形成的。各地要改进民办教师工资管理体制和统筹办法，增加民办教师补助费，改善民办教师待遇，逐步使民办教师与公办教师同工同酬。对离职民办教师，给予生活补助，有条件的地方要逐步建立民办教师保险福利基金。师范院校要定向招收部分民办教师入学深造。各地要根据当地的实际情况，每年划拨一定数量的劳动指标，从优秀民办教师中选招公办教师。通过多种途径，逐步减少民办教师的比重。

（46）各级政府和学校，对优秀教师和教育工作者，要进行精神和物质的奖励，对有突出贡献的教师要给予特殊津贴或奖励，并形成制度。提倡和鼓励各级政府、社会团体、企业和个人建立教师奖励基金。

六、教育经费

（47）改革和完善教育投资体制，增加教育经费。目前教育经费相当紧缺，不仅不能适应加快改革开放和现代化建设对人才的需求，而且也难以满足现有教育事业发展的基本需要。增加教育投资是落实教育战略地位的根本措施，各级政府、社会各方面和个人都要努力增加对教育的投入，确保教育事业优先发展。要逐步建立以国家财政拨款为主，辅之以征收用于教育的税费、收取非义务教育阶段学生学杂费、校办产业收入、社会捐资集资和设立教育基金等多种渠道筹措教育经费的体制。通过立法，保证教育经费的稳定来源和增长。

（48）筹措教育经费的主要措施：

——逐步提高国家财政性教育经费支出（包括：各级财政对教育的拨款，城乡教育费附加，企业用于举办中小学的经费，校办产业减免税部分）占国民生产总值的比例，本世纪末达到百分之四。计划、财政、税务等部门要制定相应的政策措施，认真加以落实。

——各级政府必须认真贯彻《中共中央关于教育体制改革的决定》所规定的“中央和地方政府教育拨款的增长要高于财政经常性收入的增长，并使按在校学生人数平均的教育费用逐步增长”的原则，切实保证教师工资和生均公用经费逐年有所增长。要提高各级财政支出中教育经费所占的比例，“八五”期间逐步提高到全国平均不低于百分之十五。省（自治区、直辖市）本级财政、县（市）级财政支出中教育经费所占比例，由各省、自治区、直辖市政府确定。乡（镇）财政收入主要用于发展教育。

——进一步完善城乡教育费附加征收办法。凡缴纳产品税、增值税、营业税的单位和个人，按“三税”的百分之二到百分之三计征城市教育费附加；农村教育费附加征收办法和计征比例，由各省、自治区、直辖市政府制定。上述所征款主要用于普及九年义务教育。地方政府还可根据当地教育发展的实际需要、经济状况和群众承受能力，开征其他用于教育的附加费。

——提高非义务教育阶段学生学费标准，同时按不同情况确定义务教育阶段学校杂费收费标准。学费和杂费收取标准和办法，由省、自治区、直辖市政府和直接管理学校的中央业务部门考虑群众承受能力确定。要加强收费管理，严禁乱收费。要创造条件，鼓励和支持学生参加勤工俭学，对家庭确有困难的学生，可减免学杂费或提供贷学金。

——继续大力发展校办产业和社会服务，逐步建立支持教育改革和发展的服务体系，各级政府和有关部门要给予优惠政策。

——鼓励和提倡厂矿企业、事业单位、社会团体和个人根据自愿、量力原则捐资助学、集资办学，不计征税。欢迎港澳台同胞、海外侨胞、外籍团体和友好人士对教育提供资助和捐赠。各级政府要加强对集资工作的统筹管理。

——运用金融、信贷手段，融通教育资金，支持校办产业、高新科技企业以及勤工俭学的发展，开办教育储蓄和贷学金等业务。具体办法由国家教委会同有关部门制定。积极开展教师退休养老基金、医疗保险基金等项工作。

（49）重视解决各级各类学校，特别是中小学、职业技术学校仪器设备、教科书和图书资料短缺的问题，增加用于购置仪器设备和图书资料的资金。各级政府对教科书及教学用图书资料的出版发行和教学仪器设备的生产、供应，实行优先、优惠的政策。

继续加强学校危房改造工作，凡属危房不得使用，由当地政府负责限期解决。学校房屋倒塌造成师生伤亡事故的，要追究当地政府主要负责人的责任。坚决制止占用学校校舍和运动场地，保证学校教学活动正常进行。

（50）各级教育部门和学校必须努力提高教育经费的使用效益。要合理规划教育事业的规模，调整教育结构和布局，避免结构性浪费；要坚持艰苦奋斗、勤俭办学的方针，建立健全财务规章制度，加强财会队伍建设。各级财政和审计部门要加强财务监督和审计，共同把教育经费管好用好。

中共中央关于进一步加强和改进学校德育工作的若干意见（节选）[①]

（1994 年 8 月 31 日）

（上略）

（5）整体规划学校的德育体系。要遵循青少年学生思想品德形成的规律和社会发展的要求，根据德育工作的总体目标，科学地规划各教育阶段的具体内容、实施途径和方法。学生的“五爱”（爱祖国、爱人民、爱劳动、爱科学、爱社会主义）情感，文明的行为习惯，良好的道德品质和遵纪守法意识，科学的世界观、人生观、价值观，社会主义的理想信念，是一个通过教育逐步形成的过程。各种教育内容的深浅和侧重点，要针对不同年龄及学习阶段的理解和接受能力有所不同，逐步提高。各教育阶段的德育课程、教学大纲、教材、读物，教育和管理方法，学生思想品德表现的评定标准及方式等都要据此加强整体衔接，防止简单重复或脱节。

（6）以邓小平同志建设有中国特色社会主义理论作为学校马克思主义理论教育的中心内容。这是新时期加强和改进学校德育工作的首要任务和根本措施。学校政治理论课和思想品德课是系统地对学生进行马克思主义理论教育和品德教育的主渠道和基本环节，要重点进行教学内容和方法的改革。要向青年学生简明扼要地讲授马克思列宁主义的基本观点，学习毛主席的重要哲学著作，特别是学习邓小平同志建设有中国特色社会主义理论；要从学生思想实际出

① 《中共中央关于进一步加强和改进学校德育工作的若干意见》,《人民教育》，1994 年 10 期。

发，紧密结合改革开放和社会主义现代化建设的丰富实践，回答学生普遍关心的问题；指导学生逐步学会运用辩证唯物主义和历史唯物主义的立场、观点、方法，分析现实社会生活中的政治、经济、文化、道德现象，评价各种社会思潮，确立为建设有中国特色社会主义而奋斗的政治方向。根据当代中国社会政治经济的基本特点和发展变化以及学生的特点，不断改进和完善教学内容体系，编写出相对稳定、具有规范性的教材。要改进考试方法，注重考察学生对所学内容的理解程度和实际接受情况。

（7）深入持久地进行爱国主义、集体主义和社会主义思想教育。爱国主义教育要以中国近、现代史和国情教育为依托，形成贯穿小、中、大学各教育阶段，由浅入深的稳定的教育序列。高等学校和高中阶段要开设时事政策课或讲座，以国内外形势及党和国家重大方针政策为主要内容，对学生进行生动、现实的国情教育。中小学都要有自己特色的进行爱家乡、爱祖国教育的基地和乡土教材。要建立和健全升降国旗、重要集会唱国歌等制度，积极组织缅怀英烈、学习杰出历史人物、参观文化古迹、革命遗址、祖国山川以及新中国建设成就等爱国主义教育活动。要充分运用各种大众传播媒介，形成爱国主义教育的整体气氛。要把增强民族团结，维护祖国统一，列为学校爱国主义教育的重要内容。

要对学生进行以集体主义为核心的价值观教育。要教育学生明确，建立社会主义市场经济体制，仍需要倡导集体主义，正确处理个人、集体、国家之间的利益关系，发扬对国家和人民的奉献精神。要帮助学生正确认识社会上存在的各种消极现象，培养辨别是非善恶的能力。反对拜金主义、享乐主义、极端个人主义。要引导他们接触人民群众，学习人民群众，组织他们参与校内外精神文明建设活动。要对学生进行坚持党的领导和社会主义道路的教育。青少年成长发展与国家的前途命运息息相关，因而，什么是社会主义，为什么要坚持社会主义，如何建设社会主义，始终是他们关心和思考的深层次问题。要有针对性地对学生深入进行坚持有中国特色社会主义道路和党的基本路线的教育，逐步确立坚定正确的政治方向，自觉维护学校和社会的稳定。

（8）开展中华民族优良道德传统的教育。要认真研究和继承那些在我国历史发展中长期形成的优良道德思想和行为准则，赋予新的时代内容，并编撰成系统的丛书。要把中华民族的优良道德传统和在人民革命及在社会主义建设实践中形成的新道德典范结合起来，并吸收世界上其他国家的先进文明成果，提出有中华民族特色、体现时代精神的价值标准和道德规范，编写适合不同年龄层次学生的教材、读物，拍制影视片，广泛宣传，反复教育，长期熏陶。

（9）增强适应时代发展、社会进步，以及建立社会主义市场经济体制的新要求和迫切需要的素质教育。要重视培养学生开拓进取、自强自立、艰苦创业的精神；大力加强法制教育特别是宪法的教育；要有计划地进行社会公德和职业道德教育；要在九年义务教育阶段中进一步落实音、体、美课程，并积极在普通高校和高中阶段开设艺术选修课，陶冶情操，提高学生的艺术修养和欣赏水平；要积极开展青春期卫生教育，通过多种方式对不同年龄层次的学生进行心理健康教育和指导，帮助学生提高心理素质，健全人格，增强承受挫折，适应环境的能力。

（10）德育工作要与关心指导学生的学习、生活相结合，与加强管理相结合。德育工作者要深入到学生中去，通过谈心、咨询等活动，指导他们处理好在学习、成才、择业、交友、健康、生活等方面遇到的矛盾和问题。要加强管理，认真贯彻实施《小学生日常行为规范》、《中学生日常行为规范》和《高等学校学生行为准则》，严格校规校纪，加强良好校风、学风建设。培养学生自我教育、自我管理、自我服务、自我约束的能力。

（11）进一步发挥全体教职工的育人作用。教师最关键，要认真履行《教师法》规定的教书育人任务，言传身教，为人师表，引导学生德智体全面发展。教育行政部门和学校要加强教师思想政治工作，制定和完善有关制度、政策，采取切实措施调动全体教师的积极性与责任感，鼓励教师担任班主任，落实教书育人工作。学校各项管理工作、服务工作也要明确育人职责，管理育人，服务育人。

（12）按照不同学科特点，促进各类学科与课程同德育的有机结合。借鉴国外包括发达国家在这方面的经验和做法，在教育改革中积极探索，总结经验，并及时加以规范，形成稳定的机制。高校应积极开设人文、社会科学类选修课程，与马克思主义理论课和思想品德课统筹规划，分工合作。各门课程的建设应体现社会主义的办学方向和全面发展的办学指导思想，教学大纲和教学评估标准要有正确的思想导向。教学主管部门和教研人员要深入教学领域与学生实际，有针对性地发挥教学、科研的德育功能。

（13）重视校园文化建设。要大力开展学生喜闻乐见的丰富多彩、积极向上的学术、科技、体育、艺术和娱乐活动，建设以社会主义文化和优秀的民族文化为主体、健康生动的校园文化。要努力净化校园环境，抵制消极、腐朽思想的渗透和影响，抑制低俗文化趣味和非理性文化倾向，引导校园文化气氛向健康高雅方向发展。在整个社会精神文明建设中，学校应成为最好的小环境之一，并对大环境的优化作出积极贡献。

（14）加强实践环节。教育与生产劳动相结合，是坚持社会主义教育方向的一项基本措施。各级各类学校都要把组织学生适当参加一定的物质生产劳动作为一门必修课，列入教学计划，统筹安排，各级教育行政部门要进行具体督促检查。实验、实习课程也要进一步加强，在时间、内容、组织、条件上予以落实和保证。九年义务教育阶段的思想品德课、劳动课要有公益劳动、远足锻炼以及参加社会生活等方面的内容。高中和高等学校要把社会实践纳入教学、教育计划，组织学生参加社会调查、生产劳动、科技文化服务、军政训练、勤工俭学等活动。要加强对社会实践活动的管理和指导，明确教育目的，提高教育实效。对不利于学生身心健康、妨碍学习和校园生活秩序的活动要予以劝阻并制止。

（15）学校教育、家庭教育、社会教育紧密配合。学校要主动同家长及社会各方面密切合作，使三方面的教育互为补充、形成合力。要通过家长委员会、家长学校、家长接待日等形式同学生家长建立经常联系，大力普及家庭教育知识，吸收家长参加德育过程。建立校外教育网点，使学校德育向校外延伸。要依靠关心下一代协会、社区教育委员会、校外德育辅导员等各种社会性的青少年教育组织和其他社会团体，动员、组织、协调社会各方面力量支持学校做好德育工作。

（16）完善德育工作管理体制。各级各类学校党组织都要加强对学校思想政治教育工作的领导。不管学校实行何种领导体制，校长都要对学生的德智体全面发展负责；在党委（总支、支部）的统一部署下，学校都要建立和完善校长及行政系统为主实施的德育管理体制。要把德育贯穿在教育的全过程，落实在教学、管理、后勤服务的各个环节上。学校和教育行政部门的机构改革，应注意对德育机构作出合理安排，有所加强。要建立德育工作的评估制度，并把德育工作作为评价一个地区、一所学校的教育教学工作的重要内容。高等学校德育工作应列入“211 工程”评估标准。

（17）推动思想政治教育的科研和学科建设。思想政治教育是一门科学，有其自身的规律。要把思想政治教育作为人文社会科学的重点学科加强建设，把德育重大问题研究项目列入国家教育科学研究规划和国家哲学社会科学研究规划。要培养和造就一批德育专家、教授、特级教师和理论家。

（18）加强德育队伍建设。要优化队伍结构，建设一支专兼结合、功能互补、信念坚定、业务精湛的德育队伍。各级党委以及教育行政部门和学校都要采取措施，稳定德育骨干队伍，不断补充新生力量。要积极开展各种培训工作，提高队伍素质。要创造条件组织政治理论课教员和德育工作者参加社会实践，接触实际，了解国情，研究改革开放前沿的新情况、新问题。要建立表彰制度，增强德育队伍的事业心和使命感，并使他们的工作得到社会的高度尊重。要完善德育队伍的专业职务系列，为他们解决好专业职务、待遇等方面的问题。要制定政策，保证德育工作骨干能够不断地得到进修提高。积极支持和发展“双肩挑”的制度。

（19）保证经费投入，改善物质条件。德育是教育事业的重要组成部分，教育行政部门和学校要合理确定德育方面的经费投入科目，列入预算，切实保证。学校要为德育工作提供必要的场所与设备，不断改善条件，优化手段。

（20）充分发挥学校党组织和工会、共青团、少先队、学生会等组织的作用。党组织应加强自身的组织建设、思想建设以及对德育工作的领导，要求党员教师在教书育人中起模范作用。通过基层党组织以及工会、共青团组织，发动广大教职工做好学校德育工作，特别是教师要发挥以身作则、为人师表的作用。共青团、少先队、学生会应根据各自的特点和任务，开展健康有益的教育活动，把广大学生吸引到自己周围，成为党联系、团结、教育青少年一代的重要纽带。党、团组织应根据青年学生的思想特点和要求，举办业余党校、团校，推动学生的马列主义学习小组的活动，积极发展符合条件的优秀学生骨干入党、入团。

（下略）

国务院办公厅转发国家教委关于深化高等教育体制改革若干意见的通知（节选）[①]

（1995 年 7 月 19 日）

（上略）

四、高等教育管理体制改革是涉及到高等学校布局及结构、中央与地方的职责分工、政府与学校的关系等对我国教育发展有全局性影响的改革，是高等教育体制改革的重点和难点，要按照《中国教育改革和发展纲要》的要求，认真总结历史经验教训，要方向明确、态度积极，努力探索、措施得力，步子稳妥、逐步到位。

高等教育管理体制改革，要有利于高等教育的结构、布局更加合理，更加适应我国社会、经济、科技和文化发展的需要，更好地为社会主义现代化建设服务；有利于高等学校举办者、管理者、办学者职责分明，职能规范，管理有序；有利于充分调动各级政府、全社会和学校广大师生员工的积极性，共同支持和办好学校；有利于高等学校增强办学活力，不断提高教育质量和学术水平，提高办学效益。

五、高等教育管理体制改革的目标是，争取到 2000 年或稍长一点时间，基本形成举办者、管理者和办学者职责分明，以财政拨款为主多渠道经费投入，中央和省、自治区、直辖市人民政府两级管理、分工负责，以省、自治区、直辖市人民政府统筹为主，条块有机结合的体制框架。

---

① 《国务院办公厅转发国家教委关于深化高等教育体制改革若干意见的通知》，《中华人民共和国国务院公报》，1995 年 21 期。

要通过深化改革和立法，划分、规范举办者、管理者、办学者的权力与义务。举办者主要是投资举办学校、提供必要的办学条件、提出学校主要学科和专业的服务面向及人才培养要求、对办学实施目标监督等。举办者可以是各级政府及有关部门，也可以是企业、事业、具有法人资格的社会团体或公民个人，他们可以单独，也可以联合举办。举办者应有代表参加高校的相应的管理机构（如校董会等）。教育行政管理者主要是国务院和省、自治区、直辖市两级教育行政部门，负责统筹规划和宏观管理全国或本省、自治区、直辖市的高等教育，行使教育行政管理权。两级政府的其他有关部门在政府授权范围内实施教育管理。政府部门的教育行政管理要简政放权，转变职能，由直接行政管理转变为运用规划、法律、经济、评估、信息服务以及必要的行政手段实行宏观管理。要逐步扩大省、自治区、直辖市人民政府对本地区所有高等学校的统筹、协调管理权。办学者是具有法人资格的高等学校。学校作为独立办学的法人实体，要依法充分行使自主办学权力，在专业设置、招生、指导毕业生就业、教育教学、科学研究、技术开发、筹措和使用经费、机构设置、人事安排、职称评定、工资分配、对外交流和学校管理等方面拥有法律、法规规定的权限，真正实行面向社会依法自主办学。

要通过深化改革，逐步把一部分中央部门所属的学校转由省、自治区、直辖市人民政府管理或由中央部门与地方政府共同建设和共同管理；倡导学校之间合作办学、企业和科研单位参与办学和管理；要按照优化教育资源配置和提高办学规模效益的原则，逐步对有条件的高等学校进行合理调整和合并，特别是在同一地方规模较小、科类单一、专业设置重复的学校要打破原隶属关系的限制，积极创造条件进行适当的调整或合并。通过深化高等教育管理体制改革，扩大学校面向社会依法自主办学的权力，逐步淡化和改变学校单一的隶属关系和单纯为本部门培养人才的办学格局。加强省、自治区、直辖市人民政府对本地区所有高等学校的统筹规划、协调、调整和管理，逐步变条块分割为条块有机结合。

六、积极促进那些专业通用性强、地方建设又需要的中央部门所属院校转由省、自治区、直辖市人民政府领导和管理。

——这部分院校转由省、自治区、直辖市人民政府管理后，在保持学校业已形成的学科特色的同时，要根据地方经济和社会发展的需要，调整原有的学科和专业结构；这部分院校转由地方管理以后，首先要对地方作贡献，为地方培养所需的人才，在招生方面要对地方倾斜，在主要为地方服务的同时，仍应满足部门、行业对部分人才的特殊需要。中央原主管部门要继续关心和支持学校的发展，保持必要的业务指导。

——地方政府要从本地区社会、经济发展的长远目标出发，把学校的发展纳入本地区高等教育发展的总体规划，充分发挥这类院校的作用；要逐步增加对学校的投入，不断改善办学条件，保证把学校办得更好。

——这些院校转由省、自治区、直辖市人民政府管理后，要保证政府财政拨款教育经费的正常投入。教育事业费要足额划拨给地方政府；在建工程（项目）的基建费一般应由中央原主管部门负责解决；学校在划转以前的已完成的基建项目欠款应由中央原主管部门指导并帮助学校解决；未达到原计划规模但尚未开工的基建工程的基建费以及其他专项投资等划拨的具体办法，由中央原主管部门商有关部门后与地方政府签订协议确定；在划转时，对困难较大的部属院校，中央原主管部门可商国务院有关部门共同给予一次性的资助；其劳动工资计划相应转由省、自治区、直辖市人民政府管理。

这项工作难度比较大，要通过充分协商，积极试点，成熟一所办理一所。国务院财政、计划、人事和教育等各有关职能部门要在政策上给予支持，并在经费上给予适当补助，促进这项工作的进展。

七、从长远看，国家教委和中央业务部门仍要继续办好管好少数有代表性的骨干学校，以取得对高校发展改革及各有关行业人才培养、学科发展等宏观指导所必要的直接经验；对一些行业性强而一个省（自治区、直辖市）需要量有限、不便管理的学校，有关部门要继续办好。

这部分学校也要扩大服务面向，在为本部门、本行业服务的同时，也要为所在地区社会发展与经济建设多做贡献，在招生和培养人才方面也要适当向当地倾斜；也要面向社会争取各方面的支持，多渠道筹集办学资金；要通过深化改革，不断提高教育质量、办学水平和办学效益，真正起到示范和带头作用。

八、积极推进中央部门与地方政府共同建设、共同管理高等学校的改革试验，淡化学校单一的隶属关系观念，拓宽学校的服务面向，加强条块结合。

——这类学校在投资渠道基本不变的情况下，实行中央部门与省、自治区、直辖市人民政府双重领导，共建、共管，既可以中央部门为主，也可以地方政府为主，具体分工由共建双方通过签订协议确定。对于实行共建的学校，必要时可以成立由共建双方为主、有关方面参加的学校协调领导机构。

——共建学校的主管部门，应保证教育事业费、基本建设费的正常投入。对于以地方政府为主管理的共建学校，中央主管部门应继续发挥本部门、行业在业务指导、提供信息、毕业生就业、科学研究等方面的有利条件，做好促进、协调和服务工作。

——地方政府应对共建学校给予包括学科建设在内的多方面支持，特别是在地方政策性补贴以及其他地方性经费资助方面，应逐步做到与省属院校同等待遇，在引进人才、征用土地、减免城市建设配套费等方面给予优惠政策；地方政府及其高等教育主管部门，应充分利用和发挥共建学校的学科及专业优势，为本地区的经济建设和社会发展服务。

——共建学校要根据部门、行业和地方的需要，扩大为地区服务的专业和招生的比例，树立首先为地方培养人才及进行科技服务的观念。同时，要积极、主动地加强与地方企事业等单位的联系，争取社会各方面的支持，促进自身的建设与发展。

——有些与省、自治区、直辖市人民政府共建的学校也可加强与所在省、自治区、直辖市的市、县人民政府的联系，为所在地的社会、经济发展发挥积极作用，积极争取所在地各方面的支持，并通过适当方式吸收当地有关方面参与学校的建设和发展。

中央部门与地方政府共建学校的试点已经在若干部门和地方展开，初步显示了对部门、地方和学校都有利的优越性。要进一步扩大这项改革的试点范围，创造更丰富的经验。

九、积极开展多种形式的合作办学试验。距离相近的不同类型、不同科类的学校，开展学校之间的合作办学，在自愿互利的基础上，实行资源共享、优势互补、学科交叉、协同发展，共同提高办学水平和效益。

——学校之间的合作办学，应征得学校主管部门和所在省、自治区、直辖市的同意和支持，在学校之间充分酝酿的基础上报国家教委备案。各校的主管部门和独立的法人地位保持不变，但要自愿组成合作办学的协调机构进行协商和管理。

——合作办学的高等学校，要通过互聘教师、互相承认学分、共同开拓科学研究和技术开发、联合培养研究生、合作开展对外交流活动、实行计算机联网、共用图书资料和教学、科研试验设施、共办产业以及共同建设公共服务设施等，充分挖掘各校潜力，真正做到互惠、互利、互补，共同发展，共同提高。

——省、自治区、直辖市人民政府及其教育行政管理部门，要对本地区高等学校的合作办学进行统筹、协调和指导，促进其进行实质性的合作，并在人、财、物等方面给予优惠政策和具体的支持。

——合作办学的高等学校，如果条件成熟，可以进行实质性合并，形成一个独立办学的法人实体。

十、积极创造条件，促进部分学科互补的或一些规模较小、科类单一、设置重复的学校进行合并。合并学校的目的在于优化某一地区或全国高等教育的结构和布局，合理使用有限的教育资源与经费，提高教育质量和办学效益。特别是有些省、自治区、直辖市规模较小的、单科性的或由地方政府各业务厅局主管的高等院校较多，结构和布局不尽合理，应结合中央各有关部门在本地区所办高等院校的情况，加强统筹规划，进行必要的调整或合并，优化结构和布局，提高办学水平和效益。

——对高等学校的合并要采取审慎的态度，要经过充分的酝酿和科学的论证，要按照国务院《普通高等学校设置暂行条例》规定程序进行审批。

——在合并和调整中，不应将高等专科学校升格为本科院校而影响高等专科教育的发展；不能改变师范院校的性质而削弱师范教育；原则上，不宜将地方院校并入中央部门所属院校而扩大中央部门所属院校的规模。

十一、鼓励企业、企业集团、科学研究单位积极参与高等学校的办学和管理。这项改革的目的在于加强学校与企业、科研单位的联系，促进教育、科研、生产三结合，增加教育经费来源，增强学校的办学活力和提高教育质量，同时促进企业、科研单位的发展和提高。

——参与办学和管理的企业、科研单位，可以通过参加相应的管理机构，也可以通过与学校签订协作办学协议等方式，探索促进产学研结合，互利互惠，共同发展的途径。协作办学各方可以在平等互利的原则下，共同建立实验室和教学、科研、生产三结合基地，联合进行人才培养、科学研究、技术开发等实质性的协作。

中央部门可与企业或企业集团共同举办高等专科学校；高等专科学校也可以加入大型企业集团，或者进行其他改革试验，积极探索高等学校多种形式的办学途径。

十二、高等教育体制改革是一项牵动面很大的工作，要加强对这项工作的领导，认真处理好各方面的关系，切实解决改革过程中可能出现的各种问题。

各级领导要加强调查研究，统一认识，制定总体的计划和切实可行的措施，积极推动这项改革的不断深入发展。高等教育管理体制改革，不是简单地把学校“下放”与“上收”，不是将原来“条条”管理简单地改为“块块”管理而继续自成体系，而是要建立与经济、政治、科技、文化体制改革相适应的，有利于高等教育事业的发展和改革的新的高等教育管理体制。因此，必须认真总结和吸取历史的经验教训，区别不同情况，采取多种形式，经过试点和不断总结经验，积极探索高等教育管理体制改革的新途径。要防止历史上曾经出现过的简单地换“婆婆”和“一放就乱、一乱就收”的现象重演；防止“一刀切”、一哄而起和搞形式主义。

中央各主管部门、各省、自治区、直辖市人民政府以及有关高等学校要从大局出发，采取积极态度，加强协作，对改革过程中出现的问题采取协商、合作的办法加以解决。特别是高等教育体制改革的各项工作都有赖于投资和财务管理体制改革的深化，有关方面应加强调查研究，积极进行试点，加强投资和财务管理体制改革的力度，促进高等教育管理体制的改革。在体制改革和转轨过程中，原主管部门不能削弱对学校的领导或减少对学校的投资，而应加强领导和增加投入，大力支持地方政府把学校办得更好。接收中央部门所属的学校或进行统筹管理的地方政府，要充分考虑有关部门、行业的需要和利益，充分发挥这些学校的作用。对签有协议进行多种形式联合办学的各方的领导，要遵守协议，同心协力，共同把学校办好。各级政府及有关部门、各高等学校要共同努力，为实现《中国教育改革和发展纲要》提出的高等教育体制改革目标，为使我国高等教育的办学水平、教育质量和办学效益上一个新台阶而做出贡献。

国务院办公厅转发教育部关于义务教育阶段办学体制改革试验工作若干意见的通知（节选）[①]

（1998年6月25日）

（上略）

二、在义务教育阶段必须坚持以政府办学为主。办好义务教育是政府义不容辞的职责，各级政府要下大力量办好公办学校，确保公办学校能够满足适龄儿童少年就近入学的需求。要按照义务教育九年一贯制的要求，进行义务教育公办学校的调整和挂钩，保证义务教育阶段的连续性。“公办民助”、“民办公助”等不同的办学模式是对义务教育阶段政府办学的适当补充，目前仍处在探索试验阶段，因此，义务教育阶段公办学校办学体制改革试验要从严控制。公办学校的办学体制改革试验，须经省级教育行政部门批准并严格控制进行办学体制改革试验的学校数量。同时，各地要抓紧治理“校中校”、“校中民办班”或“一校两制”等不规范的办学行为。

三、加强薄弱学校建设，努力办好每一所学校。加强基础薄弱学校的建设特别是领导班子和师资队伍建设，是解决择校生、条子生等问题的治本措施，也是提高教师队伍和中小学生整体素质的重要途径。各级政府和教育行政部门要把加强大中城市薄弱学校建设作为义务教育巩固提高的紧迫任务，下大决心，力争在尽可能短的时间内缩小义务教育阶段公办学校间过大的差距。要采取学校布局调整、加强教师队伍和领导班子建设、加快办学体制和管理体制改

① 《国务院办公厅转发教育部关于义务教育阶段办学体制改革试验工作若干意见的通知》，中国政府网，2010年11月18日。

革等措施，进行综合治理。加强薄弱学校建设的关键是领导班子和教师队伍。应当从较好的学校中抽调校长、教师和管理人员到薄弱学校去工作，实行领导干部和教师的轮换、交流制度；可以从政府机构中选派政治素质好、组织能力强、文化水平高的青年干部加强薄弱学校的领导；可以动员或招聘一批大学生，包括非师范院校的大学生到薄弱学校任教；也可以选派一些大学教师到中学任领导职务或兼课。要调整不称职、不合格的学校领导。同时，要表扬、宣传那些有改革思想并作出突出成绩的学校领导和教师。

加强薄弱学校建设要尽快见成效。加强基础薄弱学校建设要与义务教育阶段公办学校办学体制改革试验工作相结合，统筹规划。鼓励好的和比较好的学校帮助和支持薄弱学校的建设，努力提高这些学校的教育质量。进行“公办民助”、“民办公助”等办学体制改革的试验，应该主要选择基础薄弱学校进行。这类试验学校必须是独立法人，有独立校园、校舍，独立核算，独立办学。

四、教育行政部门要抓紧研究，统一规范“公办民助”、“民办公助”等办学模式的名称、性质、标准、要求等内容，制定有关条例和管理办法。规范这类办学模式要严格遵守三条原则：一是教育是社会公益性事业，不得以营利为目的；二是收费要严格按照国家有关规定，严禁乱收费，教师的工资也要适当限制，与同类公办学校教师的工资不能差距太大；三是办学体制改革试验学校中的国有资产性质不变，要保证国有资产不流失，并努力改善办学条件。要加强财物管理，严格财会、审计制度。

（下略）

面向21世纪教育振兴行动计划（节选）①

（教育部）

（1998年12月24日）

（上略）

《面向21世纪教育振兴行动计划》，是在贯彻落实《教育法》及《中国教育改革和发展纲要》的基础上提出的跨世纪教育改革和发展的施工蓝图。要全面规划，突出重点，抓住关键，重在落实。行动计划的主要目标是：到2000年，全国基本普及九年义务教育，基本扫除青壮年文盲，大力推进素质教育；完善职业教育培训和继续教育制度，城乡新增劳动力和在职人员能够普遍接受各种层次和形式的教育与培训；积极稳步发展高等教育，高等教育入学率达到11%左右；瞄准国家创新体系的目标，培养造就一批高水平的具有创新能力的人才；加强科学研究并使高校高新技术产业为培育经济发展新的增长点作贡献；深化改革，建立起教育新体制的基本框架，主动适应经济社会发展。到2010年，在全面实现“两基”目标的基础上，城市和经济发达地区有步骤地普及高中阶段教育，全国人口受教育年限达到发展中国家先进水平；高等教育规模有较大扩展，入学率接近15%，若干所高校和一批重点学科进入或接近世界一流水平；基本建立起终身学习体系，为国家知识创新体系以及现代化建设提供充足的人才支持和知识贡献。

---

①《国务院批转教育部面向21世纪教育振兴行动计划的通知》，《中华人民共和国国务院公报》，1999年02期。

一、实施“跨世纪素质教育工程”，提高国民素质

1. 2000年如期实现基本普及九年义务教育、基本扫除青壮年文盲的目标，是全国教育工作的“重中之重”。“两基”已进入攻坚阶段，要确保全国目标的实现。普及义务教育工作的重点和难点在中西部地区，在“十·五”计划期间继续实施“国家贫困地区义务教育工程”，重点放在山区、牧区和边境地区。

进一步加强教育督导工作，健全督导机构，完善督导制度，保证“两基”的质量和素质教育的顺利实施。

2. 实施“跨世纪素质教育工程”，整体推进素质教育，全面提高国民素质和民族创新能力。改革课程体系和评价制度，2000年初步形成现代化基础教育课程框架和课程标准，改革教育内容和教学方法，推行新的评价制度，开展教师培训，启动新课程的实验。争取经过10年左右的实验，在全国推行21世纪基础教育课程教材体系。

3. 加强和改进学校的德育工作。继续加强爱国主义、集体主义、社会主义理想教育，遵纪守法和社会公德教育，进行中华民族优秀传统和革命传统教育，实施劳动技能教育以及心理健康教育，培养学生具有良好的道德、健康的心理和高尚的情操。

4. 体育和美育是素质教育的重要组成部分，要加强体育和美育工作。要使学生有健强体魄。美育不仅能培养学生有高尚情操，还能激发学生学习活力，促进智力的开发，培养学生创新能力。到2001年，通过颁布《学校艺术教育工作条例》、深化教育改革和器材配备等工作，初步建立大中小学相互衔接的、较为科学合理的体育、艺术教育体系，保证学校体育和艺术教育教师的数量和质量，提高教学水平。

5. 实施素质教育，要从幼儿阶段抓起，要用科学的方法启迪和开发幼儿的智力，培养幼儿健康的体质、良好的生活习惯、活泼开朗的性格与求知的欲望。

重视特殊教育，努力为广大残疾少年儿童提供受教育的机会，培养他们自主自强的精神和生存发展的能力。

6. 继续扩大内地学校培养少数民族学生的规模，促进各民族素质的共同提高。基础教育阶段，要继续办好内地为边疆少数民族办的教学班（校），适当扩大培养规模。内地高等学校要为培养少数民族的优秀专门人才做出更多贡献。要重视加强民族地区“双语”教育教学和师资培养培训工作。

7. 建立和完善有关语言文字工作的法规体系，全面推进学校语言文字工作，各级各类学校特别是中小学、师范院校要继续把说好普通话、写好规范字、提高语言文字能力作为素质教育的重要内容。加强汉语言文字和少数民族语言文字信息处理的宏观管理，依法努力提高全社会的语言文字规范化意识，到 2010 年在全国实现文字应用基本规范化，使我国语言文字的应用更加适应社会主义经济、政治和文化建设的需要。

二、实施“跨世纪园丁工程”，大力提高教师队伍素质

8. 大力提高教师队伍的整体素质，特别要加强师德建设。3 年内，以不同方式对现有中小学校长和专任教师进行全员培训和继续教育，巩固和完善中小学校长岗位培训和持证上岗制度。加强中小学教师继续教育的教材建设。中小学专任教师及师范学校在校生都要接受计算机基础知识培训。2010 年前后，具备条件的地区力争使小学和初中专任教师的学历分别提升到专科和本科层次，经济

发达地区高中专任教师和校长中获硕士学位者应达到一定比例。要加强和改革师范教育，提高新师资的培养质量。实力较强的高等学校要在新师资培养以及教师培训中做出贡献。

9．重点加强中小学骨干教师队伍建设。1999、2000 年，在全国选培 10 万名中小学及职业学校骨干教师（其中 1 万名由教育部组织重点培训）。通过开展本校教学改革试验、巡回讲学、研讨培训和接受外校教师观摩进修等活动，发挥骨干教师在当地教学改革中的带动和辐射作用。

10．实行教师聘任制和全员聘用制，加强考核，竞争上岗，优化教师队伍。2000 年前后，要通过提高生师（包括职工）比、下岗、分流富余人员等途径，优化中小学教职工队伍，提高办学效益。同时，要拓宽教师来源渠道，向社会招聘具有教师资格的非师范类高等学校优秀毕业生到中小学任教，改善教师队伍结构。

认真解决边远山区和贫困地区中小学教师短缺问题。要进一步完善师范毕业生的定期服务制度，对高校毕业生（包括非师范类）到边远贫困的农村地区任教，采取定期轮换制度，并享受国家规定的工资倾斜政策。鼓励各级政府机关公务员到中小学任教。

三、实施“高层次创造性人才工程”，加强高等学校科研工作，积极参与国家创新体系建设

11．高等学校要跟踪国际学术发展前沿，成为知识创新和高层次创造性人才培养的基地。要重视培养高层次创造性人才的团结、协作和奉献的精神。要从国内外吸引一批能够领导本学科进入国际先进水平的优秀学术带头人。按照“选到一个聘任一个”的原则，国家给予重点资助，学术带头人在国家政策允许的范围内享有人员

聘用和经费使用的自主权。

12. 造就一批具有世界先进水平的中青年学术攻坚人才，使高等学校知识和技术创新基地尽快取得创新成果。从 1998 年起，在全国高等学校的重点学科中，设立一批特聘教授岗位，面向国内外公开招聘特别优秀的中青年学者进入岗位，设立专项奖金并鼓励地方政府和学校相应设岗奖励。

13. 全国高等学校以竞争选优方式分批精选万名骨干教师，采取国家拨款与自筹经费相结合的办法增强科研经费支持力度，提高科研、教学质量及设备装备水平。

设立高等学校优秀青年教师科研和教学奖励基金。从 1999 年起每年评选百名 35 岁以下取得重大科研和教学成果的青年教师，连续 5 年加大支持其科研和教学工作的力度。

14. 高等学校实行国家重点实验室和开放实验室访问学者制度，实现重点学科的开放效益，提高师资队伍的整体水平。国家设立专项基金，用于实验室业务费用。

15. 进一步提高高等学校博士生培养质量，增设博士专项奖学金。从 1999 年开始，每年评选百篇具有创新水平的优秀博士论文。对于获奖后留在高等学校工作的博士，连续 5 年支持其科研、教学工作。要稳妥扩大高等学校博士后流动站的数量和规模。

16. 加强国际学术交流。除按现有留学基金制度继续派遣短期访问学者外，由国家资助，选拔大学系主任和研究所、实验室骨干作为高级访问学者，有针对性地到国外一流大学进行研修交流。邀请海外知名学者特别是世界一流大学的教授任国内大学客座教授，来华进行短期讲学和研究。还要采取各种措施鼓励留学人员回国服务，或以其他方式为提高我国高等学校的教学质量和科学水平贡献力量。

四、继续并加快进行“211 工程”建设，大力提高高等学校的知识创新能力

17. 1995 年启动的“211 工程”，重点建设一批高等学校和一批学科，已经为我国创新人才的培养和国家创新体系的建设奠定了重要基础。“九五”期间，进入实质性建设阶段。要保证 2000 年切实完成“211 工程”首期计划并在此基础上启动二期计划，以进一步提高高校知识创新能力和科学研究水平。

“211 工程”二期计划建设资金仍采取国家、部门、地方和高等学校共同筹集的方式。其中，中央专项投入部分的力度至少与首期计划持平，主要用于加大已立项的重点学科建设力度。同时加强项目管理，提高资金使用效益。

五、创建若干所具有世界先进水平的一流大学和一批一流学科

18. 建设世界一流大学，具有重大的战略意义。按照江泽民同志在北京大学百年校庆大会上讲话的精神，“为了实现现代化，我国要有若干所具有世界先进水平的一流大学”。经过长期的建设和积累，我国少数大学在少数学科和高新技术领域已达到和接近国际先进水平，拥有一批高水平的教授，尤其是本科生培养质量较高，为创建世界一流大学创造了条件。

19. 国际上一流大学都是经过长期的建设形成的。一流大学建设要有政府的支持、资金的投入，但更重要的是学校领导、教师、学生长年累月辛勤奋斗的结果。特别是学生毕业以后在国家的各个建设岗位上乃至在国际上体现出了公认的信誉。同时这种学校集中有一大批知名的学者教授。因此，办成一流的大学，需要有一定的历史过程，要经过社会实践的考验。对此，既要有雄心壮志，又必

须脚踏实地。要相对集中国家有限财力，调动多方面积极性，从重点学科建设入手，加大投入力度，对于若干所高等学校和已经接近并有条件达到国际先进水平的学科进行重点建设。今后10—20年，争取若干所大学和一批重点学科进入世界一流水平。

六、实施“现代远程教育工程”，形成开放式教育网络，构建终身学习体系

20. 现代远程教育是随着现代信息技术的发展而产生的一种新型教育方式，是构筑知识经济时代人们终身学习体系的主要手段。充分利用现代信息技术，在原有远程教育的基础上，实施“现代远程教育工程”，可以有效地发挥现有各种教育资源的优势，符合世界科技教育发展的潮流，是在我国教育资源短缺的条件下办好大教育的战略措施，要作为重要的基础设施加大建设力度。

21. 以现有的中国教育科研网（CERNET）示范网和卫星视频传输系统为基础，提高主干网传输速率，充分利用国家已有的通信资源，进一步扩大中国教育科研网的传输容量和联网规模。2000年，全国全部本科高等学校和千所以上中等学校入网，并争取计算机网络进入5万名高校教授家中。利用中国教育科研网建立全国大学生招生远程录取、计算机学籍管理、毕业生远程就业服务一体化的信息系统。

22. 继续发挥卫星电视教育在现代远程教育中的作用，改造现有广播电视教育传输网络，建设中央站，并与中国教育科研网进行高速连接，进行部分远程办学点的联网改造。2000年，争取使全国农村绝大多数中小学都能收看教育电视节目。要运用优秀师资力量和现代教育手段，把教育电视节目办好，重点满足边远、海岛、

深山、林牧等地区的教育需求。

23．改变落后、低水平重复的远程教育软件开发制作模式，发挥政府宏观调控作用，利用各级各类学校教育资源的优势，通过竞争和市场运作机制，开发高质量的教育软件。要重点建设全国远程教育资源库和若干个教育软件开发生产基地。同时注意引进国外优秀现代远程教育软件。

24．教育部对全国现代远程教育工作实行归口管理，负责组织制订全国“现代远程教育发展规划”并组织实施。“现代远程教育工程”将实行短期国家支持、长期自力运行的发展策略。采用先进的信息技术手段，结合中国的实际情况，不断提高现代远程教育的水平。

为推动现代远程教育的发展，按国际惯例对现代远程教育网络运行费用实行优惠，并依法对境外捐赠设备、进口设备的关税给予减免。

25．建立和完善继续教育制度，适应终身学习和知识更新的需要。有条件的高等学校要开设继续教育课程，建设继续教育基地。要依托现代远程教育网络开设高质量的网络课程，组织全国一流水平的师资进行讲授，实现跨越时空的教育资源共享，向各行业的管理人员和专业人员提供多种继续教育课程。要发挥高等教育和中等专业教育自学考试制度的优势，不断扩大社会成员的受教育机会。

七、实施“高校高新技术产业化工程”，带动国家高新技术产业的发展，为培育经济新的增长点做贡献

26．高等学校要在国家创新工程中充分发挥自身优势，努力推动知识创新和技术创新，加快技术开发，围绕经济建设中的共性关

键技术开展科技攻关，为改造传统产业、调整产业结构、加强农业和农村工作、培育国家经济发展新的增长点服务。

加强产学研合作，鼓励高等学校与科研院所开展多种形式的联合、合作，优势互补，讲求实效。促进高等学校、科研院所和企业在技术创新和发展高科技产业中的结合。鼓励企业在高等学校建立工程研究中心、生产力促进中心等技术集成与扩散的示范中心，开发高新技术产品。鼓励高等学校向企业转让技术，或利用现有中小企业兴办高新技术企业，探索企业与高校从立项到投产“一条龙”的全面合作。

27. 在高校周围形成高新技术企业群已成为知识经济发展的成功经验。要创造条件在高等学校周围，特别是高等学校集中的地区建立高新技术产业化基地，发展科技园区，成为有目的地吸引国外高新技术企业、引进国外高新技术最新成果的窗口，并发挥科技开发“孵化器”的作用。加强对教师和学生的创业教育，采取措施鼓励他们自主创办高新技术企业。

28. 高等学校兴办高新技术企业，对于带动高新技术产业的发展，形成新的经济增长点，发挥了重要的动力和辐射源的作用，成为培养创新人才的实践基地，也为社会提供了新的就业机会。今后，要按照现代企业制度方式，组建一批以高校为依托的高科技产业集团。

29. 建立健全高等学校高新技术产业化的保障机制。教育部成立高校科技产业发展资助机构，用于资助高校有开发前景的重大科技项目。通过控股、参股和信贷等方式，重点支持包括高校在内的科技产业和科技开发活动。同时，尽快组建一批专门为高校科技成果转化服务的中介机构。允许技术生产要素参与收益分配，对科技成果转让的收益应依据国家有关规定提取一定部分，按贡献大小分配给有关研制开发人员。要研究建立创业投资基金，鼓励符合条件的高科技企业上市，促进高新技术产业的发展。

八、贯彻《高等教育法》，积极稳步发展高等教育，加快高等教育改革步伐，提高教育质量和办学效益

30. 切实落实《高等教育法》关于“高等学校应当面向社会，依法自主办学，实行民主管理”的规定，扩大高校办学自主权。为使更多的高中毕业生有接受高等教育的机会，根据各地的需求和经费投入及师资条件的可能，在采用新的机制和模式的前提下，2000 年高等教育本专科在校生总数将达到 660 万人。招生计划的增量将主要用于地方发展高等职业教育，研究生在校生规模应有较大的增长。高等教育入学率由 1997 年的 9.1%（新口径），提高到 2000 年的 11%左右。普通高等学校生师比由 1997 年的 10：1 提高到 2000 年的 12：1，独立设置的普通高校平均在校生规模达到 4000 人左右。

31. 加快高等教育体制改革步伐，深化高等教育改革。继续实行“共建、调整、合作、合并”的方针，今后 3—5 年，基本形成中央和省级政府两级管理、分工负责，在国家宏观政策指导下，以省级政府统筹为主的条块有机结合的新体制。除少数关系国家发展全局以及行业性很强需由国家有关部门直接管理的高等学校外，其他绝大多数高等学校由省级政府管理或者以地方为主与国家共建。中央财政继续拨款鼓励和推进管理体制改革，调整和优化高等学校布局。鼓励和支持社会力量办学。

32. 积极发展高等职业教育，是提高国民科技文化素质、推

迟就业以及发展国民经济的迫切要求。对于学历高等职业教育，除对现有高等专科学校、职业大学和独立设置的成人高校进行改革、改组和改制，并选择部分符合条件的中专改办（简称“三改一补”）发展高等职业教育之外，部分本科院校可以设立高等职业技术学院，基本不搞新建。挑选30所现有学校建设示范性职业技术学院。发展非学历高等职业教育，主要进行职业资格证书教育。要逐步研究建立普通高等教育与职业技术教育之间的立交桥，允许职业技术院校的毕业生经过考试接受高一级学历教育。

高等职业教育必须面向地区经济建设和社会发展，适应就业市场的实际需要，培养生产、服务、管理第一线需要的实用人才，真正办出特色。主动适应农村工作和农业发展的新形势，培养农村现代化需要的各类人才。要通过试点逐步把高等职业教育的招生计划、入学考试和文凭发放等方面的责权放给省级人民政府和学校，省级人民政府在国家宏观指导下，对本地区高等职业教育的现有资源进行统筹。加快发展高等职业教育的步伐，探索多种招生方法，中等职业学校毕业生中有一定比例（近期3%左右）可进入高等职业学校学习；普通高中毕业生除进入普通高等学校外，多数应接受多种形式的高等职业教育，提高素质。

33. 加大招生和毕业生就业制度改革力度，有计划、有步骤地推进高等学校招生考试制度的改革。要从有利于中小学实施素质教育、高等学校公平选拔合格人才、扩大高等学校办学自主权和社会稳定的原则出发，进行高考科目、内容、方法和制度的改革试点，增加对学生能力和综合素质的考核份量，探索适合不同地区和学校特点的高等学校招生、考试、评价的方法和制度。进行高等职业教育“学校面向市场自主办学，学生自谋职业”的试点。到2000年左右，建立起比较完善的由学校和有关部门推荐、学生和用人单位在国家政策指导下通过人才劳务市场双向选择、自主择业的毕业生就业制度。

要通过多种形式对高校特困生给予资助，保证经高考录取和已在校的家境贫寒的学生不因经济困难而辍学。国家继续安排资金资助特困生，地方财政和学校相应配套资助。同时，积极开展高校学生贷学金等多种助学制度的试点工作，探索社会主义市场经济条件下资助经济困难学生的有效途径。

34. 积极推进高等学校的教学改革，改革教育思想、观念、内容和方法。要大力推进高等专科教育的人才培养模式的改革，特别是改革课程结构，加强实践教学基地和“双师”型教师队伍建设。本科教育要拓宽专业口径，增强适应性，今后 3—5 年，将专业由 200 多种调整到 100 多种。继续推进“面向 21 世纪教学内容和课程体系改革计划”，并建成 200 个文、理科基础性人才培养基地，100 个各科类基础课程教学基地和 20 个大学生文化素质培养基地，使之成为具有国内先进水平的教学示范基地。积极稳步发展专业学位研究生教育，进一步完善专业学位体系，培养大批高层次应用性人才。

35. 大力推进高等学校内部管理体制改革。逐步推行聘任制，减少冗员，精简高校职工队伍，使学生与教职员工之比、学生与职工之比、专任教师与职工之比均有较大提高；加速学校后勤工作社会化改革，精简分流富余人员。高等学校招生计划的扩大要同学校后勤工作社会化的进度挂钩。选择若干条件较好的城市组建企业化经营管理的高校后勤生活服务集团公司，从事学生公寓物业管理以及学校后勤生活服务。争取 3—5 年内，大部分地区实现高校后勤工作社会化。

九、积极发展职业教育和成人教育，培养大批高素质劳动者和初中级人才，尤其要加大教育为农业和农村工作服务的力度

36. 依据《教育法》和《职业教育法》，要努力建立符合我国国情特点的职前与职后教育培训相互贯通的体系，使初等、中等和高等职业教育与培训相互衔接，并与普通教育、成人教育相互沟通、协调发展。设立职业教育课程改革和教材建设基金，实施课程改革和教材建设规划。依托普通高等学校和高等职业技术学院，重点建设50个职业教育专业教师和实习指导教师培养培训基地，地方也要加强职业教育师资培训基地建设。

继续实施初中后教育的分流，从各地实际出发，积极发展中等职业教育。全国高中阶段职业教育与普通教育之间应保持现有比例，努力达到《中国教育改革和发展纲要》提出的目标。极少数尚未普及九年义务教育的地区，对不能升入初中的小学毕业生应实行职业技术培训；高中阶段教育结构已基本合理的地区，要把职业教育工作重点放到提高质量和效益上来。经济比较发达的地区可发展部分综合高中，推迟到高三年级分流。要对中等职业教育的社会需求进行科学预测，按照“先培训，后上岗”的原则，对各类新就业人员进行时限和形式不同的职业教育和培训。中等职业教育要改革专业和课程结构，实行弹性选课制度，提高培养质量，使毕业生能够适应未来社会产业结构和就业市场变化的需要，努力在各地办出一批有较高社会声誉的职业技术学校。

37. 成人教育要以岗位培训和继续教育为重点，通过建立现代企业教育制度和职业资格证书制度，采取灵活多样的办学形式，使各类下岗和转岗人员都能接受不同层次和年限的职业培训或正规教育，为再就业工程服务，并使之规范化、制度化。积极为企业经营管理和财务管理人员进行在职培训。促进企业、学校与政府其他业务部门之间的合作。开展社区教育的实验工作，逐步建立和完善终身教育体系，努力提高全民素质。

根据不同学科、专业和行业发展趋势，加强专业技术人员继续教育工作，健全教育、考核、使用相结合的制度，建立继续教育基金，促进继续教育基地和网络的建设。还要加强公务员培训教育，健全培训机制，建设高素质的专业化的国家行政管理干部队伍。

38. 加大职业教育与成人教育办学体制、管理体制、运行机制及招生就业制度改革的力度。适应社会主义市场经济体制的建立和发展，鼓励社会力量在政府的指导下举办各种形式的职业教育和成人教育。职业教育和成人教育要走产教结合的道路，调整学校布局，优化资源配置，加强创业教育和职业道德教育，实行更加灵活的教学模式，努力办出特色，更好地为地区经济和社会发展服务。

认真贯彻党的十五届三中全会精神，深化农科教相结合和各类教育统筹的综合改革，促进农村普通教育、成人教育和职业教育的协调发展，充分发挥农村教育在农村现代化建设中的积极作用。扫盲工作要与农村实用技术培训相结合，切实巩固脱盲的成效，把脱盲与脱贫结合起来。今后3—5年，使全国大多数农村地区义务教育阶段的毕业生或肄业生能够在从业前后接受一定方式的职业技术培训，包括“绿色证书”培训，使一部分人掌握一两项生产致富的实用技术，适应农村经济社会发展和农民致富奔小康的需要，特别要采取多种教育和培训形式，为乡镇企业和农村产业升级提供充足的、适用的技术和管理人才。

十、深化办学体制改革，调动各方面发展教育事业的积极性

39．认真贯彻国务院对于社会力量办学实行“积极鼓励，大力支持，正确引导，加强管理”的方针，今后3—5年，基本形成以政府办学为主体、社会各界共同参与、公办学校和民办学校共同发展的办学体制。

要制定有利于吸纳社会资金办教育和民办学校发展的优惠政策。民办学校的教师和学生，在评定职称、业务培训、升学考试、社会活动等方面享有与公办学校教师、学生的同等待遇。国家设立社会力量办学表彰奖励基金，对有突出贡献的集体和个人给予表彰。

40．社会力量办学要纳入依法办学、依法管理的轨道。社会力量办学不以营利为目的，鼓励滚动发展。要完善法规建设，充实学校设置标准，健全管理体制，加强校容管理，严格财务审计，不断提高教育和管理水平，鼓励现有学校发挥规模效益。

要保证社会力量举办的教育机构自主办学的法人地位，高等教育机构可面向社会自助招生，依法自行颁发非学历教育学生的结业证书，也可组织学生参加国家举办的自学考试或学历文凭考试，取得国家承认的学历证书。

41．公办学校办学体制改革，要在政府教育行政部门的指导下进行试点。基础教育阶段要与改造薄弱学校相结合，高等教育阶段主要以地方高校和成人高校为对象，探索多种形式的办学模式。在推进办学体制改革中，按照教育法律法规，学校产权必须明晰，国有教育设施不得挪作他用，国有和公有资产不得流失。

十一、依法保证教育经费的“三个增长”，切实增加教育的有效投入

42. 落实科教兴国战略，必须转变把教育投资作为消费性投资的观念，要切实把发展教育作为基础设施建设，把教育投资作为一种基础性的投资，千方百计增加教育投入。各级财政要认真落实已出台的筹措教育经费的各项法律规定和政策，特别是要保证做到《教育法》规定的教育经费的“三个增长”（即各级政府教育财政拨款的增长要高于同级财政经常性收入的增长，在校学生人均教育经费逐步增长，教师工资和学生人均公用经费逐步增长）。要按照《教育法》和《中国教育改革和发展纲要》的规定，逐步提高国家财政性教育经费占国民生产总值的比例，努力实现4%的目标。

逐步提高中央本级和省级财政支出中教育经费支出所占的比例。自1998年起，中央本级财政按同口径每年提高1个百分点，2000年，将此比例提高3个百分点左右，除按原有政策保留目前每年由中央安排的教育专项外，上述增量部分主要用于振兴行动计划中中央财政支持和资助的项目。同时，各省、自治区、直辖市财政支出中教育经费所占的比例，也应根据各地实际每年提高1—2个百分点。

认真贯彻《国务院办公厅转发财政部关于进一步做好教育科技经费预算安排和确保教师工资按时发放通知的通知》（国办发〔1998〕23号）的精神，从1998年起，各级财政每年超收部分和财政预算外收入，应按不低于年初确定的教育经费占财政支出的比例用于教育。

加强对城、乡教育费附加的征管工作，以确保足额征收并由教育行政部门商财政部门统筹安排使用。积极支持勤工俭学、校办产业的发展，并对其继续实行税收优惠政策。

在中国中小学幼儿教师奖励基金会的基础上，建立中华教育发展基金会，多渠道筹集教育经费。

43. 加快高校筒子楼建设和危房的改造，争取到 2000 年基本解决高校青年教师住房困难。中央部委所属高校此项工程所需资金，中央财政予以专项支持，其余部分由学校及其主管部门分担，改造后的筒子楼作为高校的公寓和周转用房。

44. 利用银行贷款，进一步加快中央部委高校的教职工住房建设。为解决高校教师住房困难、稳定高校教师队伍，在 2000 年前建设银行基础设施贷款中，安排一部分用于中央部委所属高校住房建设，以支持利用学校自用土地，加快新建“经济适用型”住房，资金不足部分，应多渠道筹措解决。同时，要继续加强中小学教师的“安居工程”的建设。

45. 各级教育部门必须采取各种措施深化教育改革，完善拨款制度，精简机构和冗员，提高经费使用效益。同时，加强对教育经费的审计与监督。

十二、高举邓小平理论的伟大旗帜，加强高等学校党的建设和思想政治工作，把高等学校建设成为社会主义精神文明建设的重要阵地

46. 高等学校的德育工作要以马列主义、毛泽东思想和邓小平理论为指导，按照江泽民同志对全国青年和大学生提出的坚持“学习科学文化与加强思想修养的统一、学习书本知识与投身社会实践的统一、实现自身价值与服务祖国人民的统一、树立远大理想与进行艰苦奋斗的统一”的要求，贯彻落实《中共中央关于进一步加强和改进学校德育工作的若干意见》，坚持社会主义办学方向，完善德育工作体系，教育引导学生坚定政治信念，加强思想修养，树立

远大理想，投身社会实践，自觉艰苦奋斗，立志振兴中华，把培养“四有”新人的战略任务落到实处。

47. 认真组织实施普通高等学校公共马克思主义理论课和思想品德课（简称“两课”）课程设置新方案，加快邓小平理论“进教材、进课堂、进学生头脑”工作的步伐，用邓小平理论武装大学生。要加强“两课”课程体系和教材建设的研究，把理论研究基地建设好。加强“两课”教师的培训工作，提高他们的政治和业务水平，提高思想理论教育的实效。

48. 加强高等学校中华民族优秀传统教育、人文科学教育和艺术教育，通过增设选修课、举办专题讲座和各种知识性、文艺性业余活动等多种方式，提高学生的文化素质。

49. 加强高等学校的哲学社会科学研究。要在马克思列宁主义、毛泽东思想和邓小平理论的指导下，紧密结合国民经济和社会发展的重大理论和实践问题组织研究，发挥高等学校“思想库”、“人才库”的优势。要进一步加大高校哲学社会科学研究的投入，设立理论研究和教学优秀成果奖，提高高等学校哲学社会科学的研究水平和参与重大决策的能力。

加强教育科学研究。要统筹规划，突出重点，促进研究成果向实际应用的转化，为教育宏观决策科学化、民主化服务，为教育改革和发展的实践服务，为繁荣教育科学服务。

50. 高等学校党组织要切实加强党的建设，加强和改进党对思想政治工作的领导。要在党委的统一部署下，建立和完善校长及行政系统为主实施的德育管理体制，加强高等学校思想政治工作队伍的建设，使高等学校在社会主义精神文明建设，维护生动活泼、安定团结的政治局面中发挥重要作用。

中共中央、国务院关于深化教育改革全面推进素质教育的决定[①]

（1999 年 6 月 13 日）

当今世界，科学技术突飞猛进，知识经济已见端倪，国力竞争日趋激烈。教育在综合国力的形成中处于基础地位，国力的强弱越来越取决于劳动者的素质，取决于各类人才的质量和数量，这对于培养和造就我国二十一世纪的一代新人提出了更加迫切的要求。我国正处在建立社会主义市场经济体制和实现现代化建设战略目标的关键时期。新中国成立 50 年来特别是改革开放以来，教育事业的改革与发展取得了令人瞩目的巨大成就。但面对新的形势，由于主观和客观等方面的原因，我们的教育观念、教育体制、教育结构、人才培养模式、教育内容和教学方法相对滞后，影响了青少年的全面发展，不能适应提高国民素质的需要。全党、全社会必须从我国社会主义事业兴旺发达和中华民族伟大复兴的大局出发，以邓小平理论为指导，全面贯彻落实党的十五大精神，深化教育改革，全面推进素质教育，构建一个充满生机的有中国特色社会主义教育体系，为实施科教兴国战略奠定坚实的人才和知识基础。

一、全面推进素质教育，培养适应二十一世纪现代化建设需要的社会主义新人

1．实施素质教育，就是全面贯彻党的教育方针，以提高国民

① 《中共中央、国务院关于深化教育改革全面推进素质教育的决定》，《中华人民共和国国务院公报》，1999 年 21 期。

素质为根本宗旨，以培养学生的创新精神和实践能力为重点，造就“有理想、有道德、有文化、有纪律”的、德智体美等全面发展的社会主义事业建设者和接班人。

全面推进素质教育，要面向现代化、面向世界、面向未来，使受教育者坚持学习科学文化与加强思想修养的统一，坚持学习书本知识与投身社会实践的统一，坚持实现自身价值与服务祖国人民的统一，坚持树立远大理想与进行艰苦奋斗的统一。

全面推进素质教育，要坚持面向全体学生，为学生的全面发展创造相应的条件，依法保障适龄儿童和青少年学习的基本权利，尊重学生身心发展特点和教育规律，使学生生动活泼、积极主动地得到发展。

2. 实施素质教育应当贯穿于幼儿教育、中小学教育、职业教育、成人教育、高等教育等各级各类教育，应当贯穿于学校教育、家庭教育和社会教育等各个方面。在不同阶段和不同方面应当有不同的内容和重点，相互配合，全面推进。在不同地区还应体现地区特点，尤其是少数民族地区的特点。

实施素质教育，必须把德育、智育、体育、美育等有机地统一在教育活动的各个环节中。学校教育不仅要抓好智育，更要重视德育，还要加强体育、美育、劳动技术教育和社会实践，使诸方面教育相互渗透、协调发展，促进学生的全面发展和健康成长。

3. 各级各类学校必须更加重视德育工作，以马克思列宁主义、毛泽东思想和邓小平理论为指导，按照德育总体目标和学生成长规律，确定不同学龄阶段的德育内容和要求，在培养学生的思想品德和行为规范方面，要形成一定的目标递进层次。要加强辩证唯物主义和历史唯物主义教育，使学生树立科学的世界观和人生观。

要有针对性地开展爱国主义、集体主义和社会主义教育，中华民族优秀文化传统和革命传统教育，理想、伦理道德以及文明习惯养成教育，中国近现代史、基本国情、国内外形势教育和民主法制教育。把发扬中华民族优良传统同积极学习世界上一切优秀文明成果结合起来。高等学校要进一步加强邓小平理论“进教材、进课堂、进学生头脑”工作。职业学校要加强职业道德教育。

进一步改进德育工作的方式方法，寓德育于各学科教学之中，加强学校德育与学生生活和社会实践的联系，讲究实际效果，克服形式主义倾向。针对新形势下青少年成长的特点，加强学生的心理健康教育，培养学生坚韧不拔的意志、艰苦奋斗的精神，增强青少年适应社会生活的能力。加强民族团结教育，规范国防教育，提高学生的国家安全意识，继续搞好军训工作并使之制度化。加强校园的精神文明建设，严禁一切封建迷信和其他有害于学生身心健康的活动及物品传入校园。加强共青团、少先队和学生会工作，在培养和提高学生素质方面发挥更大的作用。社会各方面要为青少年提供优秀的精神文化产品和德育活动基地，形成学校、家庭和社会共同参与德育工作的新格局。

4. 智育工作要转变教育观念，改革人才培养模式，积极实行启发式和讨论式教学，激发学生独立思考和创新的意识，切实提高教学质量。要让学生感受、理解知识产生和发展的过程，培养学生的科学精神和创新思维习惯，重视培养学生收集处理信息的能力、获取新知识的能力、分析和解决问题的能力、语言文字表达能力以及团结协作和社会活动的能力。

高等教育要重视培养大学生的创新能力、实践能力和创业精神，普遍提高大学生的人文素养和科学素质。职业教育和成人教育要使学生在掌握必需的文化知识的同时，具有熟练的职业技能和适应职业变化的能力。减轻中小学生课业负担已成为推行素质教育中刻不容缓的问题，要切实认真加以解决。各级政府都要建立健全减轻学生课业负担的监督检查机制。要重视婴幼儿的身体发育和智力开发，普及婴幼儿早期教育的科学知识和方法。

5. 健康体魄是青少年为祖国和人民服务的基本前提，是中华民族旺盛生命力的体现。学校教育要树立健康第一的指导思想，切实加强体育工作，使学生掌握基本的运动技能，养成坚持锻炼身体的良好习惯。确保学生体育课程和课外体育活动时间，不准挤占体育活动时间和场所。举办多种多样的群体性体育活动，培养学生的竞争意识、合作精神和坚强毅力。地方各级人民政府要统筹规划，为学校开展体育活动提供必要条件。培养学生的良好卫生习惯，了解科学营养知识。根据农村的实际条件和需要，有针对性地加强农村学校的体育和卫生工作。

6. 美育不仅能陶冶情操、提高素养，而且有助于开发智力，对于促进学生全面发展具有不可替代的作用。要尽快改变学校美育工作薄弱的状况，将美育融入学校教育全过程。中小学要加强音乐、美术课堂教学，高等学校应要求学生选修一定学时的包括艺术在内的人文学科课程。开展丰富多采的课外文化艺术活动，增强学生的美感体验，培养学生欣赏美和创造美的能力。地方各级人民政府和各有关部门要为学校美育工作创造条件，继续完善文化经济政策，各类文化场所（博物馆、科技馆、文化馆、纪念馆等）要向学生免费或优惠开放，鼓励文化艺术团体到学校演出高雅健康的节目。农村中小学也要充分利用当地文化资源，因地制宜地开展美育活动。

7．教育与生产劳动相结合是培养全面发展人才的重要途径。各级各类学校要从实际出发，加强和改进对学生的生产劳动和实践教育，使其接触自然、了解社会，培养热爱劳动的习惯和艰苦奋斗的精神。建立青少年参与社区服务和社区建设的制度。中小学要鼓励学生积极参加形式多样的课外实践活动，培养动手能力；职业学校要实行产教结合，鼓励学生在实践中掌握职业技能；高等学校要加强社会实践，组织学生参加科学研究、技术开发和推广活动以及社会服务活动。利用假期组织志愿者到城乡支工、支农、支医和支教。社会各方面要为学校开展生产劳动、科技活动和其他社会实践活动提供必要的条件，同时要加强学生校外劳动和社会实践基地的建设。

二、深化教育改革，为实施素质教育创造条件

8．基本普及九年义务教育和基本扫除青壮年文盲（简称“两基”），是全面推进素质教育的基础。地方各级人民政府要继续将“两基”作为教育工作的“重中之重”，确保2000年“两基”目标的实现和达标后的巩固与提高。各地要从实际出发，改造薄弱学校，提高义务教育阶段的整体办学水平。2000年后要继续实施“国家贫困地区义务教育工程”，加大对贫困地区和少数民族地区的扶持力度，继续加强发达地区对少数民族贫困地区的教育对口支援工作，切实解决农村初中辍学率偏高的问题，同时大力提高义务教育阶段残疾儿童少年的入学率。

9．调整现有教育体系结构，扩大高中阶段教育和高等教育的规模，拓宽人才成长的道路，减缓升学压力。通过多种形式积极发展高等教育，到2010年，我国同龄人口的高等教育入学率要从现在的9%提高到15%左右。要在确保“两基”的前提下，积极发展包括普通教育和职业教育在内的高中阶段教育，为初中毕业生提供多种形式的学习机会。在城市和经济发达地区要有步骤地普及高中阶段教育。

高等职业教育是高等教育的重要组成部分。要大力发展高等职业教育，培养一大批具有必要的理论知识和较强实践能力，生产、建设、管理、服务第一线和农村急需的专门人才。现有的职业大学、独立设置的成人高校和部分高等专科学校要通过改革、改组和改制，逐步调整为职业技术学院（或职业学院）。支持本科高等学校举办或与企业合作举办职业技术学院（或职业学院）。省、自治区、直辖市人民政府在对当地教育资源的统筹下，可以举办综合性、社区性的职业技术学院（或职业学院）。

10. 构建与社会主义市场经济体制和教育内在规律相适应、不同类型教育相互沟通相互衔接的教育体制，为学校毕业生提供继续学习深造的机会。职业技术学院（或职业学院）可采取多种方式招收普通高中毕业生和中等职业学校毕业生。职业技术学院（或职业学院）毕业生经过一定选拔程序可以进入本科高等学校继续学习。

高等学校和中等职业学校要创造条件实行弹性的学习制度，放宽招生和入学的年龄限制，允许分阶段完成学业。大力发展现代远程教育、职业资格证书教育和其他继续教育。完善自学考试制度，形成社会化、开放式的教育网络，为适应多层次、多形式的教育需求开辟更为广阔的途径，逐渐完善终身学习体系。

11. 进一步简政放权，加大省级人民政府发展和管理本地区教育的权力以及统筹力度，促进教育与当地经济社会发展紧密结合。今后3年，继续按照“共建、调整、合作、合并”的方式，基本完成高等教育管理体制和布局结构的调整，形成中央和省级人民政府两级管理、以省级人民政府管理为主的新体制，合理配置教育资源，提高教育质量和办学效益。经国务院授权，把发展高等职业教育和大部分高等专科教育的权力以及责任交给省级人民政府，省级人民政府依法管理职业技术学院（或职业学院）和高等专科学校。高等职业教育（包括高等专科学校）的招生计划改由省级人民政府制定，其招生考试事宜由省级人民政府自行确定。

继续完善基础教育主要由地方负责、分级管理的体制。根据各地实际，加大县级人民政府对教育经费、教师管理和校长任免等方面的统筹权。地方各级人民政府要加强对职业教育和成人教育的统筹。学历教育由教育行政部门负责管理。在高中及其以上教育的办学水平评估、人力资源预测和毕业生就业指导等方面，进一步发挥非政府的行业协会组织和社会中介机构的作用。

按照《中华人民共和国高等教育法》的规定，切实落实和扩大高等学校的办学自主权，增强学校适应当地经济社会发展的活力。加强对高等学校的监督和办学质量检查，逐步形成对学校办学行为和教育质量的社会监督机制以及评价体系，完善高等学校自我约束、自我管理机制。进一步扩大高等学校招生、专业设置等自主权，高等学校可以到外地合作办学。深化学校内部管理体制改革，进一步精简机构，减员增效。改革分配和奖励制度，实行多劳多得、优劳优酬。加大学校后勤改革力度，逐步剥离学校后勤系统，推动后勤工作社会化，鼓励社会力量为学校提供后勤服务，发展教育产业。

12．进一步解放思想、转变观念，积极鼓励和支持社会力量以多种形式办学，满足人民群众日益增长的教育需求，形成以政府办学为主体、公办学校和民办学校共同发展的格局。凡符合国家有关法律法规的办学形式，均可大胆试验。在发展民办教育方面迈出更大的步伐。鼓励社会力量以各种方式举办高中阶段和高等职业教育。经国家教育行政主管部门批准，可以举办民办普通高等学校。在保证适龄儿童、少年均能就近进入公办小学和初中的前提下，可允许设立少数民办小学和初中，在这个范围内提供择校机会，但不搞“一校两制”。积极发展以社区为依托的、公办与民办相结合的幼儿教育。要因地制宜地制定优惠政策（如土地优惠使用、免征配套费等），支持社会力量办学。

各级人民政府要加强对民办教育的管理、引导和监督，国家要加快民办教育的立法，促进民办教育的健康发展。各级各类民办学校都要依法办学，不断提高办学水平。

13. 加快改革招生考试和评价制度，改变“一次考试定终身”的状况。改革高考制度是推进中小学全面实施素质教育的重要措施，按照有助于高等学校选拔人才、中小学实施素质教育和扩大高等学校办学自主权的原则，积极推进高考制度改革。进行每年举办两次高等学校招生考试的试点。高考科目设置和内容的改革应进一步突出对能力和综合素质的考查。鼓励有条件的省级人民政府进行多种形式的高考制度改革试验，扩大学校的招生自主权和考生的选择机会。逐步建立具有多种选择的、更加科学和公正的高等学校招生选拔制度。

在普及九年义务教育的地区，实行小学毕业生免试就近升学的办法。鼓励各地中小学自行组织毕业考试，采取多种形式改革高中阶段学校的招生办法，改革高中会考制度。建立符合素质教育要求的对学校、教师和学生的评价机制。地方各级人民政府不得下达升学指标，不得以升学率作为评价学校工作的标准。鼓励社会各界、家长和学生以适当方式参与对学校工作的评价。

14. 调整和改革课程体系、结构、内容，建立新的基础教育课程体系，试行国家课程、地方课程和学校课程。改变课程过分强调学科体系、脱离时代和社会发展以及学生实际的状况。抓紧建立更新教学内容的机制，加强课程的综合性和实践性，重视实验课教学，培养学生实际操作能力。要增强农村特别是贫困地区义务教育的课程、教材与当地经济社会发展的适应性。促进教材的多样化，进一步完善国家对基础教育教材的评审制度。积极推进教学改革，提高课堂教学的质量，国家和地方要奖励并推广符合素质教育要求的优秀教学成果。

职业教育要增强专业的适用性，开发和编写体现新知识、新技术、新工艺和新方法的具有职业教育特色的课程及教材。高等教育要加快课程改革和教学改革，继续调整专业结构和设置，使学生尽早地参与科技研究开发和创新活动，鼓励跨学科选修课程，培养基础扎实、知识面宽、具有创新能力的高素质专门人才。

15. 大力提高教育技术手段的现代化水平和教育信息化程度。国家支持建设以中国教育科研网和卫星视频系统为基础的现代远程教育网络，加强经济实用型终端平台系统和校园网络或局域网络的建设，充分利用现有资源和各种音像手段，继续搞好多样化的电化教育和计算机辅助教学。在高中阶段的学校和有条件的初中、小学普及计算机操作和信息技术教育，使教育科研网络进入全部高等学校和骨干中等职业学校，逐步进入中小学。采取有效措施，大力开发优秀的教育教学软件。运用现代远程教育网络为社会成员提供终身学习的机会，为农村和边远地区提供适合当地需要的教育。

16. 努力改变教育与经济、科技相脱节的状况，促进教育和经济、科技的密切结合。高等教育实施素质教育，要加强产学研结合，大力推进高等学校和产业界以及科研院所的合作，鼓励有条件的高等学校建立科技企业，企业在高等学校建立研究机构，高等学校在企业建立实习基地。采用多种形式，使高等学校科研机构进入企业，提高高等学校科技成果的转化率，加快实用科技成果向企业的转移，增强企业的技术创新能力，培育新的经济增长点。要创建若干所具有世界先进水平的一流大学和一批一流学科，在高等学校建设一批既出人才、又出成果的基础研究和应用研究基地，为国家创新体系建设和现代化建设作出贡献。继续推进城市教育综合改革。职业教育和成人教育要通过多种方式，为加快提高劳动者素质，为转岗、分流、下岗职工再就业提供教育和培训。

进一步推进农科教结合，全面推进农村教育综合改革，促进农村普通教育、成人教育和职业教育的统筹协调发展，使农村教育切实转变到主要为农村经济和社会发展服务上来。要把文化知识教育和扫除青壮年文盲与实用生产技术培训结合起来，与农民脱贫致富结合起来。要采取灵活多样的教育培训形式，抓紧培养一大批农村急需的实用技术推广人才、乡镇企业管理人才和医疗卫生人才。

三、优化结构，建设全面推进素质教育的高质量的教师队伍

17. 建设高质量的教师队伍，是全面推进素质教育的基本保证。教师要热爱党，热爱社会主义祖国，忠诚于人民的教育事业；要树立正确的教育观、质量观和人才观，增强实施素质教育的自觉性；要不断提高思想政治素质和业务素质，教书育人，为人师表，敬业爱生；要有宽广厚实的业务知识和终身学习的自觉性，掌握必

要的现代教育技术手段；要遵循教育规律，积极参与教学科研，在工作中勇于探索创新；要与学生平等相处，尊重学生人格，因材施教，保护学生的合法权益。

18．把提高教师实施素质教育的能力和水平作为师资培养、培训的重点。加强和改革师范教育，大力提高师资培养质量。调整师范学校的层次和布局，鼓励综合性高等学校和非师范类高等学校参与培养、培训中小学教师的工作，探索在有条件的综合性高等学校中试办师范学院。2010 年前后，具备条件的地区力争使小学和初中阶段教育的专任教师的学历分别提升到专科和本科层次，经济发达地区高中阶段教育的专任教师和校长中获硕士学位者应达到一定比例。提高高等学校教师中具有博士学位教师的比例。

开展以培训全体教师为目标、骨干教师为重点的继续教育，使中小学教师的整体素质明显提高。中小学专任教师以及师范学校在校生都要接受计算机基础知识和技能培训。注意吸收企业优秀工程技术和管理人员到职业学校任教，加快建设兼有教师资格和其他专业技术职务的“双师型”教师队伍。地方各级人民政府要多渠道筹资设立骨干教师专项资金，在大中小学培养一批高水平的学科带头人和有较大影响的教书育人专家，造就一支符合时代要求、能发挥示范作用的骨干教师队伍。

19．建立优化教师队伍的有效机制，提高教师队伍的整体素质。全面实施教师资格制度，开展面向社会认定教师资格工作，拓宽教师来源渠道，引入竞争机制，完善教师职务聘任制，提高教育质量和办学效益。中小学根据学校编制聘用教师，可面向社会公开招聘，经县以上教育行政部门审批；高等学校依法自主聘任教师，吸引优秀人才从教。继续关心和改善教师的工作条件和生活待遇。

加强编制管理，精简富余人员，富余人员原则上在教育系统内部进行培训和安排。各地要认真做好各级各类学校转岗教师的管理服务工作，进一步建立和完善人才流动的社会化服务体系，搞好人才供求信息的收集和发布工作，开展转岗前职业培训，协调和促进教师的合理流动。地方各级人民政府的人事、劳动和社会保障、财政部门要提供必要的政策指导和经费支持。

20. 合理配置教师资源。各地要制定政策，鼓励大中城市骨干教师到基础薄弱学校任教或兼职，中小城市（镇）学校教师以各种方式到农村缺编学校任教，加强农村与薄弱学校教师队伍建设。城镇中小学教师原则上要有一年以上在薄弱学校或农村学校任教经历，才可聘为高级教师职务。采取优惠政策，吸引和鼓励教师到经济不发达地区、边远地区和少数民族地区任教。经济发达地区和城市也要采取多种形式，帮助少数民族地区和农村提高教师队伍水平。

21. 努力造就能够带领广大教师和教育工作者积极实施素质教育的学校领导以及管理干部队伍。学校校长在推进素质教育中具有特殊作用，要率先转变教育观念，把领导教职工创造性地实施素质教育作为重要职责。要继续巩固和完善中小学校长岗位培训和持证上岗制度，试行校长职级制，逐步完善校长选拔和任用制度，鼓励优秀校长到薄弱学校任职。对于富余的学校管理人员要转岗分流。

四、加强领导，全党、全社会共同努力开创素质教育的新局面

22. 全面推进素质教育，必须切实加强党和政府的领导。邓小平同志指出："我们要千方百计，在别的方面忍耐一些，甚至于牺牲一点速度，把教育问题解决好。"各级党委和人民政府要切实落实教育优先发展的战略地位。全面推进素质教育是党和政府的重要职

责，各级领导干部要转变观念，充分认识素质教育的重要性和紧迫性，把思想统一到中央的决定上来，认真贯彻落实。建立自上而下的素质教育评估检查体系，逐级考核省、市、县、乡各级党委和政府及其主要领导干部抓素质教育工作的情况。各级党委和政府及其有关部门要通力协作，为实施素质教育创造良好的政策环境，注意研究新情况和新问题，鼓励大胆实践，尊重群众的首创精神。重视和加强教育科学研究，提高政府决策和管理的科学性。

23. 全面推进素质教育，根本上要靠法治、靠制度保障。各级人民政府和各部门要切实做到依法行政，保证教育方针的全面贯彻执行。各级党政领导和广大教育工作者要深入进行教育法律法规的学习、宣传活动，提高法律意识，严格履行保护少年儿童和学生身心健康发展的法律职责，坚决制止侵犯学生合法权益的行为，抵制妨碍学生健康成长的各种社会不良影响。各地要依法保障教师的合法权益，不得拖欠教师工资。要整治校园内部和周边环境，维护学校正常秩序。

继续完善国家教育立法，加大教育执法力度，加强教育法制机构和队伍建设，完善教育行政执法监督机制。制定有关素质教育的制度和法规，逐步实现素质教育制度化、法制化。

进一步健全教育督导机构，完善教育督导制度，在继续进行“两基”督导检查的同时，把保障实施素质教育作为教育督导工作的重要任务。

24. 努力采取有效措施，切实加大教育投入，逐步实现国家财政性教育经费支出占国民生产总值4%的目标。各级人民政府必须按照《中华人民共和国教育法》的规定，确保教育经费有较大增长。中央决定，自1998年起至2002年的5年中，提高中央本级财政支出中教育经费所占的比例，每年提高1个百分点。各省、自治区、直辖市人民政府也要根据本地实际，增加本级财政中教育经费的支出。要进一步依法加强城乡教育费附加的征收和管理，农村教育费附加实行乡征、县管、乡用，确保完全用于教育。

进一步完善教育经费拨款办法，充分发挥教育拨款在宏观调控中的作用，不断提高教育经费的使用效益。政府的教育拨款主要用于保证普及义务教育和承担普通高等教育的大部分经费。地方各级人民政府要确保义务教育的资金投入并做到专款专用。在非义务教育阶段，要适当增加学费在培养成本中的比例，逐步建立符合社会主义市场经济体制以及政府公共财政体制的财政教育拨款政策和成本分担机制。加强教育经费的管理，严格禁止乱收费。认真组织实施教育储蓄、教育保险和助学贷款制度，完善奖学金制度。积极运用财政、金融和税收政策，继续鼓励社会、个人和企业投资办学和捐（集）资助学，不断完善多渠道筹措教育经费的体制。

25. 社会用人制度对于实施素质教育有着重要的导向作用，改革用人制度是全面推进素质教育的当务之急。要依法抓紧制定国家职业（技能）标准，明确对各类劳动者的岗位要求，积极推行劳动预备制度，坚持实行“先培训、后上岗”的就业制度，继续改革大中专毕业生就业制度，使学生树立正确的择业观。地方政府教育部门要与人事、劳动和社会保障部门共同协调，在全社会实行学业证书、职业资格证书并重的制度。转变传统的人才观念，形成使用人才重素质、重实际能力的良好风气。

26. 全面推进素质教育，是我国教育事业的一场深刻变革，是一项事关全局、影响深远和涉及社会各方面的系统工程。要进一步加强学校党的工作，充分发挥党员在实施素质教育中的模范带头作用。要通过新闻媒体的正确舆论导向，深入动员社会各界关心、支持和投身素质教育。学校、家庭和社会要互相沟通、积极配合，共同开创素质教育工作的新局面。

要继续认真落实国务院批转的《面向21世纪教育振兴行动计划》。全面推进素质教育，是党中央和国务院为加快实施科教兴国战略作出的又一重大决策，各级党委和人民政府要结合本地实际情况，创造性地把素质教育落到实处，在以江泽民同志为核心的党中央的领导下，高举邓小平理论伟大旗帜，为实现社会主义现代化建设宏伟目标和中华民族伟大复兴作出更大的贡献。

军队系统学校如何落实本文件精神，由中央军委作出决定。

国务院关于基础教育改革与发展的决定（节选）[①]

（2001年5月29日）

（上略）

2.“十五”期间，地方各级人民政府要坚持将普及九年义务教育和扫除青壮年文盲作为教育工作的“重中之重”，进一步扩大九年义务教育人口覆盖范围，初中阶段入学率达到90%以上，青壮年非文盲率保持在95%以上；高中阶段入学率达到60%左右，学前教育进一步发展。

按照“积极进取、实事求是、分区规划、分类指导”的原则，不同地区基础教育事业发展的基本任务是：

（1）占全国人口15%左右、未实现“两基”的贫困地区要打好“两基”攻坚战，普及初等义务教育，积极推进九年义务教育和扫除青壮年文盲，适度发展高中阶段教育，积极发展学前一年教育。

（2）占全国人口50%左右、已实现“两基”的农村地区，重点抓好“两基”巩固提高工作，义务教育学校办学条件明显改善，教育质量和办学效益进一步提高，高中阶段教育有较大发展，积极发展学前三年教育。

（3）占全国人口35%左右的大中城市和经济发达地区，高水平、高质量普及九年义务教育，基本满足社会对高中阶段教育和学前三年教育的需求，重视发展儿童早期教育。到2010年，基础教育总体水平接近或达到世界中等发达国家水平。

---

①《国务院关于基础教育改革与发展的决定》，《中华人民共和国国务院公报》，2001年23期。

3．“十五”期间，基础教育改革进一步深化，素质教育取得明显成效。德育工作的针对性、实效性和主动性进一步增强，青少年学生健康成长的社会环境进一步优化。形成适应时代发展要求的新的基础教育课程体系及国家基本要求指导下的教材多样化格局，建立并进一步完善适应素质教育要求的考试评价制度和招生选拔制度，有条件的地方要取得新的突破。全国乡（镇）以上有条件的中小学基本普及信息技术教育。初步形成适应基础教育改革和发展的教师教育体系，中小学人事制度改革取得显著进展，教师队伍的职业道德和业务水平明显提高。农村教育管理体制进一步完善，基础教育尤其是农村义务教育投入和按时足额发放中小学教师工资的保障机制进一步落实，社会力量办学进一步发展和规范。

4．大力发展高中阶段教育，促进高中阶段教育协调发展。有步骤地在大中城市和经济发达地区普及高中阶段教育。挖掘现有学校潜力并鼓励有条件的地区实行完全中学的高、初中分离，扩大高中规模。鼓励社会力量采取多种形式发展高中阶段教育。保持普通高中与中等职业学校的合理比例，促进协调发展。鼓励发展普通教育与职业教育沟通的高级中学。支持已经普及九年义务教育的中西部农村地区发展高中阶段教育。

5．重视和发展学前教育。大力发展以社区为依托，公办与民办相结合的多种形式的学前教育和儿童早期教育服务。加强乡（镇）中心幼儿园建设并发挥其对村办幼儿园（班）的指导作用。

二、完善管理体制，保障经费投入，推进农村义务教育持续健康发展

6．加强农村义务教育是涉及农村经济社会发展全局的一项战

略任务。农村义务教育量大面广、基础薄弱、任务重、难度大，是实施义务教育的重点和难点。各级人民政府要牢固树立实施科教兴国战略必须首先落实到义务教育上来的思想；牢固树立解决好我国农业、农村和农民问题，要依靠大力发展农村教育，提高劳动者整体素质的思想，切实重视和加强农村义务教育。

7. 进一步完善农村义务教育管理体制。实行在国务院领导下，由地方政府负责、分级管理、以县为主的体制。国家确定义务教育的教学制度、课程设置、课程标准，审定教科书。中央和省级人民政府要通过转移支付，加大对贫困地区和少数民族地区义务教育的扶持力度。省级和地（市）级人民政府要加强教育统筹规划，搞好组织协调，在安排对下级转移支付资金时要保证农村义务教育发展的需要。县级人民政府对本地农村义务教育负有主要责任，要抓好中小学的规划、布局调整、建设和管理，统一发放教职工工资，负责中小学校长、教师的管理，指导学校教育教学工作。乡（镇）人民政府要承担相应的农村义务教育的办学责任，根据国家规定筹措教育经费，改善办学条件，提高教师待遇。继续发挥村民自治组织在实施义务教育中的作用。乡（镇）、村都有维护学校的治安和安全、动员适龄儿童入学等责任。

8. 确保农村中小学教师工资发放是地方各级人民政府的责任。省级人民政府要统筹制定农村义务教育发展和中小学布局调整的规划，严格实行教师资格制度，逐县核定教师编制和工资总额，对财力不足、发放教师工资确有困难的县，要通过调整财政体制和增加转移支付的办法解决农村中小学教师工资发放问题。县级人民政府要强化对教师工资的管理，从 2001 年起，将农村中小学教师工资的管理上收到县，为此，原乡（镇）财政收入中用于农村中小学教职工工资发放的部分要相应划拨上交到县级财政，并按规定设立“工资资金专户”。财政安排的教师工资性支出，由财政部门根据核定的编制和中央统一规定的工资项目及标准，通过银行直接拨入教师在银行开设的个人账户中。在此基础上，为支持国家扶贫开发工作重点县等中西部困难地区建立农村中小学教师工资保障机制，中央财政将给予适当补助。

各级人民政府要进一步加强对教师工资经费的监管，实行举报制度，对于不能保证教师工资发放，挪用挤占教师工资资金的地方，一经查实，要停止中央财政的转移支付，扣回转移支付资金，并追究主要领导人的责任。

9. 各地要依据《中华人民共和国教育法》《中华人民共和国义务教育法》规定，继续做好农村教育费附加征收和管理工作。农村中小学危房改造的教育集资，必须严格按照有关规定执行。提倡农民通过义务劳动支持农村中小学危房改造。

实行农村税费改革试点的地区，要把农村税费改革与促进农村义务教育健康发展结合起来，对因税费改革而减少的教育经费，有关地方人民政府应在改革后的财政预算和上级转移支付资金中优先安排，确保当地农村义务教育投入不低于农村税费改革前的水平。

10. 地方各级人民政府要把农村学校建设列入基础设施建设的统一规划，高度重视农村中小学危房的改造，统筹安排相应的校舍建设资金。乡（镇）、村对新建、扩建校舍所必需的土地，应按有关规定进行划拨。

合理安排农村中小学正常运转所需经费。由省级人民政府根据当地农村中小学实际公用经费支出情况，核定本地区该项经费的标准和定额。除从学校按规定收取的杂费中开支外，其余不足部分由县、乡两级人民政府予以安排。

11. 采取有力措施，坚决刹住一些地方和学校的乱收费，控制学校收费标准，切实减轻学生家长特别是农村学生家长负担。在国家扶贫开发工作重点县等农村贫困地区义务教育阶段，实行由中央有关部门规定杂费、书本费标准的“一费制”收费制度；对其他地区，由省级人民政府按照国家有关规定，结合当地实际，确定本地区杂费、书本费的标准。杂费收入应全部用于补充学校公用经费的不足，不得用于教师工资、津贴、福利、基建等开支。地方各级人民政府和任何单位不得截留、平调和挪用农村中小学收费资金；严禁借收费搞不正之风和腐败行为。

进一步加强监管和检查，完善举报制度，对违反规定乱收费和挪用挤占中小学收费资金的行为，要及时严肃查处。政府有关部门和学校要进一步加强财务管理，努力提高经费使用效益。

12. 针对薄弱环节，采取有力措施，巩固普及九年义务教育成果。地方各级人民政府要把农村初中义务教育作为普及九年义务教育巩固提高的重点，努力满足初中学龄人口高峰期的就学需求，并采取措施切实降低农村初中辍学率。将残疾少年儿童的义务教育作为普及九年义务教育巩固提高工作的重要任务。要重视解决流动人口子女接受义务教育问题，以流入地区政府管理为主，以全日制公办中小学为主，采取多种形式，依法保障流动人口子女接受义务教育的权利。继续抓好农村女童教育。

13. 因地制宜调整农村义务教育学校布局。按照小学就近入学、初中相对集中、优化教育资源配置的原则，合理规划和调整学校布局。农村小学和教学点要在方便学生就近入学的前提下适当合并，在交通不便的地区仍需保留必要的教学点，防止因布局调整造成学生辍学。学校布局调整要与危房改造、规范学制、城镇化发展、移民搬迁等统筹规划。调整后的校舍等资产要保证用于发展教育事业。在有需要又有条件的地方，可举办寄宿制学校。

14. 规范义务教育学制。“十五”期间，国家将整体设置九年义务教育课程。现实行“五三”学制的地区，2005 年基本完成向“六三”学制过渡。有条件的地方，可以实行九年一贯制。

15. 抓住西部大开发有利时机，推动贫困地区和少数民族地区义务教育发展。继续实施第二期“国家贫困地区义务教育工程”，省级人民政府也应制定相关政策，加大对贫困地区和少数民族地区义务教育的投入力度。继续实施“东部地区学校对口支援西部贫困地区学校工程”、“大中城市学校对口支援本地贫困地区学校工程”。采取切实措施，加大对少数民族地区实施义务教育的支持力度，提高适龄儿童入学率。重视加强边境地区义务教育。继续办好内地“西藏班”、“新疆班”。

各级人民政府要完善并落实中小学助学金制度。从 2001 年开始，对贫困地区家庭经济困难的中小学生进行免费提供教科书制度的试点，在农村地区推广使用经济适用型教材。采取减免杂费、书本费、寄宿费等办法减轻家庭经济困难学生的负担。

16. 巩固扩大扫除青壮年文盲成果，大力推进贫困地区、少数民族和妇女扫除青壮年文盲工作。农村学校要积极参与扫除青壮年文盲工作，扫除青壮年文盲教育要与推广实用技术相结合。完善扫除青壮年文盲奖励机制，表彰先进。

三、深化教育教学改革，扎实推进素质教育

17. 实施素质教育，必须全面贯彻党的教育方针，认真落实

《中共中央国务院关于深化教育改革全面推进素质教育的决定》(中发〔1999〕9号)，端正教育思想，转变教育观念，面向全体学生，加强学生思想品德教育，重视培养学生的创新精神和实践能力，为学生全面发展和终身发展奠定基础。

实施素质教育，促进学生德智体美等全面发展，应当体现时代要求。要使学生具有爱国主义、集体主义精神，热爱社会主义，继承和发扬中华民族的优秀传统和革命传统；具有社会主义民主法制意识，遵守国家法律和社会公德；逐步形成正确的世界观、人生观和价值观；具有社会责任感，努力为人民服务；具有初步的创新精神、实践能力、科学和人文素养以及环境意识；具有适应终身学习的基础知识、基本技能和方法；具有健壮的体魄和良好的心理素质，养成健康的审美情趣和生活方式，成为有理想、有道德、有文化、有纪律的一代新人。

18. 切实增强德育工作的针对性、实效性和主动性。加强爱国主义、集体主义和社会主义教育，加强中华民族优良传统、革命传统教育和国防教育，加强思想品质和道德教育并贯穿于教育的全过程。主动适应新形势的要求，针对不同年龄学生的特点，调整和充实德育内容，改进德育工作的方式方法。

小学从行为习惯养成入手，重点进行社会公德教育，进行爱祖国、爱人民、爱劳动、爱科学、爱社会主义教育，联系实际对学生进行热爱家乡、热爱集体以及社会、生活常识教育。初中加强国情教育、法制教育、纪律教育和品格修养。高中阶段注重进行马列主义、毛泽东思想和邓小平理论基本观点教育。对中学生进行正确的世界观、人生观、价值观教育。要对中小学生进行民族团结教育。加强中小学生的心理健康教育。

丰富多彩的教育活动和社会实践活动是中小学德育的重要载体。小学以生动活泼的课内外教育教学活动为主，中学要加强社会实践环节。中小学校要设置多种服务岗位，让更多学生得到实践锻炼的机会。要将青少年校外活动场所建设纳入社区建设规划。各地要多渠道筹集资金，建设一批青少年学生活动场所和社会实践基地。建立健全各级青少年学生校外教育联席会议或相应机构，加强对青少年学生校外教育工作的统筹和协调。大力加强校园文化建设，优化校园育人环境，使中小学成为弘扬正气，团结友爱，生动活泼，秩序井然的精神文明建设基地。

19. 加快构建符合素质教育要求的新的基础教育课程体系。适应社会发展和科技进步，根据不同年龄学生的认知规律，优化课程结构，调整课程门类，更新课程内容，引导学生积极主动学习。小学加强综合课程，初中分科课程与综合课程相结合，高中以分科课程为主。从小学起逐步按地区统一开设外语课，中小学增设信息技术教育课和综合实践活动，中学设置选修课。普通高中要设置技术类课程。中小学都要积极开展科学技术普及活动。加强劳动教育，积极组织中小学生参加力所能及的社会公益劳动，培养学生热爱劳动、热爱劳动人民的情感，掌握一定的劳动技能。

农村中学的课程设置要根据现代农业发展和农村产业结构调整的需要，深化“农科教相结合”和基础教育、职业教育、成人教育的“三教统筹”等项改革，试行“绿色证书”教育并与农业科技推广等结合。

实行国家、地方、学校三级课程管理。国家制定中小学课程发展总体规划，确定国家课程门类和课时，制定国家课程标准，宏观指导中小学课程实施。在保证实施国家课程的基础上，鼓励地方开发适应本地区的地方课程，学校可开发或选用适合本校特点的课程。探索课程持续发展的机制，组织专家、学者和经验丰富的中小学教师参与基础教育课程改革。

20. 贯彻“健康第一”的思想，切实提高学生体质和健康水平。增加体育课时并保证学生每天参加一小时体育活动。开展经常性小型多样的学生体育比赛，培养学生团队精神和顽强意志。加强传染病预防工作和学校饮食卫生管理，防止传染病流行和食物中毒事件发生。制定并实施学生体质健康标准。有条件的地区要推行“学生饮用奶计划”。

21. 中小学要按照国家规定开设艺术课程，提高艺术教育教学质量。充分挖掘社会艺术教育资源，因地制宜地开展经常性的、丰富多彩的校内外艺术活动。各级人民政府和有关部门要重视艺术教育教师队伍建设、场地建设和器材配备工作，保证学校艺术教育的必要条件。

22. 教材编写核准、教材审查实行国务院教育行政部门和省级教育行政部门两级管理，实行国家基本要求指导下的教材多样化。国务院教育行政部门负责核准国家课程的教材编写，审定国家课程的教材及跨省（自治区、直辖市）使用的地方课程的教材；省级教育行政部门负责地方课程教材编写的核准和教材的审定。经国务院教育行政部门授权，省级教育行政部门可审定部分国家课程的教材。

改革中小学教材指定出版的方式和单一渠道发行的体制，试行出版发行公开竞标的办法，做到“课前到书，人手一册”。制定中小学教材版式的国家标准，保证教材质量，降低教材成本和价格。

23. 积极开展教育教学改革和教育科学研究。继续重视基础知识、基本技能的教学并关注情感、态度的培养；充分利用各种课程资源，培养学生收集、处理和利用信息的能力；开展研究性学习，培养学生提出问题、研究问题、解决问题的能力；鼓励合作学习，促进学生之间相互交流、共同发展，促进师生教学相长。各地要建立教育教学改革实验区和实验学校，探索、实验并推广新课程教材和先进的教学方法。各地要建设一批实施素质教育的示范性普通高中。有条件的普通高中可与高等学校合作，探索创新人才培养的途径。

广大教师要积极参加教学实验和教育科研，教研机构要充分发挥教学研究、指导和服务等作用。高等师范院校、教育科研院所要积极参与基础教育课程教材改革和教学实验。注意借鉴国外教学改革的先进经验。奖励并推广基础教育教学改革优秀成果。

24. 继续减轻中小学生过重的课业负担，尊重学生人格，遵循学生身心发展规律，保证中小学生身心健康成长。要加强教学管理，改进教学方法，提高教学质量。要丰富学生课余生活，组织好学生课外活动。

进一步加强对滥发学生用书、学具及其他学生用品的治理。任何部门和单位不得向学校搭售或强迫学校订购教辅材料，中小学校不得组织学生统一购买各种形式的教辅材料。

25. 改革考试评价和招生选拔制度。探索科学的评价办法，发现和发展学生的潜能，帮助学生树立自信心，促进学生积极主动地发展。改革考试内容和方法，小学成绩评定应实行等级制；中学部分学科实行开卷考试，重视实验操作能力考查。学校和教师不得公布学生考试成绩和按考试结果公开排队。推动各地积极改革省级普通高中毕业会考。要按照有助于高等学校选拔人才、有助于中学实施素质教育、有助于扩大高等学校办学自主权的原则，加强对学生能力和素质的考查，改革高等学校招生考试内容，探索多次机会、双向选择、综合评价的考试、选拔方式，推进高等学校招生考试和选拔制度改革。在科学研究、发明创造及其他方面有特殊才能并取得突出成绩的学生，免试进入高等学校学习。

26. 大力普及信息技术教育，以信息化带动教育现代化。各地要科学规划，全面推进，因地制宜，注重实效，以多种方式逐步实施中小学“校校通”工程。努力为学校配备多媒体教学设备、教育软件和接收我国卫星传送的教育节目的设备。有条件地区要统筹规划，实现学校与互联网的连接，开设信息技术课程，推进信息技术在教育教学中的应用。开发、建设共享的中小学教育资源库。加强学校信息网络管理，提供文明健康、积极向上的网络环境。积极支持农村学校开展信息技术教育，国家将重点支持中西部贫困地区开展信息技术教育。支持鼓励企业和社会各界对中小学教育信息化的投入。

各级人民政府和教育行政部门要重视常规实验教学，因地制宜地加强中小学实验室、图书馆（室）及体育、艺术、劳动技术等教育设施的建设，并充分向学生开放，提高教学仪器设备、图书的使用效益。鼓励各地乡（镇）中小学建立中心实验室、图书馆等，辐射周边学校。

27. 要认真贯彻实施《中华人民共和国国家通用语言文字法》，进一步加强中小学推广普通话、用字规范化工作，推广普及国家通用语言文字，把普及普通话、用字规范化纳入教育教学要求，提高学生语言文字应用能力和规范意识。

四、完善教师教育体系，深化人事制度改革，大力加强中小学教师队伍建设

28. 建设一支高素质的教师队伍是扎实推进素质教育的关键。完善以现有师范院校为主体、其他高等学校共同参与、培养培训相衔接的开放的教师教育体系。加强师范院校的学科建设，鼓励综合性大学和其他非师范类高等学校举办教育院系或开设获得教师资格所需课程。支持西部地区师范院校的建设。以有条件的师范大学和综合性大学为依托建设一批开放式教师教育网络学院。推进师范教育结构调整，逐步实现三级师范向二级师范的过渡。有条件的地区要培养具有专科学历的小学教师和本科学历初中教师，逐步提高高中教师的学历，扩大教育硕士的培养规模和招生范围。制订适应中小学实施素质教育需要的师资培养规格与课程计划，探索新的培养模式，加强教学实践环节，增强师范毕业生的教育教学与终身发展能力。

以转变教育观念，提高职业道德和教育教学水平为重点，紧密结合基础教育课程改革，加强中小学教师继续教育工作，健全教师培训制度，加强培训基地建设。加大信息技术、外语、艺术类和综合类课程师资的培训力度，应用优秀的教学软件，开展多媒体辅助教学。加强中青年教师的培训工作。在教师培训中，要充分利用远程教育的方式，就地就近进行，以节省开支。对贫困地区教师应实行免费培训。

29. 加强骨干教师队伍建设。实施“跨世纪园丁工程”等教师培训计划，培养一大批在教育教学工作中起骨干、示范作用的优秀教师和一批教育名师。在教育对口支援工作中，援助地区的学校要为受援地区的学校培养、培训骨干教师。

30. 加强中小学教师编制管理。中央编制部门要会同教育、财政部门制定科学合理的中小学教职工编制标准。省级人民政府要按照国家有关规定和编制标准，根据本地实际情况，制定本地区的实施办法。各地要核定中小学教职工编制，规范学校内设机构和岗位设置，加强编制管理。对违反编制规定擅自增加教职工人数的，要严肃处理。

大力推进中小学人事制度改革。全面实施教师资格制度，严把教师进口关。优先录用师范院校毕业生到义务教育学校任教。高中教师的补充，在录用师范院校毕业生任教的同时，注意吸收具有教师资格的其他高等学校毕业生。推行教师聘任制，建立“能进能出、能上能下”的教师任用新机制。根据中小学教师的职业特点，实现教师职务聘任和岗位聘任的统一。建立激励机制，健全和完善考核制度，辞退不能履行职责的教师。

调整优化教师队伍。实施教师资格准入制度，严格教师资格条件，坚决辞退不具备教师资格的人员，逐步清退代课人员，精简、压缩中小学非教学人员。政府部门和事业单位不得占用或变相占用中小学教职工编制，清理各类“在编不在岗”人员。

31. 依法完善中小学教师和校长的管理体制。落实《中华人民共和国教师法》规定的中小学教师的管理权限。县级以上教育行政部门依法履行中小学教师的资格认定、招聘录用、职务评聘、培养培训和考核等管理职能。

改革中小学校长的选拔任用和管理制度。高级中学和完全中学校长一般由县级以上教育行政部门提名、考察或参与考察，按干部管理权限任用和聘任；其他中小学校长由县级教育行政部门选拔任用并归口管理。推行中小学校长聘任制，明确校长的任职资格，逐步建立校长公开招聘、竞争上岗的机制。实行校长任期制，可以连聘连任。积极推进校长职级制。

五、推进办学体制改革，促进社会力量办学健康发展

32．基础教育以政府办学为主，积极鼓励社会力量办学。义务教育坚持以政府办学为主，社会力量办学为补充；学前教育以政府办园为骨干，积极鼓励社会力量举办幼儿园；普通高中教育在继续发展公办学校的同时，积极鼓励社会力量办学。

对民办学校在招生、教师职务评聘、教研活动、表彰奖励等方面与公办学校一视同仁。政府要对办学成绩显著者予以表彰奖励。社会力量举办的全日制中小学办学所得合法资金，在留足学校发展资金后，可适当安排经费奖励学校举办者。各级教育行政部门要加强对民办中小学、幼儿园教育教学的指导和监督，要认真审核其办学资格和条件，规范其办学行为，保证其全面贯彻党的教育方针。

33．积极鼓励企业、社会团体和公民个人对基础教育捐赠，捐赠者享受国家有关优惠政策。对纳税人通过非营利的社会团体和国家机关向农村义务教育的捐赠，在应纳税所得额中全额扣除，具体办法另行制定。国家和地方对捐助基础教育有突出贡献的单位和个人予以表彰。

34．稳妥地搞好国有企业中小学分离工作。制定政策，多渠道筹措资金，落实分离中小学的办学经费，保障企业所属中小学分离工作顺利实施。企业中小学的分离应尊重企业的意愿。统筹安排好编制内具备教师资格的企业中小学教师。转由地方人民政府管理的企业中小学的校园、校舍、设施、设备等，不得挪用、侵占和截留，确保校产不流失。可通过办学体制改革的试验探索企业中小学分离形式。企业要继续办好未分离的中小学。

35．加强对公办学校办学体制改革试验的领导和管理。公办学校办学体制改革要有利于改造薄弱学校，满足群众的教育需求，扩大优质教育资源。薄弱学校、国有企业所属中小学和政府新建的学校等，在保证国有资产不流失的前提下，可以进行按民办学校机制运行的改革试验。地方人民政府和教育行政部门要加强领导和管理，确保义务教育的实施和办学体制改革试验工作的健康开展。

六、加强领导，动员全社会关心支持，保障基础教育改革与发展的顺利进行

36．各级人民政府要努力实践“三个代表”重要思想和实施科教兴国战略，宁可在别的方面忍耐一点，也要保证教育尤其是基础教育优先发展。要将基础教育工作列入议事日程，及时研究新情况、新问题，制订促进基础教育发展的措施，努力增加对基础教育的投入。各级领导同志要经常深入中小学，了解情况，指导工作，帮助学校解决办学中的突出问题。要将基础教育工作的情况作为考核地方各级人民政府领导同志的重要内容。

各级人民政府及有关部门要认真履行各自的职责，切实将基础教育事业的发展纳入国民经济和社会发展计划，切实将基础教育作为基础设施建设和教育事业发展的重点领域，切实保障基础教育改革和发展的经费投入，切实保障中小学教师工资的足额按时发放，切实治理中小学乱收费，切实加强学校安全工作和周边治安环境的治理，切实加强青少年学生活动场所建设，切实加强文化市场的管理，为基础教育事业发展和青少年学生健康成长创造良好的条件和社会环境。

37．坚持依法治教，完善基础教育法制建设。各级人民政府及有关部门要认真贯彻执行教育的有关法律法规，提高依法治教意识，严格履行法律赋予的职责，完善行政执法监督机制，加大执法监督力度，加强学校管理，依法保障学校、教师和学生的合法权益。

将依法治教与以德治教紧密结合。各级教育行政部门和全体教育工作者，要提高以德治教的自觉性，不断加强职业道德建设，为人师表，教书育人，管理育人，服务育人，环境育人。学校教育要坚持把德育工作摆在素质教育的首要位置，以科学的理论武装人、以正确的舆论引导人、以高尚的精神塑造人、以优秀的作品鼓舞人，把学校建成社会主义精神文明建设的重要阵地。

38．切实加强学校安全工作。各级人民政府及有关部门和学校要以对人民高度负责的态度，从维护社会稳定的大局出发，牢固树立“安全第一”的意识，建立健全确保师生安全的各项规章制度。严格学校管理，狠抓落实，采取积极的预防措施，重点防范危及师生安全的危房倒塌、食物中毒、交通、溺水等事故。要重视和加强对师生的安全教育，增强安全防范意识和自我保护能力。尽快制定中小学生伤害事故处理的有关法规，建立健全中小学安全工作责任制和事故责任追究制，确保师生人身安全和学校教育教学活动正常进行。切实维护学校及周边治安秩序，加强群防群治，警民合作，严厉打击扰乱学校治安的违法犯罪活动。

39．加强和完善教育督导制度。坚持督政与督学相结合，继续做好贫困地区“两基”评估验收工作，保证验收质量；对已实现“两基”的地区，建立巩固提高工作的复查和督查制度。积极开展对基础教育热点难点问题的专项督导检查。在推进实施素质教育工作中发挥教育督导工作的保障作用，建立对地区和学校实施素质教育的评价机制。“十五”期间，国家和地方对实施素质教育的先进地区、单位和个人进行表彰。

40. 重视家庭教育。通过家庭访问等多种方式与学生家长建立经常性联系，加强对家庭教育的指导，帮助家长树立正确的教育观念，为子女健康成长营造良好的家庭环境。工会、共青团、妇联等团体要开展丰富多彩的家庭教育活动。

学校要加强和社区的沟通与合作，充分利用社区资源，开展丰富多彩、文明健康的教育活动，营造有利于青少年学生健康成长的社区环境。

基础教育是全社会的共同事业。继续支持开展“希望工程”、“春蕾计划”及城镇居民对农村贫困学生进行“一帮一”等多种形式的助学活动。新闻媒体要进一步加大对实施科教兴国战略，推进基础教育改革与发展的宣传力度。国家机关、企事业单位、社会团体等要发挥各自优势，共同努力，形成全社会关心、支持基础教育的良好社会氛围。

国务院办公厅关于完善农村义务教育管理体制的通知（节选）[①]

（2002年4月14日）

（上略）

一、明确各级政府责任，加强对农村义务教育的领导和管理

1. 农村义务教育实行“在国务院领导下，由地方政府负责、分级管理、以县为主”的体制。县级人民政府对农村义务教育负有主要责任，省、地（市）、乡等地方各级人民政府承担相应责任，中央政府给予必要的支持。

2. 省级人民政府负责统筹制定本省、自治区、直辖市农村义务教育发展规划；根据国家中小学教职工编制标准，制定具体实施办法，核批各县（市、区、旗，以下统称县）农村中小学教职工编制；逐县核实财力水平，统筹安排财力，对财力不足、发放财政供养人员工资确已达到合理比例仍有困难的县，通过调整财政体制和财政支出结构、增加省级财政转移支付资金、合理安排中央财政转移支付资金等办法，帮助并督促县级人民政府确保农村中小学教职工工资按时足额发放；核定本地区农村中小学公用经费的标准和定额，确定农村中小学收费项目和标准；增加危房改造专项资金投入，建立消除农村中小学危房的工作机制；组织实施教育对口支援工作，推动建立助学制度；加强对下级政府教育工作的督导检查，组织开展督导评估工作。

① 《国务院办公厅关于完善农村义务教育管理体制的通知》，《中华人民共和国国务院公报》，2002年16期。

3．地（市）级人民政府负责制定本地区农村义务教育发展规划，组织协调农村义务教育发展；根据国家中小学教职工编制标准和省级人民政府的实施办法，审核上报本地区各县农村中小学教职工编制；根据省级人民政府的要求，对财力不足、发放财政供养人员工资确有困难的县，给予转移支付，对农村中小学危房改造给予补助；组织实施助学活动；加强教育督导检查。

4．县级人民政府负责制定本地区农村义务教育发展规划，组织实施农村义务教育；从实际出发，因地制宜，逐步调整农村中小学布局；根据国家中小学教职工编制标准和省级人民政府的实施办法，提出农村中小学教职工编制方案，并根据省级人民政府核批的农村中小学教职工编制，核定学校的教职工编制；负责农村中小学校长、教职工的管理；调整本级财政支出结构，增加教育经费预算，合理安排使用上级转移支付资金，确保按时足额统一发放教职工工资；统筹安排农村中小学公用经费，安排使用校舍建设和危房改造资金，组织实施农村中小学危房改造和校舍建设，改善办学条件；指导农村中小学的教育教学工作；维护学校的治安、安全和正常教学秩序；开展助学活动；对乡（镇）人民政府有关教育工作和农村中小学进行督导评估。

5．乡（镇）人民政府负责组织适龄儿童少年入学，严格控制义务教育阶段学生辍学；维护学校的治安、安全和正常教学秩序，治理校园周边环境；按有关规定划拨新建、扩建校舍所必需的土地。经济条件较好的乡（镇）要积极筹措经费，改善农村中小学办学条件，支持农村义务教育发展。

继续发挥村民自治组织在实施农村义务教育中的作用。

未实行农村税费改革试点的地方，地（市）、县、乡（镇）人民政府，要继续严格按照国家有关规定组织做好农村教育费附加的征收、管理，用于农村中小学的校舍建设、维修、危房改造和学校布局调整；继续严格按照国家有关规定组织做好农村中小学危房改造的教育集资工作。

二、建立义务教育经费保障机制，保证农村义务教育投入

6. 地方各级人民政府要按照“一要吃饭，二要建设”的原则，调整财政支出结构，确保农村中小学教职工工资按时足额发放。农村中小学教职工工资要上收到县集中管理，按2001年国家统一规定的工资项目和标准将农村中小学教职工工资总额上划到县（实际发放数低于国家标准工资的，按实际发放数上划），并相应调整县、乡财政体制，由县按照国家统一规定的工资项目和标准，统一发放农村中小学教职工工资。

县级人民政府按照省级人民政府核定的教职工编制和国家统一规定的工资项目和标准，结合本级财力和上级给予的转移支付资金，将农村中小学教职工工资全额纳入本级财政预算，通过银行按时足额直接拨到在银行开设的教职工个人工资账户中，保证教职工工资按时足额发放。同时，按照《中华人民共和国教师法》的规定，保证教师工资不低于当地国家公务员的平均水平。安排使用上级的工资性转移支付资金、农村税费改革转移支付资金和一般性转移支付资金，首先要用于保证农村中小学教职工工资。

在合理确定农村中小学教职工编制的基础上，省级人民政府要统筹安排解决财力困难县农村中小学教职工工资的发放问题，并实行省长（主席、市长）负责制。通过调整财政体制和财政支出结构，逐县核实财力并建立确保农村中小学教职工工资发放的运行机

制。根据各县财力状况和保障力度，增加工资性转移支付资金。安排使用中央下达的一般性转移支付和工资性转移支付资金，省、地（市）级不留用，全部补助到县，对所属各县也不能平均分配，主要补助财力困难而自身保障力度大的县用于工资发放，并在年初将转移支付资金指标下达到县。财力较好的地（市）级人民政府也要安排相应的工资性转移支付资金。通过上述资金统筹安排，确保国家统一规定的农村中小学教职工工资按时足额发放，不再发生新的拖欠。

县级人民政府负责清理历年拖欠的农村中小学教职工工资，并制定计划，限期补发。

7．保证农村中小学公用经费。县级人民政府要按照省级人民政府核定的农村中小学公用经费标准和定额，统筹安排，予以保证。经济和财力较好的县，标准和定额可以适当提高。农村中小学公用经费资金来源除学校按规定向学生收取的杂费外，其余部分由县、乡两级人民政府预算安排。

农村中小学按省级人民政府规定向学生收取的杂费，全部用于公用经费开支，不得用于教职工工资、津贴、福利、基建等开支，不得用于平衡财政预算，不得从中提取任何性质的调节基金；代收的书本费，由学校直接用于购买书本，不得以任何理由挤占挪用。国家扶贫开发工作重点县的农村中小学按国家有关规定实行“一费制”，并严格按标准收取，不得超标。对实行“一费制”后形成的农村中小学公用经费缺口，应按省级人民政府核定的农村中小学公用经费标准和定额，在上级人民政府的转移支付资金中安排。

8．保障农村中小学危房改造和学校建设的必要投入。各地要建立定期的危房勘查、鉴定工作制度和危房改造经费保障机制。县级人民政府要将新增危房的改造列入本级事业发展计划，多渠道筹措经费，确保及时消除新增危房。省、地（市）级和财力较好的县级人民政府要设立农村中小学危房改造专项资金，中央政府通过专项补助重点扶持困难地区的农村中小学危房改造，力争在较短的时期内基本消除现有农村中小学危房。实行农村税费改革试点的地区，可以通过村民自愿提供劳务等方式，支持农村中小学校舍的维护和修缮。

农村中小学进一步发展所需的校舍建设项目，由县级人民政府列入基础设施建设统一规划，经省级人民政府审批后，由省、地（市）、县级人民政府多渠道筹措建设资金。农村中小学购置教学仪器设备和图书资料所需经费，由县级人民政府安排。

中央和省级人民政府设立的专项资金，今后将继续扶持贫困地区、少数民族地区的农村中小学学校建设，改善办学条件。

9. 实行农村税费改革试点的地区，安排使用上级转移支付资金，要明确保障农村义务教育正常经费和危房改造资金投入，并纳入财政预算。改革后农村中小学要有稳定的经费来源，确保农村义务教育投入不低于改革前的水平并力争有所提高。对因取消农村教育费附加和经批准的教育集资而形成的教育经费缺口，要从增加的农业税收入和上级转移支付资金中予以安排，保证农村义务教育经费的正常需要。

10. 加强农村义务教育经费和资产管理。各级人民政府预算安排的各项教育经费要按时足额拨付到位，不得挤占、截留、挪用。学校要严格按规定范围和标准安排使用经费，定期公布收支情况，严禁挪作他用。对挪用农村义务教育经费的问题，要严肃查处，遏制腐败问题发生。要节约开支，切实提高资金使用效益。要严格执行省级人民政府规定的收费项目和收费标准，农村中小学不得以任何理由和名义向学生收取规定项目以外的费用或擅自提高收费标准。

农村中小学不得举债建设。县级人民政府要采取有效措施，清理核实农村中小学“普及九年义务教育”欠债，摸清债务来源和使用情况，并尽力偿还。债权单位和个人不得因追索债务影响学校正常教学秩序。对强迫学校停课、将师生逐出校园及其他影响学校正常教学秩序和社会稳定的行为，要坚决制止。农村中小学实行校长负责制，由校长全面负责校舍等国有资产的管理。

11. 认真组织实施学校对口支援工作，开展经常性全国助学活动。要继续组织好“东部地区学校对口支援西部贫困地区学校工程”和“大中城市学校对口支援本地贫困地区学校工程”（以下简称“两个工程”）的实施工作，各地要建立一套包括检查、评比、表彰、奖励在内的行之有效的机制，要有专人负责，确保“两个工程”的开展制度化。大中城市要普遍建立对口支援捐赠中心，接收社会各界对教育的经常性捐助。开展经常性全国助学活动，把筹集的社会资金用于资助家庭经济困难的学生就学。

三、完善人事编制管理制度，加强农村中小学教师队伍建设

12. 严格管理农村中小学编制。省级机构编制部门要根据国家下达的编制标准，会同同级教育、财政部门，尽快研究下达本省、自治区、直辖市农村中小学编制核定和管理的具体实施办法。县级人民政府根据实施办法提出农村中小学教职工编制方案，报省级人民政府核批。各地要在2002年上半年将核编结果报中央编办、教育部、财政部。农村中小学编制总量应当根据教育事业发展规划、

生源变化和学校布局调整等情况定期调整，实行动态管理。

县级机构编制部门要会同同级教育、财政部门严格控制农村中小学领导职数、内设机构和教职工编制总量。县级教育行政部门要在核定的编制总额内，按照班额、生源等情况具体分配农村中小学教职工编制，并报同级机构编制部门备案；分配农村中小学教职工编制时，要合理调控农村中小学班额和班级数，科学确定教师工作量，按规定比例确定职员、教学辅助人员、工勤人员的数量。

任何部门和单位不得以任何理由占用或变相占用农村中小学教职工编制。对占用学校编制而不在学校工作的人员，要限期与学校脱离关系，教育行政部门和学校不得为其支付工资。农村中小学不得超编聘用人员，不得使用编外人员顶编在岗工作。要积极稳妥地做好农村中小学教职工分流工作，农村中小学在编教职工分流参照行政机关工作人员的分流政策执行。

13．加强农村中小学人事管理。县级教育行政部门依法履行对农村中小学教师的资格认定、招聘录用、职务评聘、培养培训、调配交流和考核等管理职能，乡（镇）、村无权聘任农村中小学教职工。农村中小学校长的选拔、任用、培训、考核、交流由县级教育行政部门归口管理；要按照干部人事制度改革要求，积极创造条件，逐步实行农村中小学校长公开选拔，竞争上岗。

乡（镇）人民政府不设专门的教育管理机构，乡（镇）有关教育工作由乡（镇）长直接负责，乡（镇）可在核定的行政编制内确定一至二名助理或干事协助乡（镇）长管理具体教育事务，并接受县级教育行政部门指导。教育教学业务管理由乡（镇）中心学校校长负责。

全面实行教师资格制度。农村中小学任教人员必须具备相应的教师资格，对不具备教师资格的人员要及时调整出教师队伍，积极吸引高校毕业生到农村中小学任教。积极推行教师聘任制度，实行按需设岗、公开招聘、平等竞争、择优聘任、严格考核、合同管理。限期清退农村中小学代课人员。

四、建立健全监督机制，保证农村义务教育健康发展

14. 建立健全监督检查制度。省、地（市）、县级人民政府要按照本通知，制订具体落实措施，明确目标、责任，保证各项要求落实到位。地方各级人民政府每年向上一级人民政府专题报告一次农村义务教育工作情况，国务院有关部门负责督促检查各省、自治区、直辖市落实情况并予以综合通报。省级人民政府定期向社会公布各县农村中小学教职工工资发放情况。财政部、教育部每年年底向社会公布各省、自治区、直辖市农村中小学教职工工资发放情况。省、地（市）、县级人民政府有关部门要设立并公布举报电话，接受社会各界对拖欠农村中小学教职工工资、农村中小学违规收费等情况的举报，并及时调查处理。各级人民政府教育督导机构要把督导农村义务教育作为工作重点。

15. 建立表彰奖励和责任追究制度。县级人民政府主要负责人是农村义务教育工作的第一责任人，省、地（市）级人民政府主要负责人对农村义务教育工作、保证发放农村中小学教职工工资负有领导责任。对积极完善农村义务教育管理体制，推进农村义务教育工作卓有成效的，上级人民政府要予以表彰。

要逐级建立责任追究制度。凡是拖欠农村中小学教职工工资的县，不得用财政性资金上新的建设项目，不准机关盖办公楼、买轿车，不准领导干部出国，违者要追究领导责任。对挤占挪用农村中小学教育经费、拖欠农村中小学教职工工资、不及时修缮危房或管理不善造成重大安全事故，以及违反编制管理规定、超编制招聘人员的，要追究领导和直接管理者的责任。具体办法由省级人民政府制定。

国务院关于大力推进职业教育改革与发展的决定（节选）[①]

（2002 年 8 月 24 日）

（上略）

二、推进管理体制和办学体制改革，促进职业教育与经济建设、社会发展紧密结合

3．推进职业教育管理体制改革，建立并逐步完善在国务院领导下，分级管理、地方为主、政府统筹、社会参与的职业教育管理体制。

在国务院领导下，建立职业教育工作部际联席会议制度，研究解决职业教育工作中的重大问题。国务院教育行政部门负责职业教育工作的统筹规划、综合协调、宏观管理，劳动保障部门和其他有关部门在各自职责范围内，负责职业教育的有关工作。

发展职业教育的主要责任在地方。县级以上地方各级人民政府要加强对本行政区域内职业教育工作的领导和统筹协调，结合当地经济建设和社会发展实际，制定促进职业教育发展的政策和措施，研究解决工作中的实际问题；各级教育行政部门会同劳动保障等有关部门管理本行政区域内各有关职业学校的教育业务工作。要依法严格审批程序，规范职业学校和培训机构的办学行为。

4．强化市（地）级人民政府在统筹职业教育发展方面的责任。市（地）级人民政府要统筹规划，促进本行政区域内职业教育与其

---

① 《国务院关于大力推进职业教育改革与发展的决定》，《中华人民共和国国务院公报》，2002 年 29 期。

他各类教育协调发展，建立多渠道筹措职业教育经费的机制，组织动员社会力量举办职业教育；要整合和充分利用现有各种职业教育资源，打破部门界限和学校类型界限，积极发挥市场机制的作用，提高办学效益，优化职业学校布局结构，防止职业教育资源流失。省（自治区、直辖市）所属中等和高等职业学校可以由省级有关部门与职业学校所在市（地）联合共建、共管，增强其为区域经济服务的功能。

5. 深化职业教育办学体制改革，形成政府主导、依靠企业、充分发挥行业作用、社会力量积极参与的多元办学格局。

县级以上地方各级人民政府要在发展职业教育中发挥主导作用，重点办好起骨干和示范作用的职业学校和职业培训机构，组织、指导并支持企业、行业和社会力量举办职业学校和职业培训机构。要规范中等和高等职业学校的名称，并体现职业特点。实施高中阶段学历教育的各类职业学校统一规范为“××职业技术学校”，高等专科学校和成人高等学校要逐步统一规范为“××职业技术学院”。

要充分依靠企业举办职业教育。企业要根据实际需要举办职业学校和职业培训机构，强化自主培训功能，加强对职工特别是一线职工、转岗职工的教育和培训，形成职工在岗和轮岗培训的制度，实行培训、考核、使用、待遇相统一的政策。企业要和职业学校加强合作，实行多种形式联合办学，开展“订单”培训，并积极为职业学校提供兼职教师、实习场所和设备，也可在职业学校建立研究开发机构和实验中心。有条件的大型企业可以单独举办或与高等学校联合举办职业技术学院。中小企业应依托职业学校和职业培训机构进行职工培训和后备职工培养。企业举办的职业学校和职业培训机构应积极面向社会开展职业教育和培训。

行业主管部门要对行业职业教育进行协调和业务指导，继续办好职业学校和培训机构。行业组织受政府主管部门委托，开展行业人力资源预测、制定行业职业教育和培训规划、指导行业职业教育、职工培训和职业技能鉴定、参与相关专业的课程教材建设和教师培训等工作，也可以举办职业学校或职业培训机构。

鼓励和支持民办职业教育的发展。非营利性的民办职业学校，享受举办社会公益事业的有关优惠政策。地方人民政府和其他单位，可以采取出租闲置的国有、集体资产等措施，对民办职业学校予以扶持。民办职业学校教师、学生享有与公办职业学校教师、学生同等义务与权利。对举办民办职业教育有突出贡献的单位和个人予以表彰奖励。鼓励公办学校引入民办机制。

积极引进国（境）外优质职业教育资源。鼓励国（境）外组织和个人依照我国法律和办学资格要求，同我国境内职业教育机构和其他社会组织，合作举办高水平的职业学校或职业培训机构。努力拓展职业学校毕业生国（境）外就业市场。

6. 扩大职业学校的办学自主权，增强其自主办学和自主发展的能力。要依法保障职业学校在专业设置、招生规模确定、学籍管理、教师聘用及经费使用等方面享有充分的自主权。有条件的职业学校可以跨区域招生，可以与本地、异地职业学校联合办学。职业学校要建立由企业、行业等社会各界人士参加的咨询委员会或理事会，为学校重大问题提供咨询或参与决策。

三、深化教育教学改革，适应社会和企业需求

7. 认真贯彻党的教育方针，全面实施素质教育。要加强“爱岗敬业、诚实守信、办事公道、服务群众、奉献社会”的职业道德

教育，加强文化基础教育、职业能力教育和身心健康教育，注重培养受教育者的专业技能、钻研精神、务实精神、创新精神和创业能力，培养一大批生产、服务第一线的高素质劳动者和实用人才。

8. 职业学校和职业培训机构要适应经济结构调整、技术进步和劳动力市场变化，及时调整专业设置，积极发展面向新兴产业和现代服务业的专业，增强专业适应性，努力办出特色。要大力加强技术工人尤其是高级技术工人和技师的培养和培训。积极推进课程和教材改革，开发和编写反映新知识、新技术、新工艺和新方法、具有职业教育特色的课程和教材。加强职业学校与企业、行业等用人单位的联系，建立职业学校与劳动力市场密切联系的机制。

9. 加强实践教学，提高受教育者的职业能力。职业学校要把教学活动与生产实践、社会服务、技术推广及技术开发紧密结合起来，把职业能力培养与职业道德培养紧密结合起来，保证实践教学时间，严格要求，培养学生的实践能力、专业技能、敬业精神和严谨求实作风。改善教学条件，加强校内外实验实习基地建设。职业学校要加强与相关企事业单位的共建和合作，利用其设施、设备等条件开展实践教学。职业学校相对集中的地区应建设一批可共享的实验和训练基地。加强职业教育信息化建设，推进现代信息技术在教育教学中的应用。积极发展现代远程职业教育，开发职业教育资源库和多媒体教育软件，为职业学校和学生提供优质教育资源。

10. 加强职业教育教师队伍建设。要积极开展以骨干教师为重点的全员培训，提高教师的职业道德、实践能力和教学水平，培养一批高水平的骨干教师和专业带头人。鼓励职业学校教师在职攻读相关专业学位、提高学历层次。要有计划地安排教师到企事业单位进行专业实践和考察，提高教师的专业水平。广泛吸引和鼓励企事业单位工程技术人员、管理人员和有特殊技能的人员到职业学校担任专、兼职教师，提高具有相关专业技术职务资格教师的比例。深化职业学校人事制度改革，在职业学校推行教师全员聘任制和管理人员公开选拔、竞争上岗和职务聘任制度，建立健全激励和约束机制。职业学校教师职务资格评审要突出职业教育特点，改进评审办法。重视职业学校校长培训工作，逐步实行校长持证上岗的制度。加强职业教育师资培养培训基地建设，逐步完善职业教育师资培养培训网络。

11．坚持学历教育与职业培训并重，实行灵活的办学模式和学习制度。职业学校要实行学历教育与职业培训相结合、全日制与部分时间制相结合、职前教育与职后教育相结合，努力办成面向社会的、开放的、多功能的教育和培训中心。要根据不同专业、不同教育培训项目和学习者的实际需要，实行灵活的学制和学习方式，推行学分制等弹性学习制度，为学生半工半读、工学交替、分阶段完成学业等创造条件。

12．加强中等职业教育与高等职业教育，职业教育与普通教育、成人教育的衔接与沟通，建立人才成长“立交桥”。扩大中等职业学校毕业生进入高等学校尤其是进入高等职业学校继续学习的比例，适当增加高等职业教育专科毕业生接受本科教育的比例。适度发展初中后五年制高等职业教育；在高中阶段开展职业教育与普通教育相沟通的综合课程教育试验，建立中等职业教育与高等职业教育相衔接的课程体系；高等职业学校可单独组织对口招生考试，优先招收中等职业学校优秀毕业生；注重专业知识、职业技能的考核，对取得相应中级职业资格证书的中等职业学校毕业生，可以免除技能考核。

四、采取切实措施，加快农村和西部地区职业教育发展

13．农村和西部地区职业教育是今后一段时期职业教育发展的重点。要根据现代农业发展和经济结构调整的需要，继续推进农科教结合和基础教育、职业教育、成人教育的“三教统筹”。农村职业学校要加强与企业、农业科研和科技推广单位的合作，发挥专业优势，实行学校、公司、农户相结合，推动农业产业化发展。推行“绿色证书”教育，培养一大批科技示范户和致富带头人。国家采取措施，扶持农村地区、西部地区、少数民族地区和贫困地区职业教育的发展，办好一批骨干职业学校。建立县、乡、村三级实用型、开放型的农民文化科技教育培训体系，把职业学校和成人学校办成人力资源开发、技术培训与推广、劳动力转移培训和扶贫开发服务的基地。

14．加强东部地区和西部地区、大中城市和农村的学校对口支援工作。东部地区和大中城市要为西部地区和农村的职业学校培养培训骨干教师，帮助改善办学条件。推动东部地区与西部地区、大中城市与农村开展合作办学，鼓励东部地区和大中城市职业学校的校长和教师到西部地区和农村职业学校任职和办学。东部地区和中西部地区大中城市要面向西部地区和农村招生，对家庭经济困难学生应适当减免学费。现代远程教育和培训以及自学考试等要积极向广大农村和西部地区延伸。

五、严格实施就业准入制度，加强职业教育与劳动就业的联系

15．大力推行劳动预备制度，严格执行就业准入制度。用人单位招收、录用职工，属于国家规定实行就业准入控制的职业（工种），必须从取得相应学历证书或职业培训合格证书并获得相应职

业资格证书的人员中录用；属于一般职业（工种），必须从取得相应的职业学校学历证书、职业培训合格证书的人员中优先录用。从事个体工商经营的，也必须接受职业教育和培训。劳动保障、人事等部门要加大对就业准入制度执行情况的监察力度，加强监督管理，对违反规定，随意招收未经职业教育或培训人员就业的要责其纠正并给予处罚。

16. 完善学历证书、培训证书和职业资格证书制度。职业学校毕业生申请与所学专业相关的中级以下（含中级）职业技能鉴定时，只进行操作技能考核。部分教学质量高、社会声誉好的中等职业学校和高等职业学校开设的主体专业，经劳动保障和教育行政部门认定，其毕业生在获得学历证书的同时，可视同职业技能鉴定合格，取得相应的职业资格证书。经人事、教育行政和相关行业主管部门认定的职业学校相关专业的毕业生，不受工作年限的限制，可直接申请参加专业技术从业资格考试，并免试部分科目。各地劳动保障、人事或相关部门要统筹规划，注意发挥和利用职业学校的优势，优先在具备条件的职业学校设立职业技能鉴定站（所）或职业资格考试机构。

17. 加强职业指导和就业服务，拓宽毕业生就业渠道。职业学校要加强职业指导工作，引导学生转变就业观念，开展创业教育，鼓励毕业生到中小企业、小城镇、农村就业或自主创业。地方人民政府要利用社会就业服务体系或建立职业学校毕业生就业服务机构，为职业学校毕业生在本地或异地就业提供信息、咨询服务和便利条件。工商、税务部门要研究制定优惠政策，适当减免有关税费，支持职业学校毕业生自主创业或从事个体经营，金融机构要为符合贷款条件的提供贷款。对外经济贸易部门、劳动保障部门、教育行政部门要创造条件，积极协助符合条件的职业学校毕业生到国（境）外就业。

六、多渠道筹集资金，增加职业教育经费投入

18. 各级人民政府要加大对职业教育的经费投入。省级人民政府要制定本地区职业学校生均经费标准，并依法督促各类职业学校举办者足额拨付职业教育经费。县级以上地方各级人民政府和国务院有关部门用于举办职业学校和职业培训机构的财政性经费应当逐步增长，确保公办职业学校教师工资按时足额发放，并监督民办职业教育机构按时足额发放教师工资。城市教育费附加安排用于职业教育的比例不低于15%，已经普及九年义务教育的地区不低于20%，主要用于职业学校实验实习设备的更新和办学条件的改善。各级人民政府在安排使用农村科技开发经费、技术推广经费和扶贫资金时，要安排一部分农村劳动力培训经费；安排农业基础设施建设投资时，要安排一部分农村职业学校和成人学校的建设经费。

中央财政增加职业教育专项经费，重点用于补助农村和中西部地区加强职业教育师资培训、课程教材开发和多媒体教育资源建设以及骨干和示范职业学校建设。地方人民政府也要增加职业教育专项经费。

19. 各类企业要按《中华人民共和国职业教育法》的规定实施职业教育和职工培训，承担相应的费用。一般企业按照职工工资总额的1.5%足额提取教育培训经费，从业人员技术素质要求高、培训任务重、经济效益较好的企业可按2.5%提取，列入成本开支。要保证经费专项用于职工特别是一线职工的教育和培训，严禁挪作他用。企业技术改造和项目引进，都应按规定比例安排资金用于职

工技术培训。对不按规定实施职工职业教育和培训，经责令改正而拒不改正的企业，县级以上地方各级人民政府可以收取其应当承担的职业教育经费，用于本地区的职业教育。

20. 利用金融、税收以及社会捐助等手段支持职业教育的发展。县级以上各级人民政府应支持企事业单位、社会团体、其他社会组织及公民个人按照国家有关规定设立职业教育奖学金，奖励学习成绩优秀的学生，资助经济困难的学生。金融机构要为家庭经济困难学生接受职业教育提供助学贷款，优先为符合贷款条件的农村职业学校毕业生开展生产经营提供小额贷款。认真执行国家对教育的税收优惠政策，支持职业学校办好实习基地、发展校办产业和开展社会服务。鼓励社会各界及公民个人对职业教育提供资助和捐赠，企业和个人通过政府部门或社会中介机构对职业教育的资助和捐赠，可在应纳税所得额中全额扣除。

21. 加强职业教育经费管理。省级教育行政部门、劳动保障部门要会同价格主管部门合理确定职业学校和职业培训机构的学费标准，并向社会公布。职业学校按规定收取的学费实行收支两条线管理，地方各级财政部门要确保全额返还职业学校，不得冲抵财政拨款，任何部门不得截留或挪作他用。严禁向职业学校乱收费。要严格执行财务管理和审计制度，提高职业教育经费的使用效益。

（下略）

国务院关于进一步加强农村教育工作的决定（节选）[1]

（2003 年 9 月 17 日）

（上略）

二、加快推进“两基”攻坚，巩固提高普及义务教育的成果和质量

4．力争用五年时间完成西部地区“两基”攻坚任务。目前，西部地区仍有 372 个县没有实现“两基”目标。这些县主要分布在“老、少、边、穷”地区，“两基”攻坚任务十分艰巨。到 2007 年，西部地区普及九年义务教育（以下简称“普九”）人口覆盖率要达到 85%以上，青壮年文盲率降到 5%以下。完成这项任务，对于推进扶贫开发、促进民族团结、维护边疆稳定和实现国家长治久安，具有极其重要的意义。要将“两基”攻坚作为西部大开发的一项重要任务，摆在与基础设施建设和生态环境建设同等重要的位置。国务院有关部门和西部各省（自治区、直辖市）人民政府要制定工作规划，设立专项经费，精心组织实施，并每年督促检查一次，确保目标实现。要以加强中小学校舍和初中寄宿制学校建设、扩大初中学校招生规模、提高教师队伍素质、推进现代远程教育、扶助家庭经济困难学生为重点，周密部署，狠抓落实。中央继续安排专项经费实施贫困地区义务教育工程，安排中央资金对“两基”攻坚进行重点支持。中央和地方新增扶贫资金要支持贫困乡村发展教育事

[1] 《国务院关于进一步加强农村教育工作的决定》，《中华人民共和国国务院公报》，2003 年 31 期。

业。中部地区没有实现“两基”目标的县也要集中力量打好攻坚战。大力提高女童和残疾儿童少年的义务教育普及水平。

5. 已经实现“两基”目标的地区特别是中部和西部地区，要巩固成果、提高质量。各级政府要切实做好“两基”巩固提高的规划和部署。继续推进中小学布局结构调整，努力改善办学条件，重点加强农村初中和边远山区、少数民族地区寄宿制学校建设，改善学校卫生设施和学生食宿条件，提高实验仪器设备和图书的装备水平。深化教育教学改革，根据农村实际加快课程改革步伐。提高教师和校长队伍素质，全面提高学校管理水平。努力降低农村初中辍学率，提高办学水平和教育质量，形成农村义务教育持续、健康发展的机制。经济发达的农村地区要实现高水平、高质量“普九”目标。经过不懈努力，力争 2010 年在全国实现全面普及九年义务教育和全面提高义务教育质量的目标。

6. 发展农村高中阶段教育和幼儿教育。今后五年，经济发达地区的农村要努力普及高中阶段教育，其他地区的农村要加快发展高中阶段教育。要积极开展各种形式的初中后教育。国家继续安排资金，重点支持中西部地区一批基础较好的普通高中和职业学校改善办学条件，提高教育质量，扩大优质教育资源。地方各级政府要重视并扶持农村幼儿教育的发展，充分利用农村中小学布局调整后富余的教育资源发展幼儿教育。鼓励发展民办高中阶段教育和幼儿教育。

7. 建立和完善教育对口支援制度。继续实施“东部地区学校对口支援西部贫困地区学校工程”和“大中城市学校对口支援本省（自治区、直辖市）贫困地区学校工程”，建立东部地区经济比较发达的县（市、区）对口支援西部地区贫困县、大中城市对口支援本省（自治区、直辖市）贫困县的制度。进一步加大中央对民族自治地区农村教育的扶持力度，继续办好内地西藏中学（班）和新疆班。

三、坚持为“三农”服务的方向，大力发展职业教育和成人教育，深化农村教育改革

8. 农村教育教学改革的指导思想是：必须全面贯彻党的教育方针，坚持为“三农”服务的方向，增强办学的针对性和实用性，满足农民群众多样化的学习需求；必须全面推进素质教育，紧密联系农村实际，注重受教育者思想品德、实践能力和就业能力的培养；必须实行基础教育、职业教育和成人教育的“三教统筹”，有效整合教育资源，充分发挥农村学校的综合功能，提高办学效益。

9. 积极推进农村中小学课程和教学改革。农村中小学教育内容的选择、教科书的编写和教学活动的开展，在实现国家规定基础教育基本要求时，要紧密联系农村实际，突出农村特色。在农村初、高中适当增加职业教育的内容，继续开展“绿色证书”教育，并积极创造条件或利用职业学校的资源，开设以实用技术为主的课程，鼓励学生在获得毕业证书的同时获得职业资格证书。

10. 以就业为导向，大力发展农村职业教育。要实行多样、灵活、开放的办学模式，把教育教学与生产实践、社会服务、技术推广结合起来，加强实践教学和就业能力的培养。在开展学历教育的同时，大力开展多种形式的职业培训，适应农村产业结构调整，推动农村劳动力向二、三产业转移。实行灵活的教学和学籍管理制度，方便学生工学交替、半工半读、城乡分段和职前职后分段完成学业。在整合现有资源的基础上，重点建设好地（市）、县级骨干示范职业学校和培训机构。要积极鼓励社会力量和吸引外资举办职业教育，促进职业教育办学主体和投资多元化。

11. 以农民培训为重点开展农村成人教育，促进农业增效、农民增收。普遍开展农村实用技术培训，每年培训农民超过 1 亿人次。积极实施农村劳动力转移培训，每年培训 2000 万人次以上，使他们初步掌握在城镇和非农产业就业必需的技能，并获得相应的职业资格或培训证书。要坚持培训与市场挂钩，鼓励和支持“定单”培养，先培训后输出。逐步形成政府扶持、用人单位出资、培训机构减免经费、农民适当分担的投入机制。继续发挥乡镇成人文化技术学校、农业广播电视学校和各种农业技术推广、培训机构的重要作用。农村中小学可一校挂两牌，日校办夜校，积极开展农民文化技术教育和培训，成为乡村基层开展文化、科技和教育活动的重要基地。

12. 加强农村学校劳动实践场所建设。农村学校劳动实践场所是贯彻教育与生产劳动相结合，实行“农科教结合”和“三教统筹”的有效载体。地方政府要根据农村学校课程改革的需要，充分利用现有农业示范场所、科技推广基地等多种资源，鼓励有丰富实践经验的专业技术人员担任专兼职指导教师，指导和支持农村学校积极开展各种劳动实践和勤工俭学活动。政府有关部门和乡、村要根据实际情况和有关规定，提供少量土地作为学校劳动实践和勤工俭学场所，具体实施办法由教育部会同农业部、国土资源部等部门制定。

13. 高等学校、科研机构要充分发挥在推进“农科教结合”中的重要作用。通过建立定点联系县、参与组建科研生产联合体和农业产业化龙头企业、转让技术成果等方式，积极开发和推广农业实用技术和科研成果；支持乡镇企业的技术改造和产品更新换代；帮助农村职业学校和中小学培养师资。

14．加大城市对农村教育的支持和服务，促进城市和农村教育协调发展。城市各级政府要坚持以流入地政府管理为主、以公办中小学为主，保障进城务工就业农民子女接受义务教育。城市职业学校要扩大面向农村的招生规模，到2007年争取年招生规模达到350万人。城市各类职业学校和培训机构要积极开展进城务工就业农民的职业技能培训。要积极推进城市与农村、东部与西部职业学校多种形式的合作办学，不断扩大对口招生规模。城市和东部地区要对农村家庭经济困难的学生适当减免学费并为学生就业提供帮助，促进农村新增劳动力转移。各大中城市要充分发挥教育资源的优势，加大对农村教育的帮助和服务。

四、落实农村义务教育“以县为主”管理体制的要求，加大投入，完善经费保障机制

15．明确各级政府保障农村义务教育投入的责任。农村税费改革以后，中央加大转移支付力度，有力保障了农村义务教育管理体制的调整。当前，关键是各级政府要进一步加大投入，共同保障农村义务教育的基本需求。落实“在国务院领导下，由地方政府负责、分级管理、以县为主”（简称“以县为主”）的农村义务教育管理体制，县级政府要切实担负起对本地教育发展规划、经费安排使用、校长和教师人事等方面进行统筹管理的责任。中央、省和地（市）级政府要通过增加转移支付，增强财政困难县义务教育经费的保障能力。特别是省级政府要切实均衡本行政区域内各县财力，逐县核定并加大对财政困难县的转移支付力度；县级政府要增加对

义务教育的投入，将农村义务教育经费全额纳入预算，依法向同级人民代表大会或其常委会专题报告，并接受其监督和检查。乡镇政府要积极筹措资金，改善农村中小学办学条件。

各级政府要认真落实中央关于新增教育经费主要用于农村的要求。在税费改革中，确保改革后农村义务教育的投入不低于改革前的水平并力争有所提高。在确保农村义务教育投入的同时，也要增加对职业教育、农民培训和扫盲教育的经费投入。

16．建立和完善农村中小学教职工工资保障机制。根据农村中小学教职工编制和国家有关工资标准的规定，省级人民政府要统筹安排，确保农村中小学教职工工资按时足额发放，进一步落实省长（主席、市长）负责制。安排使用中央下达的工资性转移支付资金，省、地（市）不得留用，全部补助到县，主要补助经过努力仍有困难的县用于工资发放，在年初将资金指标下达到县。各地要抓紧清理补发历年拖欠的农村中小学教职工工资。本《决定》发布后，国务院办公厅将对发生新欠农村中小学教职工工资的情况按省（自治区、直辖市）予以通报。

17．建立健全农村中小学校舍维护、改造和建设保障机制。要认真组织实施农村中小学危房改造工程，消除现存危房。建立完善校舍定期勘察、鉴定工作制度。地方政府要将维护、改造和建设农村中小学校舍纳入社会事业发展和基础设施建设规划，把所需经费纳入政府预算。要认真落实《国务院关于全面推进农村税费改革试点工作的意见》（国发〔2003〕12号）中关于“省级财政应根据本地实际情况，从农村税费改革专项转移支付资金中，每年安排一定资金用于学校危房改造，确保师生安全”的规定。中央继续对中西部困难地区中小学校舍改造给予支持。农村“普九”欠债问题，要在化解乡村债务时，通盘考虑解决。债权单位和个人不得因追索债务影响学校正常教学秩序。

18. 确保农村中小学校公用经费。省级政府要本着实事求是的原则，根据本地区经济社会发展水平和维持学校正常运转的基本支出需要，年内完成农村中小学生均公用经费基本标准、杂费标准以及预算内生均公用经费拨款标准的制定和修订工作，并报财政部和教育部备案。杂费收入要全部用于学校公用经费开支。县级政府要按照省级政府制定的标准拨付公用经费，对实行“一费制”的国家扶贫开发工作重点县和财力确有困难的县，省、地（市）政府对其公用经费缺口要予以补足。公用经费基本标准要根据农村义务教育发展的需要和财政能力逐步提高。同时，要加大治理教育乱收费力度，对违反规定乱收费和挪用挤占中小学经费的行为要严肃查处。

五、建立健全资助家庭经济困难学生就学制度，保障农村适龄少年儿童接受义务教育的权利

19. 目前，我国农村家庭经济困难的适龄少年儿童接受义务教育迫切需要得到关心和资助。要在已有助学办法的基础上，建立和健全扶持农村家庭经济困难学生接受义务教育的助学制度。到2007年，争取全国农村义务教育阶段家庭经济困难学生都能享受到“两免一补”（免杂费、免书本费、补助寄宿生生活费），努力做到不让学生因家庭经济困难而失学。

20. 中央财政继续设立中小学助学金，重点扶持中西部农村地区家庭经济困难学生就学，逐步扩大免费发放教科书的范围。各级政府设立专项资金，逐步帮助学校免除家庭经济困难学生杂费，对家庭经济困难的寄宿学生提供必要的生活补助。

21．要广泛动员和鼓励机关、团体、企事业单位和公民捐资助学。进一步落实对捐资助学单位和个人的税收优惠政策，对纳税人通过非营利的社会团体和国家机关向农村义务教育的捐赠，在应纳税所得额中全额扣除。充分发挥社会团体在捐资助学中的作用。鼓励“希望工程”、“春蕾计划”等继续做好资助家庭经济困难学生就学工作。中央和地方各级人民政府对捐资助学贡献突出的单位和个人，给予表彰和奖励。

六、加快推进农村中小学人事制度改革，大力提高教师队伍素质

22．加强农村中小学编制管理。要严格执行国家颁布的中小学教职工编制标准，抓紧落实编制核定工作。在核定编制时，应充分考虑农村中小学区域广、生源分散、教学点较多等特点，保证这些地区教学编制的基本需求。所有地区都必须坚决清理并归还被占用的教职工编制，对各类在编不在岗的人员要限期与学校脱离关系。建立年度编制报告制度和定期调整制度。有关部门要抓紧制定和实施职业学校和成人学校的教职工编制标准。

23．依法执行教师资格制度，全面推行教师聘任制。严格掌握教师资格认定条件，严禁聘用不具备教师资格的人员担任教师。拓宽教师来源渠道，逐步提高新聘教师的学历层次。教师聘任实行按需设岗、公开招聘、平等竞争、择优聘任、科学考核、合同管理。各省（自治区、直辖市）要制定切实可行的实施办法，指导做好农村中小学教职工定岗、定员和分流工作。积极探索建立教师资格定期考核考试制度。要将师德修养和教育教学工作实绩作为选聘教师和确定教师专业技术职务的主要依据。坚持依法从严治教，加强教师队伍管理，对严重违反教师职业道德、严重失职的人员，坚决清

除出教师队伍。

24．严格掌握校长任职条件，积极推行校长聘任制。农村中小学校长必须具备良好的思想政治道德素质、较强的组织管理能力和较高的业务水平。校长应具有中级以上教师职务，一般有 5 年以上教育教学工作经历。坚持把公开选拔、平等竞争、择优聘任作为选拔任用校长的主要方式。切实扩大民主，保障教职工对校长选拔任用工作的参与和监督，并努力提高社区和学生家长的参与程度。校长实行任期制，对考核不合格或严重失职、渎职者，应及时予以解聘或撤职。

25．积极引导鼓励教师和其他具备教师资格的人员到乡村中小学任教。各地要落实国家规定的对农村地区、边远地区、贫困地区中小学教师津贴、补贴。建立城镇中小学教师到乡村任教服务期制度。城镇中小学教师晋升高级教师职务，应有在乡村中小学任教一年以上的经历。适当提高乡村中小学中、高级教师职务岗位比例。地（市）、县教育行政部门要建立区域内城乡“校对校”教师定期交流制度。增加选派东部地区教师到西部地区任教、西部地区教师到东部地区接受培训的数量。国家继续组织实施大学毕业生支援农村教育志愿者计划。

26．加强农村教师和校长的教育培训工作。构建农村教师终身教育体系，实施“农村教师素质提高工程”，开展以新课程、新知识、新技术、新方法为重点的新一轮教师全员培训和继续教育。坚持农村中小学校长任职资格培训和定期提高培训制度。切实保障教师和校长培训经费投入。

七、实施农村中小学现代远程教育工程，促进城乡优质教育资源共享，提高农村教育质量和效益

27. 实施农村中小学现代远程教育工程要按照“总体规划、先行试点、重点突破、分步实施”的原则推进。在 2003 年继续试点工作的基础上，争取用五年左右时间，使农村初中基本具备计算机教室，农村小学基本具备卫星教学收视点，农村小学教学点具备教学光盘播放设备和成套教学光盘。工程投入要以地方为主，多渠道筹集经费，中央对中西部地区给予适当扶持。

28. 实施农村中小学现代远程教育工程，要着力于教育质量和效益的提高。要与农村各类教育发展规划和中小学布局调整相结合；与课程改革、加强学校管理、教师继续教育相结合；与“农科教结合”、“三教统筹”、农村党员干部教育相结合。

29. 加快开发农村现代远程教育资源。制定农村教育教学资源建设规划，加快开发和制作符合课程改革精神，适应不同地区、不同要求的农村教育教学资源和课程资源。国家重点支持开发制作针对中西部农村地区需要的同步课堂、教学资源光盘和卫星数据广播资源。建立农村现代远程教育资源征集、遴选、认证制度。

八、切实加强领导，动员全社会力量关心和支持农村教育事业

30. 地方各级人民政府要建立健全农村教育工作领导责任制，把农村教育的发展和改革列入重要议事日程抓紧抓好。要在深入调查研究的基础上，制定本地农村教育发展和改革的规划，精心组织实施；加强统筹协调，及时研究解决突出问题，尤其要保障农村教育经费的投入；倾听广大教师和农民群众的呼声，主动为农村教育办实事；坚持依法行政，认真执行教育法律法规，维护师生的合法

权益，狠抓农村教育各项政策的落实。

31．推进农村教育改革试验，努力探索农村教育改革新路子。各地要在总结改革经验的基础上，进一步解放思想、实事求是、与时俱进，大胆破除束缚农村教育发展的思想观念和体制障碍，在农村办学体制、运行机制、教育结构和教学内容与方法等方面进行改革探索。各省（自治区、直辖市）人民政府都要选择若干个县作为改革试验区；各地（市）、县都要选择1—2个乡镇和若干所学校作为改革试验点。要通过改革试验，推出一批有效服务“三农”的办学新典型；创造同社会主义市场经济体制相适应、符合教育规律、具有农村特色的教育新经验。

（下略）

国务院关于大力发展职业教育的决定（节选）[①]

（2005 年 10 月 28 日）

（上略）

三、坚持以就业为导向，深化职业教育教学改革

（七）推进职业教育办学思想的转变。坚持“以服务为宗旨、以就业为导向”的职业教育办学方针，积极推动职业教育从计划培养向市场驱动转变，从政府直接管理向宏观引导转变，从传统的升学导向向就业导向转变。促进职业教育教学与生产实践、技术推广、社会服务紧密结合，积极开展订单培养，加强职业指导和创业教育，建立和完善职业院校毕业生就业和创业服务体系，推动职业院校更好地面向社会、面向市场办学。

（八）进一步深化教育教学改革。根据市场和社会需要，不断更新教学内容，改进教学方法。合理调整专业结构，大力发展面向新兴产业和现代服务业的专业，大力推进精品专业、精品课程和教材建设。加快建立弹性学习制度，逐步推行学分制和选修制。加强职业教育信息化建设，推进现代教育技术在教育教学中的应用。把学生的职业道德、职业能力和就业率作为考核职业院校教育教学工作的重要指标。逐步建立有别于普通教育的，具有职业教育特点的人才培养、选拔与评价的标准和制度。

（九）加强职业院校学生实践能力和职业技能的培养。高度重视实践和实训环节教学，继续实施职业教育实训基地建设计划，在

① 《国务院关于大力发展职业教育的决定》，《中华人民共和国国务院公报》，2005 年 35 期。

重点专业领域建成2000个专业门类齐全、装备水平较高、优质资源共享的职业教育实训基地。中央财政职业教育专项资金，以奖励等方式支持市场需求大、机制灵活、效益突出的实训基地建设。进一步推进学生获取职业资格证书工作。取得职业院校学历证书的毕业生，参加与所学专业相关的中级职业技能鉴定时，免除理论考核，操作技能考核合格者可获得相应的职业资格证书。到2010年，省级以上重点中等职业学校和有条件的高等职业院校都要建立职业技能鉴定机构，开展职业技能鉴定工作，其学生考核合格后，可同时获得学历证书和相应的职业资格证书。

（十）大力推行工学结合、校企合作的培养模式。与企业紧密联系，加强学生的生产实习和社会实践，改革以学校和课堂为中心的传统人才培养模式。中等职业学校在校学生最后一年要到企业等用人单位顶岗实习，高等职业院校学生实习实训时间不少于半年。建立企业接收职业院校学生实习的制度。实习期间，企业要与学校共同组织好学生的相关专业理论教学和技能实训工作，做好学生实习中的劳动保护、安全等工作，为顶岗实习的学生支付合理报酬。逐步建立和完善半工半读制度，在部分职业院校中开展学生通过半工半读实现免费接受职业教育的试点，取得经验后逐步推广。

（十一）积极开展城市对农村、东部对西部职业教育对口支援工作。要把发展职业教育作为城市与农村、东部与西部对口支援工作的重要内容。各地区要加强统筹协调，把职业教育对口支援工作与农村劳动力转移、教育扶贫、促进就业紧密结合起来。要充分利用东部地区和城市优质职业教育资源和就业市场，进一步推进东西部之间、城乡之间职业院校的联合招生、合作办学。实行更加灵活的学制，有条件地方的职业学校可以采取分阶段、分地区的办学模式，学生前 1 至 2 年在西部地区和农村学习，其余时间在东部地区和城市学习。鼓励东部和城市对西部和农村的学生跨地区学习减免学费，并提供就业帮助。

（十二）把德育工作放在首位，全面推进素质教育。坚持育人为本，突出以诚信、敬业为重点的职业道德教育。确定一批职业教育德育工作基地，选聘一批劳动模范、技术能手作为德育辅导员。加强职业院校党团组织建设，积极发展学生党团员。要发挥学校教育、家庭教育和社会教育的作用，为学生健康成长创造良好社会环境。

四、加强基础能力建设，努力提高职业院校的办学水平和质量

（十三）建立和完善遍布城乡、灵活开放的职业教育和培训网络。在合理规划布局、整合现有资源的基础上，每个市（地）都要重点建设一所高等职业技术学院和若干所中等职业学校。每个县（市、区）都要重点办好一所起骨干示范作用的职教中心（中等职业学校）。乡镇要依托中小学、农民文化技术学校及其他培训机构开展职业教育和培训。社区要大力开展职业教育和培训服务。企业要建立健全现代企业培训制度。

（十四）加强县级职教中心建设。继续实施县级职教中心专项建设计划，国家重点扶持建设 1000 个县级职教中心，使其成为人力资源开发、农村劳动力转移培训、技术培训与推广、扶贫开发和普及高中阶段教育的重要基地。各地区要安排资金改善县级职教中心办学条件。

（十五）加强示范性职业院校建设。实施职业教育示范性院校建设计划，在整合资源、深化改革、创新机制的基础上，重点建设高水平的培养高素质技能型人才的 1000 所示范性中等职业学校和

100所示范性高等职业院校。大力提升这些学校培养高素质技能型人才的能力，促进他们在深化改革、创新体制和机制中起到示范作用，带动全国职业院校办出特色，提高水平。2010年以前，原则上中等职业学校不升格为高等职业院校或并入高等学校，专科层次的职业院校不升格为本科院校。

（十六）加强师资队伍建设。实施职业院校教师素质提高计划，地方各级财政要继续支持职业教育师资培养培训基地建设和师资培训工作。建立职业教育教师到企业实践制度，专业教师每两年必须有两个月到企业或生产服务一线实践。制定和完善职业教育兼职教师聘用政策，支持职业院校面向社会聘用工程技术人员、高技能人才担任专业课教师或实习指导教师。加强“双师型”教师队伍建设，职业院校中实践性较强的专业教师，可按照相应专业技术职务试行条例的规定，申请评定第二个专业技术资格，也可根据有关规定申请取得相应的职业资格证书。

五、积极推进体制改革与创新，增强职业教育发展活力

（十七）推动公办职业学校办学体制改革与创新。公办职业学校要积极吸纳民间资本和境外资金，探索以公有制为主导、产权明晰、多种所有制并存的办学体制。推动公办职业学校与企业合作办学，形成前校后厂（场）、校企合一的办学实体。推动公办职业学校资源整合和重组，走规模化、集团化、连锁化办学的路子。要发挥公办职业学校在职业教育中的主力军作用。

（十八）深化公办职业学校以人事分配制度改革为重点的内部管理体制改革。进一步落实职业院校的办学自主权。中等职业学校实行校长负责制和聘任制，高等职业院校实行党委领导下的校长负

责制和任期制。全面推行教职工全员聘用制和岗位管理制度，建立能够吸引人才、稳定人才、合理流动的制度。深化内部收入分配改革，将教职工收入与学校发展、所聘岗位及个人贡献挂钩，调动教职工积极性。

（十九）大力发展民办职业教育。贯彻落实《中华人民共和国民办教育促进法》及其实施条例，把民办职业教育纳入职业教育发展的总体规划。加大对民办职业教育的支持力度，制定和完善民办学校建设用地、资金筹集的相关政策和措施。在师资队伍建设、招生和学生待遇等方面对民办职业院校与公办学校要一视同仁。依法加强对民办职业院校的管理，规范其办学行为。扩大职业教育对外开放，借鉴国外有益经验，积极引进优质资源，推进职业教育领域中外合作办学，努力开拓职业院校毕业生国（境）外就业市场。

六、依靠行业企业发展职业教育，推动职业院校与企业的密切结合

（二十）企业要强化职工培训，提高职工素质。要继续办好已有职业院校，企业可以联合举办职业院校，也可以与职业院校合作办学。企业有责任接受职业院校学生实习和教师实践。对支付实习学生报酬的企业，给予相应税收优惠。

（二十一）要认真落实“一般企业按照职工工资总额的1.5%足额提取教育培训经费，从业人员技术要求高、培训任务重、经济效益较好的企业，可按2.5%提取”的规定，足额提取教育培训经费，主要用于企业职工特别是一线职工的教育和培训。企业新上项目都要安排员工技术培训经费。

（二十二）行业主管部门和行业协会要在国家教育方针和政策指

导下，开展本行业人才需求预测，制订教育培训规划，组织和指导行业职业教育与培训工作；参与制订本行业特有工种职业资格标准、职业技能鉴定和证书颁发工作；参与制订培训机构资质标准和从业人员资格标准；参与国家对职业院校的教育教学评估和相关管理工作。

七、严格实行就业准入制度，完善职业资格证书制度

（二十三）用人单位招录职工必须严格执行“先培训、后就业”、“先培训、后上岗”的规定，从取得职业学校学历证书、职业资格证书和职业培训合格证书的人员中优先录用。要进一步完善涉及人民生命财产安全的相关职业的准入办法。劳动保障、人事和工商等部门要加大对就业准入制度执行情况的监察力度。对违反规定、随意招录未经职业教育或培训人员的用人单位给予处罚，并责令其限期对相关人员进行培训。有关部门要抓紧制定完善就业准入的法规和政策。

（二十四）全面推进和规范职业资格证书制度。加强对职业技能鉴定、专业技术人员职业资格评价、职业资格证书颁发工作的指导与管理。要尽快建立能够反映经济发展和劳动力市场需要的职业资格标准体系。

八、多渠道增加经费投入，建立职业教育学生资助制度

（二十五）各级人民政府要加大对职业教育的支持力度，逐步增加公共财政对职业教育的投入。各级财政安排的职业教育专项经费，重点支持技能型紧缺人才专业建设，职业教育师资培养培训，农业和地矿等艰苦行业、中西部农村地区和少数民族地区的职业教育和成人教育发展。省级政府应当制订本地区职业院校学生人数平

均经费标准。

（二十六）要进一步落实城市教育费附加用于职业教育的政策。从2006年起，城市教育费附加安排用于职业教育的比例，一般地区不低于20%，已经普及九年义务教育的地区不低于30%。农村科学技术开发、技术推广的经费可适当用于农村职业培训。职业院校和培训机构开展的下岗失业人员再就业培训可按规定享受再就业培训补贴。国家和地方安排的扶贫和移民安置资金要加大对贫困地区农村劳动力培训的投入力度。国家鼓励企事业单位、社会团体和公民个人捐资助学，对通过政府部门或非营利组织向职业教育的资助和捐赠，按规定享受税收优惠政策。要合理确定职业院校的学费标准，确保学费收入全额用于学校发展。要加强对职业教育经费的使用管理，提高资金的使用效益。

（二十七）建立职业教育贫困家庭学生助学制度。中央和地方财政要安排经费，资助接受中等职业教育的农村贫困家庭和城镇低收入家庭子女。中等职业学校要从学校收入中安排一定比例用于奖、助学金和学费减免，并把组织学生参加勤工俭学和半工半读作为助学的重要途径。金融机构要为贫困家庭学生接受职业教育提供助学贷款，各地区要把接受职业教育的贫困家庭学生纳入国家助学贷款资助范围。要通过助学金、奖学金、贷学金等多种形式，对贫困家庭学生和选学农业及地矿等艰苦行业职业教育的学生实行学费减、免和生活费补贴。对高等职业院校学生的资助，按国家有关高等学校学生资助政策执行。

（下略）

国务院关于深化农村义务教育经费保障机制改革的通知（节选）[1]

（2005 年 12 月 24 日）

（上略）

二、深化农村义务教育经费保障机制改革的主要内容

按照“明确各级责任、中央地方共担、加大财政投入、提高保障水平、分步组织实施”的基本原则，逐步将农村义务教育全面纳入公共财政保障范围，建立中央和地方分项目、按比例分担的农村义务教育经费保障机制。中央重点支持中西部地区，适当兼顾东部部分困难地区。

（一）全部免除农村义务教育阶段学生学杂费，对贫困家庭学生免费提供教科书并补助寄宿生生活费。免学杂费资金由中央和地方按比例分担，西部地区为 8∶2，中部地区为 6∶4；东部地区除直辖市外，按照财力状况分省确定。免费提供教科书资金，中西部地区由中央全额承担，东部地区由地方自行承担。补助寄宿生生活费资金由地方承担，补助对象、标准及方式由地方人民政府确定。

（二）提高农村义务教育阶段中小学公用经费保障水平。在免除学杂费的同时，先落实各省（区、市）制订的本省（区、市）农村中小学预算内生均公用经费拨款标准，所需资金由中央和地方按照免学杂费资金的分担比例共同承担。在此基础上，为促进农村义务教育均衡发展，由中央适时制定全国农村义务教育阶段中小学公

① 《国务院关于深化农村义务教育经费保障机制改革的通知》，《中华人民共和国国务院公报》，2006 年 05 期。

用经费基准定额，所需资金仍由中央和地方按上述比例共同承担。中央适时对基准定额进行调整。

（三）建立农村义务教育阶段中小学校舍维修改造长效机制。对中西部地区，中央根据农村义务教育阶段中小学在校生人数和校舍生均面积、使用年限、单位造价等因素，分省（区、市）测定每年校舍维修改造所需资金，由中央和地方按照 5∶5 比例共同承担。对东部地区，农村义务教育阶段中小学校舍维修改造所需资金主要由地方自行承担，中央根据其财力状况以及校舍维修改造成效等情况，给予适当奖励。

（四）巩固和完善农村中小学教师工资保障机制。中央继续按照现行体制，对中西部及东部部分地区农村中小学教师工资经费给予支持。省级人民政府要加大对本行政区域内财力薄弱地区的转移支付力度，确保农村中小学教师工资按照国家标准按时足额发放。

三、农村义务教育经费保障机制改革的实施步骤

农村义务教育经费保障机制改革，从 2006 年农村中小学春季学期开学起，分年度、分地区逐步实施。

（一）2006 年，西部地区农村义务教育阶段中小学生全部免除学杂费；中央财政同时对西部地区农村义务教育阶段中小学安排公用经费补助资金，提高公用经费保障水平；启动全国农村义务教育阶段中小学校校舍维修改造资金保障新机制。

（二）2007 年，中部地区和东部地区农村义务教育阶段中小学生全部免除学杂费；中央财政同时对中部地区和东部部分地区农村义务教育阶段中小学安排公用经费补助资金，提高公用经费保障水平。

（三）2008 年，各地农村义务教育阶段中小学生均公用经费全部达到该省（区、市）2005年秋季学期开学前颁布的生均公用经费基本标准；中央财政安排资金扩大免费教科书覆盖范围。

（四）2009年，中央出台农村义务教育阶段中小学公用经费基准定额。各省（区、市）制定的生均公用经费基本标准低于基准定额的差额部分，当年安排50%，所需资金由中央财政和地方财政按照免学杂费的分担比例共同承担。

（五）2010年，农村义务教育阶段中小学公用经费基准定额全部落实到位。

农垦、林场等所属义务教育阶段中小学经费保障机制改革，与所在地区农村同步实施，所需经费按照现行体制予以保障。城市义务教育也应逐步完善经费保障机制，具体实施方式由地方确定，所需经费由地方承担。其中，享受城市居民最低生活保障政策家庭的义务教育阶段学生，与当地农村义务教育阶段中小学生同步享受“两免一补”政策；进城务工农民子女在城市义务教育阶段学校就读的，与所在城市义务教育阶段学生享受同等政策。

四、加强领导，确保落实

农村义务教育经费保障机制改革工作，涉及面广，政策性强，任务十分艰巨和紧迫。各地区、各有关部门必须从讲政治的高度，从全局出发充分认识深化农村义务教育经费保障机制改革的重大意义，周密部署，统筹安排，扎扎实实把各项改革政策贯彻落实到位。

（一）加强组织领导，搞好协调配合。地方各级人民政府要切实加强对农村义务教育经费保障机制改革工作的组织领导，“一把手”要亲自抓、负总责。各有关部门要加强协调，密切配合。要成立农村义务教育经费保障机制改革领导小组及办公室，负责各项组织实施工作。特别是要在深入调查研究、广泛听取各方面意见的基础上，按照本通知的要求，抓紧制定切实可行的实施方案。国务院有关部门要发挥职能作用，加强对农村义务教育经费保障机制改革工作的指导和协调。

（二）落实分担责任，强化资金管理。省级人民政府要负责统筹落实省以下各级人民政府应承担的经费，制订本省（区、市）各级政府的具体分担办法，完善财政转移支付制度，确保中央和地方各级农村义务教育经费保障机制改革资金落实到位。推进农村义务教育阶段学校预算编制制度改革，将各项收支全部纳入预算管理。健全预算资金支付管理制度，加强农村中小学财务管理，严格按照预算办理各项支出，推行农村中小学财务公开制度，确保资金分配使用的及时、规范、安全和有效，严禁挤占、截留、挪用教育经费。全面清理现行农村义务教育阶段学校收费政策，全部取消农村义务教育阶段学校各项行政事业性收费，坚决杜绝乱收费。

（三）加快推进教育综合改革。深化教师人事制度改革，依法全面实施教师资格准入制度，加强农村中小学编制管理，坚决清退不合格和超编教职工，提高农村中小学师资水平；推行城市教师、大学毕业生到农村支教制度。全面实施素质教育，加快农村中小学课程改革；严格控制农村中小学教科书的种类和价格，推行教科书政府采购，逐步建立教科书循环使用制度。建立以素质教育为宗旨的义务教育评价体系。促进教育公平，防止教育资源过度向少数学校集中。

（四）齐抓共管，强化监督检查。各级人民政府在安排农村义务教育经费时要切实做到公开透明，要把落实农村义务教育经费保障责任与投入情况向同级人民代表大会报告，并向社会公布，接受社会监督。各级财政、教育、物价、审计、监察等有关部门要加强对农村义务教育经费安排使用、贫困学生界定、中小学收费等情况的监督检查。各级人民政府要改进和加强教育督导工作，把农村义务教育经费保障机制改革和教育综合改革，作为教育督导的重要内容。通过齐抓共管，真正使农村义务教育经费保障机制改革工作成为德政工程、民心工程和阳光工程。

（五）加大宣传工作力度。地方各级人民政府和国务院有关部门要高度重视农村义务教育经费保障机制改革的宣传工作，制订切实可行的宣传方案，广泛利用各种宣传媒介、采取多种形式，向全社会进行深入宣传，使党和政府的这项惠民政策家喻户晓、深入人心，营造良好的改革环境，确保农村义务教育经费保障机制改革工作顺利进行。

国家中长期教育改革和发展规划纲要（2010—2020年）（节选）[①]

（国家中长期教育改革和发展规划纲要工作小组办公室）

（2010年5月5日）

（上略）

第二部分　发展任务

第三章　学前教育

（五）基本普及学前教育。学前教育对幼儿身心健康、习惯养成、智力发展具有重要意义。遵循幼儿身心发展规律，坚持科学保教方法，保障幼儿快乐健康成长。积极发展学前教育，到2020年，普及学前一年教育，基本普及学前两年教育，有条件的地区普及学前三年教育。重视0至3岁婴幼儿教育。

（六）明确政府职责。把发展学前教育纳入城镇、社会主义新农村建设规划。建立政府主导、社会参与、公办民办并举的办园体制。大力发展公办幼儿园，积极扶持民办幼儿园。加大政府投入，完善成本合理分担机制，对家庭经济困难幼儿入园给予补助。加强学前教育管理，规范办园行为。制定学前教育办园标准，建立幼儿园准入制度。完善幼儿园收费管理办法。严格执行幼儿教师资格标准，切实加强幼儿教师培养培训，提高幼儿教师队伍整体素质，依

① 《国家中长期教育改革和发展规划纲要（2010—2020年）》，北京：人民出版社，2010年版。

法落实幼儿教师地位和待遇。教育行政部门加强对学前教育的宏观指导和管理，相关部门履行各自职责，充分调动各方面力量发展学前教育。

（七）重点发展农村学前教育。努力提高农村学前教育普及程度。着力保证留守儿童入园。采取多种形式扩大农村学前教育资源，改扩建、新建幼儿园，充分利用中小学布局调整富余的校舍和教师举办幼儿园（班）。发挥乡镇中心幼儿园对村幼儿园的示范指导作用。支持贫困地区发展学前教育。

第四章　义务教育

（八）巩固提高九年义务教育水平。义务教育是国家依法统一实施、所有适龄儿童少年必须接受的教育，具有强制性、免费性和普及性，是教育工作的重中之重。注重品行培养，激发学习兴趣，培育健康体魄，养成良好习惯。到2020年，全面提高普及水平，全面提高教育质量，基本实现区域内均衡发展，确保适龄儿童少年接受良好义务教育。

巩固义务教育普及成果。适应城乡发展需要，合理规划学校布局，办好必要的教学点，方便学生就近入学。坚持以输入地政府管理为主、以全日制公办中小学为主，确保进城务工人员随迁子女平等接受义务教育，研究制定进城务工人员随迁子女接受义务教育后在当地参加升学考试的办法。建立健全政府主导、社会参与的农村留守儿童关爱服务体系和动态监测机制。加快农村寄宿制学校建设，优先满足留守儿童住宿需求。采取必要措施，确保适龄儿童少年不因家庭经济困难、就学困难、学习困难等原因而失学，努力消除辍学现象。

提高义务教育质量。建立国家义务教育质量基本标准和监测制度。严格执行义务教育国家课程标准、教师资格标准。深化课程与教学方法改革，推行小班教学。配齐音乐、体育、美术等学科教师，开足开好规定课程。大力推广普通话教学，使用规范汉字。

增强学生体质。科学安排学习、生活、锻炼，保证学生睡眠时间。大力开展"阳光体育"运动，保证学生每天锻炼一小时，不断提高学生体质健康水平。提倡合理膳食，改善学生营养状况，提高贫困地区农村学生营养水平。保护学生视力。

（九）推进义务教育均衡发展。均衡发展是义务教育的战略性任务。建立健全义务教育均衡发展保障机制。推进义务教育学校标准化建设，均衡配置教师、设备、图书、校舍等资源。

切实缩小校际差距，着力解决择校问题。加快薄弱学校改造，着力提高师资水平。实行县（区）域内教师、校长交流制度。实行优质普通高中和优质中等职业学校招生名额合理分配到区域内初中的办法。义务教育阶段不得设置重点学校和重点班。在保障适龄儿童少年就近进入公办学校的前提下，发展民办教育，提供选择机会。

加快缩小城乡差距。建立城乡一体化义务教育发展机制，在财政拨款、学校建设、教师配置等方面向农村倾斜。率先在县（区）域内实现城乡均衡发展，逐步在更大范围内推进。

努力缩小区域差距。加大对革命老区、民族地区、边疆地区、贫困地区义务教育的转移支付力度。鼓励发达地区支援欠发达地区。

（十）减轻中小学生课业负担。过重的课业负担严重损害儿童少年身心健康。减轻学生课业负担是全社会的共同责任，政府、学校、家庭、社会必须共同努力，标本兼治，综合治理。把减负落实到中小学教育全过程，促进学生生动活泼学习、健康快乐成长。率先实现小学生减负。

各级政府要把减负作为教育工作的重要任务，统筹规划，整体推进。调整教材内容，科学设计课程难度。改革考试评价制度和学校考核办法。规范办学行为，建立学生课业负担监测和公告制度。不得以升学率对地区和学校进行排名，不得下达升学指标。规范各种社会补习机构和教辅市场。加强校外活动场所建设和管理，丰富学生课外及校外活动。

学校要把减负落实到教育教学各个环节，给学生留下了解社会、深入思考、动手实践、健身娱乐的时间。提高教师业务素质，改进教学方法，增强课堂教学效果，减少作业量和考试次数。培养学生学习兴趣和爱好。严格执行课程方案，不得增加课时和提高难度。各种等级考试和竞赛成绩不得作为义务教育阶段入学与升学的依据。

充分发挥家庭教育在儿童少年成长过程中的重要作用。家长要树立正确的教育观念，掌握科学的教育方法，尊重子女的健康情趣，培养子女的良好习惯，加强与学校的沟通配合，共同减轻学生课业负担。

第五章　高中阶段教育

（十一）加快普及高中阶段教育。高中阶段教育是学生个性形成、自主发展的关键时期，对提高国民素质和培养创新人才具有特殊意义。注重培养学生自主学习、自强自立和适应社会的能力，克服应试教育倾向。到2020年，普及高中阶段教育，满足初中毕业生接受高中阶段教育需求。

根据经济社会发展需要，合理确定普通高中和中等职业学校招生比例，今后一个时期总体保持普通高中和中等职业学校招生规模大体相当。加大对中西部贫困地区高中阶段教育的扶持力度。

（十二）全面提高普通高中学生综合素质。深入推进课程改革，全面落实课程方案，保证学生全面完成国家规定的文理等各门课程的学习。创造条件开设丰富多彩的选修课，为学生提供更多选择，促进学生全面而有个性的发展。逐步消除大班额现象。积极开展研究性学习、社区服务和社会实践。建立科学的教育质量评价体系，全面实施高中学业水平考试和综合素质评价。建立学生发展指导制度，加强对学生的理想、心理、学业等多方面指导。

（十三）推动普通高中多样化发展。促进办学体制多样化，扩大优质资源。推进培养模式多样化，满足不同潜质学生的发展需要。探索发现和培养创新人才的途径。鼓励普通高中办出特色。鼓励有条件的普通高中根据需要适当增加职业教育的教学内容。探索综合高中发展模式。采取多种方式，为在校生和未升学毕业生提供职业教育。

第六章　职业教育

（十四）大力发展职业教育。发展职业教育是推动经济发展、促进就业、改善民生、解决“三农”问题的重要途径，是缓解劳动力供求结构矛盾的关键环节，必须摆在更加突出的位置。职业教育要面向人人、面向社会，着力培养学生的职业道德、职业技能和就业创业能力。到 2020 年，形成适应经济发展方式转变和产业结构调整要求、体现终身教育理念、中等和高等职业教育协调发展的现代职业教育体系，满足人民群众接受职业教育的需求，满足经济社会对高素质劳动者和技能型人才的需要。

政府切实履行发展职业教育的职责。把职业教育纳入经济社会发展和产业发展规划，促使职业教育规模、专业设置与经济社会发展需求相适应。统筹中等职业教育与高等职业教育发展。健全多渠道投入机制，加大职业教育投入。

把提高质量作为重点。以服务为宗旨，以就业为导向，推进教育教学改革。实行工学结合、校企合作、顶岗实习的人才培养模式。坚持学校教育与职业培训并举，全日制与非全日制并重。制定职业学校基本办学标准。加强“双师型”教师队伍和实训基地建设，提升职业教育基础能力。建立健全技能型人才到职业学校从教的制度。完善符合职业教育特点的教师资格标准和专业技术职务（职称）评聘办法。建立健全职业教育质量保障体系，吸收企业参加教育质量评估。开展职业技能竞赛。

（十五）调动行业企业的积极性。建立健全政府主导、行业指导、企业参与的办学机制，制定促进校企合作办学法规，推进校企合作制度化。鼓励行业组织、企业举办职业学校，鼓励委托职业学校进行职工培训。制定优惠政策，鼓励企业接收学生实习实训和教师实践，鼓励企业加大对职业教育的投入。

（十六）加快发展面向农村的职业教育。把加强职业教育作为服务社会主义新农村建设的重要内容。加强基础教育、职业教育和成人教育统筹，促进农科教结合。强化省、市（地）级政府发展农村职业教育的责任，扩大农村职业教育培训覆盖面，根据需要办好县级职教中心。强化职业教育资源的统筹协调和综合利用，推进城乡、区域合作，增强服务“三农”能力。加强涉农专业建设，加大培养适应农业和农村发展需要的专业人才力度。支持各级各类学校积极参与培养有文化、懂技术、会经营的新型农民，开展进城务工人员、农村劳动力转移培训。逐步实施农村新成长劳动力免费劳动预备制培训。

（十七）增强职业教育吸引力。完善职业教育支持政策。逐步实行中等职业教育免费制度，完善家庭经济困难学生资助政策。改革招生和教学模式。积极推进学历证书和职业资格证书“双证书”制度，推进职业学校专业课程内容和职业标准相衔接。完善就业准入制度，执行“先培训、后就业”、“先培训、后上岗”的规定。制定退役士兵接受职业教育培训的办法。建立健全职业教育课程衔接体系。鼓励毕业生在职继续学习，完善职业学校毕业生直接升学制度，拓宽毕业生继续学习渠道。提高技能型人才的社会地位和待遇。加大对有突出贡献高技能人才的宣传表彰力度，形成行行出状元的良好社会氛围。

第七章　高等教育

（十八）全面提高高等教育质量。高等教育承担着培养高级专门人才、发展科学技术文化、促进社会主义现代化建设的重大任务。提高质量是高等教育发展的核心任务，是建设高等教育强国的基本要求。到 2020 年，高等教育结构更加合理，特色更加鲜明，人才培养、科学研究和社会服务整体水平全面提升，建成一批国际知名、有特色、高水平的高等学校，若干所大学达到或接近世界一流大学水平，高等教育国际竞争力显著增强。

（十九）提高人才培养质量。牢固确立人才培养在高校工作中的中心地位，着力培养信念执著、品德优良、知识丰富、本领过硬的高素质专门人才和拔尖创新人才。加大教学投入。把教学作为教师考核的首要内容，把教授为低年级学生授课作为重要制度。加强实验室、校内外实习基地、课程教材等基本建设。深化教学改革。推进和完善学分制，实行弹性学制，促进文理交融。支持学生参与科学研究，强化实践教学环节。加强就业创业教育和就业指导服务。创立高校与科研院所、行业、企业联合培养人才的新机制。全面实施“高等学校本科教学质量与教学改革工程”。严格教学管理。健全教学质量保障体系，改进高校教学评估。充分调动学生学习积极性和主动性，激励学生刻苦学习，增强诚信意识，养成良好学风。

大力推进研究生培养机制改革。建立以科学与工程技术研究为主导的导师责任制和导师项目资助制，推行产学研联合培养研究生的“双导师制”。实施“研究生教育创新计划”。加强管理，不断提高研究生特别是博士生培养质量。

（二十）提升科学研究水平。充分发挥高校在国家创新体系中的重要作用，鼓励高校在知识创新、技术创新、国防科技创新和区域创新中作出贡献。大力开展自然科学、技术科学、哲学社会科学研究。坚持服务国家目标与鼓励自由探索相结合，加强基础研究；以重大现实问题为主攻方向，加强应用研究。促进高校、科研院所、企业科技教育资源共享，推动高校创新组织模式，培育跨学科、跨领域的科研与教学相结合的团队。促进科研与教学互动、与创新人才培养相结合。充分发挥研究生在科学研究中的作用。加强高校重点科研创新基地与科技创新平台建设。完善以创新和质量为导向的科研评价机制。积极参与马克思主义理论研究和建设工程。深入实施“高等学校哲学社会科学繁荣计划”。

（二十一）增强社会服务能力。高校要牢固树立主动为社会服务的意识，全方位开展服务。推进产学研用结合，加快科技成果转化，规范校办产业发展。为社会成员提供继续教育服务。开展科学普及工作，提高公众科学素质和人文素质。积极推进文化传播，弘扬优秀传统文化，发展先进文化。积极参与决策咨询，主动开展前瞻性、对策性研究，充分发挥智囊团、思想库作用。鼓励师生开展志愿服务。

（二十二）优化结构办出特色。适应国家和区域经济社会发展需要，建立动态调整机制，不断优化高等教育结构。优化学科专业、类型、层次结构，促进多学科交叉和融合。重点扩大应用型、复合型、技能型人才培养规模。加快发展专业学位研究生教育。优化区域布局结构。设立支持地方高等教育专项资金，实施中西部高等教育振兴计划。新增招生计划向中西部高等教育资源短缺地区倾斜，扩大东部高校在中西部地区招生规模，加大东部高校对西部高校对口支援力度。鼓励东部地区高等教育率先发展。建立完善军民结合、寓军于民的军队人才培养体系。

促进高校办出特色。建立高校分类体系，实行分类管理。发挥政策指导和资源配置的作用，引导高校合理定位，克服同质化倾向，形成各自的办学理念和风格，在不同层次、不同领域办出特色，争创一流。

加快建设一流大学和一流学科。以重点学科建设为基础，继续实施“985 工程”和优势学科创新平台建设，继续实施“211 工程”和启动特色重点学科项目。改进管理模式，引入竞争机制，实行绩效评估，进行动态管理。鼓励学校优势学科面向世界，支持参与和设立国际学术合作组织、国际科学计划，支持与境外高水平教育、科研机构建立联合研发基地。加快创建世界一流大学和高水平大学的步伐，培养一批拔尖创新人才，形成一批世界一流学科，产生一批国际领先的原创性成果，为提升我国综合国力贡献力量。

第八章　继续教育

（二十三）加快发展继续教育。继续教育是面向学校教育之后所有社会成员的教育活动，特别是成人教育活动，是终身学习体系的重要组成部分。更新继续教育观念，加大投入力度，以加强人力资源能力建设为核心，大力发展非学历继续教育，稳步发展学历继续教育。重视老年教育。倡导全民阅读。广泛开展城乡社区教育，加快各类学习型组织建设，基本形成全民学习、终身学习的学习型社会。

（二十四）建立健全继续教育体制机制。政府成立跨部门继续教育协调机构，统筹指导继续教育发展。将继续教育纳入区域、行业总体发展规划。行业主管部门或协会负责制定行业继续教育规划和组织实施办法。加快继续教育法制建设。健全继续教育激励机制，推进继续教育与工作考核、岗位聘任（聘用）、职务（职称）评聘、职业注册等人事管理制度的衔接。鼓励个人多种形式接受继续教育，支持用人单位为从业人员接受继续教育提供条件。加强继续教育监管和评估。

（二十五）构建灵活开放的终身教育体系。发展和规范教育培训服务，统筹扩大继续教育资源。鼓励学校、科研院所、企业等相关组织开展继续教育。加强城乡社区教育机构和网络建设，开发社区教育资源。大力发展现代远程教育，建设以卫星、电视和互联网等为载体的远程开放继续教育及公共服务平台，为学习者提供方便、灵活、个性化的学习条件。

搭建终身学习“立交桥”。促进各级各类教育纵向衔接、横向沟通，提供多次选择机会，满足个人多样化的学习和发展需要。健全宽进严出的学习制度，办好开放大学，改革和完善高等教育自学考试制度。建立继续教育学分积累与转换制度，实现不同类型学习成果的互认和衔接。

第九章　民族教育

（二十六）重视和支持民族教育事业。加快民族教育事业发展，对于推动少数民族和民族地区经济社会发展，促进各民族共同团结奋斗、共同繁荣发展，具有重大而深远的意义。要加强对民族教育工作的领导，全面贯彻党的民族政策，切实解决少数民族和民族地区教育事业发展面临的特殊困难和突出问题。

在各级各类学校广泛开展民族团结教育。推动党的民族理论和民族政策、国家法律法规进教材、进课堂、进头脑，引导广大师生牢固树立马克思主义祖国观、民族观、宗教观，不断夯实各民族大团结的基础，增强中华民族自豪感和凝聚力。

（二十七）全面提高少数民族和民族地区教育发展水平。公共教育资源要向民族地区倾斜。中央和地方政府要进一步加大对民族教育支持力度。

促进民族地区各级各类教育协调发展。巩固民族地区义务教育普及成果，确保适龄儿童少年依法接受义务教育，全面提高普及水平，全面提高教育教学质量。支持边境县和民族自治地方贫困县义务教育学校标准化建设，加强民族地区寄宿制学校建设。加快民族地区高中阶段教育发展。支持教育基础薄弱地区改扩建、新建一批高中阶段学校。大力发展民族地区职业教育。加大对民族地区中等职业教育的支持力度。积极发展民族地区高等教育。支持民族院校加强学科和人才队伍建设，提高办学质量和管理水平。进一步办好高校民族预科班。加大对人口较少民族教育事业的扶持力度。

大力推进双语教学。全面开设汉语文课程，全面推广国家通用语言文字。尊重和保障少数民族使用本民族语言文字接受教育的权利。全面加强学前双语教育。国家对双语教学的师资培养培训、教学研究、教材开发和出版给予支持。

加强教育对口支援。认真组织落实内地省市对民族地区教育支援工作。充分利用内地优质教育资源，探索多种形式，吸引更多民族地区少数民族学生到内地接受教育。办好面向民族地区的职业学校。加大对民族地区师资培养培训力度，提高教师的政治素质和业务素质。国家制定优惠政策，鼓励支持高等学校毕业生到民族地区基层任教。支持民族地区发展现代远程教育，扩大优质教育资源覆盖面。

第十章　特殊教育

（二十八）关心和支持特殊教育。特殊教育是促进残疾人全面发展、帮助残疾人更好地融入社会的基本途径。各级政府要加快发展特殊教育，把特殊教育事业纳入当地经济社会发展规划，列入议事日程。全社会要关心支持特殊教育。

提高残疾学生的综合素质。注重潜能开发和缺陷补偿，培养残疾学生积极面对人生、全面融入社会的意识和自尊、自信、自立、自强的精神。加强残疾学生职业技能和就业能力培养。

（二十九）完善特殊教育体系。到 2020 年，基本实现市（地）和 30 万人口以上、残疾儿童少年较多的县（市）都有一所特殊教育学校。各级各类学校要积极创造条件接收残疾人入学，不断扩大随班就读和普通学校特教班规模。全面提高残疾儿童少年义务教育普及水平，加快发展残疾人高中阶段教育，大力推进残疾人职业教育，重视发展残疾人高等教育。因地制宜发展残疾儿童学前教育。

（三十）健全特殊教育保障机制。国家制定特殊教育学校基本办学标准，地方政府制定学生人均公用经费标准。加大对特殊教育的投入力度。鼓励和支持接收残疾学生的普通学校为残疾学生创造学习生活条件。加强特殊教育师资队伍建设，采取措施落实特殊教育教师待遇。在优秀教师表彰中提高特殊教育教师比例。加大对家庭经济困难残疾学生的资助力度。逐步实施残疾学生高中阶段免费教育。

第三部分　体制改革

第十一章　人才培养体制改革

（三十一）更新人才培养观念。深化教育体制改革，关键是更新教育观念，核心是改革人才培养体制，目的是提高人才培养水平。树立全面发展观念，努力造就德智体美全面发展的高素质人才。树立人人成才观念，面向全体学生，促进学生成长成才。树立多样化人才观念，尊重个人选择，鼓励个性发展，不拘一格培养人才。树立终身学习观念，为持续发展奠定基础。树立系统培养观念，推进小学、中学、大学有机衔接，教学、科研、实践紧密结合，学校、家庭、社会密切配合，加强学校之间、校企之间、学校与科研机构之间合作以及中外合作等多种联合培养方式，形成体系开放、机制灵活、渠道互通、选择多样的人才培养体制。

（三十二）创新人才培养模式。适应国家和社会发展需要，遵循教育规律和人才成长规律，深化教育教学改革，创新教育教学方法，探索多种培养方式，形成各类人才辈出、拔尖创新人才不断涌现的局面。

注重学思结合。倡导启发式、探究式、讨论式、参与式教学，帮助学生学会学习。激发学生的好奇心，培养学生的兴趣爱好，营造独立思考、自由探索、勇于创新的良好环境。适应经济社会发展和科技进步的要求，推进课程改革，加强教材建设，建立健全教材质量监管制度。深入研究、确定不同教育阶段学生必须掌握的核心内容，形成教学内容更新机制。充分发挥现代信息技术作用，促进优质教学资源共享。

注重知行统一。坚持教育教学与生产劳动、社会实践相结合。开发实践课程和活动课程，增强学生科学实验、生产实习和技能实训的成效。充分利用社会教育资源，开展各种课外及校外活动。加强中小学校外活动场所建设。加强学生社团组织指导，鼓励学生积极参与志愿服务和公益事业。

注重因材施教。关注学生不同特点和个性差异，发展每一个学生的优势潜能。推进分层教学、走班制、学分制、导师制等教学管理制度改革。建立学习困难学生的帮助机制。改进优异学生培养方式，在跳级、转学、转换专业以及选修更高学段课程等方面给予支持和指导。健全公开、平等、竞争、择优的选拔方式，改进中学生升学推荐办法，创新研究生培养方法。探索高中阶段、高等学校拔尖学生培养模式。

（三十三）改革教育质量评价和人才评价制度。改进教育教学评价。根据培养目标和人才理念，建立科学、多样的评价标准。开展由政府、学校、家长及社会各方面参与的教育质量评价活动。做好学生成长记录，完善综合素质评价。探索促进学生发展的多种评价方式，激励学生乐观向上、自主自立、努力成才。

改进人才评价及选用制度，为人才培养创造良好环境。树立科学人才观，建立以岗位职责为基础，以品德、能力和业绩为导向的科学化、社会化人才评价发现机制。强化人才选拔使用中对实践能力的考查，克服社会用人单纯追求学历的倾向。

第十二章　考试招生制度改革

（三十四）推进考试招生制度改革。以考试招生制度改革为突破口，克服一考定终身的弊端，推进素质教育实施和创新人才培养。按照有利于科学选拔人才、促进学生健康发展、维护社会公平的原则，探索招生与考试相对分离的办法，政府宏观管理，专业机构组织实施，学校依法自主招生，学生多次选择，逐步形成分类考试、综合评价、多元录取的考试招生制度。加强考试管理，完善专业考试机构功能，提高服务能力和水平。成立国家教育考试指导委员会，研究制定考试改革方案，指导考试改革试点。

（三十五）完善中等学校考试招生制度。完善初中就近免试入学的具体办法。完善学业水平考试和综合素质评价，为高中阶段学校招生录取提供更加科学的依据。改进高中阶段学校考试招生方式，发挥优质普通高中和优质中等职业学校招生名额合理分配的导向作用。规范优秀特长生录取程序与办法。中等职业学校实行自主招生或注册入学。

（三十六）完善高等学校考试招生制度。深化考试内容和形式改革，着重考查综合素质和能力。以高等学校人才选拔要求和国家课程标准为依据，完善国家考试科目试题库，保证国家考试的科学性、导向性和规范性。探索有的科目一年多次考试的办法，探索实行社会化考试。

逐步实施高等学校分类入学考试。普通高等学校本科入学考试由全国统一组织；高等职业教育入学考试由各省、自治区、直辖市组织。成人高等教育招生办法由各省、自治区、直辖市确定。深入推进研究生入学考试制度改革，加强创新能力考查，发挥和规范导师在选拔录取中的作用。

完善高等学校招生名额分配方式和招生录取办法，建立健全有利于促进入学机会公平、有利于优秀人才选拔的多元录取机制。普通高等学校本科招生以统一入学考试为基本方式，结合学业水平考试和综合素质评价，择优录取。对特长显著、符合学校培养要求的，依据面试或者测试结果自主录取；高中阶段全面发展、表现优异的，推荐录取；符合条件、自愿到国家需要的行业、地区就业的，签订协议实行定向录取；对在实践岗位上作出突出贡献或具有特殊才能的人才，建立专门程序，破格录取。

（三十七）加强信息公开和社会监督。完善考试招生信息发布制度，实现信息公开透明，保障考生权益，加强政府和社会监督。公开高等学校招生名额分配原则和办法，公开招生章程和政策、招生程序和结果，公开自主招生办法、程序和结果。加强考试招生法规建设，规范学校招生录取程序，清理并规范升学加分政策。强化考试安全责任，加强诚信制度建设，坚决防范和严肃查处考试招生舞弊行为。

第十三章　建设现代学校制度

（三十八）推进政校分开、管办分离。适应中国国情和时代要求，建设依法办学、自主管理、民主监督、社会参与的现代学校制度，构建政府、学校、社会之间新型关系。适应国家行政管理体制改革要求，明确政府管理权限和职责，明确各级各类学校办学权利和责任。探索适应不同类型教育和人才成长的学校管理体制与办学模式，避免千校一面。完善学校目标管理和绩效管理机制。健全校务公开制度，接受师生员工和社会的监督。随着国家事业单位分类改革推进，探索建立符合学校特点的管理制度和配套政策，克服行政化倾向，取消实际存在的行政级别和行政化管理模式。

（三十九）落实和扩大学校办学自主权。政府及其部门要树立服务意识，改进管理方式，完善监管机制，减少和规范对学校的行政审批事项，依法保障学校充分行使办学自主权和承担相应责任。高等学校按照国家法律法规和宏观政策，自主开展教学活动、科学研究、技术开发和社会服务，自主设置和调整学科、专业，自主制定学校规划并组织实施，自主设置教学、科研、行政管理机构，自主确定内部收入分配，自主管理和使用人才，自主管理和使用学校财产和经费。扩大普通高中及中等职业学校在办学模式、育人方式、资源配置、人事管理、合作办学、社区服务等方面的自主权。

（四十）完善中国特色现代大学制度。完善治理结构。公办高等学校要坚持和完善党委领导下的校长负责制。健全议事规则与决策程序，依法落实党委、校长职权。完善大学校长选拔任用办法。充分发挥学术委员会在学科建设、学术评价、学术发展中的重要作用。探索教授治学的有效途径，充分发挥教授在教学、学术研究和学校管理中的作用。加强教职工代表大会、学生代表大会建设，发挥群众团体的作用。

加强章程建设。各类高校应依法制定章程，依照章程规定管理学校。尊重学术自由，营造宽松的学术环境。全面实行聘任制度和岗位管理制度。确立科学的考核评价和激励机制。

扩大社会合作。探索建立高等学校理事会或董事会，健全社会支持和监督学校发展的长效机制。探索高等学校与行业、企业密切合作共建的模式，推进高等学校与科研院所、社会团体的资源共享，形成协调合作的有效机制，提高服务经济建设和社会发展的能力。推进高校后勤社会化改革。

推进专业评价。鼓励专门机构和社会中介机构对高等学校学科、专业、课程等水平和质量进行评估。建立科学、规范的评估制度。探索与国际高水平教育评价机构合作，形成中国特色学校评价模式。建立高等学校质量年度报告发布制度。

（四十一）完善中小学学校管理制度。完善普通中小学和中等职业学校校长负责制。完善校长任职条件和任用办法。实行校务会议等管理制度，建立健全教职工代表大会制度，不断完善科学民主决策机制。扩大中等职业学校专业设置自主权。建立中小学家长委员会。引导社区和有关专业人士参与学校管理和监督。发挥企业参与中等职业学校发展的作用。建立中等职业学校与行业、企业合作机制。

第十四章　办学体制改革

（四十二）深化办学体制改革。坚持教育公益性原则，健全政府主导、社会参与、办学主体多元、办学形式多样、充满生机活力的办学体制，形成以政府办学为主体、全社会积极参与、公办教育和民办教育共同发展的格局。调动全社会参与的积极性，进一步激发教育活力，满足人民群众多层次、多样化的教育需求。

深化公办学校办学体制改革，积极鼓励行业、企业等社会力量参与公办学校办学，扶持薄弱学校发展，扩大优质教育资源，增强办学活力，提高办学效益。各地可从实际出发，开展公办学校联合办学、委托管理等试验，探索多种形式，提高办学水平。

改进非义务教育公共服务提供方式，完善优惠政策，鼓励公平竞争，引导社会资金以多种方式进入教育领域。

（四十三）大力支持民办教育。民办教育是教育事业发展的重要增长点和促进教育改革的重要力量。各级政府要把发展民办教育作为重要工作职责，鼓励出资、捐资办学，促进社会力量以独立举办、共同举办等多种形式兴办教育。完善独立学院管理和运行机制。支持民办学校创新体制机制和育人模式，提高质量，办出特色，办好一批高水平民办学校。

依法落实民办学校、学生、教师与公办学校、学生、教师平等的法律地位，保障民办学校办学自主权。清理并纠正对民办学校的各类歧视政策。制定完善促进民办教育发展的优惠政策。对具备学士、硕士和博士学位授予单位条件的民办学校，按规定程序予以审批。建立完善民办学校教师社会保险制度。

健全公共财政对民办教育的扶持政策。政府委托民办学校承担有关教育和培训任务，拨付相应教育经费。县级以上人民政府可以根据本行政区域的具体情况设立专项资金，用于资助民办学校。国家对发展民办教育作出突出贡献的组织、学校和个人给予奖励和表彰。

（四十四）依法管理民办教育。教育行政部门要切实加强民办教育的统筹、规划和管理工作。积极探索营利性和非营利性民办学校分类管理。规范民办学校法人登记。完善民办学校法人治理结构。民办学校依法设立理事会或董事会，保障校长依法行使职权，逐步推进监事制度。积极发挥民办学校党组织的作用。完善民办高等学校督导专员制度。落实民办学校教职工参与民主管理、民主监督的权利。依法明确民办学校变更、退出机制。切实落实民办学校法人财产权。依法建立民办学校财务、会计和资产管理制度。任何组织和个人不得侵占学校资产、抽逃资金或者挪用办学经费。建立民办学校办学风险防范机制和信息公开制度。扩大社会参与民办学校的管理与监督。加强对民办教育的评估。

第十五章　管理体制改革

（四十五）健全统筹有力、权责明确的教育管理体制。以转变政府职能和简政放权为重点，深化教育管理体制改革，提高公共教育服务水平。明确各级政府责任，规范学校办学行为，促进管办评分离，形成政事分开、权责明确、统筹协调、规范有序的教育管理体制。中央政府统一领导和管理国家教育事业，制定发展规划、方针政策和基本标准，优化学科专业、类型、层次结构和区域布局。整体部署教育改革试验，统筹区域协调发展。地方政府负责落实国家方针政策，开展教育改革试验，根据职责分工负责区域内教育改革、发展和稳定。

（四十六）加强省级政府教育统筹。进一步加大省级政府对区域内各级各类教育的统筹。统筹管理义务教育，推进城乡义务教育均衡发展，依法落实发展义务教育的财政责任。促进普通高中和中等职业学校合理分布，加快普及高中阶段教育，重点扶持困难地区高中阶段教育发展。促进省域内职业教育协调发展和资源共享，支持行业、企业发展职业教育。完善以省级政府为主管理高等教育的体制，合理设置和调整高等学校及学科、专业布局，提高管理水平和办学质量。依法审批设立实施专科学历教育的高等学校，审批省级政府管理本科院校学士学位授予单位和已确定为硕士学位授予单位的学位授予点。完善省对省以下财政转移支付体制，加大对经济欠发达地区的支持力度。根据国家标准，结合本地实际，合理确定各级各类学校办学条件、教师编制等实施标准。统筹推进教育综合改革，促进教育区域协作，提高教育服务经济社会发展的水平。支持和督促市（地）、县级政府履行职责，发展管理好当地各类教育。

（四十七）转变政府教育管理职能。各级政府要切实履行统筹规划、政策引导、监督管理和提供公共教育服务的职责，建立健全公共教育服务体系，逐步实现基本公共教育服务均等化，维护教育公平和教育秩序。改变直接管理学校的单一方式，综合应用立法、拨款、规划、信息服务、政策指导和必要的行政措施，减少不必要的行政干预。

提高政府决策的科学性和管理的有效性。规范决策程序，重大教育政策出台前要公开讨论，充分听取群众意见。成立教育咨询委员会，为教育改革和发展提供咨询论证，提高重大教育决策的科学性。建立和完善国家教育基本标准。整合国家教育质量监测评估机构及资源，完善监测评估体系，定期发布监测评估报告。加强教育监督检查，完善教育问责机制。

培育专业教育服务机构。完善教育中介组织的准入、资助、监管和行业自律制度。积极发挥行业协会、专业学会、基金会等各类社会组织在教育公共治理中的作用。

第十六章　扩大教育开放

（四十八）加强国际交流与合作。坚持以开放促改革、促发展。开展多层次、宽领域的教育交流与合作，提高我国教育国际化水平。借鉴国际上先进的教育理念和教育经验，促进我国教育改革发展，提升我国教育的国际地位、影响力和竞争力。适应国家经济社会对外开放的要求，培养大批具有国际视野、通晓国际规则、能够参与国际事务和国际竞争的国际化人才。

（四十九）引进优质教育资源。吸引境外知名学校、教育和科研机构以及企业，合作设立教育教学、实训、研究机构或项目。鼓励各级各类学校开展多种形式的国际交流与合作，办好若干所示范性中外合作学校和一批中外合作办学项目。探索多种方式利用国外优质教育资源。

吸引更多世界一流的专家学者来华从事教学、科研和管理工作，有计划地引进海外高端人才和学术团队。引进境外优秀教材，提高高等学校聘任外籍教师的比例。吸引海外优秀留学人员回国服务。

（五十）提高交流合作水平。扩大政府间学历学位互认。支持中外大学间的教师互派、学生互换、学分互认和学位互授联授。加强与国外高水平大学合作，建立教学科研合作平台，联合推进高水平基础研究和高技术研究。加强中小学、职业学校对外交流与合作。加强国际理解教育，推动跨文化交流，增进学生对不同国家、不同文化的认识和理解。

推动我国高水平教育机构海外办学，加强教育国际交流，广泛开展国际合作和教育服务。支持国际汉语教育。提高孔子学院办学质量和水平。加大教育国际援助力度，为发展中国家培养培训专门人才。拓宽渠道和领域，建立高等学校毕业生海外志愿者服务机制。

创新和完善公派出国留学机制，在全国公开选拔优秀学生进入国外高水平大学和研究机构学习。加强对自费出国留学的政策引导，加大对优秀自费留学生资助和奖励力度。坚持“支持留学、鼓励回国、来去自由”的方针，提高对留学人员的服务和管理水平。

进一步扩大外国留学生规模。增加中国政府奖学金数量，重点资助发展中国家学生，优化来华留学人员结构。实施来华留学预备教育，增加高等学校外语授课的学科专业，不断提高来华留学教育质量。

加强与联合国教科文组织等国际组织的合作，积极参与双边、多边和全球性、区域性教育合作。积极参与和推动国际组织教育政策、规则、标准的研究和制定。搭建高层次国际教育交流合作与政策对话平台，加强教育研究领域和教育创新实践活动的国际交流与合作。

加强内地与港澳台地区的教育交流与合作。扩展交流内容，创新合作模式，促进教育事业共同发展。

第四部分　保障措施

第十七章　加强教师队伍建设

（五十一）建设高素质教师队伍。教育大计，教师为本。有好的教师，才有好的教育。提高教师地位，维护教师权益，改善教师待遇，使教师成为受人尊重的职业。严格教师资质，提升教师素质，努力造就一支师德高尚、业务精湛、结构合理、充满活力的高素质专业化教师队伍。

（五十二）加强师德建设。加强教师职业理想和职业道德教育，增强广大教师教书育人的责任感和使命感。教师要关爱学生，严谨笃学，淡泊名利，自尊自律，以人格魅力和学识魅力教育感染学生，做学生健康成长的指导者和引路人。将师德表现作为教师考核、聘任（聘用）和评价的首要内容。采取综合措施，建立长效机制，形成良好学术道德和学术风气，克服学术浮躁，查处学术不端行为。

（五十三）提高教师业务水平。完善培养培训体系，做好培养培训规划，优化队伍结构，提高教师专业水平和教学能力。通过研修培训、学术交流、项目资助等方式，培养教育教学骨干、“双师型”教师、学术带头人和校长，造就一批教学名师和学科领军人才。

以农村教师为重点，提高中小学教师队伍整体素质。创新农村教师补充机制，完善制度政策，吸引更多优秀人才从教。积极推进师范生免费教育，实施农村义务教育学校教师特设岗位计划，完善代偿机制，鼓励高校毕业生到艰苦边远地区当教师。完善教师培训制度，将教师培训经费列入政府预算，对教师实行每五年一周期的全员培训。加大民族地区双语教师培养培训力度。加强校长培训，重视辅导员和班主任培训。加强教师教育，构建以师范院校为主体、综合大学参与、开放灵活的教师教育体系。深化教师教育改革，创新培养模式，增强实习实践环节，强化师德修养和教学能力训练，提高教师培养质量。

以“双师型”教师为重点，加强职业院校教师队伍建设。加大职业院校教师培养培训力度。依托相关高等学校和大中型企业，共建“双师型”教师培养培训基地。完善教师定期到企业实践制度。完善相关人事制度，聘任（聘用）具有实践经验的专业技术人员和高技能人才担任专兼职教师，提高持有专业技术资格证书和职业资格证书教师比例。

以中青年教师和创新团队为重点，建设高素质的高校教师队伍。大力提高高校教师教学水平、科研创新和社会服务能力。促进跨学科、跨单位合作，形成高水平教学和科研创新团队。创新人事管理和薪酬分配方式，引导教师潜心教学科研，鼓励中青年优秀教师脱颖而出。实施海外高层次人才引进计划、“长江学者奖励计划”和“国家杰出青年科学基金”等人才项目，为高校集聚具有国际影响的学科领军人才。

（五十四）提高教师地位待遇。不断改善教师的工作、学习和生活条件，吸引优秀人才长期从教、终身从教。依法保证教师平均工资水平不低于或者高于国家公务员的平均工资水平，并逐步提高。落实教师绩效工资。对长期在农村基层和艰苦边远地区工作的教师，在工资、职务（职称）等方面实行倾斜政策，完善津贴补贴标准。建设农村艰苦边远地区学校教师周转宿舍。研究制定优惠政策，改善教师工作和生活条件。关心教师身心健康。落实和完善教师医疗养老等社会保障政策。国家对在农村地区长期从教、贡献突出的教师给予奖励。

（五十五）健全教师管理制度。完善并严格实施教师准入制度，严把教师入口关。国家制定教师资格标准，提高教师任职学历标准和品行要求。建立教师资格证书定期登记制度。省级教育行政部门统一组织中小学教师资格考试和资格认定，县级教育行政部门按规定履行中小学教师的招聘录用、职务（职称）评聘、培养培训和考核等管理职能。

逐步实行城乡统一的中小学编制标准，对农村边远地区实行倾斜政策。制定幼儿园教师配备标准。建立统一的中小学教师职务

（职称）系列，在中小学设置正高级教师职务（职称）。探索在职业学校设置正高级教师职务（职称）。制定高等学校编制标准。加强学校岗位管理，创新聘用方式，规范用人行为，完善激励机制，激发教师积极性和创造性。建立健全义务教育学校教师和校长流动机制。城镇中小学教师在评聘高级职务（职称）时，原则上要有一年以上在农村学校或薄弱学校任教经历。加强教师管理，完善教师退出机制。制定校长任职资格标准，促进校长专业化，提高校长管理水平。推行校长职级制。

创造有利条件，鼓励教师和校长在实践中大胆探索，创新教育思想、教育模式和教育方法，形成教学特色和办学风格，造就一批教育家，倡导教育家办学。大力表彰和宣传模范教师的先进事迹。国家对作出突出贡献的教师和教育工作者设立荣誉称号。

第十八章　保障经费投入

（五十六）加大教育投入。教育投入是支撑国家长远发展的基础性、战略性投资，是教育事业的物质基础，是公共财政的重要职能。要健全以政府投入为主、多渠道筹集教育经费的体制，大幅度增加教育投入。

各级政府要优化财政支出结构，统筹各项收入，把教育作为财政支出重点领域予以优先保障。严格按照教育法律法规规定，年初预算和预算执行中的超收收入分配都要体现法定增长要求，保证教育财政拨款增长明显高于财政经常性收入增长，并使按在校学生人数平均的教育费用逐步增长，保证教师工资和学生人均公用经费逐步增长。按增值税、营业税、消费税的3%足额征收教育费附加，专项用于教育事业。提高国家财政性教育经费支出占国内生产总值比例，2012 年达到 4%。

社会投入是教育投入的重要组成部分。充分调动全社会办教育积极性，扩大社会资源进入教育途径，多渠道增加教育投入。完善财政、税收、金融和土地等优惠政策，鼓励和引导社会力量捐资、出资办学。完善非义务教育培养成本分担机制，根据经济发展状况、培养成本和群众承受能力，调整学费标准。完善捐赠教育激励机制，落实个人教育公益性捐赠支出在所得税税前扣除规定。

（五十七）完善投入机制。进一步明确各级政府提供公共教育服务职责，完善各级教育经费投入机制，保障学校办学经费的稳定来源和增长。各地根据国家办学条件基本标准和教育教学基本需要，制定并逐步提高区域内各级学校学生人均经费基本标准和学生人均财政拨款基本标准。

义务教育全面纳入财政保障范围，实行国务院和地方各级人民政府根据职责共同负担，省、自治区、直辖市人民政府负责统筹落实的投入体制。进一步完善中央财政和地方财政分项目、按比例分担的农村义务教育经费保障机制，提高保障水平。尽快化解农村义务教育学校债务。

非义务教育实行以政府投入为主、受教育者合理分担、其他多种渠道筹措经费的投入机制。学前教育建立政府投入、社会举办者投入、家庭合理负担的投入机制。普通高中实行以财政投入为主，其他渠道筹措经费为辅的机制。中等职业教育实行政府、行业、企业及其他社会力量依法筹集经费的机制。高等教育实行以举办者投入为主、受教育者合理分担培养成本、学校设立基金接受社会捐赠等筹措经费的机制。

进一步加大农村、边远贫困地区、民族地区教育投入。中央财政通过加大转移支付，支持农村欠发达地区和民族地区教育事业发展，加强关键领域和薄弱环节，解决突出问题。

健全国家资助政策体系。各地根据学前教育普及程度和发展情况，逐步对农村家庭经济困难和城镇低保家庭子女接受学前教育予以资助。提高农村义务教育家庭经济困难寄宿生生活补助标准，改善中小学生营养状况。建立普通高中家庭经济困难学生国家资助制度。完善普通本科高校、高等职业学校和中等职业学校家庭经济困难学生资助政策体系。完善助学贷款体制机制。推进生源地信用助学贷款。建立健全研究生教育收费制度，完善资助政策，设立研究生国家奖学金。根据经济发展水平和财力状况，建立国家奖助学金标准动态调整机制。

（五十八）加强经费管理。坚持依法理财，严格执行国家财政资金管理法律制度和财经纪律。建立科学化、精细化预算管理机制，科学编制预算，提高预算执行效率。设立高等教育拨款咨询委员会，增强经费分配的科学性。加强学校财务会计制度建设，完善经费使用内部稽核和内部控制制度。完善教育经费监管机构职能，在高等学校试行设立总会计师职务，提升经费使用和资产管理专业化水平。公办高等学校总会计师由政府委派。加强经费使用监督，强化重大项目建设和经费使用全过程审计，确保经费使用规范、安全、有效。建立并不断完善教育经费基础信息库，提升经费管理信息化水平。防范学校财务风险。建立经费使用绩效评价制度，加强重大项目经费使用考评。加强学校国有资产管理，建立健全学校国有资产配置、使用、处置管理制度，防止国有资产流失，提高使用效益。

完善学校收费管理办法，规范学校收费行为和收费资金使用管理。坚持勤俭办学，严禁铺张浪费，建设节约型学校。

第十九章　加快教育信息化进程

（五十九）加快教育信息基础设施建设。信息技术对教育发展具有革命性影响，必须予以高度重视。把教育信息化纳入国家信息化发展整体战略，超前部署教育信息网络。到 2020 年，基本建成覆盖城乡各级各类学校的教育信息化体系，促进教育内容、教学手段和方法现代化。充分利用优质资源和先进技术，创新运行机制和管理模式，整合现有资源，构建先进、高效、实用的数字化教育基础设施。加快终端设施普及，推进数字化校园建设，实现多种方式接入互联网。重点加强农村学校信息基础建设，缩小城乡数字化差距。加快中国教育和科研计算机网、中国教育卫星宽带传输网升级换代。制定教育信息化基本标准，促进信息系统互联互通。

（六十）加强优质教育资源开发与应用。加强网络教学资源体系建设。引进国际优质数字化教学资源。开发网络学习课程。建立数字图书馆和虚拟实验室。建立开放灵活的教育资源公共服务平台，促进优质教育资源普及共享。创新网络教学模式，开展高质量高水平远程学历教育。继续推进农村中小学远程教育，使农村和边远地区师生能够享受优质教育资源。

强化信息技术应用。提高教师应用信息技术水平，更新教学观念，改进教学方法，提高教学效果。鼓励学生利用信息手段主动学习、自主学习，增强运用信息技术分析解决问题能力。加快全民信息技术普及和应用。

（六十一）构建国家教育管理信息系统。制定学校基础信息管理要求，加快学校管理信息化进程，促进学校管理标准化、规范化。推进政府教育管理信息化，积累基础资料，掌握总体状况，加强动态监测，提高管理效率。整合各级各类教育管理资源，搭建国家教育管理公共服务平台，为宏观决策提供科学依据，为公众提供公共教育信息，不断提高教育管理现代化水平。

第二十章　推进依法治教

（六十二）完善教育法律法规。按照全面实施依法治国基本方略的要求，加快教育法制建设进程，完善中国特色社会主义教育法律法规。根据经济社会发展和教育改革的需要，修订教育法、职业教育法、高等教育法、学位条例、教师法、民办教育促进法，制定有关考试、学校、终身学习、学前教育、家庭教育等法律。加强教育行政法规建设。各地根据当地实际，制定促进本地区教育发展的地方性法规和规章。

（六十三）全面推进依法行政。各级政府要按照建设法治政府的要求，依法履行教育职责。探索教育行政执法体制机制改革，落实教育行政执法责任制，及时查处违反教育法律法规、侵害受教育者权益、扰乱教育秩序等行为，依法维护学校、学生、教师、校长和举办者的权益。完善教育信息公开制度，保障公众对教育的知情权、参与权和监督权。

（六十四）大力推进依法治校。学校要建立完善符合法律规定、体现自身特色的学校章程和制度，依法办学，从严治校，认真履行教育教学和管理职责。尊重教师权利，加强教师管理。保障学生的受教育权，对学生实施的奖励与处分要符合公平、公正原则。健全符合法治原则的教育救济制度。

开展普法教育。促进师生员工提高法律素质和公民意识，自觉知法守法，遵守公共生活秩序，做遵纪守法的楷模。

（六十五）完善督导制度和监督问责机制。制定教育督导条例，进一步健全教育督导制度。探索建立相对独立的教育督导机构，独立行使督导职能。健全国家督学制度，建设专职督导队伍。坚持督政与督学并重、监督与指导并重。加强义务教育督导检查，开展学前教育和高中阶段教育督导检查。强化对政府落实教育法律法规和政策情况的督导检查。建立督导检查结果公告制度和限期整改制度。

严格落实问责制。主动接受和积极配合各级人大及其常委会对教育法律法规执行情况的监督检查以及司法机关的司法监督。建立健全层级监督机制。加强监察、审计等专门监督。强化社会监督。

第二十一章　重大项目和改革试点

（六十六）组织实施重大项目。2010—2012 年，围绕教育改革发展战略目标，着眼于促进教育公平，提高教育质量，增强可持续发展能力，以加强关键领域和薄弱环节为重点，完善机制，组织实施一批重大项目。

义务教育学校标准化建设。完善城乡义务教育经费保障机制，科学规划、统筹安排、均衡配置、合理布局。实施中小学校舍安全工程，集中开展危房改造、抗震加固，实现城乡中小学校舍安全达标；改造小学和初中薄弱学校，尽快使义务教育学校师资、教学仪器设备、图书、体育场地基本达标；改扩建劳务输出大省和特殊困难地区农村学校寄宿设施，改善农村学生特别是留守儿童寄宿条件，基本满足需要。

义务教育教师队伍建设。继续实施农村义务教育学校教师特设岗位计划，吸引高校毕业生到农村从教；加强农村中小学薄弱学科教师队伍建设，重点培养和补充一批边远贫困地区和革命老区急需紧缺教师；对义务教育教师进行全员培训，组织校长研修培训；对专科学历以下小学教师进行学历提高教育，使全国小学教师学历逐步达到专科以上水平。

推进农村学前教育。支持办好现有的乡镇和村幼儿园；重点支持中西部贫困地区充分利用中小学富余校舍和社会资源，改扩建或新建乡镇和村幼儿园；对农村幼儿园园长和骨干教师进行培训。

职业教育基础能力建设。支持建设一批职业教育实训基地，提升职业教育实践教学水平；完成一大批“双师型”教师培训，聘任（聘用）一大批有实践经验和技能的专兼职教师；支持一批中等职业教育改革示范校和优质特色校建设，支持高等职业教育示范校建设；支持一批示范性职业教育集团学校建设，促进优质资源开放共享。

提升高等教育质量。实施中西部高等教育振兴计划，加强中西部地方高校优势学科和师资队伍建设；实施东部高校对口支援西部高校计划；支持建设一批高等学校产学研基地；实施基础学科拔尖学生培养试验计划和卓越工程师、医师等人才教育培养计划；继续实施“985 工程”和优势学科创新平台建设，继续实施“211 工程”和启动特色重点学科项目；继续实施“高等学校本科教学质量与教学改革工程”、“研究生教育创新计划”、“高等学校哲学社会科学繁荣计划”和“高等学校高层次创新人才计划”。

发展民族教育。巩固民族地区普及九年义务教育成果，支持边境县和民族自治地方贫困县实现义务教育学校标准化；重点扶持和培养一批边疆民族地区紧缺教师人才；加强对民族地区中小学和幼儿园双语教师培养培训；加快民族地区高中阶段教育发展，启动内地中职班，支持教育基础薄弱县改扩建、新建一批普通高中和中等职业学校；支持民族院校建设。

发展特殊教育。改扩建和新建一批特殊教育学校，使市（地）和 30 万人口以上、残疾儿童少年较多的县（市）都有一所特殊教育学校；为现有特殊教育学校添置必要的教学、生活和康复训练设施，改善办学条件；对特殊教育教师进行专业培训，提高教育教学水平。

家庭经济困难学生资助。启动民族地区、贫困地区农村小学生营养改善计划；免除中等职业教育家庭经济困难学生和涉农专业学生学费；把普通高中学生和研究生纳入国家助学体系。

教育信息化建设。提高中小学每百名学生拥有计算机台数，为农村中小学班级配备多媒体远程教学设备；建设有效共享、覆盖各级各类教育的国家数字化教学资源库和公共服务平台；基本建成较完备的国家级和省级教育基础信息库以及教育质量、学生流动、资源配置和毕业生就业状况等监测分析系统。

教育国际交流合作。支持一批示范性中外合作办学机构；支持在高校建设一批国际合作联合实验室、研究中心；引进一大批海外高层次人才；开展大中小学校长和骨干教师海外研修培训；支持扩大公派出国留学规模；实施留学中国计划，扩大来华留学生规模；培养各种外语人才；支持孔子学院建设。

（六十七）组织开展改革试点。成立国家教育体制改革领导小组，研究部署、指导实施教育体制改革工作。根据统筹规划、分步实施、试点先行、动态调整的原则，选择部分地区和学校开展重大改革试点。

推进素质教育改革试点。建立减轻中小学生课业负担的有效机制；加强基础教育课程教材建设；开展高中办学模式多样化试验，开发特色课程；探索弹性学制等培养方式；完善教育质量监测评估体系，定期发布测评结果等。

义务教育均衡发展改革试点。建立城乡一体化义务教育发展机制；实行县（区）域内教师、校长交流制度；实行优质普通高中和优质中等职业学校招生名额合理分配到区域内初中的办法；切实解决区域内义务教育阶段择校问题等。

职业教育办学模式改革试点。以推进政府统筹、校企合作、集团化办学为重点，探索部门、行业、企业参与办学的机制；开展委托培养、定向培养、订单式培养试点；开展工学结合、弹性学制、模块化教学等试点；推进职业教育为“三农”服务、培养新型农民的试点。

终身教育体制机制建设试点。建立区域内普通教育、职业教育、继续教育之间的沟通机制；建立终身学习网络和服务平台；统筹开发社会教育资源，积极发展社区教育；建立学习成果认证体系，建立“学分银行”制度等。

拔尖创新人才培养改革试点。探索贯穿各级各类教育的创新人才培养途径；鼓励高等学校联合培养拔尖创新人才；支持有条件的高中与大学、科研院所合作开展创新人才培养研究和试验，建立创新人才培养基地。

考试招生制度改革试点。完善初中和高中学业水平考试和综合素质评价；探索实行高水平大学联考；探索高等职业学校自主考试或根据学业水平考试成绩注册入学；探索自主录取、推荐录取、定向录取、破格录取的具体方式；探索缩小高等学校入学机会区域差距的举措等。

现代大学制度改革试点。研究制定党委领导下的校长负责制实施意见。制定和完善学校章程，探索学校理事会或董事会、学术委员会发挥积极作用的机制；全面实行聘任制度和岗位管理制度；实行新进人员公开招聘制度；探索协议工资制等灵活多样的分配办法；建立多种形式的专职科研队伍，推进管理人员职员制；完善校务公开制度等。

深化办学体制改革试点。探索公办学校联合办学、中外合作办学、委托管理等改革试验；开展对营利性和非营利性民办学校分类管理试点；建立民办学校财务、会计和资产管理制度；探索独立学院管理和发展的有效方式等。

地方教育投入保障机制改革试点。建立多渠道筹措教育经费长效机制；制定各级学校学生人均经费基本标准和学生人均财政拨款基本标准；探索政府收入统筹用于支持教育的办法；建立教育投入分项分担机制；依法制定鼓励教育投入的优惠政策；对长期在农村基层和艰苦边远地区工作的教师实行工资福利倾斜政策等。

省级政府教育统筹综合改革试点。探索政校分开、管办分离实现形式；合理部署区域内学校、学科、专业设置；制定办学条件、教师编制、招生规模等基本标准；推进县（市）教育综合改革试点；加强教育督导制度建设，探索督导机构独立履行职责的机制；探索省际教育协作改革试点，建立跨地区教育协作机制等。

（下略）

国务院关于进一步加大财政教育投入的意见（节选）[①]

（2011 年 6 月 29 日）

（上略）

新形势下继续增加财政教育投入，实现 4%目标，是深入贯彻党的十七大和十七届五中全会精神，推动科学发展、建设人力资源强国的迫切需要；是全面落实《教育规划纲要》，推动教育优先发展的重要保障；是履行公共财政职能，加快财税体制改革，完善基本公共服务体系的一项紧迫任务。

（中略）

二、落实法定增长要求，切实提高财政教育支出占公共财政支出比重

（一）严格落实教育经费法定增长要求。各级人民政府要严格按照《中华人民共和国教育法》等法律法规的规定，在年初安排公共财政支出预算时，积极采取措施，调整支出结构，努力增加教育经费预算，保证财政教育支出增长幅度明显高于财政经常性收入增长幅度。对预算执行中超收部分，也要按照上述原则优先安排教育拨款，确保全年预算执行结果达到法定增长的要求。

（二）提高财政教育支出占公共财政支出的比重。各级人民政府要进一步优化财政支出结构，压缩一般性支出，新增财力要着

① 《国务院关于进一步加大财政教育投入的意见》，《中华人民共和国国务院公报》，2011 年 19 期。

力向教育倾斜，优先保障教育支出。各地区要切实做到 2011 年、2012 年财政教育支出占公共财政支出的比重都有明显提高。

（三）提高预算内基建投资用于教育的比重。要把支持教育事业发展作为公共投资的重点。在编制基建投资计划、实施基建投资项目时，充分考虑教育的实际需求，确保用于教育的预算内基建投资明显增加，不断健全促进教育事业发展的长效保障机制。

三、拓宽经费来源渠道，多方筹集财政性教育经费

（一）统一内外资企业和个人教育费附加制度。国务院决定，从 2010 年 12 月 1 日起统一内外资企业和个人城市维护建设税和教育费附加制度，教育费附加统一按增值税、消费税、营业税实际缴纳税额的 3%征收。

（二）全面开征地方教育附加。各省（区、市）人民政府应根据《中华人民共和国教育法》的相关规定和《财政部关于统一地方教育附加政策有关问题的通知》（财综〔2010〕98 号）的要求，全面开征地方教育附加。地方教育附加统一按增值税、消费税、营业税实际缴纳税额的 2%征收。

（三）从土地出让收益中按比例计提教育资金。进一步调整土地出让收益的使用方向。从 2011 年 1 月 1 日起，各地区要从当年以招标、拍卖、挂牌或者协议方式出让国家土地使用权取得的土地出让收入中，按照扣除征地和拆迁补偿、土地开发等支出后余额 10%的比例，计提教育资金。具体办法由财政部会同有关部门制定。

各地区要加强收入征管，依法足额征收，不得随意减免。落实上述政策增加的收入，要按规定全部用于支持地方教育事业发展，同时，不得因此而减少其他应由公共财政预算安排的教育经费。

四、合理安排使用财政教育经费，切实提高资金使用效益

在加大财政教育投入的同时，各地区、各有关部门要按照《教育规划纲要》的要求，进一步突出重点、优化结构、加强管理，推动教育改革创新，促进教育公平，全面提高教育质量。

（一）合理安排使用财政教育经费。一是积极支持实施重大项目。坚持顶层设计、总体规划、政策先行、机制创新的基本原则，着力解决教育发展关键领域和薄弱环节的问题。国务院有关部门负责组织实施符合《教育规划纲要》总体目标、关系教育改革发展全局的项目，做好统筹规划和宏观指导工作。地方各级人民政府要按照《教育规划纲要》要求，结合本地实际，因地制宜地实施好相关重大项目。二是着力保障和改善民生。教育经费安排要坚持以人为本，重点解决人民群众关切的教育问题，切实减轻人民群众教育负担，使人民群众能够共享加大财政教育投入和教育改革发展的成果，保障公民依法享有受教育的权利。大力支持基本普及学前教育、义务教育均衡发展、加快普及高中阶段教育、加强职业教育能力建设、提升高等教育质量、健全家庭经济困难学生资助政策体系等重点任务。三是优化教育投入结构，合理配置教育资源。要统筹城乡、区域之间教育协调发展，重点向农村地区、边远地区、贫困地区和民族地区倾斜，加快缩小教育差距，促进基本公共服务均等化。要调整优化各教育阶段的经费投入结构，合理安排日常运转经费与专项经费。

（二）全面推进教育经费的科学化精细化管理。一是要坚持依法理财、科学理财。严格执行国家财政管理的法律法规和财经纪律，建立健全教育经费管理的规章制度。二是要强化预算管理。提高预算编制的科学性、准确性，提高预算执行效率，推进预算公开。三是要明确管理责任。地方各级人民政府要按照教育事权划分，督促有关部门采取有效措施，加强经费使用管理。各级教育行政部门和学校在教育经费使用管理中负有主体责任，要采取有效措施，切实提高经费管理水平。四是要加强财务监督和绩效评价。进一步完善财务监督制度，强化重大项目经费的全过程审计，建立健全教育经费绩效评价制度。五是要加强管理基础工作和基层建设。充分发挥基层相关管理部门的职能作用，着力做好教育基础数据的收集、分析和信息化管理工作，完善教育经费支出标准，健全学校财务会计和资产制度，规范学校经济行为，防范学校财务风险。

（下略）

国务院关于加强教师队伍建设的意见（节选）[①]

（2012年8月20日）

（上略）

（三）重点任务。幼儿园教师队伍建设要以补足配齐为重点，切实加强幼儿园教师培养培训，严格实施幼儿园教师资格制度，依法落实幼儿园教师地位待遇；中小学教师队伍建设要以农村教师为重点，采取倾斜政策，切实增强农村教师职业吸引力，激励更多优秀人才到农村从教；职业学校教师队伍建设要以“双师型”教师为重点，完善“双师型”教师培养培训体系，健全技能型人才到职业学校从教制度；高等学校教师队伍建设要以中青年教师和创新团队为重点，优化中青年教师成长发展、脱颖而出的制度环境，培育跨学科、跨领域的科研与教学相结合的创新团队；民族地区教师队伍建设要以提高政治素质和业务能力为重点，加强中小学和幼儿园双语教师培养培训，加快培养一批边疆民族地区紧缺教师人才；特殊教育教师队伍建设要以提升专业化水平为重点，提高特殊教育教师培养培训质量，健全特殊教育教师管理制度。

二、加强教师思想政治教育和师德建设

（四）全面提高教师思想政治素质。坚持和完善理论学习制度，创新理论学习的方式和载体，加强中国特色社会主义理论体系教育，不断提高教师的理论修养和思想政治素质。推动教师在社会

---

① 《国务院关于加强教师队伍建设的意见》，《中华人民共和国国务院公报》，2012年26期。

实践活动中进一步了解国情、社情、民情。开辟思想政治教育新阵地，建立教师思想状况定期调查分析制度，坚持解决思想问题与解决实际困难相结合，增强思想政治工作的针对性和实效性。确保教师坚持正确政治方向，践行社会主义核心价值体系，遵守宪法和有关法律法规，坚持学术研究无禁区、课堂讲授有纪律，帮助和引领学生形成正确的世界观、人生观和价值观。

（五）构建师德建设长效机制。建立健全教育、宣传、考核、监督与奖惩相结合的师德建设工作机制。开展各种形式的师德教育，把教师职业理想、职业道德、学术规范以及心理健康教育融入职前培养、准入、职后培训和管理的全过程。加大优秀师德典型宣传力度，促进形成重德养德的良好风气。研究制定科学合理的师德考评方式，完善师德考评制度，将师德建设作为学校工作考核和办学质量评估的重要指标，把师德表现作为教师资格定期注册、业绩考核、职称评审、岗位聘用、评优奖励的首要内容，对教师实行师德表现一票否决制。完善学生、家长和社会参与的师德监督机制。完善高等学校科研学术规范，健全学术不端行为惩治查处机制。对有严重失德行为、影响恶劣者按有关规定予以严肃处理直至撤销教师资格。

三、大力提高教师专业化水平

（六）完善教师专业发展标准体系。根据各级各类教育的特点，出台幼儿园、小学、中学、职业学校、高等学校、特殊教育学校教师专业标准，作为教师培养、准入、培训、考核等工作的重要依据。制定幼儿园园长、普通中小学校长、中等职业学校校长专业标准和任职资格标准，提高校长（园长）专业化水平。制定师范类专业认证标准，开展专业认证和评估，规范师范类专业办学，建立教师培养质量评估制度。

（七）提高教师培养质量。完善师范生招生制度，科学制定招生计划，确保招生培养与教师岗位需求有效衔接，实行提前批次录取，选拔乐教适教的优秀学生攻读师范类专业。发挥教育部直属师范大学师范生免费教育的示范引领作用，鼓励支持地方结合实际实施师范生免费教育制度。探索建立招收职业学校毕业生和企业技术人员专门培养职业教育师资制度。扩大教育硕士、教育博士招生规模，培养高层次的中小学和职业学校教师。创新教师培养模式，建立高等学校与地方政府、中小学（幼儿园、职业学校）联合培养教师的新机制，发挥好行业企业在培养“双师型”教师中的作用。加强教师养成教育和教育教学能力训练，落实师范生教育实践不少于一学期制度。鼓励综合性大学毕业生从事教师职业。

（八）建立教师学习培训制度。实行五年一周期不少于360学时的教师全员培训制度，推行教师培训学分制度。采取顶岗置换研修、校本研修、远程培训等多种模式，大力开展中小学、幼儿园教师特别是农村教师培训。完善以企业实践为重点的职业学校教师培训制度。推进高等学校中青年教师专业发展，建立高等学校中青年教师国内访学、挂职锻炼、社会实践制度。加大民族地区双语教师和音乐、体育、美术等师资紧缺学科教师培训。加强校长培训，重视辅导员和班主任培训。推动信息技术与教师教育深度融合，建设教师网络研修社区和终身学习支持服务体系，促进教师自主学习，推动教学方式变革。继续实施“幼儿园和中小学教师国家级培训计划”、“职业院校教师素质提高计划”。

（九）完善教师培养培训体系。构建以师范院校为主体、综合大学参与、开放灵活的中小学教师教育体系。依托相关高等学校和大中型企业，共建职业学校“双师型”教师培养培训体系。推动高等学校设立教师发展中心。依托现有资源，加强中小学幼儿园教师、职业学校教师、特殊教育教师、民族地区双语教师培养培训基地建设。推动各地结合实际，规范建设县（区）域教师发展平台。

（十）培养造就高端教育人才。实施中小学名师名校长培养工程。制定普通中小学、中等职业学校校长负责制实施细则，探索校长职级制。改进特级教师评选和管理工作，更好发挥特级教师的示范带动作用。坚持培养与引进兼顾，教学与科研并重，加强高等学校高层次创新型人才队伍建设。实施好“千人计划”、“长江学者奖励计划”和“创新团队发展计划”等人才项目，造就集聚一批具有国际影响的学科领军人才和高水平的教学科研创新团队。落实和扩大学校办学自主权，支持鼓励教师和校长在实践中大胆探索，创新教育思想、教育模式和教育方法，形成教学特色和办学风格，造就一批教育家，倡导教育家办学。

四、建立健全教师管理制度

（十一）加强教师资源配置管理。逐步实行城乡统一的中小学教职工编制标准，对农村边远地区实行倾斜政策。研究制定高等学校教职工编制标准。完善学校编制管理办法，健全编制动态管理机制，严禁挤占、挪用、截留教师编制。国家出台幼儿园教师配备标准，各地结合实际合理核定公办幼儿园教职工编制。建立县（区）域内义务教育学校教师校长轮岗交流机制，促进教师资源合理配置。大力推进城镇教师支持农村教育，鼓励支持退休的特级教师、高级教师到农村学校支教讲学。

（十二）严格教师资格和准入制度。修订《教师资格条例》，提高教师任职学历标准、品行和教育教学能力要求。全面实施教师资格考试和定期注册制度。完善符合职业教育特点的职业学校教师资格标准。健全新进教师公开招聘制度，探索符合不同学段、专业和岗位特点的教师招聘办法。继续实施并逐步完善农村义务教育阶段学校教师特设岗位计划，探索吸引高校毕业生到村小学、教学点任教的新机制。

（十三）加快推进教师职务（职称）制度改革。分类推进教师职务（职称）制度改革，完善符合各类教师职业特点的职务（职称）评价标准。建立统一的中小学教师职务（职称）系列，探索在职业学校设置正高级教师职务（职称）。研究完善符合村小学和教学点实际的职务（职称）评定标准，职务（职称）晋升向村小学和教学点专任教师倾斜。城镇中小学教师在评聘高级职务（职称）时，要有一年以上在农村学校或薄弱学校任教经历。支持符合条件的职业学校和高等学校兼职教师申报相应系列教师专业技术职务。

（十四）全面推行聘用制度和岗位管理制度。根据分类推进事业单位改革的总体部署，按照按需设岗、竞聘上岗、按岗聘用、合同管理的原则，完善以合同管理为基础的用人制度，实现教师职务（职称）评审与岗位聘用的有机结合，完善教师退出机制。鼓励普通高中聘请高等学校、科研院所和社会团体等机构的专业人才担任兼职教师。完善相关人事政策，鼓励职业学校和高等学校聘请企业管理人员、专业技术人员和高技能人才等担任专兼职教师。探索更加有利于促进协同创新、持续创新的高等学校人事管理办法。完善外籍教师管理办法，吸引更多世界一流的专家学者来华从事教学、科研和管理工作，有计划地引进海外高端人才和学术团队。

（十五）健全教师考核评价制度。完善重师德、重能力、重业绩、重贡献的教师考核评价标准，探索实行学校、学生、教师和社会等多方参与的评价办法，引导教师潜心教书育人。严禁简单用升学率和考试成绩评价中小学教师。根据不同类型教师的岗位职责和工作特点，完善高等学校教师分类管理和评价办法；健全大学教授为本科生上课制度，把承担本科教学任务作为教授考核评价的基本内容。加强教师管理，严禁公办、在职中小学教师从事有偿补课，规范高等学校教师兼职兼薪。

五、切实保障教师合法权益和待遇

（十六）完善教师参与治校治学机制。建立健全教职工代表大会制度，保障教职工参与学校决策的合法权利。完善中小学学校管理制度，发挥好党组织的领导核心和政治核心作用，健全校长负责制，实行校务会议等制度，完善教职工参与的科学民主决策机制。完善中国特色现代大学制度，坚持党委领导下的校长负责制，探索教授治学的有效途径，充分发挥教授在教学、学术研究以及学校管理中的作用。完善教师人事争议处理途径，依法维护教师权益。

（十七）强化教师工资保障机制。依法保证教师平均工资水平不低于或者高于国家公务员的平均工资水平，并逐步提高，保障教师工资按时足额发放。健全符合教师职业特点、体现岗位绩效的工资分配激励约束机制。进一步做好义务教育学校教师绩效工资实施工作，按照“管理以县为主、经费省级统筹、中央适当支持”的原则，确保绩效工资所需资金落实到位。对长期在农村基层和艰苦边远地区工作的教师，实行工资倾斜政策。推进非义务教育教师绩效工资实施工作。

（十八）健全教师社会保障制度。按照事业单位改革的总体部署，推进教师养老保障制度改革，按规定为教师缴纳社会保险费及住房公积金。中央在基建投资中安排资金，支持加快建设农村艰苦边远地区学校教师周转宿舍。鼓励地方政府将符合条件的农村教师住房纳入当地住房保障范围统筹予以解决。

（十九）完善教师表彰奖励制度。探索建立国家级教师荣誉制度。继续做好全国模范教师和全国教育系统先进工作者表彰工作，对在农村地区长期从教、贡献突出的教师加大表彰奖励力度。定期开展教学名师奖评选，重点奖励在教学一线作出突出贡献的优秀教师。研究完善国家级教学成果奖。鼓励各地按照国家有关规定开展教师表彰奖励工作。

（二十）保障民办学校教师权益。建立健全民办学校教师管理相关制度，依法保障和落实民办学校教师在培训、职务（职称）评审、教龄和工龄计算、表彰奖励、社会活动等方面与公办学校教师享有同等权利。民办学校应依法聘用教师，明确双方权利义务，及时兑现教师工资待遇，按规定为教师足额缴纳社会保险费和住房公积金。鼓励民办学校为教师建立补充养老保险、医疗保险。

六、确保教师队伍建设政策措施落到实处

（二十一）加强组织领导。各级人民政府要切实加强对教师工作的组织领导，把教师队伍建设列入重要议事日程抓实抓好。完善部门沟通协调机制，形成责权明确、分工协作、齐抓共管的工作格局，及时研究解决教师队伍建设中的突出矛盾和重大问题。教育行政部门要加强对教师队伍建设的统筹管理、规划和指导，制定相关政策和标准。机构编制、发展改革、财政、人力资源社会保障等有关部门要在各自职责范围内，积极推进教师队伍建设有关工作。鼓励和引导社会力量参与支持教师队伍建设。

（二十二）加强经费保障。各级人民政府要加大对教师队伍建设的投入力度，新增财政教育经费要把教师队伍建设作为投入重点之一，切实保障教师培养培训、工资待遇等方面的经费投入。教师培训经费要列入财政预算。幼儿园、中小学和中等职业学校按照年度公用经费预算总额的5%安排教师培训经费；高等学校按照不同层次和规模情况，统筹安排一定的教师培训经费。切实加强经费监管，确保专款专用，提高经费使用效益。

（二十三）加强考核督导。要把教师队伍建设情况作为各地区各有关部门政绩考核、各级各类学校办学水平评估的重要内容，作为评优评先、表彰奖励的重要依据。建立教师工作定期督导检查制度，把教师队伍建设情况作为教育督导的重要内容，并公告督导结果，推动各项政策措施落实到位。

国务院关于深入推进义务教育均衡发展的意见（节选）[1]

（2012 年 9 月 5 日）

（上略）

推进义务教育均衡发展的基本目标是：每一所学校符合国家办学标准，办学经费得到保障。教育资源满足学校教育教学需要，开齐国家规定课程。教师配置更加合理，提高教师整体素质。学校班额符合国家规定标准，消除“大班额”现象。率先在县域内实现义务教育基本均衡发展，县域内学校之间差距明显缩小。到 2015 年，全国义务教育巩固率达到 93%，实现基本均衡的县（市、区）比例达到 65%；到 2020 年，全国义务教育巩固率达到 95%，实现基本均衡的县（市、区）比例达到 95%。

三、推动优质教育资源共享

扩大优质教育资源覆盖面。发挥优质学校的辐射带动作用，鼓励建立学校联盟，探索集团化办学，提倡对口帮扶，实施学区化管理，整体提升学校办学水平。推动办学水平较高学校和优秀教师通过共同研讨备课、研修培训、学术交流、开设公共课等方式，共同实现教师专业发展和教学质量提升。大力推进教育信息化，加强学校宽带网络建设，到 2015 年在有条件的地方解决学校宽带接入问题，逐步为农村学校每个班级配备多媒体教学设备。开发丰富优质

① 《国务院关于深入推进义务教育均衡发展的意见》，《中华人民共和国国务院公报》，2012 年 26 期。

数字化课程教学资源，重点开发师资短缺课程资源、民族双语教学资源。帮助更多的师生拥有实名的网络空间环境，方便其开展自主学习和教学互动。要调动各方面积极性，在努力办好公办教育的同时，鼓励发展民办教育。

提高社会教育资源利用水平。博物馆、科技馆、文化馆、图书馆、展览馆、青少年校外活动场所、综合实践基地等机构要积极开展面向中小学生的公益性教育活动。公共事业管理部门和行业组织要努力创造条件，将适合开展中小学生实践教育的资源开发为社会实践基地。教育部门要统筹安排学校教育教学、社会实践和校外活动。学校要积极利用社会教育资源开展实践教育，探索学校教育与校外活动有机衔接的有效方式。

四、均衡配置办学资源

进一步深化义务教育经费保障机制改革。统筹考虑城乡经济社会发展状况和人民群众的教育需求，以促进公平和提高质量为导向，加大投入力度，完善保障内容，提高保障水平。中央财政加大对中西部地区的义务教育投入。省级政府要加强统筹，加大对农村地区、贫困地区以及薄弱环节和重点领域的支持力度。各省（区、市）可结合本地区实际情况，适当拓展基本公共教育服务范围和提高服务标准。

推进义务教育学校标准化建设。省级政府要依据国家普通中小学校建设标准和本省（区、市）标准，为农村中小学配齐图书、教学实验仪器设备、音体美等器材，着力改善农村义务教育学校学生宿舍、食堂等生活设施，妥善解决农村寄宿制学校管理服务人员配置问题。继续实施农村义务教育薄弱学校改造计划和中西部农村初中校舍改造工程，积极推进节约型校园建设。要采取学校扩建改造和学生合理分流等措施，解决县镇“大校额”、“大班额”问题。

五、合理配置教师资源

改善教师资源的初次配置，采取各种有效措施，吸引优秀高校毕业生和志愿者到农村学校或薄弱学校任教。对长期在农村基层和艰苦边远地区工作的教师，在工资、职称等方面实行倾斜政策，在核准岗位结构比例时高级教师岗位向农村学校和薄弱学校倾斜。完善医疗、养老等社会保障制度建设，切实维护农村教师社会保障权益。

各地逐步实行城乡统一的中小学编制标准，并对村小学和教学点予以倾斜。合理配置各学科教师，配齐体育、音乐、美术等课程教师。重点为民族地区、边疆地区、贫困地区和革命老区培养和补充紧缺教师。实行教师资格证有效期制度，加强教师培训，提高培训效果，提升教师师德修养和业务能力。

实行县域内公办学校校长、教师交流制度。各地要逐步实行县级教育部门统一聘任校长，推行校长聘期制。建立和完善鼓励城镇学校校长、教师到农村学校或城市薄弱学校任职任教机制，完善促进县域内校长、教师交流的政策措施，建设农村艰苦边远地区教师周转宿舍，城镇学校教师评聘高级职称原则上要有一年以上在农村学校任教经历。

六、保障特殊群体平等接受义务教育

保障进城务工人员随迁子女平等接受义务教育。要坚持以流入地为主、以公办学校为主的“两为主”政策，将常住人口纳入区域教育发展规划，推行按照进城务工人员随迁子女在校人数拨付教育经费，适度扩大公办学校资源，尽力满足进城务工人员随迁子女在公办学校平等接受义务教育。在公办学校不能满足需要的情况下，可采取政府购买服务等方式保障进城务工人员随迁子女在依法举办的民办学校接受义务教育。

建立健全农村留守义务教育学生关爱服务体系。把关爱留守学生工作纳入社会管理创新体系之中，构建学校、家庭和社会各界广泛参与的关爱网络，创新关爱模式。统筹协调留守学生教育管理工作，实行留守学生的普查登记制度和社会结对帮扶制度。加强对留守学生心理健康教育，建立留守学生安全保护预警与应急机制。优先满足留守学生进入寄宿制学校的需求。

重视发展义务教育阶段特殊教育。各级政府要根据特殊教育学校学生实际制定学生人均公用经费标准，加大对特殊教育的投入力度，采取措施落实特殊教育教师待遇，努力办好每一所特殊教育学校。在普通学校开办特殊教育班或提供随班就读条件，接收具有接受普通教育能力的残疾儿童少年学习。保障儿童福利机构适龄残疾孤儿接受义务教育，鼓励和扶持儿童福利机构根据需要设立特殊教育班或特殊教育学校。

关心扶助需要特别照顾的学生。加大省级统筹力度，落实好城市低保家庭和农村家庭经济困难的寄宿学生生活费补助政策。实施好农村义务教育学生营养改善计划。做好对孤儿的教育工作，建立政府主导，民政、教育、公安、妇联、共青团等多部门参与的工作机制，保证城乡适龄孤儿进入寄宿生活设施完善的学校就读。加强流浪儿童救助保护，保障适龄流浪儿童重返校园。办好专门学校，教育和矫治有严重不良行为的少年。

根据国家有关规定经批准招收适龄儿童少年进行文艺、体育等专业训练的社会组织，要保障招收的适龄儿童少年接受义务教育。

七、全面提高义务教育质量

树立科学的教育质量观，以素质教育为导向，促进学生德智体美全面发展和生动活泼主动发展，培养学生的社会责任感、创新精神和实践能力。鼓励学校开展教育教学改革实验，努力办出特色、办出水平，为每位学生提供适合的教育。建立教育教学质量和学生学业质量评价体系，科学评价学校教育教学质量和办学水平，引导学校按照教育规律和人才成长规律实施教育，引导社会按照正确的教育观念评价教育和学校。

切实减轻学生过重课业负担。各地不得下达升学指标，不得单纯以升学率对地区和学校排名。建立课程安排公示制度、学生体质健康状况通报制度、家校联动制度，及时纠正加重学生课业负担的行为。学校要认真落实新修订的义务教育课程标准，不得随意提高课程难度，不得挤占体育、音乐、美术、综合实践活动及班会、少先队活动的课时，科学合理安排学生作息时间。要改革教学方式，提高教学效率，激发学生学习兴趣。要引导家长形成正确的教育观念和科学的教育方式。要加强对社会培训补习机构的管理，规范培训补习市场。

八、加强和改进学校管理

完善学生学籍管理办法。省级教育部门要尽快建立与国家基础教育信息化平台对接的电子学籍管理系统和学校管理信息系统，建立以居住地学龄人口为基准的义务教育管理和公共服务机制。县级教育部门要认真做好数据的采集和日常管理工作，为及时掌握学生流动状况提供支持。

规范招生办法。县级教育部门要按照区域内适龄儿童少年数量和学校分布情况，合理划定每所公办学校的招生范围。鼓励各地探索建立区域内小学和初中对口招生制度，让小学毕业生直接升入对口初中。支持初中与高中分设办学，推进九年一贯制学校建设。严禁在义务教育阶段设立重点校和重点班。提高优质高中招生名额分配到区域内各初中的比例。把区域内学生就近入学比率和招收择校生的比率纳入考核教育部门和学校的指标体系，切实缓解“择校热”。

规范财务管理。县级教育和财政部门要采取切实措施加强义务教育经费监督，确保经费使用安全、合规、高效。要加强对义务教育学校财务管理工作的指导，督促学校建立健全财务管理制度，规范预算编制，严格预算执行，做好财务决算，强化会计核算，加强资产管理，提高资金使用效益。

规范收费行为。各地要强化学校代收费行为监管，规范学校或教育部门接受社会组织、个人捐赠行为，禁止收取与入学升学挂钩的任何费用。禁止学校单独或与社会培训机构联合或委托举办以选拔生源为目的的各类培训班，严厉查处公办学校以任何名义和方式通过办班、竞赛、考试进行招生并收费的行为。制止公办学校以民办名义招生并收费，凡未做到独立法人、独立校园校舍、独立财务管理和独立教育教学并取得民办学校资格的改制学校，一律执行当地同类公办学校收费政策。加强教辅材料编写、出版、使用和价格管理。

九、加强组织领导和督导评估

省级政府要建立推动有力、检查到位、考核严格、奖惩分明、公开问责的义务教育均衡发展推进责任机制。把县域义务教育均衡发展作为考核地方各级政府及其主要负责人的重要内容。教育、发展改革、财政、人力资源社会保障、编制等部门要把义务教育均衡发展摆上重要议事日程，各负其责，密切配合，形成协力推进义务教育均衡发展的工作机制。

加强对义务教育均衡发展的督导评估工作，对县域内义务教育在教师、设备、图书、校舍等资源配置状况和校际在相应方面的差距进行重点评估。对地方政府在入学机会保障、投入保障、教师队伍保障以及缓解热点难点问题等方面进行综合评估。将县域公众满意度作为督导评估的重要内容。省级政府要根据国家制定的县域义务教育均衡发展督导评估办法，结合本地实际，制定本省（区、市）具体实施办法和评估标准。省级政府教育督导机构负责对所辖县级单位基本实现义务教育均衡发展情况进行督导评估，国务院教育督导委员会负责审核认定。

国务院办公厅关于规范农村义务教育学校布局调整的意见（节选）①

（2012 年 9 月 6 日）

（上略）

二、科学制定农村义务教育学校布局规划

县级人民政府要制定农村义务教育学校布局专项规划，合理确定县域内教学点、村小学、中心小学、初中学校布局，以及寄宿制学校和非寄宿制学校的比例，保障学校布局与村镇建设和学龄人口居住分布相适应，明确学校布局调整的保障措施。专项规划经上一级人民政府审核后报省级人民政府批准，并由省级人民政府汇总后报国家教育体制改革领导小组备案。

农村义务教育学校布局要保障学生就近上学的需要。农村小学 1 至 3 年级学生原则上不寄宿，就近走读上学；小学高年级学生以走读为主，确有需要的可以寄宿；初中学生根据实际可以走读或寄宿。原则上每个乡镇都应设置初中，人口相对集中的村寨要设置村小学或教学点，人口稀少、地处偏远、交通不便的地方应保留或设置教学点。各地要根据不同年龄段学生的体力特征、道路条件、自然环境等因素，合理确定学校服务半径，尽量缩短学生上下学路途时间。

三、严格规范学校撤并程序和行为

规范农村义务教育学校撤并程序。确因生源减少需要撤并学校

① 《国务院办公厅关于规范农村义务教育学校布局调整的意见》，《中华人民共和国国务院公报》，2012 年 26 期。

的，县级人民政府必须严格履行撤并方案的制定、论证、公示、报批等程序。要统筹考虑学生上下学交通安全、寄宿生学习生活设施等条件保障，并通过举行听证会等多种有效途径，广泛听取学生家长、学校师生、村民自治组织和乡镇人民政府的意见，保障群众充分参与并监督决策过程。学校撤并应先建后撤，保证平稳过渡。撤并方案要逐级上报省级人民政府审批。在完成农村义务教育学校布局专项规划备案之前，暂停农村义务教育学校撤并。要依法规范撤并后原有校园校舍再利用工作，优先保障当地教育事业需要。

坚决制止盲目撤并农村义务教育学校。多数学生家长反对或听证会多数代表反对，学校撤并后学生上学交通安全得不到保障，并入学校住宿和就餐条件不能满足需要，以及撤并后将造成学校超大规模或“大班额”问题突出的，均不得强行撤并现有学校或教学点。已经撤并的学校或教学点，确有必要的由当地人民政府进行规划、按程序予以恢复。

四、办好村小学和教学点

对保留和恢复的村小学和教学点，要采取多种措施改善办学条件，着力提高教学质量。提高村小学和教学点的生均公用经费标准，对学生规模不足 100 人的村小学和教学点按 100 人核定公用经费，保证其正常运转。研究完善符合村小学和教学点实际的职称评定标准，职称晋升和绩效工资分配向村小学和教学点专任教师倾斜，鼓励各地采取在绩效工资中设立岗位津贴等有效政策措施支持优秀教师到村小学和教学点工作。加快推进农村教育信息化建设，为村小学和教学点配置数字化优质课程教学资源。中心学校要发挥管理和指导作用，统筹安排课程，组织巡回教学，开展连片教研，推动教学资源共享，提高村小学和教学点教学质量。

五、解决学校撤并带来的突出问题

加强农村寄宿制学校建设和管理。学校撤并后学生需要寄宿的地方，要按照国家或省级标准加强农村寄宿制学校建设，为寄宿制学校配备教室、学生宿舍、食堂、饮用水设备、厕所、澡堂等设施和聘用必要的管理、服务、保安人员，寒冷地区要配备安全的取暖设施。有条件的地方应为学校配备心理健康教师。要科学管理学生作息时间，培养学生良好生活习惯，开展符合学生身心特点、有益于健康成长的校园活动，加强寄宿制学校安全管理和教育。

各地人民政府要认真落实《校车安全管理条例》，切实保障学生上下学交通安全。要通过增设农村客运班线及站点、增加班车班次、缩短发车间隔、设置学生专车等方式，满足学生的乘车需求。公共交通不能满足学生上学需要的，要组织提供校车服务。严厉查处接送学生车辆超速、超员和疲劳驾驶等违法行为，坚决制止采用低速货车、三轮汽车、拖拉机以及拼装车、报废车等车辆接送学生。

高度重视并逐步解决学校撤并带来的“大班额”问题。各地要通过新建、扩建、改建学校和合理分流学生等措施，使学校班额符合国家标准。班额超标学校不得再接收其他学校并入的学生。对教育资源较好学校的“大班额”问题，要通过实施学区管理、建立学校联盟、探索集团化办学等措施，扩大优质教育资源覆盖面，合理分流学生。

（下略）

国务院关于加快发展现代职业教育的决定（节选）[①]

（2014 年 5 月 2 日）

（上略）

二、加快构建现代职业教育体系

（四）巩固提高中等职业教育发展水平。各地要统筹做好中等职业学校和普通高中招生工作，落实好职普招生大体相当的要求，加快普及高中阶段教育。鼓励优质学校通过兼并、托管、合作办学等形式，整合办学资源，优化中等职业教育布局结构。推进县级职教中心等中等职业学校与城市院校、科研机构对口合作，实施学历教育、技术推广、扶贫开发、劳动力转移培训和社会生活教育。在保障学生技术技能培养质量的基础上，加强文化基础教育，实现就业有能力、升学有基础。有条件的普通高中要适当增加职业技术教育内容。

（五）创新发展高等职业教育。专科高等职业院校要密切产学研合作，培养服务区域发展的技术技能人才，重点服务企业特别是中小微企业的技术研发和产品升级，加强社区教育和终身学习服务。探索发展本科层次职业教育。建立以职业需求为导向、以实践能力培养为重点、以产学结合为途径的专业学位研究生培养模式。研究建立符合职业教育特点的学位制度。原则上中等职业学校不升格为或并入高等职业院校，专科高等职业院校不升格为或并入本科高等学校，形成定位清晰、科学合理的职业教育层次结构。

① 《国务院关于加快发展现代职业教育的决定》，北京：人民出版社，2014 年版。

（六）引导普通本科高等学校转型发展。采取试点推动、示范引领等方式，引导一批普通本科高等学校向应用技术类型高等学校转型，重点举办本科职业教育。独立学院转设为独立设置高等学校时，鼓励其定位为应用技术类型高等学校。建立高等学校分类体系，实行分类管理，加快建立分类设置、评价、指导、拨款制度。招生、投入等政策措施向应用技术类型高等学校倾斜。

（七）完善职业教育人才多样化成长渠道。健全“文化素质+职业技能”、单独招生、综合评价招生和技能拔尖人才免试等考试招生办法，为学生接受不同层次高等职业教育提供多种机会。在学前教育、护理、健康服务、社区服务等领域，健全对初中毕业生实行中高职贯通培养的考试招生办法。适度提高专科高等职业院校招收中等职业学校毕业生的比例、本科高等学校招收职业院校毕业生的比例。逐步扩大高等职业院校招收有实践经历人员的比例。建立学分积累与转换制度，推进学习成果互认衔接。

（八）积极发展多种形式的继续教育。建立有利于全体劳动者接受职业教育和培训的灵活学习制度，服务全民学习、终身学习，推进学习型社会建设。面向未升学初高中毕业生、残疾人、失业人员等群体广泛开展职业教育和培训。推进农民继续教育工程，加强涉农专业、课程和教材建设，创新农学结合模式。推动一批县（市、区）在农村职业教育和成人教育改革发展方面发挥示范作用。利用职业院校资源广泛开展职工教育培训。重视培养军地两用人才。退役士兵接受职业教育和培训，按照国家有关规定享受优待。

三、激发职业教育办学活力

（九）引导支持社会力量兴办职业教育。创新民办职业教育办学模式，积极支持各类办学主体通过独资、合资、合作等多种形式举办民办职业教育；探索发展股份制、混合所有制职业院校，允许以资本、知识、技术、管理等要素参与办学并享有相应权利。探索公办和社会力量举办的职业院校相互委托管理和购买服务的机制。引导社会力量参与教学过程，共同开发课程和教材等教育资源。社会力量举办的职业院校与公办职业院校具有同等法律地位，依法享受相关教育、财税、土地、金融等政策。健全政府补贴、购买服务、助学贷款、基金奖励、捐资激励等制度，鼓励社会力量参与职业教育办学、管理和评价。

（十）健全企业参与制度。研究制定促进校企合作办学有关法规和激励政策，深化产教融合，鼓励行业和企业举办或参与举办职业教育，发挥企业重要办学主体作用。规模以上企业要有机构或人员组织实施职工教育培训、对接职业院校，设立学生实习和教师实践岗位。企业因接受实习生所实际发生的与取得收入有关的、合理的支出，按现行税收法律规定在计算应纳税所得额时扣除。多种形式支持企业建设兼具生产与教学功能的公共实训基地。对举办职业院校的企业，其办学符合职业教育发展规划要求的，各地可通过政府购买服务等方式给予支持。对职业院校自办的、以服务学生实习实训为主要目的的企业或经营活动，按照国家有关规定享受税收等优惠。支持企业通过校企合作共同培养培训人才，不断提升企业价值。企业开展职业教育的情况纳入企业社会责任报告。

（十一）加强行业指导、评价和服务。加强行业指导能力建设，分类制定行业指导政策。通过授权委托、购买服务等方式，把适宜行业组织承担的职责交给行业组织，给予政策支持并强化服务监管。行业组织要履行好发布行业人才需求、推进校企合作、参与指导教育教学、开展质量评价等职责，建立行业人力资源需求预测和就业状况定期发布制度。

（十二）完善现代职业学校制度。扩大职业院校在专业设置和调整、人事管理、教师评聘、收入分配等方面的办学自主权。职业院校要依法制定体现职业教育特色的章程和制度，完善治理结构，提升治理能力。建立学校、行业、企业、社区等共同参与的学校理事会或董事会。制定校长任职资格标准，推进校长聘任制改革和公开选拔试点。坚持和完善中等职业学校校长负责制、公办高等职业院校党委领导下的校长负责制。建立企业经营管理和技术人员与学校领导、骨干教师相互兼职制度。完善体现职业院校办学和管理特点的绩效考核内部分配机制。

（十三）鼓励多元主体组建职业教育集团。研究制定院校、行业、企业、科研机构、社会组织等共同组建职业教育集团的支持政策，发挥职业教育集团在促进教育链和产业链有机融合中的重要作用。鼓励中央企业和行业龙头企业牵头组建职业教育集团。探索组建覆盖全产业链的职业教育集团。健全联席会、董事会、理事会等治理结构和决策机制。开展多元投资主体依法共建职业教育集团的改革试点。

（十四）强化职业教育的技术技能积累作用。制定多方参与的支持政策，推动政府、学校、行业、企业联动，促进技术技能的积累与创新。推动职业院校与行业企业共建技术工艺和产品开发中心、实验实训平台、技能大师工作室等，成为国家技术技能积累与创新的重要载体。职业院校教师和学生拥有知识产权的技术开发、产品设计等成果，可依法依规在企业作价入股。

四、提高人才培养质量

（十五）推进人才培养模式创新。坚持校企合作、工学结合，强化教学、学习、实训相融合的教育教学活动。推行项目教学、案例教学、工作过程导向教学等教学模式。加大实习实训在教学中的比重，创新顶岗实习形式，强化以育人为目标的实习实训考核评价。健全学生实习责任保险制度。积极推进学历证书和职业资格证书“双证书”制度。开展校企联合招生、联合培养的现代学徒制试点，完善支持政策，推进校企一体化育人。开展职业技能竞赛。

（十六）建立健全课程衔接体系。适应经济发展、产业升级和技术进步需要，建立专业教学标准和职业标准联动开发机制。推进专业设置、专业课程内容与职业标准相衔接，推进中等和高等职业教育培养目标、专业设置、教学过程等方面的衔接，形成对接紧密、特色鲜明、动态调整的职业教育课程体系。全面实施素质教育，科学合理设置课程，将职业道德、人文素养教育贯穿培养全过程。

（十七）建设“双师型”教师队伍。完善教师资格标准，实施教师专业标准。健全教师专业技术职务（职称）评聘办法，探索在职业学校设置正高级教师职务（职称）。加强校长培训，实行五年一周期的教师全员培训制度。落实教师企业实践制度。政府要支持学校按照有关规定自主聘请兼职教师。完善企业工程技术人员、高技能人才到职业院校担任专兼职教师的相关政策，兼职教师任教情况应作为其业绩考核评价的重要内容。加强职业技术师范院校建设。推进高水平学校和大中型企业共建“双师型”教师培养培训基地。地方政府要比照普通高中和高等学校，根据职业教育特点核定公办职业院校教职工编制。加强职业教育科研教研队伍建设，提高科研能力和教学研究水平。

（十八）提高信息化水平。构建利用信息化手段扩大优质教育资源覆盖面的有效机制，推进职业教育资源跨区域、跨行业共建共享，逐步实现所有专业的优质数字教育资源全覆盖。支持与专业课程配套的虚拟仿真实训系统开发与应用。推广教学过程与生产过程实时互动的远程教学。加快信息化管理平台建设，加强现代信息技术应用能力培训，将现代信息技术应用能力作为教师评聘考核的重要依据。

（十九）加强国际交流与合作。完善中外合作机制，支持职业院校引进国（境）外高水平专家和优质教育资源，鼓励中外职业院校教师互派、学生互换。实施中外职业院校合作办学项目，探索和规范职业院校到国（境）外办学。推动与中国企业和产品“走出去”相配套的职业教育发展模式，注重培养符合中国企业海外生产经营需求的本土化人才。积极参与制定职业教育国际标准，开发与国际先进标准对接的专业标准和课程体系。提升全国职业院校技能大赛国际影响。

五、提升发展保障水平

（二十）完善经费稳定投入机制。各级人民政府要建立与办学规模和培养要求相适应的财政投入制度，地方人民政府要依法制定并落实职业院校生均经费标准或公用经费标准，改善职业院校基本办学条件。地方教育附加费用于职业教育的比例不低于 30%。加大地方人民政府经费统筹力度，发挥好企业职工教育培训经费以及就业经费、扶贫和移民安置资金等各类资金在职业培训中的作用，提高资金使用效益。县级以上人民政府要建立职业教育经费绩效评价制度、审计监督公告制度、预决算公开制度。

（二十一）健全社会力量投入的激励政策。鼓励社会力量捐资、出资兴办职业教育，拓宽办学筹资渠道。通过公益性社会团体或者县级以上人民政府及其部门向职业院校进行捐赠的，其捐赠按照现行税收法律规定在税前扣除。完善财政贴息贷款等政策，健全民办职业院校融资机制。企业要依法履行职工教育培训和足额提取教育培训经费的责任，一般企业按照职工工资总额的1.5%足额提取教育培训经费，从业人员技能要求高、实训耗材多、培训任务重、经济效益较好的企业可按2.5%提取，其中用于一线职工教育培训的比例不低于60%。除国务院财政、税务主管部门另有规定外，企业发生的职工教育经费支出，不超过工资薪金总额2.5%的部分，准予扣除；超过部分，准予在以后纳税年度结转扣除。对不按规定提取和使用教育培训经费并拒不改正的企业，由县级以上地方人民政府依法收取企业应当承担的职业教育经费，统筹用于本地区的职业教育。探索利用国（境）外资金发展职业教育的途径和机制。

（二十二）加强基础能力建设。分类制定中等职业学校、高等职业院校办学标准，到2020年实现基本达标。在整合现有项目的基础上实施现代职业教育质量提升计划，推动各地建立完善以促进改革和提高绩效为导向的高等职业院校生均拨款制度，引导高等职业院校深化办学机制和教育教学改革；重点支持中等职业学校改善基本办学条件，开发优质教学资源，提高教师素质；推动建立发达地区和欠发达地区中等职业教育合作办学工作机制。继续实施中等职业教育基础能力建设项目。支持一批本科高等学校转型发展为应用技术类型高等学校。地方人民政府、相关行业部门和大型企业要切实加强所办职业院校基础能力建设，支持一批职业院校争创国际先进水平。

（二十三）完善资助政策体系。进一步健全公平公正、多元投入、规范高效的职业教育国家资助政策。逐步建立职业院校助学金覆盖面和补助标准动态调整机制，加大对农林水地矿油核等专业学生的助学力度。有计划地支持集中连片特殊困难地区内限制开发和禁止开发区初中毕业生到省（区、市）内外经济较发达地区接受职业教育。完善面向农民、农村转移劳动力、在职职工、失业人员、残疾人、退役士兵等接受职业教育和培训的资助补贴政策，积极推行以直补个人为主的支付办法。有关部门和职业院校要切实加强资金管理，严查“双重学籍”、“虚假学籍”等问题，确保资助资金有效使用。

（二十四）加大对农村和贫困地区职业教育支持力度。服务国家粮食安全保障体系建设，积极发展现代农业职业教育，建立公益性农民培养培训制度，大力培养新型职业农民。在人口集中和产业发展需要的贫困地区建好一批中等职业学校。国家制定奖补政策，支持东部地区职业院校扩大面向中西部地区的招生规模，深化专业建设、课程开发、资源共享、学校管理等合作。加强民族地区职业教育，改善民族地区职业院校办学条件，继续办好内地西藏、新疆中职班，建设一批民族文化传承创新示范专业点。

（二十五）健全就业和用人的保障政策。认真执行就业准入制度，对从事涉及公共安全、人身健康、生命财产安全等特殊工种的劳动者，必须从取得相应学历证书或职业培训合格证书并获得相应职业资格证书的人员中录用。支持在符合条件的职业院校设立职业技能鉴定所（站），完善职业院校合格毕业生取得相应职业资格证书的办法。各级人民政府要创造平等就业环境，消除城乡、行业、身份、性别等一切影响平等就业的制度障碍和就业歧视；党政机关和企事业单位招用人员不得歧视职业院校毕业生。结合深化收入分配制度改革，促进企业提高技能人才收入水平。鼓励企业建立高技能人才技能职务津贴和特殊岗位津贴制度。

（下略）

国务院关于深化考试招生制度改革的实施意见（节选）[①]

（2014 年 9 月 3 日）

（上略）

（三）总体目标。

2014 年启动考试招生制度改革试点，2017 年全面推进，到 2020 年基本建立中国特色现代教育考试招生制度，形成分类考试、综合评价、多元录取的考试招生模式，健全促进公平、科学选才、监督有力的体制机制，构建衔接沟通各级各类教育、认可多种学习成果的终身学习“立交桥”。

二、主要任务和措施

（一）改进招生计划分配方式。

1. 提高中西部地区和人口大省高考录取率。综合考虑生源数量及办学条件、毕业生就业状况等因素，完善国家招生计划编制办法，督促高校严格执行招生计划。继续实施支援中西部地区招生协作计划，在东部地区高校安排专门招生名额面向中西部地区招生。部属高校要公开招生名额分配原则和办法，合理确定分省招生计划，严格控制属地招生比例。2017 年录取率最低省份与全国平均水平的差距从 2013 年的 6 个百分点缩小至 4 个百分点以内。

2. 增加农村学生上重点高校人数。继续实施国家农村贫困地

① 《国务院关于深化考试招生制度改革的实施意见》，中国政府网，2014 年 9 月 4 日。

区定向招生专项计划，由重点高校面向贫困地区定向招生。部属高校、省属重点高校要安排一定比例的名额招收边远、贫困、民族地区优秀农村学生。2017 年贫困地区农村学生进入重点高校人数明显增加，形成保障农村学生上重点高校的长效机制。

3. 完善中小学招生办法破解择校难题。推进九年义务教育均衡发展，完善义务教育免试就近入学的具体办法，试行学区制和九年一贯对口招生。改进高中阶段学校考试招生方式。实行优质普通高中和优质中等职业学校招生名额合理分配到区域内初中的办法。进一步落实和完善进城务工人员随迁子女就学和升学考试的政策措施。

（二）改革考试形式和内容。

1. 完善高中学业水平考试。学业水平考试主要检验学生学习程度，是学生毕业和升学的重要依据。考试范围覆盖国家规定的所有学习科目，引导学生认真学习每门课程，避免严重偏科。学业水平考试由省级教育行政部门按国家课程标准和考试要求组织实施，确保考试安全有序、成绩真实可信。各地要合理安排课程进度和考试时间，创造条件为有需要的学生提供同一科目参加两次考试的机会。2014 年出台完善高中学业水平考试的指导意见。

2. 规范高中学生综合素质评价。综合素质评价主要反映学生德智体美全面发展情况，是学生毕业和升学的重要参考。建立规范的学生综合素质档案，客观记录学生成长过程中的突出表现，注重社会责任感、创新精神和实践能力，主要包括学生思想品德、学业水平、身心健康、兴趣特长、社会实践等内容。严格程序，强化监督，确保公开透明，保证内容真实准确。2014 年出台规范高中学生综合素质评价的指导意见。各省（区、市）制定综合素质评价基本要求，学校组织实施。

3. 加快推进高职院校分类考试。高职院校考试招生与普通高校相对分开，实行“文化素质+职业技能”评价方式。中职学校毕业生报考高职院校，参加文化基础与职业技能相结合的测试。普通高中毕业生报考高职院校，参加职业适应性测试，文化素质成绩使用高中学业水平考试成绩，参考综合素质评价。学生也可参加统一高考进入高职院校。2015 年通过分类考试录取的学生占高职院校招生总数的一半左右，2017 年成为主渠道。

4. 深化高考考试内容改革。依据高校人才选拔要求和国家课程标准，科学设计命题内容，增强基础性、综合性，着重考查学生独立思考和运用所学知识分析问题、解决问题的能力。改进评分方式，加强评卷管理，完善成绩报告。加强国家教育考试机构、国家题库和外语能力测评体系建设。2015 年起增加使用全国统一命题试卷的省份。

（三）改革招生录取机制。

1. 减少和规范考试加分。大幅减少、严格控制考试加分项目，2015 年起取消体育、艺术等特长生加分项目。确有必要保留的加分项目，应合理设置加分分值。探索完善边疆民族特困地区加分政策。地方性高考加分项目由省级人民政府确定并报教育部备案，原则上只适用于本省（区、市）所属高校在本省（区、市）招生。加强考生加分资格审核，严格认定程序，做好公开公示，强化监督管理。2014 年底出台进一步减少和规范高考加分项目和分值的意见。

2. 完善和规范自主招生。自主招生主要选拔具有学科特长和创新潜质的优秀学生。申请学生要参加全国统一高考，达到相应要求，接受报考高校的考核。试点高校要合理确定考核内容，不得采用联考方式或组织专门培训。规范并公开自主招生办法、考核程序和录取结果。严格控制自主招生规模。2015 年起推行自主招生安排在全国统一高考后进行。

3. 完善高校招生选拔机制。高校要将涉及考试招生的相关事项，包括标准、条件和程序等内容，在招生章程中详细列明并提前向社会公布。加强学校招生委员会建设，在制定学校招生计划、确定招生政策和规则、决定招生重大事项等方面充分发挥招生委员会作用。高校可通过聘请社会监督员巡视学校测试、录取现场等方式，对招生工作实施第三方监督。建立考试录取申诉机制，及时回应处理各种问题。建立招生问责制，2015 年起由校长签发录取通知书，对录取结果负责。

4. 改进录取方式。推行高考成绩公布后填报志愿方式。创造条件逐步取消高校招生录取批次。改进投档录取模式，推进并完善平行志愿投档方式，增加高校和学生的双向选择机会。2015 年起在有条件的省份开展录取批次改革试点。

5. 拓宽社会成员终身学习通道。扩大社会成员接受多样化教育机会，中等职业学校可实行注册入学，成人高等学历教育实行弹性学制、宽进严出。为残疾人等特殊群体参加考试提供服务。探索建立多种形式学习成果的认定转换制度，试行普通高校、高职院校、成人高校之间学分转换，实现多种学习渠道、学习方式、学习过程的相互衔接，构建人才成长“立交桥”。2015 年研究出台学分互认和转换的意见。

（四）改革监督管理机制。

1. 加强信息公开。深入实施高校招生“阳光工程”，健全分级负责、规范有效的信息公开制度。进一步扩大信息公开的内容，及时公开招生政策、招生资格、招生章程、招生计划、考生资格、录取程序、录取结果、咨询及申诉渠道、重大事件违规处理结果、录取新生复查结果等信息。进一步扩大信息公开的范围，接受考生、学校和社会的监督。

2. 加强制度保障。健全政府部门协作机制，强化教育考试安全管理制度建设，构建科学、规范、严密的教育考试安全体系。健全诚信制度，加强考生诚信教育和诚信档案管理。健全教育考试招生的法律法规，提高考试招生法制化水平。

3. 加大违规查处力度。加强考试招生全程监督。严肃查处违法违规行为，严格追究当事人及相关人员责任，及时公布查处结果。构成犯罪的，由司法机关依法追究刑事责任。

（五）启动高考综合改革试点。

1. 改革考试科目设置。增强高考与高中学习的关联度，考生总成绩由统一高考的语文、数学、外语 3 个科目成绩和高中学业水平考试 3 个科目成绩组成。保持统一高考的语文、数学、外语科目不变、分值不变，不分文理科，外语科目提供两次考试机会。计入总成绩的高中学业水平考试科目，由考生根据报考高校要求和自身特长，在思想政治、历史、地理、物理、化学、生物等科目中自主选择。

2. 改革招生录取机制。探索基于统一高考和高中学业水平考试成绩、参考综合素质评价的多元录取机制。高校要根据自身办学定位和专业培养目标，研究提出对考生高中学业水平考试科目报考要求和综合素质评价使用办法，提前向社会公布。

3. 开展改革试点。按照统筹规划、试点先行、分步实施、有序推进的原则，选择有条件的省（市）开展高考综合改革试点。及时调整充实、总结完善试点经验，切实通过综合改革，更好地贯彻党的教育方针，全面实施素质教育，增加学生的选择性，分散学生的考试压力，促进学生全面而有个性的发展。2014 年上海市、浙江省分别出台高考综合改革试点方案，从 2014 年秋季新入学的高中一年级学生开始实施。试点要为其他省（区、市）高考改革提供依据。

（下略）

关于坚持和完善普通高等学校党委领导下的校长负责制的实施意见（节选）[1]

（中共中央办公厅）

（2014 年 10 月 15 日）

（上略）

一、党委统一领导学校工作

1. 高等学校党的委员会是学校的领导核心，履行党章等规定的各项职责，把握学校发展方向，决定学校重大问题，监督重大决议执行，支持校长依法独立负责地行使职权，保证以人才培养为中心的各项任务完成。

（1）全面贯彻执行党的路线方针政策，贯彻执行党的教育方针，坚持社会主义办学方向，坚持立德树人，依法治校，依靠全校师生员工推动学校科学发展，培养德智体美全面发展的中国特色社会主义事业合格建设者和可靠接班人。

（2）讨论决定事关学校改革发展稳定及教学、科研、行政管理中的重大事项和基本管理制度。

（3）坚持党管干部原则，按照干部管理权限负责干部的选拔、教育、培养、考核和监督，讨论决定学校内部组织机构的设置及其负责人的人选，依照有关程序推荐校级领导干部和后备干部人选。做好老干部工作。

（4）坚持党管人才原则，讨论决定学校人才工作规划和重大人

① 《关于坚持和完善普通高等学校党委领导下的校长负责制的实施意见》，《中国教育报》，2014 年 10 月 16 日。

才政策，创新人才工作体制机制，优化人才成长环境，统筹推进学校各类人才队伍建设。

（5）领导学校思想政治工作和德育工作，坚持用中国特色社会主义理论体系武装师生员工头脑，培育和践行社会主义核心价值观，牢牢掌握学校意识形态工作的领导权、管理权、话语权。维护学校安全稳定，促进和谐校园建设。

（6）加强大学文化建设，发挥文化育人作用，培育良好校风学风教风。

（7）加强对学校院（系）等基层党组织的领导，做好发展党员和党员教育、管理、服务工作，发展党内基层民主，充分发挥基层党组织的战斗堡垒作用和党员的先锋模范作用。加强学校党委自身建设。

（8）领导学校党的纪律检查工作，落实党风廉政建设主体责任，推进惩治和预防腐败体系建设。

（9）领导学校工会、共青团、学生会等群众组织和教职工代表大会。做好统一战线工作。

（10）讨论决定其他事关师生员工切身利益的重要事项。

2. 党委实行集体领导与个人分工负责相结合，坚持民主集中制，集体讨论决定学校重大问题和重要事项，领导班子成员按照分工履行职责。

3. 党委书记主持党委全面工作，负责组织党委重要活动，协调党委领导班子成员工作，督促检查党委决议贯彻落实，主动协调党委与校长之间的工作关系，支持校长开展工作。

二、校长主持学校行政工作

4. 校长是学校的法定代表人，在学校党委领导下，贯彻党的教育方针，组织实施学校党委有关决议，行使高等教育法等规定的各项职权，全面负责教学、科研、行政管理工作。

（1）组织拟订和实施学校发展规划、基本管理制度、重要行政规章制度、重大教学科研改革措施、重要办学资源配置方案。组织制定和实施具体规章制度、年度工作计划。

（2）组织拟订和实施学校内部组织机构的设置方案。按照国家法律和干部选拔任用工作有关规定，推荐副校长人选，任免内部组织机构的负责人。

（3）组织拟订和实施学校人才发展规划、重要人才政策和重大人才工程计划。负责教师队伍建设，依据有关规定聘任与解聘教师以及内部其他工作人员。

（4）组织拟订和实施学校重大基本建设、年度经费预算等方案。加强财务管理和审计监督，管理和保护学校资产。

（5）组织开展教学活动和科学研究，创新人才培养机制，提高人才培养质量，推进文化传承创新，服务国家和地方经济社会发展，把学校办出特色、争创一流。

（6）组织开展思想品德教育，负责学生学籍管理并实施奖励或处分，开展招生和就业工作。

（7）做好学校安全稳定和后勤保障工作。

（8）组织开展学校对外交流与合作，依法代表学校与各级政府、社会各界和境外机构等签署合作协议，接受社会捐赠。

（9）向党委报告重大决议执行情况，向教职工代表大会报告工作，组织处理教职工代表大会、学生代表大会、工会会员代表大会和团员代表大会有关行政工作的提案。支持学校各级党组织、民主党派基层组织、群众组织和学术组织开展工作。

（10）履行法律法规和学校章程规定的其他职权。

三、健全党委与行政议事决策制度

5. 高等学校应按期召开党员大会（党员代表大会），选举产生党的委员会。党的委员会对党员大会（党员代表大会）负责并报告工作。经上级党组织批准，规模较大、党员人数较多的高等学校党的委员会可设立常务委员会（以下简称“常委会”）。设常委会的党委一般设委员 15 至 31 人，委员中除校级领导干部外，还应有院（系）、党政工作部门负责人及师生员工代表；常委会一般设委员 7 至 11 人，学校行政领导班子成员是党员的，一般应进入常委会。不设常委会的党委，一般设委员 7 至 11 人，委员中除校级领导干部外，还可有院（系）和党政工作部门负责人代表。

6. 学校党的委员会全体会议（以下简称“全委会”）在党员大会（党员代表大会）闭会期间领导学校工作，主要对事关学校改革发展稳定和师生员工切身利益及党的建设等全局性重大问题作出决策，听取和审议常委会工作报告、纪委工作报告。会议由常委会召集，议题由常委会确定。全委会必须有三分之二以上委员到会方能召开。表决事项时，以超过应到会委员人数的半数同意为通过。

7. 常委会主持党委经常工作，主要对学校改革发展稳定和教学、科研、行政管理及党的建设等方面的重要事项作出决定，按照干部管理权限和有关程序推荐、提名、决定任免干部。常委会会议由党委书记召集并主持。会议议题由学校领导班子成员提出，党委书记确定。会议必须有半数以上常委到会方能召开；讨论决定干部任免等重要事项时，应有三分之二以上常委到会方能召开。表决事项时，以超过应到会常委人数的半数同意为通过。不是党委常委的行政领导班子成员可列席会议。

不设常委会的党委，其会议制度和议事规则参照常委会会议有关规定执行。

8．校长办公会议或校务会议是学校行政议事决策机构，主要研究提出拟由党委讨论决定的重要事项方案，具体部署落实党委决议的有关措施，研究处理教学、科研、行政管理工作。会议由校长召集并主持。会议成员一般为学校行政领导班子成员。会议议题由学校领导班子成员提出，校长确定。会议必须有半数以上成员到会方能召开。校长应在广泛听取与会人员意见基础上，对讨论研究的事项作出决定。党委书记、副书记、纪委书记等可视议题情况参加会议。

9．党委会议和校长办公会议（校务会议）要坚持科学决策、民主决策、依法决策，防止个人或少数人专断和议而不决、决而不行。讨论决定学校重大问题，应在调查研究基础上提出建议方案，经领导班子成员沟通酝酿且无重大分歧后提交会议讨论决定。对干部任免建议方案，在提交党委会议讨论决定前，应在党委书记、校长、分管组织工作的副书记、纪委书记等范围内进行充分酝酿。对专业性、技术性较强的重要事项，应经过专家评估及技术、政策、法律咨询。对事关师生员工切身利益的重要事项，应通过教职工代表大会或其他方式，广泛听取师生员工的意见建议。对会议决定的事项如需变更、调整，应根据决策程序进行复议。

高等学校要结合实际，制定全委会、常委会、校长办公会议（校务会议）的会议制度和议事规则。

四、完善协调运行机制

10. 党委领导下的校长负责制是一个不可分割的有机整体，必须坚持党委的领导核心地位，保证校长依法行使职权，建立健全党委统一领导、党政分工合作、协调运行的工作机制。要合理确定领导班子成员分工，明确工作职责。领导班子成员要认真执行集体决定，按照分工积极主动开展工作。

11. 党委书记和校长要树立政治意识、大局意识，相互信任，加强团结。建立定期沟通制度，及时交流工作情况。党委会议有关教学、科研、行政管理工作等议题，应在会前听取校长意见；校长办公会议（校务会议）的重要议题，应在会前听取党委书记意见。意见不一致的议题暂缓上会，待进一步交换意见、取得共识后再提交会议讨论。集体决定重大事项前，党委书记、校长和有关领导班子成员要个别酝酿、充分沟通。

12. 学校领导班子应经常沟通情况、协调工作。党委书记、校长要发扬民主，充分听取和尊重班子成员的意见，支持他们的工作。领导班子成员要相互理解、相互支持，对职责分工交叉的工作，要注意协调配合。

13. 坚持领导干部双重组织生活会制度，提高组织生活质量。认真开好民主生活会，正确运用批评和自我批评的武器，开展积极健康的思想斗争。落实谈心谈话制度，党委书记和校长要定期相互谈心，定期同其他领导班子成员谈心，对在思想、作风、廉洁自律等方面出现的苗头性倾向性问题，要早提醒、早纠正；领导班子成员之间要经常交流思想、交换意见，努力营造团结共事的和谐氛围。

14. 加强学术组织建设，健全以学术委员会为核心的学术管理体系与组织架构，合理确定学术组织人员构成，制定学术组织章程，保障学术组织依照章程行使职权，充分发挥其在学科建设、学术评价、学术发展和学风建设等方面的重要作用，积极探索教授治学的有效途径。

15. 发挥教职工代表大会及群众组织作用，健全师生员工参与民主管理和监督的工作机制。实行党务公开和校务公开，及时向师生员工、群众团体、民主党派、离退休老同志等通报学校重大决策及实施情况。推行高等学校党员代表大会代表任期制和提案制，健全学校党委常委会向全委会报告工作并接受监督等制度。

（下略）

国务院关于进一步完善城乡义务教育经费保障机制的通知（节选）[①]

（2015 年 11 月 25 日）

（上略）

二、总体要求

（一）坚持完善机制，城乡一体。适应新型城镇化和户籍制度改革新形势，按照深化财税体制改革、教育领域综合改革的新要求，统筹设计城乡一体化的义务教育经费保障机制，增强政策的统一性、协调性和前瞻性。

（二）坚持加大投入，突出重点。继续加大义务教育投入，优化整合资金，盘活存量，用好增量，重点向农村义务教育倾斜，向革命老区、民族地区、边疆地区、贫困地区倾斜，统筹解决城市义务教育相关问题，促进城乡义务教育均衡发展。

（三）坚持创新管理，推进改革。大力推进教育管理信息化，创新义务教育转移支付与学生流动相适应的管理机制，实现相关教育经费可携带，增强学生就读学校的可选择性。

（四）坚持分步实施，有序推进。区分东中西部、农村和城镇学校的实际情况，合理确定实施步骤，通过两年时间逐步完善城乡义务教育经费保障机制，并在此基础上根据相关情况变化适时进行调整完善。

---

① 《国务院关于进一步完善城乡义务教育经费保障机制的通知》，《中华人民共和国国务院公报》，2015 年 35 期。

三、主要内容

整合农村义务教育经费保障机制和城市义务教育奖补政策，建立统一的中央和地方分项目、按比例分担的城乡义务教育经费保障机制。

（一）统一城乡义务教育“两免一补”政策。对城乡义务教育学生免除学杂费、免费提供教科书，对家庭经济困难寄宿生补助生活费（统称“两免一补”）。民办学校学生免除学杂费标准按照中央确定的生均公用经费基准定额执行。免费教科书资金，国家规定课程由中央全额承担（含出版发行少数民族文字教材亏损补贴），地方课程由地方承担。家庭经济困难寄宿生生活费补助资金由中央和地方按照 5：5 比例分担，贫困面由各省（区、市）重新确认并报财政部、教育部核定。

（二）统一城乡义务教育学校生均公用经费基准定额。中央统一确定全国义务教育学校生均公用经费基准定额。对城乡义务教育学校（含民办学校）按照不低于基准定额的标准补助公用经费，并适当提高寄宿制学校、规模较小学校和北方取暖地区学校补助水平。落实生均公用经费基准定额所需资金由中央和地方按比例分担，西部地区及中部地区比照实施西部大开发政策的县（市、区）为 8：2，中部其他地区为 6：4，东部地区为 5：5。提高寄宿制学校、规模较小学校和北方取暖地区学校公用经费补助水平所需资金，按照生均公用经费基准定额分担比例执行。现有公用经费补助标准高于基准定额的，要确保水平不降低，同时鼓励各地结合实际提高公用经费补助标准。中央适时对基准定额进行调整。

（三）巩固完善农村地区义务教育学校校舍安全保障长效机制。支持农村地区公办义务教育学校维修改造、抗震加固、改扩建校舍及其附属设施。中西部农村地区公办义务教育学校校舍安全保障机制所需资金由中央和地方按照 5∶5 比例分担；对东部农村地区，中央继续采取“以奖代补”方式，给予适当奖励。城市地区公办义务教育学校校舍安全保障长效机制由地方建立，所需经费由地方承担。

（四）巩固落实城乡义务教育教师工资政策。中央继续对中西部地区及东部部分地区义务教育教师工资经费给予支持，省级人民政府加大对本行政区域内财力薄弱地区的转移支付力度。县级人民政府确保县域内义务教育教师工资按时足额发放，教育部门在分配绩效工资时，要加大对艰苦边远贫困地区和薄弱学校的倾斜力度。

统一城乡义务教育经费保障机制，实现“两免一补”和生均公用经费基准定额资金随学生流动可携带。同时，国家继续实施农村义务教育薄弱学校改造计划等相关项目，着力解决农村义务教育发展中存在的突出问题和薄弱环节。

四、实施步骤

（一）从 2016 年春季学期开始，统一城乡义务教育学校生均公用经费基准定额。中央确定 2016 年生均公用经费基准定额为：中西部地区普通小学每生每年 600 元、普通初中每生每年 800 元；东部地区普通小学每生每年 650 元、普通初中每生每年 850 元。在此基础上，对寄宿制学校按照寄宿生年生均 200 元标准增加公用经费补助，继续落实好农村地区不足 100 人的规模较小学校按 100 人核定公用经费和北方地区取暖费等政策；特殊教育学校和随班就读残疾学生按每生每年 6000 元标准补助公用经费。同时，取消对城市义务教育免除学杂费和进城务工人员随迁子女接受义务教育的中央奖补政策。

（二）从 2017 年春季学期开始，统一城乡义务教育学生“两免一补”政策。在继续落实好农村学生“两免一补”和城市学生免除学杂费政策的同时，向城市学生免费提供教科书并推行部分教科书循环使用制度，对城市家庭经济困难寄宿生给予生活费补助。中央财政适时提高国家规定课程免费教科书补助标准。

（三）以后年度，根据义务教育发展过程中出现的新情况和新问题，适时完善城乡义务教育经费保障机制相关政策措施。

高校、军队、农垦、林场林区等所属义务教育学校经费保障机制，与所在地区同步完善，所需经费按照现行体制予以保障。

五、组织保障

（一）加强组织领导，强化统筹协调。各地区、各有关部门要高度重视，加强组织领导。省级人民政府要切实发挥省级统筹作用，制定切实可行的实施方案和省以下各级政府间的经费分担办法，完善省以下转移支付制度，加大对本行政区域内困难地区的支持。各省（区、市）要将实施方案、省以下资金分担比例和家庭经济困难寄宿生贫困面，于 2016 年 3 月底前报财政部、教育部。县级人民政府要按照义务教育“以县为主”的管理体制，落实管理主体责任。国务院有关部门要发挥职能作用，加强工作指导和协调。

（二）优化教育布局，深化教育改革。各地要结合人口流动的规律、趋势和城市发展规划，及时调整完善教育布局，将民办学校纳入本地区教育布局规划，科学合理布局义务教育学校。加快探索建立乡村小规模学校办学机制和管理办法，建设并办好寄宿制学校，慎重稳妥撤并乡村学校，努力消除城镇学校“大班额”，保障当地适龄儿童就近入学。加强义务教育民办学校管理。深化教师人事制度改革，健全城乡教师和校长交流机制，健全义务教育治理体系，加强留守儿童教育关爱。

（三）确保资金落实，强化绩效管理。各级人民政府要按照经费分担责任足额落实应承担的资金，并确保及时足额拨付到位。县级人民政府要加强县域内教育经费的统筹安排，保障规模较小学校正常运转；加强义务教育学校预算管理，细化预算编制，硬化预算执行，强化预算监督。规范义务教育学校财务管理，创新管理理念，将绩效预算贯穿经费使用管理全过程，切实提高经费使用效益。

（下略）

国务院关于统筹推进县域内城乡义务教育一体化改革发展的若干意见（节选）①

（2016 年 7 月 2 日）

（上略）

三、工作目标

加快推进县域内城乡义务教育学校建设标准统一、教师编制标准统一、生均公用经费基准定额统一、基本装备配置标准统一和“两免一补”政策城乡全覆盖，到 2020 年，城乡二元结构壁垒基本消除，义务教育与城镇化发展基本协调；城乡学校布局更加合理，大班额基本消除，乡村完全小学、初中或九年一贯制学校、寄宿制学校标准化建设取得显著进展，乡村小规模学校（含教学点）达到相应要求；城乡师资配置基本均衡，乡村教师待遇稳步提高、岗位吸引力大幅增强，乡村教育质量明显提升，教育脱贫任务全面完成。义务教育普及水平进一步巩固提高，九年义务教育巩固率达到 95%。县域义务教育均衡发展和城乡基本公共教育服务均等化基本实现。

四、主要措施

（一）同步建设城镇学校。各地要按照城镇化规划和常住人口规模编制城镇义务教育学校布局规划，根据学龄人口变化趋势、中小学建设标准，预留足够的义务教育学校用地，纳入城市、镇规划

---

①《国务院关于统筹推进县域内城乡义务教育一体化改革发展的若干意见》，《中华人民共和国国务院公报》，2016 年 21 期。

并严格实施，不得随意变更，确保城镇学校建设用地。实行教育用地联审联批制度，新建配套学校建设方案，相关部门应征得同级教育行政部门同意。依法落实城镇新建居住区配套标准化学校建设，老城区改造配套学校建设不足和未达到配建学校标准的小规模居住区，由当地政府统筹新建或改扩建配套学校，确保足够的学位供给，满足学生就近入学需要。地方政府要实施“交钥匙”工程，确保配套学校建设与住宅建设首期项目同步规划、同步建设、同步交付使用。

（二）努力办好乡村教育。各地要结合国家加快水电路气等基础设施向农村延伸，在交通便利、公共服务成型的农村地区合理布局义务教育学校。同时，办好必要的乡村小规模学校。因撤并学校造成学生就学困难的，当地政府应因地制宜，采取多种方式予以妥善解决。合理制定闲置校园校舍综合利用方案，严格规范权属确认、用途变更、资产处置等程序，并优先用于教育事业。要切实提高教育资源使用效益，避免出现“边建设、边闲置”现象。着力提升乡村教育质量，按照国家课程方案开设国家课程，通过开展城乡对口帮扶和一体化办学、加强校长教师轮岗交流和乡村校长教师培训、利用信息技术共享优质资源、将优质高中招生分配指标向乡村初中倾斜等方式，补齐乡村教育短板。推动城乡教师交流，城镇学校和优质学校教师每学年到乡村学校交流轮岗的比例不低于符合交流条件教师总数的10%，其中骨干教师不低于交流轮岗教师总数的20%。结合乡村教育实际，定向培养能够承担多门学科教学任务的教师，提高教师思想政治素质和师德水平，加强对学生的思想品德教育和爱国主义教育，在音乐和美术（或艺术）、体育与健康等学科中融入优秀传统艺术和体育项目，在学科教学特别是品德、科学教学中突出实践环节，确保综合实践和校外教育活动常态化。开展专题教育、地方课程和学校课程等课程整合试点，进一步增强课程的基础性、适宜性和教学吸引力。

（三）科学推进学校标准化建设。各地要逐县（市、区）逐校建立义务教育学校标准化建设台账，全面摸清情况，完善寄宿制学校、乡村小规模学校办学标准，科学推进城乡义务教育公办学校标准化建设，全面改善贫困地区义务教育薄弱学校基本办学条件。提升乡村学校信息化水平，全面提高乡村教师运用信息技术能力，促进优质教育资源共享。适当提高寄宿制学校、规模较小学校和北方取暖地区学校公用经费补助水平，切实保障正常运转。落实义务教育学校管理标准，提高学校管理标准化水平。重点提高乡镇寄宿制学校管理服务水平，通过政府购买服务等方式为乡镇寄宿制学校提供工勤和教学辅助服务。各地要在县域义务教育基本均衡的基础上，促进义务教育优质均衡发展，探索市（地）域义务教育均衡发展实现路径，鼓励有条件的地区在更大范围开展城乡义务教育一体化改革发展试点，发挥引领示范作用。

（四）实施消除大班额计划。省级人民政府要结合本地实际制订消除大班额专项规划，明确工作任务和时间表、路线图，到2018年基本消除66人以上超大班额，到2020年基本消除56人以上大班额。各地要统筹“十三五”期间义务教育学校建设项目，按照国家规定班额标准，新建和改扩建校园校舍，重点解决城镇大班额问题，加快消除现有大班额。要通过城乡义务教育一体化、实施学区化集团化办学或学校联盟、均衡配置师资等方式，加大对薄弱学校和乡村学校的扶持力度，促进均衡发展，限制班额超标学校招生人数，合理分流学生。县级教育行政部门要建立消除大班额工作台账，对大班额学校实行销号管理，避免产生新的大班额问题。各省级人民政府要于2016年年底前将消除大班额专项规划报国家教育体制改革领导小组备案。

（五）统筹城乡师资配置。各地要依据义务教育学校教职工编制标准、学生规模和教育教学需要，按照中央严格控制机构编制有关要求，合理核定义务教育学校教职工编制。建立城乡义务教育学校教职工编制统筹配置机制和跨区域调整机制，实行教职工编制城乡、区域统筹和动态管理，盘活编制存量，提高使用效益。国务院人力资源社会保障部门和教育部门要研究确定县域统一的义务教育学校岗位结构比例，完善职称评聘政策，逐步推动县域内同学段学校岗位结构协调并向乡村适当倾斜，实现职称评审与岗位聘用制度的有效衔接，吸引优秀教师向农村流动。县级教育行政部门在核定的教职工编制总额和岗位总量内，要按照班额、生源等情况，充分考虑乡村小规模学校、寄宿制学校和城镇学校的实际需要，统筹分配各校教职工编制和岗位数量，并向同级机构编制部门、人力资源社会保障部门和财政部门备案。全面推进教师“县管校聘”改革，按照教师职业特点和岗位要求，完善教师招聘机制，统筹调配编内教师资源，着力解决乡村教师结构性缺员和城镇师资不足问题。严禁在有合格教师来源的情况下“有编不补”、长期聘用编外教师，严禁挤占挪用义务教育学校教职工编制和各种形式“吃空饷”。积极鼓励和引导乡村志愿支教活动。

（六）改革乡村教师待遇保障机制。各地要实行乡村教师收入分配倾斜政策，落实并完善集中连片特困地区和边远艰苦地区乡村教师生活补助政策，因地制宜稳步扩大实施范围，按照越往基层、越往艰苦地区补助水平越高的原则，使乡村教师实际工资收入水平不低于同职级县镇教师工资收入水平。健全长效联动机制，核定义务教育学校绩效工资总量时统筹考虑当地公务员实际收入水平，确保县域内义务教育教师平均工资收入水平不低于当地公务员的平均工资收入水平。建立乡村教师荣誉制度，使广大乡村教师有更多的获得感。完善乡村教师职业发展保障机制，合理设置乡村学校中级、高级教师岗位比例。落实中小学教师职称评聘结合政策，确保乡村学校教师职称即评即聘。将符合条件的边远艰苦地区乡村学校教师纳入当地政府住房保障体系，加快边远艰苦地区乡村教师周转宿舍建设。

（七）改革教育治理体系。各地要深化义务教育治理结构改革，完善县域内城乡义务教育一体化改革发展监测评估标准和督导评估机制，切实提高政府教育治理能力。在实行“以县为主”管理体制基础上，进一步加强省级政府统筹，完善乡村小规模学校办学机制和管理办法，将村小学和教学点纳入对乡村中心学校考核，加强乡村中心学校对村小学、教学点的指导和管理。充分发挥学校党组织政治核心作用，坚持育人为本、德育为先，全面加强思想政治教育；认真落实校长负责制，全面推进学校章程建设，完善学校重大事项决策机制，逐步形成中国特色的依法办学、自主管理、民主监督、社会参与的现代学校制度。落实学校办学自主地位，完善家长委员会，推动社区参与学校治理，建立第三方评价机制，促进学校品质提升。健全校长和班主任工作激励机制，根据考核结果合理确定校长绩效工资水平，坚持绩效工资分配向班主任倾斜，班主任工作量按当地教师标准课时工作量一半计算。创新校外教育方式，构建校内外教育相互衔接的育人机制。探索建立学生意外伤害援助机制和涉校涉生矛盾纠纷调解仲裁机制，维护学校正常教育教学秩序和师生合法权益，推动平安校园建设。

（八）改革控辍保学机制。县级人民政府要完善控辍保学部门协调机制，督促监护人送适龄儿童、少年入学并完成义务教育。进一步落实县级教育行政部门、乡镇政府、村（居）委会、学校和适龄儿童父母或其他监护人控辍保学责任，建立控辍保学目标责任制和联控联保机制。县级教育行政部门要依托全国中小学生学籍信息管理系统建立控辍保学动态监测机制，加强对农村、边远、贫困、民族等重点地区，初中等重点学段，以及流动留守儿童、家庭经济贫困儿童等重点群体的监控。义务教育学校要加大对学习困难学生的帮扶力度，落实辍学学生劝返、登记和书面报告制度，劝返无效的，应书面报告县级教育行政部门和乡镇人民政府，相关部门应依法采取措施劝返复学。居民委员会和村民委员会要协助政府做好控辍保学工作。各地要加大对家庭经济困难学生的社会救助和教育资助力度，优先将建档立卡的贫困户家庭学生纳入资助范围。深入实施农村义务教育学生营养改善计划，提高营养膳食质量，改善学生营养状况。通过保障就近入学、建设乡镇寄宿制学校、增设公共交通线路、提供校车服务等方式，确保乡村适龄儿童不因上学不便而辍学。针对农村残疾儿童实际，做到“一人一案”，切实保障农村残疾儿童平等接受义务教育权利。完善学生资助政策，继续扩大面向贫困地区定向招生专项计划招生人数，畅通绿色升学通道，切实提高贫困家庭学生升学信心。

（九）改革随迁子女就学机制。各地要进一步强化流入地政府责任，将随迁子女义务教育纳入城镇发展规划和财政保障范围，坚持积极进取、实事求是、稳步推进，适应户籍制度改革要求，建立以居住证为主要依据的随迁子女入学政策，切实简化优化随迁子女入学流程和证明要求，提供便民服务，依法保障随迁子女平等接受义务教育。利用全国中小学生学籍信息管理系统数据，推动“两免一补”资金和生均公用经费基准定额资金随学生流动可携带。要坚持以公办学校为主安排随迁子女就学，对于公办学校学位不足的可以通过政府购买服务方式安排在普惠性民办学校就读。实现混合编班和统一管理，促进随迁子女融入学校和社区。公办和民办学校都不得向随迁子女收取有别于本地户籍学生的任何费用。特大城市和随迁子女特别集中的地方，可根据实际制定随迁子女入学的具体办法。

（十）加强留守儿童关爱保护。各地要落实县、乡人民政府属地责任，建立家庭、政府、学校尽职尽责，社会力量积极参与的农村留守儿童关爱保护工作体系，促进农村留守儿童健康成长。要深入排查，建立台账，全面掌握留守儿童基本情况，加强关爱服务和救助保护，帮助解决实际困难，确保留守儿童人身安全。中小学校要加强法治教育、安全教育和心理健康教育，积极开展心理辅导。强化家庭监护主体责任，鼓励父母取得居住证的适龄儿童随父母在工作地就近入学，外出务工父母要依法履行监护职责和抚养义务。依法追究父母或其他监护人不履行监护职责的责任，依法处置各种侵害留守儿童合法权益的违法行为。发挥乡镇政府和村委会作用，督促外出务工家长履行监护责任。

（下略）

中共中央 国务院关于全面深化新时代教师队伍建设改革的意见（节选）①

（2018年1月20日）

（上略）

4. 目标任务。经过5年左右努力，教师培养培训体系基本健全，职业发展通道比较畅通，事权人权财权相统一的教师管理体制普遍建立，待遇提升保障机制更加完善，教师职业吸引力明显增强。教师队伍规模、结构、素质能力基本满足各级各类教育发展需要。

到2035年，教师综合素质、专业化水平和创新能力大幅提升，培养造就数以百万计的骨干教师、数以十万计的卓越教师、数以万计的教育家型教师。教师管理体制机制科学高效，实现教师队伍治理体系和治理能力现代化。教师主动适应信息化、人工智能等新技术变革，积极有效开展教育教学。尊师重教蔚然成风，广大教师在岗位上有幸福感、事业上有成就感、社会上有荣誉感，教师成为让人羡慕的职业。

二、着力提升思想政治素质，全面加强师德师风建设

5. 加强教师党支部和党员队伍建设。将全面从严治党要求落实到每个教师党支部和教师党员，把党的政治建设摆在首位，用习近平新时代中国特色社会主义思想武装头脑，充分发挥教师党支部教育管理监督党员和宣传引导凝聚师生的战斗堡垒作用，充分发

① 《中共中央 国务院关于全面深化新时代教师队伍建设改革的意见》,《中华人民共和国国务院公报》，2018年05期。

挥党员教师的先锋模范作用。选优配强教师党支部书记，注重选拔党性强、业务精、有威信、肯奉献的优秀党员教师担任教师党支部书记，实施教师党支部书记“双带头人”培育工程，定期开展教师党支部书记轮训。坚持党的组织生活各项制度，创新方式方法，增强党的组织生活活力。健全主题党日活动制度，加强党员教师日常管理监督。推进“两学一做”学习教育常态化制度化，开展“不忘初心、牢记使命”主题教育，引导党员教师增强政治意识、大局意识、核心意识、看齐意识，自觉爱党护党为党，敬业修德，奉献社会，争做“四有”好教师的示范标杆。重视做好在优秀青年教师、海外留学归国教师中发展党员工作。健全把骨干教师培养成党员，把党员教师培养成教学、科研、管理骨干的“双培养”机制。

配齐建强高等学校思想政治工作队伍和党务工作队伍，完善选拔、培养、激励机制，形成一支专职为主、专兼结合、数量充足、素质优良的工作力量。把从事学生思想政治教育计入高等学校思想政治工作兼职教师的工作量，作为职称评审的重要依据，进一步增强开展思想政治工作的积极性和主动性。

6. 提高思想政治素质。加强理想信念教育，深入学习领会习近平新时代中国特色社会主义思想，引导教师树立正确的历史观、民族观、国家观、文化观，坚定中国特色社会主义道路自信、理论自信、制度自信、文化自信。引导教师准确理解和把握社会主义核心价值观的深刻内涵，增强价值判断、选择、塑造能力，带头践行社会主义核心价值观。引导广大教师充分认识中国教育辉煌成就，扎根中国大地，办好中国教育。

加强中华优秀传统文化和革命文化、社会主义先进文化教育，弘扬爱国主义精神，引导广大教师热爱祖国、奉献祖国。创新教师思想政治工作方式方法，开辟思想政治教育新阵地，利用思想政治教育新载体，强化教师社会实践参与，推动教师充分了解党情、国情、社情、民情，增强思想政治工作的针对性和实效性。要着眼青年教师群体特点，有针对性地加强思想政治教育。落实党的知识分子政策，政治上充分信任，思想上主动引导，工作上创造条件，生活上关心照顾，使思想政治工作接地气、入人心。

7. 弘扬高尚师德。健全师德建设长效机制，推动师德建设常态化长效化，创新师德教育，完善师德规范，引导广大教师以德立身、以德立学、以德施教、以德育德，坚持教书与育人相统一、言传与身教相统一、潜心问道与关注社会相统一、学术自由与学术规范相统一，争做“四有”好教师，全心全意做学生锤炼品格、学习知识、创新思维、奉献祖国的引路人。

实施师德师风建设工程。开展教师宣传国家重大题材作品立项，推出一批让人喜闻乐见、能够产生广泛影响、展现教师时代风貌的影视作品和文学作品，发掘师德典型、讲好师德故事，加强引领，注重感召，弘扬楷模，形成强大正能量。注重加强对教师思想政治素质、师德师风等的监察监督，强化师德考评，体现奖优罚劣，推行师德考核负面清单制度，建立教师个人信用记录，完善诚信承诺和失信惩戒机制，着力解决师德失范、学术不端等问题。

三、大力振兴教师教育，不断提升教师专业素质能力

8. 加大对师范院校支持力度。实施教师教育振兴行动计划，建立以师范院校为主体、高水平非师范院校参与的中国特色师范教育体系，推进地方政府、高等学校、中小学“三位一体”协同育人。研究制定师范院校建设标准和师范类专业办学标准，重点建设一批师范教育基地，整体提升师范院校和师范专业办学水平。鼓励各地结合实际，适时提高师范专业生均拨款标准，提升师范教育保障水平。切实提高生源质量，对符合相关政策规定的，采取到岗退费或公费培养、定向培养等方式，吸引优秀青年踊跃报考师范院校和师范专业。完善教育部直属师范大学师范生公费教育政策，履约任教服务期调整为6年。改革招生制度，鼓励部分办学条件好、教学质量高院校的师范专业实行提前批次录取或采取入校后二次选拔方式，选拔有志于从教的优秀学生进入师范专业。加强教师教育学科建设。教育硕士、教育博士授予单位及授权点向师范院校倾斜。强化教师教育师资队伍建设，在专业发展、职称晋升和岗位聘用等方面予以倾斜支持。师范院校评估要体现师范教育特色，确保师范院校坚持以师范教育为主业，严控师范院校更名为非师范院校。开展师范类专业认证，确保教师培养质量。

9．支持高水平综合大学开展教师教育。创造条件，推动一批有基础的高水平综合大学成立教师教育学院，设立师范专业，积极参与基础教育、职业教育教师培养培训工作。整合优势学科的学术力量，凝聚高水平的教学团队。发挥专业优势，开设厚基础、宽口径、多样化的教师教育课程。创新教师培养形态，突出教师教育特色，重点培养教育硕士，适度培养教育博士，造就学科知识扎实、专业能力突出、教育情怀深厚的高素质复合型教师。

10．全面提高中小学教师质量，建设一支高素质专业化的教师队伍。提高教师培养层次，提升教师培养质量。推进教师培养供给侧结构性改革，为义务教育学校侧重培养素质全面、业务见长的本科层次教师，为高中阶段教育学校侧重培养专业突出、底蕴深厚的研究生层次教师。大力推动研究生层次教师培养，增加教育硕士招生计划，向中西部地区和农村地区倾斜。根据基础教育改革发展需要，以实践为导向优化教师教育课程体系，强化“钢笔字、毛笔字、粉笔字和普通话”等教学基本功和教学技能训练，师范生教育实践不少于半年。加强紧缺薄弱学科教师、特殊教育教师和民族地区双语教师培养。开展中小学教师全员培训，促进教师终身学习和专业发展。转变培训方式，推动信息技术与教师培训的有机融合，实行线上线下相结合的混合式研修。改进培训内容，紧密结合教育教学一线实际，组织高质量培训，使教师静心钻研教学，切实提升教学水平。推行培训自主选学，实行培训学分管理，建立培训学分银行，搭建教师培训与学历教育衔接的“立交桥”。建立健全地方教师发展机构和专业培训者队伍，依托现有资源，结合各地实际，逐步推进县级教师发展机构建设与改革，实现培训、教研、电教、科研部门有机整合。继续实施教师国培计划。鼓励教师海外研修访学。加强中小学校长队伍建设，努力造就一支政治过硬、品德高尚、业务精湛、治校有方的校长队伍。面向全体中小学校长，加大培训力度，提升校长办学治校能力，打造高品质学校。实施校长国培计划，重点开展乡村中小学骨干校长培训和名校长研修。支持教师和校长大胆探索，创新教育思想、教育模式、教育方法，形成教学特色和办学风格，营造教育家脱颖而出的制度环境。

11．全面提高幼儿园教师质量，建设一支高素质善保教的教师队伍。办好一批幼儿师范专科学校和若干所幼儿师范学院，支持师范院校设立学前教育专业，培养热爱学前教育事业，幼儿为本、才艺兼备、擅长保教的高水平幼儿园教师。创新幼儿园教师培养模式，前移培养起点，大力培养初中毕业起点的五年制专科层次幼儿园教师。优化幼儿园教师培养课程体系，突出保教融合，科学开设儿童发展、保育活动、教育活动类课程，强化实践性课程，培养学前教育师范生综合能力。

建立幼儿园教师全员培训制度，切实提升幼儿园教师科学保教能力。加大幼儿园园长、乡村幼儿园教师、普惠性民办幼儿园教师的培训力度。创新幼儿园教师培训模式，依托高等学校和优质幼儿园，重点采取集中培训与跟岗实践相结合的方式培训幼儿园教师。鼓励师范院校与幼儿园协同建立幼儿园教师培养培训基地。

12. 全面提高职业院校教师质量，建设一支高素质双师型的教师队伍。继续实施职业院校教师素质提高计划，引领带动各地建立一支技艺精湛、专兼结合的双师型教师队伍。加强职业技术师范院校建设，支持高水平学校和大中型企业共建双师型教师培养培训基地，建立高等学校、行业企业联合培养双师型教师的机制。切实推进职业院校教师定期到企业实践，不断提升实践教学能力。建立企业经营管理者、技术能手与职业院校管理者、骨干教师相互兼职制度。

13. 全面提高高等学校教师质量，建设一支高素质创新型的教师队伍。着力提高教师专业能力，推进高等教育内涵式发展。搭建校级教师发展平台，组织研修活动，开展教学研究与指导，推进教学改革与创新。加强院系教研室等学习共同体建设，建立完善传帮带机制。全面开展高等学校教师教学能力提升培训，重点面向新入职教师和青年教师，为高等学校培养人才培育生力军。重视各级各类学校辅导员专业发展。结合“一带一路”建设和人文交流机制，有序推动国内外教师双向交流。支持孔子学院教师、援外教师成长发展。服务创新型国家和人才强国建设、世界一流大学和一流学科建设，实施好千人计划、万人计划、长江学者奖励计划等重大人才项目，着力打造创新团队，培养引进一批具有国际影响力的学科领军人才和青年学术英才。加强高端智库建设，依托人文社会科学重点研究基地等，汇聚培养一大批哲学社会科学名家名师。高等学校高层次人才遴选和培育中要突出教书育人，让科学家同时成为教育家。

四、深化教师管理综合改革，切实理顺体制机制

14. 创新和规范中小学教师编制配备。适应加快推进教育现代化的紧迫需求和城乡教育一体化发展改革的新形势，充分考虑新型城镇化、全面二孩政策及高考改革等带来的新情况，根据教育发展需要，在现有编制总量内，统筹考虑、合理核定教职工编制，盘活事业编制存量，优化编制结构，向教师队伍倾斜，采取多种形式增加教师总量，优先保障教育发展需要。落实城乡统一的中小学教职工编制标准，有条件的地方出台公办幼儿园人员配备规范、特殊教育学校教职工编制标准。创新编制管理，加大教职工编制统筹配置和跨区域调整力度，省级统筹、市域调剂、以县为主，动态调配。编制向乡村小规模学校倾斜，按照班师比与生师比相结合的方式核定。加强和规范中小学教职工编制管理，严禁挤占、挪用、截留编制和有编不补。实行教师编制配备和购买工勤服务相结合，满足教育快速发展需求。

15. 优化义务教育教师资源配置。实行义务教育教师“县管校聘”。深入推进县域内义务教育学校教师、校长交流轮岗，实行教师聘期制、校长任期制管理，推动城镇优秀教师、校长向乡村学校、薄弱学校流动。实行学区（乡镇）内走教制度，地方政府可根据实际给予相应补贴。逐步扩大农村教师特岗计划实施规模，适时

提高特岗教师工资性补助标准。鼓励优秀特岗教师攻读教育硕士。鼓励地方政府和相关院校因地制宜采取定向招生、定向培养、定期服务等方式，为乡村学校及教学点培养“一专多能”教师，优先满足老少边穷地区教师补充需要。实施银龄讲学计划，鼓励支持乐于奉献、身体健康的退休优秀教师到乡村和基层学校支教讲学。

16. 完善中小学教师准入和招聘制度。完善教师资格考试政策，逐步将修习教师教育课程、参加教育教学实践作为认定教育教学能力、取得教师资格的必备条件。新入职教师必须取得教师资格。严格教师准入，提高入职标准，重视思想政治素质和业务能力，根据教育行业特点，分区域规划，分类别指导，结合实际，逐步将幼儿园教师学历提升至专科，小学教师学历提升至师范专业专科和非师范专业本科，初中教师学历提升至本科，有条件的地方将普通高中教师学历提升至研究生。建立符合教育行业特点的中小学、幼儿园教师招聘办法，遴选乐教适教善教的优秀人才进入教师队伍。按照中小学校领导人员管理暂行办法，明确任职条件和资格，规范选拔任用工作，激发办学治校活力。

17. 深化中小学教师职称和考核评价制度改革。适当提高中小学中级、高级教师岗位比例，畅通教师职业发展通道。完善符合中小学特点的岗位管理制度，实现职称与教师聘用衔接。将中小学教师到乡村学校、薄弱学校任教 1 年以上的经历作为申报高级教师职称和特级教师的必要条件。推行中小学校长职级制改革，拓展职业发展空间，促进校长队伍专业化建设。进一步完善职称评价标准，建立符合中小学教师岗位特点的考核评价指标体系，坚持德才兼备、全面考核，突出教育教学实绩，引导教师潜心教书育人。加强聘后管理，激发教师的工作活力。完善相关政策，防止形式主义的考核检查干扰正常教学。不简单用升学率、学生考试成绩等评价教师。实行定期注册制度，建立完善教师退出机制，提升教师队伍整体活力。加强中小学校长考核评价，督促提高素质能力，完善优胜劣汰机制。

18．健全职业院校教师管理制度。根据职业教育特点，有条件的地方研究制定中等职业学校人员配备规范。完善职业院校教师资格标准，探索将行业企业从业经历作为认定教育教学能力、取得专业课教师资格的必要条件。落实职业院校用人自主权，完善教师招聘办法。推动固定岗和流动岗相结合的职业院校教师人事管理制度改革。支持职业院校专设流动岗位，适应产业发展和参与全球产业竞争需求，大力引进行业企业一流人才，吸引具有创新实践经验的企业家、高科技人才、高技能人才等兼职任教。完善职业院校教师考核评价制度，双师型教师考核评价要充分体现技能水平和专业教学能力。

19．深化高等学校教师人事制度改革。积极探索实行高等学校人员总量管理。严把高等学校教师选聘入口关，实行思想政治素质和业务能力双重考察。严格教师职业准入，将新入职教师岗前培训和教育实习作为认定教育教学能力、取得高等学校教师资格的必备条件。适应人才培养结构调整需要，优化高等学校教师结构，鼓励高等学校加大聘用具有其他学校学习工作和行业企业工作经历教师的力度。配合外国人永久居留制度改革，健全外籍教师资格认证、服务管理等制度。帮助高等学校青年教师解决住房等困难。推动高等学校教师职称制度改革，将评审权直接下放至高等学校，由高等学校自主组织职称评审、自主评价、按岗聘任。条件不具备、尚不能独立组织评审的高等学校，可采取联合评审的方式。推行高等学校教师职务聘任制改革，加强聘期考核，准聘与长聘相结合，做到能上能下、能进能出。教育、人力资源社会保障等部门要加强职称评聘事中事后监管。深入推进高等学校教师考核评价制度改革，突出教育教学业绩和师德考核，将教授为本科生上课作为基本制度。坚持正确导向，规范高层次人才合理有序流动。

五、不断提高地位待遇，真正让教师成为令人羡慕的职业

20．明确教师的特别重要地位。突显教师职业的公共属性，强化教师承担的国家使命和公共教育服务的职责，确立公办中小学教师作为国家公职人员特殊的法律地位，明确中小学教师的权利和义务，强化保障和管理。各级党委和政府要切实负起中小学教师保障责任，提升教师的政治地位、社会地位、职业地位，吸引和稳定优秀人才从教。公办中小学教师要切实履行作为国家公职人员的义务，强化国家责任、政治责任、社会责任和教育责任。

21．完善中小学教师待遇保障机制。健全中小学教师工资长效联动机制，核定绩效工资总量时统筹考虑当地公务员实际收入水平，确保中小学教师平均工资收入水平不低于或高于当地公务员平均工资收入水平。完善教师收入分配激励机制，有效体现教师工作量和工作绩效，绩效工资分配向班主任和特殊教育教师倾斜。实行中小学校长职级制的地区，根据实际实施相应的校长收入分配办法。

22．大力提升乡村教师待遇。深入实施乡村教师支持计划，关心乡村教师生活。认真落实艰苦边远地区津贴等政策，全面落实集中连片特困地区乡村教师生活补助政策，依据学校艰苦边远程度实行差别化补助，鼓励有条件的地方提高补助标准，努力惠及更多乡

村教师。加强乡村教师周转宿舍建设，按规定将符合条件的教师纳入当地住房保障范围，让乡村教师住有所居。拿出务实举措，帮助乡村青年教师解决困难，关心乡村青年教师工作生活，巩固乡村青年教师队伍。在培训、职称评聘、表彰奖励等方面向乡村青年教师倾斜，优化乡村青年教师发展环境，加快乡村青年教师成长步伐。为乡村教师配备相应设施，丰富精神文化生活。

23. 维护民办学校教师权益。完善学校、个人、政府合理分担的民办学校教师社会保障机制，民办学校应与教师依法签订合同，按时足额支付工资，保障其福利待遇和其他合法权益，并为教师足额缴纳社会保险费和住房公积金。依法保障和落实民办学校教师在业务培训、职务聘任、教龄和工龄计算、表彰奖励、科研立项等方面享有与公办学校教师同等权利。

24. 推进高等学校教师薪酬制度改革。建立体现以增加知识价值为导向的收入分配机制，扩大高等学校收入分配自主权，高等学校在核定的绩效工资总量内自主确定收入分配办法。高等学校教师依法取得的科技成果转化奖励收入，不纳入本单位工资总额基数。完善适应高等学校教学岗位特点的内部激励机制，对专职从事教学的人员，适当提高基础性绩效工资在绩效工资中的比重，加大对教学型名师的岗位激励力度。

25. 提升教师社会地位。加大教师表彰力度。大力宣传教师中的“时代楷模”和“最美教师”。开展国家级教学名师、国家级教学成果奖评选表彰，重点奖励贡献突出的教学一线教师。做好特级教师评选，发挥引领作用。做好乡村学校从教30年教师荣誉证书颁发工作。各地要按照国家有关规定，因地制宜开展多种形式的教师表彰奖励活动，并落实相关优待政策。鼓励社会团体、企事业单位、民间组织对教师出资奖励，开展尊师活动，营造尊师重教良好社会风尚。

建设现代学校制度，体现以人为本，突出教师主体地位，落实教师知情权、参与权、表达权、监督权。建立健全教职工代表大会制度，保障教师参与学校决策的民主权利。推行中国特色大学章程，坚持和完善党委领导下的校长负责制，充分发挥教师在高等学校办学治校中的作用。维护教师职业尊严和合法权益，关心教师身心健康，克服职业倦怠，激发工作热情。

（下略）

中共中央国务院关于学前教育深化改革规范发展的若干意见（节选）[①]

（2018 年 11 月 7 日）

（上略）

（三）主要目标

到 2020 年，全国学前三年毛入园率达到 85%，普惠性幼儿园覆盖率（公办园和普惠性民办园在园幼儿占比）达到 80%。广覆盖、保基本、有质量的学前教育公共服务体系基本建成，学前教育管理体制、办园体制和政策保障体系基本完善。投入水平显著提高，成本分担机制普遍建立。幼儿园办园行为普遍规范，保教质量明显提升。不同区域、不同类型城市分类解决学前教育发展问题，大型、特大型城市率先实现发展目标。

到 2020 年，基本形成以本专科为主体的幼儿园教师培养体系，本专科学前教育专业毕业生规模达到 20 万人以上；建立幼儿园教师专业成长机制，健全培训课程标准，分层分类培训 150 万名左右幼儿园园长、教师；建立普通高等学校学前教育专业质量认证和保障体系，幼儿园教师队伍综合素质和科学保教能力得到整体提升，幼儿园教师社会地位、待遇保障进一步提高，职业吸引力明显增强。

到 2035 年，全面普及学前三年教育，建成覆盖城乡、布局合理的学前教育公共服务体系，形成完善的学前教育管理体制、办园

① 《中共中央国务院关于学前教育深化改革规范发展的若干意见》，《人民日报》，2018 年 11 月 16 日。

体制和政策保障体系，为幼儿提供更加充裕、更加普惠、更加优质的学前教育。

二、优化布局与办园结构

（四）科学规划布局。各地要充分考虑人口变化和城镇化发展趋势，结合实施乡村振兴战略，制定应对学前教育需求高峰方案。以县为单位制定幼儿园布局规划，切实把普惠性幼儿园建设纳入城乡公共管理和公共服务设施统一规划，列入本地区控制性详细规划和土地招拍挂建设项目成本，选定具体位置，明确服务范围，确定建设规模，确保优先建设。公办园资源不足的城镇地区，新建改扩建一批公办园。大力发展农村学前教育，每个乡镇原则上至少办好一所公办中心园，大村独立建园或设分园，小村联合办园，人口分散地区根据实际情况可举办流动幼儿园、季节班等，配备专职巡回指导教师，完善县乡村三级学前教育公共服务网络。

（五）调整办园结构。各地要把发展普惠性学前教育作为重点任务，结合本地实际，着力构建以普惠性资源为主体的办园体系，坚决扭转高收费民办园占比偏高的局面。大力发展公办园，充分发挥公办园保基本、兜底线、引领方向、平抑收费的主渠道作用。按照实现普惠目标的要求，公办园在园幼儿占比偏低的省份，逐步提高公办园在园幼儿占比，到 2020 年全国原则上达到 50%，各地可从实际出发确定具体发展目标。积极扶持民办园提供普惠性服务，规范营利性民办园发展，满足家长不同选择性需求。

三、拓宽途径扩大资源供给

（六）实施学前教育专项。国家继续实施学前教育行动计划，逐年安排建设一批普惠性幼儿园，重点扩大农村地区、脱贫攻坚地区、新增人口集中地区普惠性资源。

（七）积极挖潜扩大增量。充分利用腾退搬迁的空置厂房、乡村公共服务设施、农村中小学闲置校舍等资源，以租赁、租借、划转等形式举办公办园。鼓励支持街道、村集体、有实力的国有企事业单位，特别是普通高等学校举办公办园，在为本单位职工子女入园提供便利的同时，也为社会提供普惠性服务。对于军队停办的幼儿园，要移交地方政府接收，实行属地化管理，确保学前教育资源不流失。

（八）规范小区配套幼儿园建设使用。2019 年 6 月底前，各省（自治区、直辖市）要制定小区配套幼儿园建设管理办法，健全发展改革、自然资源、住房城乡建设、教育等部门联动管理机制，做好配套幼儿园规划、土地出让、园舍设计建设、验收、移交、办园等环节的监督管理。各省（自治区、直辖市）要对小区配套幼儿园规划、建设、移交、办园等情况进行专项治理，2019 年年底前整改到位。老城（棚户区）改造、新城开发和居住区建设、易地扶贫搬迁应将配套建设幼儿园纳入公共管理和公共服务设施建设规划，并按照相关标准和规范予以建设，确保配套幼儿园与首期建设的居民住宅区同步规划、同步设计、同步建设、同步验收、同步交付使用。配套幼儿园由当地政府统筹安排，办成公办园或委托办成普惠性民办园，不得办成营利性幼儿园。对存在配套幼儿园缓建、缩建、停建、不建和建而不交等问题的，在整改到位之前，不得办理竣工验收。

（九）鼓励社会力量办园。政府加大扶持力度，引导社会力量更多举办普惠性幼儿园。2019 年 6 月底前，各省（自治区、直辖市）要进一步完善普惠性民办园认定标准、补助标准及扶持政策。通过购买服务、综合奖补、减免租金、派驻公办教师、培训教师、教研指导等方式，支持普惠性民办园发展，并将提供普惠性学位数量和办园质量作为奖补和支持的重要依据。

四、健全经费投入长效机制

（十）优化经费投入结构。国家进一步加大学前教育投入力度，逐步提高学前教育财政投入和支持水平，主要用于扩大普惠性资源、补充配备教师、提高教师待遇、改善办园条件。中央财政继续安排支持学前教育发展资金，支持地方多种形式扩大普惠性资源，深化体制机制改革，健全幼儿资助制度，重点向中西部农村地区和贫困地区倾斜。研究中央专项彩票公益金等支持学前教育发展的政策。地方各级政府要健全学前教育经费投入机制，规范使用管理，强化绩效评价，提高使用效益。

（十一）健全学前教育成本分担机制。各地要从实际出发，科学核定办园成本，以提供普惠性服务为衡量标准，统筹制定财政补助和收费政策，合理确定分担比例。到2020年，各省（自治区、直辖市）制定并落实公办园生均财政拨款标准或生均公用经费标准，合理确定并动态调整拨款水平；因地制宜制定企事业单位、部队、街道、村集体办幼儿园财政补助政策；根据办园成本、经济发展水平和群众承受能力等因素，合理确定公办园收费标准并建立定期动态调整机制。民办园收费项目和标准根据办园成本、市场需求等因素合理确定，向社会公示，并接受有关主管部门的监督。非营利性民办园（包括普惠性民办园）收费具体办法由省级政府制定。营利性民办园收费标准实行市场调节，由幼儿园自主决定。地方政府依法加强对民办园收费的价格监管，坚决抑制过高收费。

（十二）完善学前教育资助制度。各地要认真落实幼儿资助政策，确保接受普惠性学前教育的家庭经济困难儿童（含建档立卡家庭儿童、低保家庭儿童、特困救助供养儿童等）、孤儿和残疾儿童得到资助。

五、大力加强幼儿园教师队伍建设

（十三）严格依标配备教职工。各地要及时补充公办园教职工，严禁“有编不补”、长期使用代课教师。民办园按照配备标准配足配齐教职工。各类幼儿园按照国家相关规定配备卫生保健人员。

（十四）依法保障幼儿园教师地位和待遇。各地要认真落实公办园教师工资待遇保障政策，统筹工资收入政策、经费支出渠道，确保教师工资及时足额发放、同工同酬。有条件的地方可试点实施乡村公办园教师生活补助政策。按照政府购买服务范围的规定，可将公办园中保育员、安保、厨师等服务纳入政府购买服务范围，所需资金从地方财政预算中统筹安排。民办园要参照当地公办园教师工资收入水平，合理确定相应教师的工资收入。各类幼儿园依法依规足额足项为教职工缴纳社会保险和住房公积金。各地要根据学前教育特点和幼儿园教师专业标准，完善幼儿园教师职称评聘标准，畅通职称评聘通道，提高高级职称比例。对作出突出贡献的幼儿园园长、教师，按照国家有关规定予以表彰和奖励。

（十五）完善教师培养体系。办好一批幼儿师范专科学校和若干所幼儿师范学院，支持师范院校设立并办好学前教育专业。中等职业学校相关专业重点培养保育员。根据基本普及学前教育目标，制定学前教育专业培养规划，扩大本专科层次培养规模及学前教育专业公费师范生招生规模。前移培养起点，大力培养初中毕业起点的五年制专科学历的幼儿园教师。引导学前教育专业毕业生从事幼教工作，鼓励师范院校在校生辅修或转入学前教育专业，扩大有质量教师供给。创新培养模式，优化培养课程体系，突出保教融合，健全学前教育法规及规章制度，加强儿童发展、幼儿园保育教育实践类课程建设，提高培养专业化水平。2018年启动师范院校学前教育专业国家认证工作，建立培养质量保障制度。

（十六）健全教师培训制度。出台幼儿园教师培训课程指导标准，实行幼儿园园长、教师定期培训和全员轮训制度。研究制定全国幼儿园教师培训工作方案，用两年半左右时间，通过国家、省、县三级培训网络，大规模培训幼儿园园长、教师，重点加强师德师风全员培训、非学前教育专业教师全员补偿培训和未成年人保护方面的法律培训等。创新培训模式，支持师范院校与优质幼儿园协同建立培训基地，强化专业学习与跟岗实践相结合，增强培训针对性和实效性，切实提高教师专业水平和科学保教能力。

（十七）严格教师队伍管理。认真落实教师资格准入与定期注册制度，严格执行幼儿园园长、教师专业标准，坚持公开招聘制度，全面落实幼儿园教师持证上岗，切实把好幼儿园园长、教师入口关。非学前教育专业毕业生到幼儿园从教须经专业培训并取得相应教师资格。强化师德师风建设，通过加强师德教育、完善考评制度、加大监察监督、建立信用记录、完善诚信承诺和失信惩戒机制等措施，提高教师职业素养，培养热爱幼教、热爱幼儿的职业情怀。对违反职业行为规范、影响恶劣的实行“一票否决”，终身不得从教。

六、完善监管体系

（十八）落实监管责任。强化各级党委和政府及各有关部门的监管责任，建立健全教育部门主管、各有关部门分工负责的监管机制。健全各级教育部门学前教育管理机构，充实管理力量，建设一支与学前教育事业发展规模和监管任务相适应的专业化管理队伍。

（十九）加强源头监管。严格幼儿园准入管理，各地依据国家基本标准调整完善幼儿园设置标准，严格掌握审批条件，加强对教职工资质与配备标准、办园条件等方面的审核。幼儿园审批严格执行“先证后照”制度，由县级教育部门依法进行前置审批，取得办园许可证后，到相关部门办理法人登记。对符合条件的幼儿园，按照国家相关规定进行事业单位登记。

（二十）完善过程监管。强化对幼儿园教职工资质和配备、收费行为、安全防护、卫生保健、保教质量、经费使用以及财务管理等方面的动态监管，完善年检制度。各地建立幼儿园基本信息备案及公示制度，充分利用互联网等信息化手段，向社会及时公布并更新幼儿园教职工配备、收费标准、质量评估等方面信息，主动接受社会监督。教育、民政、市场监管等部门要健全家长投诉渠道，及时回应和解决家长反映的问题。健全家长志愿者驻园值守制度，充分发挥幼儿园家长委员会作用，推动家长有效参与幼儿园重大事项决策和日常管理。建设全国学前教育管理信息系统，提高学前教育信息化管理水平。

（二十一）强化安全监管。落实相关部门对幼儿园安全保卫和监管责任，提升人防、物防、技防能力，建立全覆盖的幼儿园安全风险防控体系。幼儿园所在街道（乡镇）、城乡社区居民委员会（村民委员会）共同做好幼儿园安全监管工作。幼儿园必须把保护幼儿生命安全和健康放在首位，落实园长安全主体责任，健全各项安全管理制度和安全责任制，强化法治教育和安全教育，提高家长安全防范意识和能力，并通过符合幼儿身心特点的方式提高幼儿感知、体悟、躲避危险和伤害的能力。

（二十二）严格依法监管。加强办园行为督导，实行幼儿园责任督学挂牌督导制度。幼儿园提供虚假或误导家长信息的，纳入诚信记录。对存在伤害儿童、违规收费等行为的幼儿园，及时进行整改、追究责任；造成恶劣影响的，依法吊销办园许可证，有关责任人终身不得办学和执教；构成犯罪的，依法追究其刑事责任。

七、规范发展民办园

（二十三）稳妥实施分类管理。2019 年 6 月底前，各省（自治区、直辖市）要制定民办园分类管理实施办法，明确分类管理政策。现有民办园根据举办者申请，限期归口进行非营利性民办园或营利性民办园分类登记。在此期间，县级以上教育、民政、市场监管部门做好衔接等工作，确保分类登记平稳实施、有序进行。

（二十四）遏制过度逐利行为。民办园应依法建立财务、会计和资产管理制度，按照国家有关规定设置会计账簿，收取的费用应主要用于幼儿保教活动、改善办园条件和保障教职工待遇，每年依规向当地教育、民政或市场监管部门提交经审计的财务报告。社会资本不得通过兼并收购、受托经营、加盟连锁、利用可变利益实体、协议控制等方式控制国有资产或集体资产举办的幼儿园、非营利性幼儿园；已违规的，由教育部门会同有关部门进行清理整治，清理整治完成前不得进行增资扩股。参与并购、加盟、连锁经营的营利性幼儿园，应将与相关利益企业签订的协议报县级以上教育部门备案并向社会公布；当地教育部门应对相关利益企业和幼儿园的资质、办园方向、课程资源、数量规模及管理能力等进行严格审核，实施加盟、连锁行为的营利性幼儿园原则上应取得省级示范园资质。幼儿园控制主体或品牌加盟主体变更，须经所在区县教育部门审批，举办者变更须按规定办理核准登记手续，按法定程序履行资产交割。所属幼儿园出现安全、经营、管理、质量、财务、资产等方面问题时，举办者、实际控制人、负责幼儿园经营的管理机构应承担相应责任。民办园一律不准单独或作为一部分资产打包上市。上市公司不得通过股票市场融资投资营利性幼儿园，不得通过发行股份或支付现金等方式购买营利性幼儿园资产。

（二十五）分类治理无证办园。各地要将无证园全部纳入监管范围，建立工作台账，稳妥做好排查、分类、扶持和治理工作。加大整改扶持力度，通过整改扶持规范一批无证园，达到基本标准的，颁发办园许可证。整改后仍达不到安全卫生等办园基本要求的，地方政府要坚决予以取缔，并妥善分流和安置幼儿。2020年年底前，各地要稳妥完成无证园治理工作。

八、提高幼儿园保教质量

（二十六）全面改善办园条件。幼儿园园舍条件、玩教具和幼儿图书配备应达到规定要求。国家制定幼儿园玩教具和图书配备指南，广泛征集遴选符合幼儿身心特点的优质游戏活动资源和体现中国优秀传统文化、现代生活特色的绘本。各地要加强对玩教具和图书配备的指导，支持引导幼儿园充分利用当地自然和文化资源，合理布局空间、设施，为幼儿提供有利于激发学习探索、安全、丰富、适宜的游戏材料和玩教具，防止盲目攀比、不切实际。

（二十七）注重保教结合。幼儿园要遵循幼儿身心发展规律，树立科学保教理念，建立良好师幼关系。合理安排幼儿一日生活，为幼儿提供均衡的营养，保证充足的睡眠和适宜的锻炼，传授基本的文明礼仪，培育幼儿良好的卫生、生活、行为习惯和自我保护能力。坚持以游戏为基本活动，珍视幼儿游戏活动的独特价值，保护幼儿的好奇心和学习兴趣，尊重个体差异，鼓励支持幼儿通过亲近自然、直接感知、实际操作、亲身体验等方式学习探索，促进幼儿快乐健康成长。开展幼儿园“小学化”专项治理行动，坚决克服和纠正“小学化”倾向，小学起始年级必须按国家课程标准坚持零起点教学。

（二十八）完善学前教育教研体系。健全各级学前教育教研机构，充实教研队伍，落实教研指导责任区制度，加强园本教研、区域教研，及时解决幼儿园教师在教育实践过程中的困惑和问题。充分发挥城镇优质幼儿园和农村乡镇中心园的辐射带动作用，加强对薄弱园的专业引领和实践指导。

（二十九）健全质量评估监测体系。国家制定幼儿园保教质量评估指南，各省（自治区、直辖市）完善幼儿园质量评估标准，健全分级分类评估体系，建立一支立足实践、熟悉业务的专业化质量评估队伍，将各类幼儿园全部纳入质量评估范畴，定期向社会公布评估结果。加强幼儿园保育教育资源监管，在幼儿园推行使用的课程教学类资源须经省级学前教育专家指导委员会审核。

九、加强组织领导

（三十）加强党的领导。全面加强党对学前教育事业的领导，按照管党建与管业务相结合的原则，市、县级党委教育工作部门或教育行政部门党组织统一领导和指导幼儿园党建工作。认真落实全面从严治党要求，实现幼儿园党的组织和党的工作全覆盖。充分发挥幼儿园党组织作用，保障正确办园方向，认真做好教职工思想政治工作，厚植立德树人基础。

（三十一）健全管理体制。认真落实国务院领导、省市统筹、以县为主的学前教育管理体制。积极推动各地理顺机关、企事业单位办幼儿园的办园体制，实行属地化管理。国家完善相关法规制度，制定学前教育发展规划，推进普及学前教育，构建覆盖城乡的学前教育公共服务体系。地方政府是发展学前教育的责任主体，省级和市级政府负责统筹加强学前教育工作，推动出台地方性学前教育法规，制定相关规章和本地学前教育发展规划，健全投入机制，明确分担责任，完善相关政策措施并组织实施；县级政府对本县域学前教育发展负主体责任，负责制定学前教育发展规划和幼儿园布局、公办园的建设、教师配备补充、工资待遇及幼儿园运转，面向各类幼儿园进行监督管理，指导幼儿园做好保教工作，在土地划拨等方面对幼儿园予以优惠和支持，确保县域内学前教育规范有序健康发展。城市街道办事处、乡（镇）政府要积极支持办好本行政区域内各类幼儿园。

（三十二）完善部门协调机制。教育部门要完善政策，制定标准，充实管理、教研力量，加强学前教育的科学指导和监督管理。编制部门要结合实际合理核定公办园教职工编制。发展改革部门要把学前教育纳入当地经济社会发展规划，支持幼儿园建设发展。财政部门要完善财政支持政策，支持扩大普惠性学前教育资源。自然资源、住房城乡建设部门要将城镇小区和新农村配套幼儿园必要建设用地及时纳入相关规划，会同教育部门加强对配套幼儿园的建设、验收、移交等环节的监管落实。人力资源社会保障部门要制定完善幼儿园教职工人事（劳动）、工资待遇、社会保障和职称评聘政策。价格、财政、教育部门要根据职责分工，加强幼儿园收费管理。卫生健康部门要监督指导幼儿园卫生保健工作。民政、市场监管部门要分别对取得办学许可证的非营利性幼儿园和营利性幼儿园依法办理法人登记手续。金融监管部门要对民办园并购、融资上市等行为进行规范监管。党委政法委组织协调公安、司法等政法机关和有关部门进一步加强幼儿园安全保卫工作的指导，依法严厉打击侵害幼儿人身安全的违法犯罪行为，推动幼儿园及周边社会治安综合治理。

（三十三）建立督导问责机制。将学前教育普及普惠目标和相关政策措施落实情况作为对省级政府履行教育职责督导评估的重要内容，作为地方各级党委和政府督查工作的重点任务，纳入督导评估和目标考核体系。国务院教育督导委员会制定普及学前教育督导评估办法，以县为单位对普及学前教育情况进行评估，省级为主推动实施，国家审核认定。省一级建立专项督查机制，加强对普惠性资源配置、教师队伍建设、经费投入与成本分担机制等政府责任落实情况的督导检查，并将结果向社会公示。对发展学前教育成绩突出的地区予以表彰奖励，对履行职责不力、没有如期完成发展目标地区的责任人予以问责。

（三十四）研究制定学前教育法。加快推进学前教育立法，进一步明确学前教育在国民教育体系中的地位和公益普惠属性，强化政府和各有关部门在学前教育规划、投入、资源配置、师资队伍建设和监管等方面的责任，明确举办者对幼儿园办园条件、师资聘任、工资待遇、运转保障、经费使用与财务管理等方面的责任，促进学前教育事业健康可持续发展。加大对违法违规办园行为的惩治力度，推进学前教育走上依法办园、依法治教的轨道，保障幼儿身心健康成长。

（下略）

国家职业教育改革实施方案（节选）[1]

（国务院）

（2019 年 1 月 24 日）

（上略）

总体要求与目标：坚持以习近平新时代中国特色社会主义思想为指导，把职业教育摆在教育改革创新和经济社会发展中更加突出的位置。牢固树立新发展理念，服务建设现代化经济体系和实现更高质量更充分就业需要，对接科技发展趋势和市场需求，完善职业教育和培训体系，优化学校、专业布局，深化办学体制改革和育人机制改革，以促进就业和适应产业发展需求为导向，鼓励和支持社会各界特别是企业积极支持职业教育，着力培养高素质劳动者和技术技能人才。经过 5—10 年左右时间，职业教育基本完成由政府举办为主向政府统筹管理、社会多元办学的格局转变，由追求规模扩张向提高质量转变，由参照普通教育办学模式向企业社会参与、专业特色鲜明的类型教育转变，大幅提升新时代职业教育现代化水平，为促进经济社会发展和提高国家竞争力提供优质人才资源支撑。

具体指标：到 2022 年，职业院校教学条件基本达标，一大批普通本科高等学校向应用型转变，建设 50 所高水平高等职业学校和 150 个骨干专业（群）。建成覆盖大部分行业领域、具有国际先进水平的中国职业教育标准体系。企业参与职业教育的积极性有较

① 《国务院关于印发国家职业教育改革实施方案的通知》，《中华人民共和国教育部公报》，2019 年 01 期。

大提升，培育数以万计的产教融合型企业，打造一批优秀职业教育培训评价组织，推动建设300个具有辐射引领作用的高水平专业化产教融合实训基地。职业院校实践性教学课时原则上占总课时一半以上，顶岗实习时间一般为6个月。“双师型”教师（同时具备理论教学和实践教学能力的教师）占专业课教师总数超过一半，分专业建设一批国家级职业教育教师教学创新团队。从2019年开始，在职业院校、应用型本科高校启动“学历证书+若干职业技能等级证书”制度试点（以下称1+X证书制度试点）工作。

一、完善国家职业教育制度体系

（一）健全国家职业教育制度框架。

把握好正确的改革方向，按照“管好两端、规范中间、书证融通、办学多元”的原则，严把教学标准和毕业学生质量标准两个关口。将标准化建设作为统领职业教育发展的突破口，完善职业教育体系，为服务现代制造业、现代服务业、现代农业发展和职业教育现代化提供制度保障与人才支持。建立健全学校设置、师资队伍、教学教材、信息化建设、安全设施等办学标准，引领职业教育服务发展、促进就业创业。落实好立德树人根本任务，健全德技并修、工学结合的育人机制，完善评价机制，规范人才培养全过程。深化产教融合、校企合作，育训结合，健全多元化办学格局，推动企业深度参与协同育人，扶持鼓励企业和社会力量参与举办各类职业教育。推进资历框架建设，探索实现学历证书和职业技能等级证书互通衔接。

（二）提高中等职业教育发展水平。

优化教育结构，把发展中等职业教育作为普及高中阶段教育和建设中国特色职业教育体系的重要基础，保持高中阶段教育职普比大体相当，使绝大多数城乡新增劳动力接受高中阶段教育。改善中等职业学校基本办学条件。加强省级统筹，建好办好一批县域职教中心，重点支持集中连片特困地区每个地（市、州、盟）原则上至少建设一所符合当地经济社会发展和技术技能人才培养需要的中等职业学校。指导各地优化中等职业学校布局结构，科学配置并做大做强职业教育资源。加大对民族地区、贫困地区和残疾人职业教育的政策、金融支持力度，落实职业教育东西协作行动计划，办好内地少数民族中职班。完善招生机制，建立中等职业学校和普通高中统一招生平台，精准服务区域发展需求。积极招收初高中毕业未升学学生、退役军人、退役运动员、下岗职工、返乡农民工等接受中等职业教育；服务乡村振兴战略，为广大农村培养以新型职业农民为主体的农村实用人才。发挥中等职业学校作用，帮助部分学业困难学生按规定在职业学校完成义务教育，并接受部分职业技能学习。

鼓励中等职业学校联合中小学开展劳动和职业启蒙教育，将动手实践内容纳入中小学相关课程和学生综合素质评价。

（三）推进高等职业教育高质量发展。

把发展高等职业教育作为优化高等教育结构和培养大国工匠、能工巧匠的重要方式，使城乡新增劳动力更多接受高等教育。高等职业学校要培养服务区域发展的高素质技术技能人才，重点服务企业特别是中小微企业的技术研发和产品升级，加强社区教育和终身学习服务。建立“职教高考”制度，完善“文化素质+职业技能”的考试招生办法，提高生源质量，为学生接受高等职业教育提供多种入学方式和学习方式。在学前教育、护理、养老服务、健康服务、现代服务业等领域，扩大对初中毕业生实行中高职贯通培养的招生规模。启动实施中国特色高水平高等职业学校和专业建设计划，建设一批引领改革、支撑发展、中国特色、世界水平的高等职业学校和骨干专业（群）。根据高等学校设置制度规定，将符合条件的技师学院纳入高等学校序列。

（四）完善高层次应用型人才培养体系。

完善学历教育与培训并重的现代职业教育体系，畅通技术技能人才成长渠道。发展以职业需求为导向、以实践能力培养为重点、以产学研用结合为途径的专业学位研究生培养模式，加强专业学位硕士研究生培养。推动具备条件的普通本科高校向应用型转变，鼓励有条件的普通高校开办应用技术类型专业或课程。开展本科层次职业教育试点。制定中国技能大赛、全国职业院校技能大赛、世界技能大赛获奖选手等免试入学政策，探索长学制培养高端技术技能人才。服务军民融合发展，把军队相关的职业教育纳入国家职业教育大体系，共同做好面向现役军人的教育培训，支持其在服役期间取得多类职业技能等级证书，提升技术技能水平。落实好定向培养直招士官政策，推动地方院校与军队院校有效对接，推动优质职业教育资源向军事人才培养开放，建立军地网络教育资源共享机制。制订具体政策办法，支持适合的退役军人进入职业院校和普通本科高校接受教育和培训，鼓励支持设立退役军人教育培训集团（联盟），推动退役、培训、就业有机衔接，为促进退役军人特别是退役士兵就业创业作出贡献。

二、构建职业教育国家标准

（五）完善教育教学相关标准。

发挥标准在职业教育质量提升中的基础性作用。按照专业设置与产业需求对接、课程内容与职业标准对接、教学过程与生产过程对接的要求，完善中等、高等职业学校设置标准，规范职业院校设置；实施教师和校长专业标准，提升职业院校教学管理和教学实践能力。持续更新并推进专业目录、专业教学标准、课程标准、顶岗实习标准、实训条件建设标准（仪器设备配备规范）建设和在职业院校落地实施。巩固和发展国务院教育行政部门联合行业制定国家教学标准、职业院校依据标准自主制订人才培养方案的工作格局。

（六）启动1+X证书制度试点工作。

深化复合型技术技能人才培养培训模式改革，借鉴国际职业教育培训普遍做法，制订工作方案和具体管理办法，启动1+X证书制度试点工作。试点工作要进一步发挥好学历证书作用，夯实学生可持续发展基础，鼓励职业院校学生在获得学历证书的同时，积极取得多类职业技能等级证书，拓展就业创业本领，缓解结构性就业矛盾。国务院人力资源社会保障行政部门、教育行政部门在职责范围内，分别负责管理监督考核院校外、院校内职业技能等级证书的实施（技工院校内由人力资源社会保障行政部门负责），国务院人力资源社会保障行政部门组织制定职业标准，国务院教育行政部门依照职业标准牵头组织开发教学等相关标准。院校内培训可面向社会人群，院校外培训也可面向在校学生。各类职业技能等级证书具有同等效力，持有证书人员享受同等待遇。院校内实施的职业技能等级证书分为初级、中级、高级，是职业技能水平的凭证，反映职业活动和个人职业生涯发展所需要的综合能力。

（七）开展高质量职业培训。

落实职业院校实施学历教育与培训并举的法定职责，按照育训结合、长短结合、内外结合的要求，面向在校学生和全体社会成员开展职业培训。自2019年开始，围绕现代农业、先进制造业、现代服务业、战略性新兴产业，推动职业院校在10个左右技术技能人才紧缺领域大力开展职业培训。引导行业企业深度参与技术技能人才培养培训，促进职业院校加强专业建设、深化课程改革、增强实训内容、提高师资水平，全面提升教育教学质量。各级政府要积极支持职业培训，行政部门要简政放权并履行好监管职责，相关下属机构要优化服务，对于违规收取费用的要严肃处理。畅通技术技能人才职业发展通道，鼓励其持续获得适应经济社会发展需要的职业培训证书，引导和支持企业等用人单位落实相关待遇。对取得职业技能等级证书的离校未就业高校毕业生，按规定落实职业培训补贴政策。

（八）实现学习成果的认定、积累和转换。

加快推进职业教育国家“学分银行”建设，从2019年开始，探索建立职业教育个人学习账号，实现学习成果可追溯、可查询、可转换。有序开展学历证书和职业技能等级证书所体现的学习成果的认定、积累和转换，为技术技能人才持续成长拓宽通道。职业院校对取得若干职业技能等级证书的社会成员，支持其根据证书等级和类别免修部分课程，在完成规定内容学习后依法依规取得学历证书。对接受职业院校学历教育并取得毕业证书的学生，在参加相应的职业技能等级证书考试时，可免试部分内容。从2019年起，在有条件的地区和高校探索实施试点工作，制定符合国情的国家资历框架。

三、促进产教融合校企“双元”育人

（九）坚持知行合一、工学结合。

借鉴“双元制”等模式，总结现代学徒制和企业新型学徒制试点经验，校企共同研究制定人才培养方案，及时将新技术、新工艺、新规范纳入教学标准和教学内容，强化学生实习实训。健全专业设置定期评估机制，强化地方引导本区域职业院校优化专业设置的职责，原则上每5年修订1次职业院校专业目录，学校依据目录灵活自主设置专业，每年调整1次专业。健全专业教学资源库，建立共建共享平台的资源认证标准和交易机制，进一步扩大优质资源覆盖面。遴选认定一大批职业教育在线精品课程，建设一大批校企“双元”合作开发的国家规划教材，倡导使用新型活页式、工作手册式教材并配套开发信息化资源。每3年修订1次教材，其中专业教材随信息技术发展和产业升级情况及时动态更新。适应“互联网+职业教育”发展需求，运用现代信息技术改进教学方式方法，推进虚拟工厂等网络学习空间建设和普遍应用。

（十）推动校企全面加强深度合作。

职业院校应当根据自身特点和人才培养需要，主动与具备条件的企业在人才培养、技术创新、就业创业、社会服务、文化传承等方面开展合作。学校积极为企业提供所需的课程、师资等资源，企业应当依法履行实施职业教育的义务，利用资本、技术、知识、设施、设备和管理等要素参与校企合作，促进人力资源开发。校企合作中，学校可从中获得智力、专利、教育、劳务等报酬，具体分配由学校按规定自行处理。在开展国家产教融合建设试点基础上，建立产教融合型企业认证制度，对进入目录的产教融合型企业给予“金融+财政+土地+信用”的组合式激励，并按规定落实相关税收政策。试点企业兴办职业教育的投资符合条件的，可按投资额一定比例抵免该企业当年应缴教育费附加和地方教育附加。厚植企业承担职业教育责任的社会环境，推动职业院校和行业企业形成命运共同体。

（十一）打造一批高水平实训基地。

加大政策引导力度，充分调动各方面深化职业教育改革创新的积极性，带动各级政府、企业和职业院校建设一批资源共享，集实践教学、社会培训、企业真实生产和社会技术服务于一体的高水平职业教育实训基地。面向先进制造业等技术技能人才紧缺领域，统筹多种资源，建设若干具有辐射引领作用的高水平专业化产教融合实训基地，推动开放共享，辐射区域内学校和企业；鼓励职业院校建设或校企共建一批校内实训基地，提升重点专业建设和校企合作育人水平。积极吸引企业和社会力量参与，指导各地各校借鉴德国、日本、瑞士等国家经验，探索创新实训基地运营模式。提高实训基地规划、管理水平，为社会公众、职业院校在校生取得职业技能等级证书和企业提升人力资源水平提供有力支撑。

（十二）多措并举打造“双师型”教师队伍。

从 2019 年起，职业院校、应用型本科高校相关专业教师原则上从具有 3 年以上企业工作经历并具有高职以上学历的人员中公开招聘，特殊高技能人才（含具有高级工以上职业资格人员）可适当放宽学历要求，2020 年起基本不再从应届毕业生中招聘。加强职业技术师范院校建设，优化结构布局，引导一批高水平工科学校举办职业技术师范教育。实施职业院校教师素质提高计划，建立 100 个“双师型”教师培养培训基地，职业院校、应用型本科高校教师每年至少 1 个月在企业或实训基地实训，落实教师 5 年一周期的全员轮训制度。探索组建高水平、结构化教师教学创新团队，教师分工协作进行模块化教学。定期组织选派职业院校专业骨干教师赴国外研修访学。在职业院校实行高层次、高技能人才以直接考察的方式公开招聘。建立健全职业院校自主聘任兼职教师的办法，推动企业工程技术人员、高技能人才和职业院校教师双向流动。职业院校通过校企合作、技术服务、社会培训、自办企业等所得收入，可按一定比例作为绩效工资来源。

四、建设多元办学格局

（十三）推动企业和社会力量举办高质量职业教育。

各级政府部门要深化“放管服”改革，加快推进职能转变，由注重“办”职业教育向“管理与服务”过渡。政府主要负责规划战略、制定政策、依法依规监管。发挥企业重要办学主体作用，鼓励有条件的企业特别是大企业举办高质量职业教育，各级人民政府可按规定给予适当支持。完善企业经营管理和技术人员与学校领导、骨干教师相互兼职兼薪制度。2020 年初步建成 300 个示范性职业教育集团（联盟），带动中小企业参与。支持和规范社会力量兴办职业教育培训，鼓励发展股份制、混合所有制等职业院校和各类职业培训机构。建立公开透明规范的民办职业教育准入、审批制度，探索民办职业教育负面清单制度，建立健全退出机制。

（十四）做优职业教育培训评价组织。

职业教育包括职业学校教育和职业培训，职业院校和应用型本科高校按照国家教学标准和规定职责完成教学任务和职业技能人才培养。同时，也必须调动社会力量，补充校园不足，助力校园办学。能够依据国家有关法规和职业标准、教学标准完成的职业技能培训，要更多通过职业教育培训评价组织（以下简称培训评价组织）等参与实施。政府通过放宽准入，严格末端监督执法，严格控制数量，扶优、扶大、扶强，保证培训质量和学生能力水平。要按照在已成熟的品牌中遴选一批、在成长中的品牌中培育一批、在有需要但还没有建立项目的领域中规划一批的原则，以社会化机制公开招募并择优遴选培训评价组织，优先从制订过国家职业标准并完成标准教材编写，具有专家、师资团队、资金实力和5年以上优秀培训业绩的机构中选择。培训评价组织应对接职业标准，与国际先进标准接轨，按有关规定开发职业技能等级标准，负责实施职业技能考核、评价和证书发放。政府部门要加强监管，防止出现乱培训、滥发证现象。行业协会要积极配合政府，为培训评价组织提供好服务环境支持，不得以任何方式收取费用或干预企业办学行为。

五、完善技术技能人才保障政策

（十五）提高技术技能人才待遇水平。

支持技术技能人才凭技能提升待遇，鼓励企业职务职级晋升和工资分配向关键岗位、生产一线岗位和紧缺急需的高层次、高技能人才倾斜。建立国家技术技能大师库，鼓励技术技能大师建立大师工作室，并按规定给予政策和资金支持，支持技术技能大师到职业院校担任兼职教师，参与国家重大工程项目联合攻关。积极推动职业院校毕业生在落户、就业、参加机关事业单位招聘、职称评审、职级晋升等方面与普通高校毕业生享受同等待遇。逐步提高技术技能人才特别是技术工人收入水平和地位。机关和企事业单位招用人员不得歧视职业院校毕业生。国务院人力资源社会保障行政部门会同有关部门，适时组织清理调整对技术技能人才的歧视政策，推动形成人人皆可成才、人人尽展其才的良好环境。按照国家有关规定加大对职业院校参加有关技能大赛成绩突出毕业生的表彰奖励力度。办好职业教育活动周和世界青年技能日宣传活动，深入开展“大国工匠进校园”、“劳模进校园”、“优秀职校生校园分享”等活动，宣传展示大国工匠、能工巧匠和高素质劳动者的事迹和形象，培育和传承好工匠精神。

（十六）健全经费投入机制。

各级政府要建立与办学规模、培养成本、办学质量等相适应的财政投入制度，地方政府要按规定制定并落实职业院校生均经费标准或公用经费标准。在保障教育合理投入的同时，优化教育支出结构，新增教育经费要向职业教育倾斜。鼓励社会力量捐资、出资兴办职业教育，拓宽办学筹资渠道。进一步完善中等职业学校生均拨款制度，各地中等职业学校生均财政拨款水平可适当高于当地普通高中。各地在继续巩固落实好高等职业教育生均财政拨款水平达到12000元的基础上，根据发展需要和财力可能逐步提高拨款水平。组织实施好现代职业教育质量提升计划、产教融合工程等。经费投入要进一步突出改革导向，支持校企合作，注重向中西部、贫困地区和民族地区倾斜。进一步扩大职业院校助学金覆盖面，完善补助标准动态调整机制，落实对建档立卡等家庭经济困难学生的倾斜政策，健全职业教育奖学金制度。

六、加强职业教育办学质量督导评价

（十七）建立健全职业教育质量评价和督导评估制度。

以学习者的职业道德、技术技能水平和就业质量，以及产教融合、校企合作水平为核心，建立职业教育质量评价体系。定期对职业技能等级证书有关工作进行“双随机、一公开”的抽查和监督，从 2019 年起，对培训评价组织行为和职业院校培训质量进行监测和评估。实施职业教育质量年度报告制度，报告向社会公开。完善政府、行业、企业、职业院校等共同参与的质量评价机制，积极支持第三方机构开展评估，将考核结果作为政策支持、绩效考核、表彰奖励的重要依据。完善职业教育督导评估办法，建立职业教育定期督导评估和专项督导评估制度，落实督导报告、公报、约谈、限期整改、奖惩等制度。国务院教育督导委员会定期听取职业教育督导评估情况汇报。

（十八）支持组建国家职业教育指导咨询委员会。

为把握正确的国家职业教育改革发展方向，创新我国职业教育改革发展模式，提出重大政策研究建议，参与起草、制订国家职业教育法律法规，开展重大改革调研，提供各种咨询意见，进一步提高政府决策科学化水平，规划并审议职业教育标准等，在政府指导下组建国家职业教育指导咨询委员会。成员包括政府人员、职业教育专家、行业企业专家、管理专家、职业教育研究人员、中华职业教育社等团体和社会各方面热心职业教育的人士。通过政府购买服务等方式，听取咨询机构提出的意见建议并鼓励社会和民间智库参与。政府可以委托国家职业教育指导咨询委员会作为第三方，对全国职业院校、普通高校、校企合作企业、培训评价组织的教育管理、教学质量、办学方式模式、师资培养、学生职业技能提升等情况，进行指导、考核、评估等。

七、做好改革组织实施工作

（十九）加强党对职业教育工作的全面领导。

以习近平新时代中国特色社会主义思想特别是习近平总书记关于职业教育的重要论述武装头脑、指导实践、推动工作。加强党对教育事业的全面领导，全面贯彻党的教育方针，落实中央教育工作领导小组各项要求，保证职业教育改革发展正确方向。要充分发挥党组织在职业院校的领导核心和政治核心作用，牢牢把握学校意识形态工作领导权，将党建工作与学校事业发展同部署、同落实、同考评。指导职业院校上好思想政治理论课，实施好中等职业学校“文明风采”活动，推进职业教育领域“三全育人”综合改革试点工作，使各类课程与思想政治理论课同向同行，努力实现职业技能和职业精神培养高度融合。加强基层党组织建设，有效发挥基层党组织的战斗堡垒作用和共产党员的先锋模范作用，带动学校工会、共青团等群团组织和学生会组织建设，汇聚每一位师生员工的积极性和主动性。

（二十）完善国务院职业教育工作部际联席会议制度。

国务院职业教育工作部际联席会议由教育、人力资源社会保障、发展改革、工业和信息化、财政、农业农村、国资、税务、扶贫等单位组成，国务院分管教育工作的副总理担任召集人。联席会议统筹协调全国职业教育工作，研究协调解决工作中重大问题，听取国家职业教育指导咨询委员会等方面的意见建议，部署实施职业教育改革创新重大事项，每年召开两次会议，各成员单位就有关工作情况向联席会议报告。国务院教育行政部门负责职业教育工作的统筹规划、综合协调、宏观管理，国务院教育行政部门、人力资源社会保障行政部门和其他有关部门在职责范围内，分别负责有关的职业教育工作。各成员单位要加强沟通协调，做好相关政策配套衔接，在国家和区域战略规划、重大项目安排、经费投入、企业办学、人力资源开发等方面形成政策合力。推动落实《中华人民共和国职业教育法》，为职业教育改革创新提供重要的制度保障。

国务院办公厅关于新时代推进普通高中育人方式改革的指导意见（节选）①

（2019 年 6 月 11 日）

（上略）

二、构建全面培养体系

（三）突出德育时代性。坚持把立德树人融入思想道德教育、文化知识教育、社会实践教育各环节。深入开展习近平新时代中国特色社会主义思想教育，强化理想信念教育，引导学生树立正确的国家观、历史观、民族观、文化观，切实增强“四个自信”，厚植爱党爱国爱人民思想情怀，立志听党话、跟党走，树立为中华民族伟大复兴而勤奋学习的远大志向。积极培育和践行社会主义核心价值观，深入开展中华优秀传统文化教育，加强学生品德教育，帮助学生养成良好个人品德和社会公德。要结合实际制定德育工作实施方案，突出思想政治课关键地位，充分发挥各学科德育功能，积极开展党团组织活动和主题教育、仪式教育、实践教育等活动。

（四）强化综合素质培养。改进科学文化教育，统筹课堂学习和课外实践，强化实验操作，建设书香校园，培养学生创新思维和实践能力，提升人文素养和科学素养。强化体育锻炼，修订学生体质健康标准及评价办法，丰富运动项目和校园体育活动，培养体育兴趣和运动习惯，使学生掌握 1—3 项体育技能。加强美育工作，积极开展舞蹈、戏剧、影视与数字媒体艺术等活动，培养学生艺术

---

① 《国务院办公厅关于新时代推进普通高中育人方式改革的指导意见》，《中华人民共和国国务院公报》，2019 年 18 期。

感知、创意表达、审美能力和文化理解素养。重视劳动教育，制定劳动教育指导纲要，统筹开展好生产性、服务性和创造性劳动，使学生养成劳动习惯、掌握劳动本领、树立热爱劳动的品质。

（五）拓宽综合实践渠道。健全社会教育资源有效开发配置的政策体系，因地制宜打造学生社会实践大课堂，建设一批稳定的学生社会实践基地。充分发挥爱国主义、优秀传统文化、军事国防等教育基地，以及高等学校、科研机构、现代企业、美丽乡村、国家公园等方面资源的重要育人作用，按规定免费或优惠向学生开放图书馆、博物馆、科技馆、文化馆、纪念馆、展览馆、运动场等公共设施。定期组织学生深入社区、医院、福利院、社会救助机构等开展志愿服务，走进军营、深入农村开展体验活动。

（六）完善综合素质评价。把综合素质评价作为发展素质教育、转变育人方式的重要制度，强化其对促进学生全面发展的重要导向作用。强化对学生爱国情怀、遵纪守法、创新思维、体质达标、审美能力、劳动实践等方面的评价。要从城乡学校实际出发，完善综合素质评价实施办法，以省为单位建立学生综合素质评价信息管理系统，统一评价档案样式，建立健全信息确认、公示投诉、申诉复议、记录审核等监督保障与诚信责任追究制度。要客观真实、简洁有效记录学生突出表现，对在学生综合素质评价中造假的，要依规依纪严肃追究相关人员责任。

三、优化课程实施

（七）全面实施新课程新教材。各省（区、市）要结合推进高考综合改革，制定普通高中新课程实施方案，2022 年前全面实施新课程、使用新教材。组织开展国家级示范性培训、校长教师全员培训和中西部贫困地区专项培训。遴选一批新课程培训基地学校，开展校长教师挂职交流和跟岗学习，对口帮扶薄弱高中。遴选一批新课程新教材实施示范区示范校，发挥引领带动作用。

（八）完善学校课程管理。依照普通高中课程方案，合理安排三年各学科课程，开齐开足体育与健康、艺术、综合实践活动和理化生实验等课程。加强学校特色课程建设，积极开展校园体育、艺术、阅读、写作、演讲、科技创新等社团活动。鼓励普通高中与中等职业学校课程互选、学分互认、资源互通，促进普职融通。严格学分认定管理，对未按课程方案修满相应学分的学生，不得颁发高中毕业证书。加强课程实施监管，落实校长主体责任，强化责任追究。

四、创新教学组织管理

（九）有序推进选课走班。适应普通高中新课程改革和高考综合改革，依据学科人才培养规律、高校招生专业选考科目要求和学生兴趣特长，因地制宜、有序实施选课走班，满足学生不同发展需要。指导学校制订选课走班指南，开发课程安排信息管理系统，加大对班级编排、学生管理、教师调配、教学设施配置等方面的统筹力度，提高教学管理水平和资源使用效率，构建规范有序、科学高效的选课走班运行机制。加强走班教学班级管理和集体主义教育，强化任课教师责任，充分发挥学生组织自主管理作用。

（十）深化课堂教学改革。按照教学计划循序渐进开展教学，提高课堂教学效率，培养学生学习能力，促进学生系统掌握各学科基础知识、基本技能、基本方法，培养适应终身发展和社会发展需要的正确价值观念、必备品格和关键能力。积极探索基于情境、问题导向的互动式、启发式、探究式、体验式等课堂教学，注重加强课题研究、项目设计、研究性学习等跨学科综合性教学，认真开展验证性实验和探究性实验教学。提高作业设计质量，精心设计基础性作业，适当增加探究性、实践性、综合性作业。积极推广应用优秀教学成果，推进信息技术与教育教学深度融合，加强教学研究和指导。

（十一）优化教学管理。完善普通高中教学管理规范，落实市、县监管责任，强化教学常规管理。严格执行教学计划，严禁超课标教学、抢赶教学进度和提前结束课程，严禁组织有偿补课，切实减轻学生过重课业负担。减少高中统考统测和日常考试，加强考试数据分析，认真做好反馈，引导改进教学。

五、加强学生发展指导

（十二）注重指导实效。加强对学生理想、心理、学习、生活、生涯规划等方面指导，帮助学生树立正确理想信念、正确认识自我，更好适应高中学习生活，处理好个人兴趣特长与国家和社会需要的关系，提高选修课程、选考科目、报考专业和未来发展方向的自主选择能力。

（十三）健全指导机制。各地要制定学生发展指导意见，指导学校建立学生发展指导制度，加强指导教师培训。普通高中学校要明确指导机构，建立专兼结合的指导教师队伍，通过学科教学渗透、开设指导课程、举办专题讲座、开展职业体验等对学生进行指导。注重利用高校、科研机构、企业等各种社会资源，构建学校、家庭、社会协同指导机制。高校应以多种方式向高中学校介绍专业设置、选拔要求、培养目标及就业方向等，为学生提供咨询和帮助。

六、完善考试和招生制度

（十四）规范学业水平考试。普通高中学业水平考试主要检验学生达到国家规定学习要求的程度，考试成绩是学生毕业和升学的重要依据。除综合实践活动课程纳入综合素质评价外，国家课程方案规定的其他科目均实行合格性考试，考试内容为必修内容。语数外、政史地、理化生等科目合格性考试由省级统一命题、统一组织实施，鼓励有条件的地方将技术科目和理化生实验操作纳入省级统一考试。体育与健康科目合格性考试按照省级要求由地市统一组织实施；艺术（或音乐、美术）科目合格性考试由省级确定具体组织实施方式。省级统一组织实施的合格性考试应安排在学期末，高一学生参加考试的科目原则上不超过 4 科。高校招生录取所需学业水平考试科目实行选择性考试，考试内容为必修和选择性必修内容，由省级统一组织实施。

（十五）深化考试命题改革。学业水平选择性考试与高等学校招生全国统一考试命题要以普通高中课程标准和高校人才选拔要求为依据，实施普通高中新课程的省份不再制定考试大纲。优化考试内容，突出立德树人导向，重点考查学生运用所学知识分析问题和解决问题的能力。创新试题形式，加强情境设计，注重联系社会生活实际，增加综合性、开放性、应用性、探究性试题。科学设置试题难度，命题要符合相应学业质量标准，体现不同考试功能。加强命题能力建设，优化命题人员结构，加快题库建设，建立命题评估制度，提高命题质量。

（十六）稳步推进高校招生改革。进一步健全分类考试、综合评价、多元录取的高校招生机制，逐步改变单纯以考试成绩评价录取学生的倾向，引导高中学校转变育人方式、发展素质教育。加强高等学校招生工作能力建设，不断提高招生录取工作科学化专业化水平。高等学校要根据人才培养目标和专业学习基本需要，结合实施高考综合改革省份学生选考情况，不断完善招生专业选考科目要求；把综合素质评价作为招生录取的重要参考，并充分考虑城乡差异和不同群体学生特点，研究制订高中学生综合素质评价使用办法，提前向社会公布。

七、强化师资和条件保障

（十七）加强教师队伍建设。各地要进一步加大编制统筹调配力度，于 2020 年底前完成普通高中教职工编制核定，适应选课走班教学需要。各省（区、市）要完善普通高中绩效工资管理办法，在核定绩效工资总量时予以适当倾斜，并指导学校完善分配办法。创新教师培训方式，重点提升教师新课程实施、学生发展指导和走班教学管理能力。

（十八）改善学校校舍条件。各地要完善学校建设规划，扩大教育资源，优化校舍功能。要制订优惠政策，建立绿色通道，加快项目审批和工程建设进度。有条件的地方应建设学科教室、创新实验室、社团活动室等，推进数字校园建设。各省（区、市）要制订消除普通高中大班额专项规划，并于 2019 年 12 月底前报教育部备案。修订普通高中学校建设标准和装备配备标准，继续实施教育基础薄弱县普通高中建设项目，加大普通高中改造计划实施力度。

（十九）完善经费投入机制。各省（区、市）要完善普通高中建设经费投入机制，明确省市县分担责任。在严格遵守政府债务管理规定的前提下，多渠道筹措普通高中建设资金。科学核定普通高中培养成本，健全生均公用经费拨款制度，各地生均公用经费拨款标准应于2020年达到每生每年1000元以上，个别确有困难的地区可延至2022年前。完善成本分担机制，按照规定程序适当调整学费标准，建立生均公用经费拨款标准和学费标准动态调整机制。

（下略）

中共中央 国务院关于深化教育教学改革全面提高义务教育质量的意见（节选）[1]

（2019年6月23日）

（上略）

一、坚持立德树人，着力培养担当民族复兴大任的时代新人

1. 指导思想。坚持以习近平新时代中国特色社会主义思想为指导，全面贯彻党的教育方针，落实立德树人根本任务，遵循教育规律，强化教师队伍基础作用，围绕凝聚人心、完善人格、开发人力、培育人才、造福人民的工作目标，发展素质教育，培养德智体美劳全面发展的社会主义建设者和接班人。

2. 基本要求。树立科学的教育质量观，深化改革，构建德智体美劳全面培养的教育体系，健全立德树人落实机制，着力在坚定理想信念、厚植爱国主义情怀、加强品德修养、增长知识见识、培养奋斗精神、增强综合素质上下功夫。坚持德育为先，教育引导学生爱党爱国爱人民爱社会主义；坚持全面发展，为学生终身发展奠基；坚持面向全体，办好每所学校、教好每名学生；坚持知行合一，让学生成为生活和学习的主人。

二、坚持"五育"并举，全面发展素质教育

3. 突出德育实效。完善德育工作体系，认真制定德育工作实施方案，深化课程育人、文化育人、活动育人、实践育人、管理育

---

①《中共中央 国务院关于深化教育教学改革全面提高义务教育质量的意见》，《中华人民共和国国务院公报》，2019年20期。

人、协同育人。大力开展理想信念、社会主义核心价值观、中华优秀传统文化、生态文明和心理健康教育。加强爱国主义、集体主义、社会主义教育，引导少年儿童听党话、跟党走。加强品德修养教育，强化学生良好行为习惯和法治意识养成。打造中小学生社会实践大课堂，充分发挥爱国主义、优秀传统文化等教育基地和各类公共文化设施与自然资源的重要育人作用，向学生免费或优惠开放。广泛开展先进典型、英雄模范学习宣传活动，积极创建文明校园。健全创作激励与宣传推介机制，提供寓教于乐的优秀儿童文化精品；强化对网络游戏、微视频等的价值引领与管控，创造绿色健康网上空间。突出政治启蒙和价值观塑造，充分发挥共青团、少先队组织育人作用。

4. 提升智育水平。着力培养认知能力，促进思维发展，激发创新意识。严格按照国家课程方案和课程标准实施教学，确保学生达到国家规定学业质量标准。充分发挥教师主导作用，引导教师深入理解学科特点、知识结构、思想方法，科学把握学生认知规律，上好每一堂课。突出学生主体地位，注重保护学生好奇心、想象力、求知欲，激发学习兴趣，提高学习能力。加强科学教育和实验教学，广泛开展多种形式的读书活动。各地要加强监测和督导，坚决防止学生学业负担过重。

5. 强化体育锻炼。坚持健康第一，实施学校体育固本行动。严格执行学生体质健康合格标准，健全国家监测制度。除体育免修学生外，未达体质健康合格标准的，不得发放毕业证书。开齐开足体育课，将体育科目纳入高中阶段学校考试招生录取计分科目。科学安排体育课运动负荷，开展好学校特色体育项目，大力发展校园足球，让每位学生掌握 1 至 2 项运动技能。广泛开展校园普及性体育运动，定期举办学生运动会或体育节。鼓励地方向学生免费或优惠开放公共运动场所。通过购买服务等方式，鼓励体育社会组织为学生提供高质量体育服务。精准实施农村义务教育学生营养改善计划。健全学生视力健康综合干预体系，保障学生充足睡眠时间。

6. 增强美育熏陶。实施学校美育提升行动，严格落实音乐、美术、书法等课程，结合地方文化设立艺术特色课程。广泛开展校园艺术活动，帮助每位学生学会 1 至 2 项艺术技能、会唱主旋律歌曲。引导学生了解世界优秀艺术，增强文化理解。鼓励学校组建特色艺术团队，办好中小学生艺术展演，推进中华优秀传统文化艺术传承学校建设。通过购买服务等方式，鼓励专业艺术人才到中小学兼职任教。支持艺术院校在中小学建立对口支援基地。

7. 加强劳动教育。充分发挥劳动综合育人功能，制定劳动教育指导纲要，加强学生生活实践、劳动技术和职业体验教育。优化综合实践活动课程结构，确保劳动教育课时不少于一半。家长要给孩子安排力所能及的家务劳动，学校要坚持学生值日制度，组织学生参加校园劳动，积极开展校外劳动实践和社区志愿服务。创建一批劳动教育实验区，农村地区要安排相应田地、山林、草场等作为学农实践基地，城镇地区要为学生参加农业生产、工业体验、商业和服务业实践等提供保障。

三、强化课堂主阵地作用，切实提高课堂教学质量

8. 优化教学方式。坚持教学相长，注重启发式、互动式、探究式教学，教师课前要指导学生做好预习，课上要讲清重点难点、知识体系，引导学生主动思考、积极提问、自主探究。融合运用传统与现代技术手段，重视情境教学；探索基于学科的课程综合化教

学，开展研究型、项目化、合作式学习。精准分析学情，重视差异化教学和个别化指导。各地要定期开展聚焦课堂教学质量的主题活动，注重培育、遴选和推广优秀教学模式、教学案例。

9. 加强教学管理。省级教育部门要分学科制定课堂教学基本要求，市县级教育部门要指导学校形成教学管理特色。学校要健全教学管理规程，统筹制定教学计划，优化教学环节；开齐开足开好国家规定课程，不得随意增减课时、改变难度、调整进度；严格按课程标准零起点教学，小学一年级设置过渡性活动课程，注重做好幼小衔接；坚持和完善集体备课制度，认真制定教案。各地各校要切实加强课程实施日常监督，不得有提前结课备考、超标教学、违规统考、考试排名和不履行教学责任等行为。

10. 完善作业考试辅导。统筹调控不同年级、不同学科作业数量和作业时间，促进学生完成好基础性作业，强化实践性作业，探索弹性作业和跨学科作业，不断提高作业设计质量。杜绝将学生作业变成家长作业或要求家长检查批改作业，不得布置惩罚性作业。教师要认真批改作业，强化面批讲解，及时做好反馈。从严控制考试次数，考试内容要符合课程标准、联系学生生活实际，考试成绩实行等级评价，严禁以任何方式公布学生成绩和排名。建立学有困难学生帮扶制度，为学有余力学生拓展学习空间。各地要完善政策支持措施，不断提高课后服务水平。

11. 促进信息技术与教育教学融合应用。推进“教育+互联网”发展，按照服务教师教学、服务学生学习、服务学校管理的要求，建立覆盖义务教育各年级各学科的数字教育资源体系。加快数字校园建设，积极探索基于互联网的教学。免费为农村和边远贫困地区学校提供优质学习资源，加快缩小城乡教育差距。加强信息化终端设备及软件管理，建立数字化教学资源进校园审核监管机制。

四、按照“四有好老师”标准，建设高素质专业化教师队伍

12．大力提高教育教学能力。以新时代教师素质要求和国家课程标准为导向，改革和加强师范教育，提高教师培养培训质量。实施全员轮训，突出新课程、新教材、新方法、新技术培训，强化师德教育和教学基本功训练，不断提高教师育德、课堂教学、作业与考试命题设计、实验操作和家庭教育指导等能力。进一步实施好“国培计划”，增加农村教师培训机会，加强紧缺学科教师培训。实施乡村优秀青年教师培养奖励计划，定期开展教学素养展示和教学名师评选活动，对教育教学业绩突出的教师予以表彰奖励。

13．优化教师资源配置。各地要按照中小学教职工编制标准做好编制核定工作，并制定小规模学校编制核定标准和通过政府购买服务方式为寄宿制学校提供生活服务的实施办法。对符合条件的非在编教师要加快入编，不得产生新的代课教师。县级教育部门要按照班额、生源等情况，在核定的总量内，统筹调配各校编制和岗位数量，并向同级机构编制、人力资源社会保障和财政部门备案。制定符合教师职业特点的公开招聘办法，充分发挥教育部门和学校在教师招聘中的重要作用，严格教师资格准入制度。实行教师资格定期注册制度，对不适应教育教学的应及时调整。加大县域内城镇与乡村教师双向交流、定期轮岗力度，建立学区（乡镇）内教师走教制度。进一步实施好农村教师“特岗计划”和“银龄讲学计划”。完善教师岗位分级认定办法，适当提高教师中、高级岗位比例。

14．依法保障教师权益和待遇。制定教师优待办法，保障教师享有健康体检、旅游、住房、落户等优待政策。坚持教育投入优先

保障并不断提高教师待遇。完善义务教育绩效工资总量核定办法，建立联动增长机制，确保义务教育教师平均工资收入水平不低于当地公务员平均工资收入水平。完善绩效工资分配办法，绩效工资增量主要用于奖励性绩效工资分配；切实落实学校分配自主权，并向教学一线和教学实绩突出的教师倾斜。落实乡村教师乡、镇工作补贴、集中连片特困地区生活补助和艰苦边远地区津贴等政策，有条件的地方对在乡村有教学任务的教师给予交通补助。加强乡村学校教师周转宿舍建设。制定实施细则，明确教师教育惩戒权。依法依规妥善处理涉及学校和教师的矛盾纠纷，坚决维护教师合法权益。

15. 提升校长实施素质教育能力。校长是学校提高教育质量的第一责任人，应经常深入课堂听课、参与教研、指导教学，努力提高教育教学领导力。尊重校长岗位特点，完善选任机制与管理办法，推行校长职级制，努力造就一支政治过硬、品德高尚、业务精湛、治校有方的高素质专业化校长队伍。加大校长特别是乡村学校校长培训力度，开展校长国内外研修。倡导教育家办学，支持校长大胆实践，创新教育理念、教育模式、教育方法，营造教育家脱颖而出的制度环境。

五、深化关键领域改革，为提高教育质量创造条件

16. 加强课程教材建设。国家建立义务教育课程方案、课程标准修订和实施监测机制，完善教材管理办法。省级教育部门制定地方课程和校本课程开发与实施指南，并建立审议评估和质量监测制度。县级教育部门要加强校本课程监管，构建学校间共建共享机制。学校要提高校本课程质量，校本课程原则上不编写教材。严禁用地方课程、校本课程取代国家课程，严禁使用未经审定的教材。

义务教育学校不得引进境外课程、使用境外教材。完善义务教育装备基本标准，有条件的地方可建设创新实验室、综合实验室。

17．完善招生考试制度。推进义务教育学校免试就近入学全覆盖。健全联控联保机制，精准做好控辍保学工作。严禁以各类考试、竞赛、培训成绩或证书证明等作为招生依据，不得以面试、评测等名义选拔学生。民办义务教育学校招生纳入审批地统一管理，与公办学校同步招生；对报名人数超过招生计划的，实行电脑随机录取。高中阶段学校实行基于初中学业水平考试成绩、结合综合素质评价的招生录取模式，落实优质普通高中招生指标分配到初中政策，公办民办普通高中按审批机关统一批准的招生计划、范围、标准和方式同步招生。稳步推进初中学业水平考试省级统一命题，坚持以课程标准为命题依据，不得制定考试大纲，不断提高命题水平。

18．健全质量评价监测体系。建立以发展素质教育为导向的科学评价体系，国家制定县域义务教育质量、学校办学质量和学生发展质量评价标准。县域教育质量评价突出考查地方党委和政府对教育教学改革的价值导向、组织领导、条件保障和义务教育均衡发展情况等。学校办学质量评价突出考查学校坚持全面培养、提高学生综合素质以及办学行为、队伍建设、学业负担、社会满意度等。学生发展质量评价突出考查学生品德发展、学业发展、身心健康、兴趣特长和劳动实践等。坚持和完善国家义务教育质量监测制度，强化过程性和发展性评价，建立监测平台，定期发布监测报告。

19．发挥教研支撑作用。加强和改进新时代教研工作，理顺教研管理体制，完善国家、省、市、县、校教研体系，有条件的地方应独立设置教研机构。明确教研员工作职责和专业标准，健全教研员准入、退出、考核激励和专业发展机制。建立专兼结合的教研队伍，省、市、县三级教研机构应配齐所有学科专职教研员。完善区域教研、校本教研、网络教研、综合教研制度，建立教研员乡村学校联系点制度。鼓励高等学校、科研机构等参与教育教学研究与改革工作。

20. 激发学校生机活力。推进现代学校制度建设，落实学校办学自主权，保障学校自主设立内设机构，依法依规实施教育教学活动、聘用教师及其他工作人员、管理使用学校经费等。各地要完善统筹协调机制，严格控制面向义务教育学校的各类审批、检查验收、创建评比等活动，未经当地教育部门同意，任何单位不得到学校开展有关活动。发挥优质学校示范辐射作用，完善强校带弱校、城乡对口支援等办学机制，促进新优质学校成长。对提高教育质量成效显著和发挥示范辐射作用突出的学校，应给予支持和奖励。

21. 实施义务教育质量提升工程。保障义务教育财政经费投入，加大对教师队伍建设、教育教学改革、提高教育质量经费支持力度。实施优秀教学成果推广应用计划，整合建设国家中小学生网络学习平台。推进义务教育薄弱环节改善与能力提升，重点加强乡村小规模学校和乡镇寄宿制学校建设，打造“乡村温馨校园”；加快消除城镇大班额，逐步降低班额标准，促进县域义务教育从基本均衡向优质均衡发展。

六、加强组织领导，开创新时代义务教育改革发展新局面

22. 坚持党的全面领导。各级党委和政府要把办好义务教育作为重中之重，全面加强党的领导，切实履行省级和市级政府统筹实施、县级政府为主管理责任。党政有关负责人要牢固树立科学教育观、正确政绩观，严禁下达升学指标或片面以升学率评价学校和教

师。要选优配强教育部门领导干部，特别是县级教育局局长。县级党委和政府每年要至少听取1次义务教育工作汇报，及时研究解决有关重大问题。加强学校党的建设，充分发挥学校党组织领导作用，强化党建带团建、队建。将校园安全纳入社会治理，完善校园安全风险防控体系和依法处理机制，坚决杜绝“校闹”行为，维护正常教育教学秩序。

23. 落实部门职责。教育部门要会同有关部门为深化教育教学改革、提高义务教育质量提供保障条件，切实管好学校。组织部门要加强对党政领导班子及有关领导干部履行教育职责的考核，按照干部管理权限做好教育部门和单位领导干部选拔任用工作，指导学校做好党建工作。宣传部门要抓好正面宣传和舆论引导工作，营造教书育人良好氛围。机构编制部门要做好学校编制核定工作。发展改革部门要将义务教育发展纳入国民经济和社会发展规划。自然资源、住房城乡建设部门要配合做好学校布局规划，统筹做好土地供给和学校建设工作。财政部门要加大财政投入，优化支出结构，确保义务教育经费落实到位。人力资源社会保障部门要依法落实教师待遇，为学校招聘教师提供支持。民政部门要牵头做好农村留守儿童关爱保护工作。网信、文化和旅游部门要推动提供更多儿童优秀文化产品，净化网络文化环境。党委政法委要协调公安、司法行政等政法机关和有关部门，加强校园及周边综合治理，维护校园正常秩序和师生合法权益。市场监督管理部门要做好校外培训机构登记、收费、广告、反垄断等监管工作。共青团组织要积极开展思想政治引领和价值引领。妇联要加强社区家庭教育指导服务，少先队等群团组织和关心下一代工作委员会要做好少年儿童有关教育引导和关爱保护工作。

24. 重视家庭教育。加快家庭教育立法，强化监护主体责任。加强社区家长学校、家庭教育指导服务站点建设，为家长提供公益性家庭教育指导服务。充分发挥学校主导作用，密切家校联系。家长要树立科学育儿观念，切实履行家庭教育职责，加强与孩子沟通交流，培养孩子的好思想、好品行、好习惯，理性帮助孩子确定成长目标，克服盲目攀比，防止增加孩子过重课外负担。

25. 强化考核督导。各级党委和政府要把全面提高义务教育质量纳入党政领导干部考核督查范围，并将结果作为干部选任、表彰奖励的重要参考。强化教育教学督导，将其作为对省、市、县级政府履行教育职责督导评估的重要内容，把结果作为评价政府履职行为、学校办学水平、实施绩效奖励的重要依据。对办学方向、教育投入、学校建设、教师队伍、教育生态等方面存在严重问题的地方，要依法依规追究当地政府和主要领导责任；对违背党的教育方针、背离素质教育导向、不按国家课程方案和课程标准实施教学等行为，要依法依规追究教育行政部门、学校、教师和有关人员责任。

26. 营造良好生态。全党全社会都要关心支持深化教育教学改革、全面提高义务教育质量工作。新闻媒体要坚持正确舆论导向，做好党的教育方针、科学教育观念和教育教学改革典型经验宣传报道。坚决治理校外违规培训和竞赛行为。大力营造义务教育持续健康协调发展的良好氛围，更好发挥义务教育在实现中华民族伟大复兴中国梦中的奠基作用。

关于深化新时代教育督导体制机制改革的意见（节选）[①]

（中共中央办公厅 国务院办公厅）

（2020年2月19日）

（上略）

二、进一步深化教育督导管理体制改革

（三）完善教育督导机构设置。国务院设立教育督导委员会，由分管教育工作的国务院领导同志任主任，教育部部长和国务院协助分管教育工作的副秘书长任副主任。国务院教育督导委员会成员包括中央组织部、中央宣传部、国家发展改革委、教育部、科技部、工业和信息化部、国家民委、公安部、财政部、人力资源社会保障部、自然资源部、住房城乡建设部、农业农村部、国家卫生健康委、应急管理部、市场监管总局、体育总局、共青团中央等部门和单位有关负责同志，办公室设在教育部，承担日常工作。教育部设立总督学、副总督学，负责具体工作落实。各省（自治区、直辖市）结合实际，比照上述做法，强化地方各级政府教育督导职能，理顺管理体制，健全机构设置，创新工作机制，充实教育督导力量，确保负责教育督导的机构独立行使职能。

（四）全面落实教育督导职能。国务院教育督导委员会每年组织一次综合督导，根据需要开展专项督导。国务院教育督导委员会办公室负责拟定教育督导规章制度和标准。各级教育督导机构要严

① 《中共中央办公厅 国务院办公厅印发〈关于深化新时代教育督导体制机制改革的意见〉》，《中华人民共和国国务院公报》，2020年07期。

格依照《教育督导条例》等法律法规，强化督政、督学、评估监测职能，加强对下一级政府履行教育职责的督导，重在发现问题、诊断问题、督促整改，确保党和国家的教育方针政策落地生根。

（五）充分发挥教育督导委员会成员单位作用。健全各级教育督导机构工作规程，明晰相关单位职责，建立沟通联络机制，形成统一协调、分工负责、齐抓共管的工作格局。相关单位要安排专门人员负责联系教育督导工作。国务院教育督导委员会成员要积极参加督导，履行应尽职责。

（六）强化对地方各级教育督导机构的指导。上级教育督导机构要加强对下级教育督导机构的指导和管理。地方各级教育督导机构的年度工作计划、重大事项和督导结果须向上一级教育督导机构报告。

三、进一步深化教育督导运行机制改革

（七）加强对地方政府履行教育职责的督导。完善政府履行教育职责评价体系，定期开展督导评价工作。重点督导评价党中央、国务院重大教育决策部署落实情况，主要包括办学标准执行、教育投入落实和经费管理、教师编制待遇、教育扶贫和重大教育工程项目实施等情况。各级教育督导机构要集中研究督导发现的问题，督促整改落实，确保督导发挥作用。加强义务教育均衡发展督导评估认定和监测复查工作，完善控辍保学督导机制和考核问责机制。组织教育热点难点问题和重点工作专项督导，及时开展重大教育突发事件督导。

（八）加强对学校的督导。完善学校督导的政策和标准，对学校开展经常性督导，引导学校办出特色、办出水平，促进学生德智

体美劳全面发展。重点督导学校落实立德树人情况，主要包括学校党建及党建带团建队建、教育教学、科学研究、师德师风、资源配置、教育收费、安全稳定等情况。指导学校建立自我督导体系，优化学校内部治理。完善督学责任区制度，落实常态督导，督促学校规范办学行为。原则上，学校校（园）长在一个任期结束时，要接受一次综合督导。各地要加强对民办学校的全方位督导。

（九）加强和改进教育评估监测。建立健全各级各类教育监测制度，引导督促学校遵循教育规律，聚焦教育教学质量。完善评估监测指标体系，加强对学校教师队伍建设、办学条件和教育教学质量的评估监测。开展幼儿园办园行为、义务教育各学科学习质量、中等职业学校办学能力、高等职业院校适应社会需求能力评估。继续实施高等教育评估，开展博士硕士学位论文抽检，严肃处理学位论文造假等学术不端行为。积极探索建立各级教育督导机构通过政府购买服务方式、委托第三方评估监测机构和社会组织开展教育评估监测的工作机制。

（十）改进教育督导方式方法。大力强化信息技术手段应用，充分利用互联网、大数据、云计算等开展督导评估监测工作。遵循教育督导规律，坚持综合督导与专项督导相结合、过程性督导与结果性督导相结合、日常督导与随机督导相结合、明察与暗访相结合，不断提高教育督导的针对性和实效性。加强教育督导工作统筹管理，科学制定督导计划，控制督导频次，避免给学校和教师增加负担、干扰正常教学秩序。

四、进一步深化教育督导问责机制改革

（十一）完善报告制度。各级教育督导机构开展督导工作，均

要形成督导报告，并充分利用政府门户网站、新闻媒体及新媒体等载体，以适当方式向社会公开，接受人民群众监督。对落实党中央、国务院教育决策部署不力和违反有关教育法律法规的行为，要在新闻媒体予以曝光。

（十二）规范反馈制度。各级教育督导机构要及时向被督导单位反馈督导结果，逐项反馈存在的问题，下达整改决定，提出整改要求。

（十三）强化整改制度。各级教育督导机构要督促被督导单位牢固树立“问题必整改，整改必到位”的责任意识，切实维护督导严肃性。对整改不到位、不及时的，要发督办单，限期整改。被督导单位要针对问题，全面整改，及时向教育督导机构报告整改结果并向社会公布整改情况。被督导单位的主管部门要指导督促被督导单位落实整改意见，整改不力要负连带责任。

（十四）健全复查制度。各级教育督导机构对本行政区域内被督导事项建立“回头看”机制，针对上级和本级教育督导机构督导发现问题的整改情况及时进行复查，随时掌握整改情况，防止问题反弹。

（十五）落实激励制度。地方各级政府要对教育督导结果优秀的被督导单位及有关负责人进行表彰，在政策支持、资源配置和领导干部考核、任免、奖惩中注意了解教育督导结果及整改情况。

（十六）严肃约谈制度。对贯彻落实党的教育方针和党中央、国务院教育决策部署不坚决不彻底，履行教育职责不到位，教育攻坚任务完成严重滞后，办学行为不规范，教育教学质量下降，安全问题较多或拒不接受教育督导的被督导单位，由教育督导机构对其相关负责人进行约谈。约谈要严肃认真，作出书面记录并报送被督导单位所在地党委和政府以及上级部门备案，作为政绩和绩效考核的重要依据。

（十七）建立通报制度。对教育督导发现的问题整改不力、推诿扯皮、不作为或没有完成整改落实任务的被督导单位，由教育督导机构将教育督导结果、工作表现和整改情况通报其所在地党委和政府以及上级部门，建议其领导班子成员不得评优评先、提拔使用或者转任重要职务。

（十八）压实问责制度。整合教育监管力量，建立教育督导与教育行政审批、处罚、执法的联动机制。对年度目标任务未完成、履行教育职责评价不合格，阻挠、干扰和不配合教育督导工作的被督导单位，按照有关规定予以通报并对相关负责人进行问责；对于民办学校存在此类情况的，责成教育行政主管部门依法督促学校撤换相关负责人。对教育群体性事件多发高发、应对不力、群众反映强烈，因履行教育职责严重失职导致发生重大安全事故或重大涉校案事件，威胁恐吓、打击报复教育督导人员的被督导单位，根据情节轻重，按照有关规定严肃追究相关单位负责人的责任；对于民办学校存在此类情况的，审批部门要依法吊销办学许可证。督学在督导过程中，发现违法办学、侵犯受教育者和教师及学校合法权益、教师师德失范等违法行为的，移交相关执法部门调查处理；涉嫌犯罪的，依法追究刑事责任。问责和处理结果要及时向社会公布。

五、进一步深化督学聘用和管理改革

（十九）配齐配强各级督学。国务院教育督导委员会办公室按照《教育督导条例》规定，聘任讲政治、敢担当、懂教育的国家督学。地方各级政府要高度重视教育督导队伍建设，按照当地学校数、学生数实际需要，综合考虑工作任务、地理因素、交通条件等，建设一支数量充足、结构合理、业务精湛、廉洁高效、专兼结合的督学队伍。原则上，各地督学按与学校数1∶5的比例配备，部分学生数较多的学校按1∶1的比例配备。专兼职督学的具体比例由各省份根据实际情况确定。

（二十）创新督学聘用方式。完善督学选聘标准，健全督学遴选程序，择优选聘各级督学。结合教育督导职能和当前实际，探索从退休时间不长且身体健康的干部中，聘用一批政治素质过硬、专业经历丰富、工作责任心强的督学，专门从事督政工作；从退休时间不长且身体健康的校长、教师、专家中，聘用一批业务优秀、工作敬业、有多岗位从业经验的督学，专门从事学校督导工作。保证各级教育督导机构都有一批恪尽职守、敢于督导、精于督导的督学骨干力量，保证督学队伍相对稳定。

（二十一）提高督学专业化水平。完善督学培训机制，制定培训规划，出台培训大纲，编制培训教材，将督学培训纳入教育管理干部培训计划，开展督学专业化培训，扎实做好分级分类培训工作，提升督学队伍专业水平和工作能力。逐步扩大专职督学比例。强化督学实绩考核，对认真履职、成效显著的督学，以适当方式予以奖励，激发督学的工作主动性积极性。建立督学退出机制。

（二十二）严格教育督导队伍管理监督。各级政府建立对本级教育督导机构的监督制度，各级教育督导机构要完善对下级教育督导机构的监督，健全教育督导岗位责任追究机制。严守政治纪律和政治规矩，不断提高教育督导队伍政治素质。加强职业道德建设，确保督导人员恪守职业操守，做到依法督导、文明督导。严格执行廉政纪律和工作纪律，督促各级督学坚持原则，无私无畏，敢于碰硬，做到忠诚、干净、担当。严格实行分级分类管理，对督学的违纪违规行为，要认真查实，严肃处理。公开挂牌督学的联系方式，接受社会监督。

六、进一步深化教育督导保障机制改革

（二十三）加强教育督导法治建设。完善教育督导法律法规，加快相关规章制度建设，推动地方出台配套法规政策。强化程序意识，细化工作规范，完善督导流程，使教育督导各个方面、各个环节的工作都有章可循。

（二十四）切实落实教育督导条件保障。各级政府应将教育督导工作经费纳入本级财政预算，由教育督导机构统筹使用，按规定妥善解决教育督导工作人员尤其是兼职督学因教育督导工作产生的通信、交通、食宿、劳务等费用。各级政府要在办公用房、设备等方面，为教育督导工作提供必要条件，保证教育督导各项工作有效开展。

（二十五）加快构建教育督导信息化平台。整合构建全国统一、分级使用、开放共享的教育督导信息化管理平台，逐步形成由现代信息技术和大数据支撑的智能化督导体系，提高教育督导的信息化、科学化水平。

（二十六）加强教育督导研究。围绕教育督导领域重大问题，组织开展系统深入研究，提出改进完善建议，加强政策储备。采取适当方式，重点支持有关高校和科研机构持续开展教育督导研究，培养壮大教育督导研究力量。

（下略）

中共中央 国务院关于全面加强新时代大中小学劳动教育的意见（节选）①

（2020 年 3 月 20 日）

（上略）

二、全面构建体现时代特征的劳动教育体系

（四）把握劳动教育基本内涵。劳动教育是国民教育体系的重要内容，是学生成长的必要途径，具有树德、增智、强体、育美的综合育人价值。实施劳动教育重点是在系统的文化知识学习之外，有目的、有计划地组织学生参加日常生活劳动、生产劳动和服务性劳动，让学生动手实践、出力流汗，接受锻炼、磨炼意志，培养学生正确劳动价值观和良好劳动品质。

（五）明确劳动教育总体目标。通过劳动教育，使学生能够理解和形成马克思主义劳动观，牢固树立劳动最光荣、劳动最崇高、劳动最伟大、劳动最美丽的观念；体会劳动创造美好生活，体认劳动不分贵贱，热爱劳动，尊重普通劳动者，培养勤俭、奋斗、创新、奉献的劳动精神；具备满足生存发展需要的基本劳动能力，形成良好劳动习惯。

（六）设置劳动教育课程。整体优化学校课程设置，将劳动教育纳入中小学国家课程方案和职业院校、普通高等学校人才培养方案，形成具有综合性、实践性、开放性、针对性的劳动教育课程体系。

根据各学段特点，在大中小学设立劳动教育必修课程，系统加

① 《中共中央 国务院关于全面加强新时代大中小学劳动教育的意见》，《中华人民共和国国务院公报》，2020 年 10 期。

强劳动教育。中小学劳动教育课每周不少于1课时，学校要对学生每天课外校外劳动时间作出规定。职业院校以实习实训课为主要载体开展劳动教育，其中劳动精神、劳模精神、工匠精神专题教育不少于16学时。普通高等学校要明确劳动教育主要依托课程，其中本科阶段不少于32学时。除劳动教育必修课程外，其他课程结合学科、专业特点，有机融入劳动教育内容。大中小学每学年设立劳动周，可在学年内或寒暑假自主安排，以集体劳动为主。高等学校也可安排劳动月，集中落实各学年劳动周要求。

根据需要编写劳动实践指导手册，明确教学目标、活动设计、工具使用、考核评价、安全保护等劳动教育要求。

（七）确定劳动教育内容要求。根据教育目标，针对不同学段、类型学生特点，以日常生活劳动、生产劳动和服务性劳动为主要内容开展劳动教育。结合产业新业态、劳动新形态，注重选择新型服务性劳动的内容。

小学低年级要注重围绕劳动意识的启蒙，让学生学习日常生活自理，感知劳动乐趣，知道人人都要劳动。小学中高年级要注重围绕卫生、劳动习惯养成，让学生做好个人清洁卫生，主动分担家务，适当参加校内外公益劳动，学会与他人合作劳动，体会到劳动光荣。初中要注重围绕增加劳动知识、技能，加强家政学习，开展社区服务，适当参加生产劳动，使学生初步养成认真负责、吃苦耐劳的品质和职业意识。普通高中要注重围绕丰富职业体验，开展服务性劳动、参加生产劳动，使学生熟练掌握一定劳动技能，理解劳动创造价值，具有劳动自立意识和主动服务他人、服务社会的情怀。中等职业学校重点是结合专业人才培养，增强学生职业荣誉感，提高职业技能水平，培育学生精益求精的工匠精神和爱岗敬业的劳动态度。高等学校要注重围绕创新创业，结合学科和专业积极开展实习实训、专业服务、社会实践、勤工助学等，重视新知识、新技术、新工艺、新方法应用，创造性地解决实际问题，使学生增强诚实劳动意识，积累职业经验，提升就业创业能力，树立正确择业观，具有到艰苦地区和行业工作的奋斗精神，懂得空谈误国、实干兴邦的深刻道理；注重培育公共服务意识，使学生具有面对重大疫情、灾害等危机主动作为的奉献精神。

（八）健全劳动素养评价制度。将劳动素养纳入学生综合素质评价体系，制定评价标准，建立激励机制，组织开展劳动技能和劳动成果展示、劳动竞赛等活动，全面客观记录课内外劳动过程和结果，加强实际劳动技能和价值体认情况的考核。建立公示、审核制度，确保记录真实可靠。把劳动素养评价结果作为衡量学生全面发展情况的重要内容，作为评优评先的重要参考和毕业依据，作为高一级学校录取的重要参考或依据。

三、广泛开展劳动教育实践活动

（九）家庭要发挥在劳动教育中的基础作用。注重抓住衣食住行等日常生活中的劳动实践机会，鼓励孩子自觉参与、自己动手，随时随地、坚持不懈进行劳动，掌握洗衣做饭等必要的家务劳动技能，每年有针对性地学会 1 至 2 项生活技能。鼓励学校（家委会）和社区等组织开展学生生活技能展示活动。学生参加家务劳动和掌握生活技能的情况要按年度记入学生综合素质档案。鼓励孩子利用节假日参加各种社会劳动。家庭要树立崇尚劳动的良好家风，家长要通过日常生活的言传身教、潜移默化，让孩子养成从小爱劳动的好习惯。

（十）学校要发挥在劳动教育中的主导作用。学校要切实承担劳动教育主体责任，明确实施机构和人员，开齐开足劳动教育课程，不得挤占、挪用劳动实践时间。明确学校劳动教育要求，着重引导学生形成马克思主义劳动观，系统学习掌握必要的劳动技能。根据学生身体发育情况，科学设计课内外劳动项目，采取灵活多样形式，激发学生劳动的内在需求和动力。统筹安排课内外时间，可采用集中与分散相结合的方式。组织实施好劳动周，小学低中年级以校园劳动为主，小学高年级和中学可适当走向社会、参与集中劳动，高等学校要组织学生走向社会、以校外劳动锻炼为主。

（十一）社会要发挥在劳动教育中的支持作用。充分利用社会各方面资源，为劳动教育提供必要保障。各级政府部门要积极协调和引导企业公司、工厂农场等组织履行社会责任，开放实践场所，支持学校组织学生参加力所能及的生产劳动、参与新型服务性劳动，使学生与普通劳动者一起经历劳动过程。鼓励高新企业为学生体验现代科技条件下劳动实践新形态、新方式提供支持。工会、共青团、妇联等群团组织以及各类公益基金会、社会福利组织要组织动员相关力量、搭建活动平台，共同支持学生深入城乡社区、福利院和公共场所等参加志愿服务，开展公益劳动，参与社区治理。

四、着力提升劳动教育支撑保障能力

（十二）多渠道拓展实践场所。大力拓展实践场所，满足各级各类学校多样化劳动实践需求。充分利用现有综合实践基地、青少年校外活动场所、职业院校和普通高等学校劳动实践场所，建立健全开放共享机制。农村地区可安排相应土地、山林、草场等作为学农实践基地，城镇地区可确认一批企事业单位和社会机构，作为学生参加生产劳动、服务性劳动的实践场所。建立以县为主、政府统筹规划配置中小学（含中等职业学校）劳动教育资源的机制。进一步完善学校建设标准，学校逐步建好配齐劳动实践教室、实训基地。高等学校要充分发挥自身专业优势和服务社会功能，建立相对稳定的实习和劳动实践基地。

（十三）多举措加强人才队伍建设。采取多种措施，建立专兼职相结合的劳动教育师资队伍。根据学校劳动教育需要，为学校配备必要的专任教师。高等学校要加强劳动教育师资培养，有条件的师范院校开设劳动教育相关专业。设立劳模工作室、技能大师工作室、荣誉教师岗位等，聘请相关行业专业人士担任劳动实践指导教师。把劳动教育纳入教师培训内容，开展全员培训，强化每位教师的劳动意识、劳动观念，提升实施劳动教育的自觉性，对承担劳动教育课程的教师进行专项培训，提高劳动教育专业化水平。建立健全劳动教育教师工作考核体系，分类完善评价标准。

（十四）健全经费投入机制。各地区要统筹中央补助资金和自有财力，多种形式筹措资金，加快建设校内劳动教育场所和校外劳动教育实践基地，加强学校劳动教育设施标准化建设，建立学校劳动教育器材、耗材补充机制。学校可按照规定统筹安排公用经费等资金开展劳动教育。可采取政府购买服务方式，吸引社会力量提供劳动教育服务。

（十五）多方面强化安全保障。各地区要建立政府负责、社会协同、有关部门共同参与的安全管控机制。建立政府、学校、家庭、社会共同参与的劳动教育风险分散机制，鼓励购买劳动教育相关保险，保障劳动教育正常开展。各学校要加强对师生的劳动安全教育，强化劳动风险意识，建立健全安全教育与管理并重的劳动安全保障体系。科学评估劳动实践活动的安全风险，认真排查、清除学生劳动实践中的各种隐患特别是辐射、疾病传染等，在场所设施选择、材料选用、工具设备和防护用品使用、活动流程等方面制定安全、科学的操作规范，强化对劳动过程每个岗位的管理，明确各方责任，防患于未然。制定劳动实践活动风险防控预案，完善应急与事故处理机制。

（下略）

深化新时代教育评价改革总体方案（节选）[1]

（中共中央　国务院）

（2020 年 10 月 13 日）

（上略）

（三）改革目标。经过 5 至 10 年努力，各级党委和政府科学履行职责水平明显提高，各级各类学校立德树人落实机制更加完善，引导教师潜心育人的评价制度更加健全，促进学生全面发展的评价办法更加多元，社会选人用人方式更加科学。到 2035 年，基本形成富有时代特征、彰显中国特色、体现世界水平的教育评价体系。

二、重点任务

（一）改革党委和政府教育工作评价，推进科学履行职责

1. 完善党对教育工作全面领导的体制机制。各级党委要认真落实领导责任，建立健全党委统一领导、党政齐抓共管、部门各负其责的教育领导体制，履行好把方向、管大局、作决策、保落实的职责，把思想政治工作作为学校各项工作的生命线紧紧抓在手上，贯穿学校教育管理全过程，牢固树立科学的教育发展理念，坚决克服短视行为、功利化倾向。各级党委和政府要完善定期研究教育工作机制，建立健全党政主要负责同志深入教育一线调研、为师生上思政课、联系学校和年终述职必述教育工作等制度。

2. 完善政府履行教育职责评价。对省级政府主要考核全面贯

① 《中共中央　国务院印发〈深化新时代教育评价改革总体方案〉》，《中华人民共和国国务院公报》，2020 年 30 期。

彻党的教育方针和党中央关于教育工作的决策部署、落实教育优先发展战略、解决人民群众普遍关心的教育突出问题等情况，既评估最终结果，也考核努力程度及进步发展。各地根据国家层面确立的评价内容和指标，结合实际进行细化，作为对下一级政府履行教育职责评价的依据。

3. 坚决纠正片面追求升学率倾向。各级党委和政府要坚持正确政绩观，不得下达升学指标或以中高考升学率考核下一级党委和政府、教育部门、学校和教师，不得将升学率与学校工程项目、经费分配、评优评先等挂钩，不得通过任何形式以中高考成绩为标准奖励教师和学生，严禁公布、宣传、炒作中高考“状元”和升学率。对教育生态问题突出、造成严重社会影响的，依规依法问责追责。

（二）改革学校评价，推进落实立德树人根本任务

4. 坚持把立德树人成效作为根本标准。加快完善各级各类学校评价标准，将落实党的全面领导、坚持正确办学方向、加强和改进学校党的建设以及党建带团建队建、做好思想政治工作和意识形态工作、依法治校办学、维护安全稳定作为评价学校及其领导人员、管理人员的重要内容，健全学校内部质量保障制度，坚决克服重智育轻德育、重分数轻素质等片面办学行为，促进学生身心健康、全面发展。

5. 完善幼儿园评价。重点评价幼儿园科学保教、规范办园、安全卫生、队伍建设、克服小学化倾向等情况。国家制定幼儿园保教质量评估指南，各省（自治区、直辖市）完善幼儿园质量评估标准，将各类幼儿园纳入质量评估范畴，定期向社会公布评估结果。

6. 改进中小学校评价。义务教育学校重点评价促进学生全面发展、保障学生平等权益、引领教师专业发展、提升教育教学水

平、营造和谐育人环境、建设现代学校制度以及学业负担、社会满意度等情况。国家制定义务教育学校办学质量评价标准，完善义务教育质量监测制度，加强监测结果运用，促进义务教育优质均衡发展。普通高中主要评价学生全面发展的培养情况。国家制定普通高中办学质量评价标准，突出实施学生综合素质评价、开展学生发展指导、优化教学资源配置、有序推进选课走班、规范招生办学行为等内容。

7. 健全职业学校评价。重点评价职业学校（含技工院校，下同）德技并修、产教融合、校企合作、育训结合、学生获取职业资格或职业技能等级证书、毕业生就业质量、“双师型”教师（含技工院校“一体化”教师，下同）队伍建设等情况，扩大行业企业参与评价，引导培养高素质劳动者和技术技能人才。深化职普融通，探索具有中国特色的高层次学徒制，完善与职业教育发展相适应的学位授予标准和评价机制。加大职业培训、服务区域和行业的评价权重，将承担职业培训情况作为核定职业学校教师绩效工资总量的重要依据，推动健全终身职业技能培训制度。

8. 改进高等学校评价。推进高校分类评价，引导不同类型高校科学定位，办出特色和水平。改进本科教育教学评估，突出思想政治教育、教授为本科生上课、生师比、生均课程门数、优势特色专业、学位论文（毕业设计）指导、学生管理与服务、学生参加社会实践、毕业生发展、用人单位满意度等。改进学科评估，强化人才培养中心地位，淡化论文收录数、引用率、奖项数等数量指标，突出学科特色、质量和贡献，纠正片面以学术头衔评价学术水平的做法，教师成果严格按署名单位认定、不随人走。探索建立应用型本科评价标准，突出培养相应专业能力和实践应用能力。制定“双一流”建设成效评价办法，突出培养一流人才、产出一流成果、主动服务国家需求，引导高校争创世界一流。改进师范院校评价，把办好师范教育作为第一职责，将培养合格教师作为主要考核指标。改进高校经费使用绩效评价，引导高校加大对教育教学、基础研究的支持力度。改进高校国际交流合作评价，促进提升校际交流、来华留学、合作办学、海外人才引进等工作质量。探索开展高校服务全民终身学习情况评价，促进学习型社会建设。

（三）改革教师评价，推进践行教书育人使命

9. 坚持把师德师风作为第一标准。坚决克服重科研轻教学、重教书轻育人等现象，把师德表现作为教师资格定期注册、业绩考核、职称评聘、评优奖励首要要求，强化教师思想政治素质考察，推动师德师风建设常态化、长效化。健全教师荣誉制度，发挥典型示范引领作用。全面落实新时代幼儿园、中小学、高校教师职业行为准则，建立师德失范行为通报警示制度。对出现严重师德师风问题的教师，探索实施教育全行业禁入制度。

10. 突出教育教学实绩。把认真履行教育教学职责作为评价教师的基本要求，引导教师上好每一节课、关爱每一个学生。幼儿园教师评价突出保教实践，把以游戏为基本活动促进儿童主动学习和全面发展的能力作为关键指标，纳入学前教育专业人才培养标准、幼儿教师职后培训重要内容。探索建立中小学教师教学述评制度，任课教师每学期须对每个学生进行学业述评，述评情况纳入教师考核内容。完善中小学教师绩效考核办法，绩效工资分配向班主任倾斜，向教学一线和教育教学效果突出的教师倾斜。健全“双师型”教师认定、聘用、考核等评价标准，突出实践技能水平和专业教学能力。规范高校教师聘用和职称评聘条件设置，不得将国（境）外

学习经历作为限制性条件。把参与教研活动，编写教材、案例，指导学生毕业设计、就业、创新创业、社会实践、社团活动、竞赛展演等计入工作量。落实教授上课制度，高校应明确教授承担本（专）科生教学最低课时要求，确保教学质量，对未达到要求的给予年度或聘期考核不合格处理。支持建设高质量教学研究类学术期刊，鼓励高校学报向教学研究倾斜。完善教材质量监控和评价机制，实施教材建设国家奖励制度，每四年评选一次，对作出突出贡献的教师按规定进行表彰奖励。完善国家教学成果奖评选制度，优化获奖种类和入选名额分配。

11. 强化一线学生工作。各级各类学校要明确领导干部和教师参与学生工作的具体要求。落实中小学教师家访制度，将家校联系情况纳入教师考核。高校领导班子成员年度述职要把上思政课、联系学生情况作为重要内容。完善学校党政管理干部选拔任用机制，原则上应有思政课教师、辅导员或班主任等学生工作经历。高校青年教师晋升高一级职称，至少须有一年担任辅导员、班主任等学生工作经历。

12. 改进高校教师科研评价。突出质量导向，重点评价学术贡献、社会贡献以及支撑人才培养情况，不得将论文数、项目数、课题经费等科研量化指标与绩效工资分配、奖励挂钩。根据不同学科、不同岗位特点，坚持分类评价，推行代表性成果评价，探索长周期评价，完善同行专家评议机制，注重个人评价与团队评价相结合。探索国防科技等特殊领域教师科研专门评价办法。对取得重大理论创新成果、前沿技术突破、解决重大工程技术难题、在经济社会事业发展中作出重大贡献的，申报高级职称时论文可不作限制性要求。

13．推进人才称号回归学术性、荣誉性。切实精简人才“帽子”，优化整合涉教育领域各类人才计划。不得把人才称号作为承担科研项目、职称评聘、评优评奖、学位点申报的限制性条件，有关申报书不得设置填写人才称号栏目。依据实际贡献合理确定人才薪酬，不得将人才称号与物质利益简单挂钩。鼓励中西部、东北地区高校“长江学者”等人才称号入选者与学校签订长期服务合同，为实施国家和区域发展战略贡献力量。

（四）改革学生评价，促进德智体美劳全面发展

14．树立科学成才观念。坚持以德为先、能力为重、全面发展，坚持面向人人、因材施教、知行合一，坚决改变用分数给学生贴标签的做法，创新德智体美劳过程性评价办法，完善综合素质评价体系，切实引导学生坚定理想信念、厚植爱国主义情怀、加强品德修养、增长知识见识、培养奋斗精神、增强综合素质。

15．完善德育评价。根据学生不同阶段身心特点，科学设计各级各类教育德育目标要求，引导学生养成良好思想道德、心理素质和行为习惯，传承红色基因，增强“四个自信”，立志听党话、跟党走，立志扎根人民、奉献国家。通过信息化等手段，探索学生、家长、教师以及社区等参与评价的有效方式，客观记录学生品行日常表现和突出表现，特别是践行社会主义核心价值观情况，将其作为学生综合素质评价的重要内容。

16．强化体育评价。建立日常参与、体质监测和专项运动技能测试相结合的考查机制，将达到国家学生体质健康标准要求作为教育教学考核的重要内容，引导学生养成良好锻炼习惯和健康生活方式，锤炼坚强意志，培养合作精神。中小学校要客观记录学生日常体育参与情况和体质健康监测结果，定期向家长反馈。改进中考体

育测试内容、方式和计分办法，形成激励学生加强体育锻炼的有效机制。加强大学生体育评价，探索在高等教育所有阶段开设体育课程。

17．改进美育评价。把中小学生学习音乐、美术、书法等艺术类课程以及参与学校组织的艺术实践活动情况纳入学业要求，促进学生形成艺术爱好、增强艺术素养，全面提升学生感受美、表现美、鉴赏美、创造美的能力。探索将艺术类科目纳入中考改革试点。推动高校将公共艺术课程与艺术实践纳入人才培养方案，实行学分制管理，学生修满规定学分方能毕业。

18．加强劳动教育评价。实施大中小学劳动教育指导纲要，明确不同学段、不同年级劳动教育的目标要求，引导学生崇尚劳动、尊重劳动。探索建立劳动清单制度，明确学生参加劳动的具体内容和要求，让学生在实践中养成劳动习惯，学会劳动、学会勤俭。加强过程性评价，将参与劳动教育课程学习和实践情况纳入学生综合素质档案。

19．严格学业标准。完善各级各类学校学生学业要求，严把出口关。对初、高中毕业班学生，学校须合理安排中高考结束后至暑假前的教育活动。完善过程性考核与结果性考核有机结合的学业考评制度，加强课堂参与和课堂纪律考查，引导学生树立良好学风。探索学士学位论文（毕业设计）抽检试点工作，完善博士、硕士学位论文抽检工作，严肃处理各类学术不端行为。完善实习（实训）考核办法，确保学生足额、真实参加实习（实训）。

20．深化考试招生制度改革。稳步推进中高考改革，构建引导学生德智体美劳全面发展的考试内容体系，改变相对固化的试题形式，增强试题开放性，减少死记硬背和“机械刷题”现象。加快完善初、高中学生综合素质档案建设和使用办法，逐步转变简单以考试成绩为唯一标准的招生模式。完善高等职业教育“文化素质+职业技能”考试招生办法。深化研究生考试招生改革，加强科研创新能力和实践能力考查。各级各类学校不得通过设置奖金等方式违规争抢生源。探索建立学分银行制度，推动多种形式学习成果的认定、积累和转换，实现不同类型教育、学历与非学历教育、校内与校外教育之间互通衔接，畅通终身学习和人才成长渠道。

（五）改革用人评价，共同营造教育发展良好环境

21. 树立正确用人导向。党政机关、事业单位、国有企业要带头扭转“唯名校”、“唯学历”的用人导向，建立以品德和能力为导向、以岗位需求为目标的人才使用机制，改变人才“高消费”状况，形成不拘一格降人才的良好局面。

22. 促进人岗相适。各级公务员招录、事业单位和国有企业招聘要按照岗位需求合理制定招考条件、确定学历层次，在招聘公告和实际操作中不得将毕业院校、国（境）外学习经历、学习方式作为限制性条件。职业学校毕业生在落户、就业、参加机关企事业单位招聘、职称评聘、职务职级晋升等方面，与普通学校毕业生同等对待。用人单位要科学合理确定岗位职责，坚持以岗定薪、按劳取酬、优劳优酬，建立重实绩、重贡献的激励机制。

三、组织实施

（一）落实改革责任。各级党委和政府要加强组织领导，把深化教育评价改革列入重要议事日程，根据本方案要求，结合实际明确落实举措。各级党委教育工作领导小组要加强统筹协调、宣传引导和督促落实。中央和国家机关有关部门要结合职责，及时制定配

套制度。各级各类学校要狠抓落实，切实破除“五唯”顽瘴痼疾。国家和各省（自治区、直辖市）选择有条件的地方、学校和单位进行试点，发挥示范带动作用。教育督导要将推进教育评价改革情况作为重要内容，对违反相关规定的予以督促纠正，依规依法对相关责任人员严肃处理。

（二）加强专业化建设。构建政府、学校、社会等多元参与的评价体系，建立健全教育督导部门统一负责的教育评估监测机制，发挥专业机构和社会组织作用。严格控制教育评价活动数量和频次，减少多头评价、重复评价，切实减轻基层和学校负担。各地要创新基础教育教研工作指导方式，严格控制以考试方式抽检评测学校和学生。创新评价工具，利用人工智能、大数据等现代信息技术，探索开展学生各年级学习情况全过程纵向评价、德智体美劳全要素横向评价。完善评价结果运用，综合发挥导向、鉴定、诊断、调控和改进作用。加强教师教育评价能力建设，支持有条件的高校设立教育评价、教育测量等相关学科专业，培养教育评价专门人才。加强国家教育考试工作队伍建设，完善教师参与命题和考务工作的激励机制。积极开展教育评价国际合作，参与联合国 2030 年可持续发展议程教育目标实施监测评估，彰显中国理念，贡献中国方案。

（下略）

关于进一步减轻义务教育阶段学生作业负担和校外培训负担的意见（节选）[1]

（中共中央办公厅 国务院办公厅）

（2021 年 7 月 24 日）

（上略）

二、全面压减作业总量和时长，减轻学生过重作业负担

4．健全作业管理机制。学校要完善作业管理办法，加强学科组、年级组作业统筹，合理调控作业结构，确保难度不超国家课标。建立作业校内公示制度，加强质量监督。严禁给家长布置或变相布置作业，严禁要求家长检查、批改作业。

5．分类明确作业总量。学校要确保小学一、二年级不布置家庭书面作业，可在校内适当安排巩固练习；小学三至六年级书面作业平均完成时间不超过 60 分钟，初中书面作业平均完成时间不超过 90 分钟。

6．提高作业设计质量。发挥作业诊断、巩固、学情分析等功能，将作业设计纳入教研体系，系统设计符合年龄特点和学习规律、体现素质教育导向的基础性作业。鼓励布置分层、弹性和个性化作业，坚决克服机械、无效作业，杜绝重复性、惩罚性作业。

7．加强作业完成指导。教师要指导小学生在校内基本完成书面作业，初中生在校内完成大部分书面作业。教师要认真批改作业，及时做好反馈，加强面批讲解，认真分析学情，做好答疑辅

---

① 《关于进一步减轻义务教育阶段学生作业负担和校外培训负担的意见》，北京：人民出版社，2021 年版。

导。不得要求学生自批自改作业。

8. 科学利用课余时间。学校和家长要引导学生放学回家后完成剩余书面作业，进行必要的课业学习，从事力所能及的家务劳动，开展适宜的体育锻炼，开展阅读和文艺活动。个别学生经努力仍完不成书面作业的，也应按时就寝。引导学生合理使用电子产品，控制使用时长，保护视力健康，防止网络沉迷。家长要积极与孩子沟通，关注孩子心理情绪，帮助其养成良好学习生活习惯。寄宿制学校要统筹安排好课余学习生活。

三、提升学校课后服务水平，满足学生多样化需求

9. 保证课后服务时间。学校要充分利用资源优势，有效实施各种课后育人活动，在校内满足学生多样化学习需求。引导学生自愿参加课后服务。课后服务结束时间原则上不早于当地正常下班时间；对有特殊需要的学生，学校应提供延时托管服务；初中学校工作日晚上可开设自习班。学校可统筹安排教师实行“弹性上下班制”。

10. 提高课后服务质量。学校要制定课后服务实施方案，增强课后服务的吸引力。充分用好课后服务时间，指导学生认真完成作业，对学习有困难的学生进行补习辅导与答疑，为学有余力的学生拓展学习空间，开展丰富多彩的科普、文体、艺术、劳动、阅读、兴趣小组及社团活动。不得利用课后服务时间讲新课。

11. 拓展课后服务渠道。课后服务一般由本校教师承担，也可聘请退休教师、具备资质的社会专业人员或志愿者提供。教育部门可组织区域内优秀教师到师资力量薄弱的学校开展课后服务。依法依规严肃查处教师校外有偿补课行为，直至撤销教师资格。充分利用社会资源，发挥好少年宫、青少年活动中心等校外活动场所在课后服务中的作用。

12. 做强做优免费线上学习服务。教育部门要征集、开发丰富优质的线上教育教学资源，利用国家和各地教育教学资源平台以及优质学校网络平台，免费向学生提供高质量专题教育资源和覆盖各年级各学科的学习资源，推动教育资源均衡发展，促进教育公平。各地要积极创造条件，组织优秀教师开展免费在线互动交流答疑。各地各校要加大宣传推广使用力度，引导学生用好免费线上优质教育资源。

四、坚持从严治理，全面规范校外培训行为

13. 坚持从严审批机构。各地不再审批新的面向义务教育阶段学生的学科类校外培训机构，现有学科类培训机构统一登记为非营利性机构。对原备案的线上学科类培训机构，改为审批制。各省（自治区、直辖市）要对已备案的线上学科类培训机构全面排查，并按标准重新办理审批手续。未通过审批的，取消原有备案登记和互联网信息服务业务经营许可证（ICP）。对非学科类培训机构，各地要区分体育、文化艺术、科技等类别，明确相应主管部门，分类制定标准、严格审批。依法依规严肃查处不具备相应资质条件、未经审批多址开展培训的校外培训机构。学科类培训机构一律不得上市融资，严禁资本化运作；上市公司不得通过股票市场融资投资学科类培训机构，不得通过发行股份或支付现金等方式购买学科类培训机构资产；外资不得通过兼并收购、受托经营、加盟连锁、利用可变利益实体等方式控股或参股学科类培训机构。已违规的，要进行清理整治。

14. 规范培训服务行为。建立培训内容备案与监督制度，制定出台校外培训机构培训材料管理办法。严禁超标超前培训，严禁非学科类培训机构从事学科类培训，严禁提供境外教育课程。依法依规坚决查处超范围培训、培训质量良莠不齐、内容低俗违法、盗版侵权等突出问题。严格执行未成年人保护法有关规定，校外培训机构不得占用国家法定节假日、休息日及寒暑假期组织学科类培训。培训机构不得高薪挖抢学校教师；从事学科类培训的人员必须具备相应教师资格，并将教师资格信息在培训机构场所及网站显著位置公布；不得泄露家长和学生个人信息。根据市场需求、培训成本等因素确定培训机构收费项目和标准，向社会公示、接受监督。全面使用《中小学生校外培训服务合同（示范文本）》。进一步健全常态化排查机制，及时掌握校外培训机构情况及信息，完善"黑白名单"制度。

15．强化常态运营监管。严格控制资本过度涌入培训机构，培训机构融资及收费应主要用于培训业务经营，坚决禁止为推销业务以虚构原价、虚假折扣、虚假宣传等方式进行不正当竞争，依法依规坚决查处行业垄断行为。线上培训要注重保护学生视力，每课时不超过30分钟，课程间隔不少于10分钟，培训结束时间不晚于21点。积极探索利用人工智能技术合理控制学生连续线上培训时间。线上培训机构不得提供和传播"拍照搜题"等惰化学生思维能力、影响学生独立思考、违背教育教学规律的不良学习方法。聘请在境内的外籍人员要符合国家有关规定，严禁聘请在境外的外籍人员开展培训活动。

五、大力提升教育教学质量，确保学生在校内学足学好

16．促进义务教育优质均衡发展。各地要巩固义务教育基本均衡成果，积极开展义务教育优质均衡创建工作，促进新优质学校成长，扩大优质教育资源。积极推进集团化办学、学区化治理和城乡学校共同体建设，充分激发办学活力，整体提升学校办学水平，加快缩小城乡、区域、学校间教育水平差距。

17．提升课堂教学质量。教育部门要指导学校健全教学管理规程，优化教学方式，强化教学管理，提升学生在校学习效率。学校要开齐开足开好国家规定课程，积极推进幼小科学衔接，帮助学生做好入学准备，严格按课程标准零起点教学，做到应教尽教，确保学生达到国家规定的学业质量标准。学校不得随意增减课时、提高难度、加快进度；降低考试压力，改进考试方法，不得有提前结课备考、违规统考、考题超标、考试排名等行为；考试成绩呈现实行等级制，坚决克服唯分数的倾向。

18．深化高中招生改革。各地要积极完善基于初中学业水平考试成绩、结合综合素质评价的高中阶段学校招生录取模式，依据不同科目特点，完善考试方式和成绩呈现方式。坚持以学定考，进一步提升中考命题质量，防止偏题、怪题、超过课程标准的难题。逐步提高优质普通高中招生指标分配到区域内初中的比例，规范普通高中招生秩序，杜绝违规招生、恶性竞争。

19．纳入质量评价体系。地方各级党委和政府要树立正确政绩观，严禁下达升学指标或片面以升学率评价学校和教师。认真落实义务教育质量评价指南，将“双减”工作成效纳入县域和学校义务教育质量评价，把学生参加课后服务、校外培训及培训费用支出减少等情况作为重要评价内容。

六、强化配套治理，提升支撑保障能力

20．保障学校课后服务条件。各地要根据学生规模和中小学教

职工编制标准，统筹核定编制，配足配齐教师。省级政府要制定学校课后服务经费保障办法，明确相关标准，采取财政补贴、服务性收费或代收费等方式，确保经费筹措到位。课后服务经费主要用于参与课后服务教师和相关人员的补助，有关部门在核定绩效工资总量时，应考虑教师参与课后服务的因素，把用于教师课后服务补助的经费额度，作为增量纳入绩效工资并设立相应项目，不作为次年正常核定绩效工资总量的基数；对聘请校外人员提供课后服务的，课后服务补助可按劳务费管理。教师参加课后服务的表现应作为职称评聘、表彰奖励和绩效工资分配的重要参考。

21．完善家校社协同机制。进一步明晰家校育人责任，密切家校沟通，创新协同方式，推进协同育人共同体建设。教育部门要会同妇联等部门，办好家长学校或网上家庭教育指导平台，推动社区家庭教育指导中心、服务站点建设，引导家长树立科学育儿观念，理性确定孩子成长预期，努力形成减负共识。

22．做好培训广告管控。中央有关部门、地方各级党委和政府要加强校外培训广告管理，确保主流媒体、新媒体、公共场所、居民区各类广告牌和网络平台等不刊登、不播发校外培训广告。不得在中小学校、幼儿园内开展商业广告活动，不得利用中小学和幼儿园的教材、教辅材料、练习册、文具、教具、校服、校车等发布或变相发布广告。依法依规严肃查处各种夸大培训效果、误导公众教育观念、制造家长焦虑的校外培训违法违规广告行为。

（下略）

关于推动现代职业教育高质量发展的意见（节选）[①]

（中共中央办公厅 国务院办公厅）

（2021 年 10 月 12 日）

（上略）

二、强化职业教育类型特色

（四）巩固职业教育类型定位。因地制宜、统筹推进职业教育与普通教育协调发展。加快建立“职教高考”制度，完善“文化素质+职业技能”考试招生办法，加强省级统筹，确保公平公正。加强职业教育理论研究，及时总结中国特色职业教育办学规律和制度模式。

（五）推进不同层次职业教育纵向贯通。大力提升中等职业教育办学质量，优化布局结构，实施中等职业学校办学条件达标工程，采取合并、合作、托管、集团办学等措施，建设一批优秀中等职业学校和优质专业，注重为高等职业教育输送具有扎实技术技能基础和合格文化基础的生源。支持有条件的中等职业学校根据当地经济社会发展需要试办社区学院。推进高等职业教育提质培优，实施好“双高计划”，集中力量建设一批高水平高等职业学校和专业。稳步发展职业本科教育，高标准建设职业本科学校和专业，保持职业教育办学方向不变、培养模式不变、特色发展不变。一体化设计职业教育人才培养体系，推动各层次职业教育专业设置、培养目标、课程体系、培养方案衔接，支持在培养周期长、技能要求高

① 《关于推动现代职业教育高质量发展的意见》，《中华人民共和国国务院公报》，2021 年 30 期。

的专业领域实施长学制培养。鼓励应用型本科学校开展职业本科教育。按照专业大致对口原则，指导应用型本科学校、职业本科学校吸引更多中高职毕业生报考。

（六）促进不同类型教育横向融通。加强各学段普通教育与职业教育渗透融通，在普通中小学实施职业启蒙教育，培养掌握技能的兴趣爱好和职业生涯规划的意识能力。探索发展以专项技能培养为主的特色综合高中。推动中等职业学校与普通高中、高等职业学校与应用型大学课程互选、学分互认。鼓励职业学校开展补贴性培训和市场化社会培训。制定国家资历框架，建设职业教育国家学分银行，实现各类学习成果的认证、积累和转换，加快构建服务全民终身学习的教育体系。

三、完善产教融合办学体制

（七）优化职业教育供给结构。围绕国家重大战略，紧密对接产业升级和技术变革趋势，优先发展先进制造、新能源、新材料、现代农业、现代信息技术、生物技术、人工智能等产业需要的一批新兴专业，加快建设学前、护理、康养、家政等一批人才紧缺的专业，改造升级钢铁冶金、化工医药、建筑工程、轻纺制造等一批传统专业，撤并淘汰供给过剩、就业率低、职业岗位消失的专业，鼓励学校开设更多紧缺的、符合市场需求的专业，形成紧密对接产业链、创新链的专业体系。优化区域资源配置，推进部省共建职业教育创新发展高地，持续深化职业教育东西部协作。启动实施技能型社会职业教育体系建设地方试点。支持办好面向农村的职业教育，强化校地合作、育训结合，加快培养乡村振兴人才，鼓励更多农民、返乡农民工接受职业教育。支持行业企业开展技术技能人才培养培训，推行终身职业技能培训制度和在岗继续教育制度。

（八）健全多元办学格局。构建政府统筹管理、行业企业积极举办、社会力量深度参与的多元办学格局。健全国有资产评估、产权流转、权益分配、干部人事管理等制度。鼓励上市公司、行业龙头企业举办职业教育，鼓励各类企业依法参与举办职业教育。鼓励职业学校与社会资本合作共建职业教育基础设施、实训基地，共建共享公共实训基地。

（九）协同推进产教深度融合。各级政府要统筹职业教育和人力资源开发的规模、结构和层次，将产教融合列入经济社会发展规划。以城市为节点、行业为支点、企业为重点，建设一批产教融合试点城市，打造一批引领产教融合的标杆行业，培育一批行业领先的产教融合型企业。积极培育市场导向、供需匹配、服务精准、运作规范的产教融合服务组织。分级分类编制发布产业结构动态调整报告、行业人才就业状况和需求预测报告。

四、创新校企合作办学机制

（十）丰富职业学校办学形态。职业学校要积极与优质企业开展双边多边技术协作，共建技术技能创新平台、专业化技术转移机构和大学科技园、科技企业孵化器、众创空间，服务地方中小微企业技术升级和产品研发。推动职业学校在企业设立实习实训基地、企业在职业学校建设培养培训基地。推动校企共建共管产业学院、企业学院，延伸职业学校办学空间。

（十一）拓展校企合作形式内容。职业学校要主动吸纳行业龙头企业深度参与职业教育专业规划、课程设置、教材开发、教学设计、教学实施，合作共建新专业、开发新课程、开展订单培养。鼓励行业龙头企业主导建立全国性、行业性职教集团，推进实体化运作。探索中国特色学徒制，大力培养技术技能人才。支持企业接收学生实习实训，引导企业按岗位总量的一定比例设立学徒岗位。严禁向学生违规收取实习实训费用。

（十二）优化校企合作政策环境。各地要把促进企业参与校企合作、培养技术技能人才作为产业发展规划、产业激励政策、乡村振兴规划制定的重要内容，对产教融合型企业给予“金融+财政+土地+信用”组合式激励，按规定落实相关税费政策。工业和信息化部门要把企业参与校企合作的情况，作为各类示范企业评选的重要参考。教育、人力资源社会保障部门要把校企合作成效作为评价职业学校办学质量的重要内容。国有资产监督管理机构要支持企业参与和举办职业教育。鼓励金融机构依法依规为校企合作提供相关信贷和融资支持。积极探索职业学校实习生参加工伤保险办法。加快发展职业学校学生实习实训责任保险和人身意外伤害保险，鼓励保险公司对现代学徒制、企业新型学徒制保险专门确定费率。职业学校通过校企合作、技术服务、社会培训、自办企业等所得收入，可按一定比例作为绩效工资来源。

五、深化教育教学改革

（十三）强化双师型教师队伍建设。加强师德师风建设，全面提升教师素养。完善职业教育教师资格认定制度，在国家教师资格考试中强化专业教学和实践要求。制定双师型教师标准，完善教师招聘、专业技术职务评聘和绩效考核标准。按照职业学校生师比例和结构要求配齐专业教师。加强职业技术师范学校建设。支持高水平学校和大中型企业共建双师型教师培养培训基地，落实教师定期到企业实践的规定，支持企业技术骨干到学校从教，推进固定岗与流动岗相结合、校企互聘兼职的教师队伍建设改革。继续实施职业院校教师素质提高计划。

（十四）创新教学模式与方法。提高思想政治理论课质量和实效，推进习近平新时代中国特色社会主义思想进教材、进课堂、进头脑。举办职业学校思想政治教育课程教师教学能力比赛。普遍开展项目教学、情境教学、模块化教学，推动现代信息技术与教育教学深度融合，提高课堂教学质量。全面实施弹性学习和学分制管理，支持学生积极参加社会实践、创新创业、竞赛活动。办好全国职业院校技能大赛。

（十五）改进教学内容与教材。完善“岗课赛证”综合育人机制，按照生产实际和岗位需求设计开发课程，开发模块化、系统化的实训课程体系，提升学生实践能力。深入实施职业技能等级证书制度，完善认证管理办法，加强事中事后监管。及时更新教学标准，将新技术、新工艺、新规范、典型生产案例及时纳入教学内容。把职业技能等级证书所体现的先进标准融入人才培养方案。强化教材建设国家事权，分层规划，完善职业教育教材的编写、审核、选用、使用、更新、评价监管机制。引导地方、行业和学校按规定建设地方特色教材、行业适用教材、校本专业教材。

（十六）完善质量保证体系。建立健全教师、课程、教材、教学、实习实训、信息化、安全等国家职业教育标准，鼓励地方结合实际出台更高要求的地方标准，支持行业组织、龙头企业参与制定标准。推进职业学校教学工作诊断与改进制度建设。完善职业教育督导评估办法，加强对地方政府履行职业教育职责督导，做好中等职业学校办学能力评估和高等职业学校适应社会需求能力评估。健全国家、省、学校质量年报制度，定期组织质量年报的审查抽查，提高编制水平，加大公开力度。强化评价结果运用，将其作为批复学校设置、核定招生计划、安排重大项目的重要参考。

六、打造中国特色职业教育品牌

（十七）提升中外合作办学水平。办好一批示范性中外合作办学机构和项目。加强与国际高水平职业教育机构和组织合作，开展学术研究、标准研制、人员交流。在“留学中国”项目、中国政府奖学金项目中设置职业教育类别。

（十八）拓展中外合作交流平台。全方位践行世界技能组织2025战略，加强与联合国教科文组织等国际和地区组织的合作。鼓励开放大学建设海外学习中心，推进职业教育涉外行业组织建设，实施职业学校教师教学创新团队、高技能领军人才和产业紧缺人才境外培训计划。积极承办国际职业教育大会，办好办实中国—东盟教育交流周，形成一批教育交流、技能交流和人文交流的品牌。

（十九）推动职业教育走出去。探索“中文+职业技能”的国际化发展模式。服务国际产能合作，推动职业学校跟随中国企业走出去。完善“鲁班工坊”建设标准，拓展办学内涵。提高职业教育在出国留学基金等项目中的占比。积极打造一批高水平国际化的职业学校，推出一批具有国际影响力的专业标准、课程标准、教学资源。各地要把职业教育纳入对外合作规划，作为友好城市（省州）建设的重要内容。

（下略）

期刊摘要

▼

我国教育管理体制改革的走向及其分析

（谢维和，《教育研究》，1995 年 10 期）

10 余年来我国教育管理体制改革基本沿着三个走向展开：第一，从高重心向低重心的转移，即通过权限下放，改变教育活动的管理权高度集中于中央政府和中央教育行政管理部门的状况，给予地方和学校更多自主权；第二，从原有体制向体制外的转移，即改变过去政府包揽办学的格局，逐步建立以政府办学为主体，社会各界共同办学的体制；第三，教育供给与教育需求之间由基本重合向相对分离的转变。教育管理体制改革的三个走向，一方面促进了我国教育的整体发展，取得了令人瞩目的成就；另一方面，由于改革产生的分化而引起的不和谐与冲突未能得到有效调整，也导致了一些发展中的问题和矛盾。对此，教育管理体制改革在理论和实践上都不能简单地模仿和沿袭经济体制的改革，而必须在“适应”的同时考虑教育活动本身的规律和特点。第一，教育管理权限的划分，不能像经济体制改革那样，落实或下放到太低的管理层次。第二，虽然我们要给予学校一定的自主权，增强其活力，但绝不可把作为基础教育的中小学当作完全独立自主的社会微观基础。

迎接21世纪：我国高等教育人才培养与体制改革研究现状综述

（张岩峰、王孙禺，《清华大学教育研究》，1996年02期）

由于社会背景的变化，我国高等教育也将发生以下几方面的变革：高等教育的动力机制及其与社会的关系将发生重大改变，高等教育的体系与结构将发生重大改变，高等教育价值观将面临挑战，高等教育组织管理体制将向深度变革。此外，还就我国高等教育界在人才培养与体制改革两个重要问题上的研究进行了综述，特别是从投资体制、高等教育结构、办学体制、管理模式、高等教育法制建设、高等教育与国际接轨等方面回顾了学者有关高等教育体制改革问题的讨论和思考。

论教育资源的合理配置与教育体制改革的关系

（范先佐，《教育与经济》，1997年03期）

从教育经济学的角度来定义，可以简洁、明确地表述为教育体制是社会教育资源配置的方式、运行机制的载体和条件。合理的教育体制应该是计划调节与市场调节相融合的体制。从现实的情况来看，我国的教育体制改革应从两方面下功夫。第一，在应该实行国家统一计划的教育领域，努力实行更严格更科学的计划；第二，在必须由市场调节的教育活动领域应放活市场，以建立起与社会主义市场经济体系相适应的教育体制，这是一种教育的计划调节与市场调节相融合的双重取向的改革战略。

试论高等教育管理、办学与投资体制改革的相关性

（邬大光，《高等教育研究》，1999 年 02 期）

高等教育体制改革一直是我国高等教育改革中的关键问题，但这些年来改革的进展并不尽如人意。其原因在于，高等教育体制改革本来是一个系统工程，管理体制、办学体制、投资体制互相影响和牵制，其中办学体制处在三者关系的中心。但我们的改革更多地注重管理体制，很少考虑到办学体制和投资体制中存在的问题，这使得整个高等教育体制改革一直进展缓慢。高等教育管理体制改革应该在办学体制改革的基础上进行，而且这种办学体制改革绝不仅仅是在不同业务部门、不同层次政府部门间的管理权的更换，更不是单纯地解决在市场经济条件下，由于原来的管理部门教育投入发生困难而寻找一个新的管理部门的问题。应当建立新的办学体制。我国高等教育办学体制改革的关键，是超越国家政府作为高等教育唯一举办者和管理者的观念，打破国家垄断高等教育的格局，形成多样化的办学体制。

两种教育行政体制及其改革

（吴志宏，《华东师范大学学报（教育科学版）》，1999 年 03 期）

在教育管理领域，长期以来一直存在两种基本的教育行政体制——中央集权制和地方分权制，围绕这两种体制的改革在很多国家也一直未间断过。然而不管怎样争论，至少有三点是可以现在就下结论：第一，不管一个国家的教育是实行中央集权制还是地方分权制，对这个国家来说，都有其存在的客观基础，这是长期历史文化条件造成的。第二，从优缺点来看，两种体制各有利弊，很难说谁比谁好，主要看哪些条件下哪一种体制对教育并通过教育对经济发展有利。第三，体制改革对学校课堂教学工作的影响是有限的，它更多涉及的是政策和管理层面的东西，要想真正把教育质量搞上去，还得从改进课堂教学入手。

我国教育投资体制的改革

（王善迈，《教育发展研究》，1999 年 06 期）

1978 年党的十一届三中全会以来，伴随着我国经济体制改革，教育投资体制也有了深刻的变革，集中表现在由政府单一投资体制转变为多元化投资体制的形成。教育投资体制是为解决教育经费的来源和负担主体，教育经费的筹措、有效配置与管理使用的制度规范，是为保证教育事业发展，教育和社会经济协调发展的一项重要制度。它既是教育体制也是财政体制的重要组成部分。为了进一步改革和完善教育投资体制，首先，需要从经济学角度对教育在市场经济中的性质进行界定。教育就整体而言属于“准公共产品”，相对而言，义务教育属于“公共产品”或靠近“公共产品”的“准公共产品”，非义务教育则属于靠近“私人产品”的“准公共产品”。由此，义务教育经费应由政府提供财政负担，非义务教育应由政府财政和受教育者和其他市场渠道负担。其次，要继续完善以财政拨款为主的多元的教育阶段体制，使之法制化、规范化的同时，实行有区别的教育投资体制。最后，为提高教育经费的使用效率，应继续改革教育经费的预算编制、分配和管理、监督制度。

建立有中国特色的现代大学制度
——攻坚阶段我国高等教育体制改革的重点

（王冀生，《高教探索》，2000 年 01 期）

随着高等教育向大众化阶段迈进和素质教育的全面推进，作为教育和办学主体的现代大学仍然没有从重重束缚下彻底解放出来，解决这一问题的根本出路在于制度创新，建立起有中国特色的现代大学制度。建立现代大学制度的基本要求是：多元投资，政校分开，产、学、研结合，科学经营。遵循我国《高等教育法》的有关规定，将建立现代大学制度的基本要求与我国的国情结合起来，建设有中国特色的现代大学制度，是我国进一步深化高等教育体制改革工作的重点和应当追求的目标。

当前我国高等教育体制改革与结构调整的理论基础

（康宁，《教育研究》，2000 年 10 期）

随着我国市场经济体制的确立，经济领域的市场化程度越来越高，市场已越来越成为配置资源的基础性手段。高等教育系统的外部条件发生了根本改变，深受计划经济体制约束的高等教育体制和布局结构遇到了挑战：毕业生计划配置与按市场价值取向的矛盾日益突出；地区发展的不平衡使原有人才配置的供求体制不再适应；政企分开，政府机构调整和职能转变使行业管理部门办学的积极性受到抑制；学校面对市场旺盛的需求和政府囊中羞涩的供给，强烈要求办学自主权和制度创新。此外，还提出了市场经济条件下高等教育管理体制改革与结构调整的理论基础：制度变迁理论是解释当前高教体制改革与结构调整内在驱动力的逻辑起点；规模效益理论是进行高教体制与结构调整的重要依据；结构理论是研究和指导高教体制和结构调整的基本方法。

关于当前我国农村义务教育管理体制改革的新思考

（周宏，《教育发展研究》，2001 年 01 期）

我国于 20 世纪 80 年代中后期提出的“政府统筹、地方负责，分级办学，分级管理”的办学体制显现了诸多弊端：一是成为滋生腐败的土壤和温床；二是使学校由普九的主力军变成了教育失误的“替罪羊”；三是阻碍了学校的改革和发展。21 世纪的农村义务教育体制可试行国家办学，教育协调，学校自主的管理体制。“国家办学”是指以政府办学为主，学校隶属国家所有，学校的办学经费，人员编制，设备设施等办学条件均由政府解决，以体现“义务教育”的实质。“学校自主”就是使学校享有充分的自主管理的自由和权利。“教育协调”就是教育行政部门对各级各类农村义务教育阶段学校进行宏观指导，争取政府重视，协调社会各种关系，把为学校服务、教学服务作为自己的主要职责，为学校解决力所能及的问题。

教育有效供给与教育体制改革

（翟静丽，《教育与经济》，2001 年 01 期）

教育供给主体和教育需求主体必须是相互沟通的，这样，才有利于教育有效供给的形成。而包括宏观教育管理体制、学校内部管理体制、投资办学体制、招生就业体制在内的教育体制实际上决定了教育供给机构适应与满足社会、个人教育需求的方式，并为教育有效供给的形成提供了外部环境。在现实意义上，由于经济发展水平、政治制度和文化传统的差异，不同国家和地区实行的教育体制不尽相同。就其调节需求与供给的不同方式而言，可以大致分为两类：一类是市场经济模式，另一类是计划经济模式。适应社会主义市场经济体制的建立，教育领域也在进行体制改革，在计划与市场两种调节模式之间寻求一个较为恰当的结合点。其主要倾向是向市场经济模式转变，鼓励竞争的市场模式逐渐成为教育领域资源配置的主要方式。这种转变渗透在教育体制的各个层面，其实质就是将需求约束机制引入宏观和微观的教育运行过程。改革后的教育体制激发了教育系统压抑许久的活力，显然更有利于教育有效供给的形成。

论贫困地区教育投资体制的问题与改革
——教育投资宏观调控与教育成本补偿体制建构研究

（张学敏，《中国教育学刊》，2001 年 02 期）

在现行教育投资体制下，由于贫困地区地方财政薄弱和因高考不断向发达地区输送人才而形成地方教育财政流失，贫困地区的教育发展严重缺乏经费保障。改革现行教育投资体制既须强化“分级办学”，保证地方投入，又须增加中央和省对发达地区征收宏观调控教育税及发达地区对贫困地区的教育成本补偿税。

我国普通高等教育投资体制改革过程的动态分析

（刘亚荣，《教育研究》，2002 年 08 期）

本文运用制度经济学的制度变迁理论，对我国普通高等教育投资体制改革的动态过程进行分析，得出我国高等教育投资体制已经进行改革过程是诱致性制度变迁过程。高等教育多渠道投资的具体表现，可以归纳为两种方式描述：一是不同办学主体采取不同投资方式，形成不同资源所有形式的高等学校，另一种表现是不同学校内部，也有不同的资金来源，以上各种学校内部的资金来源虽然以一种为主，但其他资金来源也有。通过分析，本文还对政府的高等教育投资体制的未来制度建设提出了建议和推测：一方面，各种投资主体需要政府提供制度，保证其投资的长期利益，规避投资风险；另一方面，政府需要主动建立制度，来规范各资源主体包括政府的投资行为，鼓励高等教育的投资规模扩大，避免无效的投资带来的社会资源的浪费，更重要的是减少教育事业的投资失误带来的可能的社会长期损失。总之，未来的高等教育投资体制改革过程将是政府取消管制和重建管制的过程，是一个反复和不断的、与各种资源主体博弈的过程。最终良好预期应该是为了减少无谓的成本投入，使投资效用稳定，从而增加更多的高等教育有效投入，使高等教育与社会协调发展。

关于新时期基础教育财政体制改革的思考

（杜育红，《北京师范大学学报（社会科学版）》，2003 年 02 期）

我国现行基础教育财政体制形成于 20 世纪 80 年代，需要从体制上创新以适应新时期的要求。从各级政府责任，多渠道投资体制与学校使命的冲突，以及学校的监督成本与激励结构三方面，分析现行基础教育财政体制存在的问题，提出了新时期基础教育财政体制改革的新构想：第一，在政府责任方面，明确各级政府的责任比县级统筹更重要，也更为彻底；第二，在多渠道投资体制方面，充分利用多渠道投资体制能增加教育经费的优势，同时通过合理的制度设计，避免多渠道投资体制的弊端；第三，加强学校内部管理的民主化，提高学校内部管理的透明度，即学校可以收费，但其收费必须通过由教师与学生家长组成的学校审议机构同意。

重构公共教育体制：别国的经验和我国的实践

（劳凯声，《北京师范大学学报（社会科学版）》，2003 年 04 期）

世界性的政府改革正导致公共教育体制的重构，政府的教育职能在这场变革中发生了极大的变化，科层体制，被逐步打破，学校、市场和政府正在构成一种全新的关系。市场化、民营化取向成为世界各国公共教育体制重构中的共同特点，择校、竞争、学校自主权和凭单制构成了改革的几项主要的政策思路。在我国，近年来在公立学校改革的实践中集中地创造出了一系列不同的市场化、民营化运作形式，不同程度地把公共教育与市场结合起来，这些改革已经给学校的运行带来了一些初步的变化。改革所带来的价值观念的变化，正在导致出现一系列经济伦理问题，这些问题可以归结为一个问题，即如何实现教育资源和教育机会分配的社会公平问题。深入理解当代教育的基本价值，把握教育改革和发展的复杂性，特别是其中所涉及的利益分配的复杂关系，才能最终提升教育改革的道德水准和改革决策的伦理质量。

我国基础教育财政体制改革的回顾与反思

（范先佐，《华中师范大学学报（人文社会科学版）》，2003 年 05 期）

新中国成立以来，在从 1949 年到 1979 年的 30 年中，我国传统的基础教育财政体制是一种高度集中统一计划的管理体制。随着改革开放的逐步深入，我国现行基础教育财政体制具有如下特点：高度分散的基础教育财政管理体制；基础教育经费来源呈现多元化；非均衡发展的基础教育财政改革的目标取向。基于多渠道筹资模式的基础教育财政体制本身所固有的缺陷，以及迫于社会对增进基础教育财政公平的呼吁和基础教育财政面临的实际困难，我国政府不得不于 2001 年对现行的基础教育财政体制作出适当的调整，即变乡镇财政发放教师工资为县财政统一支出，但微调只能缓解暂时的财政困难，而不能解决基础教育财政的根本问题。要寻求治本之策，我国基础教育财政体制必须进一步改革和完善，包括：变基础教育筹资模式的多渠道为单一渠道；对政府管理基础教育的级次进行适当的调整；建立规范的政府间基础教育财政转移支付制度；确保中小学教师的工资待遇和学校公用经费的不断提高。

我国公共教育财政体制改革的进展、问题及对策

（王善迈、袁连生、刘泽云，《北京师范大学学报（社会科学版）》，2003 年 06 期）

我国公共教育财政体制改革在义务教育财政体制、学生收费制度和贫困学生资助制度等方面取得了很大进展，但目前还存在一些问题，突出地表现为政府教育投入不足和公共教育资源分布不均。理论分析表明，应强调政府在教育资源配置中的基础性作用以及中央和省级政府的教育财政职能。今后我国公共教育财政体制改革应注意以下几个方面：制定和完善教育财政法规、建立公平的公立学

校资源分配制度、建立规范的义务教育专项转移支付制度、选择合适的高等教育财政模式以及完善贫困学生资助制度。

关于农村义务教育财政投资体制改革的思考

（司晓宏、毛建青，《教育理论与实践》，2004 年 03 期）

义务教育是关系国民素质的奠基工程，建立完善规范的义务教育财政投资体制是义务教育健康快速发展的基本保障。当前农村义务教育财政投资体制存在许多问题，有效地解决这些问题应采取如下措施：加强中央及省级政府承担义务教育实施的责任；合理确定中央、省、地市和县四级政府义务教育投资分担的比例；加大中央及省级政府财政转移支付力度；减免一切形式的学杂费。

谁为农村教育买单？
——税费改革和“以县为主”的教育体制改革

（周飞舟，《北京大学教育评论》，2004 年 03 期）

无论是乡级财政和县级财政都没有依靠挤压自身的财力来保证教师工资的发放，解决教师工资拖欠的关键因素是两个：一个是中央政府的转移支付，另一个是税改之后的农业税增量。从政府间财政关系的角度来看，中央加大农村教育的投入是利大于弊，这是因为只有中央政府的介入才能有效地调节中国因地区差异巨大而造成的地方教育投入的不平等，但同时也要设计出合理、科学的转移支付制度和补助办法，使得由上而下的资金能真正有效率地利用。“以县为主”并没有彻底消除以往所谓“农民自己办义务教育”的状况，因为农业税仍然是义务教育投入的一个主要来源。随着农业税的逐步取消，这种状况也一定会得到彻底的改善。但是如果要保证对农村教育不产生大的负面影响，可能还需要中央政府的支持，同时极为重要的是，通过规范地方政府的预算过程和对财政运行的监管来加大地方财政力度，尤其是县级以上的地方财政对农村教育的支持。

重构中国农村义务教育财政体制的政策建议

（高如峰，《教育研究》，2004 年 07 期）

中国农村义务教育财政体制的改革，应以农村义务教育是农村的一项十分重要的公共产品作为基本理念，以国家财政为公共财政作为制度背景，在公共财政框架下，区分地区差异，明确各级政府的财政责任，建立东部、中部、西部分地区分级负担的政府农村义务教育经费分担机制。在东部地区的 7 省、直辖市，建议实行以县级和省级、直辖市级政府作为投资主体的农村义务教育财政体制；在中部地区的 12 省，建议实行以中央和省级政府作为投资主体的农村义务教育财政体制；在西部地区的 12 省、自治区，建议实施以中央政府作为投资主体的农村义务教育财政体制。

教育管理体制改革的基本框架

（赵中建、马开剑，《教育发展研究》，2004 年 12 期）

市场经济的发展，教育举办者、管理者和办学者的多元化，使得教育活动各要素之间的相互关系及其组织运行方式发生了重大变化，传统上政府与学校的关系以及相应的决策机制也发生根本性改变。为此，整个教育管理体制也必须重构。重构教育管理体制的总体思路是，按照全面建设小康社会、继续推进社会主义市场经济体制和我国经济、社会、科技与文化发展的要求，建立健全与完善教育法规，政府依法进行宏观管理；发展社会中介组织，引入市场竞争机制；学校面向社会依法自主办学，切实扩大学校的办学自主权；构建权责分明、协调规范的新体制。其内容包括：转变政府职能，重构管理模式和决策机制；重构政府与学校的关系，建立现代学校制度。

公共教育体制改革中的伦理问题

（劳凯声，《教育研究》，2005 年 02 期）

世界范围内的公共教育重建运动使公共教育体制发生了极大的变化。各国都制定了一系列市场化、民营化的措施，改造传统的公共教育体制，试图重构国家与教育、政府与学校之间的关系。我国公共教育体制在改革中出现了若干典型的市场化运作形式，不同程度地把教育与市场结合起来。然而这场改革带给教育的除了正面效应外，还有许多负面影响，从而引发一系列改革伦理问题，如商业文化浸润问题、教育公平问题、教育腐败问题、坚守教育公益性问题。这些问题如不能妥善解决，就有可能限制我国教育改革的发展空间，甚至对我国社会的进程产生消极影响。为此，公共教育体制的改革在其目标取向及其路径设计上必须时时关注改革的伦理问题，在政府调控、市场介入、社会参与、学校自主等方面做到适度的平衡。

政府如何为农村义务教育买单？——农村义务教育财政体制改革新论

（刘泽云，《华中师范大学学报（人文社会科学版）》，2005 年 03 期）

当前我国的农村义务教育财政体制面临诸多困境，究其主要原因，是教育财政体制不完善：多渠道筹资与义务教育的免费性之间存在矛盾；多渠道筹资与地区之间、城乡之间经济发展严重不平衡存在矛盾；农村义务教育投入以县为主和县乡财政普遍困难之间存在矛盾。为了保证农村义务教育的普及进程和地区间均衡发展，应在农村地区推行免费义务教育，由政府承担所有的义务教育经费。同时，各级政府应明确划分财政责任，中央政府承担义务教育教师工资，地市和县级政府分别承担基建经费和公用经费，省级政府通过专项转移支付资助贫困地区和贫困学生。

重构我国公共财政体制下的义务教育财政体制

（王善迈、曹夕多，《北京大学教育评论》，2005 年 04 期）

20 世纪 90 年代中期以来各级政府对义务教育财政体制改革进行了积极探索，取得了重大进展，表现为：确立了以县为主的教育管理体制，农村税费改革取消了农村教育费附加和教育集资，中央政府和省级政府加大了对义务教育尤其是贫困、西部地区义务教育的转移支付力度。虽然我国义务教育事业有了很大发展，政府对义务教育的投入不断增加，义务教育财政体制改革也取得很大进展，但我国的义务教育财政仍面临很多问题，其中最突出的是总量不足、义务教育财政资源分布不均衡和义务教育经费负担不合理的问题。从 1998 年开始，我国财政体制改革的目标模式已经确定，并在政府和学术界取得共识：建立基于社会主义市场经济体制的公共财政体制，具体包括：实施免费的义务教育制度；完善义务教育阶段贫困学生的资助制度；制定义务教育最低保障线；明确各级政府的财政责任；完善义务教育的财政转移支付制度；在同一行政区内，对实施义务教育的学校，以学生数为标准，实行均等化拨款制度；建立并完善义务教育经费的监督管理制度。

中国高等教育管理体制改革分析

（胡建华，《南京师范大学学报（社会科学版）》，2005 年 04 期）

新中国成立之后所形成的高等教育管理体制以中央集权、“条块分割”、政府办学等为主要特征。20 世纪 80 年代以来的改革打破了“条块分割”，形成了“以块为主”的新的高等教育管理体制，高等学校办学自主权的不断扩大，也使高校与政府的关系发生了很大的变化。淡化高校与政府间的“行政关系”，将高校与政府的关系置于法律的基础之上，这仍然是我国高等教育管理体制改革所面临的主要课题。

我国高等教育投资体制改革的问题与应对

（梁冬青、胡中锋，《高教探索》，2006 年 02 期）

高等教育投资体制是提高高等教育效率与效益的关键，是制约高教短缺资源有效利用的“瓶颈”。我国改革开放后高等教育投资体制仍存在不少问题，其具体表现为：我国教育总体投入不足；传统的教育管理体制在很大程度上限制了高等教育经费的充分利用；在教育资源低投入和低利用率的情况下，我国现行的教育投资体制在资金投入上存在着严重的不公；高校学费收取标准不够科学合理。在对我国高等教育投资体制问题分析的基础上，提出了制定科学合理的学费收取标准；构建和落实法律支持体系；加大改革力度，对现有教育资源进行优化配置，避免结构性浪费等可行性建议。

我国高等教育体制改革方向与政府角色定位问题研究

（张伟、任建明，《清华大学教育研究》，2006 年 03 期）

本文列举并评论了理论界对中国高等教育市场化改革正反两方

面的主要观点，从理论的可行性和实践的必要性两个方面分析了我国高等教育改革的方向，同时对近年来高教改革中所出现的一些问题及其原因进行了剖析。研究表明，我国高等教育体制改革应该坚持市场化的大方向。高教改革中已经出现的问题，主要不是市场化的问题，而是并没有走向市场化，或者市场化畸形发展所导致的。要创建有效率的高等教育市场，必须通过充分且合理的政府管制，促进相关市场主体的发育，消除信息不对称，促进合理的高教机会公平，约束大学组织的单纯牟利行为。政府应当成为高等教育市场规则的“创立者”，市场运行的“服务者”和“规制者”。

评估型政府与公共教育体制改革

（蒲蕊，《教育研究》，2006 年 06 期）

评估型政府的形成已经成为世界范围内公共教育体制改革一个共同特征。对“评估型政府”概念的认识，不仅有助于我们了解政府管理教育职能的改变，而且有助于我们认识政府如何在放权的同时保持对公共教育的强有力的领导。在公共教育体制改革中，评估型政府的形成与发展意味着政府与公共教育关系的重建。在我国，公共教育体制改革已经出现与世界其他国家相似的政策思路和改革路径，但依然存在一些问题：第一，尽管政府简政放权，但是学校的自主权依然有限，且自主权难以得到切实的落实；第二，重视扩大学校的自主权与市场机制，但缺乏完善的监督与宏观调控机制。因此，有必要认真思考政府管理教育模式与新的政府教育职能，在政府与市场、政府与市民之间关系发生变化的总体框架下，重新认识政府在公共教育领域的作用、角色与职能，转变传统的政府管理公共教育模式，减少政府的直接干预和控制，提高政府对公共教育的宏观调控能力，发挥政府在解决市场失灵、保证制度供给、促进社会参与、维护公共利益与保障社会公平、完善评估与监督机制等方面的职能。

论择校与教育公平的追求——从择校政策的演变看我国公立学校体制变革的时代走向

（吴遵民、沈俊强，《清华大学教育研究》，2006 年 06 期）

择校问题背后的教育体制因素体现在：一是重点学校（中小学）制度的确立，虽然使有限的优质教育资源相对集中，但在“粥少僧多”的情况下，由此产生的却是以“权”择校与以“钱”择校的弊端，而这一状况已对教育公平与社会公正形成了巨大冲击；二是随着教育体制的改革，社会力量办学（民办学校）开始在政府办学（公立学校）的垄断体制之外，为满足部分民众的教育需求提供了便利，但它同时也使得教育公平的问题成为了民众关注的热点。我国目前实行的就近入学与户籍制度、公立学校行政管理制度、校长负责的制度、公立学校的产权制度等都限定了我国政府在择校政策上进行宏观调控的空间。要彻底解决择校问题，就必须对这些制度进行重新考量，其关键是对我国教育体制进行整体变革，并重构政府与公立学校的关系。基于此，只有将择校问题提升到公立学校体制改革的高度，才有可能实现合理的制度设计，才能正视优质教育资源相对集中与民众对优质教育需求旺盛的这一对立与统一的现实矛盾。而在这一过程中，政府如何调整其与公立学校的关系则对于公立学校的发展与择校问题的解决具有决定性的意义。

教育体制改革中的高等学校法律地位变迁

（劳凯声，《北京师范大学学报（社会科学版）》，2007 年 02 期）

20 年来我国的高等学校通过政府的简政放权已经获得了相当大的权利，其法律地位发生了根本性的变化。过大的办学权力给寻求发展的高等学校带来了一种获利的实际可能性，市场机制开始渗透到高等学校，高等学校的体制改革开始向诱致性制度变迁转化。受经济利益的驱动，在高等学校中出现了一批新的办学形式，不同程度地把高等学校与市场联系在了一起，高等学校具有了企业或商业实体的某些特征。为了保证高等学校的公益性质，应从公法的角度对高等学校进行规范。

关于教育政策内容分析的探讨——以中国 1978 年后教育体制改革政策内容的分析为例

（孙绵涛，《教育研究与实验》，2007 年 03 期）

我国 1978 年后的教育体制改革的政策内容，虽然从实际效果看，对教育体制改革实践和对教育体制政策理论建构发挥了作用。然而，由于政策文本中教育体制改革的政策主要是针对中国大陆改革开放以来教育体制中存在的主要问题而制定的，改革开放以后，随着政治和经济体制改革的发展，义务教育体制、高等教育体制、职业技术教育体制、民办教育体制中的中央与地方办学、政府与社会力量办学、政府与学校的关系、招生和学生就业、学校领导体制和学校后勤社会化等问题，成了教育体制改革中的突出问题。政策文本中的教育体制政策，主要是为解决这些问题而提出来的，并没有对这些引发教育体制改革的问题进行全面科学的建构而达到一定的理论抽象，缺乏对教育体制政策的内容进行科学完整的阐释，因而在内容上存在欠完整、内容交错欠科学以及缺乏创新性的问题。要克服这些问题，就要制定具备完整、科学和创新性的特点的教育体制改革政策，从而适应当今教育体制改革健康协调发展的需要。

我国高等教育投资体制改革30年
——成就与经验、挑战与完善

（丁小浩、李锋亮、孙毓泽，《中国高教研究》，2008年06期）

改革开放30年以来，随着社会主义市场经济体制的逐步建立，我国高等教育的体制发生了深刻的变革。涉及高等教育经费来源与配置方式的高等教育投资体制的变革则是整个高教体制改革的一个最为关键的组成部分。30年来，高等教育投资体制改革取得了明显成效：确立了经费的多元化发展格局；支撑了高等教育规模的扩展；推动了高等教育类型和结构的多元化；改善了社会资源分布的公平；改变了高等教育入学机会的分布；赋予了高校发展的自主权。与此同时，高等教育投资体制改革也面临如下挑战：政府财政性拨款总量不足、结构不够合理；学费收入增长的可能性明显受

到抑制；高校债务危机及其影响加剧；其他经费来源渠道的能力建设不容乐观。巩固和加强20世纪80年代中后期到90年代体制改革的成果，应该坚持“以财政拨款为主，其他多渠道筹措高等教育经费为辅”的体制；应该调整财政拨款结构，适当降低目前专项补贴偏高的比例；应该更多地发挥高校的自主性和能动性，坚定地走对高等教育进行成本分担和成本补偿的道路；应该建立和完善鼓励民办高校发展的机制；应该切实加强政府职能转变，真正落实政府宏观管理、高校自我约束、社会参与评价相互结合的有效机制。

改革开放30年来我国教师教育体制改革的进展

（张斌贤、李子江，《教师教育研究》，2008年06期）

改革开放30年来，我国的教师教育坚持解放思想，不断探索教师教育体制改革的新路子，不仅实现了从独立设置的师范教育体系向多元开放的教师教育体系的转变，而且实施了一系列保障教师教育培养质量和提高教师专业化水平的政策措施，如创立教育硕士专业学位制度、实施教师资格制度、重启免费师范教育之门等，提高了我国教师队伍的整体质量和水平，适应了我国基础教育改革对高素质教师队伍的需要。

教育公平与教育效率：教育改革与发展的双重目标

（褚宏启，《教育研究》，2008 年 06 期）

教育效率是指教育对于个人发展和国家发展的贡献率。教育效率与经济效率的衡量标准不同，教育有其独特的效率原则。教育公平与教育效率不是对立关系，也不是主次关系，教育公平与教育效率是两个相互联系、同等重要的教育目标。现代教育应该坚持“教育公平与教育效率并重”的原则。单一依靠政府或者单一依靠市场都是有缺陷的，需要一种政府发挥主导作用、市场发挥辅助作用的混合机制，这种混合机制比任何一种单一的机制能更好地促进教育公平和教育效率。

我国高等教育管理体制改革 30 年——历程、经验与思考

（马陆亭，《中国高教研究》，2008 年 11 期）

改革开放 30 年来，我国高等教育管理体制完成了具有历史意义的深刻变革。经过高校管理体制的恢复与调整、改革思路的酝酿与起步、改革实践的积极探索、改革目标的突破实现和改革成果的巩固完善五个阶段的改革和发展，基本实现了建立“中央和省级政府两级管理，以省级政府管理为主”和“高等学校面向社会依法自主办学”的管理体制的目标。30 年来“高等教育管理体制改革的突破性进展”主要体现在政府间关系的解决上，今后的重点应着力解决政府与高校的关系。在今后一段时间，鉴于政府与高校的公益属性，在政府对高校的管理关系上，契约模式是尊重双方运行规

则、有效实现各自使命要求的一种可取模式。通过加强对高等学校发展的总体设计、加强高等学校的“建章立制”工作、积极发展政府与高校间的契约关系等路径选择，推动高等学校实现依法自主办学。

我国基础教育行政管理体制改革 30 年简评

（褚宏启，《中小学管理》，2008 年 11 期）

改革开放 30 年来，我国基础教育行政管理体制改革大致经历了四个阶段：一是全面恢复计划管理体制阶段（1978—1984 年），“效率优先”是本阶段教育行政的主导价值观，恢复和加强重点学校制度是具体的政策举措，建立了一批重点小学、重点中学，在国民教育体系内部形成了隐性的“双轨制”。二是改革计划管理体制阶段（1985—1992 年），本阶段的改革打破了原来的以计划为主的教育体制，建立了新的教育秩序，提高了教育行政效率和学校管理效率，提高了政府宏观调控教育改革与发展的能力，初步建立起中国特色教育体制的基本框架，为进一步的教育体制改革和教育事业发展奠定了比较扎实的基础，但在打破旧秩序、形成新秩序的过程中，也出现了混乱，如地方各级政府义务教育权限问题、学校乱收费问题等。三是深化管理体制改革阶段（1993—2002 年），本阶段，财政性教育经费增长的政策力度明显加大，教育改革与发展的最大成就是体制改革的深化，基础教育管理体制改革、教育投入体制改革、办学体制相关政策已基本成形并逐渐走向成熟，但各级各类学校的办学自主权的落实、内部管理体制的改革依然存在许多突出问题。四是科学发展观指导下的教育行政管理体制改革阶段（2003—2008

年)，在科学发展观的指导下，本阶段我国教育政策的质量和水平实现了质的飞跃，教育改革与发展也走上了全面、协调、可持续之路，走入了又好又快发展的轨道，教育政策和教育实践进入了同时关注教育公平、教育效能(质量)、教育效率、教育秩序的新阶段，为建立公平高效的教育新秩序搭建出基本的框架、奠定了坚实的基础。

改革开放以来我国高等教育管理体制的回顾与前瞻

(刘宝存，《复旦教育论坛》，2009 年 01 期)

新中国成立以来，特别是改革开放以来，我国不断探索适合我国国情的高等教育管理体制，逐渐形成了中央政府统一领导、中央和省级人民政府两级管理、以省级人民政府管理为主的高等教育管理体制。我国高等教育管理体制虽然近期内不可能有大的调整，但仍然存在着一些问题。现有高等教育管理体制框架下，如何解决高等学校下放到省级政府后造成教育资源不均衡和浪费问题，已经变得日益迫切。对此，教育部应该加大统筹力度，使其在人才培养、科学研究甚至社会服务等方面既面向地方社会经济发展的需要，也面向全国社会经济发展的需要，真正做到“条块结合”，优化高等教育资源配置。有必要摒弃“全能主义”的政府观，重新定位教育行政机构的职能，落实并扩大高等学校的办学自主权。转变政府对高等学校的管理模式，实现管理手段的多样化，是我国高等教育管理体制改革的又一走向。

中国义务教育经费体制改革：变化与效果

（赵力涛，《中国社会科学》，2009 年 04 期）

在 20 世纪 80 年代和 90 年代，中国是世界教育领域分权改革的重要组成部分。主流研究当时都强调“低重心”、多渠道的教育经费体制的内在合理性，强调分权化是难以逆转的趋势。可是从 2001 年开始，中国调整了农村义务教育管理体制。通过实证分析发现，这一改革不再是分权化改革的延续和完善，而是重新确立政府责任的一种尝试。它既导致了教育投入的快速增长，也在相当程度上促进了教育公平，尤其是在小学教育阶段。这为世界教育改革提供了有益经验，也为主流研究的一系列命题和假设提供了反思的机会。

中国高等教育管理体制改革的政策分析

（周川，《高等教育研究》，2009 年 08 期）

二十多年来我国关于高等教育管理体制改革的重要政策，多有创新之处，不乏理论意义，但也存在目标偏移、对象模糊、主体缺位、路径不明等弱点。高等教育管理体制改革的核心目标应坚定不移地定位于转变政府管理职能，理顺政府与高校的关系。为此，改革政策的重新设计势所必然。首先，高等教育管理体制改革对象要具象化，从组织架构上对教育主管部门做出合理设计，将高等教育管理职能归并，削减次级部门的权力；其次，让高等教育管理体制改革的主体显身，应明确一个具有更高权力的机构来充当改革主体；再次，高等教育管理体制改革的政策，应该描绘出改革的路径，明确改革的突破口，设计好改革的第一步；最后，不能将高等教育管理体制改革，简单看作放权，一方面要明确规定转变政府职能、限制教育主管部门权力，另一方面也要明确高等学校自主权的民主治理和约束机制。

我国教育督导体制现状、问题与改革路径

（黄崴，《教育发展研究》，2009 年 12 期）

随着我国教育发展水平的提高、教育法制不断完善，大规模的教育基础性建设工作基本完成，在此过程中，我国行政权本位下的教育督导体制表现出诸多不适应。一是督导组织泛行政化，缺乏专业权威性；二是督学队伍官员化，指导不力；三是评估体系单一化，不利于教育创新。尽管我国建立了比较完整的教育督导体制，但仍存在一些问题，当前迫切需要改革这一体制，使之适应现代教育发展的需要：教育督导机构独立化、教育督导职能一体化、教育督导业务社会化、教育督导人员专业化、教育督导方式个性化。

我国职业教育管理体制改革研究综述

（牟晖、杨挺，《教育与职业》，2009 年 27 期）

本文对 1998 年以后中国学术期刊上检索到的有关我国职业教育管理体制方面的研究成果作了分析，从我国职业教育管理体制的改革动因、现状分析、存在的问题、改革建议几个方面作了综述，

并针对我国职业教育管理体制改革提出了展望：第一，职业教育的系统性决定了职业教育归口教育行政部门统一管理的可能性和必要性，并进一步要求政府加强宏观管理和统筹协调；第二，职业教育的社会性、职业性和全民性要求我国职业教育体系不但要发展专科层次水平的职业教育，更要向本科以上甚至硕士、博士研究生层次延伸；第三，职业教育的社会性和法人地位性一方面要求重视过去被忽视的利益相关者的利益需求，另一方面要求完善现行的职业学校的法人治理结构；第四，职业教育的地方性要求发挥地方政府在管理区域性职业教育中的作用；第五，正确认识职业教育的经营性问题。

论中国特色高等教育管理体制的改革路径

（韩喜平、常艳芳，《大学教育科学》，2010 年 03 期）

新中国高等教育管理体制变革是沿着放权和发展的思路展开的，六十年高等教育管理体制的成就与经验主要表现在：实现了权力结构的创新转变，学校布局由省级区域间的不均衡设置向布局结构的合理化转变，从办学理念到实践模式探索中国特色高等教育发展之路，研究方法和路径的科学性和多样性等。人类进入 21 世纪后，担负创造和传播知识任务的高等教育的地位更为突出。当前，我国高等教育的发展还面临高等教育管理理念的变革对高等教育管理实践的影响、时代的变迁、大学的使命诉求、高等教育国际化潮流冲击等新的特殊的发展环境。要使高等教育从象牙塔走向经济社会建设和个人生活的中心，在国家创新中成为重要基础和引领力量，我们至少必须更加注重教育质量提高、在张扬技术理想的同时，从弘扬人文精神、辐射和推进地方经济的发展等方面推动高等教育发展与创新。

教育体制改革与教育机制创新关系探析

（孙绵涛、康翠萍，《教育研究》，2010 年 07 期）

教育体制改革与教育机制创新在内涵和外延上各具特性，二者不能混为一谈或相互替代，因为教育体制是教育机构和教育规范这两个要素的结合体，教育机制是指教育现象各部分之间的相互关系及其运行方式。同时，教育体制改革与教育机制创新在诸多方面又是相互联系的，二者在产生和发展的过程上是相关的，结构上是相融的，性质与功能上是互补的，在范围上教育机制创新又包含了教育体制改革。这就要求一方面教育体制与教育机制的改革要同步进行，不可顾此失彼；另一方面不仅要求教育体制改革与教育机制创新相适应，而且要使教育活动改革和教育观念改革与教育机制创新相配套。

以体制机制改革推动农民工子女教育的发展

（雷万鹏，《人民教育》，2010 年 20 期）

改革开放以来，大量农民工不断从农村走向城镇，中国特色城镇化之路由此而铺开。农民工子女教育发展状况直接影响我国城镇化进程。在城乡二元结构背景下，农民工子女教育问题暴露出基础教育属地化管理与教育公共属性的尖锐矛盾，暴露出政府与社会、中央与地方、流入地与流出地、家庭与学校在农民工子女教育发展上责任的不明晰，未能形成有效的责任共担机制。新形势下，促进农民工子女教育健康发展需要在观念上，对农民工子女教育重新“定位”和“正名”；改革户籍制度，使广大农民工真正享受同城待遇；创新社会管理体制，建立适应人口流动的公共服务机制；强化中央政府和省级政府统筹能力，建立政府主导、各部门合作的工作机制；深化“两为主”原则内涵，实施“两个全部纳入”政策；强化管理，规范民办农民工子女学校发展；积极探索保障农民工随迁子女接受学前教育和高中教育的新机制；大力发展农村教育，减缓农民工随迁子女在城市学校就读的压力；建立强有力的督导评价机制，将农民工子女教育发展问题纳入政府业绩考核范畴。

我国高等教育财政体制改革与大学基金会的兴起

（邓娅，《北京大学教育评论》，2011 年 01 期）

我国的经济转型与高等教育财政体制改革，扩大了高等学校的办学自主权，也极大地增强了高等学校多渠道筹集教育资金的自觉性和主动性，而市场经济的发展和民间财富的积累又在客观上提供了这种可能性。在这样的社会经济条件下，大学基金会应运而生，反映了一种历史必然性，呈现出捐赠金额不断突破、校友捐赠不断增多、捐赠形式和用途日趋多元、组织机构不断完善、筹款专业化程度逐步提高的局面。随着我国改革的不断深化、开放的进一步扩大、国民经济的高速增长、民间财富的持续积累以及公民慈善意识的不断增强，我国大学基金会的发展必将实现新的跨越。社会捐赠将可能成为大学最具增长潜力的经费来源渠道之一，为我国高等教育事业的发展作出更大贡献。

城乡二元结构下的基础教育公平：体制性障碍及改革路径探索

（李森，《教育与经济》，2011 年 04 期）

我国城乡二元社会结构下的教育体制性障碍表现为：“财权上移、事权下移”导致农村教育经费投入不足；各级政府对教育投入的责任与其财政能力不相称；义务教育制度城乡推行差异。在此基础上，进一步挖掘城乡体制性教育不公平的深层次原因：一是教育体制运行缺乏配套制度的同步改革；二是政府教育管理模式的诟病依然存在，主要表现在“政府本位”的管理模式并未得到根本改变；三是政府的教育保障和监管职能弱化。针对上述问题，应破除二元教育体制，构建城乡一体化义务教育体制；深化政府体制改革，清晰城乡教育的权责主体；完善基础教育公共财政体制，构建教育财政转移支付制度；在利益平衡基础上建立教育资源均衡机制。

我国高等教育体制改革为何成效不足

（王寰安，《高等教育研究》，2011 年 04 期）

基于所有权制度变迁的分析框架，对我国经济体制和高等教育体制改革的异同点进行的比较分析表明：高等教育体制改革在改革初始条件、信息成本、渐进式改革方式等方面与经济体制改革存在较多的一致性，因此改革取得了部分成果。我国高等教育体制改革成效不足的主要原因与两个方面的因素有关：一是高等教育缺乏显性的经济收益在一定程度上弱化了政府的改革动机，二是中央政府缺少对地方的充分放权造成地方缺乏参与高等教育竞争的机会和制度创新空间，从而造成制度变迁过程中权力中心追求垄断租金最大化与建立有效率的所有权结构之间的不相容。

城乡教育一体化背景下的教育管理体制改革研究

（范魁元、王晓玲，《教育科学研究》，2011 年 06 期）

教育管理体制改革是教育体制改革的重要组成部分。现行的教育管理体制存在着各级政府之间权责不够明确，“以县为主”体制在推进城乡教育一体化方面重心偏低，促进城乡教育一体化的问责机制不健全等较为突出的矛盾和问题，已经成为阻碍城乡教育一体化进程的制度瓶颈。为进一步推进城乡教育一体化，我国教育管理体制改革亟须在各级政府的权责划分、城乡教育统筹规划、农民工及其子女教育等问题上有所突破，具体可从明确各级政府的权责划分、加强各级政府对城乡教育统筹规划的领导与管理、不断完善

“两为主”政策、建立健全教育问责制度和加快教育管理体制改革的法制化建设步伐五个方面，构筑城乡教育一体化的教育管理体制。

职业教育均衡发展与区域经济协调发展互动的体制机制创建

（林克松、朱德全，《教育研究》，2012 年第 11 期）

在城乡一体化进程中，职业教育均衡发展与区域经济协调发展存在相互作用、相互制约的复杂关联，两者之间的互动是一种双赢互惠的发展战略模式。我国长期积累着的诸多体制机制上的沉疴构成了阻碍职业教育均衡发展与区域经济协调发展互动的桎梏和顽疾，包括：管理体制“条块分割”、人才培养体制“脱离市场”、办学体制“封闭单一”。结合当前我国教育体制与机制改革的重点、难点以及职业教育均衡发展与区域经济协调发展互动的现实障碍，文章认为构建城乡一体化背景下职业教育均衡发展与区域经济协调发展互动体制与机制，应着力于如下方面：首先在办学体制方面，应构建利益责任共担的集团化办学机制，构建多元统筹的经费投入机制；其次在人才培养体制方面，应构建人才需求预测机制，构建课程设置和教学模式的市场导向机制，构建人才培养质量与评价的多元评估机制；最后在管理体制方面，应构建区域大职教统筹管理机制，构建伙伴协作管理机制，构建多边协调运行机制。

职业教育集团化体制改革路径探索

（胡坚达、王孝坤，《教育研究》，2013 年 01 期）

创新有中国特色职业教育集团化体制，是一个对职业教育利益相关者要素实行大系统建构和控制的过程，具有多元利益主体完整性和多元利益诉求协调性特征，需要从多学科视角，分析职教集团化体制创新规律，设计深化改革的路径。浙江宁波的职业教育研究者和实践者在浅、中层次职教集团化体制基础上，运用系统论控制理论、利益相关者理论，实现职教集团化的要素以及运行过程的优化。通过职教集团化体制外部保障能力、内部凝聚能力、互惠服务能力、自身协调能力、内在适应能力的路径与对策，获得职教集团化体制整体功能最优绩效。

从高等教育体制改革到现代大学制度建设

（马陆亭，《中国高等教育》，2013 年 21 期）

如果以跨世纪为界，我国在高等学校管理制度方面的热点话题，之前为高等教育体制改革，之后为现代大学制度建设。高等教育管理体制的改革于世纪之交取得了“突破性进展”，基本建立起“中央和省两级管理、以省级政府为主”的管理体制。现代大学制度的提法，萌芽于 20 世纪 90 年代中期，流行于 21 世纪初，特别活跃于《教育规划纲要》颁布之后。现代大学制度的建立，有赖于一种科学的政府与学校关系，需要一种法治意义上的大学章程对学校内外部的各种关系予以规制，还需要分类管理建设一流的高等教育体系。此外，还对当前我国现代大学制度建设提出了几点思考：一是现代大学制度建设有助于保证内涵式发展；二是现代大学制度建设需要把科学理念转化为治理结构；三是章程是现代大学制度建设成果的结晶。

教师教育一体化发展的体制机制创新

（刘义兵、付光槐，《教育研究》，2014 年 01 期）

教师教育职前职后一体化发展是当前我国教师教育改革与发展中的重大战略主题之一。在全面推进教师教育职前职后一体化发展过程中，其相应的体制机制创新是深化改革的关键和难点。当前，我国教师教育一体化改革进程中还面临着一些困难与障碍，应通过明确统筹主体、统筹规划教师专业发展目标、建立制度规范、形成协同机制、共建共享优质资源、搭建共生发展平台、完善评价与问责制度等，促进教师教育一体化发展的体制机制创新。

推进我国学前教育投入体制机制改革的政策思考

（夏婧、庞丽娟、张霞，《教育发展研究》，2014 年 04 期）

学前教育财政投入是保障并提高学前教育硬件条件与师资素质的物质基础，为进一步推进我国学前教育投入体制机制改革，应构建政府主导、社会和家庭积极参与的投入体制；建立逐步增长、科学规范的学前教育预算制度；明确 7%的财政性学前教育投入比例，制定生均经费基线标准；多举措筹措学前教育经费并实现新增教育经费倾斜；积极鼓励、引导社会力量办园和捐资助园以及以公平和普惠为基本价值取向建立弱势扶助制度。

改革人才培养模式　提高人才培养质量
——国家教育体制改革试点调研报告

（杨红霞，《中国高教研究》，2014 年 10 期）

“改革人才培养模式，提高高等教育人才培养质量”试点改革启动三年多以来，试点单位按照试点任务的要求进行了积极的实践创新，取得了初步成效，人才培养观念不断更新，教育教学模式不断创新，不论是创新型人才培养模式改革，还是应用型人才培养模式改革，都积累了不少有价值的典型经验，如导师制、小班化、个性化和国际化的拔尖创新人才培养模式、书院式人才培养模式、高校与科研院所和行业企业联合人才培养模式等。改革中遇到的主要问题包括国家政策支持力度不够、教师参与改革的积极性有待进一步激发、二级学院内部治理结构仍需完善等。为进一步推进改革，建议尽早出台和完善招生制度、研制专业类教学质量国家标准、赋予二级学院更多自主权等。

回眸与前瞻：我国教育体制改革 30 年概观

（劳凯声，《教育学报》，2015 年 05 期）

依据教育体制改革动力机制的变化，可以对我国 30 年的改革进程做如下的分阶段描述：1985 年到 1995 年的 10 年期间构成了中国教育体制改革的第一个阶段，可称为“前十年”，这一阶段改革是由中央决策层设计、规划和推行的，表现为一种自上而下、一体遵行的强制性特征；1995 年开始到 2005 年是教育改革的第二阶段，可称为“后十年”，以简政放权为核心的教育体制改革发展到这时，所面临的问题已不是简单的中央向地方以及政府向学校这两个向度上的放权了，随着市场经济体制的建构，还有一个国家向社会、向民间、向市场放权的问题，由此一种新的关系格局正在形成；2005 年至今是教育体制改革的第三个阶段，改革中出现的矛盾开始爆发，出现了与之前的改革不同的许多复杂情况，所以可以用“后改革时代”来表征教育体制改革的这一新阶段，这一阶段教育的公平性问题开始成为一个不容回避的问题。大致而言，当前的教育体制改革存在着两种并列的思路：一是公法学的改革思路，一是民商法学的改革思路。但这两种思路都有其致命缺陷。公立学校因其活动目的和服务对象的特殊性而应成为一类介乎公法与私法之间的，非政府、非企业的特殊的社会组织，应赋予其特别的法人地位，并以此为依据对其权利和义务作出必要的规定，使公立学校既能成为独立自主的办学实体，同时又能体现这类组织机构所特有的公共性质。

论职业教育体制机制改革的应然之策
——关于《职业教育法》修订的跨界思考

（姜大源，《中国职业技术教育》，2015 年 27 期）

跨界的职业教育，必须以跨界的理性思维为基础。结合我国职业教育改革与发展的实践成果和理论探索以及世界职业教育发展的经验和趋势，《职业教育法》的修订，涉及中国职业教育改革与发展未来的方向，涉及现代职业教育体系构建的体制与机制问题，需要在教育机构的跨界，即建立教育性企业制度、教育证书的跨界，建立国家资格框架制度、教育管理的跨界，建立国家职业教育总局这 3 个方面有所突破。

基于教育管办评分离的中小学依法自主办学的体制机制改革探索

（范国睿，《教育研究》，2017 年 04 期）

学校依法自主办学意味着学校自主办学的法律主体地位得以确认，学校在法律与制度框架下自主办学权利的实现，学校直接办学责任、教育责任的落实。教育管办评分离改革试点工作启动后，相关省市逐步推行清单管理，适时出台地方教育法律规章，现代学校制度建设持续推进，学校内部治理结构不断完善。但改革仍面临挑战，须建立与完善基于学校章程的学校多元治理机制，保障学校权力的有效运用，促进学校自主发展；建立与完善多元参与的学校事务监督、评价与问责制度，加强学校依法自主办学过程中的事中、事后监管；建立与完善学校法律顾问制度与法律救济制度，支持与保障学校依法自主办学权益。

学前教育体制机制的主要问题与改革思路

（虞永平、刘颖，《学前教育研究》，2017 年 12 期）

改革学前教育在办园、投入和管理等方面的体制机制，是破解当前学前教育现实困境，实现学前教育健康和可持续发展的关键，为此须以满足需要为重点，解决资源不足的问题；以公平普惠为追求，解决结构失当的问题；以持续发展为导向，解决机制缺失的问题；以儿童发展为核心，解决质量不高的问题。当前推进学前教育体制机制改革要本着价值引领、问题导向、实践探索、协同创新和专业取向的基本原则，将重点放在准确定位学前教育、深化管理体制改革、完善学前教育评价体系等关键环节上，在改革体制机制的同时促进学前教育质量的提升。

改革开放 40 年教育体制机制改革的历史与逻辑分析

（范国睿、孙闻泽，《教育研究》，2018 年 07 期）

改革开放 40 年来的教育体制机制改革，经历了教育制度的恢复与重建、教育体制改革的展开、教育体制改革的探索、教育体制改革的持续及教育体制机制改革的深化等五个发展阶段。在此过程中，教育体制改革表现为不同层级的政府及其部门之间，政府与学校、社会组织、市场间以及学校领导、教师与家长间不同教育利益主体教育权利与利益的合理配置与博弈，是一个从重建教育秩序进而力图突破规制、以法治赋权、推进协商共治的过程，一个寻求不同教育利益主体间适度张力与激发其活力的过程，一个从规制走向赋能的过程。这种张力的调适与活力的激发，须建立和完善教育法治保障机制，包括：进一步完善教育法律体系，进一步完善教育法律法规执法体系，建立健全教育治理监督、评价与问责制度。

教育经费投入体制的改革与展望
——纪念改革开放40周年

（王善迈、赵婧，《教育研究》，2018年08期）

改革开放40年来，伴随经济体制、财税体制、教育体制的改革，作为教育财政制度组成部分的教育经费投入制度不断改革，形成了符合教育服务性质和国情的、以政府投入为主、多渠道投入的教育经费投入制度，支持了我国教育的快速发展。以政府（财政）投入为主多渠道投入教育经费最重要的成效，可概括为中国教育经费巨大增加，彻底改变了教育经费严重短缺的局面，支撑了教育改革和教育巨大发展。伴随适合国情的教育经费投入制度初步形成，未来应深化改革、完善制度：以制度规范保障政府教育投入；规范非义务教育学费收入；强化民办教育和社会捐赠的激励。

深化教育体制改革重在抓落实、见实效

（邓友超，《教育研究》，2018 年 09 期）

在全国教育大会上，习近平总书记三处讲到了教育改革。在讲党的十八大以来教育改革发展的成绩时，把“推进教育改革”作为五大工作来总结；在讲从实践中提出新理念新思想新观点时，将“坚持深化教育改革创新”作为“九个坚持”之一；在部署下一步工作时，提出“要深化教育体制改革”。这既表明了教育改革过去、现在和将来都是教育事业发展的强大动力，又传递出深化教育体制改革的巨大决心。首先，深化教育体制改革应把握好新方位，支撑提升教育的内涵性、贡献度和影响力。其次，深化教育体制改革应聚焦在“学的主体性”与“教的引导性”之间的难题，“生的流动性”与“编的稳定性”之间的难题，“投的优先性”与“质的成长性”之间的难题，以及“管的有效性”与“办的自主性”之间的难题。最后，深化教育体制改革应注重落实的方法论，一是化解顶层运思与基层运行的冲突，深刻理解教育实践的运行逻辑，二是化解普遍要求与具体实际的冲突，把“普通话”转化为“地方话”，三是化解改革部署与条件支持的冲突，同步抓好改革配套条件保障。

中国教育财政体制改革四十年回顾与评价

（袁连生、何婷婷，《教育经济评论》，2019 年 01 期）

改革开放以来，中国教育财政体制改革取得了很大成就，也还存在一些不足。40 年来，教育投入体制经历了一个扩展投入渠

道，政府作用下降再回升的进程；各级政府教育财政分担体制经历了一个中央和省级政府责任下推然后再上移的进程；教育拨款体制经历了一个从不规范不透明到逐渐规范透明的进程；学校财务管理体制经历了一个从扩大自主权到加强财务约束的进程。教育财政体制改革呈现三个特征：由财政体制改革推动，由中央政府强制推动，由行政而不是立法部门主导。教育财政体制改革的主要成效是：形成了较为合理的投入体制，教育财政充足性有较大提高；形成了较为完善的学生资助体系，为家庭经济困难学生提供了教育机会；高层政府经费分担责任加大，城乡与地区间教育经费差距逐步缩小。教育财政体制还存在的主要不足是：教育拨款体制还不完善，教育经费配置还不公平，学校之间、群体之间教育资源差距还很大；政府间教育财政责任划分体制还不合理，义务教育经费省级统筹制度还没有建立，区域间教育经费差距还很大。

我国学前教育管理体制改革的历程与方向
——改革开放 40 周年回眸与展望

（范明丽、洪秀敏，《学前教育研究》，2019 年 01 期）

学前教育管理体制包括国家组织领导和管理学前教育事业的基本体系和工作制度，是学前教育体制的核心。改革开放 40 年来，我国学前教育管理体制经历了以下四个发展阶段：集中领导，分级管理，成立托幼工作领导小组；地方负责，分级管理，各有关部门分工协作；地方负责，分级管理，进一步明确主管部门；政府主导职责回归，地方负责，有关部门分工协作。当前我国学前教育管理体制改革的基本方向是促进公平，保障质量；明确政府主导责任；实现政府职能转变；合理配置权责，实行绩效管理；充分考虑基本国情，分阶段、分区域逐步推进改革。

著作介绍

▼

《高等教育体制改革简论》

（陶增骈主编，辽宁人民出版社 1985 年出版）

党的十二届三中全会通过的《关于经济体制改革的决定》指出，随着经济体制的改革，科技体制和教育体制的改革越来越成为迫切需要解决的战略性任务。在此背景下，本书对高等教育的体制改革进行了专门研究，迎接即将在全国范围内出现的教育体制全面改革的形势。本书在内容上涉及我国高等教育体制的形成及改革的理论基础，外国高等教育体制的借鉴意义，高等教育体制改革的指导思想，高等教育领导体制改革，高等教育办学体制改革，高等教育人事、劳动、工资制度改革，高等学校体制改革，加强党对高等教育体制改革的领导。

《中国普通教育改革与发展》

（国家教育委员会干部局编，红旗出版社 1987 年出版）

本书以“端正教育思想，深化教育改革”为主题，收集整理专题报告 11 篇，总结了党的十一届三中全会以来尤其是《中共中央关于教育体制改革的决定》公布以来，我国普教改革与发展的主要成绩和基本经验，阐述了我国教育发展的基本指导思想，研讨了我国社会主义初级阶段普教的基本任务，提出了当前普教战线深化改革的一些设想。

《市场经济与中国高等教育体制问题》

（徐辉著，湖南教育出版社 1995 年出版）

本书是《中国教育问题研究》丛书成果之一，是一本评述中国高等教育体制改革的著作。全书从办学体制、管理体制、投资体制、招生体制和毕业生就业体制等各个主要方面研究中国高等教育体制改革所面临的问题与对策。分析的基本格式是先概述基本现状，以便为某一方面问题的分析提供一个大致背景；接着是特征与问题的具体分析；最后是解决问题的对策思考。本书总结了 20 世纪 80 年代我国普通高等教育发展的几个特点：职能转变、正规化、系统化、开放性、规模扩展，以此说明这一时期普通高等教育改革和发展所取得的巨大成绩。

《我国高等教育体制改革及其综合效益分析》

（蔡克勇主编，人民教育出版社 1997 年出版）

本书对高等教育体制改革中的难点和重点问题——办学体制和管理体制的改革进行了比较深入、系统的研究，包括：中央业务部门办学和管理体制改革，教育事业宏观管理的加强与国家教委职能的转变，扩大省级政府高等教育管理权限的改革，高等教育投资体制改革、高等学校内部综合改革，普通高校招生、收费和毕业生就业制度改革，教学、科研、生产三结合体制建设等。在此基础上，本书也对高等教育体制改革的综合效益作了初步的讨论和探索。

《中国农村教育体制改革研究》

（陈逖先、纪芝信主编，人民教育出版社 1998 年出版）

农村教育综合改革作为亿万群众和广大干部在改革实践中的一项创举，丰富和发展了我国教育改革和整个农村改革的实践和理论。本书明确提出积极推进农村教育综合改革，促进教育同经济、科技的密切结合。基于此，本书进一步强调开展有关农村教育的深入研究工作，着重阐述了中国农村教育办学体制、宏观管理体制和学校内部管理体制等改革。

《中华人民共和国教育专题史丛书》

（何东昌主编，海南出版社 2000 年出版）

丛书客观地反映了各级各类教育发展的历史轨迹，全面地总结了各级各类教育改革的基本经验，尽可能地涵盖了各级各类教育和重要的教育方面，为进一步开展中华人民共和国教育史的综合研究打下了坚实基础。丛书共分《中华人民共和国教育的历史传统与基础》《中小学教育史》《高等教育史》《职业教育史》《工读教育史》《师范教育史》《成人教育史》《少年宫教育史》《民族教育史》《学校体育史》《学校艺术教育史》《教育国际交流与合作史》12 本，另有《中华人民共和国教育史纲》。本套丛书以历史唯物主义和唯物辩证法作指导，论从史出，史论结合，资料翔实，有序有论，为建设有中国特色的社会主义教育提供了历史借鉴。

《2000 年中国教育发展报告　教育体制的变革与创新》

（王善迈主编，北京师范大学出版社 2000 年出版）

为了充分反映我国教育改革与发展的基本趋势，北京师范大学教育改革与发展研究中心决定从 2000 年起，每年撰写、出版一部中国教育发展报告。2000 年度中国教育发展报告以中国教育体制的变革与创新为主题，在理论与制度的层面上进行探讨。在分报告中，分别就中国基础教育、普通高等教育、教育财政的改革与展望，以及民办教育的发展与改革做出分析。

《跨世纪的中国高等教育——办学与管理体制改革研究》

（蔡克勇、韩民主编，广西教育出版社 2002 年出版）

本书研究和概括了我国高等教育办学和管理体制改革的动力机制、目标模式及其实施效果，分析了从精英教育走向大众化教育的我国高等教育办学与管理体制所面临的重大课题，并对调整高等院校层次结构与完善宏观管理、促进高校与企业的合作办学、加强高职高专及成人高等教育的统筹、发展地方中心城市办学以及深化高校内部管理体制改革等问题进行了研究和探索，提出了今后改革的方向与政策思路。此外，本书还从比较研究的角度，对国际高等教育大众化发展的趋势，特别是世纪之交主要发达国家高等教育办学和管理体制改革的趋势做出了较为全面的考察。

《20 世纪的中国高等教育（体制卷）》

（蔡克勇主编，高等教育出版社 2003 年出版）

本书系统研究了 20 世纪我国高等教育体制史，从宏观上论述了 20 世纪我国高等教育体制的变迁及影响体制变迁的经济、政治和文化等因素，并分别对办学体制、管理体制、招生就业体制、投入体制、内部管理体制 5 个方面的百年变革条分缕析，还收入了各个历史时期的史料。

《教师教育体制：国际比较研究》

（黄崴著，广东高等教育出版社 2003 年出版）

本书通过历史分析和国际比较，分别探讨了教师教育基本制度、教师教育行政体制、学校内部管理体制、教师教育课程制度四个方面的问题，勾勒出教师教育体制发展的基本趋势，为深化我国的教师教育体制改革提出了基本思路。从教师教育基本制度、教师教育行政体制的问题、学校内部管理体制、教师教育课程制度等方面进行了深入探讨。

《教育体制改革：科教兴国战略下的选择》

（朱国仁著，党建读物出版社 2004 年出版）

本书是《中国改革开放时期重大决策研究报告集》的成果之一，以我国教育体制改革的变迁历程为线索，以教育领域所涉及的管理体制改革、举办体制改革、投资体制改革、高等学校招生与毕业生就业制度改革等几大体制改革及其重要政策为内容，总结了我国教育体制改革的经验及存在的问题，探索面向新世纪我国教育体制进一步改革的方向。

《中国教育体制论》

（孙绵涛著，辽宁人民出版社 2004 年出版）

本书是作者用英文撰写的著作（*The Concept of Tizhi system in Chinese Education*）。本书对“体制”这个概念给出一个具体的、理论上的详细解释，并在分析自 1985 年以来中国政府制定的教育改革文献以及其他大量文献的基础上，提出了一个比较系统的教育体制理论模式。在此模式中，教育体制的组成要素及子系统都被认为不是单个的，而是由各级和各类不同的教育机构和相应的教育规范这两个要素所组成的不同层次和不同类型的子体制系统。本书还提出教育机构是教育体制的载体，教育规范是教育体制的核心；学校教育体制是教育体制赖以存在的前提，教育管理体制是教育体制得以运行的保证；教育行政体制是宏观的管理体制，学校管理体制是学校内的微观管理体制。在对教育政策文献的分析中，本书评价了中国教育体制政策的连续性和继承性。

《教育体制改革攻坚》

（顾海良主编，中国水利水电出版社 2006 年出版）

本书是《中国改革攻坚丛书》成果之一，以教育体制改革为核心论题，在历史与现实的结合中，对教育体制改革所面临的一系列崭新课题有针对性地予以回应。本书中论及的教育体制改革主题包括：全面建设小康社会的教育新命题、农村教育、高等教育、学位与研究生教育、教育体制改革的方向、教育国际化、素质教育、学习型社会。

《“新基础教育”论：关于当代中国学校变革的探究与认识》

（叶澜著，教育科学出版社2006年出版）

本书是一本研究当代中国基础教育学校改革的专著。全书论及三部分内容：当代中国教育变革的社会基础论。主要包括当代人类社会及中国所面临的时代挑战。从人口、生态、全球化与信息化等全球共同问题着手分析，再对中国社会近30年的社会变革的历程进行研究。当代中国教育宏观变革论。着重分析了当代中国近30年教育改革的宏观历程，并作了每一个阶段的评析和批判性反思。当代中国基础教育学校重建论。这是本书的核心构成，既是对上述两大部分研究在学校变革中的汇聚研究，又是对学校内部整体结构和基本活动的深入变革研究。

《中华人民共和国教育史》（上、下卷）

（何东昌主编，海南出版社2007年出版）

本书综述自1949年以来，我国教育发展的历史沿革，既概述社会主义建设、“文化大革命”、改革开放、恢复高考等重大历史事件，也展现与教育发展紧密相连的政治、经济、文化与社会背景。本书的基本框架按照中华人民共和国教育发展的两个历史时期（第一个时期从1949年10月至1976年10月；第二个时期从1976年10月至2004年底）进行建构。各卷原则上以时间为序，纵向设编，以事件和问题归类，横向设章、节、目，更好地展现我国教育发展的历史脉络。

《潘懋元教育口述史》

（潘懋元口述，肖海涛、殷小平整理，
北京师范大学出版社 2007 年出版）

本书介绍了我国著名高等教育学家、高等教育学科创始人潘懋元丰富的人生阅历及为我国高等教育学发展所作出的突出贡献。1978 年潘懋元创办并主持了全国第一所高等教育研究机构——厦门大学高等教育科学研究室；1981 年开始招收中国第一批高等教育学硕士生；1984 年教育部将该室改所并下达编制，潘懋元教授被任命为所长；1986 年该所被评为第一个博士学位授予点，潘懋元教授被评为中国第一位高等教育学科博士生导师，并开始招收第一批高等教育学博士生。通过这部口述史，新中国高等教育研究的诞生与发展得以呈现。本书还集中讨论了我国高等教育相关问题，包括民办高教、高职教育、高等教育分类定位与学制研究等。

《改革开放 30 年中国高等教育改革发展研究丛书》

（中国高等教育学会编，教育科学出版社 2008 年出版）

中国高等教育学会整体推出由三个板块组成的中国高等教育改革 30 年系列研究书系，包括:《改革开放 30 年中国高等教育发展经验专题研究》，本书通过对我国高等教育事业 30 年来取得的巨大成就与经验进行全面系统、客观准确、重点突出的总结研究，力求“全景式”地描绘、简述中国高等教育改革发展的全过程;《改革开放 30 年中国高等教育改革亲历者口述纪实》，本书通过亲历者口述历史的方式，表现中国高等教育改革不断开拓创新进程中的鲜活情节和故事，与亲历者同步感受中国高等教育改革发展、实践探索的时代脉搏与心路轨迹；《改革开放30年中国高等教育重要文献分类汇编》，本书对30年来我国高等教育领域的重要文献资料，按照高等学校管理研究工作检索的需要，加以归纳梳理，系统呈现政策性文件所记载的阶段性与连续性的重要历史经验，以及改革实践的主线和集体创造的智慧。

《教育大国的崛起：1978—2008》

（改革开放30年中国教育改革与发展课题组著，
教育科学出版社2008年出版）

本书立足中国社会主义初级阶段的基本国情和阶段性特征，着眼于改革创新的时代背景，全面回顾了从1978年改革开放到2008年我国教育改革与发展的重大战略思想、重大战略措施、重大战略部署的决策与实施过程，集中展示了这一历史时期中国教育改革与发展的艰难历程和辉煌成就，系统总结了这一时期我国教育改革与发展的基本做法、基本经验和重要启示，展现了我国政府以人为本、关注民生、优先发展教育的坚强决心，中国广大教育工作者深化教育改革发展的聪明才智，我国亿万人民关心、支持教育改革发展的满腔热情，揭示了中国特色社会主义教育的发展模式和规律特点。

《改革开放30年中国教育重大历史事件》

（改革开放以来的教育发展历史性成就和基本经验研究课题组著，
教育科学出版社2008年出版）

本书浓缩了从1978年到2008年中国教育的发展历程，从恢复高考到科教兴国战略、人才强国战略的实施，从实现九年义务教育到大踏步迈向高等教育大众化等30个对中国教育乃至中国社会发展有着方向性、全局性影响的事件，不仅推动了教育自身的巨大变革，也推动了30年中国社会的发展变化。全书遵循历史逻辑，着力刻画每一事件的发生、经过和影响，连接事件亲历者的回忆或典型案例，呈现出“重大历史事件”的现场感和画面感。

《改革开放30年中国教育重大理论成果》

（改革开放以来的教育发展历史性成就和基本经验研究课题组著，
教育科学出版社2008年出版）

本书提炼了充分反映从1978年到2008年教育思想观念取得突破性进展的18个重大理论成果，凝聚着改革开放以来教育理论界对教育新理念的思考与追求。全书遵循历史逻辑，回溯思想历程，梳理和总结了中国特色社会主义教育理论的发展脉络、核心思想和基本内涵，揭示了教育理论创新与教育政策变化的互动关系。

《改革开放30年中国教育纪实》

（顾明远主编，人民出版社2008年出版）

本书将1978年到2008年中国教育的成就概括为教育观念的转变、教育事业的发展、教育制度的创新、教育科研的繁荣四个方面，认为在教育观念转变中有两点尤其重要，即从“教育是阶级斗争的工具”转变到“科教兴国”、“教育先行”的发展战略；从“知识分子是臭老九”到“知识分子是工人阶级的一部分”。这两点改变了我国教育的命运，也改变我国整个社会的命运。教育事业的发展表现为使我国从一个人口大国转变为人力资源的大国。全书梳理了改革开放以来中国的教育发展史，不仅对中国教育发展的经验有着总结意义，而且更重要的是回顾过去，展望未来，厘清改革开放以来中国教育事业发展演变的脉络。

《中华人民共和国教育60年》

（方晓东主编，湖北教育出版社2009年出版）

本书是全国教育科学“十一五”规划教育部重点课题“中华人民共和国教育发展模式和经验研究”的重要研究成果，以我国的社会主义建设伟大实践为背景，生动描述了教育大国崛起的气势恢宏、波澜壮阔的历史进程，热情歌颂了党和人民为中华民族伟大复兴筚路蓝缕、尊师重教的光荣传统，全面展示了各级各类教育事业不断探索和不懈追求的巨大成就。全书选择与中国教育改革发展密切相关的15个重要专题，来展示我国教育的发展轨迹。每个专题从正反两方面如实地反映了中华人民共和国教育发展的曲折历程，对成就做了全面梳理和系统总结，为实施中长期教育发展规划，推进我国教育现代化建设提供了重要的历史借鉴。

《新中国60年·学界回眸（教育发展卷）》

（北京市社会学界联合会编，北京出版社2009年出版）

本书是《新中国60年·学界回眸》丛书系列成果之一，着力总结了从1949年到2009年，特别是改革开放以来教育领域所取得的巨大成就。通过梳理和总结60年来教育领域的重点事件，如教育本质大讨论、“三个面向”的提出、科教兴国战略的提出、全面推进素质教育、新一轮课程改革、高等教育大众化、终身教育理念的引进、民办教育的改革与发展等，阐明了教育学科的重要理论建树，形成了教育学科理论和社会实践的有效互动。

《中国高等教育改革与发展30年》

（别敦荣、杨德广主编，上海教育出版社2009年出版）

本书以高等教育改革与发展为纵轴，以一些重大主题为横轴，分别从宏观和微观两方面设计了18个专题，包括我国高等教育由精英化走向大众化的发展历程、高等教育招生考试制度、高等教育管理体制改革、高等教育投资体制、高等教育收费制度、大学生就业制度、高等教育评估制度、学位与研究生教育、高等教育国际交流与合作、世界一流大学建设、高校教学改革、高校文化素质教育、高校德育、大学英语教学改革、高校管理体制改革、高校人事制度、高校信息技术、高校后勤改革等，意图从一个个断面透视30年高等教育改革与发展的各大主题。

《中国基础教育改革发展研究》

（叶澜主编，中国人民大学出版社2009年出版）

本书是对新中国成立以来基础教育改革的一次全面、历史性反思与未来展望，呈现出理论透析的力度和深入研究实践的厚度。全书首先整体呈现了当代中国基础教育三十年的演化脉络和总体状态；其次进入专题研究，探讨了教育改革过程中重要而有待深化的问题，如改革主体的构成与相互关系、宏观决策的价值导向、基础教育事业的推进策略、基础教育系统改革以及学校内部改革问题等；最后是面向未来的思考，指向基础教育的战略选择和改革方法论问题，认为必须在当代中国社会与教育改革相互关系的意义上认识基础教育改革的性质、任务及其在当代实施的艰巨性与复杂性，进一步解放思想，努力提升教育改革中教育科学的含金量。

《2020：中国教育改革方略》

（杨东平主编，人民出版社 2010 年出版）

本书以《国家中长期教育改革和发展规划纲要（2010—2020年）》为基础，结合我国教育的实际状况，对中国教育阶段特征以及中国教育改革和发展进程中所存在的问题，如教育资源公平使用、教育公平发展路径、教育经费筹集使用、教育制度创新，农民工子女和儿童教育等突出问题，根据各地方政府发展教育的理念和瓶颈，给出了理论思考和可以实施的政策建议，基本涵盖了从2010 年到 2020 年我国教育改革推进所要解决的全部议题，对于政府教育工作者具有一定的借鉴意义。

《热点问题冷思考：透视中国基础教育（上、下册）》

（顾明远主编，教育科学出版社 2010 年出版）

本书紧紧围绕《国家中长期教育改革和发展规划纲要（2010—2020 年）》所涉及的重大教育改革和发展问题架构了 8 个相对独立的篇章，包括教育现代化与人力资源强国建设、素质教育与人才培养模式创新、促进教育公平与教育均衡发展、教育评价制度改革与全面提高教育质量、教育管理体制创新与提升校长领导力、课程改革与有效教学模式构建、教师职后教育模式与教师专业发展、多元文化形态与增强德育实效性等，既有关乎教育发展命脉的宏大叙事，又有百姓聚焦的热点话题。力图针对当前我国基础教育改革和发展中的重大问题、热点问题和难点问题，汇集众多权威声音，独辟蹊径，以独特视角冷静透视，全方位诊治，以启迪思想，提升学术，指导实践，探寻教育改革与发展之归途。

《中国教育改革发展研究》

（吴德刚著，教育科学出版社 2011 年出版）

本书对从 1978 年到 1998 年我国教育改革的历史进程进行了全面的回顾，系统总结了改革开放以来教育改革取得的历史性成就和基本经验，分析了教育改革发展中面临的困难和问题。本书对教育体制改革、农村和城市教育综合改革、企业教育综合改革等宏观问题进行了专题研究；对基础教育、职业教育、成人教育、高等教育、民族教育、师范教育等各级各类教育改革进行了分类研究；对缩小我国教育的地区差距、性别差距、民族差距等问题进行了探索；对市场经济快速发展、知识经济初见端倪、经济全球化背景下的中国教育战略对策进行了思考。本书在此基础上，提出了面向 21 世纪中国教育改革的指导思想和原则。

《人口流动背景下的义务教育体制改革》

（范先佐 等著，中国社会科学出版社 2011 年出版）

本书是教育部人文社会科学研究基地重大项目《农村人口流动背景下义务教育体制改革研究——中部地区农村“流动儿童”与“留守儿童”义务教育实证调查与对策研究》的结题成果。本书基于对中部地区的湖北、河南、安徽省部分县（市）流动人口子女义务教育问题的多次专门调查，并结合全国其他省（市）的调查研究，从制度层面就农民工子女的教育公平问题及其原因进行分析，并在此基础上提出进一步调整和改革现行义务教育体制的对策思路。

《中国教育改革发展丛书》

（袁贵仁主编，人民教育出版社、高等教育出版社、语文出版社 2012 年出版）

本丛书由国家教育体制改革领导小组办公室组织编写，全面反映了近年来，特别是教育规划纲要颁布实施以来我国教育改革发展的生动实践和前沿动态，展示我国教育改革发展的历史进程和重要成就，总结宣传推广教育改革发展取得的新成果、新经验，广泛汇集专家学者对教育改革发展的新思路、新探索，以进一步推动纲要的贯彻落实，促进教育事业科学发展。丛书按照不同角度分为 6 个系列。其中包括反映全国各地贯彻落实教育规划纲要进展的前沿报告（《落实教育规划纲要纪实》《中国的“两基”攻坚》）；回顾我国各级各类教育改革发展成果的发展历程（《中国高水平大学建设之路——从“211 工程”到 2011 计划》）；反映各地破解教育改革发展热点重点难点问题取得的典型经验（《教育改革典型案例一》《教育改革典型案例二》《学前教育跨越式发展》《全面推进义务教育均衡发展》《素质教育新探索》《完善家庭经济困难学生资助体系》《落实教育规划纲要两周年报告》《高等学校内涵发展探索》《职业教育办学模式改革》《高等教育人才培养模式改革》《探索完善中国特色现代大学制度》《建设高素质专业化教师队伍》《教育法制建设新实践》)；反映专家学者对教育改革发展的新思考、新探索（《专家学者论教育一》)；反映国家教育咨询委员会委员关于教育改革发展政策、措施以及有关问题的咨询意见和建议（《中国教育咨询报告一》《中国教育咨询报告二》)；反映外国学界、政界、传媒界等方面人士对我国教育改革发展取得的成绩、面临问题的评论和研究（《外国人看中国教育》)。

《改革开放以来中国教育改革的规律问题研究》

（孙绵涛著，人民出版社 2012 年出版）

本书包括两部分，第一部分是对中国教育改革规律进行的理论探索，具体包括两个方面，一是对教育改革规律的内涵、类型及相关范畴的分析，二是对中国教育改革内部规律中的基本规律和具体规律的探索。第二部分是对中国教育改革实践进行的反思，包括教育改革的总体实践、教育改革的具体实践，如对基础教育、高等教育、成人教育、职业教育等的反思，分析了其中存在的问题，并针对问题提出了改进策略。

《顾明远教育口述史》

（顾明远口述，李敏谊、滕珺整理，北京师范大学出版社2012年出版）

本书是中国教育学会荣誉会长、中国教育学界泰斗级学者顾明远教授讲述的本人的教育、生活、工作经历，以个人教育生活的历史来反映中国教育近90年的历史变迁。全书以第一人称的方式来讲述中国教育发展过程中的一些故事，以亲切的口气道出中国教育发展过程中的诸多大事、要事，在个人生活史之中阐述中国教育发展史，在历史之中又充满个人的故事。不仅还原了顾先生的成长、生活、工作，而且具有重要的史料价值。

《中国教育改革进展报告2012》

（曾天山 等著，教育科学出版社2013年出版）

本书就推进教育改革的重要意义做了全面论述，并分别针对我国教育人才制度改革、教育投入体制改革、教育信息化改革、人才培养体制改革、考试招生制度改革、学校制度改革、办学体制改革、管理体制改革、教育对外开放、教育评价改革以及教育与经济社会综合改革的最新进展情况做了系统阐述，梳理了近年来我国教育改革在重点领域和关键环节取得的若干突破，并对下一步教育改革的重心和措施提出了相应的政策建议。

《中国研究生教育体制改革研究》

（“研究生教育体制改革研究”课题组编，

高等教育出版社 2013 年出版）

本书基于研究生教育体制的集权与分权、效率与公平、计划与市场的三个角度，重点对我国研究生教育体制中的招生制度、硕士和博士生资助机制、教育资源配置体制、培养质量与发展质量的评价和反馈机制等四个方面进行了深入研究。综合运用多种研究方法，在定性与定量分析的基础上，指出了我国现有的研究生招生制度、硕士和博士生资助体制、教育资源配置体制、培养质量与发展质量的评价和反馈体制中存在的问题，并提出了解决这些问题的政策建议，指明了我国研究生教育体制改革的价值取向：应继续增强分权意识，提升研究生培养单位自主性；正确处理公平与效率关系，在保障效率的前提下，适度增加公平性；积极引入市场因素，适度降低指令性计划的影响。

《重启教育改革：中国教育改革十八讲》

（朱永新、马国川著，生活·读书·新知三联书店 2014 年出版）

本书试图以问题为导向，通过考察教育制度的演变，梳理导致教育问题产生的制度根本，探究解决中国教育现实问题的路径。本书通过梳理教育公平问题和教育质量问题产生和发展的过程发现，这两大问题都与教育体制密切相关。本书以一问一答式对话，就学前教育、中小学教育、大学教育各阶段存在的现实问题，予以全面反思，并兼涉职业教育和民办教育，深刻分析了教育改革缺乏动力的内外原因，指出打破教育改革僵局，重启教育改革，是中国教育走出困境、重新赢得国人信任的唯一出路，舍此别无他途。

《中国教育改革大系》

（朱永新主编，湖北教育出版社 2015 年出版）

本丛书全景式地展示了改革开放以来我国教育改革与发展的历史进程和重要成就，系统总结了我国教育改革和发展取得的成果和经验，广泛地汇集了专家学者对我国教育改革与发展的新思路和新探索。丛书分为十卷:《学前教育卷》《中小学教育卷》《职业教育卷》《高等教育卷》《终身教育卷》《学科教学卷》《教育实验卷》《德育卷》《教育体制与教育财政卷》《教育改革理论卷》，全面地提出了要优先发展教育、重建教育改革哲学、推进教育公平、释放全社会的教育活力、培养合格公民、依法治教、加强教师队伍建设等建议。

《构建城乡一体化的教育体制机制研究》

（李玲 等著，经济科学出版社 2015 年出版）

本书是教育部哲学社会科学研究重大课题攻关项目“构建城乡一体化的教育体制机制研究”的成果。全书在西部多省乃至全国范围的大规模实地调查和混合研究数据分析、多学科模型构建的基础上，深入探讨城乡以义务教育阶段为主，同时兼顾学前教育、职业教育和继续教育阶段中的四大教育体制机制（即人事调配体制机制、经费投入体制机制、办学与硬件资源配置体制机制以及人才培养与评价体制机制）中存在的问题和内外部影响因素，并尝试探索构建我国城乡一体化教育体制机制的路径框架并给出了对策建议。

《教育政策与教育改革（上卷）：本土探索》

（范国睿 等著，教育科学出版社 2016 年出版）

本书从讨论教育体制改革与教育生态活力的辩证关系入手，在系统分析《国家中长期教育改革和发展规划纲要（2010—2020 年）》对国家教育改革顶层设计影响的基础上，从社会、历史与文化以及教育系统的内在变革机理等视角，对教育均衡发展、普通高中教育现代化、农村中小学布局调整、师范生免费教育、高层次科技创新人才培养等重大教育改革的政策变化、改革举措及其成效与影响进行了评析。教育改革的基点在学校，在学校改革层面，本书论证了建构学校教育哲学以及基于自主办学与多元共治的学校治理体系之必要性；在反思当代教育改革的种种问题与不足的同时，提出了培育教育改革的理性化品格，创造出具有中国本土化特征的教育改革范式的历史使命。

《教育与未来——中国教育改革之路》

（周光礼、周详著，中国人民大学出版社 2016 年出版）

本书旨在突出教育改革的中国模式、教育发展的中国道路和教育振兴的中国行动。对教育体制改革、农村和城市教育综合改革、企业教育综合改革等宏观问题进行了专题研究；对基础教育、职业教育、成人教育、高等教育、民族教育、师范教育等各级各类教育改革进行了分类研究；对缩小我国教育的地区差距、性别差距、民族差距等问题进行了探索；对市场经济快速发展、知识经济初见端倪、经济全球化背景下的中国教育战略对策进行了思考。

《中国教育改革的逻辑——对改革开放以来我国基础教育改革的反思》

（阎亚军著，浙江大学出版社 2016 年出版）

本书在反思我国基础教育改革实际运行逻辑存在问题的同时，提出了几条有针对性的、促进我国基础教育改革走向深入的路径。本书的学术创新在于建立了一个新的理论框架来分析中国 30 多年基础教育改革的逻辑。这一框架以教育改革通常要回答的几个问题为基础，对我国 30 多年基础教育改革予以全景式的透视，以期探寻基础教育改革的“中国模式”。

《国家教育体制改革试点阶段性案例研究》

（国家教育行政学院编著，教育科学出版社 2016 年出版）

本书分为《国家教育体制改革试点阶段性案例研究（基础教育卷）》和《国家教育体制改革试点阶段性案例研究（高等教育卷）》。两本书分别对特定的试点阶段和试点范围内典型案例进行凝练与总结，对试点项目行之有效的做法进行了详细介绍，更对相关改革举措的背景、存在的问题、取得的成效进行了全面深入的理论分析和总结反思。其中，《国家教育体制改革试点阶段性案例研究（基础教育卷）》包括学前教育、素质教育、义务教育均衡、教师队伍建设、职业教育、民办教育、省级统筹和教育投入等内容；《国家教育体制改革试点阶段性案例研究（高等教育卷）》包括高等教育综合改革、现代大学制度建设、办学自主权、办学模式、人才培养模式改革、中外合作办学及粤港闽台合作办学教育体制改革、教育投入、民办高等教育等内容。

《中国教育路在何方——顾明远教育漫谈》

（顾明远著，人民教育出版社 2016 年出版）

本书总结了我国教育改革取得的经验，厘清了我国教育领域中一些重大现实问题产生的复杂背景，对我国教育的重难点问题做了历史性的系统深入反思。本书分为上编和下编两部分，在上编中，着重探讨了我国教育的困境及成因、教育的责任、素质教育、人才培养模式改革、教师的作用以及学校制度改革六大问题，以漫谈的形式对其教育思想进行了系统化阐释。下编是作者发表的与中国教育改革直接相关的文章汇总，为读者深入理解上编内容提供了理论支持。在此基础上，本书探析了未来我国教育改革的路向，提出了应对策略，对于我国教育理论的一些重大问题特别是素质教育问题做出了回答。

《中国学制百年》

（顾明远、张东娇主编，教育科学出版社 2016 年出版）

本书回望自清代颁行《奏定学堂章程》以来我国学校制度的百年变迁历史，透过权威而精当的史料分析，展现了我国教育者在动荡和匮乏的年代，为了传承中华文化，为了强壮民族精神共御外辱，为了新民主主义革命的胜利而做出的艰苦卓绝的努力，也展现了新中国的领导人和教育工作者们，为了提高全体人民的文化素养，为了每一个儿童的全面发展，而付出的辛勤探索。本书分清末、民国时期以及新中国成立后三个时期，对中国近现代学制形成、改革的背景、内容及意义做了细致的梳理，总结了其中的经验和教训。

《教育体制综合改革发展报告（第一辑）》

（李玲、郑家福主编，高等教育出版社 2017 年出版）

《教育体制综合改革发展报告（第一辑）》在整体把握新中国成立以来教育体制、教育制度和教育法规变迁脉络的基础上，纵向贯穿学前教育、义务教育、高中阶段教育、职业教育、继续教育和高等教育六个教育层级；横向从包括教育体制改革的五大维度，即办学体制、人事调配体制、经费投入体制、人才培养体制、质量与评价体制，来探究教育体制改革中存在的问题及其原因和对策。依据对部分试点地区和学校教育体制改革现状及存在问题所进行的深入调查，提炼出典型经验和成功模式，以期为我国各级政府破除教育改革中的体制障碍提供有益的政策参考，并为高等教育管理领域的相关研究者提供一定的借鉴。

《做可推广的教育》

（韩园林著，华东师范大学出版社 2017 年出版）

本书讲述了作者从教三十年来的种种经历，讲述了从教师到校长，到局长的许多教育故事，是一部生动的三十年教育口述史。虽然角色变换、地域转换，但作者对教育的一往情深与拳拳赤诚始终跃然纸上，作者的教育智慧，教育改革，始终以“做可推广的教育”为落脚点。作者在教学中不拘泥课本中的知识，关注学生思维培养、学识增长；在学校管理上注重校长领导力，重视学校的文化建设、学生的道德养成、师生的民主和谐；在局长岗位上重视教育资源的均衡配置，推进教育国际化、现代化的进程。

《教育现代化的中国之路——纪念教育改革开放40年丛书》

（袁振国主编，华东师范大学出版社2018年出版）

本丛书分为十卷:《从反正到立新：教育理论创新之路》《从追赶到超越：教育跨越式发展之路》《从法制到法治：教育法治建设之路》《从被动接受到主动学习：教学改革发展之路》《从有益补充到共同发展：民办教育改革发展之路》《从辅助教学到重塑生态：教育信息化发展之路》《从规制到赋能：教育制度变迁创新之路》《从高度集中到放管结合：高等教育变革之路》《从整齐划一到多样选择：课程改革发展之路》《从分等到分类：职业教育改革发展之路》。以史为经，以论为纬，史论结合，以教育现代化为主线，从40年教育改革的主要领域和关键环节提炼出中国教育改革发展的规律，进一步明确培养什么人、怎样培养人，办什么教育、怎么办教育的根本问题，从而为未来中国教育发展做出理论指引，为世界教育改革发展，讲述中国故事，形成中国话语，提供中国经验。

《教育强国之道——改革开放以来重大教育决策研究》

（中国教育科学研究院著，教育科学出版社2018年出版）

本书聚焦国家战略需求，以中国教育科学研究院教育大数据研究为基础，以教育智库的视角，选取改革开放以来我国最具影响力的40项重大教育决策，借助史料、统计数据、研究文献等，对这些重大教育决策进行全景展现、经验总结和规律提炼。本书涉及办好学前教育、实施素质教育、建设高水平大学、发展终身教育、规范民办教育、办好特殊教育等重大政策领域，以及落实立德树人根本任务、基础教育课程改革、普及高中阶段教育、建立现代学校制度、推进依法治教、教育信息化建设、教育脱贫等重大政策议题，从理论、实践和决策层面，为发展新时代中国特色社会主义教育事业、办好人民满意的教育提供参考。

《中国教育改革回溯与前瞻——改革开放以来中国教育政策的变迁与趋势》

（薛二勇　等著，湖北教育出版社 2018 年出版）

本书通过回顾与梳理中国教育领域改革开放 40 年的进程，总结中国教育改革的经验与教训。同时系统研究党的十八大以来中国教育改革的主要成果，体现为“十大育人”体系，可以概括为“一个核心、两翼驱动、三个抓手、四个保障”，强调这是教育改革和发展的基本保障与制度基础。

《实践—理论—应用：潘懋元口述史》

（潘懋元口述，郑宏整理，华中科技大学出版社 2019 年出版）

本书以第一人称回顾与总结了潘懋元担任厦门大学副校长以及长期从事高等教育教学和研究的经历，由潘懋元口述中国高等教育改革的重大事件，以及他对这些改革的感受与看法，重点阐述了中国研究生制度改革、民办高等教育改革、高职改革、应用型本科改革、高考制度改革，以及改革实践与高等教育理论研究的关系等。以第一人称的视角再现了当代中国高等教育改革重大理论与实践风貌。

《行行重行行：王义遒口述史》

（王义遒著，华中科技大学出版社 2019 年出版）

本书叙述作者在 1985 年至 1999 年的 15 个年头担任北京大学行政管理工作所经历的中国高等教育教学改革复杂多变的历史。全书详细叙述了当年改革的思路与各种具体措施。其中特别指出了原有“综合大学”模式的局限，阐明了建设新型的、真正综合大学之路。作为亲历者，书中还细致叙述了使我国大学迈向国际先进和世界一流的“211 工程”和“985 工程”的出台经过，以及它们的实施过程与所起的作用。

《改革路上——张楚廷口述史》

（张楚廷著，华中科技大学出版社 2019 年出版）

本书是张楚廷在担任湖南师范大学校长期间关于大学教学、管理等工作的回忆与思考。全书以改革为主线，回顾了湖南师范大学去行政化、院系改革、人才引进与流动、教师管理、教学改革等各方面的改革情况，以第一人称的视角再现了湖南师范大学近 30 年的发展变革情况。同时，以哲学的视角呈现了一位人文研究者对改革的理解与实践。

《儿童·国家·未来：学前教育体制机制改革研究》

（虞永平主编，南京师范大学出版社 2020 年出版）

本书是我国首部系统的学前教育体制机制改革研究的专著，关注了我国学前教育办学体制、投入体制、管理体制以及评价体制等的现状和问题，运用了文献法、调查法等多种研究方法，采用了现代治理、经济学、管理学、社会学、生态学等领域的理论，借鉴了相关的国际经验，在深入研究的基础上，形成了一些相应的立场和对策，构建了一些具有针对性的模式，提出了一系列关于学前教育的政策建议。

《育人而非制器——杨叔子口述史》

（杨叔子口述，肖海涛整理，华中科技大学出版社 2020 年出版）

本书采用口述史的方法，记录了世纪之交中国高等教育大改革、大发展的背景下，作者担任华中理工大学校长、从事管理工作以及学校改革发展的历史，尤其是文化素质教育将近 20 年的发展历史，展示了丰富的历史画卷。

《中国教育体制机制改革研究》

（郅庭瑾主编，华东师范大学出版社 2021 年出版）

本书摒弃了传统著述中执着于概念辨析和理论探讨的思路，转而通过教育改革与发展过程中的现实问题，通过对一个个真实问题的剖析和破解，进而揭示体制机制在教育领域中的存在及作用方式。即全书以“中国教育体制机制改革”为分析和阐释问题的逻辑主线，以“教育现代化”、“教师队伍建设”、“‘双一流’建设”、“新高考改革”、“职业教育”、“教育扶贫脱贫”、“国际教育政策趋向”等为关键词，将对教育体制机制改革的分析与论述嵌入上述关键问题之中，进而反映当前我国教育体制机制改革的现状、存在的问题以及未来的发展方向。

《教育改革论》

（周洪宇著，湖北教育出版社 2021 年出版）

本书是关于教育改革的一系列文章的整理结集，书中对教育改革的探讨分为“新时代教育改革”、“高考制度改革”、“教师队伍建设”、“教育公平”、“教育评价”、“教育智库与教育治理”等专题，基本上涵盖了教育改革中的热点与难点。根据各个专题的聚焦程度，从宏观、中观、微观三个层面将文章编为上、中、下三编，上编为关于教育改革的宏观总论，中编为具体教育领域的改革论，下编则就教育改革进程中的一些实际问题分别论述，大致勾勒出了中国教育改革的历程。

重要文献索引

▼

政策文件

《国务院批转教育部、国家劳动总局关于中等教育结构改革的报告》,《中华人民共和国国务院公报》,1980 年 16 期。

《国务院转教育部、公安部、外交部、劳动人事部制定的〈自费出国留学的规定〉的通知》,《山西省人民政府公报》,1982 年 09 期。

《中共中央 国务院关于加强和改革农村学校教育若干问题的通知》,《中华人民共和国国务院公报》,1983 年 12 期。

《教育部关于进一步提高普通中学教育质量的几点意见》,《中华人民共和国国务院公报》,1983 年 18 期。

《国务院批转〈国家教育委员会关于改革和发展成人教育的决定〉的通知》,《中华人民共和国国务院公报》,1987 年 18 期。

《国务院关于筹措农村学校办学经费的通知》,《中华人民共和国国务院公报》,1984 年 31 期。

《中共中央关于教育体制改革的决定》,《中华人民共和国国务院公报》,1985 年 15 期。

《国务院办公厅转发国家教育委员会等部门关于实施〈义务教育法〉若干问题意见的通知》,《中华人民共和国国务院公报》,1986 年 26 期。

《国务院关于大力发展职业技术教育的决定》,《中华人民共和国国务院公报》，1991 年 36 期。

《中共中央 国务院关于印发〈中国教育改革和发展纲要〉的通知》,《中华人民共和国国务院公报》，1993 年 04 期。

《国务院关于〈中国教育改革和发展纲要〉的实施意见》,《中华人民共和国国务院公报》，1994 年 16 期。

《国务院办公厅转发国家教委关于深化高等教育体制改革若干意见的通知》,《中华人民共和国国务院公报》，1994 年 16 期。

《国务院关于调整撤并部门所属学校管理体制的决定》,《中华人民共和国国务院公报》，1998 年 17 期。

《教育部关于办好一批重点中小学的试行方案的通知》，载何东昌主编,《中华人民共和国重要教育文献（1976—1990）》，海南出版社，1998 年版，第 1591–1592 页。

《国务院关于扫除文盲的指示》，载何东昌主编,《中华人民共和国重要教育文献（1976—1990）》，海南出版社，1998 年版，第 1651–1652 页。

《国务院批转〈教育部关于大力发展高等学校函授教育和夜大学的意见〉的通知》，载何东昌主编,《中华人民共和国重要教育文献（1976—1990）》，海南出版社，1998 年版，第 1842–1843 页。

《教育部关于分期分批办好重点中学的决定》，载何东昌主编,《中华人民共和国重要教育文献（1976—1990）》，海南出版社，1998 年版，第 1860–1861 页。

《中共中央、国务院关于普及小学教育若干问题决定》，载何东昌主编,《中华人民共和国重要教育文献（1976—1990）》，海南出版社，1998 年版，第 1877–1879 页。

《国务院批转教育部等七个部门〈关于自费出国留学的请示〉》，载何东昌主编,《中华人民共和国重要教育文献（1976—1990）》，海南出版社，1998年版，第1891–1892页。

《教育部、劳动人事部、财政部、国家计委关于改革城市中等教育结构发展职业技术教育的意见》，载何东昌主编,《中华人民共和国重要教育文献（1976—1990）》，海南出版社，1998年版，第2089–2091页。

《国家教委关于中小学教师队伍调整整顿和加强管理的意见》，载何东昌主编,《中华人民共和国重要教育文献（1976—1990）》，海南出版社，1998年版，第2118–2119页。

《国家教委关于加强在职中小学教师培训工作的意见》，载何东昌主编,《中华人民共和国重要教育文献（1976—1990）》，海南出版社，1998年版，第2372–2373页。

《关于转发国家教育委员会中、小学教师职务试行条例等文件的通知》，载何东昌主编,《中华人民共和国重要教育文献（1976—1990）》，海南出版社，1998年版，第2439–2443页。

《教育部关于印发〈关于调整中等职业学校布局结构的意见〉的通知》,《中华人民共和国教育部公报》，1999年10期。

《中共中央 国务院关于深化教育改革全面推进素质教育的决定》,《中华人民共和国国务院公报》，1999年21期。

《国务院关于基础教育改革与发展的决定》,《中华人民共和国国务院公报》，2001年23期。

《教育部关于加强基础教育办学管理若干问题的通知》,《中华人民共和国教育部公报》，2002年03期。

《教育部关于"十五"期间教师教育改革与发展的意见》，教育部网站，2002年3月1日。

《教育部、中华全国总工会关于全面推进校务公开工作的意见》，

《中华人民共和国教育部公报》，2002 年 04 期。

《教育部关于印发〈基础教育工作分类推进与评估指导意见〉的通知》，《中华人民共和国教育部公报》，2002 年 10 期。

《国务院办公厅关于完善农村义务教育管理体制的通知》，《中华人民共和国国务院公报》，2002 年 16 期。

《国务院关于深化改革加快发展民族教育的决定》，《中华人民共和国国务院公报》，2002 年 24 期。

《国务院关于大力推进职业教育改革与发展的决定》，《中华人民共和国国务院公报》，2002 年 29 期。

《教育部办公厅关于做好高等学校自主选拔录取改革试点工作的通知》，《中华人民共和国教育部公报》，2003 年 05 期。

《关于进一步做好普通高等学校本科教学工作评价的若干意见》，教育部网站，2003 年 5 月 9 日。

《教育部关于加强依法治校工作的若干意见》，《中华人民共和国教育部公报》，2003 年 09 期。

《人事部、教育部关于印发〈关于深化中小学人事制度改革的实施意见〉的通知》，《中华人民共和国教育部公报》，2003 年 10 期。

《国务院办公厅转发教育部等部门（单位）关于幼儿教育改革与发展指导意见的通知》，《中华人民共和国国务院公报》，2003 年 12 期。

《教育部关于积极推进中小学评价与考试制度改革的通知》，《中华人民共和国国务院公报》，2003 年 19 期。

《国务院关于进一步加强农村教育工作的决定》，《中华人民共和国国务院公报》，2003 年 31 期。

《全面推进依法行政实施纲要》，法律出版社，2004 年版。

《教育部关于确定第二批全国社区教育实验区的通知》，《中华人民共和国教育部公报》，2004 年 01 期。

《教育部、国家发展改革委、财政部关于在全国义务教育阶段学校推行“一费制”收费办法的意见》，《中华人民共和国教育部公报》，2004 年 03 期。

《教育部办公厅关于启用〈民办学校办学许可证〉有关问题的通知》，《中华人民共和国教育部公报》，2004 年 04 期。

《教育部关于发布〈中小学生守则〉、〈小学生日常行为规范（修订）〉和〈中学生日常行为规范（修订）〉的通知》，《中华人民共和国教育部公报》，2004 年 04 期。

《教育部办公厅关于印发〈普通高等学校本科教学工作水平评估方案（试行）〉的通知》，《中华人民共和国教育部公报》，2004 年 10 期。

《教育部等七部门关于进一步加强职业教育工作的若干意见》，《中华人民共和国教育部公报》，2004 年 11 期。

《教育部办公厅关于成立教育部依法行政与政务公开工作领导小组的通知》，《中华人民共和国教育部公报》，2004 年 11 期。

《中华人民共和国民办教育促进法实施条例》，《中华人民共和国国务院公报》，2004 年 14 期。

《国家发展改革委 新闻出版总署教育部关于印发〈中小学教材出版招标投标试点实施办法（修订）〉和〈中小学教材发行招标投标试点实施办法（修订）〉的通知》，《中华人民共和国教育部公报》，2005 年 02 期。

《教育部关于进一步推进义务教育均衡发展的若干意见》，《中华人民共和国教育部公报》，2005 年 02 期。

《教育部、国家民委关于进一步做好民族地区寄宿制中小学管理工作若干问题的意见》，《中华人民共和国教育部公报》，2005 年 02 期。

《教育部关于印发〈普通中小学校和中等职业学校贯彻《学校艺术

教育工作规程》评估方案（试行）〉的通知》,《中华人民共和国教育部公报》，2005 年 04 期。

《教育部等七部门关于开展创建规范教育收费示范县（市、区）活动的意见》,《中华人民共和国教育部公报》，2005 年 05 期。

《教育部关于印发〈教育部关于实行高等学校招生工作责任制及责任追究暂行办法〉的通知》,《中华人民共和国教育部公报》，2005 年 06 期。

《教育部等七部门关于 2005 年治理教育乱收费工作的实施意见》,《中华人民共和国教育部公报》，2005 年 06 期。

《教育部关于切实增加教育投入确保实现教育经费法定增长有关工作的通知》,《中华人民共和国教育部公报》，2006 年 01 期。

《教育部关于全面推进依法行政工作的实施意见》,《中华人民共和国教育部公报》，2006 年 01 期。

《教育部关于大力发展民办中等职业教育的意见》,《中华人民共和国教育部公报》，2006 年 02 期。

《天津市人民政府 教育部关于印发国家职业教育改革试验区建设实施方案的通知》,《中华人民共和国教育部公报》，2006 年 02 期。

《教育部办公厅关于印发〈高等学校教学质量与教学改革工程立项项目经费管理办法〉的通知》，教育部网站，2006 年 3 月 21 日。

《教育部办公厅关于进一步做好高等学校自主选拔录取改革试点工作的通知》,《中华人民共和国教育部公报》，2006 年 04 期。

《国务院关于深化农村义务教育经费保障机制改革的通知》,《中华人民共和国国务院公报》，2006 年 05 期。

《教育部、国务院纠风办、监察部、国家发展改革委、财政部关于在农村义务教育经费保障机制改革中坚决制止学校乱收费的通知》,《中华人民共和国教育部公报》，2007 年 01 期。

《教育部、财政部关于加强农村义务教育经费保障机制改革督导工作的意见》,《中华人民共和国教育部公报》，2007 年 04 期。

《教育部关于进一步做好农村义务教育经费保障机制改革有关工作的通知》,《中华人民共和国教育部公报》，2007 年 09 期。

《教育部办公厅关于印发〈普通高等学校本科教学工作水平评估学校工作规范（试行）〉和〈普通高等学校本科教学工作水平评估专家组工作规范（试行）〉的通知》,《中华人民共和国教育部公报》，2007 年 11 期。

《国务院批转教育部国家教育事业发展“十一五”规划纲要的通知》,《中华人民共和国国务院公报》，2007 年 18 期。

《教育部办公厅关于做好 2008 年普通高校招收保送生工作的通知》,《中华人民共和国教育部公报》，2008 年 01 期。

《教育部关于印发〈中小学体育工作督导评估指标体系（试行）〉的通知》,《中华人民共和国教育部公报》，2008 年 09 期。

《教育部办公厅关于做好 2009 年高等学校自主选拔录取改革试点工作的通知》，教育部网站，2008 年 12 月 12 日。

《教育部关于公布 2009 年普通高等教育高职高专专业设置整理结果的通知》，教育部网站，2009 年 2 月 20 日。

《教育部关于当前加强中小学管理规范办学行为的指导意见》,《中华人民共和国国务院公报》，2009 年 24 期。

《教育部关于贯彻落实科学发展观进一步推进义务教育均衡发展的意见》，教育部网站，2010 年 1 月 19 日。

《教育部关于深化基础教育课程改革进一步推进素质教育的意见》，教育部网站，2010 年 6 月 1 日。

《国务院办公厅转发教育部关于义务教育阶段办学体制改革试验工作若干意见的通知》，中国政府网，2010 年 11 月 18 日。

《教育部关于推进中小学信息公开工作的意见》，教育部网站，2010 年 12 月 25 日。

《国务院关于当前发展学前教育的若干意见》，《江西省人民政府公报》，2010 年 24 期。

《国务院办公厅关于开展国家教育体制改革试点的通知》，中国政府网，2011 年 1 月 12 日。

《教育部关于印发〈高等学校思想政治理论课建设标准（暂行）〉的通知》，教育部网站，2011 年 1 月 19 日。

《财政部、国家发展改革委、教育部、人力资源社会保障部关于扩大中等职业学校免学费政策覆盖范围的通知》，教育部网站，2011 年 2 月 15 日。

《教育部关于公布 2010 年度高等学校专业设置备案或审批结果的通知》，教育部网站，2011 年 3 月 8 日。

《教育部等九部门关于加快发展面向农村的职业教育的意见》，教育部网站，2011 年 10 月 25 日。

《教育部关于十二五期间高等学校设置工作的意见》，教育部网站，2011 年 12 月 19 日。

《教育部关于印发义务教育语文等学科课程标准（2011 年版）的通知》，教育部网站，2011 年 12 月 28 日。

《教育部关于充分发挥行业指导作用推进职业教育改革发展的意见》，《中华人民共和国教育部公报》，2012 年 02 期。

《教育部、科技部关于开展高等学校新农村发展研究院建设工作的通知》，教育部网站，2012 年 3 月 13 日。

《教育部关于加强督学责任区建设的意见》，教育部网站，2012年5月4日。

《教育部关于鼓励和引导民间资金进入教育领域 促进民办教育健康发展的实施意见》，教育部网站，2012年6月18日。

《教育部关于进一步加强中小学校督导评估工作的意见》，教育部网站，2012年9月5日。

《国务院批转国家教育委员会〈关于出国留学人员工作的若干暂行规定〉的通知》，国务院办公厅网站，2012年9月21日。

《教育部国家发展改革委财政部关于深化教师教育改革的意见》，教育部网站，2012年11月8日。

《教育部 中央编办 财政部 人力资源社会保障部关于加强幼儿园教师队伍建设的意见》，教育部网站，2012年11月8日。

《教育部关于全面提高高等教育质量的若干意见》，《中华人民共和国国务院公报》，2012年22期。

《国务院关于加强教师队伍建设的意见》，《中华人民共和国国务院公报》，2012年26期。

《国务院关于深入推进义务教育均衡发展的意见》，《中华人民共和国国务院公报》，2012年26期。

《国务院办公厅关于规范农村义务教育学校布局调整的意见》，《中华人民共和国国务院公报》，2012年26期。

《中共中央关于全面深化改革若干重大问题的决定》，人民出版社，2013年版。

《教育部关于2013年深化教育领域综合改革的意见》，中国政府网，2013年3月1日。

《教育部关于推进中小学教育质量综合评价改革的意见》，教育部网站，2013 年 6 月 8 日。

《教育部关于扩大中小学教师资格考试与定期注册制度改革试点的通知》，教育部网站，2013 年 8 月 21 日。

《教育部关于建立健全中小学师德建设长效机制的意见》，教育部网站，2013 年 9 月 2 日。

《国务院关于加快发展现代职业教育的决定》，人民出版社，2014 年版。

《国务院教育督导委员会办公室关于印发深化教育督导改革转变教育管理方式意见的通知》，教育部网站，2014 年 2 月 7 日。

《国务院教育督导委员会办公室关于印发〈教育重大突发事件专项督导暂行办法〉的通知》，教育部网站，2014 年 2 月 13 日。

《关于进一步做好县域义务教育均衡发展督导评估工作的通知》，教育部网站，2014 年 3 月 7 日。

《教育部 财政部 人力资源和社会保障部关于推进县（区）域内义务教育学校校长教师交流轮岗的意见》，教育部网站，2014 年 8 月 15 日。

《国务院关于深化考试招生制度改革的实施意见》，中国政府网，2014 年 9 月 4 日。

《关于坚持和完善普通高等学校党委领导下的校长负责制的实施意见》，《中国教育报》，2014 年 10 月 16 日。

《教育部关于深入推进教育管办评分离 促进政府职能转变的若干意见》，教育部网站，2015 年 5 月 6 日。

《国务院办公厅关于深化高等学校创新创业教育改革的实施意见》，《中华人民共和国国务院公报》，2015 年 15 期。

《教育部关于深入推进职业教育集团化办学的意见》，《中华人民共和国国务院公报》，2015 年 27 期。

《国务院关于进一步完善城乡义务教育经费保障机制的通知》,《中华人民共和国国务院公报》，2015 年 35 期。

《中共中央办公厅、国务院办公厅印发〈关于做好新时期教育对外开放工作的若干意见〉》，中国政府网，2016 年 4 月 29 日。

《国务院关于统筹推进县域内城乡义务教育一体化改革发展的若干意见》,《中华人民共和国国务院公报》，2016 年 21 期。

《教育部等五部门关于深化高等教育领域简政放权放管结合优化服务改革的若干意见》，教育部网站，2017 年 4 月 7 日。

《中共中央办公厅 国务院办公厅印发〈关于深化教育体制机制改革的意见〉》，中国政府网，2017 年 9 月 24 日。

《国务院办公厅关于进一步加强控辍保学提高义务教育巩固水平的通知》,《中华人民共和国国务院公报》，2017 年 26 期。

《中共中央 国务院关于全面深化新时代教师队伍建设改革的意见》，人民出版社，2018 年版。

《中共中央 国务院关于学前教育深化改革规范发展的若干意见》，人民出版社，2018 年版。

《中共中央办公厅 国务院办公厅印发〈关于分类推进人才评价机制改革的指导意见〉的通知》,《中华人民共和国教育部公报》，2018 年 03 期。

《国务院办公厅关于深化产教融合的若干意见》,《中国对外经济贸易文告》，2018 年 08 期。

《国务院办公厅关于全面加强乡村小规模学校和乡镇寄宿制学校建设的指导意见》,《中华人民共和国国务院公报》，2018 年 14 期。

《中共中央国务院关于深化教育教学改革全面提高义务教育质量的意见》，人民出版社，2019 年版。

《关于深化新时代学校思想政治理论课改革创新的若干意见》，人民出版社，2019 年版。

《国务院关于印发国家职业教育改革实施方案的通知》,《中华人民共和国教育部公报》，2019 年 01 期。

《国务院办公厅关于新时代推进普通高中育人方式改革的指导意见》,《中华人民共和国国务院公报》，2019 年 18 期。

《关于深化新时代教育督导体制机制改革的意见》，人民出版社，2020 年版。

《中共中央 国务院关于全面加强新时代大中小学劳动教育的意见》，人民出版社，2020 年版。

《深化新时代教育评价改革总体方案》，人民出版社，2020 年版。

《教育部关于在部分高校开展基础学科招生改革试点工作的意见》,《中华人民共和国教育部公报》，2020 年 01 期。

《教育部关于规范我国高等学校接受国际学生有关工作的通知》,《中华人民共和国教育部公报》，2020 年 01 期。

《教育部等八部门关于进一步激发中小学办学活力的若干意见》，中华人民共和国教育部网站，2020 年 9 月 24 日。

《关于全面加强和改进新时代学校体育工作的意见》，中国政府网，2020 年 10 月 15 日。

《关于全面加强和改进新时代学校美育工作的意见》，中国政府网，2020 年 10 月 15 日。

《关于进一步减轻义务教育阶段学生作业负担和校外培训负担的意见》，人民出版社，2021 年版。

《教育部关于印发〈国家义务教育质量监测方案（2021 年修订版）〉的通知》，教育部网站，2021 年 9 月 24 日。

《教育部等八部门关于规范公办学校举办或者参与举办民办义务教育学校的通知》,《中华人民共和国教育部公报》，2021 年 10 期。

《关于推动现代职业教育高质量发展的意见》,《中华人民共和国国务院公报》，2021 年 30 期。

法律规章

《教育部关于普及初等教育基本要求的暂行规定》,《中华人民共和国国务院公报》，1983 年 19 期。

《国务院关于自费出国留学的暂行规定》,《中华人民共和国国务院公报》，1985 年 02 期。

《高等教育管理职责暂行规定》,《中华人民共和国国务院公报》，1986 年 13 期。

《国务院关于发布〈征收教育费附加的暂行规定〉的通知》,《中华人民共和国国务院公报》，1986 年 13 期。

《普通中等专业学校设置暂行办法》，载何东昌主编,《中华人民共和国重要教育文献（1976—1990）》，海南出版社，1998 年版，第 2511-2512 页。

《社会力量办学财务管理暂行规定》，载何东昌主编,《中华人民共和国重要教育文献（1976—1990）》，海南出版社，1998 年版，第 2693-2694 页。

《中华人民共和国教师法》，教育部网站，1993 年 10 月 31 日。

《教育部办公厅关于印发〈教育部学科发展与专业设置专家委员会工作章程〉的通知》,《中华人民共和国教育部公报》，2002 年 05 期。

《禁止使用童工规定》，中国法治出版社，2002 年版。

《中华人民共和国学位条例》，法律出版社，2004 年版。

《实施教育行政许可若干规定》,《中华人民共和国教育部公报》,2005 年 06 期。

《中华人民共和国义务教育法》,中国法制出版社,2006 年版。

《民办高等学校办学管理若干规定》,《中华人民共和国教育部公报》,2007 年 05 期。

《教育部独立学院设置与管理办法》,教育部网站,2008 年 2 月 22 日。

《教育部办公厅关于印发〈中等职业学校专业设置管理办法(试行)〉的通知》,中国政府网,2010 年 9 月 10 日。

《高等学校信息公开办法》,《山东省人民政府公报》,2010 年 14 期。

《教育部关于印发〈学前教育督导评估暂行办法〉的通知》,教育部网站,2012 年 2 月 12 日。

《高等学校章程制定暂行办法》,《中华人民共和国国务院公报》,2012 年 17 期。

《学校教职工代表大会规定》,《中华人民共和国国务院公报》,2012 年 17 期。

《中华人民共和国中外合作办学条例实施办法》,中国法制出版社,2013 年版。

《教育部关于印发〈幼儿园教职工配备标准(暂行)〉的通知》,教育部网站,2013 年 1 月 15 日。

《教育部关于印发〈义务教育学校校长专业标准〉的通知》,教育部网站,2013 年 2 月 16 日。

《中小学教育质量综合评价指标框架(试行)》,教育部网站,2013 年 6 月 8 日。

《中小学教师资格考试暂行办法》,教育部网站,2013 年 8 月 21 日。

《中小学教师资格定期注册暂行办法》，教育部网站，2013 年 8 月 21 日。

《教育部关于印发〈中等职业学校教师专业标准（试行）〉的通知》，教育部网站，2013 年 9 月 24 日。

《中央编办 教育部 财政部关于统一城乡中小学教职工编制标准的通知》，教育部网站，2014 年 12 月 9 日。

《教育部关于印发〈普通高中校长专业标准〉〈中等职业学校校长专业标准〉〈幼儿园园长专业标准〉的通知》，教育部网站，2015 年 1 月 12 日。

《教育部关于印发〈特殊教育教师专业标准（试行）〉的通知》，《中华人民共和国教育部公报》，2015 年 10 期。

《中华人民共和国民办教育促进法》，法律出版社，2016 年版。

《中华人民共和国高等教育法》，法律出版社，2016 年版。

《中共中央组织部 教育部关于印发〈中小学校领导人员管理暂行办法〉的通知》，教育部网站，2017 年 1 月 13 日。

《教育部关于印发〈义务教育学校管理标准〉的通知》，《中华人民共和国国务院公报》，2017 年 05 期。

《学校招收和培养国际学生管理办法》，《中华人民共和国国务院公报》，2017 年 26 期。

《教育部关于印发〈来华留学生高等教育质量规范（试行）〉的通知》，《中华人民共和国教育部公报》，2018 年 09 期。

《教育部关于完善教育标准化工作的指导意见》，《中华人民共和国教育部公报》，2018 年 11 期。

《中华人民共和国民办教育促进法实施条例》，中国法制出版社，2021 年版。

《中华人民共和国教育法》，中国法制出版社，2021 年版。

《中华人民共和国家庭教育促进法》，法律出版社，2021 年版。

《教育部等六部门关于印发〈义务教育质量评价指南〉的通知》，教育部网站，2021 年 3 月 4 日。

《中华人民共和国职业教育法》，法律出版社，2022 年版。

教育规划

《教育部关于印发〈全国教育事业第十个五年计划〉的通知》，《中华人民共和国教育部公报》，2001 年 09 期。

《国务院办公厅关于转发教育部等部门〈国家西部地区“两基”攻坚计划（2004—2007 年）〉的通知》，《中华人民共和国国务院公报》，2004 年 11 期。

《国务院批转教育部 2003—2007 年教育振兴行动计划的通知》，《中华人民共和国国务院公报》，2004 年 14 期。

《国务院办公厅关于印发乡村教师支持计划（2015—2020 年）的通知》，《中华人民共和国国务院公报》，2004 年 14 期。

《国家中长期教育改革和发展规划纲要（2010—2020）》，人民出版社，2010 年版。

中华人民共和国教育部编，《国家教育事业发展第十二个五年规划》，教育科学出版社，2012 年版。

《教育部等六部门关于印发〈现代职业教育体系建设规划（2014—2020 年）〉的通知》，教育部网站，2014 年 6 月 23 日。

《教育部关于印发〈职业院校管理水平提升行动计划（2015—2018 年）〉的通知》，教育部网站，2015 年 9 月 1 日。

《教育部关于印发〈高等职业教育创新发展行动计划（2015—2018

年）〉的通知》，《中华人民共和国教育部公报》，2016 年 01 期。

《教育部关于印发〈依法治教实施纲要（2016—2020 年）〉的通知》，教育部网站，2016 年 1 月 11 日。

《国务院关于印发国家教育事业发展“十三五”规划的通知》，《中华人民共和国国务院公报》，2017 年 05 期。

报刊文章

吕文升，《现行重点中小学制度必须改革》，《教育研究与实验》，1984 年 03 期。

李铁映，《社会主义现代化建设的奠基工程——认真学习、宣传和实施〈中国教育改革和发展纲要〉》，《人民教育》，1993 年 04 期。

朱开轩，《关于教育工作的报告：1993 年 10 月 28 日在第八届全国人民代表大会常务委员会第四次会议上》，《人民教育》，1993 年 12 期。

李鹏，《动员起来，为实施〈中国教育改革和发展纲要〉而努力——在全国教育工作会议上的报告》，《中国高教研究》，1994 年 01 期。

厉以贤，《社区教育、社区发展、教育体制改革》，《教育研究》，1994 年 01 期。

谈松华，《论我国现阶段的教育公平问题》，《教育研究》，1994 年 06 期。

闵维方、陈晓宇，《中国高等教育经费需求与投资体制改革》，《教育研究》，1994 年 12 期。

王善迈，《改革教育财政拨款体制，提高教育资源配置效率》，《教育研究》，1995 年 02 期。

谢维和，《我国教育管理体制改革的走向及其分析》，《教育研究》1995 年第 10 期。

刘正,《提高国民整体素质的根本出路何在——兼论汨罗大面积推行全面素质教育的经验及其深远意义》,《人民教育》,1996 年 04 期。

范先佐,《论教育资源的合理配置与教育体制改革的关系》,《教育与经济》,1997 年 03 期。

谈松华,《我国基础教育资源配置的若干趋势》,《中国教育学刊》,1997 年 04 期。

高宝立、王磊,《整体改革 区域推进 全面实施素质教育——山东省烟台市实施素质教育的经验及启示》,《教育研究》,1997 年 08 期。

邓晓春,《中国高等教育体制改革的回顾与展望》,《辽宁高等教育研究》,1998 年 01 期。

谈松华,《变革与创新:走向 21 世纪的中国高等教育》,《高等教育研究》,1998 年 03 期。

王善迈、杜育红、刘远新,《我国教育发展不平衡的实证分析》,《教育研究》,1998 年 06 期。

朱开轩,《一部推动高等教育改革和发展的重要法律》,《中国高等教育》,1999 年 01 期。

郅大光,《试论高等教育管理、办学与投资体制改革的相关性》,《高等教育研究》,1999 年 02 期。

王善迈,《我国教育投资体制的改革》,《教育发展研究》,1999 年 06 期。

陈至立,《千秋基业壮丽诗篇——共和国教育 50 年》,《教育研究》,1999 年 09 期。

孙喜亭,《新教育方针的确立步履维艰——由“教育为无产阶级政治服务”向“教育为社会主义现代化建设服务”转变的曲折过程》,《高等教育研究》,2000 年 01 期。

王冀生，《建立有中国特色的现代大学制度——攻坚阶段我国高等教育体制改革的重点》，《高教探索》，2000 年 01 期。

王善迈，《关于教育产业化的讨论》，《北京师范大学学报（人文社会科学版）》，2000 年 01 期。

袁贵仁，《建立现代大学制度推进高等教育改革和发展》，《国家高级教育行政学院学报》，2000 年 02 期。

周志斌，《教育体制与结构改革若干问题探讨》，《江汉论坛》，2000 年 03 期。

袁贵仁，《建立现代大学制度推进高教改革和发展》，《中国高等教育》，2000 年 03 期。

周远清，《素质・素质教育・文化素质教育——关于高等教育思想观念改革的再思考》，《清华大学教育研究》，2000 年 03 期。

朱旭东，《试论师范教育体制改革的国际趋势》，《比较教育研究》，2000 年 04 期。

申素平，《论我国高等教育体制改革过程中政府角色的转变》，《高教探索》，2000 年 04 期。

李东翔，《中国教育国际交流与合作的回顾和展望》，《国家高级教育行政学院学报》，2000 年 06 期。

王长乐，《论教育体制改革思想向教育机制建设思想的转化》，《山东师范大学学报（社会科学版）》，2000 年 06 期。

陈至立，《加快教育改革与发展步伐，奠定 21 世纪发展基础》，《中国软科学》，2000 年 09 期。

康宁，《当前我国高等教育体制改革与结构调整的理论基础》，《教育研究》，2000 年 10 期。

韩民，《关于义务教育财政体制的改革》，《国家高级教育行政学院学报》，2001 年 01 期。

谈松华，《教育现代化衡量指标问题的探讨》，《清华大学教育研究》，2001 年 01 期。

周远清，《高等教育体制的重大改革与创新》，《中国高等教育》，2001 年 01 期。

周远清，《我国高等教育改革与发展的回顾与展望》，《高等教育研究》，2001 年 01 期。

张学敏，《论贫困地区教育投资体制的问题与改革——教育投资宏观调控与教育成本补偿体制建构研究》，《中国教育学刊》，2001 年 02 期。

孙志军、李祥云，《我国高等教育体制改革专家问卷调查的结果与分析》，《高等教育研究》，2001 年 02 期。

李庆刚，《建国以来我国高等教育管理体制改革演变论略》，《当代中国史研究》，2001 年 03 期。

袁贵仁，《素质教育：21 世纪教育教学改革的旗帜》，《中国教育学刊》，2001 年 05 期。

周远清，《积极发展专业学位研究生教育，培养更多高层次应用型专门人才》，《学位与研究生教育》，2001 年 05 期。

谢维和，《当前中国高等教育的转型及其主要取向》，《中国高等教育》，2001 年 06 期。

谈松华，《“短缺教育”条件下的教育资源供给与配置：公平与效率》，《教育研究》，2001 年 08 期。

袁贵仁，《加强和改革教师教育，大力提高我国教师专业化水平》，《人民教育》，2001 年 09 期。

马超，《关于全国社区教育实验区工作的几点思考》，《北京成人教育》，2001 年 11 期。

谢维和,《我国应该建立自己的教育标准》,《教育研究》，2001年11期。

吴志宏、刘朋,《解读〈中华人民共和国民办教育促进法〉》,《中国民办教育研究》，2002年01期。

谢维和,《教师培训：补充还是转型》,《高等师范教育研究》，2002年01期。

王慧,《经济体制对教育体制改革的影响及其关系》,《当代教育论坛》，2002年04期。

国家教育发展研究中心专题组整理,《关于WTO教育服务贸易的背景资料》,《中国教育报》，2002年5月11日。

《“全国中小学危房改造工程”全面实施》,《人民政协报》，2002年5月16日。

王善迈、袁连生,《建立规范的义务教育财政转移支付制度》,《教育研究》，2002年06期。

陈至立,《十三届四中全会以来我国教育改革与发展的历史性成就》,《中国高教研究》，2002年11期。

谢维和,《论优质教育资源的涵义与建设》,《人民教育》，2002年11期。

谈松华,《农村教育：现状、困难与对策》,《北京大学教育评论》，2003年01期。

李帅军,《20世纪发达国家教育行政管理体制改革的特点分析》,《河南师范大学学报（哲学社会科学版）》，2003年02期。

抗“非典”研究课题组,《“非典”对我国教育的影响及对策》,《河池师专学报》，2003年02期。

靳希斌,《教育产权与教育体制创新——从制度经济学角度分析教育体制改革问题》,《广东社会科学》,2003 年 02 期。

张学敏,《我国义务教育经费投入体制的变迁》,《教育科学》,2003 年 04 期。

周家武,《全面建设小康社会与人力资源开发》,《山东社会科学》,2003 年 04 期。

朱国仁,《不断创新:新世纪我国教育体制面临的挑战与对策》,《清华大学教育研究》,2003 年 04 期。

范先佐,《我国基础教育财政体制改革的回顾与反思》,《华中师范大学学报(人文社会科学版)》,2003 年 05 期。

王善迈、袁连生、刘泽云,《我国公共教育财政体制改革的进展、问题与对策》,《北京师范大学学报(社会科学版)》,2003 年 06 期。

袁振国,《建立教育发展均衡系数,切实推进教育均衡发展》,《人民教育》,2003 年 06 期。

钟秉林,《教师教育的发展与师范院校的转型》,《教育研究》,2003 年 06 期。

陈永明,《发达国家教育管理体制的改革》,《比较教育研究》,2004 年 01 期。

谢维和,《科学发展观与教育的改革》,《清华大学教育研究》,2004 年 02 期。

司晓宏、毛建青,《关于农村义务教育财政投资体制改革的思考》,《教育理论与实践》,2004 年 03 期。

单中惠,《21 世纪世界基础教育改革政策的展望》,《外国中小学教育》,2004 年 06 期。

魏能涛,《中国出国留学潮 25 年决策揭密》,《北京档案》,2004 年 08 期。

孙绵涛,《教育体制理论的新诠释》,《教育研究》,2004年第12期。

唐祥来,《PPP模式与教育投融资体制改革》,《比较教育研究》,2005年02期。

劳凯声,《公共教育体制改革中的伦理问题》,《教育研究》,2005年02期。

袁振国,《缩小差距——中国教育政策的重大命题》,《北京师范大学学报(社会科学版)》,2005年03期。

胡吉丹、胡吉省,《中德中学教育体制比较》,《太原教育学院学报》,2005年04期。

胡建华,《中国高等教育管理体制改革分析》,《南京师大学报(社会科学版)》,2005年04期。

王全乐,《我国中小学教师培训制度的历史研究》,《继续教育研究》,2005年05期。

袁振国,《缩小教育差距,促进教育和谐发展》,《教育研究》,2005年07期。

谢维和,《当前中国高等教育发展的形势特点与战略选择》,《中国高等教育》,2006年05期。

李岚清,《努力开创职业教育工作新局面》,《中国职业技术教育》,2006年09期。

劳凯声,《教育体制改革中的高等学校法律地位变迁》,《北京师范大学学报(社会科学版)》,2007年02期。

孙绵涛,《关于教育政策内容分析的探讨——以中国1978年后教育体制改革政策内容的分析为例》,《教育研究与实验》,2007年03期。

韩嘉玲,《流动儿童教育与我国的教育体制改革》,《北京社会科学》,2007年04期。

杨润勇，《关于构建我国教育督导政策体系的思考》，《教育研究》，2007 年 08 期。

肖扬，《依法治国基本方略的提出、形成和发展》，《求是》，2007 年 20 期。

邸继征，《教育评价机制与教育体制改革》，《中国科教创新导刊》，2007 年 22 期。

周远清，《大改革、大发展、大提高——中国高等教育 30 年的回顾与展望》，《中国高教研究》，2008 年 01 期。

吴庆华，《变迁与趋向：20 世纪 80 年代以来的中国基础教育管理体制改革》，《辽宁教育研究》，2008 年 03 期。

王善迈，《教育公平的分析框架和评价指标》，《北京师范大学学报（社会科学版）》，2008 年 03 期。

张寿松，《十六大、十七大报告关于教育论述的文本比较》，《当代教育科学》，2008 年 05 期。

张斌贤、李子江，《改革开放 30 年来我国教师教育体制改革的进展》，《教师教育研究》，2008 年 06 期。

丁小浩、李锋亮、孙毓泽，《我国高等教育投资体制改革 30 年——成就、挑战与完善》，《中国高教研究》，2008 年 06 期。

赵世奎、文东茅，《三十年来高校毕业生就业制度变革的回顾与现行制度的分析》，《中国高教研究》，2008 年 08 期。

刘芳彬，《浅析“一国两制”条件下的香港教育体制》，《中国校外教育（理论）》，2008 年 09 期。

曾天山，《教育优先发展是实现现代化的根本大计》，《教育研究》，2008 年 11 期。

周满生、滕珺，《走向全方位开放的教育国际合作与交流》，《教育研究》，2008 年 11 期。

褚宏启，《我国基础教育行政管理体制改革 30 年简评》，《中小学管理》，2008 年 11 期。

马陆亭，《我国高等教育管理体制改革 30 年——历程、经验与思考》，《中国高教研究》，2008 年 11 期。

杨润勇、王颖，《论我国义务教育政策新进展及发展趋势》，《当代教育科学》，2008 年 24 期。

陈旋，《浅议西部地区教育体制改革》，《科技资讯》，2008 年 36 期。

《谋划科学发展办好人民满意的教育——访教育部部长周济》，《光明日报》，2009 年 2 月 5 日。

赵立涛，《中国义务教育经费体制改革：变化与效果》，《中国社会科学》，2009 年 04 期。

周川，《中国高等教育管理体制改革的政策分析》，《高等教育研究》，2009 年 08 期。

高秀彩，《教育体制改革中的法律问题刍议》，《当代教育论坛（上半月刊）》，2009 年 12 期。

杨德广、姚栋华，《60 年来中国高校招生就业制度的改革》，《江苏高教》，2009 年第 6 期。

黄葳，《我国教育督导体制现状、问题与改革路径》，《教育发展研究》，2009 年 12 期。

鲁昕，《倡导全民学习 践行终身学习 促进人的全面发展——在 2009 年全民终身学习活动周总开幕式上的讲话》，《中国成人教育》，2009 年 20 期。

徐维忠，《改革开放 30 年来教师教育政策法规浅析》，《现代教育科学》，2010 年 03 期。

韩民,《构建“立交桥”完善终身学习体系》,《中国教育报》,2010年3月28日。

范先佐、朱苏飞,《21世纪以来我国农村义务教育财政体制的改革与完善》,《河北师范大学学报(教育科学版)》,2010年05期。

孙绵涛、康翠萍,《教育体制改革与教育体制创新关系探析》,《教育研究》,2010年07期。

钟秉林,《关于大学“去行政化”几个重要问题的探析》,《中国高等教育》,2010年09期。

王建莲,《论我国政府教育管理职能的转变》,《求索》,2010年11期。

袁贵仁,《把提高质量作为高等教育改革发展的核心任务》,《中国高等教育》,2010年11期。

《改善民办教育发展环境 深化办学体制改革试点方案》,《中国教育报》,2010年12月21日。

杨同玲、帅相志,《新世纪基础教育管理体制改革探析》,《科学与管理》,2011年01期。

《着力深化教育体制改革——三论学习胡锦涛总书记在中央政治局集体学习时的重要讲话》,《中国教育报》,2011年2月26日。

张乐天,《20世纪80年代以来我国教育体制改革的重要政策指引》,《复旦教育论坛》,2011年03期。

范光基,《我国高考制度的历史演变及对现代高考改革的启示》,《福建教育学院学报》,2011年03期。

毕德旭、李玲,《城乡一体化背景下的国家教育体制改革:原因、思路、方法》,《教育导刊》,2011年06期。

甘金球,《高等学校校务委员会制度:校长管理的基本形式》,《山东社会科学》,2011年12期。

王善迈，《民办教育分类管理探讨》，《教育研究》，2011 年 12 期。

朴仁钟，《终身学习型社会与韩国的学分银行制》，《开放教育研究》，2012 年第 1 期。

崔昌浩，《通往明日之路：学分银行之机遇与挑战》，《开放教育研究》，2012 年 01 期。

刘延东，《坚定信心，乘势而上，奋力开创教育改革发展新局面——在 2012 年全国教育工作会议上的讲话》，《中国教育报》，2012 年 2 月 20 日。

《探访四国孔子学院文化交流的“中国样本”》，《人民日报》，2012 年 3 月 1 日。

周光礼，《中国大学办学自主权（1952—2012）：政策变迁的制度解释研究》，《中国地质大学学报（社会科学版）》，2012 年 05 期。

《闪耀人民教师高尚师德的灿烂光辉》，《中国教育报》，2012 年 5 月 16 日。

董奇，《完善教师管理制度建设高素质专业化队伍》，《中国教育报》，2012 年 8 月 26 日。

周薇，《中德教育体制对比浅析》，《赤峰学院学报（自然科学版）》，2012 年 14 期。

瞿振元，《高等教育内涵式发展的实现途径》，《中国高等教育》，2013 年 02 期。

《教育优先发展的里程碑——祝贺百分之四目标实现》，《中国教育报》，2013 年 3 月 6 日。

韦云，《浅析教学改革对我国教育体制变化的影响》，《中国成人教育》，2013 年 04 期。

张春楼，《论教育体制与教育的自主性》，《内蒙古师范大学学报

（教育科学版）》，2013 年 06 期。

范明丽、庞丽娟，《当前我国学前教育管理体制的主要问题、挑战与改革方向》，《学前教育研究》，2013 年 06 期。

钟秉林，《加强综合改革，平稳涉过教育改革“深水区”》，《教育研究》，2013 年 07 期。

庞丽娟、范明丽，《“省级统筹 以县为主”完善我国学前教育管理体制》，《教育研究》，2013 年 10 期。

钟秉林，《人才培养模式改革是高等学校内涵建设的核心》，《高等教育研究》，2013 年 11 期。

《2012 年中国学生资助发展报告》，《中国教育报》，2013 年 11 月 13 日。

瞿振元，《建设中国特色高等教育治理体系，推进治理能力现代化》，《中国高教研究》，2014 年 01 期。

杜晓成，《综合改革激活力紧扣实际出特色——兼论我国继续教育政策与机制协同创新》，《高等教育继续学报》，2014 年 03 期。

夏婧、庞丽娟、张霞，《推进我国学前教育投入体制改革的政策思考》，《教育发展研究》，2014 年 04 期。

杨红霞，《改革人才培养模式，提高人才培养质量——国家教育体制改革试点调研报告》，《中国高教研究》，2014 年 10 期。

刘思、段丹，《试论我国教育体制改革中的教育公平问题》，《科教导刊（上旬刊）》，2015 年 01 期。

瞿振元，《提高质量，高等教育发展的真问题》，《人民日报》，2015 年 1 月 8 日。

瞿振元，《素质教育：当代中国教育改革发展的战略主题》，《中国高教研究》，2015 年 05 期。

王家萱,《中国与菲律宾教育体制探析》,《新课程(下)》,2015年06期。

张清宇,《区县教育体制改革的现状、问题及对策研究——以M市F区为例》,《教育导刊》,2015年12期。

姜大源,《论职业教育体制改革的应然之策——关于〈职业教育法〉修订的跨界思考》,《中国职业技术教育》,2015年27期。

李晓冬、梁勇、彭淑雅,《教育经费监管法律政策依据问题研究》,《教育财会研究》,2016年01期。

阙明坤,《我国独立学院转设现状分析及对策研究》,《教育研究》,2016年03期。

吴遵民,《构建终身教育体系的政策、法规和制度(中国篇)》,《江苏开放大学学报》,2016年04期。

钟秉林,《一流本科教育是“双一流”建设的重要内涵》,《中国大学教育》,2016年04期。

徐卫红,《中小学学制沿革的回顾与反思》,《教育史研究》,2016年06期。

陈鹏、薛寒,《〈职业教育法〉20年:成就、问题及展望》,《陕西师范大学学报(哲学社会科学版》,2016年06期。

位涛,《以优秀传统文化为根基构筑社会主义新文化理念:教育体制改革的助推力》,《现代中小学教育》,2016年09期。

王红蕾、吕武,《改革开放以来我国农村教师政策的演进与改革路径》,《现代教育管理》,2017年05期。

刘海燕、孙杰:《我国教师资格制度的历史变迁》,《现代教育科学》,2017年07期。

瞿振元,《中国高等教育现代化的若干问题》,《中国高教研究》,

2017年07期。

焦以璇,《管办评分离激发教育新活力——全国教育管办评分离改革试点工作综述》,《中国教育报》,2017年12月22日。

何一帆,《试论研究生教育体制改革》,《课程教育研究》,2017年15期。

杨文杰、范国睿,《教育督导制度改革:1977—2020——改革开放以来我国教育督导改革的回顾与展望》,《教育发展研究》,2017年21期。

袁振国,《在改革中探索和完善具有中国特色的高考制度》,《华东师范大学学报(教育科学版)》,2018年03期。

周光礼、薛欣欣,《改革开放40年中国教育督导制度回顾与展望》,《湖南科技大学学报(社会科学版)》,2018年05期。

杨尊伟,《改革开放40年我国高等教育管理体制改革的回顾与前瞻》,《河北师范大学学报(教育科学版)》,2018年05期。

《职业教育,越来越有吸引力》,《人民日报》,2018年5月24日。

黄兴胜、黄少成,《改革开放40年中国高校内部治理嬗变、动因与启示》,《复旦教育论坛》,2018年06期。

薛南、郑玉平,《中国高校招生制度变革研究(1949—2017年)》,《华北水利水电大学学报(社会科学版)》,2018年06期。

祁占勇、陈慧慧,《改革开放40年我国普通高中教育政策的演变逻辑与未来选择》,《基础教育》,2018年06期。

杜明峰,《改革开放四十年我国教师制度的变迁与逻辑》,《全球教育展望》,2018年07期。

王善迈、赵婧,《教育经费投入体制的改革与展望——纪念改革开放40周年》,《教育研究》,2018年08期。

刘宝存、张继桥,《改革开放四十年教育对外开放政策变迁的历史考察》,《高校教育管理》，2018 年 11 期。

《庆祝改革开放 40 周年教育改革纪事 · 教育管理体制——突破教育管理体制的瓶颈》,《中国教育报》，2018 年 11 月 14 日。

苏君阳,《重构与发展：我国教育督导体制建设 40 年——基于组织机构及其职能变迁的分析》,《中小学管理》，2018 年 12 期。

杨兆山、时益之,《素质教育的政策演变与理论探索》,《教育研究》，2018 年 12 期。

郭辉、邓超、李赓、吴君,《研究生教育体制改革研究》,《现代职业教育》，2018 年 27 期。

谈松华口述，丁杰、万作芳整理,《〈中国教育改革和发展纲要〉的制定及其历史作用》,《教育史研究》，2019 年 02 期。

蔡华健、曹慧英,《新中国成立 70 年我国教师教育政策的演变、特点与启示》,《河北师范大学学报（教育科学版）》，2019 年 04 期。

徐国庆,《实现现代职教体系建设蓝图》,《光明日报》，2019 年 5 月 14 日。

马陆亭、刘承波,《继续推进教育体制改革创新》,《人民论坛》，2019 年 06 期。

闫锁田,《全社会都要关心和支持教育事业》,《中国教育报》，2019 年 9 月 27 日。

别敦荣,《必须进一步扩大高校办学自主权——我国高等教育发展 70 年的经验》,《教育发展研究》，2019 年 39 期。

宋乃庆、肖林、郑智勇,《新中国成立以来我国中小学校长培训发展：回眸与展望》,《中国电化教育》，2020 年 01 期。

翟帆,《教师资格制度开始全面实施》,《中国教育报》，2001 年 1 月 5 日。

彭泽平、金燕，《70年基础教育办学体制改革：基本特征与未来展望》，《现代教育管理》，2020年02期。

杨志成，《百年未有之大变局下世界教育变革与中国教育机遇》，《教育研究》，2021年03期。

图书著作

陶增骈主编，《高等教育体制改革简论》，辽宁人民出版社，1985年版。

国家教育委员会政策研究室编，《教育体制改革文献选编》，教育科学出版社，1985年版。

《中国教育年鉴》编辑部编，《中国教育年鉴（1949—1984）》，湖南教育出版社，1986年版。

《中国教育年鉴》编辑部编，《中国教育年鉴（1985—1986）》，湖南教育出版社，1988年版。

陈守林、郑志昌、王志学、王瀚章主编，《新中国教育大事纪略》，吉林大学出版社，1990年版。

瞿葆主编，《中国教育改革》，人民出版社，1991年版。

邵金荣著，《中国高等教育宏观管理体制改革研究》，高等教育出版社，1994年版。

冒瑞林主编，《教育体制改革的若干理论与实践问题》，苏州大学出版社，1995年版。

国家教委政策法规司编，《中华人民共和国教育法释义》，科学普及出版社，1995年版。

中共中央文献研究室编，《邓小平论教育》，人民教育出版社，1995年版。

郭齐家主编,《中华人民共和国教育法全书》，北京广播学院出版社，1995 年版。

金铁宽主编,《中华人民共和国教育大事记（全三卷）》，山东教育出版社，1995 年版。

高奇著,《新中国教育历程》，河北教育出版社，1996 年版。

廖其发主编,《新中国教育改革研究》，重庆出版社，1996 年版。

蔡克勇主编,《我国高等教育体制改革及其综合效益分析》，人民教育出版社，1997 年版。

何东昌主编,《中华人民共和国重要教育文献（1991—1997）》，海南出版社，1998 年版。

何东昌主编,《中华人民共和国重要教育文献（1976—1990）》，海南出版社，1998 年版。

教育部发展规划司编,《加快高等教育管理体制改革的步伐：全国高等教育管理体制改革经验交流会议文件、材料汇编》，南京大学出版社，1998 年版。

郝克明主编,《中国教育体制改革 20 年》，中州古籍出版社，1998 年版。

全国高校管理体制改革专业委员会选编,《学校管理体制改革与素质教育》，北京教育出版社，1998 年版。

陈逊先、纪芝信主编,《中国农村教育体制改革研究》，人民教育出版社，1998 年版。

教育部国际合作与交流司、《神州学人》编辑部、国家留学基金管理委员会秘书处编,《出国留学工作 20 年》，高等教育出版社，1999 年版。

范先佐著,《筹资兴教：教育投资体制改革的理论与实践问题研究》，华中师范大学出版社，1999 年版。

苏渭昌、雷克啸、章炳良主编，《中国教育制度通史（第八卷）》，山东教育出版社，1999 年版。

中华人民共和国教育部编，《新中国教育五十年》，人民教育出版社，1999 年版。

李连宁、周异决、王定华等著，《民族振兴的希望：中国教育体制改革的进程与前瞻》，广西师范大学出版社，2000 年版。

国家高级教育行政学院编著，《中国高等教育体制改革世纪报告》，人民教育出版社，2001 年版。

高等师范教育体制改革项目研究小组著，《中国教师教育的新境界：中国高等师范教育体制改革研究》，北京师范大学出版社，2001 年版。

蔡克勇、韩民主编，《跨世纪的中国高等教育：办学与管理体制改革研究》，广西教育出版社，2002 年版。

中华人民共和国教育部、中共中央文献研究室编，《毛泽东 邓小平江泽民论教育》，中央文献出版社、人民教育出版社、北京师范大学出版社，2002 年版。

何东昌主编，《中华人民共和国重要教育文献（1998—2002）》，海南出版社，2003 年版。

李岚清著，《李岚清教育访谈录》，人民教育出版社，2003 年版。

赵康太主编，《中国大学生教育管理体制改革与创新研究》，海南出版社，2003 年版。

朱国仁著，《教育体制改革：科教兴国战略下的选择》，党建读物出版社，2004 年版。

刘占山、孙琳主编，《经济发达地区职业教育办学体制改革的理论与实践》，高等教育出版社，2004 年版。

中华人民共和国教育部办公厅编，《未成年人思想道德建设大家谈——教育系统开展教育思想大讨论参考资料》，教育科学出版社，2004年版。

王辉耀著，《海归时代》，中央编译出版社，2005年版。

韩呼生主编，《基础教育办学体制改革新进展》，上海人民出版社，2005年版。

帅相志主编，《市场经济与中国高等教育体制改革》，山东人民出版社，2005年版。

刘剑文主编，《高等教育体制改革中的法律问题研究》，北京大学出版社，2005年版。

刘永功主编，《中国农业高等教育体制改革与农村发展》，中国农业大学出版社，2005年版。

顾海良主编，《教育体制改革攻坚》，中国水利水电出版社，2006年版。

叶澜著，《教育概论》，人民教育出版社，2006年版。

中共中央文献研究室编，《邓小平决策恢复高考讲话谈话批示集（一九七七年五月—十二月）》，中央文献出版社，2007年版。

张日新著，《人力资本与中国高等教育体制改革研究》，中国经济出版社，2007年。

何东昌主编，《中华人民共和国教育史》，海南出版社，2007年版。

改革开放以来的教育发展历史性成就和基本经验研究课题组编，《改革开放30年中国教育重大历史事件》，教育科学出版社，2008年版。

史万兵著，《高等教育行政管理体制深化改革研究》，教育科学出版社，2008年版。

改革开放30年中国教育改革与发展课题组编，《教育大国的崛起》，教育科学出版社，2008年版。

北京市社会科学界联合会组织编,《新中国60年·学界回眸》,北京出版社,2009年版。

方晓东主编,《中华人民共和国教育60年》,湖北教育出版社,2009年版。

何东昌主编,《中华人民共和国重要教育文献(2003—2008)》,新世界出版社,2010年版。

杨东平主编,《2020:中国教育改革方略》,人民出版社,2010年版。

胡卫、何金辉、朱利霞主编,《办学体制改革:多元化的教育诉求》,教育科学出版社,2010年版。

腾星主编、郭建如著,《中国农村义务教育财政体制变革与义务教育发展:社会学透视,从税费改革到农村义务教育经费保障新机制》,民族出版社,2010年版。

吴德刚著,《中国教育改革发展研究》,教育科学出版社,2011年版。

范先佐等著,《人口流动背景下的义务教育体制改革》,中国社会科学出版社,2011年。

杨金土主编,《30年重大变革——中国1979—2008年职业教育要事概录》,教育科学出版社,2011年版。

《中国教育年鉴》编辑部编,《中国教育年鉴(2010)》,人民教育出版社,2011年版。

和震主编,《中国职业教育发展史》,高等教育出版社,2012年版。

蒋少昀主编,《中国教育改革论丛》,西苑出版社,2012年版。

袁贵仁主编,《中国教育改革发展丛书》,高等教育出版社、人民教育出版社、语文出版社,2012年版。

庞丽娟主编,《政府主导 创新体制:我国地方学前教育改革探索与政策启示》,北京师范大学出版社,2012年。

《温家宝谈教育》编辑组编，《温家宝谈教育》，人民教育出版社、人民出版社，2013 年版。

张茂聪、张雷等著，《公平与均衡：义务教育管理体制改革及制度保险》，山东教育出版社，2013 年版。

中华人民共和国教育部发展规划司编，《中国教育统计年鉴（2011）》，人民教育出版社，2013 年版。

教育部财务司、国家统计局社会科技和文化产业统计司编，《中国教育经费统计年鉴（2012）》，中国统计出版社，2013 年版。

李铁映著，《中国教育改革发展探索——李铁映论教育》，人民教育出版社，2014 年。

朱永新、马国川著，《重启教育改革》，生活·读书·新知三联书店，2014 年版。

彭泽平著，《嬗变与超越——新中国基础教育课程改革史》，电子科技大学出版社，2014 年版。

国家教育行政学院编著，《国家教育体制改革试点阶段性研究报告：基础教育卷》，教育科学出版社，2014 年版。

城镇化进程与教育管理体制改革问题研究课题组编，《城镇化进程与教育管理体制改革》，教育科学出版社，2015 年版。

朱永新主编，《中国教育改革大系》，湖北教育出版社，2015 年版。

教育部财务司、国家统计局社会科技和文化产业统计司编，《中国教育经费统计年鉴（2015）》，中国统计出版社，2016 年版。

闫亚军著，《中国教育改革的逻辑——对改革开放以来我国基础教育改革的反思》，浙江大学出版社，2016 年版。

国家教育行政学院编著，《国家教育体制改革试点阶段性案例研究：基础教育卷》，教育科学出版社，2016 年版。

教育部财务司、国家统计局社会科技和文化产业统计司编，《中国教育经费统计年鉴（2016）》，中国统计出版社，2017 年版。

李玲、郑家福主编，《教育体制综合改革发展报告（第一辑）》，高等教育出版社，2017 年版。

中国教育科学研究院编，《教育强国之道——改革开放以来重大教育决策研究》，教育科学出版社，2018 年版。

薛二勇等著，《中国教育改革回溯与前瞻——改革开放以来中国教育政策的变迁与趋势》，湖北教育出版社，2018 年版。

教育部课题组著，《深入学习习近平关于教育的重要论述》，人民出版社，2019 年版。

中国教育科学研究院著，《办好人民满意的教育：全国教育满意度调查报告》，教育科学出版社，2019 年版。

中国教育发展战略学会编著，《教育发展战略 40 年回顾与展望——纪念改革开放 40 年研究报告集》，首都师范大学出版社，2019 年版。

钟秉林主编，《中国教育改革 40 年》，科学出版社，2019 年版。

李玲、郑家福、于泽元主编，《教育体制综合改革发展报告（第二辑）》，高等教育出版社，2019 年版。

朱旭东主编，《中国教育改革开放 40 年》，北京师范大学出版社，2019 年版。

陈如平主编，《辉煌四十年：中国基础教育改革大事记》，山东友谊出版社，2019 年版。

范明丽著，《学前教育管理体制改革的方向与制度设计》，科学出版社，2019 年版。

《习近平总书记教育重要论述讲义》编写组编，《习近平总书记教育重要论述讲义》，高等教育出版社，2020 年版。

中国教育科学研究院著,《中国共产党教育方针百年历史研究》,教育科学出版社、中共党史出版社,2021 年版。

中国教育科学研究院著,《砥砺十年铸华章:中国教育改革发展报告(2010—2020)》,教育科学出版社,2021 年版。

方芳著,《高等教育多元化投入体制改革研究》,科学出版社,2021 年版。

中国教育科学研究院编,《知识改变命运 教育奠基未来——中国教育脱贫攻坚的成就与经验》,教育科学出版社,2021 年版。

中国教育体制改革大事记

▼

1977年

5月24日，邓小平与中央两位同志谈话时指出，要尊重知识，尊重人才。抓科技必须同时抓教育。从小学抓起，一直到中学、大学。办教育要两条腿走路，既注意普及，又注意提高。要办重点小学、重点中学、重点大学。要经过严格考试，把最优秀的人集中在重点中学和大学。

8月4日，教育部向国务院报送了《关于1977年高等院校招生工作的意见》。

8月4—8日，邓小平主持召开科学和教育工作座谈会，决定改变“文化大革命”时期推荐上大学的高校招生办法。

8月8日，邓小平在科学和教育工作座谈会上讲话时指出，教育制度中有很多具体问题。一个是学制问题。一个是恢复放假制度。一个是高等院校招收应届高中毕业生的问题。今年就要下决心恢复从高中毕业生中直接招考学生。还有个跳级、留级的问题。

9月18日，中共中央发出《关于召开全国科学大会的通知》，要求抓紧落实党的知识分子政策，迅速恢复被撤掉的科研机构，恢复科研人员的技术职称，建立考核制度，实行技术岗位责任制。

10月3日，邓小平审阅教育部《〈关于一九七七年高等教育招生工作的意见〉的请示报告》、教育部代拟的《国务院转发教育部〈关于一九七七年高等学校招生工作的意见〉》等文件。

10月5日，中央政治局会议讨论并原则批准教育部《关于1977年高等学校招生工作的意见》。

10月12日，国务院批转教育部《关于1977年高等学校招生工作的意见》，决定从1977年起，高等学校招生采取自愿报名、统一考试、择优录取的办法，恢复"文化大革命"中被废弃的高等学校统一招生制度。

10月21日，《人民日报》头条刊发《高等学校招生进行重大改革》报道，正式公布了恢复高考这一重大消息。

11月3日，教育部、中国科学院联合发出《关于1977年招收研究生的通知》。"文化大革命"期间长期中断的招收培养研究生的工作从此开始恢复。

1978年

1月7日，国务院批转教育部《关于加强中小学教师队伍管理工作的意见》。

1月10日，教育部下发《关于高等学校一九七八年研究生招生工作安排意见》，我国研究生教育恢复招生。

1月11日，教育部印发《关于办好一批重点中小学试行方案》。对办好重点中小学的目的、任务、规划、招生办法、加强领导等问题作了规定。提出全国重点中小学形成"小金字塔"结构，并在经费投入、办学条件、师资队伍、学生来源等方面向重点学校倾斜，由此形成国家级、省级、地级、县级的重点学校"层层重点"的格局。

2月5日，教育部党组为尽快增强人民教育出版社的编辑出版力量，以适应编写教材的急切需要，报请中央批准从各省、市抽调一批编辑出版干部。

2月10日，邓小平在教育部党组《关于请调教材编辑出版干部的报告》上批示：“编好教材是提高教学的关键，要有足够的合格人力加以保障，所提要求拟同意。”

2月17日，国务院转发教育部《关于恢复和办好全国重点高等学校的报告》。第一批确定的全国重点高等学校为88所，其中恢复的有60所，新增加28所。

3月1日，经国务院批准，中国科学技术大学研究生院在北京成立，是新中国成立以来的第一家研究生院。

3月4日，教育部发出通知，决定1978年选派语言留学生、出国进修教师、进修翻译人员300名左右。

3月7日，国务院批转教育部《关于高等学校恢复和提升教师职务问题的请示报告》。

3月20日，国务院批转教育部《关于办好七二一大学的几点意见》。

4月3日，国务院批转教育部、国家出版事业局《关于全国教材出版发行工作会议的报告》。

4月22日—5月16日，教育部在北京召开全国教育工作会议，研究了《全日制小学暂行工作条例（试行草案）》《全日制中学暂行工作条例（试行草案）》修改意见（讨论稿）。

6月6日，国务院批转教育部《关于一九七八年高等学校和中等专业学校招生工作的意见》，提出自1978年起，高等学校不再限定录取应届高中毕业生的比例。招生实行全国统一命题。考试分文、理两科进行。两科都考外语，但暂不计入总分，作为录取时参考。

6月19—25日，教育部在南京召开国务院各部委所属高等学校改变领导体制的交接工作会议。一部分重点高等学校和非重点高等学校，改为实行国务院有关部委和省、市、自治区双重领导，以部委为主。

7月14日，国务院批准恢复重建中央教育科学研究所。

8月4日，教育部印发《关于增选出国留学生的通知》，明确1978年派遣留学生名额增至3000人。

9月22日，教育部发出《关于试行〈全日制中学暂行工作条例〉(试行草案)、〈全日制小学暂行工作条例〉(试行草案)的通知》。

10月4日，教育部发出《关于讨论和试行全国重点高等学校暂行工作条例(试行草案)的通知》。

10月9日，中共中央转发国家科委党组提出的《一九七八—一九八五年全国科学技术发展规划纲要(草案)》。

10月31日—12月10日，全国知识青年上山下乡工作会议在北京举行，提出举办大学分校、中等专业学校、技工学校等，为更多的城镇中学毕业生创造学习和就业条件。

11月6日，国务院发布《关于扫除文盲的指示》，要求各地采取措施，分别于1980年、1982年或稍长一点时间内，基本上扫除少年、青年、壮年文盲。

12月7日，教育部、国家计委发布《关于评选特级教师的暂行规定》。

1979年

1月4—24日，国家科委、教育部和农林部在北京联合召开全国高等学校科学研究工作会议。

2月17日，国务院发出《国务院关于停办“五七”干校有关问题的通知》，要求各地区、各部门和军队系统的五七干校一律停办。

8月7日，教育部印发《关于部办20所重点中小学领导管理体制问题的通知》。

8月26日，教育部重新颁发《小学生守则（试行草案）》和《中学生守则（试行草案）》，要求全国中小学从1979年9月1日起试行。

10月5日，教育部发出《关于建立高等学校理科教材和工科基础课教材编审委员会的通知》，恢复高等学校理科教材和工科基础课教材编审委员会。

11月8日，教育部颁布《城市幼儿园工作条例（试行草案）》。

12月12—13日，教育部、国务院科技干部局在北京联合召开全国留学人员工作会议。提出今后选派留学人员必须坚持以培养高等教育师资为主、以自然科学为主、以技术科学为主的原则。

1980年

2月1日，国务院发布《关于实行“划分收支、分级包干”财政管理体制的暂行规定》，规定从1980年起，国家对省、自治区、直辖市实行“划分收支、分级包干”的财政管理体制。中央级的文教卫生科学事业费，归中央财政支出；地方的文教卫生科学事业费，归地方财政支出。

2月12日，五届全国人大常委会第十三次会议审议通过《中华人民共和国学位条例》，规定我国实行学士、硕士、博士三级学位制度。这是新中国成立以来由最高权力机关制定的第一个有关教育的法律，标志着新中国学位制度的正式建立，是新中国教育史上的重要里程碑，至今仍是学位管理的基本准则。

3月25日，国务院印发《关于充实和加强中国文字改革委员会的通知》，规定有关普通话推广工作包括推广工作的机构，划归教育部管理。

8月22日，教育部发出《中等师范学校规程（试行）》和《关于进一步加强中小学在职教师培训工作的意见》。

9月5日，国务院批转了教育部《关于大力发展高等学校函授教育和夜大学的意见》。

10月9日，教育部、国家民委印发《关于加强民族教育工作的意见》。

10月14日，教育部发布《幼儿师范学校教学计划试行草案》，指出幼儿师范学校的培养目标是培养合格的幼儿园教养员；幼儿师范学校招收初中毕业生，其修业年限为3年和4年两种。

10月15日，卫生部、教育部发布《托儿所、幼儿园卫生保健制度（草案）》。从生活制度、婴幼儿饮食、体格锻炼、健康检查制度、卫生消毒及隔离制度、防病工作、安全制度、家长联系制度等方面对托儿所和幼儿园的卫生保健工作作出规定。

11月12日，卫生部发布《城市托儿所工作条例（试行草案）》，确立了中国托儿所制度，明确了托儿所的性质，对婴幼儿卫生保健工作、婴幼儿教养工作、组织编制及工作人员职责、房屋和设备进行了具体规定。

12月3日，中共中央、国务院发布《关于普及小学教育若干问题的决定》，提出中小学学制准备逐步改变为十二年制。

12月4日，国务院批转教育部《关于高等教育自学考试试行办法的报告》，决定建立高等教育自学考试制度。

1981年

5月20日，国务院批准《中华人民共和国学位条例暂行实施办法》，进一步明确了学位授予的负责单位、学位申请的原则程序、学位的课程学分要求、论文答辩的流程规范等。

8月26日，教育部发布修订后的《小学生守则》《中学生守则》。

10月7日，国务院批转教育部《关于调整中、小学教职工工资的办法》和《关于增加中、小学民办教师补助费的办法》。

10月8日，国务院学位委员会第三次会议通过学科评议组第一次会议审核的我国首批博士和硕士学位授予单位及学科、专业、博士生导师名单，我国高等教育开始进入培养有学士、硕士和博士学位高级专门人才的新阶段。

10月31日，教育部发布《幼儿园教育纲要（试行草案）》。

11月3日，国务院批准我国首批博士学位授予单位151个，学科、专业点812个，指导教师1155人，其中高等学校占70%；硕士学位授予单位358个，学科、专业点3185个，其中高等学校占84%。

同日，国务院批准了我国首批博士、硕士学位授予单位及其学科、专业和博士指导教师名单。

11月23日，教育部发出通知，决定我国1981年招收首批攻读博士学位的研究生。

1982年

1月21日，教育部印发《关于当前中小学教育几个问题的通知》。

2月19日，教育部印发《关于加强普通教育行政干部培训工作的意见》，指出建立中小学干部定期轮流离职学习的制度，对普教行政干部培训的方针和目标、学习内容和要求、学习形式与学习期限、培训工作规划、教师队伍和教材的编写等作出详细规定。

2月27日，教育部颁发《高等学校学生守则（试行草案）》《中等专业学校学生守则（试行草案）》。

4月16日，教育部发布《中等师范学校及城市一般中小学校舍规划面积定额（试行）》。

7月17日，教育部印发《关于招收攻读博士学位研究生的暂行规定》。

1983 年

3 月 15 日，国务院学位委员会第四次会议决定公布、试行《高等学校和科研机构授予博士和硕士学位的学科专业目录（试行草案）》。

8 月 16 日，教育部发出《关于普及初等教育基本要求的暂行规定》。

9 月 26 日，全国教育科学规划领导小组成立，办公室设在中央教育科学研究所科研规划处。

10 月 1 日，邓小平为景山学校题词：“教育要面向现代化，面向世界，面向未来”，成为我国社会主义教育事业的指导方针。

1984 年

2 月 22 日，教育部发出《关于高中建立学生档案的暂行规定》。

8 月 8 日，经国务院批准，教育部发出《关于在北京大学等二十二所高等院校试办研究生院的通知》，同时印发《关于在部分全国重点高等院校试办研究生院的几点意见》。

8 月 15 日，教育部印发《关于全日制六年制小学教学计划的安排意见》，指出我国小学学制为五年、六年并存，实行哪种学制，由各地视情况而定。

11 月 27 日，教育部发布《中小学公用经费参考定额》，分别规定小学、初中、高中生均公用经费各项目定额，包括每生每年公务费、设备购置费、业务费、修缮费等的数额。

12 月 13 日，国务院印发《关于筹措农村学校办学经费的通知》，要求对农村学校在逐年增加国家对教育基本建设投资和教育事业费的基础上，充分调动农村集体经济组织和其他各种社会力量办学的积极性，开辟多种渠道筹措农村学校办学经费。

12月26日，国务院出台《关于自费出国留学的暂行规定》，指出自费出国留学是培养人才的一条渠道，国家对自费留学人员在政治上与公费出国留学人员一视同仁。

12月27日，教育部颁布《关于中等师范学校和全日制中小学教职工编制标准的意见》，并附《中等师范学校和全日制中小学教职工编制标准参考表》。规定中等师范学校和普通中学的机构，一般设置教导、总务两处；教职工编制，以校为单位按班计算。

1985年

1月11日，教育部发布《全国中小学教材审定委员会工作条例（试行）》，规定中小学教材建设实行编写和审查分开，人民教育出版社负责编写，教育部成立全国中小学教材审定委员会负责审查新编教材。

1月21日，六届全国人大常委会第九次会议正式通过国务院关于设立教师节的议案，将每年9月10日定为教师节，推动在全社会形成尊师重教的良好风气。

5月27日，中共中央发布《关于教育体制改革的决定》，标志着教育体制改革的全面展开。

6月18日，六届全国人大常委会第十一次会议决定设立国家教育委员会，撤销教育部。

7月5日，国务院批转国家科委、国家教委、中国科学院《关于试办博士后科研流动站的报告》，博士后制度正式开启了“中国篇章”。

7月17日，全国博士后科研流动站管理协调委员会成立，试行博士后研究制度。

8月30日，国务院工资制度改革小组、劳动人事部印发《关于高等学校、中等专业学校、中小学教职工工资制度改革问题的通知》，发布国家教委制定的《中等专业学校教职工工资制度改革实施方案》《中小学教职工工资制度改革实施方案》《关于教师教龄津贴的若干规定》。

12 月 7 日，卫生部发布《托儿所、幼儿园卫生保健制度》，规定各园（所）要设立保健室，要根据本单位条件建立隔离室或观察床（全托园、所必须建立隔离室），隔离室用品要专用。

1986 年

3 月 5 日，邓小平对王大珩、王淦昌、杨嘉墀、陈芳允四位科学家提出的《关于积极跟踪研究国际战略性高技术发展的建议》作出批示。11 月 18 日，中共中央、国务院批准《高技术研究发展计划纲要》。这一计划因邓小平首次批示的时间为 1986 年 3 月，被命名为“863 计划”，是改革开放以来我国首个高技术发展计划。

3 月 12 日，国务院发布《高等教育管理职责暂行规定》，对中央和地方管理高等教育的权限进行了划分，初步奠定了中央与地方政府在高等教育管理过程中的权限框架。

4 月 12 日，六届全国人大四次会议通过《中华人民共和国义务教育法》，规定国家实行九年义务教育制度，国家对接受义务教育的学生免收学费。

4 月 28 日，国务院发布《征收教育费附加的暂行规定》，规定教育费附加率为 1%，由税务机关负责征收。

5 月 19 日，中央职称改革工作领导小组转发国家教委《中学教师职务试行条例》《小学教师职务试行条例》《关于中小学教师职务试行条例实施意见》。

6 月 10 日，国家教委印发《关于进一步办好幼儿学前班的意见》，具体规定了学前班教育活动的内容与组织、教师的培训、改善办班条件、加强领导和管理等方面。

9月6日，国家教委发布《中小学教师考核合格证书试行办法》，宣布在我国实行中小学教师考核合格证书制度。

12月13日，国务院批转国家教委《关于出国留学人员工作的若干暂行规定》，第一次对国家公派出国留学工作和自费出国留学工作的指导原则、机制体制、选拔派遣、管理服务等作出了系统规定。

1987年

3月9日，劳动人事部、国家教委发布《全日制、寄宿制幼儿园编制标准（试行）》。

4月21日，国家教委颁发《普通高等学校招生暂行条例》，规定高等学校招生实行全国统一考试，以省、自治区、直辖市为单位组织录取；由国家教委主管普通高等学校招生工作，并根据全日制中学教学大纲命题。

6月15日，国家教委、财政部联合印发《关于农村基础教育管理体制改革若干问题的意见》。

6月23日，国务院批转国家教委《关于改革和发展成人教育的决定》，明确了我国成人教育的工作重点、方针政策等。

7月8日，国家教委颁布《关于社会力量办学的若干暂行规定》，首次对民办教育的概念、地位、设置等作出比较全面的规定，成为第一个专门的民办教育规章，为民办教育恢复发展奠定了基础。

10月15日，国务院办公厅转发国家教委、国家计委、卫生部等九部门《关于明确幼儿教育事业领导管理职责分工的请示》，强调必须在政府统一领导下，除地方政府举办幼儿园外，主要依靠部门、单位和集体、个人等方面力量发展幼儿教育事业，实行“地方负责，分级管理”

和有关部门分工负责的原则；明确了教育部门、卫生部门、计划部门等各部门的职责分工，规定幼儿园的行政领导由主办单位负责。

11月28日，国务院印发《关于提高中小学教师工资待遇的通知》，提出从1987年10月起，将中小学教师和幼儿园教师现行的工资标准提高10%。

12月28日，国家教委、财政部发布《社会力量办学财务管理暂行规定》。对社会力量办学的财务体制、经费来源、经费支出、日常财务管理等作出具体规定。

1988年

1月21日，中央职称改革工作领导小组、国务院工资制度改革小组、财政部、国家教委印发《关于适当增加中小学教师高中级职务限额和下放权力理顺工作关系的通知》。

2月5日，国务院颁布《扫除文盲工作条例》，规定凡年满15周岁以上的文盲、半文盲公民，除丧失学习能力的以外，不分性别、民族、种族，均有接受扫除文盲教育的权利和义务。

3月3日，国务院颁发《高等教育自学考试暂行条例》。

3月9日，国家教委、财政部印发《关于加强普通教育经费管理的若干规定》，要求逐步实行定额加专项的办法，实行“经费包干、结余留用、超支不补、自求平衡”的原则，学校有权统筹安排使用教育经费。

7月14日，国家教委、建设部印发《城市幼儿园建筑面积定额（试行）》，对城市幼儿园的园舍和用地标准、基本建设设计和单体建筑设计等方面进行了详细规定。

8月29日—9月1日，国家教委在河北南宫市召开了实施“燎原计划”工作会议。

9月14日，国家教委、人事部联合印发《关于建立教育督导机构问题的通知》。指出各县级以上人民政府应在教育行政部门内建立教育督导机构或配备专职教育督导人员。

1989年

5月4日，国务院办公厅转发国家教委等部门《关于发展特殊教育若干意见》。

5月5日，国家教委发出《1989年普通高等学校试行招收自费生意见》。

6月5日，国家教委发布《幼儿园工作规程（试行）》，全面系统地规定了幼儿园的招生和编班、卫生保健、教育、园舍和设备、工作人员、经费、管理工作及其与幼儿家庭的关系等。

7月26日，国家教委印发《关于试行普通高中毕业会考制度的意见》，规定会考成绩合格，思想品德表现、社会实践、体育成绩平均达到毕业标准的学生，可以取得高中毕业证书。

9月11日，国家教委发布《幼儿园管理条例》，规定了举办幼儿园的基本条件和审批程序；强调幼儿园应当以游戏为基本活动形式，建立卫生保健等系列制度。

10月30日，中国青少年发展基金会宣布建立我国第一个“救助贫困地区失学少年基金”，实施“希望工程”。

12月16日，国家教委印发《关于实施〈幼儿园管理条例〉和〈幼儿园工作规程（试行）〉的意见》。

12月17—24日，国家教委和财政部在山东省联合召开了全国筹措教育经费、改善办学条件现场会。

12月31日，国家教委、国家计委印发《关于计划单列市教育计划单列问题的通知》。

1990 年

2 月 12 日，国家教委发出《关于北京大学等七所高校联合招收华侨、港澳、台湾省学生的通知》。

2 月 16—20 日，1990 年全国高校毕业生和毕业研究生分配计划协调会在西安举行。

4 月 9 日，国家教委办公厅印发《关于认真解决民办教师工资拖欠问题的通知》。

4 月 13 日，国家教委发出《关于进一步加强中小学德育工作的几点意见》。

6 月 4 日，国家教委、卫生部发布《学校卫生工作条例》，提出学校卫生工作的主要任务是：监测学生健康状况；对学生进行健康教育，培养学生良好的卫生习惯；改善学校卫生环境和教学卫生条件；加强对传染病、学生常见病的预防和治疗。

6 月 7 日，国务院发布《关于修改〈征收教育费附加的暂行规定〉的决定》，规定将教育费附加率由 1%提高到 2%。

7 月 9 日，国家教委、人事部等五单位联合发出《普通高等学校招收自费生的暂行规定》。

10 月 31 日，国家教委颁布《普通高等学校教育评估暂行规定》，对高等教育评估性质、目的、任务、指导思想、基本形式等作了明确规定。这是中国第一部关于高等教育评估的法规，并开始有计划、有组织地对普通高等学校的本科教学工作水平进行评估。

1991 年

1 月 8 日，国家教委、国台办、公安部印发《关于接受在大陆投资的台湾人士的随行子女到大陆的中小学、幼儿园就读的有关事项的通知》。

1月22日，国家教委发出《关于高考改革有关问题的通知》。

2月21日，国家教委发出《高中毕业会考后普通高校招生全国统一考试工作实施方案（试行）》。

4月9日，国家教委印发《关于成立国家教委关心下一代工作委员会的通知》。

4月16日，国家教委关心下一代工作委员会在北京成立。

4月26日，国家教委颁布《教育督导暂行规定》。

6月12日，国家教委发布《中等专业教育自学考试暂行规定》。

9月4日，七届全国人大常委会第二十一次会议通过《中华人民共和国未成年人保护法》。

10月17日，国务院发布《关于大力发展职业技术教育的决定》。

11月18日，江苏省学位委员会成立大会在南京师范大学召开，这是我国建立的第一个省级学位委员会。省级学位委员会的建立标志着我国已形成了比较完备的，中央政府、省级地方政府、学位授权单位三级管理的学位工作管理体系。

1992年

2月21日，国家教委印发《关于加强和改善企事业单位兴办中小学工作的意见》。

2月24日，国家教委发布《小学生体育合格标准实施办法》，要求六年制小学从五年级开始，五年制小学从四年级开始实施小学生体育合格标准。

4月4日，国家教委成立升学、考试制度改革领导小组，加强对升学考试制度改革的领导，协调国家教委升学考试制度改革的有关工作。

6月19—20日，国家教委在山东济南举办“办好教育为人民”研讨会。

7月3日，国家教委印发《关于加强中小学计算机教育的几点意见》。

8月6日，国家教委发布《关于印发〈九年义务教育全日制小学、初级中学课程计划（试行）〉和二十四个学科教学大纲（试用）的通知》。

8月21日，国家教委发出《关于国家教委直属高校深化改革，扩大办学自主权的若干意见》，提出加大高校改革力度，激活办学机制。

9月10日，国家教委办公厅印发《关于进一步加强内地西藏班工作的意见》。

10月26日，国家教委发布《教师和教育工作者奖励暂行规定》。

12月10日，中组部、国家教委发布《关于加强全国中小学校长队伍建设的意见（试行）》，规定中小学校长的任免、培训、考核、奖惩、待遇等问题，旨在建立一支政治坚定、德才兼备、相对稳定的中小学校长队伍。

1993年

2月13日，中共中央、国务院印发《中国教育改革和发展纲要》，是指导20世纪90年代至21世纪初中国教育改革和发展的蓝图，是建设有中国特色社会主义教育体系的纲领性文件。

3月5日，国家教委办公厅印发《关于国家教委中小学教材审定委员会办公室改由基础教育司统一归口领导的通知》。

3月8日，国家教委发出《普及九年义务教育评估验收办法》和《县级扫除青壮年文盲单位检查评估办法》，建立对普及九年义务教育县

（市、区）和扫除青壮年文盲县（市、区）评估验收制度。

3 月 24 日，国家教委发布《关于减轻义务教育阶段学生过重课业负担、全面提高教育质量的指示》。

6 月 10 日，国家教委、人事部、财政部在广泛征求意见的基础上，将 1978 年发布的《关于评选特级教师的暂行规定》修订为《特级教师评选规定》，进一步明确强调特级教师是国家为了表彰特别优秀的中小学教师而特设的一种既具先进性又有专业性的称号。

7 月 15 日，国家教委印发《关于重点建设一批高等学校和重点学科点的若干意见》，提出面向 21 世纪重点建设 100 所左右的高等学校和一批重点学科点的计划，简称“211 工程”。

8 月 17 日，国家教委发出《民办高等学校设置暂行规定》。

10 月 31 日，八届全国人大常委会第四次会议通过《中华人民共和国教师法》。首次以法律形式明文规定国家实行教师资格制度，并对教师资格标准和条件、申请认定程序、教师资格考试、在职教师资格过渡、法律责任等方面作出了原则性规定。

12 月 13—17 日，全国城市教育综合改革研讨会在广东江门市举行。

1994 年

4 月 6 日，国家教委发出《关于建立国家教育督导团的通知》。

6 月 10 日，国家教委印发《关于加强普通高等学校教学工作的意见》。

6 月 14—17 日，党中央、国务院在北京召开全国教育工作会议。进一步落实教育优先发展的战略，动员全党全社会认真实施《中国教育改革和发展纲要》。

6 月 18 日，为祝贺全国教育工作会议闭幕，《人民日报》发表评论员文章，题为《坚决落实教育优先发展的战略》。

7月3日，国务院发布《关于〈中国教育改革和发展纲要〉的实施意见》。

7月26日，中国学位与研究生教育学会在北京成立。

8月23日，《中华人民共和国残疾人教育条例》颁布实施，这是我国第一部有关残疾人教育的专项法规，将《中华人民共和国残疾人保障法》和其他法律文件对特殊教育方法方面的条款进一步具体化。

8月31日，中共中央印发《关于进一步加强和改进学校德育工作的若干意见》。

10月12日，经中国人民银行批准成立的中国教育科技信托投资公司在北京开业。它是新中国成立以来第一家依托教育系统设立的全国性非银行金融机构，由国家教委、财政部、国家计委、中信公司共同出资设立。

1995年

1月26日，国家教委发布《中外合作办学暂行规定》。

3月18日，八届全国人大三次会议通过《中华人民共和国教育法》。教育法律法规的基本框架初步建立。为从法律层面上保障教育事业发展提供了依据。

5月6日，中共中央、国务院作出《关于加速科学技术进步的决定》，首次明确提出在全国实施科教兴国战略。

5月26日，江泽民在全国科学技术大会上的讲话中全面阐述了科教兴国战略。

9月14日，国家教委、财政部发出《关于进行〈国家贫困地区义务教育工程〉项目规划和可行性研究的通知》，启动“国家贫困地区义务教育工程”。

10月9日，国家教委颁布《研究生院设置暂行规定》。

11月18日，国家计委、国家教委、财政部联合印发《“211工程”总体建设规划》。该工程正式列入国民经济和社会发展中长期规划和第九个五年计划，并由规划设计阶段转入全面实施阶段。

12月12日，国务院发布施行《教师资格条例》，首次明确教师资格要求。

1996年

3月9日，国家教委发布《幼儿园工作规程》《小学管理规程》。

5月9日，国家教委、中国残疾人联合会联合印发《残疾儿童少年义务教育“九五”实施方案》。

5月10日，国家教委印发《中外合作举办教育考试暂行管理办法》。

5月15日，八届全国人大常委会第十九次会议通过了《中华人民共和国职业教育法》。

6月17—20日，国家教委、国家经贸委和劳动部在北京联合召开第三次全国职业教育工作会议。

12月16日，国家教委、国家计委、财政部联合颁发《义务教育学校收费管理暂行办法》《普通高级中学收费管理暂行办法》《中等职业学校收费管理暂行办法》和《高等学校收费管理暂行办法》。

12月30日，国家教委印发《中小学计算机教育五年发展纲要（1996—2000年）》。

1997年

1月21—23日，国家教委和人事部在北京联合召开全国留学回国工作会议，这是改革开放以来召开的第一次全国性的留学回国工作会议。会议表彰了318位优秀留学回国人员和25个全国留学工作先进单位。

3月24日，国家教委颁发《普通高等学校毕业生就业工作暂行规定》。

6月4日，国家科技领导小组第三次会议决定制定《国家重点基础研究发展规划》。随后，科技部组织实施国家重点基础研究发展计划（“九七三计划”），加强国家战略目标导向的基础研究工作。

7月31日，国务院发布《社会力量办学条例》。这是新中国第一个规范民办教育的行政法规，标志着中国民办教育进入了依法办学、依法管理、依法行政的新阶段。

1998年

3月10日，九届全国人大一次会议通过《关于国务院机构改革方案的决定》，中华人民共和国国家教育委员会更名为中华人民共和国教育部。

5月4日，江泽民在庆祝北京大学建校100周年大会上提出，为了实现现代化，我国要有若干所具有世界先进水平的一流大学。

6月22日，国务院发布《关于调整撤并部门所属学校管理体制的决定》。

6月25日，国务院发出《关于成立国家科技教育领导小组的决定》。

7月3日，国务院办公厅转发教育部等部门《关于调整撤并部门所属学校管理体制实施意见》，对原机械工业部等九个部门所属的93所普通高等学校、72所成人高等学校以及中等专业学校和技工学校的管理体制进行调整。93所普通高等学校中的81所实行中央与地方共建，以地方管理为主，其国有资产由地方代管，其人员编制管理、劳动工资管理等均由地方人民政府负责。

8月4日，教育部和李嘉诚基金会共同启动实施了“长江学者奖励计划”。

8月29日，九届全国人大常委会第四次会议审议通过《中华人民共和国高等教育法》。

10月28日，朱镕基主持召开国家科技教育领导小组第二次会议，听取并讨论教育部拟订的《面向21世纪教育振兴行动计划》。

1999年

1月13日，国务院批转教育部《面向21世纪教育振兴行动计划》，提出创建若干所具有世界先进水平的一流大学和一批一流学科，简称“985工程”。

2月10日，教育部、国防科工委、国家计委、财政部联合发布《关于调整五个军工总公司所属学校管理体制的实施意见》。对中国船舶工业总公司等五个军工总公司所属的25所普通高等学校、34所成人高等学校、98所中等专业学校、232所技工学校的管理体制进行调整。

2月13日，教育部印发《关于进一步深化普通高等学校招生考试制度改革的意见》。

6月13日，中共中央、国务院作出《关于深化教育改革全面推进素质教育的决定》，阐述了教育在综合国力形成中所处的基础地位，对进一步深化教育改革、全面推进素质教育进行了战略部署。

6月15—18日，中共中央、国务院在北京召开改革开放以来第三次全国教育工作会议。

9月13日，教育部发布《中小学教师继续教育规定》，明确教师继续教育的目标定位，强调与职前师范教育结合形成一体化教师教育体系。确立了包括师范院校、教师进修院校和教研部门构成的多级多元培训机构。

2000 年

1 月 29 日，教育部、国家计委、财政部发布《关于调整国务院部门（单位）所属学校管理体制和布局结构的实施意见》。

3 月 15 日，教育部印发《关于普通高中毕业会考制度改革的意见》。

5 月 31 日，教育部印发《关于公布首批国家级重点中等职业学校名单的通知》。

6 月 5 日，教育部发布《内地新疆高中班管理办法（试行）》。

6 月 6 日，中组部、中共教育部党组印发《关于加强社会力量举办学校党的建设工作的意见》，要求及时在社会力量举办的学校中建立党的组织，理顺党组织的隶属关系，明确社会力量举办学校党组织的主要职责。

6 月 29 日，中央综治委、教育部、公安部印发《关于深化学校治安综合治理工作的意见》，提出坚持“属地管理”原则，齐抓共管，进一步净化学校周边地区的治安环境，并建立定期检查制度。

7 月 21 日，中组部、人事部印发《关于加快推进事业单位人事制度改革的意见》，提出建立以聘用制为基础的用人制度；建立形式多样、自主灵活的分配激励机制；建立多层次、多形式的未聘用人员安置制度；建立符合事业单位特点的宏观管理和人事监督制度。

9 月 23 日，教育部发布实施《〈教师资格条例〉实施办法》，标志着教师资格制度在全国开始全面实施。

11 月 14 日，教育部印发《关于在中小学实施“校校通”工程的通知》。

2001 年

1 月 4—5 日，教育部在北京召开全国教师资格制度实施工作会议，动员和部署全面实施教师资格制度。

2 月 13 日，教育部、国家计委、财政部印发《关于坚决治理农村中小学乱收费问题的通知》。

5 月 29 日，国务院作出《关于基础教育改革与发展的决定》，对农村义务教育管理体制予以完善，明确提出农村义务教育管理实行在国务院领导下，由地方政府负责、分级管理、以县为主的体制。将农村义务教育全面纳入国家财政保障范围，实现了义务教育体制的深刻变革。

6 月 7 日，教育部发布《中小学教材编写审定管理暂行办法》，就教材编写的资格和条件，教材编写的立项和核准，教材的初审与试验，教材的审定、表彰与惩处等问题作了说明。

同日，教育部、财政部印发《关于对全国部分贫困地区农村中小学试行免费提供教科书的意见》；国家计委、教育部、新闻出版总署发布《中小学教材价格管理办法》；新闻出版总署、教育部发布《中小学教辅材料管理办法》；教育部、新闻出版总署印发《关于推广使用中小学经济适用型教材的意见》。

6 月 8 日，教育部发布《基础教育课程改革纲要（试行）》，正式启动新一轮基础教育课程改革。

6 月 9 日，教育部、财政部、农业部印发《关于继续做好农村教育费附加征收管理工作的通知》。

6 月 11—12 日，国务院在北京召开全国基础教育工作会议，研究部署进一步加快基础教育的改革与发展。

6 月 12 日，国务院纠风办、教育部印发《关于进一步做好治理教育乱收费工作的意见》。

8 月 8 日，教育部发布《教师资格证书管理规定》，第一次明确了对教师资格证书的管理。

9月8日，国家教育督导团印发《关于加强基础教育督导工作的意见》，指出基础教育督导工作必须把对地方人民政府特别是县级人民政府履行教育职责情况作为督导的重要任务。

9月24日，教育部、财政部、国务院扶贫办印发《关于落实和完善中小学贫困学生助学金制度的通知》，提出国家对义务教育阶段的贫困学生实行助学金制度；助学金经费来源，实行以地方为主、分级管理、分级负担的办法，主要从各级财政安排的教育事业费中统筹解决。

10月8日，中央编办、教育部、财政部印发《关于制定中小学教职工编制标准的意见》。

11月16日，国家计委、财政部、教育部印发《关于坚决落实贫困地区农村义务教育阶段试行"一费制"收费制度的通知》。

11月19日，教育部发布《义务教育课程设置实验方案》。

2002年

2月6日，教育部、全国总工会印发《关于全面推进校务公开工作的意见》。

2月26日，教育部印发《关于加强基础教育办学管理若干问题的通知》。

3月1日，教育部印发《关于加强县级教师培训机构建设的指导意见》。

4月12日，国务院办公厅印发《关于完善农村义务教育管理体制的通知》，要求各地建立义务教育经费保障机制，保障农村义务教育投入，确保农村中小学教职工工资按时足额发放；完善人事编制管理制度，加强农村中小学教师队伍建设；建立健全监督机制，保证农村义务教育健康发展。

4月26日，国家经贸委、财政部、教育部、卫生部、劳动和社会保障部、建设部印发《关于进一步推进国有企业分离办社会职能工作的意见》，要求分离企业自办的普通中小学校。企业管理中小学校的职能移交给当地人民政府，要多渠道筹措资金，落实企业分立自办普通中小学校所需经费，保障分离工作顺利进行。

5月13日，教育部发布《全国学校艺术教育发展规划（2001—2010年）》。

5月17日，新闻出版总署、教育部、国家计委印发《关于进一步贯彻落实中小学教材管理体制改革的意见》，指出从2003年春季开始，教辅材料一律不准编入中小学教学用书目录。各级教育行政部门和其他有关部门不得以任何形式强迫学校订购、中小学校不得组织学生购买、发行部门不得向学校征订或随教材搭售一切形式的教辅材料。

5月27日，国家计委、财政部、教育部联合发布《教育收费公示制度》。

7月4日，教育部、国家体育总局发布《学生体质健康标准（试行方案）》《〈学生体质健康标准（试行方案）〉实施办法》。

7月7日，国务院发布《关于深化改革加快发展民族教育的决定》，指出要深化教育改革，增强办学活力；加快“两基”步伐，促进各级各类教育的协调发展；进一步增强对民族教育的扶持力度；加大对民族教育的投入等。

7月22日，教育部发布《中学体育器材设施配备目录》《小学体育器材设施配备目录》。

7月25日，教育部发布《学校艺术教育工作规程》。

8月24日，国务院发布《关于大力推进职业教育改革与发展的决定》。

9月4日，教育部发布《教育管理信息化标准》。

9月20日，教育部、卫生部发布《学校食堂与学生集体用餐卫生管理规定》，就食堂建筑、设备与环境卫生要求，食品采购、贮存及加工的卫生要求，食堂从业人员卫生要求，管理与监督等问题作了说明。

10月17日，教育部印发《关于进一步规范民办教育机构办学秩序的通知》。

12月18日，教育部印发《关于积极推进中小学评价与考试制度改革的通知》。

12月28日，九届全国人大常委会第三十一次会议表决通过《中华人民共和国民办教育促进法》。

2003年

3月4日，国务院办公厅转发教育部等部门《关于幼儿教育改革与发展的指导意见》。

3月5—18日，十届全国人大一次会议在北京召开，其间王斌泰、蒋作斌、杨泉明、欧可平、胡平平、李文成等376名代表联名提交第1000号议案——《关于加快修改〈中华人民共和国义务教育法〉的议案》。

5月19日，教育部、国务院纠风办、国家发改委、财政部、审计署、新闻出版总署六部门建立治理教育乱收费部际联席会议制度。

6月23日，教育部印发《关于加强农村中小学食堂管理工作的通知》。

7月17日，教育部印发《关于加强依法治校工作的若干意见》。

9月17日，国务院发布《关于进一步加强农村教育工作的决定》，要求落实“以县为主”的农村义务教育管理体制，县级政府担负起对本地教育发展规划、经费安排使用、校长和教师人事等方面进行统筹管理的责任。

同日，国务院办公厅转发教育部、中央编办、公安部、国家发改委、财政部、劳动和社会保障部《关于进一步做好进城务工就业农民子女义务教育工作的意见》。人事部、教育部印发《关于深化中小学人事制度改革的实施意见》。

9月29日，教育部、国家发改委、财政部印发《关于农村中小学危房改造工程的实施意见》。

11月12日，教育部、中央编办、财政部印发《关于建立中小学编制报告制度的通知》。

2004年

1月17日，国务院办公厅转发教育部《关于建立对县级人民政府教育工作进行督导评估制度的意见》。

2月5日，财政部、国家税务总局印发《关于教育税收政策的通知》，明确规定教育事业享受多重税收优惠。

2月16日，国务院办公厅转发教育部、国家发改委、财政部和国务院西部开发办《国家西部地区“两基”攻坚计划（2004—2007年）》。

2月24日，国家发改委、教育部印发《关于建立和完善教育收费决策听证制度的通知》，要求在制定（包括调整）重要的教育收费标准前，要由政府价格主管部门主持，请社会有关方面对其必要性、可行性进行述证。

2月25日，国务院第四十一次常务会议通过《中华人民共和国民办教育促进法实施条例》。

2月26日，中共中央、国务院印发《关于进一步加强和改进未成年人思想道德建设的若干意见》。

同日，财政部、教育部发布《对农村义务教育阶段家庭经济困难学生免费提供教科书工作暂行管理办法》。

3月3日，国务院批转教育部《2003—2007年教育振兴行动计划》，这一计划是教育系统落实科教兴国和人才强国战略，加快教育改革与发展的基本蓝图。3月17日，教育部、国家发改委、财政部印发《关于在全国义务教育阶段学校推行“一费制”收费办法的意见》，指出从2004年秋季新学期开始，在全国公办的普通小学和普通初中（含义务教育阶段的特殊教育学校及特教班）推行“一费制”收费办法。

3月25日，教育部发布新修订的《中小学生守则》《小学生日常行为规范（修订）》《中学生日常行为规范（修订）》。

6月17日，教育部办公厅发布《中小学少数民族文字教材编写审定管理暂行办法》。

8月26日，中共中央、国务院印发《关于进一步加强和改进大学生思想政治教育的意见》。

8月27日，中央编办发布《关于教育部所属部分事业单位机构编制调整的批复》，批准成立教育部高等教育教学评估中心。

10月26日，教育部举行新闻发布会，正式宣布成立教育部高等教育教学评估中心，建立了五年一轮的评估制度，标志着中国高等教育的教学评估工作开始走向规范化、科学化、制度化和专业化的发展阶段。

11月8日，教育部印发《关于保证中小学体育课课时的通知》，要求保证体育课课时，保证体育教师的数量和质量，保证体育课程改革顺利进行。

11月21日，全球第一所孔子学院正式在韩国首都汉城挂牌成立。

12月15日，教育部发布《中小学教师教育技术能力标准（试行）》。

2005年

1月12日，教育部印发《关于基础教育课程改革实验区初中毕业考试与普通高中招生制度改革的指导意见》，对初中毕业生学业考试、初中毕业生综合素质评价、普通高中招生录取等事宜进行了说明。

1月14日，教育部、文化部印发《关于在农村中小学实施全国文化信息资源共享工程的通知》，决定将农村中小学现代远程教育工程与全国文化信息资源共享工程的实施结合起来，搭建资源共享平台。

3月14日，教育部印发《关于规范小学和幼儿园教师培养工作的通知》。

3月18日，教育部办公厅印发《关于加强中小学幼儿园校车安全管理的紧急通知》，要求各地立即组织对辖区内中小学、幼儿园的校车进行一次全面检查和清理，凡不具备条件的地方一律停止由学校组织的统一接送。

5月11日，教育部、国家民委印发《关于进一步做好民族地区寄宿制中小学管理工作若干问题的意见》。

5月25日，教育部印发《关于进一步推进义务教育均衡发展的若干意见》，明确提出各地要把推进义务教育均衡发展作为实现“两基”之后义务教育发展的一项重要任务。10月28日，国务院印发《关于大力发展职业教育的决定》。

12月24日，国务院印发《关于深化农村义务教育经费保障机制改革的通知》。

2006年

1月19日，财政部、教育部发布《全国农村义务教育阶段学生免收学杂费的实施管理办法》，对享受免除学杂费政策的对象进行了规定。

1月21日，中共中央办公厅、国务院办公厅印发《关于进一步加强和改进未成年人校外活动场所建设和管理工作的意见》。

5月15日，教育部、财政部、人事部、中央编办印发《关于实施农村义务教育阶段学校教师特设岗位计划的通知》。

6月29日，十届全国人大常委会第二十二次会议表决通过修订后的《中华人民共和国义务教育法》，对义务教育管理体制作出新的规定，首次明确义务教育免收学杂费，以法律形式保障义务教育经费投入，明确规定促进义务教育均衡发展。

6月30日，教育部、公安部、司法部、建设部、交通部、文化部、卫生部、国家工商总局、国家质检总局、新闻出版总署发布《中小学幼儿园安全管理办法》。

7月6日，教育部、国务院纠风办、监察部、国家发改委、财政部印发《关于在农村义务教育经费保障机制改革中坚决制止学校乱收费的通知》。

7月24日，财政部、教育部下发《关于完善中等职业教育贫困家庭学生资助体系的若干意见》。

9月19日，教育部、财政部印发《关于加强农村义务教育经费保障机制改革督导工作的意见》，提出要加强经费投入督导，推动政府分担责任落实到位；加强经费使用督导，促进学校资金管理规范有效；加强改革效益督导，努力提高农村义务教育水平；加强组织领导，确保督导工作顺利实施。

2007年

1月17日，科技部、中宣部、教育部等八部门印发《关于加强国家科普能力建设的若干意见》。

2月2日，教育部发布《盲校义务教育课程设置实验方案》《聋校义务教育课程设置实验方案》《培智学校义务教育课程设置实验方案》。

2月3日，教育部发布《民办高等学校办学管理若干规定》。

2月7日，教育部发布《中小学公共安全教育指导纲要》。

3月2日，教育部印发《关于进一步加强引进海外优秀留学人才工作的若干意见》，吸引高层次留学人才工作又上了一个新台阶。

5月9日，国务院办公厅转发教育部、财政部、人事部、中央编办《教育部直属师范大学师范生免费实施办法（试行）》，从2007年秋季入学的新生起，在六所部属师范大学实行师范生免费教育。

5月13日，国务院发出《关于建立健全普通本科高校高等职业学校和中等职业学校家庭经济困难学生资助政策体系的意见》，要求完善国家奖学金制度和国家助学金制度，进一步完善和落实国家助学贷款政策；从2007年起，对教育部直属师范大学新招收的师范生，实行免费教育。

9月4日，教育部办公厅发布《中小学学生学籍信息化管理基本信息规范》，收录了中小学学生学籍管理中涉及入学、转学、借读、休学、复学、升级、毕业、综合素质评价、学业考试、奖励、处分等管理工作所需的基本信息。

11月26日，财政部、教育部下发《关于调整完善农村义务教育经费保障机制改革有关政策的通知》，进一步提高经费保障水平。

12月26日，人事部、财政部印发《关于调整特级教师津贴标准的通知》。

2008年

2月22日，教育部国内公布《独立学院设置与管理办法》。

4月3日，教育部、财政部、中国保监会印发《关于推行校方责任保险完善校园伤害事故风险管理机制的通知》，提出在全国各中小学校中推行意外伤害校方责任保险制度。

5月17日，中国民办教育协会在北京正式成立，这是我国民办教育领域第一个经过法定程序由政府正式批准成立的全国性行业组织。

6月27日，卫生部、教育部发布《中小学生健康体检管理办法》，规定学校应组织所有入学新生进行健康体检，建立健康档案；义务教育阶段学生健康体检的费用由学校公用经费开支。

12月24日，教育部、财政部印发《关于进一步加强中小学财务管理工作的意见》。

12月31日，教育部印发《关于做好义务教育学校教师绩效考核工作的指导意见》。

2009年

3月25日，教育部印发《关于进一步做好中小学教师补充工作的通知》，指出全面实施“特岗计划”，鼓励引导高校毕业生到农村学校任教；深化教师队伍补充机制改革，确保教师聘用质量，全面推行新任教师公开招聘制度，形成长效机制；严格实施教师资格制度，确保持证上岗。

8月12日，教育部发布《中小学班主任工作规定》。

12月14日，财政部、国家发改委、教育部、人社部联合出台《关于中等职业学校农村家庭经济困难学生和涉农专业学生免学费工作的意见》，决定从2009年秋季学期起，对中等职业学校农村家庭经济困难学生和涉农专业学生逐步免除学费。

12月21日，国务院农村综合改革工作小组印发《关于进一步做好清理化解农村义务教育债务工作的意见》。

2010 年

4 月 1 日，中共中央、国务院印发《国家中长期人才发展规划纲要（2010—2020 年）》。

6 月 11 日，教育部、财政部印发《关于实施“中小学教师国家级培训计划”的通知》。

6 月 25 日，教育部办公厅、财政部办公厅印发《关于组织 2010 年“国培计划”——中西部农村骨干教师培训项目申报和发布项目招标指南的通知》，这标志着“国培计划”教师培训项目申报和招标工作正式启动。

7 月 8 日，中共中央、国务院印发《国家中长期教育改革和发展规划纲要（2010—2020 年）》。

7 月 13—14 日，中共中央、国务院在北京召开全国教育工作会议。

7 月 23 日，国家发改委、教育部印发《关于规范中小学服务性收费和代收费管理有关问题的通知》。

8 月 25 日，国家教育体制改革领导小组成立。

同日，国家教育体制改革领导小组召开第一次会议，审议《教育规划纲要任务分工方案》《国家教育体制改革试点总体方案》《国家教育咨询委员会章程》。

9 月 14 日，财政部、国家发改委、教育部、人社部印发《关于扩大中等职业学校免学费政策覆盖范围的通知》，从 2010 年秋季学期起，将中等职业学校城市家庭经济困难学生纳入免学费政策范围。

9 月 19 日，财政部、教育部联合印发《关于建立普通高中家庭经济困难学生国家资助制度的意见》，要求建立国家助学金制度，建立学费减免等制度，鼓励社会捐资助学。

10月24日，国务院办公厅印发《关于开展国家教育体制改革试点的通知》，要求建立健全体制机制，加快学前教育发展。推进义务教育均衡发展，多种途径解决择校问题。

11月18日，中华人民共和国国家教育咨询委员会在北京宣告成立。这是中国教育史上首次设置专门机构，对国家教育重大改革发展政策进行调研、论证和评估。

11月21日，国务院印发《关于当前发展学前教育的若干意见》。

12月10日，《国家教育咨询委员会章程》公布。

12月13日，教育部发布《关于修改和废止部分规章的决定》，共修改和删除12条规章，其中删除了《普及义务教育评估验收暂行办法》第十一条中的“集资办学”，删除了《小学管理规程》第十二条的“并可按有关规定收取借读费”，废止《义务教育收费管理暂行规定》《国家助学贷款管理操作规程（试行）》等规章。

12月25日，教育部印发《关于推进中小学信息公开工作的意见》。

2011年

5月27日，中共中央、国务院印发《中国农村扶贫开发纲要（2011—2020年）》。

6月29日，国务院印发《关于进一步加大财政教育投入的意见》，要求确保到2012年国家财政性教育经费支出占国内生产总值比例达到4%的目标按期实现。

7月8日，教育部发布《切实保证中小学生每天一小时校园体育活动的规定》。

8月31日，温家宝主持召开国务院常务会议，决定扩大中小学教师职称制度改革试点。

9月5日，教育部、财政部印发《关于建立学前教育资助制度的意见》。

10月8日，教育部发布《教师教育课程标准（试行）》《关于大力推进教师教育课程改革的意见》。

10月18日，住建部、国家发改委发布《特殊教育学校建设标准》。

11月28日，教育部发布《高等学校章程制定暂行办法》。

12月8日，教育部发布《学校教职工代表大会规定》，指出教职工代表大会是教职工依法参与学校民主管理和监督的基本形式；学校工会是教职工代表大会的工作机构，学校应当为学校工会承担教职工代表大会工作机构的职责提供必要的工作条件和经费保障。

2012年

1月20日，教育部发布《县域义务教育均衡发展督导评估暂行办法》。

2月10日，教育部发布《幼儿园教师专业标准（试行）》《小学教师专业标准（试行）》《中学教师专业标准（试行）》。

2月17日，教育部印发《关于建立中小学幼儿园家长委员会的指导意见》，强调建立家长委员会，提出家长委员会参与学校管理、参与教育工作和沟通学校与家庭的三项基本职责。

2月20日，教育部印发《幼儿园教师专业标准（试行）》《小学教师专业标准（试行）》和《中学教师专业标准（试行）》，分别对幼儿园、小学、中学教师的专业理念与师德、专业知识和专业能力提出60余条具体要求。

3月13日，教育部发布《教育信息化十年发展规划（2011—2020年）》。

3月15日，教育部发布《教育管理基础代码》《教育管理基础信息》《教育行政管理信息》《普通中小学校管理信息》《中职学校管理信息》《高等学校管理信息》《教育统计信息》共七个教育信息化行业标准。

3月16日，教育部印发《关于全面提高高等教育质量的若干意见》，提出了高等教育内涵式发展的总体要求。

3月19日，教育部、国家发改委、财政部、人社部、国务院扶贫办印发《关于实施面向贫困地区定向招生专项计划的通知》，规定自2012年起，在普通高校招生计划中专门安排适量招生计划，面向集中连片特殊困难地区生源，实行定向招生，引导和鼓励学生毕业后回到贫困地区就业创业和服务。

3月22日，教育部、财政部印发《关于实施高等学校创新能力提升计划的意见》，决定实施高等学校创新能力提升计划，即“2011计划”。“2011计划”是继“211工程”、“985工程”后，我国高等教育战线又一项体现国家意志的重大战略举措。

3月28日，温家宝主持召开国务院常务会议审议并原则通过《校车安全管理条例（草案）》。

4月5日，国务院发布《校车安全管理条例》，对学校和校车服务提供者、校车使用许可、校车驾驶人、校车通行安全、校车乘车安全、法律责任做出规定，赋予校车通过优先权。

4月10日，国家质检总局、国家标准委批准发布《专用校车安全技术条件》《专用校车学生座椅系统及其车辆固定件的强度》两项强制性专用校车国家标准。

4月19日，国家发改委、新闻出版总署、教育部联合印发《关于加强中小学教辅材料价格监管的通知》。

5月4日，教育部印发《关于加强督学责任区建设的意见》，要求各地在省、市、县三级分别设立督学责任区。

6月14日，教育部印发《国家教育事业发展第十二个五年规划》。

6月18日，教育部印发《关于鼓励和引导民间资金进入教育领域促进民办教育健康发展的实施意见》。

6月21日，国家食药监局印发《关于做好农村义务教育学生营养改善计划餐饮服务食品安全监管工作的指导意见》，指出农村学校营养餐应坚持以学校食堂供餐为主，校外餐饮服务单位供餐模式为辅，严格限制家庭托餐准入。

6月29日，国务院批复同意建立校车安全管理部际联席会议制度。

7月5日，教育部印发《教育部定点联系滇西边境山区工作方案》。

7月12日，在教育部召开的专题座谈会上，时任教育部财务司司长吴国生表示，教育部、财政部、国家发改委联合成立“4%办公室”，以督促地方落实全国财政性教育经费支出占GDP4%的目标，办公室设在教育部。

同日，全国高职高专校长联席会议发布《2012中国高等职业教育人才培养质量年度报告》，这是针对高等职业教育整体办学质量的首次发布。

7月19日，国家教育考试指导委员会成立暨第一次全体会议在北京举行。首届委员会由教育、科技、经济、法律、管理等领域26名专家组成。委员会下设专家工作组，由32名专家组成，分考试、招生、管理三个组开展工作。

7月28日，教育部办公厅发布《关于教育部师范教育司更名及有关职能调整的通知》，将师范教育司更名为教师工作司，将人事司、职业教育与成人教育司有关教师工作职责划转到教师工作司。

8月20日，国务院印发《关于加强教师队伍建设的意见》，就建立健全教师管理体制，确实保障教师合法权益和待遇，确保教师队伍政策措施落到实处等问题作了说明。

8月26日，国务院办公厅印发《关于成立国务院教育督导委员会的通知》。国务院教育督导委员会办公室设在教育部，承担委员会日常工作。

8月29日，温家宝主持召开国务院常委会议，研究部署深入推进义务教育均衡发展和规范农村义务教育学校布局调整工作，审议通过《教育督导条例（草案）》。

8月30日，国务院办公厅转发教育部、国家发改委、公安部、人社部《关于做好进城务工人员随迁子女接受义务教育后在当地参加升学考试工作的意见》。

9月5日，国务院印发《关于深入推进义务教育均衡发展的意见》，提出推进义务教育均衡发展的基本目标。

9月6日，国务院办公厅印发《关于规范农村义务教育学校布局调整的意见》。

9月9日，国务院发布《教育督导条例》。这是新中国第一部专门的教育督导法规。

9月14日，教育部印发《普通高等学校本科专业目录（2012年）》《普通高等学校本科专业设置管理规定》，学科门类由原来的11个增加到12个，新增了艺术学门类；专业类由原来的73个增加到92个；专业由原来的635种（其中目录内专业249种、目录外专业386种）调减到506种，其中基本专业352种、特设专业154种。这次修订是我国高等教育进入大众化阶段以来进行的首次修订，也是改革开放以来对本科专业目录进行的第四次全面修订。

9月20日，教育部与相关部委出台了《关于大力推进农村义务教育教师队伍建设的意见》《关于加强高等学校青年教师队伍建设的意见》《关于加强幼儿园教师队伍建设的意见》《关于加强特殊教育教师队伍建设的意见》。

9 月 29 日，财政部、教育部印发《研究生国家奖学金管理暂行办法》，决定从 2012 年秋季学期起，中央财政每年安排 10 亿元设立研究生国家奖学金，用于奖励普通高等学校中表现优异的国家招生计划内的全日制研究生。

10 月 9 日，教育部印发《3—6 岁儿童学习与发展指南》。

10 月 11 日，国务院教育督导委员会成立，刘延东担任国务院教育督导委员会主任，并聘任新一届国家督学。

10 月 18 日，教育部印发《职业学校兼职教师管理办法》。

10 月 22 日，财政部、国家发改委、教育部、人社部印发《关于扩大中等职业学校免学费政策范围进一步完善国家助学金制度的意见》。

10 月 29 日，教育部成立综合改革司、巡视工作办公室，撤销直属高校工作司，在高等教育司设立直属高校工作办公室，调整职业教育与成人教育司职能，设立学前教育办公室、特殊教育办公室、继续教育办公室。

11 月 8 日，教育部、国家发改委、财政部印发《关于深化教师教育改革的意见》。

11 月 13 日，教育部首次发布涉及 18 个大类的 410 个高等职业学校专业教学标准，填补了我国高等职业教育专业教学标准领域的空白。

11 月 22 日，教育部发布《全面推进依法治校实施纲要》。

11 月 23 日，教育部、北京市人民政府签署《关于继续重点共建北京大学、中国人民大学、清华大学、北京师范大学、中国农业大学的协议》，新一轮“985 工程”高校重点共建全部完成。

11月27日，教育部、中组部、财政部、人社部、国务院扶贫办印发《边远贫困地区、边疆民族地区和革命老区人才支持计划教师专项计划实施方案》。

11月30日，教育部印发《全面推进依法治校实施纲要》，就推进依法治校的具体措施和工作重点做出规定。

12月4日，教育部、国家语委印发《国家中长期语言文字事业改革和发展规划纲要（2012—2020年）》。

12月7日，教育部发布《中小学心理健康教育指导纲要（2012年修订）》。

12月21日，财政部、教育部发布新修订的《中小学校财务制度》。

2013年

1月8日，教育部印发《幼儿园教职工配备标准（暂行）》。

1月18日，教育部发布《中小学书法教育指导纲要》。

1月31日，教育部在北京召开首届全国教育科研工作会议。

2月4日，教育部印发《义务教育学校校长专业标准》。

6月3日，财政部、教育部、人社部印发《中等职业学校国家助学金管理办法》，规定国家助学金资助对象、资助标准、资助方式等。

同日，教育部印发《关于推进中小学教育质量综合评价改革的意见》，发布与其配套的《中小学教育质量综合评价指标框架（试行）》。

8月11日，教育部发布《中小学生学籍管理办法》，提出建立全国统一规范的学籍信息管理制度，学生学籍号与身份证绑定，“一人一籍，籍随人走，终身不变”。

8月15日，教育部印发《关于扩大中小学教师资格考试与定期注册制度改革试点的通知》。

9月2日，教育部印发《关于建立健全中小学师德建设长效机制的意见》，就建立健全教育、宣传、考核、监督与奖惩相结合的中小学师德建设长效机制提出七条意见。

9月10日，国家教育体制改革领导小组审议并原则通过《国务院关于加快发展现代职业教育的决定》和《现代职业教育体系建设规划》。

9月17日，国务院教育督导委员会发布《中小学校责任督学挂牌督导办法》，明确规定县级教育督导部门为区域内中小学校设置责任督学，在校门以标牌的形式公布责任督学信息和督导事项，对学校进行经常性督导。

9月20日，教育部印发《中等职业学校教师专业标准（试行）》。

9月30日，高等教育教学评估中心发布《全国“211工程”高校本科教学质量报告（2012年度）》《全国新建本科院校教学质量监测报告（2012年度）》《全国新建本科院校合格评估报告（2012年度）》三种高校本科教育质量监测系列报告。

10月14日，教育部印发《关于普通高等学校编制发布2012年〈本科教学质量报告〉的通知》，启动2013年本科教学质量年度报告编制发布工作。首次在全国所有公办高校开展本科教学质量年度报告编制发布工作，并鼓励民办高校参与。

11月7日，国务院办公厅转发教育部、国家发改委、公安部、监察部、财政部、国土资源部、住建部、水利部、审计署、国家安监总局、国家地震局、国家气象局《关于建立中小学校舍安全保障长效机制的意见》，提出通过建立健全包括校舍年检、安全预警、信息发布、隐患排除、项目管理、责任追究在内的制度体系，构建保障中小学校舍安全的长效机制。

11月16日，中国人民大学、东南大学、东华大学、上海外国语大学、武汉理工大学和华中师范大学等6所高校拿到了教育部颁发的高等学校章程核准书。这进一步确立了高校章程的法律地位和作用，标志着落实扩大高校办学自主权、推动高校依法治校、完善现代大学制度、依章程自主管理迈出了实质性的一步。

12月5日，教育部印发《关于开展普通高等学校本科教学工作审核评估的通知》，决定从2014年至2018年开展普通高等学校本科教学工作审核评估，并公布了审核评估方案。

12月19日，教育部印发《中小学校责任督学挂牌督导规程》《中小学校责任督学工作守则》，进一步规范中小学校责任督学挂牌督导工作。

12月30日，教育部印发《关于加强乡村教师生活补助经费管理有关工作的通知》。

12月31日，教育部、国家发改委、财政部印发《关于全面改善贫困地区义务教育薄弱学校基本办学条件的意见》。

2014年

1月8日，国务院办公厅转发教育部等七部门《特殊教育提升计划（2014—2016年）》，明确了此后三年我国特殊教育改革发展的总体目标、重点任务和主要措施。

1月10日，全国中小学生学籍信息管理系统开始在全国联网试运行，并开展全国跨省转学业务办理。

1月14日，教育部印发《关于进一步做好小学升入初中免试就近入学工作的实施意见》，重点明确实施小升初就近入学的方法和流程，从十个重点方面做出部署。

1月29日，国务院学位委员会、教育部印发《关于加强学位与研究生教育质量保证和监督体系建设的意见》《学位授权点合格评估办法》

和《博士硕士学位论文抽检办法》，推动构建以学位授予单位质量保证为基础，教育行政部门监管为引导，学术组织、行业部门和社会机构积极参与的内部质量保证和外部质量监督体系。

同日，教育部发布《高等学校学术委员会规程》，对高校学术委员会的组成、职责及运行等重要问题，分别作出规定。

2 月 7 日，国务院教育督导委员会印发《深化教育督导改革转变教育管理方式的意见》，明确了深化教育督导改革的总体思路、主要任务、具体措施和工作要求，对全面加强督政、督学和评估监测工作作出部署安排。

同日，国务院教育督导委员会印发《教育重大突发事件专项督导暂行办法》，建立教育重大突发事件专项督导制度，建立督导问责机制。

2 月 10 日，教育部印发《中国特色新型高校智库建设推进计划》。

3 月 14 日，国家教育体制改革领导小组召开“全面改薄”电视电话会议，部署全面改薄工作。

3 月 30 日，教育部印发《关于全面深化课程改革 落实立德树人根本任务的意见》。

4 月 21 日，教育部发布《学生体质健康监测评价办法》《中小学校体育工作评估办法》《学校体育工作年度报告办法》。

4 月 30 日，教育部办公厅公布了首批涉及 14 个专业类的 95 个《中等职业学校专业教学标准（试行）》，填补了我国中等职业教育专业教学标准领域的空白。12 月 22 日，公布了第二批涉及 16 个专业类的 135 个专业教学标准。

5 月 2 日，国务院印发《关于加快发展现代职业教育的决定》，加快职教体系建设。

5 月 9 日，教育部印发《教育部职能转变方案》及《落实〈教育部职能转变方案〉任务分工》，提出取消22项职责，下放省级教育行政部门、高校和直属单位13项职责，转移、委托直属事业单位和社团组织承担50项职责，精简规范23项评审项目，理顺基础教育管理等9个方面职责关系，加强和改善教育督导等3个方面宏观管理，精简议事协调机构。

6月16日，教育部、国家发改委、财政部、人社部、农业部、国务院扶贫办印发《现代职业教育体系建设规划（2014—2020年）》。

6月23—24日，全国职业教育工作会议在北京召开。这是进入21世纪以来国务院召开的第三次全国职业教育工作会议。

6月30日，教育部、国家卫计委、国家中医药管理局、国家发改委、财政部、人社部印发《关于医教协同深化临床医学人才培养改革工作的意见》，提出加快构建以“5+3”为主体、以“3+2”为补充的临床医学人才培养体系，到2020年，基本建成院校教育、毕业后教育、继续教育三阶段有机衔接的具有中国特色的标准化、规范化临床医学人才培养体系。

7月8日，国家教育体制改革领导小组办公室印发《关于进一步扩大省级政府教育统筹权的意见》，首次以文件形式对扩大省级人民政府教育统筹权作出全面部署，进一步理顺中央与地方教育管理权限和职责范围。

同日，国家教育体制改革领导小组办公室印发《关于进一步落实和扩大高校办学自主权完善高校内部治理结构的意见》，重点扩大了高校在选拔学生、调整优化学科专业、开展教育教学活动、选聘人才、开展科研活动、管理使用财产经费和扩大国际交流合作等七个方面的自主权。

7月16日，教育部发布《普通高等学校理事会规程（试行）》，全面规定了国家举办高等学校设立理事会（董事会）的宗旨作用以及理事会的地位、职责、组成及运行规则等主要问题。

7月18日，财政部、教育部、中国人民银行、中国银监会印发《关于调整完善国家助学贷款相关政策措施的通知》。

7月22日，教育部印发《关于做好全国中小学生学籍信息管理系统全面应用工作的通知》《全国中小学生学籍信息管理系统关键业务应用指南》和《全国中小学生学籍信息管理系统运行维护管理规则》，这标志着全国中小学生学籍信息管理系统的全面应用，促进了基础教育治理水平的全面提高。

7月25日，教育部发布《高等学校信息公开事项清单》，切实推动了现代大学制度建设，成为新一轮高等教育改革的突出标志。

同日，教育部等八部门联合印发《关于推进新疆教育服务社会稳定和长治久安的意见》。

同日，教育部等十二部门联合印发《关于切实加强有关内地民族班学生教育管理服务工作的若干意见》，共八个方面22条，涵盖建立健全工作机制、强化思想政治教育、加强教育教学管理、加强教师队伍建设、完善投入机制和资助体系、加强毕业生就业指导服务和切实加强制度保障等工作。

8月2日，教育部发布《义务教育学校管理标准（试行）》。

8月8日，教育部、国家发展改革委、财政部印发《关于加快西藏和四省藏区中等职业教育发展的指导意见》。

8月13日，教育部、财政部、人社部印发《关于推进县（区）域内义务教育学校校长教师交流轮岗的意见》，对加快推进县（区）域内义务教育学校校长教师交流轮岗工作进行了全面部署。

8月18日，教育部印发《关于实施卓越教师培养计划的意见》，提出分类推进卓越教师培养模式改革；建立与地方人民政府、中小学“三位一体”协同培养的高效机制。

8月24日，教育部印发《高等学校学生学籍学历电子注册办法》，要求高等学校学历教育学生均须进行新生学籍电子注册、在校生学年电子注册、毕（结）业生学历证书电子注册。

9月3日，国务院印发《关于深化考试招生制度改革的实施意见》就深化考试招生制度改革提出五大任务和措施，主要包括改进招生计划分配方式、改革考试形式和内容、改革招生录取机制、改革监督管理机制和启动高考综合改革试点，标志着新一轮考试招生制度改革全面启动。这是恢复高考以来最全面、最系统的一次改革。

9月10日，教育部印发《关于东中部职教集团、民办本科学校对口支援西藏和四省藏区中等职业教育的通知》，推动西藏和四省藏区中等职业教育发展。

9月29日，教育部印发《关于建立健全高校师德建设长效机制的意见》。划出了对高校教师具有警示教育意义的师德禁行行为“红七条”，与《关于建立健全中小学师德建设长效机制的意见》《中小学教师违反职业道德处理办法》《严禁教师违规收受学生及家长礼品礼金等行为的规定》相衔接，形成了涵盖大、中、小学阶段的完整的师德建设制度体系，为各地、各校进一步加强师德建设和查处违反师德行为提供政策依据。

10月1日，中共中央办公厅印发《关于坚持和完善普通高校党委领导下的校长负责制实施意见》，明确了党委领导和校长负责的主要方式和内容。

10月5日，中共中央办公厅、国务院办公厅联合印发《关于进一步加强和改进新形势下高校宣传思想工作的意见》。

10月11日，教育部公布了北京师范大学、厦门大学等15所高校章程核准书。至此，已有47所直属高校章程通过核准并发布。中国特色现代大学制度建设取得重大进展。

10月30日，教育部、财政部印发《关于建立完善以改革和绩效为导向的生均拨款制度加快发展现代高等职业教育的意见》，要求到2017年各地高职院校年生均财政拨款水平应当不低于12000元。

11月13日，教育部发布首份《中国工程教育质量报告》，首次参照国际实质等效的质量标准，用大量数据和事实全面客观呈现了我国工程教育质量的状况，对深入推进管办评分离和推动高等学校质量报告发布制度建设具有示范作用。

同日，教育部、中央编办、财政部印发《关于统一城乡中小学教职工编制标准的通知》，部署统一城乡中小学教职工编制标准；提出将县镇、农村中小学教职工编制标准统一到城市标准。

11月16日，教育部、财政部、国家发改委、工信部、中国人民银行发布《构建利用信息化手段扩大优质教育资源覆盖面有效机制的实施方案》，明确细化以“三通两平台”为核心的重点任务，并提出推进机制、政策环境、经费投入、管理体系、环境氛围五个方面的保障措施。

11月19日，教育部办公厅印发《关于组织申报首批义务教育教师队伍“县管校聘”管理改革示范区的通知》。

12月5日，教育部印发《关于改进和加强研究生课程建设的意见》《关于做好研究生担任助研、助教和学生辅导员工作的意见》。

12月10日，教育部、国家民委、公安部、国家体育总局、中国科学技术协会印发《关于进一步减少和规范高考加分项目和分值的意见》，明确自2015年1月1日起，取消体育特长生、中学生学科奥林匹克竞赛、科技类竞赛、省级优秀学生、思想政治品德有突出事迹等加分项目。

同日，教育部印发《关于进一步完善和规范高校自主招生试点工作的意见》，要求2015年起所有试点高校自主招生考核统一安排在高考结束后、高考成绩公布前进行。

同日，教育部发布《关于普通高中学业水平考试的实施意见》。

2015年

1月8日，教育部印发《关于成立全国青少年校园足球工作领导小组的通知》，教育部会同国家发改委、财政部、国家新闻出版广电总局、国家体育局、共青团中央等五单位共同成立全国青少年校园足球工作领导小组。

1月10日，教育部印发《普通高中校长专业标准》《中等职业学校校长专业标准》《幼儿园园长专业标准》《特殊教育教师专业标准》，这三个专业标准与已经发布的《义务教育学校校长专业标准》共同构成了相对完整的基础教育校长专业标准。

1月21日，教育部通过全国中小学生学籍信息管理系统，为全国中小学生发放了正式学籍号，这标志着全国中小学生学籍信息管理系统进入新的应用阶段。

3月2日，教育部和中宣部在天津召开全国学校艺术教育工作会议。

3月16日，教育部印发《学生志愿服务管理暂行办法》。

4月13日，教育部出台《关于加强高等学校在线开放课程建设应用与管理的意见》。

4月15日，国务院教育督导委员会办公室印发《国家义务教育质量监测方案》，决定从2015年起，在全国开展义务教育质量监测工作，标志着我国义务教育质量监测制度的正式建立。

4月21日，教育部、中国残疾人联合会印发《残疾人参加普通高等学校招生全国统一考试管理规定（暂行）》，要求各级招生考试机构应遵循高考基本原则，为残疾人参加高考提供平等机会和合理便利。

5 月 4 日，国务院办公厅印发《关于深化高等学校创新创业教育改革的实施意见》，明确了完善人才培养质量标准、创新人才培养机制等 9 项改革任务，提出了 30 余条具体举措。

同日，教育部印发《关于深入推进教育管办评分离 促进政府职能转变的若干意见》。

5 月 25 日，教育部印发《中小学生艺术素质测评办法》《中小学校艺术教育工作自评办法》和《中小学校艺术教育发展年度报告办法》，着力推进艺术教育评价的规范化和制度化建设。

6 月 1 日，国务院办公厅发布《乡村教师支持计划（2015—2020 年）》，要求建立乡村教师荣誉制度，对在乡村学校从教 30 年以上的教师按照有关规定颁发荣誉证书。

6 月 18 日，教育部、国家工商总局、国家质检总局、国家标准委印发《关于进一步加强中小学生校服管理工作的意见》。

6 月 26 日，教育部核准了北京交通大学等 20 所高等学校章程。至此全国“211 工程”（含 38 所“985 工程”高校，军事院校除外）高校章程全部核准发布。

同日，国务院学位委员会、教育部印发《学位证书和学位授予信息管理办法》，明确自 2016 年 1 月 1 日起，学士、硕士和博士学位证书由各学位授予单位自主设计、印制，国家不再统一规定格式和印制学位证书。

6 月 29 日，教育部发布《严禁中小学校和在职中小学教师有偿补课的规定》。

6 月 30 日，教育部印发《关于深入推进职业教育集团化办学的意见》，提出要充分发挥政府推动和市场引导作用，规范完善职业教育集团治理结构，健全职业教育集团化办学运行机制，强化职业教育集团化办学的保障机制，鼓励多元主体组建职业教育集团，深化职业教育办学体制机制改革，推进现代职业教育体系建设。

7月20日，教育部、共青团中央、全国少工委印发《关于加强中小学劳动教育的意见》，明确了中小学劳动教育的主要目标，强调了坚持劳动教育的基本原则，强调抓好劳动教育的4个关键环节，制定了完善的劳动教育保障机制。

7月27日，教育部印发《关于深化职业教育教学改革 全面提高人才培养质量的若干意见》，系统部署深化职业教育教学改革全面提高人才培养质量。这是教育部步入21世纪以来印发的第四个关于深化职业教育教学改革的文件，也是第一个对中等和高等职业教育教学改革进行统一部署的文件。

8月18日，中央全面深化改革领导小组审议通过《统筹推进世界一流大学和一流学科建设总体方案》，将“211工程”、“985工程”及“优势学科创新平台”等重点建设项目，统一纳入世界一流大学和一流学科建设。

同日，教育部、公安部联合印发《关于加强中小学幼儿园校方安全管理工作的意见》。

8月20日，教育部发布《中小学生守则（2015年修订）》，涵盖学生德智体美劳全面发展的基本要求，补充了一些更具操作性、更具时代性的行为规范内容，如主动分担家务、自觉礼让排队、不比吃喝穿戴、养成阅读习惯、文明绿色上网、低碳环保生活等。

8月21日，教育部印发《特殊教育教师专业标准（试行）》，进一步完善教师队伍建设标准体系。

8月24日，十二届全国人大常委会第十六次会议首次将《教育法律一揽子修正案（草案）》列入会议议程，正式进入立法程序。

8月28日，人社部、教育部印发《关于深化中小学教师职称制度改革的指导意见》，明确中小学教师职称制度改革在全国范围全面推开。

同日，教育部印发《职业院校管理水平提升行动计划（2015—2018年）》，明确用三年时间，在职业院校中广泛开展突出问题专项治理、管理制度标准建设、管理队伍能力建设、管理信息化水平提升、学校文化育人创新、质量保证体系完善等六大行动。

9月15日，国务院办公厅印发《关于全面加强和改进学校美育工作的意见》。

10月11日，教育部印发《关于加强家庭教育工作的指导意见》，是我国覆盖城乡的家庭教育指导服务体系构建中的重要里程碑。

10月19日，教育部印发《高等职业教育创新发展行动计划（2015—2018）》，明确提出将通过3年建设，高等职业教育整体实力显著增强，人才培养结构更加合理、质量持续提高，服务“中国制造2025”的能力和服务经济社会发展水平显著提升，促使高等教育结构优化成效更加明显，推动现代职业教育体系日臻完善。

10月19—21日，首届中国“互联网+”大学生创新创业大赛总决赛在长春举办。大赛以“‘互联网+’成就梦想，创新创业开辟未来”为主题，旨在激发大学生的创造力。

10月21日，教育部、国家发改委、财政部印发《关于引导部分地方普通本科高校向应用型转变的指导意见》。

10月24日，国务院印发《统筹推进世界一流大学和一流学科建设总体方案》。

11月9日，教育部会同财政部、人社部印发《关于建立完善中等职业学校年生均拨款制度的指导意见》。

11月10日，国务院学位委员会印发《关于开展博士、硕士学位授权学科和专业学位授权类别动态调整工作的通知》，决定自2016年起，将学位授权点动态调整工作的实施范围扩大到全国，鼓励各省和研究生培养单位根据国家、区域经济社会发展需求，自主调整学位授权点。

11月25日，国务院发出《关于进一步完善城乡义务教育经费保障机制的通知》。

12月27日，第十二届全国人大常委会第十八次会议表决通过《全国人民代表大会常务委员会关于修改〈中华人民共和国教育法〉的决定》《全国人民代表大会常务委员会关于修改〈中华人民共和国高等教育法〉的决定》。

2016年

1月5日，教育部公布《幼儿园工作规程》。

1月7日，教育部印发《依法治教实施纲要（2016—2020年）》，提出到2020年形成系统完备、层次合理、科学规范、运行有效的教育法律制度体系，形成政府依法行政、学校依法办学、教师依法执教、社会依法评价、支持和监督教育发展的教育法治实施机制和监督体系。

3月21日，中共中央印发《关于深化人才发展体制机制改革的意见》。

4月18日，中央全面深化改革领导小组第二十三次会议审议通过《关于加强民办学校党的建设工作的意见（试行）》《民办学校分类登记实施细则》《营利性民办学校监督管理实施细则》。

4月28日，国务院教育督导委员会办公室印发《关于开展校园欺凌专项治理的通知》。

5月11日，国务院办公厅发布《关于加快中西部教育发展的指导意见》。

6月13日，国务院印发《关于加强困境儿童保障工作的意见》。

6月28日，教育部等3部门印发《青少年法治教育大纲》。

6月29日，中组部、中共教育部党组印发《关于加强中小学校党的建设工作的意见》。

7月2日，国务院印发《关于统筹推进县域内城乡义务教育一体化改革发展的若干意见》，要求深化义务教育治理结构、教师管理和保障机制改革，构建与常住人口增长趋势和空间布局相适应的城乡义务教育学校布局建设机制，完善义务教育治理体系，提升义务教育治理能力现代化水平。

7月13日，教育部印发《关于新形势下进一步做好普通中小学装备工作的意见》，这是进入21世纪以来国家发布的第一个推进中小学装备工作的指导性文件。

7月21日，教育部印发《全国教育系统开展法治宣传教育的第七个五年规划（2016—2020年）》。

7月29日，教育部发布《督学管理暂行办法》。从聘任、责权、监管、培训、考核等方面，强化国家教育督导，加强督学队伍建设，促进督学管理科学化、规范化、专业化，提高教育督导工作质量和水平，保障教育事业科学发展，并对督学的权力进行了规定。

8月16日，国务院常务会议决定从2016年秋季学期起，免除公办普通高中建档立卡家庭经济困难学生，包括非建档立卡家庭经济困难残疾学生的学杂费，对民办学校符合条件的学生，按照当地同类型公办学校标准给予补助。

8月29日，教育部印发《关于深化高校教师考核评价制度改革的指导意见》，破除束缚高校教师发展的体制机制障碍，激发高校教师教书育人、科学研究、创新创业的活力。

8月30日，财政部、教育部联合印发《关于免除普通高中建档立卡家庭经济困难学生学杂费的意见》。

9月1日，教育部等7部门印发《关于加强青少年法治教育实践基地建设的意见》。

10月5日，国务院印发《老年教育发展规划（2016—2020年）》，对加快发展老年教育、扩大老年教育供给、创新老年教育体制机制、提升老年教育现代化水平作出部署。

10月24日，教育部、国务院扶贫办联合印发《职业教育东西协作行动计划（2016—2020年）》。

11月3日，教育部、国家外国专家局出台了《关于印发〈高等学校学科创新引智计划实施与管理办法〉的通知》，指出要进一步提升“高等学校学科创新引智计划”（简称“111计划”）。

11月7日，十二届全国人大常委会第二十四次会议表决通过《关于修改〈中华人民共和国民办教育促进法〉的决定》。本次修改凸显了六大亮点：加强民办学校党的建设、确立分类管理的法律依据、保障举办者权益、完善师生权益保障机制、完善国家扶持政策、健全民办学校治理机制等。修改决定不设置统一的过渡期，有利于各地依据法律，从实际出发解决相关问题，一校一策、稳妥处理。

11月30日，教育部、公安部、国家旅游局等十一部门印发《关于推进中小学生研学旅行的意见》。

12月7—8日，全国高校思想政治工作会议在北京召开。习近平总书记在会议上指出，要坚持把立德树人作为中心环节，把思想政治工作贯穿教育教学全过程，实现全程育人、全方位育人。

12月16日，教育部、国家发改委、民政部、财政部、人社部、国务院扶贫办六部门发布《教育脱贫攻坚“十三五”规划》，这是国家首个教育脱贫的五年规划，也是“十三五”时期教育脱贫工作的行动纲领。

12月29日，国务院印发《关于鼓励社会力量兴办教育 促进民办教育健康发展的若干意见》，提出实行非营利性和营利性分类管理，实施差别化扶持政策，积极引导社会力量举办非营利性民办学校；统筹教育、登记、财政、土地、收费等相关政策，营造有利于民办教育发展的制度环境。

2017年

1月10日，国务院印发《国家教育事业发展“十三五”规划》。

1月17日，教育部、国务院学位委员会印发《学位与研究生教育发展“十三五”规划》，勾勒出我国学位与研究生教育改革发展的路线图。

1月24日，经国务院同意，教育部、财政部、国家发改委印发《统筹推进世界一流大学和一流学科建设实施办法（暂行）》。

1月26日，国务院印发《“十三五”促进就业规划》，继续把高校毕业生就业摆在就业工作首位。

3月1日，国务院公布《“十三五”推进基本公共服务均等化规划》，确定了公共教育等八个领域81个基本公共服务清单，作为政府履行职责和公民享有相应权利的范畴。

3月13日，国务院学位委员会印发《博士硕士学位授权审核办法》。

3月30日，教育部办公厅发布《关于成立教材局、基础教育司等机构及相关职责调整的通知》。

5月23日，习近平总书记主持召开中央全面深化改革领导小组第三十五次会议，审议通过了《关于深化教育体制机制改革的意见》。

7 月 6 日，国务院办公厅发布《关于成立国家教材委员会的通知》，决定成立国家教材委员会。

同日，国务院办公厅印发《关于深化医教协同进一步推进医学教育改革与发展的意见》，就推动医学教育改革发展作出部署。

7 月 19 日，新调整组建的军事科学院、国防大学、国防科技大学成立大会暨军队院校、科研机构、训练机构主要领导座谈会在北京八一大楼举行。

8 月 1 日，中共中央办公厅、国务院办公厅印发《关于深化教育体制机制改革的意见》。

9 月 21 日，教育部、财政部、国家发改委联合发布《关于公布世界一流大学和一流学科建设高校及建设学科名单的通知》，正式确认公布世界一流大学和一流学科建设高校及建设学科名单。

10 月 20 日，教育部、人社部印发《高校教师职称评审监管暂行办法》，提出高校教师职称评审权直接下放至高校，尚不具备独立评审能力的可以采取联合评审、委托评审的方式，主体责任由高校承担。

10 月 26 日，教育部印发《普通高等学校师范类专业认证实施办法（暂行）》，基于教师教育质量监测平台和大数据，建立国家统一认证工作体系。

12 月 29 日，教育部印发《普通高中课程方案和语文等学科课程标准（2017 年版）》。

2018 年

1 月 2 日，中共中央、国务院印发《关于实施乡村振兴战略的意见》。

1 月 30 日，教育部召开第二场教育新春系列新闻发布会，介绍《普通高等学校本科专业类教学质量国家标准》。这是向全国、全世界发布的第一个高等教育教学质量国家标准，涵盖普通高校本科专业目录中全部 92 个本科专业类、587 个专业，涉及全国高校 5.6 万多个专业点。

1 月 31 日，中共中央、国务院印发《关于全面深化新时代教师队伍建设改革的意见》。这是新中国成立以来党中央出台的第一个专门面向教师队伍建设的里程碑式政策文件。

2 月 13 日，教育部办公厅等四部门发出《关于切实减轻中小学生课外负担开展校外培训机构专项治理行动的通知》。

2 月 26 日，中共中央办公厅、国务院办公厅印发《关于分类推进人才评价机制改革的指导意见》，就分类健全人才评价标准、改进和创新人才评价方式、加快推进重点领域人才评价改革、健全完善人才评价管理服务制度等方面的工作提出了明确要求。

3 月 21 日，中共中央印发《深化党和国家机构改革方案》，提出组建中央教育工作领导小组，作为党中央决策议事协调机构。中央教育工作领导小组秘书组设在教育部。

3 月 28 日，习近平总书记主持召开中央全面深化改革委员会第一次会议，审议通过《关于深化项目评审、人才评价、机构评估改革的若干意见》《关于进一步加强科研诚信建设的若干意见》。

4 月 9 日，教育部印发《关于加强大中小学国家安全教育的实施意见》。

4 月 13 日，教育部发布《教育信息化 2.0 行动计划》。

4 月 19 日，国务院学位委员会印发《关于高等学校开展学位授权自主审核工作的意见》，北京大学、清华大学、中国人民大学、北京航空航天大学等 20 所高校获准开展学位授权自主审核。这标志着我国学位授权制度改革取得新突破。

4月25日，国务院办公厅印发《关于全面加强乡村小规模学校和乡镇寄宿制学校建设的指导意见》，指出到2020年，基本补齐两类学校短板，进一步振兴乡村教育、基本实现县域内城乡义务教育一体化发展，为乡村学生提供公平而有质量的教育。

5月30日，中共中央办公厅、国务院办公厅印发《关于进一步加强科研诚信建设的若干意见》，对进一步推进科研诚信制度化建设等方面做出部署。

6月21日，国务院印发《关于建立残疾儿童康复救助制度的意见》，决定自2018年10月1日起全面实施残疾儿童康复救助制度。

6月25日，教育部发布《教育统计管理规定》。

6月26日，中共中央、国务院印发《乡村振兴战略规划（2018—2022年）》。

8月6日，国务院办公厅印发《关于规范校外培训机构发展的意见》。

8月8日，中国政府网发布《国务院办公厅关于成立国家科技领导小组的通知》，将国家科技教育领导小组调整为国家科技领导小组。

8月17日，国务院办公厅印发《关于进一步调整优化结构提高教育经费使用效益的意见》，对教育经费投入、使用、管理提出明确要求。

8月30日，教育部、国家卫健委等八部门联合发布《综合防控儿童青少年近视实施方案》。

9月10日，全国教育大会在北京召开。习近平总书记在会上发表重要讲话，全面总结了党的十八大以来我国教育改革发展实践中形成的新理念新思想新观点，并围绕立德树人这一教育根本任务，提出工作要求，作出战略部署，为推进教育现代化、建设教育强国、办好人民满意的教育指明了方向。

9月17日，教育部印发《关于加快建设高水平本科教育全面提高人才培养能力的意见》（简称“新时代高教40条”），决定实施“六卓越一拔尖”计划2.0。

11月29日，全国教育法治工作会议在北京召开。这是新时代教育系统召开的第一次全国性教育法治工作会议。

2019年

1月24日，国务院印发《国家职业教育改革实施方案》（即“职教20条”），是中央深化职业教育改革的重大制度设计，是推动职业教育基本实现现代化的关键举措。

2月23日，教育部负责人就《中国教育现代化2035》和《加快推进教育现代化实施方案（2018—2022年）》答记者问。《中国教育现代化2035》是我国第一个以教育现代化为主题的中长期战略规划，是新时代推进教育现代化、建设教育强国的纲领性文件。《加快推进教育现代化实施方案（2018—2022年）》瞄准未来五年关键时期，聚焦未来五年教育发展的战略性问题、当前教育发展面临的紧迫性问题和人民群众关心的问题，提出了推进教育现代化的十项重点任务，确保新时代教育现代化建设开好局、起好步。

3月18日，习近平总书记在北京主持召开学校思想政治理论课教师座谈会。

3月19日，习近平总书记主持召开中央全面深化改革委员会第七次会议，审议通过了《关于扩大高校和科研院所科研相关自主权的若干意见》。

4月16日，教育部等四部门印发《关于在院校实施“学历证书+若干职业技能等级证书”制度试点方案》，部署启动“学历证书+若干职业技能等级证书”（简称“1+X证书”）制度试点工作。

6月3日，国务院办公厅印发《教育领域中央与地方财政事权和支出责任划分改革方案》。

6月11日，国务院办公厅发布《关于新时代推进普通高中育人方式改革的指导意见》。这是21世纪以来国务院办公厅出台的第一个关于推进普通高中教育改革的重要纲领性文件。

6月23日，中共中央、国务院印发《关于深化教育教学改革全面提高义务教育质量的意见》。这是中共中央、国务院印发的第一个聚焦义务教育阶段教育教学改革的重要文件，是新时代我国深化教育教学改革、全面提高义务教育质量的纲领性文件。

7月9日，国务院学位委员会印发《学士学位授权与授予管理办法》，进一步规范学士学位授权授予工作，健全学士学位管理制度，提高学士学位授予质量。提出设置辅修学士学位、双学士学位、联合学士学位三种学士学位类型。明确不再招收第二学士学位。

10月8日，教育部发布《关于深化本科教育教学改革全面提高人才培养质量的意见》。

2020年

1月7日，国家教材委员会印发《全国大中小学教材建设规划（2019—2022年）》及《中小学教材管理办法》《职业院校教材管理办法》。第一次对各学段、各学科领域教材建设作系统设计。

同日，教育部考试中心研制的《中国高考评价体系》和《中国高考评价体系说明》由人民教育出版社出版发行。

2月19日，中共中央办公厅、国务院办公厅印发《关于深化新时代教育督导体制机制改革的意见》。

6月17日，教育部办公厅发布《关于进一步做好乡村教师生活补助政策实施工作的通知》。要求进一步做好乡村教师生活补助政策实施工作，不断提升乡村教师待遇。提出要健全乡村教师生活补助经费长效机制，加大对“三区三州”等深度贫困地区县，特别是52个脱贫攻坚挂牌督战县倾斜支持力度。鼓励重点向教学点、村小和条件艰苦地区倾斜，稳定和吸引更多的优秀人才在乡村学校任教。

6月18日，教育部等八部门印发《关于加快和扩大新时代教育对外开放的意见》，对新时代教育对外开放进行了重点部署。

7月31日，教育部等六部门发布《关于加强新时代乡村教师队伍建设的意见》。要求加强师德师风建设，激发教师奉献乡村教育的内生动力；创新挖潜编制管理，提高乡村学校教师编制的使用效益；畅通城乡一体化配置渠道，重点引导优秀人才向乡村学校流动；创新教师教育模式，培育符合新时代要求的高质量乡村教师；拓宽职业成长通道，让乡村教师获得更广阔的发展空间；提高地位待遇，让乡村教师享有应有的社会声望；关心青年教师工作生活，优化在乡村建功立业的制度和人文环境。

8月17日，李克强主持召开国务院常务会议，决定推进师范毕业生免试认定教师资格改革，并建立教师教育院校对师范生教学能力进行考核的制度。加快推进允许教育类硕士及以上学历毕业生、公费师范生免试认定教师资格。

9月15日，教育部等八部门发布《关于进一步激发中小学办学活力的若干意见》。要求保障学校办学自主权，增强学校办学内生动力，提升办学支撑保障能力，健全办学管理机制。

10月13日，中共中央、国务院印发《深化新时代教育评价改革总体方案》。强调扭转不科学的教育评价导向，坚决克服唯分数、唯升学、唯文凭、唯论文、唯帽子的顽瘴痼疾。要求改革党委和政府教育工作评价，推进科学履行职责；改革学校评价，推进落实立德树人根本任务；改革教师评价，推进践行教书育人使命；改革学生评价，促进德智体美劳全面发展；改革用人评价，共同营造教育发展良好环境。到2035年，基本形成富有时代特征、彰显中国特色、体现世界水平的教育评价体系。这是新中国第一个关于教育评价系统改革的文件，也是指导深化新时代教育评价改革的纲领性文件。

12月23日，教育部公布《中小学教育惩戒规则（试行）》，首次对教育惩戒的概念进行了定义，明确确有必要的可实施教育惩戒。

12月24日，教育部等六部门印发《关于加强新时代高校教师队伍建设改革的指导意见》，提出20条重点举措。

12月30日，国务院学位委员会、教育部决定设置“交叉学科”门类。交叉学科正式成为我国第十四个学科门类。

2021年

2月3日，教育部印发《普通高等学校本科教育教学审核评估实施方案（2021—2025年）》。这是继2014—2018年审核评估总体完成后启动实施的新一轮本科教育教学审核评估。

2月21日，教育部办公厅印发《本科层次职业教育专业设置管理办法（试行）》。年底，国务院学位委员会发布《关于做好本科层次职业学校学士学位授权与授予工作的意见》，将职业本科纳入现有学士学位工作体系。

3月1日，教育部等六部门印发《义务教育质量评价指南》。明确了义务教育质量评价的指标体系。强调学生发展质量是义务教育质量评价的核心。

4 月 7 日，修订后的《中华人民共和国民办教育促进法实施条例》公布，新增“教师和受教育者”章节，增加了“从业禁止”内容。

4 月 30 日，教育部等四部门发布《关于实现巩固拓展教育脱贫攻坚成果同乡村振兴有效衔接的意见》，明确了四大类 20 个方面的任务。强调将巩固拓展教育脱贫攻坚成果放在突出位置，保持教育帮扶政策总体稳定，全方位对接农村低收入和欠发达地区帮扶机制。

6 月 1 日，教育部公布《未成年人学校保护规定》。

6 月 9 日，教育部办公厅发布《关于成立校外教育培训监管司的通知》。教育部校外教育培训监管司正式成立。

7 月 5 日，教育部办公厅发布《关于加强社会成人教育培训管理的通知》。

7 月 16 日，国务院办公厅印发《关于完善科技成果评价机制的指导意见》。围绕科技成果“评什么”、“谁来评”、“怎么评”、“怎么用”来完善评价机制，作出明确工作安排部署。

7 月下旬，中共中央办公厅、国务院办公厅印发《关于进一步减轻义务教育阶段学生作业负担和校外培训负担的意见》。要求全面压减作业总量和时长，减轻学生过重作业负担。提升学校课后服务水平，满足学生多样化需求。坚持从严治理，全面规范校外培训行为。大力提升教育教学质量，确保学生在校内学足学好。

10 月 23 日，十三届全国人大常委会第三十一次会议表决通过了《中华人民共和国家庭教育促进法》。这是我国首次就家庭教育进行专门立法。该法将传统家事上升为重要国事，是对《未成年人保护法》的补充。

11 月 17 日，国务院学位委员会审议通过《交叉学科设置与管理办法（试行）》。首次明确对交叉学科内涵进行界定。

11月27日，教育部公布《普通话水平测试管理规定》。自2022年1月1日起施行。

12月27日，教育部颁布《中小学法治副校长聘任与管理办法》。该办法共20条，重点围绕中小学法治副校长“是什么”、“干什么”、“谁来管”、“怎么聘”、“如何干好”等问题，系统设计了中小学法治副校长聘任与管理制度，自2022年5月1日起实施。

12月31日，国务院办公厅转发教育部等部门《“十四五”特殊教育发展提升行动计划》，提出到2025年，高质量的特殊教育体系初步建立。明确了三个方面的重点举措：拓展学段服务，加快健全特殊教育体系；推进融合教育，全面提高特殊教育质量；提升支撑能力，不断完善特殊教育保障机制。

2022年

1月26日，中共中央办公厅印发《关于建立中小学校党组织领导的校长负责制的意见（试行）》。实行中小学校党组织领导的校长负责制，必须发挥党组织领导作用，保证校长依法依规行使职权，建立健全党组织统一领导、党政分工合作、协调运行的工作机制。

同日，教育部、财政部、国家发改委印发《关于深入推进世界一流大学和一流学科建设的若干意见》。

3月5日，十三届全国人大五次会议在北京开幕，李克强作政府工作报告。报告指出，要促进教育公平与质量提升。落实立德树人根本任务。推动义务教育优质均衡发展和城乡一体化，依据常住人口规模配置教育资源，保障适龄儿童就近入学，解决好进城务工人员子女就学问题。全面落实义务教育教师工资待遇，加强乡村教师定向培养、在职培训与待遇保障。继续做好义务教育阶段减负工作。多渠道增加普惠性学前教育资源。加强县域普通高中建设。办好特殊教育、继续教育、专门教育，支持和规范民办教育发展。提升国家通用语言文字普及程度和质量。发展现代职业教育，改善职业教育办学条件，完善产教融合办学体制，增强职业教育适应性。推动高等教育内涵式发展，优化高等教育布局，分类建设一流大学和一流学科，加快培养理工农医类专业紧缺人才，支持中西部高等教育发展。高校招生继续加大对中西部和农村地区倾斜力度。加强师德师风建设。健全学校家庭社会协同育人机制。发展在线教育。完善终身学习体系。倡导全社会尊师重教。我国有 2.9 亿名在校学生，要坚持把教育这个关乎千家万户和中华民族未来的大事办好。

4 月 2 日，教育部等八部门印发《新时代基础教育强师计划》提出到 2025 年，建成一批国家师范教育基地，形成一批可复制可推广的教师队伍建设改革经验，培养一批硕士层次中小学教师和教育领军人才，完善部属以师范大学示范、地方师范院校为主体的农村教师培养支持服务体系，欠发达地区中小学教师紧缺情况逐渐缓解，教师培训实现专业化、标准化，教师发展保障有力，教师队伍管理服务水平显著提升。到 2035 年，适应教育现代化和建成教育强国要求，构建开放、协同、联动的高水平教师教育体系，建立完善的教师专业发展机制，教师数量和质量基本满足基础教育发展需求，教师队伍整体素质和教育教学水平明显提升，尊师重教蔚然成风。

7 月 25 日，教育部等十部门印发《全面推进“大思政课”建设的工作方案》。提出要坚持开门办思政课，强化问题意识、突出实践导向，充分调动全社会力量和资源，建设“大课堂”、搭建“大平台”、建好“大师资”，建设全国高校思政课教研系统，设立一批实践教学基地，推出一批优质教学资源，做优一批品牌示范活动。

9月1日，中共中央、国务院、中央军委印发《关于加强和改进新时代全民国防教育工作的意见》，强调要落实习近平总书记关于加强全民国防教育的重要指示精神，将习近平强军思想融入全民国防教育各领域、全过程。着力加强青少年国防教育，将国防教育要求有机融入课程教材，将国防教育融入普通高等学校和中等学校考试内容，纳入学校绩效考评体系。加强全民国防教育学科建设，完善学科课程体系，开展理论研究和教材编写。

9月4日，中共中央办公厅、国务院办公厅印发《关于新时代进一步加强科学技术普及工作的意见》，提出到2025年，科普服务创新发展的作用显著提升，科学普及与科技创新同等重要的制度安排基本形成，科普工作和科学素质建设体系优化完善，全社会共同参与的大科普格局加快形成，科普公共服务覆盖率和科研人员科普参与率显著提高，公民具备科学素质比例超过15%，全社会热爱科学、崇尚创新的氛围更加浓厚。到2035年，公民具备科学素质比例达到25%，科普服务高质量发展能效显著，科学文化软实力显著增强，为世界科技强国建设提供有力支撑。

10月7日，中共中央办公厅、国务院办公厅印发《关于加强新时代高技能人才队伍建设的意见》，指出要深入实施新时代人才强国战略，以服务发展、稳定就业为导向，全面实施“技能中国行动”，健全技能人才培养、使用、评价、激励制度，构建党委领导、政府主导、政策支持、企业主体、社会参与的高技能人才工作体系，打造一支爱党报国、敬业奉献、技艺精湛、素质优良、规模宏大、结构合理的高技能人才队伍。

12月8—9日，2022世界慕课与在线教育大会在北京举行。大会以“教育数字化引领未来”为主题。中国教育部介绍了中国慕课与在线教育发展成就，提出了四点倡议：一是加快资源开放共享，推进教育公平；二是深化技术应用，重塑高等教育形态；三是完善标准规范，推动在线教育创新健康发展；四是扩大开放合作，构建全球教育共同体。

图书在版编目（CIP）数据

教育体制改革 / 于发友主编. — 北京 : 中国工人
出版社，2024.1
ISBN 978-7-5008-8024-0
Ⅰ. ①教… Ⅱ. ①于… Ⅲ. ①教育体制改革—研究—
中国 Ⅳ. ①G521
中国国家版本馆CIP数据核字（2024）第005916号

教育体制改革

出 版 人 董 宽
责任编辑 左 鹏 王晨轩
责任校对 张 彦
责任印制 栾征宇
出版发行 中国工人出版社
地　　址 北京市东城区鼓楼外大街 45 号 邮编：100120
网　　址 http://www.wp-china.com
电　　话 （010）62005043（总编室）
（010）62005039（印制管理中心）
（010）62382916（工会与劳动关系分社）
发行热线 （010）82029051 62383056
经　　销 各地书店
印　　刷 北京印刷集团有限责任公司
开　　本 710 毫米 × 1000 毫米 1/16
印　　张 61.5
字　　数 720 千字
版　　次 2024 年 6 月第 1 版 2024 年 6 月第 1 次印刷
定　　价 166.00 元